Tanja Paulitz
Mann und Maschine

Tanja Paulitz (Prof. Dr. rer. pol.) lehrt Soziologie an der Karl-Franzens-Universität Graz. Ihre Forschungsschwerpunkte sind Wissenschafts- und Techniksoziologie, Geschlechtersoziologie, Wissenssoziologie, Berufs- und Professionssoziologie sowie qualitative Methoden.

Tanja Paulitz

Mann und Maschine

Eine genealogische Wissenssoziologie des Ingenieurs
und der modernen Technikwissenschaften, 1850-1930

[transcript]

Austrian Science Fund (FWF): P22034-G17.

Gedruckt mit der Unterstützung der Universität Graz
und des Landes Steiermark.

Das Land
Steiermark
→ Wissenschaft

Bibliografische Information der Deutschen Nationalbibliothek
Die Deutsche Nationalbibliothek verzeichnet diese Publikation in der Deutschen Nationalbibliografie; detaillierte bibliografische Daten sind im Internet
über http://dnb.d-nb.de abrufbar.

Umschlagkonzept: Kordula Röckenhaus, Bielefeld
Satz: Tanja Jentsch, Bottrop
Druck: Majuskel Medienproduktion GmbH, Wetzlar
ISBN 978-3-8376-1804-4

Gedruckt auf alterungsbeständigem Papier mit chlorfrei gebleichtem Zellstoff.
Besuchen Sie uns im Internet: *http://www.transcript-verlag.de*
Bitte fordern Sie unser Gesamtverzeichnis und andere Broschüren an unter:
info@transcript-verlag.de

Inhalt

Einleitung

In seinem Roman »Homo Faber« aus dem Jahr 1957 erzählt Max Frisch die Geschichte des Ingenieurs Walter Faber. Entscheidende Kontur verleiht der Hauptfigur eben der Ingenieurberuf. Frisch zeichnet Faber als geradezu lupenreinen Vertreter einer besonderen Spezies, die durch einen rationalistischen Zugang zur Welt charakterisiert ist und deren Wahrnehmung – auch, aber nicht nur der Natur – ausschließlich von der Kenntnis der Naturgesetze bestimmt wird, während romantische Gefühle überhaupt keine Rolle spielen. Ebenso steht Walter Faber allem Körperlichen und Organischen mit Distanz gegenüber, da sie dazu tendierten, sich der Kontrolle wissenschaftlichen Denkens und Handelns durch selbsttätiges Wachstum zu entziehen. Seine auf Verstand und Logik konzentrierte Existenzweise und seine als streng sachorientiert profilierte Männlichkeit machen ihn in privaten Beziehungen zum wahren Gegenpol der Frau. Diese Inkarnation wissenschaftlich-technischer Rationalität gerät im Roman folgerichtig auch im Hinblick auf die Geschlechterbeziehungen und auf den Körper in eine Krise. Nicht zufällig wählte Frisch den Ingenieur als Typus für seine kritische Inszenierung wissenschaftlich-technischer Rationalität. Das darin gezeichnete Bild des Ingenieurs entspricht einem gängigen Stereotyp.

Dieses populäre Bild des Ingenieurs wird in der vorliegenden Arbeit aus einer wissenssoziologischen Perspektive kritisch hinterfragt. Dafür gehe ich zurück zur Genese des modernen Ingenieurberufs und der Technikwissenschaften während der Industrialisierung. Untersucht werden die Wissensgrundlagen der modernen Technikwissenschaften aus der Zeit ihrer Professionalisierung und Institutionalisierung. Von zentralem Interesse ist, welche zeitgenössischen Vorstellungen vom »männlichen« Ingenieur formuliert wurden, als der Grundstein des heutigen Berufes gelegt wurde, als es um die Profilierung und gesellschaftliche Anerkennung des Ingenieurs als akademischen Beruf ging. Was wird hier vorgebracht, um zu fixieren, was die Technikwissenschaften sind und was ihr Gegenstandsbereich ist, und wie hängt beides mit einem geschlechtlich eingefärbten Berufsbild zusammen?

Die Professionalisierung der Technikwissenschaften setzte im deutschsprachigen Raum Mitte des 19. Jahrhunderts ein. Die Vertreter des Ingenieurwesens
begannen, die Grenzen des eigenen Feldes gegenüber anderen Berufsfeldern abzustecken. Sie argumentierten vor allem für eine wissenschaftliche Herangehensweise in Abgrenzung zu anderen, bis dahin in der Ingenieurarbeit praktizierten
eher handwerklich geprägten Zugängen. Der Prozess der Verwissenschaftlichung,
das Aufkommen der Technikwissenschaften, war notwendigerweise verbunden
mit der Generierung neuen technischen Wissens. Auf diesem Wissen sollte die
wissenschaftliche Begründung des Gebietes beruhen und es sollte einer neuen
akademischen Profession als fachliche Grundlage dienen. Die Frage ist, ob diese neuen technikwissenschaftlichen Wissensbestände einfach die Objektwelt der
Technik abbildeten oder ob und inwiefern sie gesellschaftlich geprägt sind. Demnach steht die Überlegung, in welcher Weise die Wissensbildung mit den sozialen Prozessen der Herausbildung der Technikwissenschaften und eines vergeschlechtlichten Berufsbildes verbunden war, ebenso im Zentrum dieser Studie
wie die Frage, welche Stabilisierungen und Brüche es hierbei gab.

Die Wissenschaften haben im Verlauf ihrer Geschichte eine Vielzahl an Sortierungen vorgenommen, z.B. in Form von Klassifizierungen ihrer Objekte, von
systematischen Unterscheidungen der Gegenstandsbereiche, Forschungsgebie-
te und Disziplinen. Das Verhältnis zwischen solchen wissenschaftlichen Sortierungen der Welt und gesellschaftlichen Differenzierungen, zwischen (wissenschaftlichen) Wissenssystemen und sozialen Unterscheidungen, sind für die
Sozialwissenschaften von herausragendem Interesse. Die Auffassung von wissenschaftlichem Wissen als sozial konstruiertes Wissen, das nicht zwangsläufig
neutral Wirklichkeit erfasst, ist eine mittlerweile etablierte, wenngleich nicht un-
umstrittene wissenssoziologische These, an die die vorliegende Untersuchung
anschließt. Dabei wird das Augenmerk auf die bislang wissenssoziologisch kaum
erforschten Technikwissenschaften gerichtet. Im Zentrum des Interesses stehen
die gesellschaftlichen Prägungen technikwissenschaftlichen Fachwissens und hier
insbesondere auch die Frage, in welcher Weise dieses Wissen vergeschlechtlicht
ist. Dabei untersuche ich nicht die Entwicklung technischer Artefakte oder hinterfrage, wie dort stereotype Vorstellungen von Nutzern und Nutzerinnen einfließen, sondern konzentriere mich auf geschlechtlich eingefärbte Konstruktionsweisen des Ingenieurberufs, der technischen Wissenschaften und ihres
Objektbereichs. Dabei verfolge ich im Wesentlichen zwei Argumentationslinien:

Erstens schlage ich vor, die Betrachtung der Technikwissenschaften zu historisieren, um die soziale Genese jener Wissensbestände näher beschreiben zu
können, die heute als alte Ingenieurtradition gelten. Historisierung ermöglicht,
die eingangs angedeutete stereotype Vorstellung von einer vorgeblich einfachen,
überhistorisch existenten und unverbrüchlichen Allianz zwischen Männlichkeit
und Technik zu hinterfragen. Aus diesem Grund wird ein historisch-rekonstruk-
tiver Zugang gewählt, der von macht- und konflikttheoretischen Überlegungen

ausgeht und zur Untersuchung von diskursiven Praktiken der sozialen Distinktion, der Vergeschlechtlichung und der Profilierung der Technikwissenschaften führt. Es ist davon auszugehen, dass die Rekonstruktion von Geschlecht im technikwissenschaftlichen Schrifttum kein monolithisches Verständnis *des* traditionellen »männlichen« Ingenieurs erkennbar werden lässt. Ebenso wenig ist anzunehmen, dass Technik per se männlich konnotiert ist. Vielmehr sind historisch kontextspezifische, variable und teilweise auch brüchige Konstruktionsweisen von Männlichkeit zu vermuten.

Zweitens stelle ich einen Zusammenhang zwischen verschiedenen Wissensbeständen her, und zwar zwischen stärker professionspolitisch motivierten Vorstellungen über den Ingenieurberuf und streng fachlich verstandenen Ansätzen. Dabei stehen die theoretisch-methodischen Grundlagen des akademisierten Maschinenbaus von der Mitte des 19. Jahrhunderts bis in die 20er-Jahre des 20. Jahrhunderts im Zentrum der Betrachtung. Zur Debatte gestellt werden somit auch diejenigen Wissensbestände einer Männerdomäne, die nicht einfach als professionspolitische, bewusst verwendete Rhetorik oder als rein äußerliche ideologische Verzerrung der Technikwissenschaften abgetan werden können. Vielmehr verfolge ich das Thema bis in fachwissenschaftliche Äußerungen hinein, die gemeinhin als unbestreitbar neutral gelten.

Konstruktionen von Männlichkeit sind, so die leitende These dieser Arbeit, Teil der historischen Selbst- und Gegenstandsbeschreibungen der Technikwissenschaften, Teil der Theorien und methodischen Ansätze. Eine solche Forschungsperspektive richtet sich dann gerade auf das Technische selbst in seiner sozialen, historisch spezifischen Gemachtheit. Ich konzentriere meine Untersuchung mithin auch darauf, eben jene Objektivität beanspruchenden, unhinterfragt vergeschlechtlichten Deutungen des Ingenieurberufs und der Technikwissenschaften anhand einer soziologischen Analyse ihrer genuinen Wissensgrundlagen und somit aus dem ihnen eigenen fachlichen Kern heraus zu hinterfragen. Wie sich zeigt, wird Männlichkeit dabei nicht einheitlich konstruiert, sondern bleibt historisch fragil, kontingent und umkämpft. Im Sinne einer Genealogie frage ich daher nicht nach einem stabilen Ursprung des »männlichen« Ingenieurs, sondern sondiere Brüche, Verschiebungen und vor allem die Art und Weise, wie Geschlecht im Wissen der Ingenieure auf unterschiedliche Weise hergestellt wird. Wissenssoziologisch betrachtet werden demnach diskursive Herstellungsweisen eines vergeschlechtlichten Berufs-, Fach- und Gegenstandsverständnisses im Fachwissen, wie es in Lehrbüchern und Fachartikeln der Technikwissenschaften zum Ausdruck kommt, in den Blick gefasst.

Damit sind das generelle Erkenntnisinteresse und der weitere Fragehorizont der vorliegenden Studie umrissen. Im Folgenden sei kurz der Aufbau der Studie skizziert; danach wird das Vorhaben in die vorhandene Forschung eingeordnet.

ZUM AUFBAU DER STUDIE

Zunächst gilt es den theoretischen Rahmen aufzuspannen. Dazu gehört sowohl eine Skizze des sozialhistorischen Referenzrahmens vorliegender wissenssoziologischer Untersuchungen als auch die Entwicklung der theoretisch-begrifflichen Grundlagen der Analyse. Im Einzelnen gehe ich auf den Wissensbegriff, das Verhältnis von Technik und Geschlecht sowie das Verständnis von Moderne als Zeitkontext ein. Der verwendete Wissensbegriff ist in kritischer Auseinandersetzung mit der Wissenschaftsforschung zu erarbeiten, die um Bourdieus Konzept des sozialen Feldes und Foucaults genealogische Sicht auf den Zusammenhang von Wissen und Macht erweitert wird (Kapitel 1).

Das nächste Kapitel führt den methodischen Zugang näher aus und beschreibt die Zusammensetzung des Datenkorpus und die Auswertungsstrategien. Nicht zuletzt ist hier genauer darzulegen, wie in der Untersuchung technikwissenschaftlichen Wissens die Analyse von Metaphern verstanden wird (Kapitel 2).

Im Mittelpunkt von Teil I steht die Rekonstruktion der ersten Wellen der Verwissenschaftlichung, das in ihrem Zuge entstehende Verständnis vom wissenschaftlichen Ingenieur bzw. *Maschinenwissenschaftler* und dessen Auffassung von einem neuen, wissenschaftlichen Gegenstandsbezug. Dieses Verständnis wird methodologisch erstens anhand der Frage erfasst, inwiefern es sich dabei um eine – wenn auch implizit bleibende – Männlichkeitskonstruktion handelt (Kapitel 3). Zweitens wird die Frage leitend sein, wie sich das Verständnis im Gefüge unterschiedlicher Differenzierungskategorien der zeitgenössischen kolonialen Welt und der Klassengesellschaft der bürgerlichen Gesellschaft profiliert (Kapitel 4). Im Anschluss daran wird diese methodologische Diskussion zur Herstellung von Männlichkeit am Material noch weiter geführt, und zwar kontrastiv und systematisch mit Blick auf die Thematisierungsweisen »der Frau« im Verhältnis zur Technik im gesamten Untersuchungszeitraum, der vom Datenkorpus abgedeckt wird (Kapitel 5). Dabei richtet sich das analytische Interesse auf die Rolle, welche die Dichotomie männlich/weiblich im technikwissenschaftlichen Wissen für die Konstruktion von Männlichkeit spielt.

Teil II folgt dem historischen Verlauf der Ablösung des wissenschaftlich-theorieorientierten Berufsverständnisses durch ein praxisorientiertes Berufsbild und Fachverständnis, welches sich gegen Ende des 19. Jahrhunderts im Fachdiskurs zeitweilig durchsetzt und in den ersten Dekaden des 20. Jahrhunderts weiter an Bedeutung gewinnt. Auf Basis professionspolitischer Schriften lässt sich die neue Männlichkeitskonstruktion des Ingenieurs als *Mann der Tat*[1] beschreiben (Kapitel 6). Die diskursive Wende wird zum einen mit einer Analyse der Nar-

---

1 | Die Bezeichnungen »Maschinenwissenschaftler« und »Mann der Tat« sind dem Fachdiskurs der modernen Technikwissenschaften entnommen. Sie werden im Verlauf der Studie noch genau am Material belegt.

rative über die Herkunft der Technik und des Ingenieurs untersucht, die sich in Fachartikeln wie auch in Lehrbüchern finden (Kapitel 7). Zum anderen wird die Wende hin zum Ingenieur als Mann der Tat in jenen Argumentationen rekonstruiert, die Ingenieurtätigkeit in die Nähe künstlerischer Tätigkeit rücken bzw. das Verhältnis von Kunst und Technik behandeln (Kapitel 8). Mit beiden Zugängen zur Rekonstruktion des Ablösungsprozesses vom Maschinenwissenschaftler zum Mann der Tat lässt sich ein Umschwung in der diskursiven Legitimation des Berufsverständnisses zeigen, und zwar von einer auf Rationalität und wissenschaftlicher Neutralität gegründeten Männlichkeitskonzeption hin zu einer qua Natur legitimierten Variante von Männlichkeit.

Teil III ist dem Anliegen verpflichtet, sich mit den fachwissenschaftlichen Schriften detaillierter auseinanderzusetzen und die beiden Konstruktionsweisen von Männlichkeit im Grundlagenwissen der Ingenieure aufzuspüren. Untersucht werden Lehrbücher und Fachdebatten aus den Teilgebieten der technischen Mechanik und der Maschinenlehre unter der leitenden Frage, in welchem Zusammenhang fachliche Begriffsbildungen und theoretische Überlegungen mit den jeweils vergeschlechtlichten Berufskonzeptionen stehen. So gehe ich einerseits der Konzeption des Begriffes Kraft in der technischen Mechanik zu Beginn der Verwissenschaftlichung nach und folge den metaphorischen Verwendungsweisen von *Kraft* in der Selbstbeschreibung der Ingenieure im Zeitverlauf (Kapitel 9). Andererseits beleuchte ich exemplarisch eine Debatte innerhalb der Maschinenlehre des ausgehenden 19. Jahrhunderts, in der die Definition von Maschine kontrovers verhandelt wird (Kapitel 10). Wie sich erweisen wird, stehen solche theoretischen Überlegungen und Diskussionen in Wechselwirkung mit dem Berufsverständnis: In spezifischen fachlichen Positionen artikulieren sich spezifische Auffassungen vom Ingenieur und umgekehrt sind fachliche Grundlagen bedeutsam für die jeweilige Konstruktionsweise des Ingenieurs und die Art und Weise der Vergeschlechtlichung.

Während die zentralen Ergebnisse der drei einzelnen Untersuchungsteile jeweils am Ende eingehend bilanziert werden, gehe ich in einem abschließenden Fazit noch einmal kurz auf die zentralen Erkenntnisse der Studie ein und zeige auf, in welcher Richtung aus meiner Sicht Anschlussuntersuchungen denkbar und wünschenswert wären.

ZUM FORSCHUNGSSTAND

I) Von der Chancengleichheits- zur Geschlechterfrage

Sowohl die Geschlechterforschung als auch die Gleichstellungspolitik weisen zum gegenwärtigen Stand vor allem in Bezug auf die klassischen Ingenieurwissenschaften wie Elektrotechnik und Maschinenbau weitreichende Überschneidungen in ihrem jeweiligen Erkenntnisinteresse und ihrer Handlungsorientierung auf.[2] Empirische Studien der Hochschul- und der Arbeitsmarktforschung diagnostizieren gerade in jüngerer Vergangenheit häufiger eine ungebrochene geschlechtliche Segregation, die dieses Berufsfeld bis heute präge, und monieren entweder, die jungen Frauen seien zurückhaltend gegenüber dem technischen Bereich oder die mangelhaften Karrierechancen für Frauen in technischen Berufen. Kritisiert wird zudem der andauernde *gender pay gap* (vgl. Solga/Pfahl 2009a und 2009b; Schreyer 2008; Heine/Egeln/Kerst/Müller/Park 2006; Prokos/Padavic 2005; Tischer 1999). Die Technikwissenschaften erscheinen heute als nicht mehr ganz zeitgemäße letzte Bastion einer Männerdomäne, deren geschlechterbezogene Stabilität auch angesichts des fundamentalen soziotechnischen Wandels erklärungsbedürftig erscheint. Trotz insgesamt steigender Anteile weiblicher Studierender an der Gesamtzahl aller Studierenden[3] werden Fachrichtungen wie Elektrotechnik und Maschinenbau mit einem Frauenanteil von in der Regel unter zehn Prozent keineswegs gleichstellungspolitischen Anliegen gerecht. Insofern erscheint die technische Domäne geradezu als ein Bereich, in dem der Anspruch der modernen Gesellschaft, Chancengleichheit zu gewähren, besonders augenfällig scheitert. Dies steht zugleich im Widerspruch zum immer wieder geäußerten eklatanten Mangel an qualifizierten technischen Fachkräften (vgl. Winkler 1997).[4] Der geringe Frauenanteil in den Technikwissenschaften wird aus der weiteren hochschulpolitischen und nationalökonomischen Perspektive daher nicht zuletzt primär als Rekrutierungsproblem eines prinzipiell aussichtsreichen Berufsfeldes thematisiert, das aktiv um Nachwuchs wirbt

---

2 | Die Abgrenzungen zwischen dem Feld der wissenschaftlichen Forschung und der politischen Intervention sind hier bislang in weitaus geringem Maße erfolgt als in anderen Themengebieten der Geschlechterforschung. Dort sind solche Ausdifferenzierungen ständiger Gegenstand von Debatten unter anderem im Kontext von aktuellen Gender-Mainstreaming-Politiken; vgl. u.a. Wetterer 2009 und 2005; Hark 2005.

3 | In Deutschland beispielsweise liegt der Frauenanteil unter den Studierenden im Wintersemester 2008/09 bei 47,7 % (vgl. Statistisches Bundesamt 2009: 23f.). In Österreich studieren heute sogar mehr Frauen (53,8 %) als Männer; 56 % aller AbsolventInnen an österreichischen Universitäten sind weiblich (vgl. Statistik Austria 2009).

4 | Vgl. auch die regelmäßig aktualisierte Berichterstattung zur Arbeitsmarktsituation auf den Internetseiten des Vereins Deutscher Ingenieure (VDI): www.vdi.de/ingenieurmonitor.

und mit einem attraktiven Tätigkeitsprofil an die Öffentlichkeit zu treten sucht. Es ist daher zu vermuten, dass sich gegenwärtig eine grundsätzlichere Diskussion um das Selbstverständnis der Technikwissenschaften und das Berufsbild des Ingenieurs am Thema Geschlecht festmacht. Die sozialwissenschaftliche Erforschung scheint jedoch zumeist in enger gefassten, handlungsbezogen-normativen Fragestellungen mit Blick auf das Motto »mehr Frauen in der Technik«, die Verbesserung der Ingenieurausbildung und die Erreichung von Chancengleichheit in der Technik stecken zu bleiben.

Hingegen wurden die in ingenieurwissenschaftlichen Forschungs- und Berufsfeldern maßgeblichen fachkulturellen Bedingungen und die hartnäckigen symbolischen Prozesse der Vergeschlechtlichung von Technik ungleich seltener thematisiert (vgl. Ihsen 2009, Leicht-Scholten 2007, Fox 1998; zur Diskussion vgl. Paulitz 2008a und 2006, Henwood 2000 und 1996). Das heißt auch, dass bislang eine genauere Betrachtung des besonderen symbolischen Stellenwerts der Technik im Vergleich zu anderen Berufsfeldern kaum vorgenommen wird. Ebenso tendieren einige der chancengleichheitsorientierten Arbeiten dazu, implizit mit einem bestimmten theoretischen Vorverständnis von Geschlecht zu argumentieren. Flis Henwood hat diese, dem liberalen Gleichheitsdiskurs entstammenden, Annahmen wie folgt problematisiert:

»[...] in liberal discourse, masculine computing and computer images are understood as cultural misrepresentation, and gender as social or cultural distortion. Underneath such distortions exist neutral technologies and equitable human relations free of gender.« (Henwood 2000: 210)

Diese Kritik wurde vor allem in jüngerer Zeit in der Forschung aufgegriffen. Forschungen zur Gestaltung der Ingenieurausbildung und ihrer Curricula haben verstärkt die Bedingungen, die Frauen im Studium an Technischen Universitäten vorfinden, beleuchtet (vgl. Wolfram 2003; Stein/Molvaer 1994). Außerdem führten Reformdiskussionen über Studium und Lehre an den Hochschulen sowie Erfahrungen aus bestehenden Modellversuchen in den vergangenen Jahren dazu, neu entworfene Frauenstudiengänge in natur- und ingenieurwissenschaftlichen Disziplinen aufzubauen (vgl. Gransee 2003; Knapp/Gransee 2003; Kahlert/Mischau 2000; Metz-Göckel/Steck 1997). Forschungsarbeiten zur Frage, wie die Ingenieurausbildung geschlechtergerechter zu gestalten wäre, argumentieren, dass politische Maßnahmen und Reformansätze zu kurz greifen, wenn sie sich vorwiegend auf die Mobilisierung der Frauen richten und die spezifischen fachkulturellen Charakteristika im Sinne implizit tradierter und institutionell verankerter Standards und informeller Praxisformen in ihrer Bedeutung für die geschlechtsspezifische Studienwahl außer Acht lassen (vgl. Gilbert 2004: 19; vgl. auch Sagebiel/Dahmen 2007 und 2005; Thaler 2006; Gilbert/Crettaz von Roten/Alvarez 2006; Salminen-Karlsson 2005; Wächter 2003; Hartmann/Sanner 1997).

In ihrer Untersuchung von Reformstudiengängen spricht sich Christine Wächter (2005 und 2003) dafür aus, die Berufsbilder im Ingenieurwesen auch auf einer symbolischen Ebene zu reflektieren. So zielen die Reformansätze auf einer inhaltlichen Ebene vor allem darauf ab, das Curriculum und die Lernziele interdisziplinärer zu gestalten, das heißt etwa um nicht-technische Aspekte wie Schlüsselqualifikationen zu ergänzen und didaktische Alternativen zum bisher gängigen Lehrstil zu fördern. Auf diese Weise sollen technische Ausbildungsgänge ganzheitlicher und (nicht nur im Hinblick auf Frauen) integrativer gestaltet werden. Hinsichtlich einer Analyse der Vergeschlechtlichung des Technischen selbst beziehungsweise der technischen Fachinhalte und Leitvorstellungen stoßen solche Reformansätze meines Erachtens – auch wenn sie von neuen, interdisziplinären Verknüpfungen ausgehen – allerdings an Grenzen. Der springende Punkt ist die Grundlogik des Arguments: Mit der Ergänzung technischer durch neue, nicht-technische Inhalte einerseits und mit der Reorganisation der Hochschuldidaktik andererseits wird das technische Wissen und somit der fachliche Kern an sich nicht auf seine soziale *Gemachtheit* hin befragt. Während diese Arbeiten also dahingehend richtungsweisend sind, dass sie die inhaltliche Ebene des Fachwissens bezogen auf Curricula ins Spiel bringen, bleiben die technischen Lehrinhalte in ihren Wirkungen auf einer symbolischen Ebene analytisch weitgehend unangetastet. Damit ist verbunden, dass die Kernbereiche der klassischen Ingenieurwissenschaften vor allem als ergänzungsbedürftig im Sinne der Hinzufügung von Inhalten (deren verbesserte Präsentation eingeschlossen) und im Sinne der geschlechtergerechten Partizipation von AkteurInnen betrachtet werden, während die Gemachtheit der traditionellen Fachinhalte, also die Konstruiertheit dessen, was als *das Technische* selbst gilt, aus dem Blickfeld gerät.[5] So verbleibt diese Perspektive erstens tendenziell im binären Denkrahmen des technikwissenschaftlichen Feldes selbst, wenn sie davon ausgeht, dass »andere« Inhalte zusammen mit »anderen« sozialen Gruppen marginalisiert beziehungsweise exkludiert werden. Zweitens neigen manche AutorInnen dazu, die symbolische Assoziation von Männlichkeit und Technik doch wieder zu stabilisieren, und zwar in den impliziten Vorannahmen ihrer Forschungen selbst. Diesen Kritikpunkt hat Wendy Faulkner pointiert formuliert vorgebracht: »[...] the assumption that women will both be more attracted to, and have more to offer to, engineering if it is defined in non-technical terms leaves intact the equation of technology and masculinity« (2000a: 764).[6]

Insgesamt haben die Arbeiten zu den Curricula der Ingenieurwissenschaften allerdings durchaus verdeutlicht, dass die Inhalte der Technikwissenschaften nicht

---

5 | Vgl. die Diskussion in Bezug auf die Informatik bei Schelhowe (2006).

6 | Etwas anders gelagert, kritisiert Sørensen (1992) auf Basis einer empirischen Untersuchung in Norwegen den Versuch, Frauen über differenztheoretische Argumentationsfiguren in den Bereich von Forschung und Technologieentwicklung einzuschreiben.

einfach als neutral zu verstehen sind. Nimmt man zugleich die geäußerte Kritik ernst, so wäre es interessant, die für die Reform des Ingenieurstudiums geforderte Interdisziplinarität eben nicht als Ergänzung des Technischen durch soziale Aspekte in Richtung Ganzheitlichkeit aufzufassen. Hingegen wäre die Frage und Politik der Grenzziehungen zwischen Technik und dem, was dieser jeweils als das Nicht-Technische gegenübergestellt wird, zum Gegenstand der Betrachtung zu machen. Folglich geht es mir in der Weiterentwicklung der vorhandenen Forschung mindestens um zwei Problemkomplexe: Wie ist das, was unhinterfragt als das Fachliche beziehungsweise das Technische im Ingenieurbereich gilt, selbst als sozial konstituiert zu betrachten und somit auch geschlechterrelevant? Was gilt als das Technische und aus welchen sozialen Grenzziehungsprozessen resultiert es?

II) Wissenschaftssoziologische Geschlechterforschung und »doing science«

Aktuelle wissenschaftssoziologische Studien zum Thema Geschlecht überprüfen in zunehmendem Maße die Strukturen und Kulturen der Wissenschaften auf Aspekte der Ungleichheit. Standen – speziell hinsichtlich der Technikwissenschaften – bis in die 1990er-Jahre die berufliche Sozialisation und Situation von Frauen, die Gestaltung der Arbeit von Ingenieurinnen und das transformative Potenzial, das die Präsenz von Frauen in den (technischen) Wissenschaften für das Berufsbild birgt, im Zentrum der Betrachtung (vgl. Rudolph 1994 und 1990; Hengstenberg 1992; Janshen/Rudolph 1988 und 1987), so wurden in den letzten Jahren mehr und mehr die im Ingenieurbereich herrschenden strukturellen Bedingungen in den Blick genommen, wie etwa ausgedehnte Arbeitszeiten, die als Hürde für die Vereinbarkeit von Beruf und Familie gedeutet werden (vgl. Könekamp 2007; Haffner/Könekamp/Krais 2006; Beaufaÿs/Krais 2005). Indessen kann mit solch einer Konzentration auf die Arbeitsstrukturen die Spezifik des technischen Bereichs im Kern nicht erhellt werden; so lässt sich nichts Näheres darüber sagen, wie die Berufe im Wissen selbst geformt werden und geschlechtlich codiert sind.

Eine regional auf das Land Baden-Württemberg begrenzte quantitative fächervergleichende Untersuchung befasst sich zwar mit den geschlechtlichen Codierungen der Natur- und Technikwissenschaften verbunden mit Vorstellungen von Konkurrenz und Karriere (Blättel-Mink 2002: 26). Sie bezieht diese Codierungen jedoch vorrangig aus einer sozialisationstheoretischen Perspektive auf die Frage der Studienfachwahlentscheidungen von Frauen und beschäftigt sich nicht näher mit wissenschaftlichen Fachkulturen.

Andere wissenschaftssoziologische Studien haben hingegen den Aspekt der Praxis in den Mittelpunkt der Analyse gestellt. Arbeiten zur Geschlechterrelevanz von Wissenschaftskulturen suchen die Gründe für die Unterrepräsentanz der Frauen in höheren Statusgruppen in den komplexen (zum Teil informellen) Mechanismen des Innenlebens der Wissenschaft selbst. Sie analysieren die geschlechterrelevanten Barrieren, die bestehende Hierarchisierungen beziehungsweise Ausschlüsse reproduzieren (vgl. etwa Rossiter 1993; Heintz/Merz/Schumacher 2004). Studien im Anschluss an Bourdieu begreifen Wissenschaft als soziales Feld, in dem auch gesellschaftliche Geschlechterverhältnisse reproduziert würden (vgl. Krais 2000; Engler 2001 und 1993; Beaufaÿs 2003; Schaeper 1997; Hasenjürgen 1996; vgl. auch Matthies 2007). Dieser theoretische Bezug auf Bourdieu und die damit verbundene Forderung, die Logik sozialer Felder eingehender in den Blick zu nehmen, ist für die vorliegende Arbeit impulsgebend und zielführend. Hier möchte ich für die Untersuchung der Technikwissenschaften anknüpfen und weiterarbeiten. Ausgehend davon lässt sich auch die feldspezifische Logik einbeziehen, die für die Technikwissenschaften im Zuge der Verwissenschaftlichung maßgeblich gewesen ist und die bislang nicht genauer analysiert wurde. Während die bislang vorliegenden Arbeiten jedoch schwerpunktmäßig – im klassisch Bourdieu'schen Sinne – der Betrachtung der Alltagspraxis verpflichtet sind, stellt die Untersuchung der epistemischen Dimension, das heißt der diskursiven Praktiken der Konstitution von Beruf, Fach und Gegenstand, nach wie vor ein Desiderat dar.

Festzuhalten bleibt daher: Fachwissen wird in der soziologischen Perspektive des »doing science« (Beaufaÿs/Krais 2005) tendenziell aus der Fachkultur ausgeblendet, wohingegen strukturelle Voraussetzungen, sozialisationsbedingte Dispositionen und Vorstellungen sowie die inkorporierte Praxis im Mittelpunkt der Betrachtung stehen. Mit anderen Worten: Offen bleibt die Frage nach der Konstituierung und dem Funktionieren des Fachlichen auch auf einer epistemischen Ebene und nach den damit verbundenen Vergeschlechtlichungen, die dem Fachlichen nicht mehr oder weniger äußerlich anhaften, sondern im wissenssoziologischen Sinne auch dem fachlichen Wissen und den alltagskulturellen Deutungen des Technischen beziehungsweise technischer Berufe inhärent sind.

III) Von der »guten« Gestaltung der Ingenieurarbeit zur sozialen Konstruktion des Ingenieurberufs

In der arbeits- und professionssoziologischen Forschung und teilweise als Nebenstrang der Industriesoziologie findet seit den 1970er-Jahren eine intensivere Auseinandersetzung speziell mit dem Ingenieurberuf und mit technischen Aufgabengebieten in der Gesellschaft statt. Diese Auseinandersetzung bezog und bezieht sich sowohl auf die Frage der Gestaltung der Ausbildung als auch auf jene des Berufsverständnisses.

Frühe Thematisierungen der Technik finden sich bei den soziologischen Klassikern (zur Übersicht vgl. Rammert 1994) sowie in der Pionierstudie von Sigfried Giedion (1982 [1948]), in der die »anonyme« Geschichte der Mechanisierung aus der Sicht des – von den Reformbewegungen der 1920er-Jahre geprägten – Kunsthistorikers geschrieben wurde. Demgegenüber entstanden im Kontext der Studentenbewegung der 1970er-Jahre stark gesellschaftspolitisch orientierte Arbeiten. Aus einer ideologiekritischen Perspektive wurden das Gesellschaftsbild und die sozial-politischen Interessen der Ingenieure innerhalb der deutschsprachigen Industriesoziologie thematisiert, wobei auch die historische Genese der sozialen Gruppe der Ingenieure stärker berücksichtigt wurde (vgl. vor allem Hortleder 1973 und 1970). Im Kontext von (systemischer) Rationalisierung und Automatisierung sind in der Folgezeit weitere Arbeiten zur Rationalität der Ingenieure entstanden. Sie adressierten Ingenieurarbeit nicht als pure Inkarnation instrumenteller Rationalität, sondern als soziales Handeln, das von Subjektivität geprägt ist und Ambivalenzen aufweist (vgl. auch Ekardt 2003, 2001 und 1978; Schachtner 1997; aus einem mehr philosophischen Blickwinkel vgl. Duddeck/Mittelstraß 1999; aus Sicht der Ingenieure vgl. Duddeck 1986). Damit verbunden ist u. a. das Ziel, mögliche Ansatzpunkte für soziale Entscheidung und Verantwortung im Technikentwicklungsprozess zu ermitteln und strukturell über Möglichkeiten der Stärkung sozial verantwortlicher Technikgestaltung nachzudenken (vgl. Beckenbach 1993; zum Überblick vgl. Beckenbach 1991: 192ff.; neuere Arbeiten vgl. Brödner 1997; Acker et al. 1999; Neef/Pelz 1997). Erst in jüngerer Zeit ist die Bedeutung von Wissen, und zwar von verschiedenen Wissensformen, für »gute« Ingenieurpraxis näher beleuchtet worden (vgl. Rust 1999). Kennzeichnend für diese Forschungen ist das normative Anliegen, die Praxis von Ingenieuren unter dem Aspekt gesellschaftlicher Verantwortung neu zu gestalten. Allerdings lassen diese Arbeiten den Geschlechteraspekt ebenfalls weitgehend außer Acht. Letzteres hat sich erst in jüngster Vergangenheit etwas verändert, was in Verbindung mit dem eingangs benannten allgemeinen Rekrutierungsproblem der Technikwissenschaften zu sehen ist. Unter der Bezeichnung *gender & diversity* prägt der Geschlechteraspekt heute die Debatte um die »gute« Gestaltung des Ingenieurberufs mehr als zuvor, ebenso wie das Thema einer zukunftsweisenden Transformation der Ingenieurausbildung im Hinblick auf die veränderten soziokulturellen Bedingungen im Kontext der Globalisierung (vgl. Ferguson 2006). Minoritätsfragen und Veränderungspotenziale werden mit auffallender Häufigkeit in einem Atemzug genannt (vgl. exemplarisch für die Fülle an Literatur: Schafer 2006; King 2004; Keitel 2003; Berner 2000; Giannini 1998; Greif 1996).

Dennoch liegen die Desiderata auf der Hand: Weder wird die handlungsbezogene Ebene der Gestaltung zugunsten einer stärker historisierenden Analyse verlassen, noch findet die Thematisierung von Geschlecht anders als mit Blick auf die Frauen als Minderheit statt. Ob das Berufsverständnis in seiner historischen Herausbildung auch maßgeblich geschlechtlich konstruiert wurde, ist eine in diesem Diskussionsstrang zumeist ausgelassene Fragestellung, sofern differenziertere Aussagen erwartet werden, die über eine recht verallgemeinernde Gleichsetzung mathematisch-technischer Kompetenz mit Männlichkeit hinausweisen. Folglich steht eine Untersuchung der/geschlechtlich geprägten Konstituierung des Berufs/ die sich auch damit auseinandersetzt, wie die/Entstehung der fachlichen Grundlagen mit einer geschlechtlichen Codierung des Berufs verbunden ist/ noch aus.

Professionssoziologisch ausgerichtete Arbeiten haben wiederholt versucht zu klären, ob es sich bei dem Ingenieurberuf überhaupt um eine Profession im eigentlichen Sinne handele – wie etwa im Fall der Ärzteschaft oder der Jurisprudenz –, an welchen Merkmalen dies zu erkennen sei und welche Machtkonstellationen damit verbunden seien (vgl. Heidenreich 2003; Mai 1999; Manger 1999; Hermanns 1980). Sie befassen sich entweder mit begrifflichen Unterscheidungen und der Besonderheit der/Profession Ingenieur/oder stellen – analog zur bereits skizzierten arbeitssoziologischen Forschung – normative Fragen, das heißt wie eine Ingenieurprofession idealtypisch zu verstehen wäre. Der Geschlechteraspekt spielt bezeichnenderweise in diesen Betrachtungen der Kernaspekte des Berufs keine Rolle. Zudem existiert noch ein theoretisches Problem: Zu klären wäre, ob sich der Ingenieurberuf in rein fachlich-objektiver Abgrenzung zu anderen Berufen festschreiben lässt. Das wissenssoziologische Interesse an der gesellschaftlichen Konstruktion dieses Fachlichen bleibt dabei vollständig ausgeblendet. Eine historisierend rekonstruktive Betrachtung, in der/die im 19. Jahrhundert entstehenden Technikwissenschaften und der Ingenieurberuf als soziale Konstruktion/verstanden werden und in der berufskonstituierende Grenzziehungen im Fachwissen als Teil des Konstruktionsprozesses und somit auch als Gegenstand der Analyse in den Blick rücken, steht bislang noch völlig aus. Inwiefern sind solche Prozesse nun geschlechterrelevant?

IV) Die soziale Konstruktion von Profession, Geschlecht und Technik

Geschlecht als Analysekategorie zu integrieren, bedeutet, folgt man der vorliegenden professionssoziologischen Geschlechterforschung, nicht primär eine Auseinandersetzung mit der Situation von Frauen. Vielmehr richtet sich das Augenmerk darauf, wie in/Professionalisierungsprojekten Geschlecht konstruiert/wird. So haben Studien zur Vergeschlechtlichung von Berufen gezeigt, dass/Berufe historisch einen »Geschlechtswechsel«/durchlaufen können (vgl. Wetterer 2002; Robak 1996; Hoffmann 1987). Sie belegen (teilweise im Kontext soziotechnischen Wandels) zum einen Verdrängungsprozesse, in denen aus »Frauenberufen« »Männerberufe« wurden und umgekehrt, zum anderen Ausdifferenzierungsprozesse, in deren Verlauf Frauen in wenig prestigereiche Teilbereiche abgedrängt oder nur für Randgebiete zugelassen worden sind. Beispiele finden sich etwa im Bereich der Drucksetzerei, der Programmier- und der Sekretariatsarbeit. Ausgehend davon schlägt Angelika Wetterer vor, den Zusammenhang zwischen Professionalisierung und Geschlecht theoretisch als wechselseitigen

Konstruktionsprozess zu fassen und »Professionalisierungsprozesse ebenso als Medium der Geschlechterkonstruktion [zu] begreifen wie Schließungsstrategien als geschlechterkonstituierende Strategien« (2002: 55). Damit sei verbunden, Geschlecht nicht länger additiv dem sozialwissenschaftlichen Blick auf Berufe hinzuzufügen, sondern beide Prozesse systematisch stärker aufeinander zu beziehen. Während Wetterer ihre theoretischen Fragestellungen und Thesen auf Basis einer (Sekundär-)Analyse von historischen Professionalisierungsprozessen in der Medizin entwickelt und dabei systematisch Mechanismen der Verdrängung und Marginalisierung aufspürt, sind die Erkenntnisse über die Mechanismen der Persistenz einer Männerdomäne ungleich weniger erforscht. Es existieren zwar durchaus Studien für einige natur- und technikwissenschaftliche Fächer, die vorwiegend die Prozesse der Integration von Frauen in diese Disziplinen und Berufsfelder beleuchten (vgl. Roloff 1989 und die Beiträge in Wetterer 1992). Sie sind jedoch selten den sog. harten Ingenieurwissenschaften gewidmet. Studien zu Letzteren stellen zumeist auf die Situation von Frauen ab, sehr viel seltener jedoch auf Professionalisierungsprozesse, die in der Disziplin selbst ablaufen (vgl. unter anderem Kvande 1999; Rudolph 1994). Die Dimension der sozialen Konstruktion von technikwissenschaftlichem Wissen bleibt in den Arbeiten zu geschlechtlich codierten Berufsfeldern insgesamt weitgehend ausgeblendet.

Dieses Desiderat ist insofern erstaunlich, als die Gesellschaftlichkeit der Technik in den vergangenen ein bis zwei Jahrzehnten innerhalb der sozialwissenschaftlichen Technikforschung deutlich vernehmbar betont worden ist. Nahezu zeitgleich mit den sich in den Sozialwissenschaften formierenden *science studies* wurde in den 1980er-Jahren die These von der »social construction of facts and artifacts« (Pinch/Bijker 1987) aufgestellt (vgl. auch MacKenzie/Wajcman 2002 [1985]; für die deutschsprachige Forschung vgl. zum Überblick: Rammert 2002 und 1994; Schulz-Schaeffer 2000; Paulitz 2005: 48ff.; ältere deutschsprachige Beiträge vgl. u.a. Joerges 1996 und 1989, Bammé 1980). Zentrales Ergebnis des *social construction of technology (SCOT)*-Ansatzes ist, so fassen Felt, Nowotny und Taschwer zusammen:

»Wissenschaftlich-technische Innovationsprozesse folgen [...] weniger einer internen Entwicklungslogik als einem komplexen und zumeist auch eher zufälligen Wechselspiel verschiedenster Akteure, die mit bestimmten Interessen an das sich in Entwicklung befindliche Artefakt herantreten und in Aushandlungsprozessen die konkrete Gestalt des Artefakts gleichsam verhandeln.« (1995: 193)

Angesichts dieser grundsätzlich diagnostizierten Kontingenz der Technik lässt sich ein vorgeblich neutral aus der Sache selbst generiertes Berufsbild kaum noch begründen. Mit ihrer These der sozialen Gemachtheit der Technik ist die jüngere Techniksoziologie somit eine unverzichtbare Ausgangsbasis für die vorliegende Studie. Auf dieser Grundlage lässt sich Technik nicht länger als wohlsepariertes

Terrain jenseits gesellschaftlicher Entscheidungs- und Gestaltungsarenen begreifen, sondern muss als ein soziales Feld gesellschaftlichen Handelns und Deutens und somit auch als vorzüglichen Gegenstandsbereich soziologischer Arbeit aufgefasst werden. Indessen wurde die soziale Konstruktion der Technik vorwiegend im Sinne von technischen Artefakten untersucht. Wissen rückt als sozial konstruiertes Konzept über die Welt, in der Artefakte Verwendung finden, in den Fokus der Betrachtung, nicht jedoch als technikwissenschaftliche Wissensbestände, in denen auch das eigene Fach, die eigene Profession und der eigene Gegenstandsbereich im Vergleich zu anderen gefasst werden.[7] Ein ähnliches Bild zeigt sich in dieser Hinsicht in der an die *science studies* anschließenden Geschlechterforschung zu Technik (für einen Überblick vgl. Bath 2009), da hier ebenso vor allem Technikgestaltung als geschlechtstypisierende Artefaktgestaltung im Mittelpunkt der Analyse steht. Die Konzeption des Berufs- und Fachverständnisses der technischen Domäne – und hier vor allem der traditionelleren Ingenieurdisziplinen – als kontingentes Resultat sozialer Konstruktionsprozesse ist hingegen noch weitgehend ungeklärt. Auch die Konstituierungsweisen des Wissenschaftlers als Erkenntnissubjekt, die in der Wissenschaftsforschung untersucht wurden (vgl. Kap. 1), sind im Hinblick auf die Technikwissenschaften bislang unbekannt. Auf entsprechende Beiträge, an die weitere Überlegungen anknüpfen können, möchte ich nun im letzten Abschnitt dieser Darstellung des Forschungsstandes eingehen.

V) Konstruktionsweisen von Geschlecht in den Technikwissenschaften

In jüngerer Zeit sind mehrere Arbeiten erschienen, die die Identitätsbildung und Leitbilder in den Technikwissenschaften und in der Ingenieurarbeit aus Perspektive der Geschlechterforschung als soziale Konstruktionen betrachten.

Die Analyse von Geschlechterdifferenzierungen auf der Ebene alltäglichen Handelns und des Alltagswissens von IngenieurInnen ist nach Christiane Erlemann (2002) eine der zentralen Aufgaben, will man die Mechanismen der Männerdomäne und die Arbeitsbedingungen für Ingenieurinnen verstehen. Bei den meisten der erst unlängst durchgeführten sozialwissenschaftlichen Forschungsprojekten handelt es sich schwerpunktmäßig um ethnographische Feldstudien, die ingenieurwissenschaftliche Fach- und Arbeitskulturen untersuchen. So haben Jorgenson (2002) und McIlwee/Robinson (1992) zur Identitätskonstruktion von Ingenieurinnen in der Arbeitskultur gearbeitet. Die Studie von Rubineau (2008) analysiert den Einfluss von *peers* auf die vergeschlechtlichte Identitätsbildung im Ingenieurstudium. Mellström (2004) untersucht vergleichend in Schweden und

---

7 | Eine Ausnahme bilden die stark interdisziplinär orientierten Arbeiten zur »Sozialgeschichte der Informatik« (vgl. Siefkes/Eulenhöfer/Stach/Städtler 1998).

Malaysia die Alltagspraxis homosozialer Bindungen zwischen Männern, die über die Interaktion mit Maschinen vermittelt wird (vgl. auch Mellstrøm 2003 und 1995). Mit Studierendenlerngruppen im Ingenieurbereich und ihrer geschlechterkonstituierenden Praxis setzt sich die Langzeitstudie von Tonso (2007) auseinander. Ebenfalls ethnographisch gearbeitet hat Downey (1998), allerdings für das Feld der Informatik. Dryburghs Analyse (1999) individueller Professionalisierungsprozesse von Frauen auf Basis von Interviews ist stärker auf Anpassungsprozesse ausgerichtet. Vor allem zwei Autorinnen haben sich intensiver mit den Männlichkeitskonstruktionen in der Alltagspraxis des Ingenieurwesens auseinandergesetzt: Die britische Techniksoziologin Wendy Faulkner (vgl. 2009, 2006, 2001 und 2000a) zeigt an Fallbeispielen ingenieurtechnischer Arbeit in Unternehmen in Großbritannien und den USA, in welcher Weise die Berufskulturen, die Alltagspraxis und die Identitäten geschlechtlich codiert sind und auf die AkteurInnen vergeschlechtlichend rückwirken. In ähnlicher Weise, nur für den deutschsprachigen Bereich in der Schweiz, fragt Anne-Francois Gilbert (2009) vergleichend nach der geschlechtlichen Codierung der Alltagspraxis in Maschinenbau und Materialwissenschaften an einer Technischen Universität. Beiden Autorinnen gemeinsam ist eine anti-essentialistische Perspektive auf Geschlecht. Gilbert kommt zu dem Ergebnis, dass die Alltagskultur in den Materialwissenschaften pluraler sei und somit größere Spielräume für geschlechtliche Diversität eröffne, wohingegen die Fachkultur im Maschinenbau eher die Unterordnung unter klare Gruppennormen erfordere, die tendenziell homosoziale Welten stabilisierten (vgl. 2009: 28ff.). Auf Basis ihrer empirischen Befunde kann Faulkner Ausprägungen von Alltagspraxis sowie Identitätskonstruktionen aufzeigen, die populären Deutungsmustern des Ingenieurberufs durchaus widersprechen. Die breite Mehrheit der IngenieurInnen ihrer Stichprobe erscheine, so Faulkner, weitaus komplexer, als es das Stereotyp des *nerd*[8] gemeinhin nahelege. Allerdings zeigen Faulkners Ausführungen auch, dass in der Ingenieurarbeit beständig zwischen sog. technischen und sozialen Tätigkeitsfeldern – unter Letztere fallen häufig Management- und Führungsaufgaben – unterschieden wird, die sich als geschlechtlich codiert erweisen (vgl. Faulkner 2007): Gemäß der ethnographischen Fallrekonstruktion werde Arbeit von Ingenieur*innen* aktiv geschlechtlich codiert und dann (zum Beispiel in Managementpositionen) als hauptsächlich sorgende/menschenbezogene Tätigkeit interpretiert. Zugleich werde ihre Tätigkeit nicht mehr als technische Praxis wahrgenommen. Das bedeute, dass im allgemeingültigen Rahmen von grundsätzlich komplexen, heterogenen Anforderungen an Ingenieurarbeit geschlechtliche Differenzierungen entlang des Dualismus Technik/Soziales beobachtbar seien. Anhand dieser Differenzierungen werde kontinuierlich

---

8 | Die englische Bezeichnung *nerd* steht zum einen für den Computerfreak, zum anderen für den »Fachidioten«, den Sonderling, den Streber oder für eine zwar hochintelligente, aber sozial kontaktarme Person.

das Schema von tendenziell sozial kompetenten Ingenieurinnen einerseits und technisch versierten Ingenieuren andererseits herausgebildet. Trotz aller Kritik am Stereotyp des *nerd* und ungeachtet der (gelebten) Heterogenität der Ingenieurarbeit sei festzustellen, dass das Stereotyp regelmäßig als – wenn auch meist negative – Hintergrundfolie und Maßstab aufgerufen werde, wenn die Befragten über sich selbst sprechen. IngenieurInnen gelinge es nicht, so Faulkners Fazit, sich in ihrer Identitätsbildung von solchen stereotypen Vorstellungen völlig unabhängig machen (vgl. Faulkner 2006).

Diese Studien zur Alltagskultur der IngenieurInnen sind zwar dazu geeignet, sowohl die Pluralität und kontextabhängige Kontingenz von Identitätsbildungen als auch die Relevanz von einseitig verzerrten Stereotypen des Ingenieurs aufzuzeigen. Doch können sie weder die Genese und Vergeschlechtlichungsweisen solcher stereotypen Deutungsmuster des Berufes noch die Herausbildung der geschlechterrelevanten fachlichen Grenzziehungen auf der Ebene des Wissens erhellen. Da sich ihr Forschungsfokus stärker auf die individuelle Mikropraxis der Professionalisierung richtet, bleiben die Professionalisierungsprozesse des sozialen Feldes – auch aus einer historischen Perspektive – zumeist ausgeblendet beziehungsweise müssen als gegebenes, vermeintlich eindeutiges Leitbild vorausgesetzt werden. Das diskursiv produzierte Berufsverständnis und seine möglichen Brüche und historischen Verschiebungen bleiben dabei unbeachtet.

Hier erweisen sich derzeit vor allem historische Studien als weiter führend. Ruth Oldenziel (1999) und Lisa Frehill (2004) beschäftigten sich differenziert mit den historischen Konstruktionsweisen des Ingenieurs in den USA in der Zeit vom ausgehenden 19. bis in die ersten Jahrzehnte des 20. Jahrhunderts. Karin Zachmanns Untersuchung (2004) spannt den Bogen vom Beginn der Verwissenschaftlichung des Ingenieurberufs in Deutschland im 19. Jahrhundert bis zu den Mobilisierungskampagnen für Frauen in der DDR. Die Analyse der symbolischen Konstruktion speziell technischer Männlichkeit, wie sie etwa im Fall des »scientific warrior« von Peter Döge (2006) vorgelegt wurde, argumentiert in Richtung *eines* hegemonialen Leitbildes, wohingegen Zachmann (2004) die Pluralität der Leitbilder überzeugend herausstellt. Im Gegensatz zu Döges Darstellung eines quasi singulären Männlichkeitstypus in Naturwissenschaften und Technik der Moderne und seiner Annahme, dass dieses Bild in der Spätmoderne brüchig geworden sei, verdeutlicht Zachmanns Studie, dass hier grobe Raster, nach denen die (eine) moderne von der (einen) spätmodernen Gesellschaft unterschieden wird, nicht ausreichen. Für die Tradition des modernen Ingenieurberufs im deutschsprachigen Raum zeigt sie vielmehr, dass im Verlauf des Professionalisierungsprozesses diverse Leitbilder von Männlichkeit existierten. Zachmann (2004) beschäftigt sich zwar schwerpunktmäßig mit der Integration von Frauen in die technische Domäne in der DDR in Zeiten des »Kalten Krieges«. Allerdings arbeitet sie die Vorgeschichte im Sinne eines Referenzrahmens der DDR-Geschichte in einem längeren Kapitel auf Basis ausgewählter Schriften auf.

Alle genannten historischen Arbeiten verweisen auf die historische Verankerung der Bilder des Ingenieurs in der bipolaren Geschlechterordnung der bürgerlichen Gesellschaft, die den Ausschluss beziehungsweise die marginalisierte
Integration von Frauen bewirkt. Sie beschreiben somit die symbolische Ebene
der historischen Konstituierung und Entwicklung des Berufs. Zachmanns Darstellung der Ingenieurtradition als Vorgeschichte der DDR-Mobilisierung von
Frauen bietet einen interessanten Ansatz, in welcher Weise der Ingenieurberuf im Verlauf des Professionalisierungsprozesses im deutschsprachigen Raum
konstruiert wurde und mit der symbolischen Geschlechterordnung der bürgerlichen Moderne verwoben war.

Indem sie zur Tradition des akademisierten Ingenieurwesens und zu den
Debatten der bürgerlichen Frauenbewegung in den Jahrzenten um die Wende zum 20. Jahrhundert zurückgeht, skizziert Zachmann den historischen Verlauf der Konstruktion von männlich codierten Leitbildern im Sinne einer wech-
selvollen Geschichte der symbolischen Ausgrenzung des »Weiblichen« aus dem
technischen Bereich. Hauptsächlich Dokumente aus den berufsständischen Pro-
fessionalisierungsdebatten der Ingenieure ab Mitte des 19. Jahrhunderts dienen
Zachmann als Materialbasis, um unter Rückgriff auf die theoretischen Erkenntnisse Joan Scotts (1997 [1988]) Verschiebungen im Leitbild des Ingenieurs als
flexible, aber stets hierarchisierende Anordnungen polarer Geschlechterdifferenz
zu analysieren (vgl. Zachmann 2004: 16). So knüpfe das mit dem Aufstiegswil-
len in der wilhelminischen Gesellschaft eng verbundene (Selbst-)Verständnis
vom Ingenieur als Bildungsbürger an die neuhumanistische Vorstellung vom
männlichen Geistesarbeiter an (2004: 119f.). Um die Jahrhundertwende wurde
dieses Leitbild durch das des Ingenieurs als »akademischer Praktiker« abgelöst
– durch eine Konzeption also, die mit dem Deutungsmuster des Kämpfers gegen Naturgewalten, des Künstlers und später dann auch des Führers der Nation
hantierte und so erneut das Weibliche aus der Sphäre des Technischen ausgrenz-
te (2004: 127ff.). Zachmann weist darauf hin, dass das Argument, die Werkstatt
und die industrielle Produktion als notwendiges praktisches Erfahrungsfeld für
angehende Ingenieure sei eben kein passender Ort für die höheren Töchter des
Bürgertums, zu einer »stereotyp wiederholte[n] Begründung« gegen den Eintritt von Frauen in den Ingenieurberuf wurde (2004: 133). Diese Rekonstruktion
verschiedener Leitbilder verdeutlicht, dass nicht von einem Stereotyp des Ingenieurs auszugehen ist.

Wissenssoziologisch bleibt dabei offen, wie solche Leitbilder in den fachlichen Grundlagen tiefer verankert waren. Aus Sicht der Geschlechtersoziologie
scheint es darüber hinaus lohnenswert, den Konstruktionen von Männlichkeit
genauer auf die Spur zu kommen und zu klären, wie diese verschiedenen Männlichkeiten diskursiv hergestellt werden. Das heißt die Art und Weise, wie technikwissenschaftliches Wissen in seinen Kernbeständen an der Konstruktion vergeschlechtlichter Berufsbilder beteiligt ist, ist wissenssoziologisch ein ebenso

interessanter Gegenstand wie geschlechtersoziologisch die diskursive Herstellungspraxis von Geschlecht am Fall Männlichkeit und ihre Veränderungen im Zeitverlauf. Folglich konzentriert sich die vorliegende Studie auf die diskursiven Herstellungsweisen von Männlichkeit. Sie spürt die spezifische Grenzziehungspraxis nach außen und nach innen auf, wie sie sich in den fachlichen Argumentationen der Ingenieure artikuliert. Somit wird die Untersuchung von Vergeschlechtlichungen nicht primär auf die Thematik des Ausschlusses von Frauen fokussiert, sondern auf die Frage, wie die Technikwissenschaften und Vorstellungen von Männlichkeit im wechselseitigen Bezug aufeinander konstruiert werden. Dies impliziert, nach der Bedeutung dieser Männlichkeitskonstruktionen bei der Formulierung, was die Technikwissenschaften sind und wie ihre Gegenstände zu definieren sind, zu forschen. Um den formulierten Fragen und Themen gerecht zu werden, wird mit der Analyse Neuland betreten. Vorgelegt wird hiermit eine detaillierte empirische qualitative Langzeituntersuchung fachlicher Inhalte der Technikwissenschaften über einen Zeitraum von ca. 80 Jahren mit dem Ziel, die im Wissen produzierten (sozialen) Differenzierungen, Sortierungen und Grenzziehungen zu ermitteln.

1. Theoretischer Rahmen: Technik, Wissen, Geschlecht

Wissen, Technik und Geschlecht sind Begriffe, die auf einer Reihe an sozialwissenschaftlichen Voraussetzungen gründen. Für eine wissenssoziologische Untersuchung der Geschlechterdimension technikwissenschaftlichen Wissens bedarf es daher über theoretische Klärungen hinaus der Entwicklung eines theoretischen Rahmens, der bislang nicht zur Anwendung bereitliegt. So wird zu erläutern sein, welcher Gegenstandsbereich mit der Bezeichnung »Technikwissenschaften« adressiert ist und welche sozialen Prozesse die historische Herausbildung des Begriffes geprägt haben. Dabei geht es auch um die Präzisierung, wie Professionalisierung hier sozialwissenschaftlich verstanden wird (1.1). Der anschließende Abschnitt bildet einen Kern der theoretischen Betrachtungen. Ich entwickle darin die im weiteren Verlauf der Arbeit eingenommene theoretische Perspektive, aus der technikwissenschaftliches Wissen und seine Vergeschlechtlichungen betrachtet werden. Im Wesentlichen wird der unter der Bezeichnung *boundary work* in der wissenschaftssoziologischen Forschung entwickelte Ansatz mit Bezug auf die Begriffe des Macht-Wissens bei Michel Foucault und des sozialen Feldes bei Pierre Bourdieu theoretisch weiter geschärft, um die Analyse technikwissenschaftlichen Wissens in den oben genannten sozialen Referenzrahmen zu stellen. Außerdem wird *boundary work* im Fachwissen der Technikwissenschaften als differenzierende Praxis mit Sichtweisen der Geschlechterforschung verbunden (1.2). Im Zentrum des darauf folgenden Abschnitts steht das Verhältnis zwischen Technik und Geschlecht und hier insbesondere zwischen der sozialen Konstruktion von Männlichkeit und Technik, wobei verstärkt Interdependenzen zwischen verschiedenen sozialen Differenzierungskategorien – etwa der Klasse oder ethnisierenden Zuschreibungen – in den Blick genommen werden (1.3). Im letzten Abschnitt wende ich mich der Moderne zu. Anknüpfend an ein in der Wissenschafts- und der Geschlechtersoziologie maßgebliches Verständnis der Moderne als »Blütezeit« binärer Kategorisierungen konturiere ich die aus dem zeitlichen Bezug für die Untersuchung formulierbaren theoretischen Perspektiven auf technikwissenschaftliches Wissen (1.4).

1.1 GEGENSTANDSBEREICH: PROFESSIONALISIERUNG DER »TECHNIKWISSENSCHAFTEN«

Wer oder was sind die »Technikwissenschaften« und welche sozialen Faktoren kennzeichnen ihre Genese? Die folgende Skizze stützt sich auf theoretische Überlegungen und schwerpunktmäßig auf historische Forschungsarbeiten (vgl. u.a. Radkau 2008; Kaiser/König 2006; Troitzsch 2004; Gispen 2002 [1989]; Lundgreen/Grelon 1994; Ludwig 1981). Sie erfüllt zum einen die Funktion eines sozial- und bildungsgeschichtlichen Referenzrahmens für die wissenssoziologische Analyse. Zum anderen bietet sie eine erste Reflexion des Gegenstandsbereichs dieser Studie hinsichtlich vorhandener Brüche und Uneindeutigkeiten auf der Ebene struktureller und begrifflicher Bedingungen sowie der Klärung des hier leitenden Verständnisses von Professionalisierung. Gemäß dem umfassenden Erkenntnisinteresse der Studie, vorgeblich evidente Vorstellungen vom Ingenieur und den Technikwissenschaften kritisch zu hinterfragen, legt es die hier vorgelegte Skizze *nicht* darauf an, die Technikwissenschaften als eindeutiges, in sich geschlossenes Konglomerat zu homogenisieren und in dieser Weise alles Sperrige zu glätten. Ziel ist es hingegen, das Unscharfe auszuleuchten und die das Feld kennzeichnenden sozialen Kämpfe und Spannungen mit in den Blick zu nehmen. Denn gerade sie liefern der Analyse Hinweise, was in Kontroversen, die auf der Ebene des Wissens ausgetragen werden, auf dem Spiel steht. Auf diese Weise setze ich nicht *ex ante*, was Technikwissenschaften »sind«, sondern verfolge eine tendenziell problematisierende Lektürestrategie, die aus der Forschungsliteratur besonders auch die historischen Uneindeutigkeiten und sozialen Veränderungen herausfiltert. Damit zunächst zur Frage der Bezeichnung des Gegenstandsbereichs:

Der Terminus »Technikwissenschaften« (englisch: *engineering* oder *engineering science*, französisch: *sciences techniques, ingénierie*) erscheint im Kontext der sozialwissenschaftlichen Forschung vorwiegend als Teil des Sammelbegriffs »Natur- und Technikwissenschaften« bzw. »Naturwissenschaften und Technik«. Alternative Begriffe sind zum einen »Ingenieurwissenschaft«, zum anderen der Mitte des 19. Jahrhunderts aufgekommene und heute ungebräuchliche Begriff der »Maschinenwissenschaft« (vgl. Braun 1977: 1). Von der »Zwei-Kulturen«-These (vgl. Snow 1987 [1959]; vgl. auch Bachmaier/Fischer 1991; Lepenies 1985) bis hin zu den jüngeren Debatten der »science wars« (vgl. Bammé 2004, Scharping 2001, Osietzki 1998a) werden die Technikwissenschaften in der Regel unter die Naturwissenschaften und deren epistemologisches und methodologisches Selbstverständnis subsumiert und als Gegenpol zu sozial-, geistes- bzw. kulturwissenschaftlichen Disziplinen begriffen.

Die heute existierende sozialwissenschaftliche Technikforschung bearbeitet eine große Bandbreite an Themen – von sozialtheoretischen Fragestellungen bis hin zu stark angewandten Problemstellungen – mit teilweise auch dezidiert normativen Gestaltungsanliegen, wenn es darum geht, Kriterien wie Sozialverträglichkeit, Nachhaltigkeit, Geschlechtergerechtigkeit etc. in der Technikentwicklung stärker zu berücksichtigen. Allerdings zählen die Technikwissenschaften in der Soziologie zu den speziellen Gegenstandsbereichen, nämlich zu jenen der »Wissenschafts- und Techniksoziologie«. Auch innerhalb der Frauen- und Geschlechterforschung verbleibt die Beschäftigung mit den Technikwissenschaften bis heute tendenziell in den Randgebieten. Ein Indikator hierfür sind die spärlichen Einträge zum Stichwort »Technik« bzw. »Technikwissenschaften« in einschlägigen neueren Lexika und Handbüchern zur (deutschsprachigen) Geschlechterforschung (vgl. Braun/Stephan 2005 und 2000; Bußmann/Hof 2005 und 1995; Becker/Kortendiek 2004; Kroll 2002; Ausnahme: Becker/Kortendiek 2008, vgl. Paulitz 2008a).

Der Begriff »Technikwissenschaften« wird in Teilen der jüngeren technikhistorischen Forschung weniger systematisch normativ gefasst denn konsequent historisiert. Er zielt dann auf die Kennzeichnung einer besonderen historisch gewordenen Hybridstellung, und zwar zwischen den handwerklich-technischen Gewerben einerseits und den eher theoretischen (Natur-)Wissenschaften andererseits (vgl. Sonnemann/Buchheim 1990). Damit ist auch die Auffassung verbunden, dass gerade die Technikwissenschaften das Potenzial haben, Wissenschaft und Praxis zu einer neuen Einheit zusammenzuführen (vgl. kritisch dazu Heymann 2005: 24). Außerdem wurden die Technikwissenschaften von Beginn an immer wieder von einigen AkteurInnen aus dem Feld selbst (vgl. Braun 1977; Zweckbronner 1991), aber auch heute von technikhistorischen Arbeiten als eigenständige Wissenschaften (»engineering science«) mit eigener Theorie- und Methodenentwicklung verstanden (vgl. Banse/Grundwald/ König/Ropohl 2006; Heymann/Wengenroth 2001; Wengenroth 1997; Zweckbronner 1991). Im Kontext der Wissenschaftsforschung konstituiert sich außerdem in der jüngeren Vergangenheit unter der Bezeichnung *engineering studies* ein Diskussionszusammenhang als zunehmend eigenständiges, von den *science studies* emanzipiertes Feld, das eher auf die kritische interdisziplinäre Auseinandersetzung mit den Ausbildungssystemen, den historischen Traditionslinien und Fachkulturen der Technikwissenschaften fokussiert und so die Frage einer eigenständigen wissenschaftlichen Domäne stärker in den Vordergrund rückt (vgl. Downey/Lucena 1995).

1.1.1 Zur Unschärfe des Begriffs »Technikwissenschaften«

Die hier gewählte Bezeichnung Technikwissenschaften ist indessen in sich selbst unscharf und erläuterungsbedürftig. Die Unschärfe bezieht sich zum einen auf das Verhältnis zwischen Natur- und Technikwissenschaften. Dieses Verhältnis wird aus wissenschaftstheoretischer Perspektive seit Langem kontrovers diskutiert. Grenzlinien verliefen (und verlaufen bis heute) entlang der Unterscheidung zwischen zweckfreier Naturforschung und zweckgerichteter Technik (unter bloßer

Anwendung von Naturgesetzen) oder auch zwischen der »Entdeckung« von Naturgesetzen und dem »Erfinden« bzw. »Entwickeln« von technischen Artefakten (vgl. Janich 1996). Die Differenzierungen haben v.a. mit den historischen Entstehungsbedingungen zu tun. So gehörten die *artes mechanicae*, die das Feld der handwerklichen Fertigkeiten umfassten, weder im antiken und mittelalterlichen Wissenschaftsverständnis zu den *artes liberales* noch im humanistischen Wissenschaftsverständnis zu den Wissenschaften im engeren Sinne. Während sich das wissenschaftliche Feld im Verlauf der Neuzeit in die mathematisch-theorieorientierten und auf die Produktion allgemeiner Sätze ausgerichteten *scientiae* (vgl. das englische Wort *science* für Naturwissenschaften) gegenüber den eher ästhetisch-hermeneutisch geprägten *artes* bzw. *Humaniora* (vgl. die englische Bezeichnung *humanities* für die Geisteswissenschaften) ausdifferenzierte, fanden die *technischen* Wissensgebiete im deutschsprachigen Raum bis in das 19. Jahrhundert hinein noch keinen Eingang in das wissenschaftliche Feld. Mehr noch: Technische Fachkräfte arbeiteten sehr wohl in den Werkstätten und Laboren der modernen experimentellen Naturwissenschaften (vgl. Zilsel 1976 [1942]). Sie zählten jedoch nicht zum wissenschaftlichen, sondern zum sog. »technischen Personal«. Sie bildeten also innerhalb der Institution Wissenschaft eine von den WissenschaftlerInnen gesondert geführte soziale Gruppe. Sie waren diejenigen Arbeitskräfte, die eine ganze Bandbreite an Funktionen erfüllten, von den Hilfstätigkeiten bis hin zur Erfindung von Labortechnik. Die theoretisch-wissenschaftliche Deutung der experimentell produzierten Ergebnisse und deren Präsentation in der Öffentlichkeit, mithin öffentliche Sichtbarkeit der Leistungen, waren ihnen jedoch vorenthalten.[1]

Zum anderen weist die technische Domäne selbst eine unscharfe Kontur auf. Wenn die Technikgeschichtsschreibung auf die technischen Fachkräfte Bezug nimmt, adressiert sie ein formal relativ wenig geregeltes Feld, in dem die Bezeichnungen von Handwerker über Techniker bis Ingenieur variieren. Folgt man dem Technikhistoriker Wolfgang König (2006), so erweist sich »Ingenieur« als eine Berufsbezeichnung, die sich historisch vergleichsweise spät (in der Bundesrepublik Deutschland in den 1970er-Jahren) erst stabilisierte. War der »Ingenieur« im 18. Jahrhundert als »Kriegsbaumeister« für Festungen und Waffentechnik noch Teil des militärischen Komplexes, so wurde die Bezeichnung im sprachlichen Kompositum »Civilingenieur« mit Beginn des 19. Jahrhunderts auch auf Fachkräfte des Bauwesens im Staatsdienst angewandt und entwickelte sich schließlich mehr und mehr zur Bezeichnung von Maschinenbauingenieuren in der Industrie. Diese Maschinenbauer entstammten der historischen Linie der mittelalterlichen Mühlentechnologie, welche bis in die Neuzeit das »Innova-

---

1 | Die Rolle der technischen Fachkräfte ist in der Literatur unterschiedlich bewertet worden, vgl. Klein 2005; Mittelstraß 1970: 172f. und 1993; Shapin 1994.

tionszentrum des hölzernen Großmaschinenbaus« zur ausgedehnten Nutzung der Wasserkraft darstellte (vgl. Troitzsch 2004: 440f.).

Dabei bleibt im 19. Jahrhundert bis weit ins 20. Jahrhundert hinein die Definition, was ein Ingenieur ist und was nicht, so unter anderem König (2006), uneinheitlich, umstritten und in ihren Grenzen undeutlich. Noch 1856, als der Verein Deutscher Ingenieure (*VDI*) gegründet wurde, waren verschiedene Bezeichnungen geläufig, ohne dass eine davon rechtlich geschützt gewesen wäre (vgl. König 2006: 194f. und 206). Ebenso uneinheitlich waren die sozialen Merkmale der Berufsgruppe hinsichtlich der Qualifikation (Berufsausbildung, Mittelschul- oder Hochschulbildung), der Position (in Staat oder Wirtschaft, als Selbstständige oder Angestellte) und somit auch hinsichtlich der sozialen Interessen (vgl. König 2006: 207). Die historisch-kollektivbiographische Analyse der Berufsgruppe der Ingenieure von Kees Gispen (1994 [1983]) nimmt daher die konstatierte Heterogenität insbesondere der deutschen Ingenieure zum Ausgangspunkt der Suche nach Konturen einer gemeinsamen beruflichen Identität:

»Im Gegensatz zu zahlreichen anderen Berufen oder klar umrissenen sozialen Gruppen fehlt den deutschen Ingenieuren eine sie definierende und von anderen Gruppen deutlich unterscheidende Abgrenzungslinie, die auf Kriterien wie z. B. gemeinsame Herkunft, Ausbildung, Mitgliedschaft in einem Berufsverband, gesetzliche Berufsbeschränkungen, Klassenzugehörigkeit oder gemeinsame Ideologie beruhte.« (Gispen 1994 [1983]: 220)

Leitend für die v.a. in der Industrie arbeitenden Maschinenbauingenieure war bis ins 20. Jahrhundert das Berufsbild des Konstrukteurs, der Maschinen für die industrielle Fertigung entwirft, wohingegen sich alternative Tätigkeitsgebiete erst um die Jahrhundertwende entwickelten (vgl. König 2006: 221). Gerade das Berufsbild des Konstrukteurs spiegelt allerdings maßgebliche Spaltungen im Berufsfeld des 19. Jahrhunderts wider, da einerseits insbesondere die in der Industrie tätigen Ingenieure keinen einheitlichen Ausbildungshintergrund aufwiesen, andererseits die Industrie ihrerseits bis ins späte 19. Jahrhundert hochgebildeten Absolventen THn mit Skepsis begegnete und mehr Praxisorientierung einforderte. Mithin stehen diese Maschinenbau-Konstrukteure als Leitvorstellung der modernen Ingenieurszunft der Industrialisierung selbst im Spannungsfeld einer durch Verwissenschaftlichung geprägten Berufs- und Ausbildungskultur im 19. Jahrhundert.

Im 20. Jahrhundert wird das Feld der Technikwissenschaften zunehmend von neuen Formen der Ausdifferenzierung und der Konvergenz mit naturwissenschaftlichen Teilgebieten geprägt. Zu Beginn des Jahrhunderts entsteht das Berufsbild des Betriebsingenieurs, der im Sinne des Taylorismus Arbeitsprozesse organisiert und rationalisiert. Kaum scharf zu ziehen sind die Grenzen zum ebenfalls jungen Fach Informatik, dessen Wurzeln im Ingenieurbereich und in der Kybernetik liegen. Umgekehrt haben technologische Entwicklungen von

der Moderne bis heute überhaupt erst die experimentelle Forschung in naturwissenschaftlichen Laboren mit ermöglicht (vgl. Rheinberger 1999, Knorr Cetina 1991 [1981]). Hauptsächlich nach 1945 sind Forschungsbereiche zwischen
Naturwissenschaften und Technik entwickelt worden, deren Objekte sowohl organisch als auch technisch sind und die so gewissermaßen hybride Formationen zwischen Natur und Kultur bilden. Diskursprägend hierfür wurde die Bezeichnung *technoscience* (vgl. Haraway 1991 [1985] und 1995b). Haraway geht für
die späte Moderne grundsätzlich von der Ununterscheidbarkeit zwischen Na-
tur- und Technikwissenschaften aus (vgl. Lucht 2003; Weber 2006) und hat die
Grenzüberschreitungen zwischen Natur und Kultur, aber auch zwischen Wissenschaft, Technik, Politik, sozialen Verhältnissen und gesellschaftlichen Vi-
sionen aus der Perspektive der Geschlechterforschung in kritischer Weise zum
Thema gemacht. Das kürzlich in dritter Auflage erschienene »Handbook of Science and Technology Studies« (Hackett et al. 2008) widmet den *emergent technosciences* den fünften und letzten Teil des Bandes. Jüngere prominente Beispiele, die auch geschlechterkritische Forschungen hervorgebracht haben, sind die
Lebenswissenschaften (vgl. Palm2008), die Robotik und die Agentenforschung
(vgl. Bath et al. 2005; Bath/Weber 2002), aber auch die Nanotechnologie (vgl.
Lucht/Erlemann/Ruiz Ben 2010).

1.1.2 Professionalisierung der Technik und das Geschlechterverhältnis

Wenn hier im Maskulinum von »dem Ingenieur« die Rede ist, so verweist diese Verwendung auch auf den sozialen Referenzrahmen eines historisch strukturell verankerten Geschlechterverhältnisses und somit auf einen weiteren Aspekt
der sozialen Unschärfe des Begriffs. Waren Frauen in der häuslich organisierten handwerklichen Technik noch stärker in die Produktionsverhältnisse der Einheit von Haushalt und Betrieb eingebunden, so kann mit der spätestens 1800
einsetzenden Institutionalisierung der Ausbildung für bestimmte technische
Tätigkeitsgebiete (in Form Polytechnischer Schulen) von einer zunehmend ge-
schlechtshomogenen Strukturierung der sich modernisierenden technischen Domäne ausgegangen werden. Denn die historischen Ausgangspunkte des Ingenieurwesens außerhalb des Handwerks, also der Bereich der Militärtechnik, der
technische zivile Staatsdienst wie auch die neue Ingenieurausbildung an mittleren und höheren technischen Fachschulen, waren weitgehend bis vollständig
exklusiv Männern vorbehalten (vgl. Greif 1996). Die Zulassung zum Studium
an den höheren technischen Schulen und späteren THn (vgl. für die TU Wien:
Mikoletzky/Georgeacopol-Winischhofer/Pohl 1997) wie auch an Universitäten
wurde Frauen formal erst um die bzw. kurz nach der Jahrhundertwende nach
langjährigen Emanzipationskämpfen möglich. Davor konnten Frauen lediglich als
Gasthörerinnen mit Ausnahmegenehmigung Lehrveranstaltungen bei einzelnen

Professoren besuchen. Wenn daher vom Beruf des Maschinenbaukonstrukteurs die Rede ist, so verweist dies auf ein Berufsbild, das historisch-strukturell bedingt geschlechtsexklusiv organisiert war (vgl. auch Zachmann 2004; Ihsen 2008).

Die strukturelle und wertebezogene Sphärentrennung in Berufswelt und Privatleben hat v.a. die Historikerin Karin Hausen (1995 [1993]) herausgestellt. Sie rekonstruiert eine hierarchische Ordnung zwischen Produktion und Reproduktion, zwischen der Erzeugung künstlicher Welten der Wissenschaft und Technik auf der einen Seite und der Befriedigung von Alltagsbedürfnissen auf der anderen. Ausgehend davon, dass »das Berufsbild des Ingenieurs [bis in die zweite Hälfte des 19. Jahrhunderts] diffus blieb« (1995 [1993]: 12), leitet Hausen dessen Genese jedoch – ähnlich zu anderen Berufsfeldern – aus einem an absolutistischen Herrschaftsinteressen orientierten Staatsdienst und seinen Disziplinareinrichtungen ab. Deren Konstruktion von Männlichkeit folgte einem Credo des »hingebungsvolle[n] Dienst[es] an der Sache« (1995 [1993]: 13), das auch markante Selbstvermarktungsstrategie der stets nur temporär abhängig beschäftigten Ingenieure gewesen sei. Hausen vertritt somit die These, dass durchgängig die zu verschiedenen historischen Zeiten besonders profilierten Eigenschaften und Werthorizonte des Ingenieurs kaum kompatibel mit den zeitgenössischen normativen Vorgaben und Erfahrungen von Weiblichkeit gewesen seien. Das heißt, neben anderen Berufsfeldern verdanken die Technikwissenschaften ihre Kontur ebenfalls der Abgrenzung von weiblich codierten Arbeitsbereichen und somit u.a. einer gesellschaftlichen Geschlechtergrenze.

1.1.3 Verwissenschaftlichung und ihre Polarisierungen

Die traditionellen Fachgebiete des Ingenieurbereichs wie Maschinenbau, Bergbau und Bauingenieurwesen haben sich erst im Zuge der Industrialisierung bis zum späten 19. Jahrhundert (bzw. bis zur Jahrhundertwende) selbst zunehmend als akademisches Berufsfeld professionalisiert, von der handwerklichen Tradition distanziert und insbesondere in deutschen Ländern als Teil des wissenschaftlichen Feldes etabliert (vgl. Troitzsch 2004).

Königs (1995, 1999, 2006) Ingenieurgeschichte der Moderne ist v.a. eine vergleichende Geschichte der Institutionalisierung und der Professionalisierung.[2] Der Vergleich zwischen England, Frankreich und den deutschen Ländern verdeutlicht, wie spezifisch die nationalen Pfade verlaufen sind. Im Unterschied zur werkstattorientierten Struktur des Ingenieurwesens in England, wo Ingenieure vorwiegend in der beruflichen Praxis ausgebildet wurden, haben Frankreich und Deutschland eher szientistische Ansätze entwickelt (vgl. auch Zweckbronner 1991: 407ff.). Während in Frankreich jedoch eine institutionelle Segregation durch spezifische, mehr oder weniger prestigereiche Ingenieurschulen stattfand, weisen

---

2 | Zur Geschichte vor dem 19. Jahrhundert vgl. auch Popplow 2006: insbesondere 114ff.

die höheren technischen Lehranstalten im deutschsprachigen Raum eher Stratifikationen auf, die mit theoretisch-methodologischen Positionen verbunden sind. Kennzeichnend für die Geschichte der aufkommenden deutschsprachigen Technikwissenschaften des 19. Jahrhunderts ist die Polarisierung zwischen Theorie- und Praxisorientierung (vgl. König 2006: 203). Theoretisierung der Technik wurde hier vorrangig als Mathematisierung der Wissensgebiete verstanden und zeichnete sich durch eine dominante Ausrichtung am naturwissenschaftlichen Erkenntnismodell der Formulierung universal gültiger Sätze aus. Theorie und Praxis seien jedoch zudem, so König, zu »Schlagworten« geworden, mit denen Ausbildungsinstitutionen hierarchisch differenziert werden sollten (ebd.).

Betrachtet man diese Differenzierungen entlang der Achse Theorie/Praxis genauer, so zeigt sich, dass die THn prinzipiell eine Zwischenstellung einnahmen. So dienten die Schlagworte einerseits dazu, Universitäten von THn zu differenzieren. Andererseits wurde die Unterscheidung zwischen Theorie und Praxis auch in die andere Richtung eingesetzt, nämlich zur Distinktion von THn gegenüber technischen Mittelschulen und anderen, in der Hierarchie des Fachschulwesens niedriger angesiedelten technischen Ausbildungseinrichtungen. Verschiedene technikhistorische Arbeiten bestätigen, dass es sich bei der offensiven Verwissenschaftlichungsstrategie der Ingenieure seit Mitte des 19. Jahrhunderts in den deutschen Ländern um ein »deutsches« Spezifikum handele (vgl. u.a. Radkau 2008: 57). Das Ringen um das Selbstverständnis der Technikwissenschaften zwischen theoriegeleiteter (Natur-)Wissenschaft und praktischer Gestaltungswissenschaft entspricht daher einer zentralen Spaltung der Technikwissenschaften. Dieses, verkürzt als »deutsche Tradition« zu bezeichnende, historische Phänomen bildet mithin den Gegenstandsbereich der vorliegenden Studie.

Für den Zeitraum von 1850 bis 1900 wurde das methodologische Selbstverständnis der Technikwissenschaften, insbesondere des Maschinenbaus, von Hans-Joachim Braun (1977) aus technikhistorischer Perspektive untersucht. Braun betrachtet die internen Kontroversen im technischen Bereich als »Methodenprobleme« der entstehenden Domäne und geht davon aus, dass die sich Ende des 19. Jahrhunderts zuspitzenden Debatten erst um die Jahrhundertwende zu einem stabilen Paradigma geführt hätten (vgl. ähnlich König 1999). So zeigt Brauns Untersuchung zum einen die fachinterne Polarisierung zwischen Theorie und Praxis und das prekäre Verhältnis zu den Naturwissenschaften, das die technikwissenschaftlichen Schriften artikulieren, und zwar bezogen auf die grundlegenden methodologischen Orientierungen der Maschinenwissenschaft im 19. Jahrhundert. Zum anderen diagnostiziert Brauns Arbeit den zentralen Einschnitt, den die Verwissenschaftlichung Mitte des 19. Jahrhunderts für den technischen Bereich bedeutete. Mit ihr war zunächst der Versuch verbunden, eine bis dahin primär an der handwerklichen Praxis orientierte Arbeit zu systematisieren und die Maschinenlehre am naturwissenschaftlichen Methodenideal auszurichten. Diese Umorientierung rief sowohl überzeugte Verfechter als auch eine Vielzahl an Gegnern auf den Plan, die sich jedoch in ihren epistemologischen Argumentationsmustern alle im Spannungsfeld von Theorie versus Praxis bewegten, das den Raum möglicher Aussagen offenkundig absteckte. Braun resümiert die Debatte um Verwissenschaftlichung für die 1880er-Jahre daher so: »Dem Bestreben, eine Schwerpunktverschiebung der Maschinenwissenschaft auf ein rein theoretisches Feld hin vorzunehmen, wurde von Seiten der ›Praktiker‹ erbitterter Widerstand entgegengesetzt« (1977: 7). Dieser Widerstand habe sich zum Ende des Jahrhunderts hin weiter verstärkt und die Durchsetzungskraft des naturwissenschaftlichen Methodenverständnisses für die Technikwissenschaften zunächst entscheidend geschwächt (vgl. auch Zweckbronner 1991: 424). Die »Methodenprobleme« verblieben dabei keineswegs auf einer rein sprachlichen Ebene, sondern schlugen sich ebenso in einer jeweils anderen institutionellen Praxis nieder: Während die einen auf deduktives Schließen vom Allgemeinen auf das Besondere im Sinne naturwissenschaftlicher Theoriebildung innerhalb akademischer Institutionen setzten, waren die anderen entweder selbst auch außerhalb der Hochschule in der Industrie tätig, führten für das Ingenieurstudium ein Industriepraktikum ein oder schufen mit der Einrichtung von Maschinenlaboratorien gegen Ende des 19. Jahrhunderts an den Hochschulen Räume für die Entwicklung von experimentellen, erfahrungsgeleiteten Technikentwicklungsprozessen (vgl. Braun 1977: 7ff.). Diese Laboratorien wurden jedoch nicht im Sinne der experimentellen Naturwissenschaften verstanden, die für ihre Versuchsreihen gerade darauf angewiesen sind, künstliche Bedingungen zu schaffen und komplexe Außenbedingungen und Wirkungsfaktoren auszuschließen. Technische Erfahrungswissenschaft müsse hingegen, so die von Braun zugespitzte Unterscheidung, »um praktische Probleme bewältigen zu können, alle in der Realität vorkommenden Phänomene berücksichtigen« (1977: 10). Die Differenz zur Naturwissenschaft verläuft hier entlang der Gegensatzpaare abstrakt/konkret, reduziert/komplex und künstlich/real.

Andere Autoren, in erster Linie Gerhard Zweckbronner (1991), vertreten die Auffassung, dass mit einer solchen Praxis die Entwicklung eines neuen, genuin technikwissenschaftlichen Wissenschaftsverständnisses verbunden gewesen sei, das sich als pragmatisch-positivistische Erfahrungswissenschaft positioniert habe, die auf Basis empirischer Messung Phänomene beschreibe (vgl. 1991: 424ff.).[3]

»Der Ruf nach Experimenten und Laboratorien in den Technikwissenschaften war eine Antwort darauf, daß die technisch-industrielle Praxis vielfach den traditionellen handwerklichen Bereich verlassen hatte und neue Orientierungshilfen für die Lösung praktisch-konstruktiver Probleme suchte.« (Zweckbronner 1991: 416)

Handwerkstechnik → Laboratorien

3 | Auch bei Zweckbronner wird dieser Schwenk zu einem solchen neuen‹ technikwissenschaftlichen Wissenschaftsverständnis als professionspolitisch bedeutsamer Prozess gedeutet (vgl. 1991: 424).

Folgt man dieser Einschätzung, so ist die praxisorientierte Gegenbewegung zur theorieorientierten Verwissenschaftlichung auch im Kontext veränderter ökonomischer Verhältnisse im Verlauf der Industrialisierung in den deutschen Ländern zu sehen.

Braun (1977: 11) bringt die »Methodenprobleme« in Verbindung mit der Professionalisierung der Technikwissenschaften allgemein (vgl. weitere Studien: König 1999, Hellige 1991). So habe die Technik zunächst einmal den Nachweis der eigenen Wissenschaftlichkeit erbringen müssen, um im wissenschaftlichen Bereich überhaupt wahrgenommen zu werden. Erst in der Folge habe die diesem strategischen Ziel verpflichtete radikal szientistische Position wieder aufgeweicht werden können zugunsten einer stärkeren Praxisorientierung, die Braun als notwendige »Paradigmaverschiebung [...] zur Naturwissenschaft« (ebd.) und als der Technik eigene Herangehensweise versteht. Auch wenn man Brauns normative Orientierung bei Klärung der Frage, was die Technikwissenschaften originär sind, kritisch betrachten mag, so ist hier doch ein wesentlicher Zusammenhang erkennbar, der wissenssoziologisch interessant erscheint: Methodologische Grundauffassungen der jungen Technikwissenschaften und professionalisierungsbezogene Fragen sind eng verbunden. Technikwissenschaftliche Selbstpositionierungen erscheinen verwoben und untrennbar von Fragen nach der Positionierung in einem sozialen Raum.

1.1.4 Professionalisierung als konflikthafter Prozess

Mit der sich bei Braun, aber auch in Texten anderer TechnikhistorikerInnen, lediglich andeutenden wechselseitigen Bedingtheit von Wissen und Professionalisierung wird sich die vorliegende Studie systematischer beschäftigen. Im Zentrum stehen jene Bestimmungen des Fachs und Berufsbilds der deutschsprachigen Technikwissenschaften, die im Zuge der Verwissenschaftlichung als maßgebliches Wissen hervorgebracht sowie im Verlauf der Polarisierungen zwischen Theorie- und Praxisorientierung umgearbeitet wurden und zu zeitweiligen Stabilisierungen führten. Abgrenzungen gegenüber anderen Bereichen (dem Handwerk, den Naturwissenschaften, der Industrie) stellen, wie zu sehen war, ein prägendes Moment der deutschsprachigen Technikwissenschaften dar. Die maßgeblichen Aushandlungsprozesse um das Selbstverständnis der Technikwissenschaften und der Herausbildung des prototypischen Maschineningenieurs spielte sich, wie die herangezogenen Arbeiten zeigen, im Zeitraum von den 1850er-Jahren bis in die 1920er-Jahre ab; auf jene Phase konzentrieren sich daher die im Rahmen dieser Studie durchgeführten empirischen Untersuchungen.

Auf dieser Basis wird der Professionalisierungsprozess der Technikwissenschaften, wie er sich in Fachdebatten und Lehrbüchern artikuliert, untersucht. Professionalisierung verstehe ich dabei macht- und konflikttheoretisch. Dieses Verständnis wird in der Professionssoziologie als Kritik am funktionalistischen Idealtypus der »true profession« entwickelt, in dem (vermeintlich wesenhafte) Merkmale von Professionen benannt werden. Einwände gegen die »true profession« wurden v.a. dahingehend vorgebracht, dass sich die Soziologie mit ihrer idealtypisch ausgerichteten Begriffsarbeit selbst an der Herstellung eben jener Professionen beteilige, deren soziale Entstehungs- und Durchsetzungsprozesse sie eigentlich untersuchen wolle. Wie Angelika Wetterer in ihrer Übersicht über die Professionssoziologie in erster Linie unter Rückgriff auf Eliot Freidson (1983) und Andrew Abbott (1988) zugespitzt formuliert, zeigt sich in diesen Bemühungen um den Professionsbegriff, »dass auch soziologische Begriffsbestimmungen Teil der sozialen Konstruktion des Gegenstandes sind, um den es jeweils und je verschieden geht« (2002: 235).

Nach meiner Lesart technikhistorischer Arbeiten lassen sich jedoch sowohl hinsichtlich des Begriffs als auch der Herausbildung der Technikwissenschaften zahlreiche Unschärfen nachweisen. Aus einer funktionalistischen Perspektive könnten diese zwar als Entwicklungsetappen hin zu einem eigentlichen, genuin technischen Berufsverständnis interpretiert werden, das sich schließlich als festes Paradigma etablieren konnte. Dem widersprechen allerdings jüngere technikhistorische Arbeiten, wie etwa die von Matthias Heymann (2005), der in einer Langzeituntersuchung von Theorien technischer Konstruktion feststellt, dass die Schwankungen zwischen Theorie- und Praxisorientierung bis in die Gegenwart anhalten. Auch aus wissenssoziologischer Perspektive ist, wie einleitend verdeutlicht, *nicht* von einem neutralen und objektiven Charakter der Technik auszugehen, sondern eher davon, dass im Zuge der Professionalisierung in den theoretischen Positionen, also in den Grundauffassungen vom Fach, darum gerungen wurde, was als Technikwissenschaft gilt und mit welcher Position gesellschaftliche Anerkennung zu erlangen ist. Einer solchen Betrachtungsweise der konflikthaften Herstellung der Technikwissenschaften auf der Ebene des Wissens kann daher auch eine funktionalistisch argumentierende Professionssoziologie kaum gerecht werden.

Innerhalb der Professionssoziologie haben KritikerInnen des oben genannten funktionalistischen Professionsbegriffs sowohl historisch und empirisch als auch ideologiekritisch und wissenssoziologisch argumentiert, um auf die Vielgestaltigkeit von Professionalisierungsprozessen sowie auf die strategische Dimension von Wissen hinzuweisen. Außerdem wurden macht- und konflikttheoretische Aspekte herangezogen, um so die Frage der sozialen Kämpfe zwischen Berufen, die um die Monopolisierung von Tätigkeitsgebieten konkurrier(t)en, genauer zu verfolgen (vgl. Wetterer 2002: 241f.). Christine Roloff (1992: 136ff.) zählt zu den zentralen Merkmalen von Professionalisierungsprozessen die unmittelbare Beteiligung der AkteurInnen, die die Monopolisierung von Tätigkeiten und von Qualifikationserfordernissen vorantreiben, die Etablierung eines beruflichen Leitbildes mithilfe kollektiver beruflicher Identitäts- und Wertvorstellungen, Rollendefinitionen und einer gemeinsamen Fachsprache sowie die Gründung von

Berufsverbänden als kollektive soziale Akteure einer professionsbezogenen Interessenpolitik.[4] Solche Merkmale lassen sich für die Technikwissenschaften, wie im Folgenden noch zu sehen sein wird, nachzeichnen. Denkt man an Wetterers »Professionalisierung als einen kontextspezifischen variablen und potenziell konfliktträchtigen Prozess« (2002: 243), dann wäre auch der technische Bereich und der Ingenieurberuf erst als Resultat einer zu kontextualisierenden und prozessual zu verstehenden sozialen Genese zu begreifen, die sozialwissenschaftlich zu rekonstruieren wäre. Grenzen zu anderen Berufen bzw. zu anderen fachlichen Richtungen des wissenschaftlichen Feldes oder zu anderen Feldern wären dann nicht vorab begrifflich festzulegen, sondern empirisch zu untersuchen.

Entsprechend diesem Verständnis von Professionalisierung als Verberuflichung, als Monopolisierung von Tätigkeitsgebieten, als Abgrenzung und Hierarchisierung, mithin als umkämpfte soziale Prozesse verwende ich in meiner Studie keinen idealtypischen Professionsbegriff.[5]

1.1.5 Bildungspolitische Verteilungskämpfe zwischen heterogenen Akteuren

Die Verwissenschaftlichung der Technik war kein Selbstläufer, sondern ein hochgradig politischer Prozess, in dem Akteure der Technikwissenschaften seit Beginn des 19. Jahrhunderts in einen Kampf um die Gleichstellung der Technischen Hochschulen (*THn*) mit den Universitäten traten. Maßgebliche Protagonisten dieser bildungspolitischen Zielsetzung waren neben den Professoren der THn v.a. auch kollektive Akteure wie der VDI (vgl. König 2006: 201f.). Gesellschaftlich befanden sich die Technikwissenschaften des 19. Jahrhunderts in einer marginalisierten sozialen Position, und zwar nicht nur in einer Hinsicht. König spricht von einer mehrfachen Diskriminierung (vgl. 2006: 208): Politische und militärische Positionen besetzte der Adel, Laufbahnen in der staatlichen Verwaltung waren schwerpunktmäßig für Juristen zugänglich, das humanistische Bildungswesen war Sache des Bildungsbürgertums und die Ökonomie fest in der Hand der Kaufleute. Demnach fanden sich auf sämtlichen Feldern der Gesellschaft jeweils andere Berufs- bzw. soziale Gruppen in der ranghöchsten Stellung. Der traditionell handwerklich-gewerblich bzw. durch selbstständige Generalisten geprägte technische Bereich war in keiner Weise mit ähnlichen Privilegien ausgestattet

---

4 | Roloff (1992: 137ff.) verweist auf weitere Merkmale, die sich jedoch nicht auf den historischen Herausbildungsprozess beziehen, sondern auf die individuellen Sozialisationsprozesse in einem Fach.

5 | Ich spreche daher in der Regel von *Berufen*; wo ich *Profession* und *Professionalisierung* erwähne, geschieht dies im alltagssprachlichen Sinn bzw. in der hier benannten Begriffsverwendung.

und gewährte keinen Zugang zu Positionen mit gesellschaftlichem Einfluss, Anerkennung und entsprechender Alimentation.

Gesamtgesellschaftlich betrachtet handelt es sich bei der Verwissenschaftlichung der Technik um einen vergleichsweise unbedeutenden sozialen Prozess. Im Unterschied zu heute waren die Studierenden an Universitäten Ende des 19. Jahrhunderts zahlenmäßig eine absolute Minderheit der Bevölkerung. Die Bemühungen um Gleichstellung mit den Universitäten wie auch der parallel stattfindende Kampf der Frauen um Zugang zu den Universitäten stellt daher einen sozialen Prozess dar, der sich in einem äußerst kleinen Segment gesellschaftlicher Elitebildung abspielte (vgl. Titze 1987).

Umso bedeutender sind Schließungsprozesse im Bildungswesen, die diese Elitenbildung noch forciert haben. Wie die Studie von Wolfdietrich Jost (1982) zur Entwicklung des preußischen gewerblichen Schulsystems exemplarisch zeigt, waren mit dem gesellschaftlichen Aufstieg der Ingenieure in die akademischen Berufe im Verlauf des 19. Jahrhunderts neue strukturelle Hierarchisierungen innerhalb dieses traditionell gewerblich-technischen Bereichs verbunden. Jost untersucht hauptsächlich die verschiedenen Etappen der Regulierung des gewerblichen Schulsystems durch heterogene Akteure und weist darauf hin, dass die Ingenieure in diesem Prozess als neue Gruppe gesellschaftlicher Aufsteiger eine entscheidende bildungspolitische Rolle spielten. Ihre Strategien lassen sich auch als Geschichte der Binnendifferenzierung des technischen Bereichs lesen, die die sozialen Spannungen innerhalb der heterogenen Gruppe technischer Fachkräfte verdeutlichen. Dies kurz im Einzelnen:

Mitte des 19. Jahrhunderts entwickelte sich, so Jost (vgl. 1982: 270ff.), nach einer Phase der staatlichen Regulierung und auf Initiative der gewerblich Selbstständigen zeitweilig ein integriertes Verbundsystem von Schulen, das hierarchisch durchlässig war und den Aufstieg von Stufe zu Stufe ermöglichte, beginnend mit einem einfachen Volksschulabschluss und einer Berufsausbildung. Dieses Verbundsystem konnte sich nicht dauerhaft etablieren, sondern wurde 1880 in einer Neustrukturierung des Ausbildungsbereichs zurückgenommen (vgl. 1982: 275). Im Jahr 1900 wurde es mit dem »großen bürgerlichen Bildungskompromiß« (Jost 1982: 269) endgültig abgeschafft, da dieser neben der Gleichstellung aller höheren Schulen auch das Ausbildungswesen unterhalb der höheren Bildung neu regelte. Die Dynamiken, die zum Scheitern des Verbundsystems geführt haben, erklärt Jost mit sozialen Interessen verschiedener Akteure innerhalb des technischen Bereichs. Er spricht von einer Dynamik »von unten« (1982: 278), bei der die Ingenieure als noch relativ machtlose Gruppe mithilfe des gesamtdeutsch agierenden VDI in entscheidender Weise bildungspolitisch aktiv wurden. Einen Meilenstein setzte der 1880 vorgenommene Anschluss von technischen Bildungswegen an die allgemeine Vorbildung. Damit wurde, analog zum Universitätsstudium, die allgemeine Hochschulreife, erworben an humanistischen Gymnasien oder auch an Realgymnasien, zur formalen

Voraussetzung für die Zulassung an THn. Diese Regelung habe kaum auf einer fachlichen Grundlage beruht, »denn Unterschiede der einzelnen Fachschulen ließen sich kaum ausmachen« (Jost 1982: 272). Während der offene Verbund, der die allmähliche Aus- und Weiterbildung praktisch erfahrener Techniker zu Führungskräften in der Industrie anstrebte, im Interesse der gewerblich Selbstständigen lag, hatten die neuen, akademisch gebildeten Ingenieure qua sozialer Position andere Anliegen. Sie fanden sich in wachsendem Maße eher in abhängigen Beschäftigungsverhältnissen und waren daher stärker auf die soziale (und somit auch monetäre) Anerkennung ihrer Bildungsabschlüsse angewiesen. Aus diesem Grund habe sich, so Jost, der Professionalisierungskampf der Ingenieure auch maßgeblich auf das Thema Bildung bezogen (vgl. 1982: 275). Ihre bildungspolitischen Interventionen zielten darauf, »für Anpassung und Angleichung der gewerblichen Bildung zu kämpfen [...] an den Bildungsgang höhere Schule und Universität« (Jost 1982: 274). Mithilfe einer solchen Anpassungsstrategie habe diese neue Ingenieurelite in Richtung Partizipation an und Akkumulation von Bildungschancen des Bildungsbürgertums agiert. Insofern sei die maßgebliche Dynamik der Entwicklung des gewerblich-technischen Schulwesens nach 1850 von der Gruppe der Ingenieure ausgegangen, die mit der Annäherung an »oben« zugleich eine soziale Abgrenzung nach »unten« betrieben habe und so auf die Strukturierung des fachlich-technischen Ausbildungswesens unterhalb der THn maßgeblich Einfluss genommen habe.

Es geht hier nicht darum, die Stichhaltigkeit dieser Interpretation, Reregulierungen als soziale Interessenskonflikte zu betrachten, detailgenau zu überprüfen. Die These eröffnet einer wissenssoziologischen Untersuchung jedoch eine interessante sozialgeschichtliche Hintergrundfolie. Sie deutet darauf hin, dass die Wissensdynamiken der aufsteigenden Technikwissenschaften nicht einfach sachlich-fachlich fixiert sind, sondern auch in materiellen Verteilungskämpfen gründen, die mit entscheidenden sozialen Spaltungen innerhalb des heterogenen technischen Bereiches einhergingen.

Josts Darstellung der Regulierung decken sich für die Jahre um 1880 recht gut mit einem weiteren Befund aus der Technikgeschichte, wonach zur gleichen Zeit die Zuständigkeit für die THn in Preußen vom Handelsministerium auf das Kulturministerium übertragen wurden (vgl. Manegold 1970: 73f.). Bis zu diesem Zeitraum hatten die höheren technischen Lehranstalten alle die Hochschulverfassung erlangt und konnten nach kurzer Zeitverzögerung die Bezeichnung »Technische Hochschule« führen (vgl. ebd.). Auf dieser Grundlage war von nun an das gemeinsame Ziel die Erlangung des Rechts zur Verleihung des Doktorgrades, eine Forderung, die bald »zur Kardinalfrage der ›Technikerbewegung‹« wurde (Manegold 1970: 74). 1899 schließlich führten die bildungspolitischen Bemühungen der THn zu einem großen Erfolg, als der deutsche Kaiser Wilhelm II. den preußischen THn das Promotionsrecht verlieh und weitere deutsche Länder bald nachzogen.

Die in der vorliegenden Studie fokussierte Konzeption von »Technikwissenschaften« trägt der hier skizzierten historischen und sozialen Entwicklung Rechnung. Auf dieser Grundlage werden die Technikwissenschaften als Gegenstandsbereich betrachtet, der nicht nur mit Blick auf die sozialen Verhältnisse, sondern auch bezüglich der sozialen Konstruktion von Wissen zu historisieren ist. Inhaltlich verdeutlicht die Betrachtung des Gegenstandsbereichs außerdem, wie fundamental dieser von polarisierenden Spaltungen und der Problematik der Grenzziehung gegenüber anderen Bereichen bzw. der Zugehörigkeit zu solchen gekennzeichnet ist. Als zentrale Aspekte erweisen sich die Heterogenität und die inneren Spannungen der deutschsprachigen Technikwissenschaften. Außerdem ist zu sehen, dass Professionalisierungsbemühungen und fachliche Positionen nicht voneinander zu trennen sind. Umgekehrt lässt sich das Verhältnis zwischen Wissen und sozialen Prozessen nicht im Sinne eines Kausalzusammenhangs untersuchen, sondern lediglich als lose Kopplung, deren wissenssoziologische Fundierung im folgenden Abschnitt spezifiziert wird.

1.2 ZUR SOZIALEN KONSTRUKTION WISSENSCHAFTLICHEN WISSENS

Die in den vergangenen Jahrzehnten wohl einflussreichste Forschungsrichtung bei der Untersuchung wissenschaftlichen Wissens ist sicherlich unbestritten die neuere Wissenschaftsforschung und ihre – zumindest für weite Teile der Natur- und Technikwissenschaften – nach wie vor provokante These von der sozialen Konstruktion wissenschaftlichen Wissens. Daher soll diese These für das hier verfolgte Unternehmen fruchtbar gemacht werden, wobei sie allerdings um die Frage, was das Soziale des Wissens ist, erweitert wird. Hierfür greife ich zum einen auf Grundüberlegungen aus der französischen Wissenschaftsgeschichte zurück und begreife das Soziale als Praxis der Grenzziehung. Anschließend erläutere ich das für die Untersuchung leitende Analysekonzept der *boundary work* von Thomas Gieryn, dessen wissenssoziologisches Potenzial ich weiter profiliere, indem ich theoretische Erweiterungen im Anschluss an Foucaults Wissensbegriff und Bourdieus Feldbegriff vornehme. Zum anderen verorte ich meine Untersuchung in der Geschlechterforschung über wissenschaftliches Wissen und knüpfe an die in epistemologischen Diskussionen entwickelte Auffassung von der Koproduktion von Wissen und Geschlecht an, die auch für die Konstruktion vergeschlechtlichter Akteure zentral ist.

1.2.1 Soziologie wissenschaftlichen Wissens

Ausgelöst durch die sog. anti-positivistische Wende in der Wissenschaftsphilosophie, u.a. durch die Studien von Thomas Kuhn (1976 [1962]), sowie durch die Wiederaufnahme der Wissenssoziologie Karl Mannheims (1970 [1926], 1952 [1929])[6] hat sich in den 1970er-Jahren in Großbritannien eine neue Soziologie wissenschaftlichen Wissens ausgebildet. Bekannt wurde sie unter den Namen *sociology of scientific knowledge (SSK)* oder *Edinburgh School*. Ihr Kennzeichen ist v.a. die Untersuchung von Wissenschaft als »Wissenssystem« (vgl. Heintz 1998: 69ff.), mithin eine Abkehr von der institutionalistischen Wissenschaftssoziologie Mertons. Mit der *Edinburgh School* wird in der Regel der Anfang der neueren Wissenschaftsforschung markiert (vgl. unter anderem Sismondo 2004; Strübing 2000; Heintz 1998; Feld/Nowotny/Taschwer 1995; Taschwer 1993; Zuckerman 1988). Angesichts der zahlreich vorhandenen Übersichten über die neuere Wissenschaftsforschung konzentriere ich mich hier auf die Frage, wie das Verhältnis zwischen Wissen und Sozialem genau verstanden wird, um auf dieser Basis notwendigen theoretischen Erweiterungsbedarf zu sondieren.

In ihrem wissenschaftssoziologischen Übersichtsartikel wies Harriet Zuckerman bereits darauf hin, dass die strikte Einteilung in institutionenbezogene und wissensbezogene Forschung grundsätzlich problematisch sei, betone sie doch »a separation of the social and cognitive domains, which are in practice interconnected« (1988: 514). Diesem Einwand zufolge besteht ja die Radikalität einer Soziologie wissenschaftlichen Wissens in der Tradition Mannheims genau darin, das Soziale des Wissens zu untersuchen und so die Verknüpfung von Strukturen bzw. Kulturen der Wissenschaft und ihrer Wissensbestände zu analysieren. Es ist bekannt, dass die *Edinburgh School* eben jene Sonderstellung kritisch hinterfragte, die Mannheim dem *natur*wissenschaftlichen Wissen und insbesondere der Mathematik noch einräumte (vgl. Mannheim 1952 [2929]: 233f.). In seinem *strong programme* für die SSK formulierte David Bloor dies in programmatischer Weise: »All knowledge, whether it be in the empirical sciences or even in mathematics, should be treated, through and through, as material for investigation« (Bloor 1991 [1976]: 1).

Welche Vorstellung vom Verhältnis zwischen Wissenschaft und Gesellschaft Bloor mit dem Symmetriepostulat genau angreift, wird von Karin Knorr Cetina (1988) pointiert zusammengefasst: So benutze die bisherige Wissenschaftssoziologie, -geschichte und -philosophie

»die Unterscheidung zwischen dem ›Wissenschaftlichen‹ und dem ›Sozialen‹ dazu [...], ›bias‹, Betrug und Verzerrungen in wissenschaftlichen Ergebnissen von objektiv wahren Inhalten zu trennen. Bei Ergebnissen, die als ›falsch‹ diskreditiert wurden, wird nach so-

---

6 | Als erst Ende des 20. Jahrhunderts wiederentdeckter Pionier einer Soziologie wissenschaftlichen Wissens gilt inzwischen unbestritten auch der polnische Mediziner Ludwik Fleck (1980 [1935]), der die Begriffe des »Denkstils« und des »Denkkollektivs« bezogen auf die Inhalte der Wissenschaft selbst prägte. Zu Bedeutung und Rezeption Flecks heute vgl. u.a. Chołuj 2007.

zialen Ursprüngen gesucht, während Inhalte, solange sie als wahr gelten, durch kognitive (wissenschaftliche, rationale) Faktoren erklärt werden.« (Knorr Cetina 1988: 85)

Mit der SSK wurde diese einseitige Sichtweise hinterfragt und das Soziale nicht länger als eine Sache gesehen, die die Wissenschaft »kontaminiere« (ebd.) und so Verzerrungen und »falsche« Aussagen produziere. Bloors »Symmetrieprinzip« besagt dagegen, dass die sozialwissenschaftliche Analyse unparteiisch bleiben und davon ausgehen solle, dass dieselben gesellschaftlichen Kontexte relevant seien, wenn es darum gehe, »wahre« wie »unwahre« wissenschaftliche Aussagen zu untersuchen. Daher richte »[d]ie neuere Wissenschaftssoziologie die Mannheim'sche Frage nach der sozialen Konditionierung wissenschaftlichen Denkens insbesondere an das als ›wahr‹ und ›korrekt‹ geltende naturwissenschaftliche Wissen« (ebd.).

Bloors Ansatz wurde in der Folgezeit vielfach aufgegriffen und weiterentwickelt. Hubert Knoblauch (2005) bezieht sich auf Léon Olivé (1993), wenn er zunächst kritisch anmerkt, dass Bloor immer noch einer Korrespondenztheorie der Wahrheit folge, auch wenn ein symmetrisches Erklärungsprinzip angewendet werde. Ein weiter radikalisiertes Verständnis einer Wissenssoziologie wissenschaftlichen Wissens würde hingegen epistemologische Fragen mit einbeziehen und auch an diese soziologische Analysekriterien anlegen. Die Behauptung laute dann: »Wissenschaftliches Wissen beziehungsweise ›Wahrheit‹ ist ein Produkt sozialen Handelns – mehr noch: Sie ist ein soziales Konstrukt« (Knoblauch 2005: 245). Diese epistemologische Position aufgreifend, betrachte ich das technikwissenschaftliche Wissen der sich herausbildenden Technikwissenschaften grundsätzlich als soziale Konstruktion.

In dem Zusammenhang ist genauer zu klären, in welcher Weise diese soziale Konstruktion von Wissen verstanden wird und welche Positionen innerhalb der Wissenschaftsforschung hier im Einzelnen aufgegriffen werden können. Die an Bloor anknüpfenden Arbeiten der Wissenschaftsforschung, die wissenschaftliches Wissen als soziale Konstruktion fassen, haben für das hier verfolgte Vorhaben allerdings nur teilweise verwendbare theoretische Perspektiven entwickelt.

1.2.1.1 Interessengeleitete bzw. aushandlungsgeleitete Konstruktion von Wissen

So verfuhren diejenigen Studien, die sich auf die Inhalte wissenschaftlicher Theorie und Konzepte konzentrierten (vgl. Heintz 1998: 72ff., Pickering 1992), weitgehend ideologiekritisch oder nominalistisch, indem sie die Erklärungskraft für das Zustandekommen ihres Gegenstandes aus den – zum Teil innerhalb der marxistischen Tradition – großen gesellschaftlichen Interessenlagen und aus kommunikativen Aushandlungsprozessen innerhalb der Wissenschaft bezogen. Im einen Fall wird wissenschaftliches Wissen in einer ideologiekritischen Lesart der mannheimschen Wissenssoziologie[7] als ideologisch verzerrt verstanden, im anderen als wissenschaftsinterner, gleichwohl eigener wirklichkeitsgenerierender Prozess der Herstellung von Sozialem. Insgesamt entsteht der Eindruck, dass diese Ansätze der wissenssoziologischen Analyse naturwissenschaftlichen Wissens unter dem Druck standen, nachzuzuweisen, *dass* wissenschaftliche Wissensproduktion ein sozialer Prozess ist. Auch innerhalb der neueren Wissenschaftsforschung sind inzwischen Einwände formuliert worden. Sergio Sismondo (2004: 47) gibt unter anderem zu bedenken, dass »[i]nterest explanations are essentially rational choice explanations, in which actors do things in order to meet their goals« (ebd.); er bemängelt eine simplifizierte Sicht auf Akteure, wissenschaftliches Denken und gesellschaftliche Konflikte sowie das tendenzielle Ausgehen von einem statischen Gesellschaftsmodell.

Diesen Einwänden trägt die vorliegende Untersuchung Rechnung. Denn im Sinne von SSK müsste für die Analyse technikwissenschaftlichen Wissens folglich eine eindeutige gesellschaftliche Interessenlage der Ingenieure identifiziert werden, die als bewusstes stabiles Handlungsmotiv intentionaler Akteure vorauszusetzen ist. Wie allerdings im vorangegangenen Abschnitt zu sehen war, ist eine solche eindeutige und homogene soziale Interessenlage für die Technikwissenschaften kaum oder nur eingeschränkt auszumachen. Außerdem kann davon ausgegangen werden, dass selbst die breiter formulierte Zielsetzung des sozialen Aufstiegs nicht nahtlos in eine einzige, kausal ableitbare und alle Prozesse der Wissensproduktion überformende Strategie übersetzt wird. Ein solcher Bezug auf die SSK würde dazu tendieren, monokausale Erklärungsmuster für das Zustandekommen technikwissenschaftlicher Theoriesysteme zu produzieren und den Wissensbegriff auf die Vorstellung von einer ideologischen Verschleierung »wahrer Verhältnisse« zu reduzieren.

Die in innerwissenschaftlichen Aushandlungsprozessen verortete soziale Konstruktion von Wissen hingegen lässt die Frage offen, wie die Akteure zu ihren Vorstellungen und Konzepten kommen, kurz: wie Wissen sozial kontextualisiert ist. Das bedeutet, dass auch eine Studie, die sich den Fachdebatten einer wissenschaftlichen Domäne wie den Technikwissenschaften zuwendet, eine Vorstellung davon entwickeln muss, in welcher Weise die AkteurInnen als soziale AkteurInnen zu verstehen sind und dass das Soziale mehr ist als individuelles Deuten oder rhetorische Durchsetzung hin zu einer Schließung von Debatten.

1.2.1.2 Die handlungspraktische Konstruktion von Wissen

In kritischer Auseinandersetzung mit diesen Ansätzen hat sich eine andere, an mikrosoziologische Perspektiven anschließende sozialkonstruktivistische

---

7 | Zur zeitgenössischen Kontroverse um Mannheims Verständnis von Wissenssoziologie, insbesondere auch zur Kritik der Frankfurter Schule an Mannheim, vgl. Meja/Stehr 1982 und Horkheimer 1982 [1930].

Forschungsrichtung innerhalb der neueren Wissenschaftsforschung herausgebildet, die bis heute unter der Sammelbezeichnung *laboratory studies* v.a. im
englischsprachigen Raum von sich reden macht. Eine der prominentesten Pionierinnen, Karin Knorr Cetina (1991 [1981] und 1989), hat hierfür ein empiri-
sches Programm des Sozialkonstruktivismus formuliert, das auf die ethnographische Feldforschung kleiner Welten und deren Praxis der Wissensproduktion
und -stabilisierung setzt. Dieses Programm wurde in verschiedenen Richtungen weiter ausformuliert, die alle mehr oder weniger als Theorieperspektiven
verstanden werden, welche einem *practice turn* innerhalb der Wissenschaftsforschung zuzuordnen sind. Im Mittelpunkt stehen dabei nicht mehr die Inhalte wissenschaftlicher Konzepte, sondern verstärkt die lokalen, konkreten,
handlungsbezogenen, auch materiellen Aspekte des »Machens« im Labor als
soziale Prozesse der Konstruktion von Wissen. Die Rede ist in diesem Zusammenhang etwa von einer »mangle of practice« (Pickering 1995; zur Übersicht
vgl. auch Paulitz 2002) oder einem »actor network« (vgl. Latour 2007 [2005],
1996 und 1987; Law/Hassard 1999), in dem auch Dingen eine gewisse Hand-
lungsmacht zuerkannt wird.

Ohne die umfassende Diskussion zu dieser Forschungsrichtung auch nur annähernd wiedergeben zu können, ist theoretisch zu sondieren, welche Anknüp-
fungsmöglichkeiten für das hier verfolgte Vorhaben bestehen. Prinzipiell sind
Laboruntersuchungen zumeist empirische Feldforschungen mit teilnehmender
Beobachtung in gegenwärtigen kleinen Welten der Naturwissenschaften. Eine
Untersuchung des Zustandekommens der modernen Technikwissenschaften erfordert hingegen eine Theorieperspektive, die sich auch für historische Gegen-
standsfelder eignet. Gewichtiger ist jedoch, dass der Blick auf die soziale Mikropraxis der Herstellung von Objekten und Wissen im Sinne der Laborforschung
tendenziell eine handlungstheoretische Verkürzung impliziert, in der das Soziale des Wissens vollständig im situativen Handeln im Labor aufzugehen scheint.
Zentral scheint auch hier der Nachweis der Konstruiertheit von Wissen als Ergebnis des Laborgeschehens. Die soziale Situierung des Labors, der Akteure und
auch deren inhaltliche Positionen bleiben hingegen weitgehend bis vollständig
ausgeblendet.

Zusammenfassend ist daher der Wissenschaftstheoretikerin Mona Singer zuzustimmen, wenn sie schreibt, dass die Interpretationen des mannheimschen
Verständnisses von Wissenssoziologie weit auseinandergehen:

»Seinsverbundenheit wird sehr unterschiedlich bestimmt und so variieren die Untersuchungen zwischen makro- und mikrosoziologischen Analysen, zwischen der Fokussierung auf globale gesellschaftliche Kontexte bis hin zu kleinen Geschichten der sozialen
Beziehungen in einem Forschungslabor, zwischen solchen, die zentrale soziale Struk-
turkategorien (wie Klasse, Geschlecht, ›Rasse‹) ins Auge fassen, und solchen, die sie
ignorieren.« (Singer 2005: 161)

Dem lässt sich hinzufügen, dass mit beiden Richtungen spezifische Reduktionen des Begriffs des Sozialen und seiner Beziehung zum Wissen verbunden sind: Die an Bloor anknüpfenden, sozialkonstruktivistisch ausgerichteten Forschungsstränge weisen entweder makrotheoretische oder mikroperspektivische Engführungen auf.

1.2.1.3 Das Soziale des Wissens als Praxis der Grenzziehung

Die Leistung der Soziologie wissenschaftlichen Wissens besteht zweifellos darin, die »Gemachtheit« naturwissenschaftlicher »Fakten«-Produktion verdeutlicht zu haben. Sie bildet damit ein wesentliches Fundament, auf dem das Erkenntnisinteresse dieser Studie aufbaut, nämlich technikwissenschaftliches Wissen auf seine soziale Konstruiertheit hin kritisch zu befragen. Den Begrenzungen dieser Soziologie wissenschaftlichen Wissens soll im Folgenden mit einer theoretischen Erweiterung und Spezifizierung begegnet werden. Hierfür ist zunächst ein Gedanke der französischen Wissenschaftsgeschichte leitend.[8] Wichtige Impulse hierfür sind dem Werk des französischen Philosophen und Wissenschaftshistorikers Georges Canguilhem (2006 und 1979 [1966]) zu verdanken. Er argumentiert gegen die verbreitete Auffassung, der Gegenstand der Naturwissenschaften, die Natur, sei ein ahistorisches Phänomen und nur die Erkenntnis dieser Natur durch die Wissenschaften habe eine Geschichte. Er schlägt vielmehr vor, die Geschichte der wissenschaftlichen Gegenstandskonstitution zu analysieren:

»Die Natur ist nicht von sich aus in wissenschaftliche Gegenstände und Erscheinungen aufgeteilt. Die Wissenschaft konstituiert ihren Gegenstand vielmehr von dem Moment an, da sie eine Methode findet, um aus übereinstimmenden Sätzen eine Theorie zu bauen, die wiederum durch das Bemühen kontrolliert wird, in ihr Fehler zu entdecken.« (1979 [1966]: 29)

Wissenschaftsgeschichte nach Canguilhem beschäftigt sich genau mit diesen von der Wissenschaft konstituierten Gegenständen. Die Wissensbestände der Wissenschaften liegen diesen also nicht griffbereit gegliedert vor; sie sind keine fertig abgepackten Einheiten, die nur darauf warten, entdeckt und interpretiert zu werden. Diese Einheiten werden hingegen erst als Gegenstände des Wissens konstruiert. Canghuilhems Denkweise eröffnet damit zugleich ein wissenssoziologisches Potenzial, nämlich die Praxen der Herausbildung von wissenschaftlichen Feldern mithilfe des Absteckens von Wissensterritorien, der Konstitution von Objekten des Wissens, eingehender zu betrachten. Bei diesen Praktiken der Herstellung handelt es sich ebenso wenig um bloße Reflexe gesellschaftlicher Makrostrukturen wie um rein lokale Interaktionen. Vielmehr geht es um etwas dazwischen. Das So-

---

8 | Zum Überblick vgl. etwa Rheinberger 2007 und 2006; Hagner 2001; Daston 1998a; Dear 1995. Zentral sind hier auch die Arbeiten von Michel Foucault (u.a. 1978 [1966]) und hieran anschließende Studien (vgl. Sarasin 2006 und 2001; Sarasin/Tanner 1998).

ziale des Wissens ist in einer Praxis zu suchen, die untrennbar verbunden ist mit Prozessen der Professionalisierung, der Anerkennung und Legitimation, wie sie etwa für die deutschsprachigen Technikwissenschaften im vorangegangenen Abschnitt als konflikthafte, spannungsreiche Prozesse skizziert und theoretisch gefasst wurden. Hier handeln reale Akteure, doch nicht einfach im Sinne interessegeleiteter Agenten großmaschiger gesellschaftlicher Ungleichheitsstrukturen.

Mit Canghuilhems Auffassung von der Konstitution als ein »Aufteilen« der Natur in Wissensgegenstände, die dann spezielle Wissenschaften begründen, ist eine Praxis der Grenzziehung verbunden. Zum Beispiel fußen die Disziplinen Botanik, Zoologie und Anthropologie auf einer kategorialen Ordnung der Lebewesen, in der zwischen Pflanzen, Tieren und Menschen unterschieden wird. Versteht man das Soziale des Wissens zunächst einmal als Praxis der Grenzziehung, so hat man es auf der epistemischen Ebene mit der Hervorbringung spezifischer Wissensobjekte, Wissenschaften sowie Subjekte der Erforschung dieses Wissens zu tun. Dieser theoretischen Grundeinsicht folgend ist es daher das Anliegen dieser Studie, eine solche Praxis für die Zeit der Professionalisierung der Technikwissenschaften näher zu untersuchen.

1.2.2 *Zur genealogischen Wissenssoziologie* der boundary work

Im Rahmen der neueren Wissenschaftsforschung hat Thomas F. Gieryn das Konzept der »boundary work of science« (1994) entwickelt, das prinzipiell für die Analyse der Grenzziehungspraxis in den Technikwissenschaften fruchtbar gemacht werden kann. Es soll nun dargestellt, weiterentwickelt und dabei sozialtheoretisch schärfer profiliert werden, und zwar mit Bezug auf Foucaults Verständnis von Wissen und Genealogie sowie auf Bourdieus Konzept des sozialen Feldes. Mithin gilt es die soziologische Untersuchung technikwissenschaftlichen Wissens als genealogische Wissenssoziologie zu profilieren, die auf die diskursive Praxis der *boundary work* in einem sozialen Feld ausgerichtet ist.

1.2.2.1 *Boundary work* als Analysekonzept

Mit dem Konzept der *boundary work* greift Thomas F. Gieryn, ein Schüler Robert K. Mertons, zunächst eine zentrale Position der *Edinburgh School* auf. Konzeptuell bezieht er sich auf den bereits 1974 von Barry Barnes innerhalb der SSK entwickelten Grundgedanken der Soziologie wissenschaftlichen Wissens, die, statt normativ zu setzen, was Wissenschaft *ist*, rekonstruktiv verfährt:

»We should not seek to define science ourselves; we must seek to discover it as a segment of culture already defined by actors themselves [...]. It may be of real sociological interest to know how actors conceive the boundary between science and the rest of culture, since they may treat inside and outside very differently.« (Barnes 1974: 100; zitiert nach Gieryn 1994: 441, FN 1)

Mit diesem Vorschlag ist nicht zuletzt ein empirischer Zugang zur Wissenschaftssoziologie verbunden, der Prozesse der Herausbildung und Abgrenzung der Wissenschaft selbst zum Thema der Untersuchung macht.

Gieryn stellt den Aspekt der Grenzziehungen in den Mittelpunkt, die der
Wissenschaft einen gesellschaftlichen Sonderstatus verleihen, und legt eigene
Fallstudien vor (vgl. Gieryn 1999). Er entwickelt eine theoretische Perspektive,
die grundsätzlich von der Kontingenz dieser Grenzziehungen ausgeht und sich
auf diese Weise auf die »rhetoric of demarcation« konzentriert (Gieryn 1999: 5,
FN 8), in deren Verlauf jeweils kontextspezifische Abgrenzungen der Wissenschaft gegenüber anderen Formen der Wissensproduktion erzeugt werden. Die
Kartographie abgesteckter Räume der Wissenschaft sei eben nicht einfach sach-
lich-inhaltlich fixiert, sondern konstruiert, variabel sowie veränderlich und daher für die Soziologie interessant. AkteurInnen betrieben *boundary work* im Rahmen diskursiver Aushandlungen, die auch als soziale Anerkennungskämpfe zu
deuten seien. »The contours of science are shaped [...] by the local contingenci-
es of the moment: the adversaries then and there, the stakes, the geographically
challenged audiences.« (1999: 5) Wissenschaftliche Dispute und Uneinigkeiten,
die etwa öffentlich in den Medien ausgetragen werden, betrachtet Gieryn daher
nicht als Hinweis auf einen aktuellen Autoritätsverlust der Naturwissenschaften. Im Gegenteil belegten sie häufig gerade die derzeit hochgradig abgesicher-
te soziale Position der Wissenschaft. So müssten sogar diejenigen, die ein anderes Verständnis von der Natur als die Naturwissenschaften vertreten, ihrerseits
wissenschaftlich argumentieren, um ihre Ansätze zu legitimieren (vgl. 1999: 3).
Naturwissenschaft genieße, so die Folgerung, in gegenwärtigen Gesellschaften
eine exklusive Autorität, die es ihr erlaube, verbindliche, das heißt in der Gesellschaft als gültig anerkannte Aussagen über die Natur zu treffen. Gieryns darauf
aufbauendes Kernargument lautet:

»When credibility is publicly contested, putatively factual explanations or predictions about
nature do not move naked from lab or scientific journal into courtrooms, boardrooms, news-
rooms, or living rooms. Rather, they are clothed in sometimes elaborate representations
of science – compelling arguments for why science is uniquely best as a provider of
trustworthy knowledge, and compelling narrations for why my science (but not theirs) is
bona fide.« (Gieryn 1999: 4)

Diese Glaubwürdigkeit, die die Wissenschaft mithilfe diskursiver Mittel zu erlangen sucht, bezeichnet Gieryn als »epistemic authority« (ebd.). Epistemische Autorität versteht er als eine Form der Dominanz, die sich auf das Wissen beziehe. Es
handle sich um eine Position der Macht – »the legitimate power to define, describe,
and explain bounded domains of reality«, eingeschlossen »credible methods, reli-
able facts« (1999: 5) etc. Um die Prozesse der Herstellung epistemischer Autorität
zu fassen, entwickelt er die eingangs eingeführte Bezeichnung *boundary work*.

Gemeint ist eine Praxis der Herstellung von Wissen, bei der in Abgrenzung zu einem anderen Bereich das eigene Terrain in seiner spezifischen gesellschaftlichen Geltung markiert wird. Die Wahl einer räumlichen Metapher begründet Gieryn aus seinem Gegenstand heraus: Werde nach dem ontologischen Status der Wissenschaft gefragt, rückten alle anderen Metaphern für die Wissenschaft (z.B. das Spiel oder das Netzwerk) zugunsten räumlicher Bilder deutlich in den Hintergrund. Dann werde die Frage, was Wissenschaft sei, gerne mit dem Hinweis auf den Ort beantwortet, wo Wissenschaft im Unterschied zu anderen gesellschaftlichen Feldern zu lokalisieren sei. Mit solchen räumlichen Anordnungen werde jeweils kulturelle Bedeutung transportiert: »Maps do to nongeographical referents what they do to the earth. Boundaries differentiate this thing from that; borders create spaces with occupants homogeneous and generalized in some respect.« (Gieryn 1999: 7) Letztlich werde eine kulturelle Landschaft gezeichnet. Der Status der Wissenschaft werde so aufgrund ihrer Position in einem kulturellen Raum verstehbar gemacht und im Kontrast zu anderen Wissensarten hervorgehoben (vgl. ebd.).

Ruft man sich die im ersten Abschnitt dieses Kapitels entfalteten Überlegungen zur Herausbildung des Gegenstandsbereiches Technikwissenschaften in Erinnerung, so erweist sich die von Gieryn entwickelte Herangehensweise als grundsätzlich vielversprechende analytische Perspektive. Sie erlaubt es, die epistemischen Formationen der Technikwissenschaften und die sie charakterisierenden Aushandlungen als soziale Kämpfe um epistemische Autorität zu fokussieren.

Prinzipiell spielt die Analyse von Grenzziehungen in der sozialwissenschaftlichen Technikforschung eine konzeptuelle Schlüsselrolle, denn bislang vorliegende Arbeiten ziehen v.a. das verbreitete Verständnis von Technik als agesellschaftliches Phänomen fundamental in Zweifel (vgl. u.a. MacKenzie/Wajcman 2002 [1985]: 21ff.). Sie widersprechen der im technischen Bereich beanspruchten epistemischen Autorität, Technikentwicklung sei ein ausschließlich an Tatsachen und Naturgesetzen orientierter Prozess, und weisen auf die Rolle sozialer Faktoren in der Technikgestaltung hin, zu denen maßgeblich auch die Geschlechterdimension gehöre (vgl. dazu v.a. Faulkner 2007, 2000a; Oldenziel 1999). Technik und Technikwissenschaften sind demnach nicht per se klar abgrenzbare Bereiche, sondern das Ergebnis (mehrfacher) historischer oder alltagspraktischer Unterscheidungspraxis, die in ihren jeweiligen Ausprägungen empirisch zu rekonstruieren ist.

Für eine komplexere Betrachtung der Genese der Technikwissenschaften ist das Analysekonzept der *boundary work* allerdings sozialtheoretisch noch zu schärfen. Denn indem Gieryn seinen Untersuchungsgegenstand in Anlehnung an die SSK primär als *Rhetorik* der Herstellung epistemischer Autorität, mithin als ideologische Konstrukte der interessegeleiteten Verschleierung mittels Abgrenzung versteht, bleiben zentrale Punkte theoretisch recht holzschnittartig umrissen. Sismondos Kritik an der *Edinburgh School* (vgl. 2004: 47) kann hier auf

Gieryn übertragen werden, denn seine Auffassung von sozialen Akteuren, gesellschaftlichen Konflikten und auch wissenschaftlichem Denken wirkt unausgereift und vermittelt den Eindruck, intentional handelnde Subjekte würden ihre Standpunkte bewusst rhetorisch so formulieren, dass bestimmte soziale Segregationseffekte erzielt würden. Daher ist es erforderlich, über den *rational-choice*-orientierten analytischen Fokus hinaus zu gelangen. Richtungsweisend ist hier der Vorschlag der Wissenschaftssoziologin Petra Lucht, die soziale Konstruktionen jeglicher Grenzziehungspraxis grundsätzlich nicht als interessegeleitete Rhetorik betrachtet, sondern »als kontinuierlich stattfindende Prozesse [...], die nicht notwendigerweise explizit a priori benennbare Ziele aufweisen« (Lucht 2004: 6f.).

Im Folgenden wird aufgrund dieser Überlegungen davon ausgegangen, dass, obwohl Rhetorik sicherlich empirisch betrachtet Teil sozialer Praxis ist, diese nicht theoretisch auf Rhetorik reduziert werden kann. Wie weiter argumentiert werden wird, folgen Prozesse der *boundary work* nicht nur oder nicht schwerpunktmäßig rationalen Entscheidungen, sondern entfalten in epistemischen Deutungskämpfen ihre hartnäckigste Wirkung gerade dort, wo es um gesellschaftlich stärker normierte Vorstellungen geht und wo AkteurInnen um ihre »Wahrheiten« kämpfen. Daher möchte ich Gieryns Konzept um zwei Aspekte erweitern und entsprechend präzisieren: zum einen mit Michel Foucaults Frage nach dem Verhältnis von Wissen und Macht, zum anderen mit der Überlegung, auf welche Bezugsgröße das Soziale konkret ausgerichtet ist. Für Letzteres greife ich Pierre Bourdieus Begriff des sozialen Feldes und sein Verständnis von sozial positionierten AkteurInnen auf.

Mit diesen Erweiterungen werden zwei sozialtheoretische Richtungen einbezogen, die keineswegs nahtlos zusammenzufügen sind und die jeweils unterschiedliche Traditionen und zum Teil einander bekämpfende Positionen ausgebildet haben (vgl. Reckwitz 2008a). Insofern geht es hier *nicht* darum, all diese Theorieperspektiven *en gros* miteinander zu verschmelzen. Im Anschluss an Reckwitz (2008a) schlage ich hingegen eine punktuelle Verknüpfung mit Blick auf die theoretischen Überlegungen von Foucault und Bourdieu vor, die für die Analyse wissenschaftlichen Wissens als Grenzziehungspraxis vielversprechend erscheint. Gemeinsamer Fokus dieser Verknüpfung ist, Grenzziehungspraxis als *diskursive* Praxis zu betrachten. Damit untersuche ich nicht die sozialen Handlungspraktiken in ihrer materiellen und/oder strukturellen Dimension in der technischen Domäne selbst, sondern die Diskurse und die Art und Weise, wie diskursiv agiert wird.

1.2.2.2 Foucaults genealogischer Wissensbegriff

Mit dem Foucaultschen Wissensbegriff, wie er in den 1970er-Jahren in Abgrenzung zur Ideologiekritik akzentuiert wurde, stellt man in Rechnung, dass die AkteurInnen nicht einfach aufgrund strategischer Interessen eine bestimmte Auffassung oder Überzeugung vorgeben und eine dahinter verborgene Wahrheit verschleiern, die es dann durch die sozialwissenschaftliche Analyse zu enthüllen gilt. Diese Problematik des Verhältnisses zwischen Ideologie und (wissenschaftlicher) Wahrheit verdeutlicht Foucault in seiner Auseinandersetzung mit dem Ideologiebegriff im Rahmen eines Interviews über »Wahrheit und Macht« (1978). Diskursanalyse sei nicht Enthüllung einer Wahrheit, denn eine solche Herangehensweise würde bedeuten, für sich selbst die Position der Wahrheit zu beanspruchen. Demgegenüber vertritt Foucault die Auffassung, dass

»das Problem nicht darin besteht, Unterscheidungen herzustellen zwischen dem, was in einem Diskurs von der Wissenschaftlichkeit und von der Wahrheit, und dem, was von etwas anderem abhängt, sondern darin, historisch zu sehen, wie Wahrheitswirkungen im Innern von Diskursen entstehen, die in sich weder wahr noch falsch sind« (1978: 34).

Damit verweigert er die in ideologiekritischen Ansätzen tendenziell verankerte Annahme, eine wirklichkeitsadäquate, »richtige« Wahrnehmung der Verhältnisse sei grundsätzlich möglich; es bedürfe nur ihrer Freilegung, es gelte nur den Vorhang beiseite zu ziehen, um die verborgenen Interessen der Rede und somit die wahren Verhältnisse sichtbar zu machen. Foucault begibt sich hingegen mit seinen Überlegungen zur Diskursanalyse auf die Spur der (auch konfligierenden) Deutungen der Verhältnisse und beschreibt die sich diskursiv durchsetzenden Versionen von Wirklichkeit als gültiges bzw. Gültigkeit beanspruchendes oder als gültig wahrgenommenes Wissen. Die vorliegende Studie der Grenzziehungspraxis der Technikwissenschaften lässt sich von einer solchen Perspektive auf Wissen leiten. Wissen gerade nicht als Ideologie zu begreifen ermöglicht es, die Äußerungen von AkteurInnen als etwas zu betrachten, was diese im buchstäblichen Sinne des Wortes unhinterfragt *wissen*, das heißt: wovon sie tatsächlich überzeugt sind, was ihnen als die historisch und kontextbezogen jeweils adäquate Sichtweise der Dinge erscheint, woran sie möglicherweise zutiefst glauben bzw. worauf sie sich selbstverständlich, im Sinne gültigen (Alltags-)Wissens, berufen. Damit geht zunächst einmal ein Verständnis von Wissen als Diskurs einher und die Auffassung, dass sich Diskurse nicht vor eine scheinbar eindeutig bestimmbare Realität der Verhältnisse schieben, sondern mit ihrer Hilfe Verhältnisse und die in ihnen herrschenden Differenzierungen erst konstituiert werden. Eben jenen Zusammenhang zwischen Wissen und Macht hat Foucault in seiner Weiterentwicklung der Diskursanalyse von der »Archäologie« in Richtung »Genealogie« verdeutlicht (vgl. Lemke 1997: 38-67). Diese Weiterentwicklung erfolgt im Kontext zu Überlegungen zu Gefängnissen und Disziplinarmacht. In einem Interview dazu führt Foucault aus, dass

»Macht und Wissen einander unmittelbar einschließen; daß es keine Machtbeziehung gibt, ohne daß sich ein entsprechendes Wissensfeld konstituiert, und kein Wissen, das nicht gleichzeitig Machtbeziehungen voraussetzt und konstituiert. Diese Macht/

Wissen-Beziehungen sind darum nicht von einem Erkenntnissubjekt aus zu analysieren, das gegenüber dem Machtsystem frei oder unfrei ist. Vielmehr ist in Betracht zu ziehen, daß das erkennende Subjekt, das zu erkennende Objekt und die Erkenntnisweisen jeweils Effekte jener fundamentalen Macht/Wissen-Komplexe und ihrer historischen Transformation bilden.« (1994 [1975]: 39)

Dieses Verständnis von Wissen als Feld der Macht, auf dem Subjekte und Objekte erst in strukturierter Weise gebildet und angeordnet werden, kann für die Untersuchung von *boundary-work*-Prozessen zielführend sein. In der Analyse von technikwissenschaftlichem Wissen soll es daher *nicht* um die Rekonstruktion vermeintlich »falscher« Auffassungen vom Ingenieur gehen, sondern um die materialbezogene Analyse von Wissensformationen, und zwar sowohl solchen, die von AkteurInnen als alltäglich vorausgesetzt werden, als auch solchen, die sie gegenüber anderen akzentuieren, als relevant hervorheben. Außerdem gilt es zu analysieren, mithilfe welcher Abgrenzungskriterien Wissen geordnet und autorisiert bzw. marginalisiert oder diskreditiert wird.

Auf dieser Ebene ist die Produktion wissenschaftlichen Wissens und seine Grenzziehungsarbeit stets als Teil gesellschaftlicher Wissensordnungen und diskursiver Formationen zu verstehen, die den Akteuren und Akteurinnen subjektiv nicht vollständig verfügbar sind und in denen diese selbst erst mit entworfen werden. Die AkteurInnen wären daher, folgt man Foucaults Argumentation in diesem Punkt noch ein Stück weiter, nicht als Subjekte im Sinne der modernen abendländischen Aufklärungsphilosophie zu begreifen, sondern selbst als konstituiert. In seiner programmatischen Formulierung betont Foucault die aus seiner Sicht notwendige Verabschiedung von der Vorstellung eines über die Geschichte verfügenden Subjekts:

»Man muß sich vom konstituierenden Subjekt, vom Subjekt selbst befreien, d.h. zu einer Geschichtsanalyse gelangen, die die Konstitution des Subjekts im geschichtlichen Zusammenhang zu klären vermag. Und genau das würde ich Genealogie nennen, d.h. eine Form der Geschichte, die von der Konstitution von Wissen, von Diskursen, von Gegenstandsfeldern usw. berichtet, ohne sich auf ein Subjekt beziehen zu müssen, das das Feld der Ereignisse transzendiert und es mit seiner leeren Identität die ganze Geschichte hindurch besetzt.« (1978: 32)

Unter der genealogischen Perspektive wird Gieryns *boundary work* zu einer Analyse der wechselseitigen Konstitution von Gegenstandsfeldern und Subjekten der Erkenntnis. Mit dem Begriff der Genealogie ist in Foucaults Werk der 1970er-Jahre eine dezidiert auf Machtanalytik ausgerichtete Diskursanalyse verbunden, die Macht als dezentral begreift und damit auch die Taktiken und Konflikte um »wahre« Deutungen der Welt. Auf diese Weise ist die Konstitution von Wissen zwar nicht kausal aus sozialen Verhältnissen abzuleiten, doch stets untrennbar mit sozialen Prozessen verbunden, mithin Teil dieser Prozesse. Laut Martin Saar handelt es sich bei der genealogischen Perspektive um eine Verschiebung von der Analyse von Denksystemen »hin zu Praktiken und Kämpfen, in denen sich Bedeutungen erst bilden« (Saar 2007: 197). Anders formuliert: Es geht um diskursive Praktiken als Machtdynamiken in einem Feld sozialer Kämpfe, die u.a. in strategischen Äußerungen und symbolischen Distinktionspraktiken ausgetragen werden. Strategisch bedeutet in diesem Zusammenhang eben nicht zwingend intentionales Handeln und rationales Kalkül, sondern ein Operieren im Diskurs, d.h. im historisch-spezifischen Möglichkeitsraum des Sag- und Denkbaren (vgl. Lemke 1997: 45f.), den die Akteure nicht selbst geschaffen haben, der ihnen nicht vollständig bewusst sein kann und über den sie nur begrenzt verfügen.

Übertragen auf die Genese der Technikwissenschaften wird hier also *boundary work* als zentrales Mittel diskursiver Kämpfe untersucht, in denen die AkteurInnen ihre Gegenstände und sich selbst, das heißt das Fach, seine Objekte und den Beruf, entwerfen bzw. um deutungsmächtige Interpretationen für diese ringen. Dies geschieht im sozialen Raum und durch seine AkteurInnen. Allerdings ist mehrfach eingewendet worden, dass der Bezug zwischen diskursiven und nicht-diskursiven Verhältnissen bei Foucault vage formuliert sei (vgl. Lemke 1997: 48; Joas/Knöbl 2004: 503ff.). Was ist ein Feld sozialer Kämpfe, wer kämpft darin und wie kann das Verhältnis zwischen diskursiven Praktiken und sozialen Machtverhältnissen verstanden werden? Offene Fragen ergeben sich in diesem Zusammenhang ebenso hinsichtlich des Subjekts. Foucault verdeutlicht, dass auch das Subjekt des Sprechens im Diskurs konstituiert wird und daher keine unabhängige, sich seiner Verhältnisse und seiner selbst vollkommen bewusste Quelle von Sinnproduktion darstellt. Dieser Punkt ist noch etwas genauer zu fassen, da das diskursiv konstituierte Subjekt auch immer Akteur diskursiver Praxis ist und als sozial situierter Akteur nicht im luftleeren Raum schwebt. Um diese weiteren Präzisierungen zu leisten, verbinde ich das bisher entwickelte Verständnis einer genealogischen Wissenssoziologie punktuell mit Pierre Bourdieus Soziologie, und zwar nehme ich seinen Feld- und Akteursbegriff in den vorliegenden Theorierahmen auf.

1.2.2.3 Bourdieus Feld- und Akteursbegriff

Die Integration von Bourdieus Perspektive auf den sozialen Raum erlaubt, die mit der Untersuchung diskursiver Praxis verbundene diskursimmanente Analyse tendenziell zu erweitern und Wissensproduktion als Teil sozialer Praxis zu begreifen. Bourdieu hat in seiner wissenschaftssoziologischen Studie »Homo academicus« selbst auf diesen Aspekt hingewiesen, wenn er dafür plädiert, das Produktionsfeld des Wissens einzubeziehen, und so eine hermetische Isolierung von kulturellen Texten von ihren »Produktions- und Verwendungsbedingungen« (Bourdieu 1992 [1984]: 17) kritisiert. Es gilt seinem Ansatz gemäß daher beide Bereiche, »den Raum der Werke oder Diskurse im Sinne unterschiedlicher

Stellungnahmen – und den Raum der Positionen derjenigen, die jene schaffen«
(ebd.), zu verknüpfen. Wenngleich Bourdieu seinerseits dazu neigt, das Handeln
von AkteurInnen, die im sozialen Raum positioniert sind, auf interessegeleite-
tes Handeln zuzuspitzen (zur Diskussion vgl. Bourdieu/Wacquant 2006 [1992]:
147-149), so bietet v.a. der mit seiner Sichtweise verbundene differenzierte Raum-
begriff doch die Chance, Wissensproduktion stärker sozial zu situieren. Ebenso
ist sein Akteursbegriff dazu geeignet, kognitiv-intentionalen Verkürzungen zu
entgehen. Insofern bietet Bourdieus Denken ein komplexeres Theorieangebot,
um Gieryns räumliche Metapher der *boundary work* und die damit verbundenen
Fragen des Verhältnisses von Wissen und Sozialem weiter zu klären. Explizit verweist Bourdieu darauf, dass es nicht allein die politischen Äußerungen von AkteurInnen der Wissenschaft sind, die als Teil sozialer Positionskämpfe verstanden
werden können, sondern »auch die Werke selbst« (Bourdieu 1992 [1984]: 18), das
heißt auch jene Texte, die gemeinhin als rein fachlich gelten. Bourdieus Arbeiten können, nimmt man ihn hier beim Wort, damit als grundsätzlich anschlussfähig an eine genealogische Wissenssoziologie, wie sie hier vorgeschlagen wird,
betrachtet werden.[9] Als ertragreich erweist sich jedoch insbesondere sein Konzept des »sozialen Feldes«, das eine Spezifikation dessen erlaubt, was bislang als
gesellschaftlicher Kontext wissenschaftlicher Wissensproduktion bzw. als soziale
Machtverhältnisse recht holzschnittartig geblieben ist. Demgegenüber kann mit
Bourdieu das Soziale des Wissens konkreter auf soziale Kämpfe innerhalb eines
sozialen Feldes bezogen werden.

Bourdieus Feldbegriff zielt darauf ab, differenzierte Teilbereiche der modernen
Gesellschaft aus ihrer Genese und Logik heraus zu verstehen, um sozialwissenschaftlich beschreiben zu können, welchen Legitimations- und Anerkennungs-
logiken die AkteurInnen folgen und mit welchen Mitteln innerhalb dieser Logiken
operiert werden kann (vgl. Fuchs-Heinritz/König 2005: 142, FN 44). Mit Bezug
auf Marx spricht sich Bourdieu dafür aus, »objektive« Verhältnisse, in denen Individuen agieren, zu fokussieren, und wendet sich damit gegen eine handlungstheoretische Mikroperspektive: »Was in der sozialen Welt existiert, sind Relationen – nicht Interaktionen oder intersubjektive Beziehungen zwischen Akteuren,
sondern objektive Relationen, die ›unabhängig vom Bewußtsein oder Willen der
Individuen‹ bestehen.« (Bourdieu/Wacquant 2006 [1992]: 127) So handeln Akteur-
Innen stets bezogen auf die Relationen ihres jeweiligen Feldes mit dem Anliegen, sich in diesem vorteilhaft zu positionieren bzw. Positionsgewinne zu erzielen. Wie ein Feld funktioniert, was in ihm von Wert ist, was zum eigenen Gewinn
eingesetzt werden kann, ist nicht für alle Felder gleich. Im ökonomischen Feld
sind andere Mittel zielführend als etwa im wissenschaftlichen Feld, in dem z.B.

---

9 | Zur aktuellen Diskussion um die Anschlussfähigkeit von Bourdieus wissenschafts
soziologischen Arbeiten (1975 und 2004) an die neuere Wissenschaftsforschung vgl.
Burri 2008; Sismondo 2011.

statt oder neben Geld v.a. Reputation zählt. Mit der Metapher des Spiels und unter Einbezug eines differenzierten Kapitalbegriffs (vgl. Bourdieu 1983) erläutert Bourdieu diese Funktionsweisen sozialer Praxis in einem Feld. Die SpielerInnen

»verfügen über Trümpfe, mit denen sie andere ausstechen können und deren Wert je nach Spiel variiert: So wie der relative Wert der Karten je nach Spiel ein anderer ist, so variiert auch die Hierarchie der verschiedenen Kapitalsorten (ökonomisch, kulturell, sozial, symbolisch) in verschiedenen Feldern.« (Bourdieu/Wacquant 2006: [1992]: 128)

Bourdieu unterstellt eine relative Autonomie der einzelnen Felder, die sich daran zeige, dass die Regeln des einen Feldes an der Grenze zum anderen Feld ihre Gültigkeit verlieren: »Die Grenzen des Feldes liegen dort, wo die Feldeffekte aufhören.« (Bourdieu/Wacquant 2006 [1992]: 131) Der Grenzübertritt bzw. der Zugang zu einem anderen Feld erfordere also eine Neubewertung der »Trümpfe« und eine Neuausrichtung der strategischen Einsätze im Spiel um die in einem Feld zu vergebenden Positionen. Die Ermittlung der Grenzen von Feldern sei daher keine systematische, sondern eine Frage der empirischen Forschung.

Wenn man das in einem Feld artikulierte Wissen untersucht, sind demnach auch die Positionen der Akteure im Feld zu bestimmen: Welches Kapital haben sie akkumuliert oder nicht (symbolisches Kapital durch Anerkennung, institutionelle Macht durch gehobene Positionen)? Im Anschluss daran gehe ich davon aus, dass die *diskursive* Praxis ebenfalls rückgebunden ist an die Logik des jeweiligen sozialen Feldes, auf dem Akteure »spielen«. Vor dem Hintergrund der Bourdieu'schen Verknüpfung von Diskursen (Werken) und Positionen ist außerdem anzunehmen, dass alle Praktiken, also auch die Werke, Spielzüge im Wettbewerb um Positionen darstellen (können).

Diese Dimension des Wissens und der Diskurse einzubeziehen ist für die wissenschaftssoziologische Forschung, die an Bourdieu anknüpft, nicht selbstverständlich. So werden etwa von Beate Krais, die die Geschlechterverhältnisse in der Wissenschaft in den Blick fasst, doch die sozialen Praktiken theoretisch wie empirisch in den Mittelpunkt gerückt. Zwar spricht sich Krais nicht dagegen aus, die diskursive Ebene in die Analyse zu integrieren, und unterscheidet systematisch zwischen der epistemischen Dimension der Wissenschaft und der sozialen. Die soziale Dimension beziehe sich v.a. auf die alltägliche Praxis der Wissenschaft sowie auf deren Organisation, Strukturen und Hierarchien. In einer Untersuchung der »Praxis des ›Wissenschaft-Machens‹« (ebd.) sollte das

»Epistemische allerdings [...] nicht prinzipiell außer acht gelassen werden: Wenn die Beziehungen zwischen beiden Dimensionen auch kontingent sind, so gibt es sie doch. Vor allem, wenn man Fachkulturen untersucht, wird man auf so etwas wie ›Wahlverwandtschaften‹ zwischen bestimmten Aspekten der Organisation der fachspezifischen scientific community und epistemischen Aspekten des Fachs stoßen.« (Krais 2000: 35)

Allerdings vertritt sie die Ansicht, dass die Untersuchung des Epistemischen unzureichend sei, wenn es um die Analyse sozialer Ungleichheiten und Segmentie-
rungen in der Wissenschaft gehe: »Epistemische Faktoren können jedoch nicht
plausibel machen, warum beispielsweise in Frankreich deutlich mehr Frauen
Naturwissenschaften studieren oder Ingenieurinnen werden als in Deutschland
oder weshalb es in der Psychologie mehr Frauen gibt als in der Physik« (ebd.).
Daher plädiert Krais für die Konzentration auf die soziale Dimension, um zu beschreiben, wie Ausschlussmechanismen in einem Feld funktionieren. Zu Recht
weist sie darauf hin, dass die Analyse geschlechterbezogener Segregationspro-
zesse dringend der eingehenden Betrachtung sozialer Verdrängungspraktiken
bedürfen, die für ein Feld spezifisch sein können. Dennoch plädiere ich für eine
stärkere Berücksichtigung der epistemischen Ebene. So ergibt sich doch auch die
Frage, ob fachlich gebundene Denkweisen, Kenntnisse und Standards, also das
fachliche Wissen, in allen Ländern gleich sind, ob die »Fakten«-Produktion also
als kulturunabhängig und universell verstanden werden kann, wie sich dies in
Krais' ländervergleichender Argumentation andeutet. Folgt man, wie oben ausgeführt, sowohl den Grundeinsichten der neueren Wissenschaftsforschung als
auch Canguilhems Vorstellung, dass die Gegenstände der Wissenschaften eine
Geschichte haben, dann ist sehr wohl von unterschiedlichen Wissensbeständen
in unterschiedlichen (hier: nationalen) Kontexten auszugehen. Im Rahmen dieser Studie wird daher das Epistemische in den Mittelpunkt gestellt, wenn es darum geht, die Vergeschlechtlichungsprozesse innerhalb der modernen Technikwissenschaften in der »deutschen Tradition« nachzuzeichnen.

Eine kurze Zwischenbilanz: Bourdieu betrachtet soziale Kämpfe und Schach-
züge, in denen die Akteure sich in einem komplexen Feld der Macht bewegen. An
dieser Stelle zeichnet sich eine Nähe zu Foucaults macht- und konfliktorientierter
genealogischer Perspektive ab. Während Foucault indessen die diskursiven Praktiken untersucht, gilt Bourdieus Hauptaugenmerk den sozialen Praktiken. Doch
ebenso wie bei Foucault ist für Bourdieu das Spiel um Positionierungen in einem
Feld keine intentional-koginitive Leistung, sondern eher als implizit verbleibende
Angelegenheit zu verstehen. Bourdieus Verständnis von sozialen Aushandlungen
der Positionierung in einem sozialen Feld als Kämpfe mag zu Fehlinterpretationen
hinsichtlich der Intentionalität der beteiligten Akteure verleiten.

Doch Bourdieu hat diesen Akteursbegriff dezidierter ausgearbeitet. Wenn AkteurInnen sich spielend im Feld bewegen, habe dies nichts »mit einem bewußten
oder überlegten Engagement« (Bourdieu/Wacquant 2006 [1992]: 128) zu tun,
sondern mit habituellen, sozial erworbenen Fähigkeiten. AkteurInnen agieren
entsprechend ihrem Habitus, d.h. entsprechend sozialen Dispositionen in Form
von inkorporierten, unbewussten Wahrnehmungs-, Beurteilungs- und Deutungs-
schemata (vgl. Bourdieu 1997 [1985]). Habitus setzt Bourdieu als Scharnierbegriff
ein, der gerade die vom Individuum »einverleibte« Gesellschaft erfassen soll.
»[D]as Individuum ist auch in seinem Innern vergesellschaftetes Individuum,

ausgestattet (und auch begrenzt) durch präformierte Denk- und Handlungsdispositionen, die es zur sozialen Praxis befähigen.« (Fuchs-Heinritz/König 2005: 114) Diese Vergesellschaftung klärt Bourdieu zum einen bezogen auf die Klassenlage detaillierter und geht zum anderen zusätzlich von feldspezifischen Habitusformen aus. Bekanntlich sind Habitus und Feld bei Bourdieu aufs Engste miteinander verzahnt.

Daran anschließend werden AkteurInnen im Rahmen dieser Studie im Hinblick auf die sozialen Logiken und die jeweilige Anerkennungspraxis ihres Feldes, der Technikwissenschaften, als soziale AkteurInnen betrachtet. Das bedeutet im Bourdieuschen Sinne, wie Katharina Scherke (2006: 183) herausgestellt hat, ihnen eine vermittelte Position zuzuerkennen, das heißt sie weder als reine Instanzen der Erzeugung subjektiven Sinns noch umgekehrt als durch und durch von gesellschaftlichen Strukturen determiniert zu verstehen. Demnach ist davon auszugehen, dass den AkteurInnen ihre strategischen Einsätze nur partiell bewusst sind, dass sie sozial konstruierte Deutungsmuster aufgreifen (und perpetuieren) und zu einem großen Anteil unhinterfragt und habitualisiert der Logik des sozialen Feldes folgen.

So wie die Positionen in einem Feld (historisch) umkämpft sind, sind es für Bourdieu auch die Spielregeln eines jeden Feldes und die Positionen der Felder zueinander. Ausgehend davon lässt sich das diese Studie leitende Verständnis von *boundary work* formulieren: Es handelt sich um konflikthafte soziale Kämpfe um die Konstituierung, Autorisierung und Etablierung von Wissensterritorien, in denen die Emergenz, Sicherung oder auch Erweiterung eines sozialen Feldes bzw. einer Domäne eines Feldes auf dem Spiel steht. Von besonderem Interesse ist, hier die Wissensproduktion der Technikwissenschaften im Zuge der Verwissenschaftlichung als eine soziale Praxis zu analysieren, die mit dem Eintritt der Technik in das wissenschaftliche Feld verbunden ist. Äußerungen von AkteurInnen der Technikwissenschaften stehen daher im sozialen Kontext der Kämpfe um Zugang zur Wissenschaft und der Vermessung und Positionierung der eigenen, technischen, Domäne innerhalb dieses sozialen Feldes und seiner Regeln.

Im Rahmen einer sowohl an Foucaults genealogischen Wissensbegriff als auch an Bourdieus Verständnis von sozialen Feldern orientierten wissenssoziologischen Untersuchung der epistemischen *boundary work* der Technikwissenschaften werden verschiedene Aspekte der Wissensproduktion in die Analyse integriert: Zu hinterfragen ist, wie (die wichtigsten) AkteurInnen im Feld positioniert sind, welcher Aussagelogik ihre Äußerungen folgen, welche Abgrenzungskriterien wie ins Spiel gebracht werden und mit welchem Habitus des Sprechens und Argumentierens die AkteurInnen in Erscheinung treten. Von zentralem Interesse ist, wie die AkteurInnen der sich herausbildenden modernen Technikwissenschaften innerhalb der sozialen Logik des wissenschaftlichen Feldes agieren – eben jenes Feldes, dem sie zugehören wollen bzw. das sie besetzen wollen. Wie Sabine Hark (2005) herausstellt, die die Genese des akademischen Feminismus in den letzten Jahrzehnten des 20. Jahrhunderts aus einer Bourdieu'schen Perspektive wissenssoziologisch untersucht hat, ist Wissensproduktion in sozialen Feldern v.a. durch »Umstrittenheit« (Hark 2006: 19) gekennzeichnet. Die Wissensproduktion erscheint dann eingebunden in Kämpfe um soziale Positionierungen, als dynamisch und tendenziell eher unabgeschlossener sozialer Prozess. Gemäß Hark lässt sich folglich auch die diskursive Praxis der Grenzziehungen als unabgeschlossenes Projekt betrachten. Sie vertritt die Position,

»dass jede Wissensformation beständig im Werden ist, das heißt in einer Kette heterogener Praktiken, in theoriepolitischen und disziplinären Auseinandersetzungen, durch Grenzziehungs- und Grenzverwerfungsprozesse performativ hervorgebracht wird« (Hark 2006: 20).

Richtet man eine Untersuchung in dieser Weise theoretisch aus, so kann es nicht darum gehen, den Gegenstand der Analyse in einem zeittypischen Paradigma zu fixieren. Vielmehr ist Wissen als Einsatz in einem sozial umkämpften Raum zu betrachten. Es bedeutet außerdem, von einer Praxis diskursiver Kämpfe auszugehen, die weniger von radikalem Umsturz denn strategisch erzielten Verschiebungen gekennzeichnet ist.

Welche Rolle spielt bei einer solchen Herangehensweise die Kategorie Geschlecht? Geht es um die Positionierung von Frauen und Männern im wissenschaftlichen Feld? Wie im Folgenden genauer erläutert wird, verwende ich im Rahmen dieser Studie Geschlecht als Analysekategorie. Damit frage ich nicht nach strukturellen Ausgrenzungen, sondern danach, wie Grenzziehungen in einem sozialen Feld auch unter Einsatz von sozialen Wissensbeständen vorgenommen werden – wie etwa mittels (historisch spezifischer) sozialer Konstruktionen von Geschlecht, die sich als Einsatz im Spiel eignen. Welche Konstruktionen dies jeweils sind und wie sie zur Markierung von Grenzen des Feldes symbolisch verwendet werden, soll in der empirischen Untersuchung rekonstruiert werden. Zuvor ist allerdings theoretisch zu klären, was es heißt, dass diskursive Grenzziehungspraxis vergeschlechtlichtes Wissen und vergeschlechtlichte AkteurInnen konstituiert.

Hierfür werden zusätzliche Erklärungsmodelle aus der feministischen Naturwissenschaftsforschung und geschlechterkritisch argumentierenden Wissenschaftstheorie benötigt. Sie geben darüber Auskunft, wie das Soziale des wissenschaftlichen Wissens im Hinblick auf Geschlechterverhältnisse zu verstehen ist. Diese Theoriebildung scheint mir ein entscheidender, bislang zu wenig gewürdigter Beitrag zu einer Soziologie wissenschaftlichen Wissens zu sein. Folglich gilt es die hier unternommene Untersuchung theoretisch stärker in dieser Soziologie zu verorten.

1.2.3 Das Geschlecht technikwissenschaftlichen Wissens

Die Untersuchung wissenschaftlichen Wissens innerhalb der Geschlechterforschung zu den Naturwissenschaften hat eine langjährige Tradition, was sich u.a. in einer regen Theorie- und Methodenentwicklung äußerte, die auch impulsgebend für die Geschlechterforschung insgesamt war und ist. So wurden gerade naturwissenschaftliche »Fakten« über Geschlecht als dessen soziale Konstruktionen analysiert. Auf diese Weise konnten eben jene Naturalisierungen des gesellschaftlichen Geschlechterverhältnisses nachdrücklich in Zweifel gezogen werden, die mit der epistemischen Autorität der modernen Naturwissenschaften zur vermeintlich unumstößlichen »natürlichen« Tatsache erhoben worden waren. Im Folgenden wird zunächst die hier unternommene Untersuchung der Technikwissenschaften systematisch in die vorhandenen Forschungsansätze eingeordnet.[10]

1.2.3.1 »Gender in science«

Eine mittlerweile fast paradigmatisch gewordene Systematik der verschiedenen Dimensionen, in denen die Forschung das Verhältnis zwischen (Natur-)Wissenschaft und Geschlecht hinterfragt, wurde Mitte der 1990er-Jahre von Evelyn Fox Keller vorgeschlagen. Sie gibt auch ersten Aufschluss über die tendenzielle Entwicklungsrichtung, die das Forschungsgebiet eingeschlagen hat:[11] Den Anfang machte schwerpunktmäßig die Wiederentdeckung der von der Wissenschaftsgeschichte »vergessenen« (Natur-)Wissenschaftlerinnen, der *women in science*, wobei sowohl deren Leistungen als auch die Analyse der strukturellen Barrieren, denen die Frauen in der Wissenschaft gegenüberstanden, einbezogen wurden. Die *women-in-science*-Perspektive zielte und zielt vorrangig darauf ab, den Mythos von der »männlichen« Wissenschaft aufzubrechen. Parallel, zeitlich nur etwas später, begann die Geschlechterforschung damit, sich verstärkt der epistemischen Ebene der Wissenschaften zuzuwenden. Keller unterteilt die entsprechenden Arbeiten in zwei Gruppen. Einerseits gebe es Studien zur Frage der *science of gender*. Sie setzen sich kritisch mit den Theorien und Konzepten jener naturwissenschaftlichen Disziplinen auseinander, in denen Geschlecht selbst ein expliziter Gegenstand der Forschung ist, wie z.B. in der Biologie. Andererseits bündelt Keller unter der Bezeichnung *gender in science* Forschungen, die sich mit Fächern wie der Physik oder der Chemie beschäftigen. In diesen ist Geschlecht eben kein expliziter Gegenstand, sondern bleibt häufig implizit unterlegt und kommt vorwiegend

---

10 | Zur detaillierteren Darstellung der feministischen Naturwissenschaftsforschung vgl. Ebeling/Schmitz 2006; Wiesner 2002; Schiebinger 2000 [1999]; Petersen/Mauss 1998; Orland/Rössler 1995; zum Stand der feministischen Technikforschung vgl. Wajcman 2004 und 2002; Degele 2002.

11 | Zur umfassenderen Orientierung vgl. auch Heinsohn 1998.

latent bzw. bildhaft vermittelt zum Ausdruck.[12] Diese latenten Vergeschlechtlichungen erlangen allerdings im Gewand der Wissenschaft jene Autorität und Legitimität, die moderne Gesellschaften als objektiv bzw. wahr eingeschätzten wissenschaftlichen Aussagen zuerkennen.

Die vorliegende Untersuchung lässt sich grundsätzlich in der *gender-in-science*-Kategorie systematisch verorten. Erstens adressiert sie ebenfalls die epistemische Dimension. Zweitens beanspruchen auch die Technikwissenschaften nicht für sich, Geschlecht als Forschungsgegenstand zu behandeln. Anknüpfend an Keller ist folglich davon auszugehen, dass in den Konzeptionen von Technik sowie in den Gestaltungsweisen technischer Artefakte gesellschaftlich verankerte Bilder von Geschlecht transportiert werden oder stellenweise eher beiläufig zum Ausdruck kommen.

1.2.3.2 Vergeschlechtlichung, Koproduktion

Diese Verortung impliziert die grundsätzliche Annahme, dass sich wissenschaftliches Wissen und Alltagswissen überlagern und ein wechselseitiger Austausch zwischen ihnen besteht. Im Einklang mit der neueren Wissenschaftsforschung ist damit auch gesagt, dass alltagsweltliche Geschlechternormen nicht einfach Objektivität verzerren, sondern die unhintergehbaren gesellschaftlichen Voraussetzungen und Produktionsmöglichkeiten von wissenschaftlichem Wissen darstellen, wenn auch nicht monolithisch und dauerhaft stabil. Die Produktion von wissenschaftlichem Wissen ereignet sich somit, allgemein formuliert, innerhalb gesellschaftlicher Machtverhältnisse und ihrer Unterscheidungen zwischen oben und unten, rational und irrational etc., die sich in spezifischer Weise historisch entwickelt haben. Kurz: Gesellschaftliche Kategorien, Grenzziehungen und Differenzierungen sind ein produktives Moment für die wissenschaftliche Wissensbildung, da sie zumindest Deutungskategorien für die Erkenntnis von Wirklichkeit bereitstellen. Geschlecht als Analysekategorie zu verwenden heißt also im vorliegenden Fall, die *boundary work* der Technikwissenschaften auf die kulturellen Deutungen von Geschlecht hin zu prüfen, die in der Markierung von Grenzen, von Unterschieden, aber auch von Ähnlichkeiten, Nachbarschaften und Gemeinsamkeiten hervorgebracht werden, um Wissensterritorien und ihre vergeschlechtlichten Erkenntnissubjekte zu konstruieren.

Geschlechtsbezogene Metaphorik wird beispielsweise häufig in wissenschaftlichen Texten verwendet (vgl. auch Kapitel 2). So sollen etwa Metaphern der Ehe, der Heirat oder der Fortpflanzung, z.B. in der Physik (vgl. Lucht 2004), dazu dienen, ganz andere Phänomene bildhaft zu erklären. Auf diese Weise bedienen sich wissenschaftliche Texte tradierter Vorstellungen von gesellschaftlichen Geschlechterverhältnissen, die nicht genauer ausgewiesen werden, schließlich

---

12 | Eine Übersicht über den Stand der Diskussion für diesen Ausschnitt bieten Heinsohn 2005 und Lucht 2004.

»irgendwie klar« sind und als nicht erklärungsbedürftig einstuft werden. Solche geschlechtskonnotierten Metaphern bieten daher scheinbar allgemeinverständliche und nicht weiter hinterfragte Einordnungs- und Deutungsmöglichkeiten von wissenschaftlichen Gegenständen. Folglich wird zur Beschreibung dieser Gegenstände metaphorisch auf soziale Normen rekurriert, und die Gegenstände erfahren auf diese Weise eine geschlechtliche Deutung. In dem Sinne analysiere ich wissenschaftliches Wissen als soziale Konstruktion, in der Phänomene wissenschaftlicher Forschung in vergeschlechtlichter Form hervorgebracht werden und Geschlecht symbolisch daran beteiligt ist, wissenschaftliche Gebiete, Objekte und Subjekte herauszubilden. Konstruktion heißt in diesem Zusammenhang ausdrücklich *nicht*, dass es sich um eine willkürliche Erfindung handelt. Konstruktion verweist hingegen auf eine spezifische, historisch gewachsene soziale Bedeutung und eine differenzierungsstiftende Ordnung. Letztere bildet nicht einfach eine natürliche Ordnung ab, sondern strukturiert diese erst für eine historisch situierte Gesellschaft und verleiht solch einer gesellschaftlichen Ordnung Sinn (vgl. Singer 2005: 123f.). Soziale Konstruktionen sind demnach kontingent, aber keineswegs beliebig (vgl. auch Lucht/Paulitz 2008: 16).

Mit Bezug auf die *cultural studies of scientific knowledge* hat die Wissenschaftstheoretikerin Mona Singer (2005) das Verhältnis zwischen Wissen und Sozialem noch weiter ausformuliert, indem sie den epistemologischen Ansprüchen der feministischen Naturwissenschaftsforschung Konturen verleiht. Dabei handelt es sich um ein heterogenes Forschungsfeld, das insbesondere auch mit Namen wie Donna Haraway (1994) und Joseph Rouse (1996 und 1992) verbunden ist. Die Wechselwirkung zwischen Alltags- und wissenschaftlichem Wissen sei hier, so Singer, besonders ausgeprägt und als »Koproduktion« zu bezeichnen:

> »Kulturelle Normen, Werte und Symbole sind nicht der Überbau oder bloßer Effekt von technowissenschaftlichen Entwicklungen, sondern beide bedingen sich und ermöglichen einander. Wissenschaft, Technologie, Gesellschaft und Kultur sind als Koproduktion zu verstehen. Wissenschaftliche Fakten sind immer schon mit Fiktion verwoben. Fakten sind beladen mit Theorie, Theorien mit Werten und Werte mit Geschichten.« (Singer 2005: 58)

Diese Herangehensweise ist sehr gut vereinbar mit der in vorliegender Studie favorisierten wissenssoziologischen Perspektive, weil sie einerseits berücksichtigt, dass auch wissenschaftliches Wissen nicht losgelöst von sozialen Verhältnissen und Praktiken gedacht werden kann, und andererseits deutlich macht, dass Wissen nicht ohne Weiteres auf soziale Strukturen reduzierbar oder durch diese determiniert ist. Allerdings werden im wissenschaftlichen Wissen moderner Gesellschaften machtvolle Deutungen der Welt erzeugt. Im Wissen werden normative Vorstellungen der Gesellschaft als quasi »objektives« und gesichertes Wissen autorisiert und legitimiert. Joseph Rouse (1996) sieht den Beitrag der feministischen Wissenschaft für die Weiterentwicklung der Wissenschaftsforschung in der Betonung der Materialität, Lokalität und Diskursivität wissenschaftlichen Wissens. Wissen werde im Verhältnis zu den jeweiligen Wissenden und ihren sozialen (auch diskursiven) Praktiken betrachtet, d.h. es werde untersucht im Hinblick auf »a *relationship* between knower and known, a *situation* that guides what knowers do and how the known responds and can be understood« (Rouse 1996: 203; H.i.O.). Beide Teile, Wissenschaft und Gesellschaft, werden mit dem Begriff der Koproduktion also ebenfalls nicht in eine lineare Kausalbeziehung gesetzt. Der Begriff der Koproduktion adressiert eben die Untrennbarkeit des Prozesses, in dessen Verlauf wissenschaftliches Wissen und gesellschaftliche Konstruktionen (von Geschlecht) hervorgebracht werden. Verknüpft man diesen grundsätzlichen Gedanken mit dem oben entwickelten Ansatz einer genealogischen Wissenssoziologie unter Bezugnahme auf Bourdieus Feldbegriff, so sind wiederum feldspezifische Aspekte zu beachten, nämlich wie im wissenschaftlichen Feld vergeschlechtlichte Akteure hervorgebracht werden.

1.2.3.3 Die vergeschlechtlichte Position des erkennenden Subjekts

Epistemologisch betrachtet soll daher die Frage, welche Geschlechternormen die Wissenschaften in ihrem Gegenstandsbereich produzieren, noch vertieft werden, hin zu dem Problem, wie sich Wissenschaft selbst als vergeschlechtlichte Instanz der Wissensproduktion setzt. Am Beispiel der wissenschaftshistorischen Studie von Steven Shapin und Simon Schaffer (1985) über das Aufkommen der experimentellen Naturwissenschaften an der britischen *Royal Society* verdeutlicht Mona Singer[13], dass eine rein quantitativ-empirische Betrachtung des Ein- bzw. Ausschlusses von Frauen und Männern in die gesellschaftliche Institution Wissenschaft zu kurz greift, will man die Vergeschlechtlichungen des Wissens analysieren. So seien zwar empirisch betrachtet in der *Royal Society* im 17. Jahrhundert weder Frauen noch Nicht-Europäer und -Europäerinnen oder Juden und Jüdinnen an der Forschung beteiligt gewesen. Es gebe also »vordergründig keinen offensichtlichen Grund, die institutionelle Ausschließung von Frauen – außer sie festzustellen – zum Thema zu machen« (Singer 2005: 82). Und doch lässt es Singer nicht dabei bewenden. Sie wirft die Frage auf, ob die Abwesenheit von Frauen in einem sozialen Feld zu einem bestimmten historischen Zeitpunkt bedeutet, dass derzeit Geschlecht keine Rolle spielte und es mithin keine Vergeschlechtlichungen zu untersuchen gibt. Dieser Punkt ist gleichermaßen wichtig für die Untersuchung der Technikwissenschaften, denn auch für diese galten im 19. Jahrhundert – und gelten überwiegend noch bis heute – äquivalente strukturelle Bedingungen.

Singer erörtert des Weiteren, ob die soziale und die epistemische Dimension strikt trennbar sind, das heißt, ob Männer in einer Männerdomäne schlicht aufgrund der empirischen Präsenz als neutrale Instanz der Wissensproduktion gelten können und ob die Konzeptionen des erkennenden Subjekts von dieser struk-

---

13 | Singer nimmt hier u.a. die Kritik Haraways (1997) auf.

turellen Geschlechtshomogenität unberührt bleiben. »Die Frage ist, inwiefern der Ausschluss von Frauen [...] für die Wahrheitsfindung und den experimentalwissenschaftlichen Begriff von Objektivität von mehr als sozialem Gewicht war.« (Singer 2005: 82) Mit dieser Thematisierung des Zusammenhangs zwischen Wissensproduktion und vergeschlechtlicher Subjektposition des/r Forschenden kann Singer zeigen, wie problematisch es ist, wenn die Frage der Subjektposition als rein strukturelle und nicht als kulturell-symbolische Angelegenheit behandelt wird. So sei es nämlich im Falle der *Royal Society* eine bestimmte Konstruktion, und zwar jene eines männlichen europäischen Erkenntnissubjekts, das sich infolge des symbolischen Ausschlusses der »Anderen« erst als neutrale Wissensinstanz konstituierte. Mit anderen Worten: Ihre Identität als Forscher und Garanten von Objektivität bezogen die Beteiligten in diesem Wissenschaftsspiel aus den kulturell-symbolisch bedeutsamen Grenzziehungen gegenüber dem, was als Gegensatz und als besondere, lokal spezifische Erkenntnisperspektive gegenüber einer (vermeintlich) universalen markiert war.

Diese theoretische Perspektive aufgreifend, begibt sich die vorliegende Analyse der Technikwissenschaften auf die Suche sowohl nach den sozialen Konstruktionen technikwissenschaftlichen Wissens als auch der damit hervorgebrachten Subjektposition technikwissenschaftlicher Erkenntnis bzw. Praxis. Dabei ist theoretisch davon auszugehen, dass die Rekonstruktion der spezifischen symbolisch geschlechtskonnotierten Erkenntnisposition des Technikwissenschaftlers im Zuge der Herausbildung eben jenes technikwissenschaftlichen Feldes und seines Gegenstandes im 19. Jahrhundert eine wichtige symbolische (und vermutlich umstrittene) Wissensformation darstellt, die für die Geschlechterforschung interessant ist. In dieser Wissensformation spielen Konstruktionen von Männlichkeit eine herausragende Rolle. Das Verhältnis zwischen Männlichkeit und Technik soll daher im folgenden Abschnitt genauer theoretisch bestimmt werden.

1.3 KONSTRUKTIONEN VON MÄNNLICHKEIT

Es wäre zu erwarten, dass die Untersuchung des Verhältnisses von Männlichkeit und Technik einen prominenten Platz in der Forschung einnimmt, denn es handelt sich ja um einen hartnäckigen Mythos des Alltagswissens. Sowohl innerhalb der feministischen Beschäftigung mit Technik als auch in der Männlichkeitenforschung könnte eine solche Untersuchung verortet sein. Dies ist jedoch nicht der Fall:

»[...] [S]ince men and masculinities are particularly prominent within gender-technology relations, technology should be a vital strand within the field of men/masculinity studies, and masculinities should be a vital strand within the field of technology studies. Yet relationships between men/masculinities and technologies are seriously underresearched in both fields«,

schreiben Maria Lohan und Wendy Faulkner einleitend zu einem Sonderheft (2004: 319) der Zeitschrift »Men and Masculinities«, das sich diesem Themenschwerpunkt widmet. Wie ist es also um theoretische Konzepte für die Analyse von Männlichkeitskonstruktionen im Gegenstandsbereich der Technikwissenschaften bestellt?

Geht man davon aus, dass technische Berufe geschlechtlich codiert sind, so ist zunächst einmal die professionssoziologische Forschungsperspektive an der Schnittstelle von Profession und Geschlecht instruktiv, wie sie von Angelika Wetterer (2002) eingenommen wird. Grundsätzlich hat die professionssoziologische Geschlechterforschung sich intensiv mit Prozessen des Ausschlusses bzw. der Marginalisierung von Frauen befasst. So findet der soziale Ausschluss von Frauen aus zahlreichen Berufsfeldern im System gesellschaftlicher Arbeitsteilung sein stabilisierendes Pendant in vorherrschenden gesellschaftlichen Deutungen von Frauenarbeit als vorzugsweise reproduktiv. Im Rahmen von historischen Langzeituntersuchungen hat sich gezeigt, wie flexibel die inhaltlichen Begründungen dafür sind, dass einige Tätigkeitsgebiete als Frauenberufe gelten und andere als Männerberufe. Belegt wurde dies v.a. im Kontext der Entstehung und Etablierung neuer Berufe bzw. für Phasen, in denen traditionelle Berufe sozialen oder auch technischen Veränderungen unterworfen waren (vgl. Costas/Roß 2001: 95; Wetterer 1995; Lorber/Farrell 1991; Pringle 1989; Witz 1992; Milkman 1987). In technischen Berufsfeldern waren auch solche Bereiche von einer späteren geschlechtlichen Umdeutung der Tätigkeiten betroffen, in denen Frauen historisch zunächst Pionierinnen technischer Innovationen waren, wie etwa in der Setzmaschinenentwicklung (vgl. Robak 1996 und 1992). Vor allem die theoretischen Implikationen dieses Zusammenhangs sind aufschlussreich für die Technikwissenschaften. Unter Einführung des Begriffes der »geschlechterkonstituierenden Arbeitsteilung« entwickelt Wetterer die These, dass im Zuge der Konstruktion von Berufen nicht nur Tätigkeiten geschlechtlich codiert und mithin sozial konstruiert werden, »sondern zugleich die Differenz zwischen Frauen und Männern« (1999: 233). Im Anschluss daran betrachte ich technische Berufsfelder grundsätzlich auch als spezifische soziale Konstruktionen von Beruf und Geschlecht. In ihnen wird das, was als Technik und technische Arbeit gilt, ebenso wie »Männlichkeit« erst in sozialen Differenzierungsprozessen hergestellt. Vor dem Hintergrund des Gesagten verstehe ich die Herausbildung des (von weiblich codierten Tätigkeiten und Arbeitsfeldern »bereinigten«) technischen Feldes somit prinzipiell als männlichkeitskonstituierend und umgekehrt soziale Konstruktionen von Männlichkeit als technikkonstituierend.

Die zentralen theoretischen Beiträge zur Vergeschlechtlichung der Technik kommen indessen aus der feministischen Technikforschung. Es ist im Folgenden zu klären, wie Männlichkeit hier theoretisch gefasst wird.

1.3.1 Männlichkeit in der feministischen Technikforschung

Pionierhaft hat Judy Wajcman (1994 [1991]) dafür argumentiert, das Verhältnis zwischen Technik und Geschlecht in differenzierter Weise theoretisch auszuformulieren und mithin auch das Verhältnis zwischen Männlichkeit und Technik. Analog zur feministischen Naturwissenschaftsforschung begreift die feministische Technikforschung das Verhältnis von Technik und Geschlecht als sozial konstruiertes Wechselverhältnis (vgl. Wajcman 2002: 285). Ebenso wie Geschlecht nicht essenzialistisch, sondern als Ergebnis sozialer (interaktiver, struktureller und symbolischer) Herstellungsprozesse zu betrachten sei, sei Technik eben auch mehr als

»eine Gruppe physikalischer Objekte. Sie ist in fundamentaler Weise auch die Verkörperung einer Kultur oder einer Reihe gesellschaftlicher Beziehungen, die sich aus bestimmten Arten von Wissen, Glauben, Wünschen und Praktiken zusammensetzen. Dadurch, dass wir Technik als eine Form von Kultur behandelt haben, konnten wir sehen, wie sie Männlichkeit ausdrückt und wie im Gegenzug Männer sich typischerweise im Verhältnis zu diesen Maschinen sehen.« (Wajcman 1994 [1991]: 181)

Wajcman griff Anfang der 1990er-Jahre die frühen Arbeiten der australischen Männlichkeitenforscherin Raewyn W. Connell für die feministische Technikforschung auf. Damit plädiert sie für eine spezifische Sichtweise auf die Konstruktion von Männlichkeit, die die Flexibilität und Variabilität der Konstruktionen berücksichtigt und Männlichkeit nicht als monolithisches Phänomen betrachtet.[14] Das bedeutet, wie ihre Übersicht über vorhandene empirische Studien resümiert, dass im technischen Bereich »Männlichkeit [...] sowohl in Begriffen von Muskelkraft und Aggression ausgedrückt [wird] als auch in Begriffen analytischer Macht« (Wajcman 1994 [1991]: 177).

Ab den 1990er-Jahren wurden die sozialen Ausschlussmechanismen und Deutungsvarianten genauer untersucht, die sich bei der Entwicklung und Einführung Neuer Technologien wie dem Computer oder dem Internet beobachten ließen.[15] Hier sind nicht zuletzt unterschiedliche Konstruktionen von Männlichkeit in den Blick genommen werden, die im Kontext technischen Wandels entstanden sind. Zum Beispiel interessiert sich die norwegische Technikforscherin Merete Lie für die symbolische Vergeschlechtlichung von Computerarbeit im beruflichen Alltag. Ihre Forschungsfrage zielt auf die Beschreibung von Wandlungs- und Resignifikationsprozessen ab, also darauf,

---

14 | Eine genauere Darstellung und Diskussion dieses Beitrags von Wajcman findet sich in Paulitz (2008c).

15 | Zur Erschließung der Forschungslage vgl. u.a.: Zorn et al. 2007; Lagesen 2005; Wajcman 2004 und 2002; Rommes 2002.

»which types of masculinities it [the Computer; TP] could support. Is it perhaps more in accordance with certain modern images of masculinity than heavy and greasy machinery is?« (Lie 1995: 381)[16]

Diese Gegenüberstellung lenkt den Fokus auf bestimmte Eigenschaften, die die beiden verschiedenen Technologien auszeichneten. Explizit ist bei Lie die mechanische Maschine mit der Triade »heavy, greasy and noisy« charakterisiert. Dies formuliert sie kontrastiv zur Computertechnik, die »light, clean and silent« sei (ebd.).

In jüngerer Zeit finden sich sowohl im englisch- wie auch im deutschsprachigen Raum sozialwissenschaftliche (zum Teil auch noch laufende empirische) Studien, die ausgehend vom sozialkonstruktivistischen Theorierahmen Geschlechtscodierungen im (Alltags-)Wissen und in den Fachkulturen klassischer Ingenieurdisziplinen untersuchen (vgl. Einleitung). Diese neuere Entwicklung intendiert theoretisch grundsätzlich, Männlichkeitenforschung, Geschlechterforschung und sozialwissenschaftliche Technikforschung stärker miteinander zu verbinden (vgl. Lohan/Faulkner 2004: 320). Die Bemühungen richten sich außerdem darauf, in der Analyse technischer Artefakte oder technischer Berufsfelder die Möglichkeit einer Vielzahl denkbarer Männlichkeitskonzeptionen einzukalkulieren. Gemäß Maria Lohan und Wendy Faulkner geht es daher um eine komplexe theoretische Analyseperspektive, »to hold on to gender as an analytical category while empirically remaining open to the existence of a diverse range of potentially« contradictory gender-technology relations« (Lohan/Faulkner 2004: 323). Diese theoretische Ausrichtung aufnehmend, fokussiert meine Untersuchung auf unterschiedliche, auch konkurrierende und variable Konstruktionsweisen des Verhältnisses zwischen Männlichkeit und Technik in Wissensordnungen des traditionellen Ingenieurwesens. Hierfür bietet die Männlichkeitenforschung interessante analytische Instrumentarien.

1.3.2 Hegemoniale Männlichkeit als generatives Prinzip

Mit einer theoretischen Bezugnahme auf das Konzept »hegemonialer Männlichkeit« von Raywyn W. Connell, das inzwischen geradezu paradigmatischen Rang innerhalb der Männlichkeitenforschung erlangt hat, kann der Analysefokus auf die Konstruktion von Männlichkeit präzisiert werden. Grundsätzlich spielen Technik und wissenschaftlich-technische Rationalität in Connells Werk keine prominente Rolle. Ihre Forschungsperspektiven auf Männlichkeit richten sich seit Mitte der 1990er-Jahre verstärkt auf das Thema Körper und rücken die gegenwärtigen

---

16 | Unter »modern images of masculinity« versteht Lie in der vorliegenden Gegenüberstellung nicht die Moderne, sondern die (heutige) Modernisierung des traditionellen Bildes von Männlichkeit.

Umbrüche sozial und historisch spezifischer Konstruktionen von Männlichkeit im Kontext hierarchischer Geschlechterverhältnisse einerseits und (post-)kolonialer Ungleichheitsverhältnisse andererseits in den Blick. Connell wendet sich in ihren aktuelleren Texten stärker dem Thema Globalisierung zu, geht zurück zur Geschichte der Kolonisierung und des Imperialismus und verdeutlicht, dass »zwischen Männlichkeiten innerhalb der verschiedenen Perioden des Imperialismus [zu] unterscheiden« (2000: 83) sei. »Globalizing masculinities« (Connell 1998) lassen sich ihr zufolge in verschiedenen Stadien der weltweiten Geschlechterordnung aufspüren, wobei für die Gegenwart das Modell der »transnational business masculinity« als vorherrschend gelten könne (vgl. Connell/Wood 2005). Darüber hinaus verdeutlicht Connell die Schnittstellen zwischen Vergeschlechtlichung und Ethnisierung, wenn sie darauf hinweist, dass die Unterscheidung der »Rassen« im Verlauf des Kolonialismus ein zunehmend bedeutsames und bis heute wichtiges Differenzierungsmerkmal geworden ist:

»Die Herausbildung von Formen der Männlichkeit und die Bedeutung männlicher Körper ist in der globalen Gesellschaft immer noch mit Rassismus verbunden. ›Rasse‹ wurde und wird nach wie vor als Hierarchie der Körper verstanden, und dies verbindet sich unauflöslich mit einer Hierarchie der Männlichkeiten.« (2000: 82)

Indigene Männer wurden, so ihre Darstellung, zwar an manchen Stellen als besonders männliche Männer konstruiert, jedoch auch sehr stark feminisiert, infantilisiert und animalisiert (vgl. 2000: 82). Für die heutige Zeit bezieht Connell Technologien ausschließlich in ihrer Funktion als Beschleuniger globaler Mobilität und Kommunikation in ihre Überlegungen ein (vgl. 2000: 84). Das Feld der Technik und die Ingenieure als »Eroberer« der Welt und Verteidiger bzw. Agenten der Zivilisation spielen hier eine untergeordnete Rolle bzw. bleiben weitgehend ausgeblendet. Für die spätkapitalistische Gesellschaft geht Connell lediglich ganz allgemein von einem Nebeneinander verschiedener Formen hegemonialer Männlichkeit aus, nämlich traditionell-patriarchalen und solchen, die auf fachwissenschaftlicher Expertise und Leistung basieren (vgl. Connell 1999 [1995]: 186). Dominant seien die technischen Experten v.a. in den beruflichen Sphären der Mittelschicht und in der sich ausbreitenden wissensbasierten Industrie.
Connells theoretisches Konzept »hegemonialer Männlichkeiten« ist zwar von ihr selbst kaum auf den Gegenstandsbereich Technikwissenschaften bezogen worden, bietet jedoch ein vielversprechendes Potenzial für die Analyse dieses Gegenstandsbereichs. Grundsätzlich zielt das Konzept darauf, diejenigen Strukturen, Praktiken und Machtverhältnisse zu beschreiben, die mit jeweils kontextspezifisch konstruierten Modellen von Männlichkeit hergestellt werden.[17] Connells

---

17 | Zu Rezeption und Kritik vgl. u.a. Meuser 2006 [1998]; Dinges 2005; Wöllmann 1999 sowie Connell/Messerschmidt 2005.

Perspektive erweist sich zudem als prinzipiell anschlussfähig an Theorieposi-
tionen, wie ich sie bereits für die feministische Naturwissenschafts- und Technikforschung skizziert habe. Denn sie tritt nicht nur essenzialistisch und biolo-
gistisch argumentierenden Auffassungen von Männlichkeit entgegen (vgl. auch
Connell 2000: 85), sondern regt dazu an, die Konstruktion von Männlichkeit als
ein flexibles Machtfeld zu betrachten, in dem Männlichkeitskonzeptionen (historisch) veränderbar sind und in Zusammenhang mit gesellschaftlichen Trans-
formationsprozessen stehen.[18]

Gerade wegen seiner Doppelstruktur – die Konstruktion von Männlichkeit
einerseits im Verhältnis zur Subordination von Weiblichkeit und andererseits
im Verhältnis zu anderen, marginalisierten Männlichkeiten zu denken – bietet
das Konzept einen theoretischen Zugang, der auch auf die Untersuchung diskursiver Praxis im Falle der Ingenieure übertragbar ist. Mit anderen Worten: Die
Konstruktion von Männlichkeit denkt Connell sowohl als Resultat von Hierarchisierungen in Bezug auf Weiblichkeitskonstruktionen als auch in Bezug auf Konstruktionen »anderer«, marginalisierter Männlichkeiten.

Vor allem die jüngere deutschsprachige Diskussion in der Männlichkeitenforschung hat indessen auch auf theoretische Schwachstellen aufmerksam gemacht.
Von Gewicht für die vorliegende Studie ist das theoretische Problem, dass die *inhaltliche* Bestimmung des jeweils in einer Gesellschaft hegemonialen Modells bei
Connell »unterdeterminiert« sei. Empirisch lasse sich eher die These erhärten,
dass jeweils »verschiedene kontextgebundene Versionen hegemonialer Männlichkeit« (Scholz 2004: 36 und 41) existieren, die teilweise miteinander konkurrieren.
Auch für die vorliegende Studie ist es daher richtungsweisend, dass mehrere AutorInnen eine theoretische Verknüpfung mit dem praxeologischen Ansatz Pierre
Bourdieus und seinen Arbeiten zu »männlicher Herrschaft« (1997) vorschlagen
(vgl. u.a. Scholz 2004, Meuser 2006, Coles 2009). Ausgehend davon kann hegemoniale Männlichkeit als »generatives Prinzip der Konstruktion von Männlichkeit« (Meuser 2006: 164ff., vgl. auch Scholz 2004: 37ff.) verstanden werden.
Diese Sichtweise impliziert, nicht länger primär nach *der* konkreten inhaltlichen
Ausformung einer jeweils für eine Gesellschaft gültigen hegemonialen Männlichkeitskonstruktion zu fragen, sondern stärker den relationalen Charakter des
Konzepts zu akzentuieren und die empirisch vorfindbaren Relationen zu rekonstruieren. Damit werden auch die Differenzierungspraktiken innerhalb der Ge-
nus-Gruppe der Männer deutlicher sichtbar, in denen es um die (symbolischen)
»Spieleinsätze« im Wettbewerb von Männern untereinander geht (vgl. Meuser
2006: 167). Die symbolische Referenz auf ein je kontextabhängiges Modell hegemonialer Männlichkeit verspricht demnach Distinktionsgewinne im Spiel um
Dominanz. Hieran anknüpfend kann danach gefragt werden, inwiefern auch in
der diskursiven Praxis der Professionalisierung von Ingenieuren um 1900 he-

---

18 | Zur Kritik aus historischer Perspektive vgl. v.a. Dinges 2005: 19f.

gemoniale Männlichkeit als generatives Prinzip im Wettbewerb unter Männern erscheint und in welcher Weise fachliche Diskurse in diesen Herstellungsprozessen von Männlichkeit ein Mittel sind, mit dem um Hegemonie gekämpft wird.

1.3.3 Vergeschlechtlichung und ihre Interdependenzen

Die Analyse der Vergeschlechtlichung technikwissenschaftlichen Wissens bezieht so auch Widersprüche und Ambivalenzen mit ein, die innerhalb der technischen Fachwelt zu finden sind. Damit verbunden ist außerdem eine mehrdimensionale Herangehensweise, die Vergeschlechtlichung in ihrer komplexen Logik der sozialen Differenzierung auf der epistemischen Ebene aufspüren will. Zu diesem Zweck schließe ich mich ergänzend an eine weitere Theorieperspektive an, die in der Geschlechterforschung in der jüngeren Vergangenheit mit starken Bezügen zur sozialen Ungleichheitsforschung v.a. unter dem Begriff »Intersektionalität« wichtig geworden ist.[19] Intersektionalitätsforschung interessiert sich für die Interdependenzen zwischen verschiedenen gesellschaftlichen Differenzierungskategorien, wobei zumeist die Trias von »Rasse«, Klasse und Geschlecht im Zentrum der Betrachtung steht. Das bedeutet v.a., Geschlecht nicht als einzige Analysekategorie separat zu betrachten, sondern von miteinander verwobenen Prozessen der Vergeschlechtlichung, Ethnisierung und sozialen Hierarchisierung auszugehen.[20] Eine solche intersektionale Analyse ist dem Konzept »hegemonialer Männlichkeiten« quasi inhärent, wenn die Konstruktion von hegemonialer Männlichkeit kontextspezifisch sowohl in Abgrenzung zu Weiblichkeit als auch zu anderen Männlichkeiten erfolgt. Untersucht man hegemoniale Männlichkeit außerdem im Sinne eines »generativen Prinzips«, dann werden gerade die generierenden Distinktionskriterien und ihre jeweiligen Interdependenzen interessant. *Wie* sich Männlichkeit im Material konstituiert, behandle ich daher als empirische Frage – ohne vorab festzulegen, ob diese Konstituierung durch den Kontrast zu Weiblichkeit oder durch andere Differenzierungsprozesse erfolgt.

Erste Hinweise, dass auch in den Technikwissenschaften Interdependenzen sozialer Ungleichheit vorfindbar sind, geben Arbeiten der feministischen Naturwissenschaftsforschung.[21] Besonders Sandra Harding stellt verstärkt die Analyse ethnischer Kategorien ins Zentrum ihrer Forschung und kritisiert den Anspruch

---

19 | Zum Einblick in die laufende Diskussion vgl. Kerner 2009; Winker/Degele 2009; Klinger/Knapp/Sauer 2007.

20 | Eine der raren Veröffentlichungen zum Thema Technologien, in denen mit einer intersektionalen Analyse gearbeitet wird, stammt von Helen Kennedy (2005). Sie konzentriert sich auf die Interaktion von Frauen mit Computertechnologie im Hinblick auf *gender, race* und *class*.

21 | Für eine ausführlichere Betrachtung aus epistemologischer Perspektive vgl. Singer 2005: 215ff.

westlicher Wissenschaft, universal und neutral zu sein, entschieden. Sie schlägt vor, Wissenschaftsforschung sowohl aus feministischer als auch postkolonialer Theorieperspektive zu betreiben (vgl. 2006, 1998, 1994). Zu den frühen Auseinandersetzungen mit der Interdependenz von »Rasse«, Klasse und Geschlecht in den *technosciences* gehören zudem die Arbeiten von Donna Haraway, deren Denkrichtung im folgenden Abschnitt noch etwas genauer skizziert wird. Aus dem Blickwinkel der Wissenschaftsgeschichte rückt die Wissenschaftshistorikerin Londa Schiebinger in ihren jüngeren Forschungsarbeiten zunehmend die Kolonialwissenschaft in den Mittelpunkt der Betrachtung (vgl. 2008a und 2004). Auf dieser Grundlage betrachte ich auch den Ingenieurbereich des ausgehenden 19. Jahrhunderts in den deutschen Ländern als materiell wie symbolisch eingewoben in zeitgenössische koloniale Verhältnisse der Verteilung bzw. Begrenzung von Gütern und Wissen. Ich vermute im technikwissenschaftlichen Wissen folglich auch eurozentristische und in der sozialen Hierarchie der Klassengesellschaft positionierte Konzeptionen des Wissenschaftlers und wissenschaftlicher Objektivität. Insofern nehme ich in den theoretischen Rahmen für die Analyse technikwissenschaftlichen Wissens auch Debatten des »kritischen Okzidentalismus« und der *critical whiteness studies* (vgl. Dietze/Brunner/Wenzel 2009; Dietze 2006) auf. Diesen symbolischen Konstruktionsweisen von Männlichkeit, die mithilfe weiterer gesellschaftlicher Differenzierungskategorien als jeweils deutungsmächtige oder umkämpfte Varianten hervorgebracht werden, will die vorliegende Untersuchung genauer auf die Spur kommen.

Zunächst soll jedoch noch eine theoretische Erweiterung des historischen Referenzrahmens im Hinblick auf die spezifische Denkordnung der Moderne vorgenommen werden. Die zentrale Frage lautet: Wie werden die *modernen* Technikwissenschaften im Rahmen dieser Studie betrachtet?

1.4 DIE DICHOTOMIEN DER MODERNE UND IHRE BRUCHLINIEN

Im Verlauf von Professionalisierungsprozessen wird ein Objektbereich, zumeist in Verbindung mit den standespolitischen Bemühungen der sich herausbildenden Disziplin, in besonders hohem Maße herauspräpariert, definiert und eingegrenzt. Im Fall der Technikwissenschaften lief diese Herausbildung, wie im ersten Abschnitt dieses Kapitels zu sehen war, etwa seit Mitte des 19. Jahrhunderts ab, und zwar vor dem Hintergrund eines fundamentalen gesellschaftlichen Wandels, für den der sozialwissenschaftliche Begriff der »Moderne« gängig ist.[22]

---

22 | Es existieren zahlreiche theoretische Konzeptualisierungen der Moderne und auch die Soziologie als Wissenschaft ist selbst ein »Kind« des mit der Moderne verbundenen Krisenbewusstseins einer sich radikal transformierenden Gesellschaft (vgl. exemplarisch Degele 2003; Moebius 2010; Nassehi 2009; Jäger/Weinzierl 2007; Degele 2005; Haring/

Moderne ist einerseits als historischer Zeitraum zu begreifen, andererseits als spezifische Wissensordnung, in der sich die Entstehung der modernen Technikwissenschaften verorten lässt. Was kennzeichnet diese Wissensordnung und mit welcher analytischen »Brille« wird sie hier betrachtet?[23] Für die vorliegende Untersuchung nehme ich v.a. Bezug auf ein konzeptionelles Verständnis der Moderne, das mit einer charakteristischen Form des Denkens in Binaritäten und der Frage nach der Brüchigkeit, Ambivalenz und Hybridität von Moderne einhergeht.

1.4.1 Die Wissensordnung: Moderne als »Blütezeit« dualistischer Denkmuster

Unter der Bezeichnung Moderne wird in der Soziologie vorwiegend auf ein gesellschaftliches »Projekt« Bezug genommen, das in den weiteren Kontext der philosophischen Aufklärung eingebettet ist. Andreas Reckwitz (2008b) macht darauf aufmerksam, dass das aufklärerische Denken bis heute die zentralen Kategorien des soziologischen Diskurses präge. Kategorien wie Rationalität gegenüber Nicht-Rationalem, Leistungsbezogenheit gegenüber Geburtsrecht, Selbstbestimmung gegenüber Fremdbestimmung usw. »erlauben dem soziologischen Diskurs [...] auch eine Kritik der Moderne im Namen des ›Projekts der Moderne‹« (Reckwitz 2008b: 231). Insofern sind die Argumentationen zu Chancengleichheit in der Wissenschaft im weiteren Sinne und jene zur Inklusion von Frauen in den Bereich der Technik im engeren Sinne ebenfalls exakt diesem soziologisch-aufklärerischen Diskurs verpflichtet. Sie fordern die Moderne aber auch heraus, das Versprechen der egalitären Teilhabe an den Errungenschaften der Moderne einzulösen. Allerdings bleiben in solchen Argumentationen eben jene Praktiken und Diskurse nahezu vollständig ausgeblendet, die überhaupt erst zu einer historischen Herausbildung von Errungenschaften wie den (Technik-)Wissenschaften geführt haben. So werden die Widersprüche und Bruchlinien, die die Genese dieser Wissenschaften prägten und bis heute prägen, kaum sichtbar. Um die Brüche der Moderne genauer herauszuarbeiten, bietet das poststrukturalistische Denken brauchbare theoretische Anknüpfungspunkte. Die poststrukturalistischen Sozialwissenschaften verwerfen das Projekt der Moderne zwar nicht vollständig (vgl. Moebius/Reckwitz 2008, Reckwitz 2008b: 231ff., Moebius 2003).

Scherke 2000; van Treeck 1996). Zur Theorie der reflexiven Modernisierung, die zwischen einer »ersten« und »zweiten« oder der »späten« beziehungsweise »reflexiven« Moderne unterscheidet, vgl. v.a. Beck/Bonß/Lau 2001; Beck/Giddens/Lash 1996.

23 | Dabei geht es mir *weder* darum, den sozialtheoretischen Diskussionen zur Moderne ein weiteres Deutungsmuster hinzuzufügen, *noch* darum, eine Diskussion möglicher Deutungen der *technischen* Moderne insgesamt vorzulegen. Die theoretische Perspektive auf die Moderne soll hingegen den historisierenden wissenssoziologischen Zugang um einen Denkrahmen ergänzen, auf den die empirischen Befunde bezogen werden können.

Doch stimmen sie ebenso wenig der Orientierung am Denkmuster einer rationa-listisch-fortschrittsorientierten Moderne uneingeschränkt zu, die auf dem Leis-tungsprinzip und Berechenbarkeit basiert, dem Gedanken der Emanzipation des Subjekts verpflichtet ist und sich damit systematisch vom Vormodernen oder Tra-ditionalen abgrenzen ließe. Diese Wissensordnung wird vielmehr auf ihre Kon-struiertheit hin geprüft und so ihre Gültigkeit infrage gestellt.

Die Gültigkeit einer stabilen modernen Denkordnung, die Natur und Kultur grundsätzlich strikt voneinander unterscheidet, wurde für die Gegenwart häufig infrage gestellt. In der Soziologie ist die Annahme, heutige Gesellschaften seien von erhöhter Komplexität, Ambivalenz und Hybridität gekennzeichnet, ein Ge-meinplatz. Wichtige Kristallisationspunkte der Diskussion um gesellschaftlichen Wandel mit Bezug auf die Natur- und Technikwissenschaften sind aktuell zum einen die Informations- und Kommunikationstechnologien[24], zum anderen die Konzepte und Artefakte der Lebens- und Biowissenschaften. Für Letztere wurde in der Wissenschaftsforschung der Begriff *technoscience* (Technowissenschaften) geprägt (vgl. auch Abschnitt 1.1). Dem Begriff inhärent ist die Feststellung, dass eine klare Unterscheidung zwischen Natur und Kultur angesichts der heute von den Technowissenschaften produzierten Artefakte, wie Klone oder genetisch ver-änderte Lebewesen, kaum noch möglich ist. Insbesondere Donna Haraways (1991 [1985]) als Manifest verfasste Intervention in ökofeministische technikkritische Debatten der 1980er-Jahre erwies sich für die feministische Naturwissenschafts-forschung als überaus einflussreich. Haraway plädiert dafür, aus feministischer Sicht die Natur/Kultur-Unterscheidung als moderne Fiktion zu hinterfragen und ihre Gemachtheit anzuerkennen. Sie hält es für angemessen, technowissenschaft-liche Entwicklungen nicht mit Blick auf eine »reine« und »weiblich« gedachte Natur abzulehnen, sondern sie als Teil gesellschaftlicher Gestaltungsräume zu behandeln, in die feministische Positionen einzubringen sind. Die Neubetrach-tung technowissenschaftlicher Artefakte bringt sie unter dem Begriff des *cyborg*, des kybernetischen Organismus, Produkt technischer Verfahren und gleichzei-tig organisches Wesen, kritisch in die Debatte ein. Natur und Kultur seien in den Technowissenschaften der zweiten Hälfte des 20. Jahrhunderts untrennbar miteinander verschmolzen. Haraways zentrale Forderung lautet daher, eine ab-solute Grenze zwischen Technik und Natur keinesfalls als gegeben zu akzeptie-ren, sondern Verantwortung für Grenzziehungen zu übernehmen, die immer Produkt gesellschaftlicher Entscheidungen seien (vgl. hierzu Weber 2003; Lucht 2003; Gieselbrecht/Hafner 2001).

Offen bleibt die Frage nach den Cyborgs der Moderne. Die Moderne des 19. Jahrhunderts und der Wende zum 20. Jahrhundert gilt in der Geschlechter-

---

24 | Vgl. etwa Bell 1989 [1973]; Castells 1996. Zum Wandel der Geschlechterverhältnisse im Zusammenhang mit sozio-technischem Wandel vgl. u.a. Oldenziel 1994; Ritter 1999; Winker/Oechtering 1998; Bath/Kleinen 1997; Turkle 1995.

forschung wie auch in der Wissenschaftsforschung geradezu als »Blütezeit« eindeutiger binärer Sortierungen. Wie die historisch arbeitende Geschlechterforschung diverser Disziplinen gezeigt hat, ist die Moderne die Epoche, in der die Polarisierung der Geschlechter in der bürgerlichen Gesellschaft ebenso erfolgreich verankert wurde wie eine neue, instrumentalistische Naturauffassung in den Wissenschaften und Technologien der Industrialisierung. Das moderne Verhältnis zur Natur steht im Zusammenhang mit einem umfassenden Prozess der abendländischen Rationalisierung. Es entstand im Gleichschritt mit den dualistischen Konzepten der modernen Naturwissenschaften (u.a. jenem der angeblich »natürlichen« Zweigeschlechtlichkeit), ging aber zunächst auch mit der Festigung des patriarchalischen Geschlechterverhältnisses einher, das den Ausschluss der Frauen aus der öffentlichen Sphäre vollzog und zugleich Emanzipationsbewegungen ermöglichte (vgl. Helduser 2005, Frevert 1995). Mit der Verankerung der symbolischen Geschlechterordnung wurde der Gegensatz zwischen einem männlichen Kulturmenschen und dem vermeintlich natürlich »Weiblichen« zum kulturellen Topos (vgl. Klinger 2000; Honegger 1991), der im polarisierten Modell der geschlechtsspezifischen Arbeitsteilung von Produktion versus Reproduktion seinen materiellen Ausdruck fand (vgl. v.a. Hausen 1976). Das Konzept des autonomen, rationalen Subjekts der Aufklärung, so die feministische Kritik, sei androzentrisch verkürzt, d.h. symbolisch tendenziell mit dem Männlichen gleichgesetzt, während die Frau als das nicht der Sphäre der Vernunft zugehörige »Andere« im Zuge der Aufklärung zunehmend ausgeblendet wurde. Wie jüngere kulturwissenschaftliche Forschungen zum Geschlecht der Moderne (vgl. auch Bublitz 1998) zeigen, gab es durchaus ganz unterschiedliche »Projekte« der Moderne, die jeweils mit bestimmten Konstruktionen von Geschlecht aufgeladen wurden. So führt etwa Urte Helduser (2005) in ihrer Studie zu den ästhetischen Programmen der Moderne um 1900 aus, dass einerseits ein »Oppositionsmodell von der ›männlichen‹ Moderne und ihrer ›ästhetischen Gegenwelt‹ des Weiblichen« (Helduser 2005: 19) existierte. Daneben rekonstruiert sie eine andere Konzeption der Moderne, in der das Subjektive, Hedonistische und Imaginative als »männlich« interpretiert wurde (vgl. auch Felski 1995: 4f.). Rita Felski sieht daher Geschlecht als »central organizing metaphor in the construction of historical time« (1995: 9f.). Und Helduser (2005: 21ff.) identifiziert gerade die Zeit um 1900 als *den* Brennpunkt vergeschlechtlichter Moderne-Konzeptionen, die dazu führten, dass einige bis dahin dominante Vorstellungen von Geschlecht in die Krise gerieten (vgl. auch Brunotte/ Herrn 2008, Mosse 1996). Markantes Kennzeichen der modernen Wissensordnung ist somit ein Denken in hierarchisch verfassten dualistischen Gegensatzpaaren, deren Korrelation mit dem Geschlechterdualismus Gegenstand kritischer Analysen der Frauen- und Geschlechterforschung ist. Diese Forschung hat auch überzeugend herausgearbeitet, dass die Vorstellung, es existierten nur zwei Geschlechter und diese seien einander in ihren zentralen Eigenschaften

Dichotomien

fundamental entgegengesetzt, ebenfalls eine primär moderne ist (vgl. Honegger 1991; Laqueur 1992; kritisch dazu vgl. Voß 2010). Demnach produziert die Gesellschaft der Moderne fortwährend dichotome Ordnungsmuster, in denen die Verhältnisse von Einschluss und Ausschluss, von oben und unten festgelegt werden. Solche Ordnungen erscheinen dann im Alltagswissen in der Regel als qua Natur vorgegeben und dem Kulturellen vorgelagert. Hauptsächlich poststrukturalistisch orientierte Ansätze, aber auch viele kulturkritisch argumentierende VertreterInnen der Geschlechterforschung verfolgten daher das Anliegen, diese Wissensordnung als historisch spezifische, hergestellte, mithin genuin kulturelle Ordnung zu rekonstruieren. Die vorliegende Studie kann daran anknüpfen mit dem Vorhaben, v.a. auch die dualistisch argumentierenden Sortierungen im Wissen der modernen Technikwissenschaften aufzuspüren, sie auf ihre *boundary-work-Funktion* in einem sozialen Feld zu prüfen sowie ihren Zusammenhang mit einer zeitgenössisch dominanten modernen Geschlechter-Wissensordnung zu reflektieren.

1.4.2 Die Analyseperspektive: hybride Moderne und ihre Sortierungen

Gemäß Reckwitz (2008b) lässt sich die poststrukturalistische, verschiedenen Autoren gemeinsame sozialwissenschaftliche Perspektive als ein Projekt der Destabilisierung begreifen sowie als eine Analyserichtung, welche die Prozesse ausleuchten möchte, mit denen eben jene modernen Sortierungen kontinuierlich unterlaufen werden.

»Wenn in der klassischen, ›strukturalistischen‹ Perspektive auf die Moderne diese sich durch eindeutige Grenzziehungen (zwischen Systemen, zwischen Modernität und Traditionalität, zwischen Rationalität und Irrationalität) auszeichnet, dann lenkt die poststrukturalistische Perspektive den Blick darauf, wie die Differenzen dort systematisch destabilisiert, uneindeutig gemacht und die Grenzen überschritten wie unterlaufen werden.« (Reckwitz 2008b: 232; H.i.O.)

Mit dem Interesse an der Analyse von Grenzziehungsprozessen als soziale Differenzierungsprozesse der Moderne und der besonderen Aufmerksamkeit für all das, was diese Grenzziehungen immer wieder konterkariert, ist die umfassendere theoretische Analyseperspektive umrissen, die hier auf die modernen Technikwissenschaften eingenommen werden soll. Neben Haraway ist wohl Bruno Latour einer der prominentesten Vertreter dieser kritischen Richtung innerhalb der neueren Wissenschaftsforschung. Er fordert mit seinem Programm einer »symmetrischen Anthropologie« (1998 [1991]) insbesondere die modernen Abgrenzungen zwischen Natur und Kultur offensiv heraus und verbindet dies in späteren Texten zunehmend mit dem Anliegen einer Erneuerung der Soziologie (vgl. 2007 [2005]).[25] Wenngleich Latour selbst, anders als Haraway, keine kritische Betrachtung von Geschlechterverhältnissen integriert, ist seine Arbeit trotzdem impulsgebend, v.a. deshalb, weil er sich nicht nur für die Gegenwart, sondern gerade auch für die Moderne interessiert.

Insbesondere in seinem Buch »Wir sind nie modern gewesen« plädiert Latour u.a. dafür, die sozialen Prozesse der Herstellung dichotomer Sortierungen der Welt genauer zu betrachten. Seine zentrale Hypothese lautet, dass mit Modernität zwei Typen von Praktiken einhergehen: erstens Praktiken der »Übersetzung«, mit denen fortwährend – u.a. durch Wissenschaften und Techniken – neue »Hybriden, Mischwesen zwischen Natur und Kultur« entstünden; zweitens Praktiken der »Reinigung«, in deren Verlauf »zwei vollkommen getrennte ontologische Zonen, die der Menschen einerseits, die der nicht-menschlichen Wesen andererseits«, geschaffen würden (Latour 1998 [1991]: 19). Beide Praktiken würden in der Moderne streng voneinander getrennt, wobei die fortwährende Produktion von Hybriden durch die Praktiken der »Reinigung« dem »modernen Blick« wieder systematisch entzogen werde. Betrachte man hingegen beide Praktiken zusammen und richte den Fokus in kritischer Weise sowohl auf die Prozesse der Hybridisierung als auch auf die »Arbeit der Reinigung« (Latour 1998 [1991]: 20), so würden die Sortierungen der Moderne als kontinuierliche und kontingente Herstellungs- und Grenzziehungsprozesse sichtbar. Nach Latour herrscht folglich in der Moderne eine Dominanz von »Reinigungs«-Praktiken. Gemäß dieser Ansicht wird der Aspekt des Machens und somit auch die prinzipielle Fragilität, Brüchigkeit und Veränderbarkeit solcher Praktiken systematisch mitgedacht.[26]

1.4.3 Der Gegenstandsbereich: Wissensobjekte der modernen Technikwissenschaften

Die Brüchigkeit der Moderne wurde, was den Bereich des Technischen in der industriellen Moderne des 19. Jahrhunderts angeht, bisher v.a. in der Wissenschaftsgeschichte aufgezeigt. So haben beispielsweise wissenschaftshistorische Forschungen zur Physiologie herausgearbeitet, welch entscheidenden Einfluss mechanistische Vorstellungen im 19. Jahrhundert auf das naturwissenschaftliche Verständnis des Organischen ausübten. In der Folge wurde der organische

---

25 | Auf die hierdurch ausgelöste Debatte zur Frage der Handlungsfähigkeit von Artefakten und der Rekonzeptualisierung sozialtheoretischer Grundannahmen wird im Rahmen dieser Studie nicht näher eingegangen.

26 | Verbindungen wären hier auch zu Zygmund Baumanns (2005 [1991]) postmoderner Theorie zu ziehen. Baumann geht aus von einem notwendigen Scheitern klarer Ordnungsmuster in einer Welt, die sich dieser Muster entziehe, weil sie durch Kontingenz und Ambivalenz geprägt sei. Die Moderne versuche, dieser Ambivalenz zu entgehen; erst die Postmoderne akzeptiere sie als grundlegende Bedingung des Lebens.

Körper in den Naturwissenschaften als Funktionsmechanismus und »reizbare Maschine« (Sarasin 2001) verstanden (vgl. auch Rabinbach 2001 [1990]; Sarasin/ Tanner 1998; Rheinberger 1997; Palm 2008). Derartige technische Deutungen des Menschen oder der Natur sind freilich nicht der Moderne vorbehalten, wie sowohl die Langzeituntersuchung kultureller Texte (Meyer-Drawe 1996) als auch die Analyse gegenwärtiger diskursiver Praktiken zum Internet (Paulitz 2005) zeigen: Das symbolische Verhältnis zwischen Mensch und Maschine steht in enger Verbindung mit paradigmatischen Technologien wie der Dampfmaschine, dem Computer oder dem Cyberspace und ist historisch überaus kontingent. Und doch muss die Wechselbeziehung zwischen Natur und Kultur, zwischen Künstlichem und Organischem, die für die Gegenwart gemeinhin weniger infrage gestellt wird, für die Vergangenheit hervorgehoben werden. Vor allem die Wissenschaftshistorikerin Maria Osietzki weist mit Blick auf die moderne Biologie und Medizin deutlich auf die Vorläufer der postmodernen Hybride zwischen Mensch und Maschine hin:

»Nicht erst die Rede von elektrischen Gehirnen oder künstlicher Intelligenz, nicht erst die Perspektiven gentechnischer Manipulation am Menschen lassen die Frage nach ›menschlichen‹ Maschinen oder Maschinen-Menschen aufkommen. Hybrid wurde der Körper spätestens im Verlaufe der Industrialisierung und der Technisierung der Medizin.« (Osietzki 1998b: 313)

Osietzki betont in erster Linie die Maschinenhaftigkeit des Organischen, wie sie in den physiologischen Studien des 19. Jahrhunderts zum Ausdruck komme. Hybridisierung wird von ihr aus dem Blickwinkel der Körpergeschichte betrachtet, wobei sie darauf abzielt, die historische Konstruktion des natürlichen Körpers aufzuzeigen. Die Entstehung der Physiologie als Wissenschaft sei nämlich der Maschinisierung des Organischen zu verdanken, da sich die reduktionistische Spielart der Physiologie in den 1830er- und 1840er-Jahren an der Physik orientiert habe:

»Damals war es ein Zeichen von Wissenschaftlichkeit, wenn Analogien zwischen Mensch und Maschine gefunden wurden. Das Knochengerüst entlang der Hebelgesetze zu erklären, die Funktion des Auges in den Begriffen des Fernrohrs zu beschreiben, die Nerven elektrischer Erregung gleichzusetzen oder den Muskel als gespannte Feder zu begreifen: damit schloss die Physiologie an die Grundkonzepte der Physik an.« (1998b: 314)

Das Gegensatzpaar Vitalismus versus Mechanismus gibt die zentrale Spaltung innerhalb der Physiologie der Industrialisierung wieder, die bis heute für die Biowissenschaften von Bedeutung ist (vgl. Sinding 1998). Die Thermodynamik wurde im 19. Jahrhundert zu einer Art interdisziplinär produktiven *master theory*, ihre Hauptsätze galten als neue Weltformeln (vgl. Rabinbach 1998: 292ff.), die den epistemischen Rahmen für die Produktion legitimationsfähiger Aussagen in der Wissenschaft bereitstellten und bis in zeitgenössische soziale Debatten hinein ausstrahlten.

Zur Physiologie nach Helmholtz äußert Osietzki: »Unter dem Einfluß der Thermodynamik hatten sich die Grenzen zwischen Körpermaschine und Arbeitsmaschine so weit verwischt, daß erstere nur mehr als solche angesehen wurde.« (Osietzki 1998b: 334) Mit Bezug auf das Geschlechterverhältnis erkennt Osietzki (1995 und 1998b) die patriarchale Verstrickung solcher Mensch-Maschine-Analogien. Sie erklärt die spezifische Variante eines an der Kraft-Wärme-Maschine ausgerichteten Körperverständnisses mit dem Androzentrismus der naturwissenschaftlichen Forschung zur Thermodynamik sowie mit der leiblichen Erfahrung von Männern in der industriellen Gesellschaft.

Allerdings erfolgt die Bestimmung der Arbeitsmaschine bei Osietzki und bei anderen, ähnlich argumentierenden AutorInnen schwerpunktmäßig unter Rekurs auf die *natur*wissenschaftliche Theoriebildung, in diesem Fall auf die Thermodynamik. Sowohl dieser Fokus als auch die Ausrichtung auf den Körper führen dazu, dass die Frage nach der symbolischen Konstruktion der Maschine und damit ebenso jene nach dem technikwissenschaftlichen Wissen weitestgehend ausgeblendet bleiben. Anders gesagt: Der Bezug auf die Konzeptualisierung der Maschine in den Technikwissenschaften bzw. die Frage nach der Stabilität und Eindeutigkeit dieser Konzeption erscheint marginal. Folglich liegen die möglichen historischen Kontingenzen in der Konstruktion der klassischen mechanischen Maschine nicht mehr innerhalb des Betrachtungshorizonts und Wissen über die Maschine wird tendenziell auf naturwissenschaftliche (Groß-)Theorien reduziert. Eine genauere empirische Analyse der sozialen Differenzierungsprozesse auf epistemischer Ebene auch im technikwissenschaftlichen Feld ist daher noch zu leisten.

Die Gründe für dieses Desiderat mögen ebenfalls theoretischer Natur sein. So entfaltet nach Auffassung von Ian Hacking (1999) die These von der sozialen Konstruktion dort ihre größte argumentative Sprengkraft, wo universalisierende Annahmen über die Natur (z.B. naturwissenschaftliche Theorien über den Körper) und Naturalisierungen sozialer Phänomene (z.B. die Geschlechtskategorie) einer Kritik unterzogen werden können. Die Forschungen zur historischen experimentellen Physiologie und zu heutigen technowissenschaftlichen Labors zeigen außerdem, dass die Konstruktion des Körpers das Resultat der historisch spezifischen technologischen Bearbeitung und ihren Materialisierungsformen ist. Theoriepolitisch birgt die Annahme von der sozialen Konstruktion der Maschine hingegen deutlich weniger Herausforderungen, ist sie doch zweifellos menschengemacht. Erst auf den zweiten Blick wird die Problematik deutlich, dass die Konstruktion der Maschine auch kulturell bedingte Kontingenzen und Brüche aufweisen könnte. Zu Kontingenzen zählen in dieser Sichtweise nicht zuletzt jene symbolischen Grenzziehungen zwischen Natur und Kultur, zwischen Künstlichem und Natürlichem, die auch für die modernen Körperauffassungen kennzeichnend sind.

Auf dieser Grundlage gilt es, die Konzeption der Moderne als Fundament vermeintlich stabiler Binaritäten im ausgehenden 19. Jahrhundert für die modernen Technikwissenschaften zu befragen. Ausgangspunkt ist die Prämisse, dass die Maschine für den seit Mitte des 19. Jahrhunderts sich zunehmend konsolidierenden deutschsprachigen wissenschaftlichen Maschinenbau eben nicht nur industrielles Artefakt, sondern auch Objekt des Wissens war. Daraus ergeben sich die Fragen nach der epistemischen Konzeptualisierung der Maschine sowie nach der Art und Weise, wie die Subjektposition des Technikwissenschaftlers konstruiert wird. Es wird zudem davon ausgegangen, dass die vermeintlich klaren, dualistischen Sortierungen der Moderne in Bewegung geraten, wenn der technikwissenschaftliche Gegenstandsbereich konstituiert und von anderen Gegenstandsbereichen abgegrenzt wird. Demnach richtet sich die Studie auch auf den Objektbereich der modernen Technikwissenschaften, auf seine Konstituierung als Resultat einer diskursiven Praxis der *boundary work* und die dabei koproduzierten Versionen vergeschlechtlichter Akteure.

2. Methodischer Rahmen: Fachdiskursanalyse, Metaphern und Darstellungslogik

Wie lässt sich ein Wissen, das wir gemeinhin als Wissen über Maschinen, Getriebe, Konstruktion, Mechanik usw. klassifizieren, einer qualitativen sozialwissenschaftlichen Inhaltsanalyse zugänglich machen? Die folgende Darstellung des methodischen Vorgehens klärt und begründet die Erstellung des Datenkorpus der empirischen Studie (2.1). Anschließend werden die Schritte der Materialauswertung erläutert: der analytische Zugriff auf die Daten und insbesondere der hier integrierte metaphernanalytische Zugang (2.2). Ergänzend werden methodologische Fragen zum Stellenwert der Daten und zur Konstruktion des Gegenstandes der Untersuchung aufgeworfen und diskutiert. Eine Übersicht über den Aufbau der Ergebnisdarstellung aus Perspektive der Untersuchungsmethodik schließt das Kapitel ab (2.3).

2.1 Empirische Grundlage: der Technikwissenschaftliche Fachdiskurs

Die vorliegende empirische Untersuchung basiert auf einer Analyse des historischen Diskurses im Zeitraum von den 1850er- bis in die 1920er-Jahre. Es handelt sich um Texte aus einem Korpus von Schriften und Reden, das sich als »technikwissenschaftlicher Fachdiskurs« der Moderne bezeichnen lässt. Was ist damit gemeint und welche Datengrundlage wird dabei adressiert?

Nach Keller (2004) beziehen sich Diskursanalysen nicht auf einzelne empirische Fälle, sondern basieren auf einem größeren Datenkorpus, der oftmals aus Materialien unterschiedlicher Textsorten besteht. Ihnen gemeinsam ist in der Regel, dass es sich um »sprachförmige, ›natürliche‹ Dokumente« (2004: 83) handelt, das heißt Dokumente, die unabhängig von der Untersuchung produziert wurden und für die Erhebung als bereits vorliegende Daten lediglich gesammelt werden. Die Untersuchung stützt sich daher auf veröffentlichte Dokumente, die innerhalb des sich institutionalisierenden Faches in Form von Fachbüchern und Beiträgen in einschlägigen Fachzeitschriften von FachvertreterInnen im Untersuchungszeitraum verfasst wurden. Insbesondere Fachzeitschriften stellen wichtige Mittel der Institutionalisierung dar und bieten Einblick in die zentralen diskursiven Legitimationsweisen der Herausbildung eines neuen Gebietes im wissenschaftlichen Feld. Wenn hier von einem »Fach« die Rede ist, so bezieht sich dies primär auf den Maschinenbau als eines der paradigmatischen Gebiete der Technikwissenschaften in der Zeit der Industrialisierung. Vertreter[1] des Maschinenbaus waren an der Etablierung technischer Tätigkeitsbereiche als akademische Disziplin besonders aktiv beteiligt. Wie im Folgenden näher ausgeführt wird, habe ich jedoch auch Schriften anderer Fachgebiete nach einem bestimmten Verfahren der Datenauswahl einbezogen.

Mit der Konzentration auf den Fachdiskurs, auf technikwissenschaftliche Lehrbücher und Fachzeitschriften, beruht die Studie auf einer feldimmanenten Untersuchung. Anders als Foucaults Diskursanalysen arbeitet die Analyse des Fachdiskurses also nicht quer zu institutionalisierten Feldern mit dem Ziel, epochenspezifische Denksysteme zu rekonstruieren, die ganz unterschiedliche Institutionen prägen, z.B. das Gefängnis, die Erziehungsanstalt oder die Klinik. Demgegenüber stehen die Herausbildung eines Gebietes und die dabei jeweils rekonstruierbare Distinktions- und Legitimationspraxis im Mittelpunkt des Interesses.[2] Folglich werden alle außerhalb der Technikwissenschaften gemachten Äußerungen über Technik und Ingenieure in der Analyse nicht berücksichtigt. Sie finden allenfalls in Form ihrer Rezeption in einer der technikwissenschaftlichen Fachzeitschriften Eingang in die Untersuchung, das heißt, wenn ihnen innerhalb der Technikwissenschaften eine gewisse Aufmerksamkeit und Relevanz zuerkannt wurde. Das bedeutet, dass potenziell alle in Fachzeitschriften veröffentlichten Texte Eingang in das Datenkorpus finden konnten, selbst wenn die Autoren keine Fachvertreter waren, ihre Äußerungen jedoch als relevant für die Technikwissenschaften und folglich der Publikation wert erachtet wurden.

Die Auswahl der historischen Dokumente und die Korpusbildung erfolgte in mehreren Schritten: Erstens wurden Forschungsarbeiten der Technikgeschichte zurate gezogen, die es erlauben, das empirische Feld zu sondieren sowie die Datenlage zu erschließen, und die Auskunft über wichtige Autoren der Technikwissenschaften geben.[3] Auf diesem Weg wurden vor allem einschlägige Lehr-

---

1 | Im Folgenden sind die Verfasser der Dokumente lediglich im Maskulin aufgeführt, da sich keine Autor*innen* im Sample finden.

2 | Siegfried Jäger spricht im Anschluss an Jürgen Link von einem »Spezialdiskurs« (Jäger 1999 [1993]: 159).

3 | Auf diese technikgeschichtlichen Arbeiten wurde im Wesentlichen bereits in der Darstellung des sozialhistorischen Referenzrahmens (vgl. Kapitel 1.1) eingegangen.

werke, wichtige Zeitschriftenbeiträge und Hinweise auf zentrale Fachdebatten ermittelt. Um der Gefahr zu begegnen, die in der Literatur vorgenommenen Kanonisierungen und möglichen Ausblendungen zu reproduzieren, habe ich im zweiten Schritt für den Aufbau eines aussagekräftigen Samples den empirischen Zugang erweitert, indem ich die breitere Palette an Veröffentlichungen in einschlägigen Fachzeitschriften der Technikwissenschaften erhoben habe. Drittens wurden auf der Grundlage der Durchsicht dieser Zeitschriften einzelne weitere Dokumente einbezogen, die entweder dort rezensiert oder in für die Analyse zentraleren Dokumenten zitiert wurden. Vor allem das empirische Erhebungsverfahren im Zusammenhang mit den Fachzeitschriften möchte ich im Folgenden genauer beschreiben.

2.1.1 Sampling in Fachzeitschriften der Technikwissenschaften

Eine geeignete Datengrundlage bieten im Untersuchungszeitraum in erster Linie zwei große Fachzeitschriften, auf die sich die Untersuchung – neben der genannten Berücksichtigung selbstständiger Veröffentlichungen wichtiger Autoren der Zeit – schwerpunktmäßig stützt: die *Zeitschrift des Vereins Deutscher Ingenieure* (*Z.VDI*) und *Der Civilingenieur* (im Weiteren auch nur *Civilingenieur*). Die Gründung beider Zeitschriften fällt in den Untersuchungszeitraum (s.u.). Sie sind als zentrale Foren der Professionalisierung von Gewicht. Beide bündeln gerade im späten 19. Jahrhundert, die *Z.VDI* noch in den ersten Jahrzehnten des 20. Jahrhunderts, die vielfältigen Themen des damals expandierenden Ingenieurbereichs: Nicht allein die klassischen Embleme der Industrialisierung wie Dampfmaschine, Eisenbahn und Elektrizität kennzeichnen das Spektrum der Beiträge. Die Bandbreite reicht von der Wasserwirtschaft über die Baustoffe und Materialien der modernen Welt, die Diskussion von Vereinsangelegenheiten und sozialen Fragen und die Wahrnehmung von Ausstellungen zu den Errungenschaften der Technik bis hin zur Diskussion von berufsständischen Fragen und ganz grundsätzlichen Überlegungen über das Wesen der Maschine und ihres kulturellen Stellenwerts. Ingenieure debattierten um 1900 intensiv über die Institutionalisierung und Gestaltung der Ingenieurausbildung, über die Frage der sozialen Anerkennung des Ingenieurwesens als akademisches Berufsfeld und über das öffentliche Bild der Technik und des Ingenieurs. Die Technikgeschichtsschreibung entsteht, getragen von historisch interessierten Ingenieuren, als Teil solcher fachinterner Betrachtungen in dieser Zeit (vgl. König 2010a). Die Erscheinungsweise und die methodische Erschließung der beiden Zeitschriften sei nachfolgend im Einzelnen erläutert.

2.1.1.1 Die Zeitschrift des Vereins deutscher Ingenieure

Einen herausragenden Stellenwert bei der Professionalisierung der Ingenieure nimmt die *Z.VDI* ein. Sie wurde im Jahr 1857 gegründet und erscheint seitdem mit nur einer Unterbrechung (Ende des Zweiten Weltkrieges[4]) bis heute monatlich bzw. wöchentlich. Sie ist eine hervorragende Quelle für die Analyse des Fachdiskurses, da sie die zeitgenössischen Technikwissenschaften kontinuierlich und in einer gewissen Breite abdeckt (vgl. Gispen 1983: 221f.). So spannen gerade die Beiträge der Z.VDI den oben angedeuteten weiten thematischen Bogen über verschiedenste Bereiche ingenieurtechnischer Arbeit. Außerdem dokumentiert die Z.VDI neben den großen Vereinsangelegenheiten die regional organisierte Arbeit in Bezirksvereinen, die in Sitzungsberichten kommuniziert wurde. Den Statuten der Z.VDI gemäß hat die Zeitschrift das Ziel, über die Vereinsangelegenheiten zu berichten und in der Praxis tätige Ingenieure mit wissenschaftlich fundierter Fachinformation zu versorgen. »Die Zeitschrift ist Organ des Vereines und soll den Technikern Gelegenheit bieten, den Fortschritten der Industrie zu folgen und technische Fragen zu erörtern« (Siebzehnte Hauptversammlung des VDI 1876: 697).

Forschungspraktisch ist die Z.VDI von 1857 bis 1935 über mehrere Indexbände erschlossen, deren Sachregister einen guten Zugang zu den Beiträgen aus allen Rubriken der Zeitschrift bieten. Der Aufbau eines Heftes in den ersten Jahrzehnten lässt sich am Beispiel von Bd. XVI, Heft 1 (1872) illustrieren.[5] Das Heft ist in die Rubriken »Abhandlungen«, »Vermischtes«, »Technische Literatur« und »Angelegenheiten des Vereines« aufgeteilt. In der letztgenannten Rubrik werden u.a. Sitzungsberichte und Beiträge einzelner Bezirksvereine dokumentiert und somit auch Veranstaltungen und Diskussionen, die nicht an die großen Hauptversammlungen gebunden waren. Die Rubrik »Vermischtes« und der Rezensionsteil »Technische Literatur« bieten Materialien unterschiedlichster Textsorten und Themen. Dank dieses heterogenen, vielfältigen Bestandes – der Textkorpus umfasst auch Rezensionen, Nachrufe, Berichte über regionale Vortragsveranstal-

---

4 | Im Frühjahr 1945 mit Heft 5/6 des Jahrgangs 89 wird die Zeitschrift eingestellt und 1948 mit Jahrgang 90 (NF) und Heft Nummer 1 weitergeführt.

5 | Die genaue Aufteilung und Erscheinungsweise hat sich im Laufe der Jahre immer wieder etwas verändert. So entschied der VDI 1876, die Vereinsangelegenheiten in einer Wochenschrift zu veröffentlichen, während die Monatsschrift den fachlich-wissenschaftlichen Schwerpunkt abdecken sollte. 1936 beschloss die Z.VDI-Redaktion, Beihefte für bestimmte Fachgebiete zu schaffen, die als Reihen extra hinzukamen, da der Veröffentlichungsraum für besondere, in Fachausschüssen intensiv geförderte Arbeitsgebiete nicht mehr ausreichte. Damit setzte eine stärkere fachliche Differenzierung der Z.VDI ein, die bis heute für die Zeitschrift prägend ist. Aktuell ist nach mehrfachen Ausdifferenzierungen der Kern der »alten« Z.VDI in Form einer auf Produktionstechnik fokussierten Zeitschrift wieder deutlich sichtbar. Seit 1994 spiegelt sich das in dem Titel »VDI-Z. Zeitschrift für integrierte Produktion« wider. Als fachlicher Schwerpunkt hat sich im Verlauf der Jahre vor allem der Bereich Maschinenbau und Metallbearbeitung herauskristallisiert.

tungen usw. – wird der Fachdiskurs nicht auf wenige programmatische Schriften von WortführerInnen reduziert.

Grundsätzlich dominieren in der *Z.VDI* Beiträge, die sich auf konkrete technische Artefakte, Materialien, Verfahren und Projekte beziehen. Quantitativ weniger, dennoch kontinuierlich präsent sind Beiträge zu theoretischen oder abstrakteren Fragen, die ein Thema grundsätzlicher behandeln, gesellschaftliche Debatten aufgreifen und allgemeinere methodische Probleme erörtern.

2.1.1.2 Der Civilingenieur

Der *Civilingenieur* mit dem Untertitel »Zeitschrift für das Ingenieurwesen«, gegründet 1854, endet mit dem Erscheinen von Band 42 im Jahr 1896. Beim *Civilingenieur* handelt es sich um die Neue Folge der nur in zwei Bänden (1848 und 1850) erschienenen Vorgängerzeitschrift »Der Ingenieur« (im Untertitel: »Zeitschrift für das gesamte Ingenieurwesen«). Der *Civilingenieur* hat eine fachlich etwas engere Ausrichtung, da er sich von Beginn an stärker als Organ profilierte, das Fachinformationen ins Zentrum stellte und nicht die in der *Z.VDI* auch debattierten Institutionalisierungs- und Professionalisierungsfragen. So formuliert einer der langjährigen Herausgeber 1874 das Ziel des Fachorgans:

»Der Civilingenieur macht das Neueste und Vorzüglichste im Gebiete des Maschinen-, Eisenbahn- und Vermessungswesens, des Straßen-, Brücken- und Wasserbaues, der Holz-, Eisen- und Steinconstructionen, sowie auch des geometrischen und Maschinenzeichnens theils in Originalen, theils in guten Übersetzungen und Auszügen aus ausländischen Werken und Zeitschriften zum Gegenstande seiner Mittheilungen.« (Bornemann 1874)

Gegründet wurde der *Civilingenieur* im Umfeld der Bergakademie Freiberg, mitherausgegeben von einem namhaften Vertreter der Verwissenschaftlichung des Maschinenbaus, Gustav Zeuner, Professor der Mechanik und theoretischen Maschinenlehre am Eidgenössischen Polytechnikum zu Zürich.

Forschungspraktisch lässt sich der *Civilingenieur* über ein für jeden Band erstelltes Jahresregister (Sach- und Personenregister) erschließen. Ebenso wie in der *Z.VDI* überwiegen in dieser Zeitschrift die Beiträge zu spezifischen Maschinen und Bauteilen. Theoretisch-methodische Fragen spielen insgesamt eine weniger prominente Rolle, sind jedoch präsent.

2.1.2 Die Datenauswahl im technikwissenschaftlichen Fachdiskurs

Beide Zeitschriften wurden über die *Sach*register empirisch erschlossen. Im Zentrum der Erhebung stand zu Beginn insbesondere die *Z.VDI*, während der *Civilingenieur* im Verlauf des Forschungsprozesses ergänzend hinzugezogen wurde. Beide Zeitschriften wurden systematisch durchgesehen. Aber auch mit dem in der *grounded theory* vorgeschlagenen Verfahren des *theoretical sampling*, das es ermöglicht, das Sample auf Basis der ersten Befunde schrittweise zu erweitern, wurden zusätzliche Dokumente in den Zeitschriften erhoben (vgl. Glaser/Strauss 1998 [1967]: 53ff.; zum Überblick vgl. Strübing 2008 [2004]: 30ff.; Flick 2007: 158ff.).

Die systematische Durchsicht bezog sich auf thematisch ausgewählte Teile des Fachdiskurses und folgte einem Schema, für das der Fachdiskurs in einzelne thematische Diskursstränge (vgl. Jäger 1999 [1993]: 159f.) unterteilt wurde. Die Anknüpfung an Jäger (1999 [1993]) ermöglichte einen ersten strukturierten Zugang zu den Fachzeitschriften, ohne notwendigerweise den eher linguistisch orientierten theoretischen Vorannahmen des Duisburger Ansatzes zu folgen. Ein Diskursstrang umfasst alle Materialien (Texte und Textfragmente), die dasselbe Thema behandeln. Jeder Diskursstrang spiegelt die jeweilige Bandbreite dessen wider, »was zu einem bestimmten gegenwärtigen oder früheren Zeitpunkt [...] ›gesagt‹ wurde bzw. sagbar ist bzw. war. In ihrer historischen Dimension sind Diskursstränge [...] [t]hematisch einheitliche Wissensflüsse durch die Zeit« (1999 [1993]: 160).»Einheitlich« verstehe ich nicht als immer gleich bleibende Aussage, sondern als weitgehende thematische Einheit in einem gewissen Zeitraum, wobei sich die konkreten Aussagemuster und der Stellenwert des thematischen Komplexes verändern können.

Bevor die Diskursstränge inhaltlich genauer vorgestellt werden, sei zunächst skizziert, welche methodisch-theoretische Entscheidung damit einherging.

2.1.2.1 Diskurslogik statt Werklogik

Untersuchung von Diskurssträngen heißt auch, nicht aus einer werkbezogenen Sichtweise heraus zu arbeiten, aus der man sich von einer/m großen AutorIn als ProduzentIn mehr oder weniger kohärenter Werke zur/m nächsten vorarbeiten würde. Gemäß dem bereits entfalteten theoretischen Rahmen werden die Äußerungen von Akteuren in vorliegender Studie methodologisch nicht als intentionales Verhalten im Sinne einer rationalen Handlungslogik oder hermeneutisch als subjektive Sinnproduktion betrachtet bzw. als individuell-biographische Entwicklung des Denkens. Es geht nicht um die individuellen Meinungen, Leistungen oder Irrtümer der Wegbereiter der Technikwissenschaften, nicht um Sinnstifter oder um die Errungenschaften großer Begründer von Gegenstandsfeldern. Die theoretische Orientierung an Foucaults Verständnis von Genealogie lässt sich hier methodologisch weiter auffächern. Eine genealogische Betrachtung löst sich von der werkbezogenen insofern, als sie den Zusammenhang von Gegenstands- und Subjektkonstitution in einem diskontinuierlichen, aber geregelten historischen Verlauf analysiert, dem keine metaphysische Sinnhaftigkeit unterstellt wird. Zu dieser Form der Geschichtsanalyse äußerte sich Foucault – zugegebenermaßen recht programmatisch – in einem Interview über den Zusammenhang von »Wahrheit und Macht«:

»Man muß sich vom konstituierenden Subjekt, vom Subjekt selbst befreien, d.h. zu einer Geschichtsanalyse gelangen, die die Konstitution des Subjekts im geschichtlichen Zusammenhang zu klären vermag. Und genau das würde ich Genealogie nennen, d.h. eine Form der Geschichte, die von der Konstitution von Wissen, von Diskursen, von Gegenstandsfeldern usw. berichtet, ohne sich auf ein Subjekt beziehen zu müssen, das das Feld der Ereignisse transzendiert und es mit seiner leeren Identität die ganze Geschichte hindurch besetzt.« (Foucault 1978: 32)

Äußerungen werden also in ihrer historisch kontingenten Ereignishaftigkeit untersucht, ohne ihnen eine strategische Qualität in sozialen Kämpfen eines sozialen Feldes abzusprechen. Anstatt die individuelle Dimension zu fokussieren, werden die Äußerungen in den Dokumenten – obwohl sie jeweils mehr oder weniger klar Individuen zuzuordnen sind – folglich in ihrer diskursiven Dimension betrachtet, das heißt als Bestandteile einer historisch spezifischen diskursiven Praxis sozial positionierter und sich positionierender AkteurInnen. Diese Positionierungen müssen den AkteurInnen nicht zwangsläufig immer klar bewusst oder Folge von rationalem Kalkül sein. Wie im vorangegangenen Kapitel ausgeführt, betrachte ich die Äußerungen der Akteure als Ausdruck der (flexiblen, soziologisch zu rekonstruierenden) Handlungslogiken sozialer Felder.

Aus diesem Grund bilden Dokumente nicht notwendigerweise eine geschlossene Einheit, die jeweils immer klar einem thematischen Diskursstrang zuzuordnen wäre. In ihnen können sich solche Diskursstränge überschneiden, Fragmente können verschiedene Themen des Fachdiskurses behandeln. Auf diese Weise wird ein offeneres Konzept der Rekonstruktion von thematisch zuweisbaren Fachdebatten, Fachbeiträgen und Textfragmenten entwickelt, das es außerdem ermöglicht, vordergründig unbedeutende Autoren oder nur anonym veröffentlichte Texte (wie etwa im Falle von Rezensionen und Sitzungsberichten) ebenfalls als Teil der Wissensproduktion in einem Diskursstrang zu sehen. Die erhobenen Texte werden als Bestandteile eines empirisch zu untersuchenden Textkorpus behandelt. Insgesamt zielt eine solche methodologische Perspektive darauf ab, die sich im Fach herausbildenden Aussagelogiken, Wissensformationen und Distinktionsweisen zu beschreiben, die sich bis in die feineren Kapillaren des Faches erstrecken und so als deutungsmächtige diskursive Muster verstanden werden können.

2.1.2.2 Die Datenauswahl: Systematik und *theoretical sampling*

Für die Datenauswahl bedeutet das, zwei verschiedene Typen von »Sprechern« zu differenzieren. So besteht das aus den Zeitschriften zusammengestellte Sample zum einen aus Beiträgen einiger historisch bekannter Sprecher, die als wichtige Stimmen des Fachs von der Forschung anerkannt sind und als Akteure recht genau im sozialen Feld verortet werden können. Zum anderen umfasst das Sample Texte von Autoren, deren fachlicher Hintergrund heute nur noch durch geschichtswissenschaftliche Archivstudien rekonstruierbar wäre, sowie anonym bzw. nur mit Namenskürzeln gekennzeichnete Texte. Sie können im Rahmen dieser Studie lediglich eingeschränkt im sozialen Feld positioniert werden, in dem Maße, in dem die Zeitschrift selbst darüber Aufschluss gibt oder die einschlägige technikhistorische Literatur entsprechende Informationen vermittelt. All diese Dokumente werden methodisch gleich gewichtet als Aussageereignisse für die Äußerung von fachlichen Wissensbeständen gewertet und auf ihre Ordnungsmuster hin untersucht.

Der auf der Zeitschriftenliteratur basierende Fachdiskurs wurde vorbereitend für die Erhebung in Diskursstränge strukturiert. Diese Strukturierung war Teil des »Eintauchens« in das empirische Untersuchungsfeld und bestand aus folgenden Teilschritten: Zunächst habe ich die Sachregister einiger Indexbände der Z.VDI (1872-1883 und 1884-1893) vollständig durchgesehen und für die Untersuchung interessante Stichworteinträge eruiert. Danach wurden diese Einträge thematisch zu größeren Sachgebieten gruppiert, im Zeitverlauf entsprechend verfolgt und im Zuge dessen weiter verfeinert und konturiert.[6] Daraus habe ich schließlich insgesamt fünf Diskursstränge gebildet, näher beschrieben und ihnen jene Stichworte zugeordnet, die der Erhebung zugrunde liegen sollten (siehe Tabelle 1).

Zu Beginn der Erhebung richtete sich das Augenmerk primär auf solche Diskursstränge in der Z.VDI, die eine grundsätzliche Thematisierung des Faches, seines Ortes, seiner Grenzen und Beziehungen zu anderen Gebieten versprachen und in denen sich die beteiligten Autoren über den Beruf, die damit einhergehende soziale Stellung und teilweise auch über die Ausbildung äußerten sowie über die gesellschaftliche Stellung der Technik insgesamt. Im Zentrum standen außerdem Beiträge zur Ingenieurtätigkeit, vor allem zum technischen Konstruieren.[7] Alle unter den identifizierten Stichworten verzeichneten Beiträge im Untersuchungszeitraum wurden anhand der Titel sondiert und, sofern relevant, im Volltext gesichtet. Relevant für die Erhebung waren Beiträge, die ihr Thema bzw. ihren Gegenstand in allgemeiner und grundsätzlicher Weise zu behandeln schienen und sich *nicht* auf individuelle Einrichtungen, einzelne Artefakte, regional spezifische Regelungen oder ähnliche spezielle Aspekte bezogen. So wurden z.B. die Beiträge »Seelische Wirkungen der Technik« oder »Poesie und Technik« unter dem Stichwort »Technik« in das Sample aufgenommen, nicht jedoch »Die Technik im Bereich des Bezirksvereines Rheingau«. Berücksichtigt wurde unter dem Stichwort »Ingenieurstand« der Aufsatz »Was ist ein Ingenieur?«, nicht jedoch »Anstellung von 50 Ingenieuranwärtern bei der 2. Werftdivision in Wilhelmshaven«.

---

6 | Dabei zeigte sich auch, dass sich im Laufe der Zeit Diskursstränge teilweise berühren und überlappen. Sie sind folglich empirisch nicht immer scharf zu trennen und vornehmlich als heuristische Struktur nützlich.

7 | Eingeschränkt einbezogen wurden die teilweise extrem umfangreichen Debatten zur Ingenieurausbildung. Hier habe ich mich auf die Schriften der zentralen Protagonisten der Studie konzentriert.

Tabelle 1: Diskursstränge im Überblick

Bezeichnung des Diskursstrangs nach Thema	Beschreibung	Stichworteintrag
Professionspolitik	Berufsbild, gesellschaftliche Stellung des Ingenieurberufs	- Ingenieur, -stand, -wesen - Techniker, -stand
Technik und Kultur	Grundsatzfragen über die Rolle und Stellung der Technik in der Kultur, über das Wesen der Technik im Allgemeinen	- Technik - Kultur
Konstruktion	Konstruktionsarbeit, Konstruktionsprozess, Konstruktionstätigkeit, Methoden des Konstruierens NICHT: Konstruktion der konkreten Maschine X oder Y	- Constructeur/Konstrukteur - Construction/Konstruktion - konstruieren
Wissenschaft	Rolle und Wissen der Naturwissenschaften, Wissenschaftlichkeit des Ingenieurwesens, Forschung	- Naturwissenschaft - Ingenieurwissenschaft - Mathematik - Physik
Theorie	maschinen- und ingenieurwissenschaftliche Theoriegrundlagen und Prinzipien der Technik	- Kraft-, Maschine (Theorie der) - Maschinenlehre, -wesen, -elemente - Mechanik

Zur Vorgehensweise konkret: Für die Stichworte der ersten drei Diskursstränge »Professionspolitik«»Technik und Kultur« und»Konstruktion« wurden in einer ersten Erhebungsrunde alle relevanten Beiträge komplett erhoben. Beiträge zu den Diskurssträngen»Wissenschaft« und»Theorie« wurden auf Basis der ersten Hypothesenbildung im Zuge der Auswertung und unter Berücksichtigung von Hinweisen aus der Forschungsliteratur selektiver erhoben, ebenso die Beiträge zu allen Diskurssträngen im *Civilingenieur*. Das Sample umfasst im Hinblick auf die beiden letztgenannten Diskursstränge hauptsächlich Texte und Lehrbücher namhafter Protagonisten, aber auch ausgewählte, technikhistorisch bekannte Fachdebatten. Zusätzlich erfolgte eine systematische Durchsicht der maschinentheoretischen Beiträge im hierfür ergiebigen *Civilingenieur.*

2.1.2.3 Institutionelle Grenzen des Fachdiskurses und Stellenwert der Dokumente

Die Unterteilung des Fachdiskurses in mehrere Stränge eröffnet für die Datenauswahl eine Verfahrensweise, die dem theoretischen Vorverständnis des Gegenstandes, wie es für diese Studie entwickelt wurde, angemessen ist. Die Arbeit mit Diskurssträngen ermöglicht ganz unterschiedliche Materialien in das Datenkorpus aufzunehmen, ohne diese vorab nach einem binären Schema zu klassifizieren. Das heißt, sie werden eben nicht entweder als »nicht-technisch« oder als »technisch« eingestuft, je nachdem, ob sie sich mit Maschinen und deren Konstruktion oder mit Fragen der Profession und der kulturellen Bedeutung beschäftigen. Eine solche binäre Klassifizierung würde die Gefahr bergen, den zu untersuchenden Gegenstand, mithin die Definition, was das Technische »ist« und wo seine Grenzen sind, im Vorfeld schon festzulegen und damit die *boundary work* der Technikwissenschaften im Zuge der Analyse selbst zu weiterzuführen.

Tatsächlich wird durch die gewählte thematische Strukturierung die inhaltliche Breite des Fachdiskurses überhaupt erst sichtbar. Dessen Grenzen mit dieser Untersuchungsmethode also als institutionelle Grenze zu fassen, repräsentiert vom VDI und den Fachorganen, hat daher den methodologischen Vorteil, dass die Datenauswahl nicht dem Alltagswissen der Forschenden überlassen bleibt. Vielmehr wird prinzipiell zunächst alles einbezogen, was die Fachzeitschriften im Untersuchungszeitraum für publikationswürdig und demnach fachlich technikwissenschaftlich relevant erachtet haben. Somit verstehe ich methodisch sämtliche in den Fachzeitschriften erhobenen Materialien potenziell als Dokumente des technikwissenschaftlichen Fachdiskurses. Die Grenze zwischen Technischem und Nicht-Technischem ist eine der offenen Fragen, deren Beantwortung erst Ergebnis der qualitativen Inhaltsanalyse sein kann.

Die Diskursstränge haben, wie bereits angedeutet, vor allem auch für die Vorgehensweise bei der Auswertung des Materials eine strategische Bedeutung.

2.2 QUALITATIVE AUSWERTUNG UND METAPHERNANALYSE

Die Auswertungsstrategie ist geprägt von einem mehrstufigen Verfahren von der inhaltsanalytischen Global- zur Feinanalyse ausgewählter Materialien des erhobenen Textkorpus. Außerdem wurde, ebenfalls in Anlehnung an die *grounded theory*, zeitlich parallel zur Erhebung bereits mit der Auswertung begonnen und diese in enger Verschränkung mit weiteren Erhebungsphasen vorangebracht. Das mehrstufige Vorgehen bezog sich auch auf die Diskursstränge, wobei Befunde aus den verschiedenen Strängen kontinuierlich miteinander verglichen bzw. im Vergleich miteinander ergänzend und kontrastiv befragt wurden.

2.2.1 Global- und Feinanalysen

Am Anfang standen Globalanalysen der einbezogenen Lehrbücher zur Identifizierung wichtiger Kapitel und Textfragmente sowie der erhobenen Zeitschriftenbeiträge zum Auffinden von Schlüsseldokumenten für eine detailgenauere Untersuchung. Es bedarf hier nur eines kurzen Einblicks in die inhaltsanalytischen Verfahren, da ich im Wesentlichen an bekannte Methoden anknüpfe. So schlägt auch Keller vor, sich in der Feinanalyse von Diskursen an der »offenen Forschungslogik der qualitativen Sozialforschung« (2004: 93) zu orientieren. Insofern wende ich Verfahren der qualitativen Datenanalyse in einer Studie an, die diskurstheoretisch orientierte Fragestellungen verfolgt.[8] Demnach wurde für den Umgang mit den Daten im Rahmen der Diskursanalyse auf Auswertungsstrategien und Leitlinien vornehmlich der *grounded theory* zurückgegriffen. Es handelt sich folglich um eine Untersuchung, der kein pragmatistisches, interaktionistisches oder hermeneutisches Theoriegebäude zugrunde liegt. Somit folgte die geleistete Feinanalyse ausgewählter Textpassagen und Schlüsseldokumente der Methode des »theoretischen Kodierens« der *grounded theory* (vgl. Strübing 2008 [2004]: 19ff.; Strauss 1998 [1994]: 56ff.; Strauss/Corbin 1996 [1990]: 37ff.). In einer ersten Phase, jener des offenen Kodierens, wurden Konzepte und erste Hypothesen gebildet. In einer zweiten Phase des axialen Kodierens wurden diese Konzepte (teilweise kontrastiv) ausgearbeitet, Hypothesen überprüft und weiter verfeinert. In einer dritten Phase, der des selektiven Kodierens, ging es darum, Konzepte mit Aussagen aus weiteren Materialien zu belegen und die Reichweite dieser Konzepte genauer zu analysieren. Hierfür habe ich vor allem auch Materialien unterschiedlicher Diskursstränge stärker vergleichend aufeinander bezogen. Folglich wurde im Rahmen dieser Studie für die direkte Arbeit am Material ein kombiniertes Vorgehen gewählt: eine für die Diskursanalyse notwendige Sichtung des gesamten Materialkorpus (Globalanalyse) einerseits und eine aus der *grounded theory* stammende, eher selektive Strategie. Somit verbinde ich ausgewählte, sehr kleinteilig am Text durchgeführte Inhaltsanalysen, die die gesamte Argumentation eines Autors einbeziehen, mit eher schrittweisen, überprüfenden Verfahren, die auf größere Materialbestände angewandt werden.

Methodologisch wurde das Datenmaterial danach befragt, was geäußert wird und in welcher Weise dies geschieht. Ebenso war die Frage leitend, was *nicht* zur Äußerung kommt und welche Bedeutung dies hat: Was erscheint im Dis-

---

8 | Vgl. zur Entwicklung dieser Verbindung von *grounded theory* und Diskursanalyse Paulitz 2005: 75ff.

kurs als Problem? Was wird beiläufig eingestreut? Wo werden etwa Geschlechterattribuierungen in den Texten selbst getroffen und auf welche Weise? Welche Funktion haben sie? Was schwingt latent mit oder ist in der Strukturierung von Wissensbeständen konzeptuell angelegt? Der inhaltsanalytische Zugriff auf die Texte folgt daher einem diskurstheoretischen Erkenntnisinteresse: Welches Wissen wird produziert? Welche Subjekte und Objekte werden konstituiert? Welches Verhältnis zwischen Entitäten wird hergestellt? Welche Funktion erfüllen Auslassungen, Kontrastierungen und Polarisierungen für die Herstellung bestimmter Objekte und Subjekte? Welche Unterscheidungen werden vorgenommen und wie korrelieren die verschiedenen Differenzierungen gegebenenfalls miteinander? Was bleibt auf dieser Grundlage im Fachdiskurs ungesagt und ausgeblendet? Wie lässt sich also z.B. Vergeschlechtlichung von Akteuren rekonstruieren, abhängig davon, ob sie explizit ausgesprochen werden oder nur im Kontext verschiedener Aussagen rekonstruierbar sind? Eine an solchen Fragen orientierte methodische Herangehensweise trägt dem im theoretischen Rahmen dieser Arbeit entwickelten Anliegen Rechnung, die soziale Praxis auf einer epistemischen Ebene als Hervorbringung von Deutungen inklusive deren Anordnung, Problematisierung, Plausibilisierung und Legitimierung zu untersuchen. Explizite und implizite Formen der sozialen Codierung von Wissen und die damit verbundenen Formen der fachlichen Grenzziehung werden so auf ihr Funktionieren in der historisch neuen Domäne der Technikwissenschaften und auf ihre Funktion im Hinblick auf die Positionierung im sozialen Feld hin geprüft.

2.2.2 Die Debatte um Technik und Kultur als methodischer »Türöffner«

Ziel der Globalanalyse war es auch, einen geeigneten Einstieg in die Untersuchung zu finden, das heißt diejenigen Diskursstränge, die eine erste Konzept- und Hypothesenbildung erlauben, zu identifizieren. Hier erwies sich vor allem der auf das Verhältnis von »Technik und Kultur« gerichtete Diskursstrang als »Türöffner« zur Fachdiskursanalyse. So zeigte die Sichtung der Z.VDI ergänzend zur Forschungsliteratur äußerst deutlich, dass um 1900 intensive Debatten zur Frage stattfanden, welche Rolle die Technik allgemein für die Kultur spiele.[9] Diese Kulturdebatten haben sich im Zuge der Globalanalyse der Zeitschriftenbeiträge als besonders ergiebige Quellen erwiesen, denn in ihnen wird vieles explizit formuliert, was anderswo im Material impliziter bleibt. Diese Datenlage, die in erster Linie die Z.VDI bietet, erwies sich zudem als Schlüssel zum Studium von geschlechtlichen Codierungen des Ingenieurwissens. Denn in ihren Beiträgen äußern sich die Autoren immer wieder in allgemein verständlicher Form zum Ingenieurberuf und konstruieren hierfür u.a. geschlechtliche, soziale oder auch

---

9 | Im Folgenden spreche ich verkürzt auch von »Kulturdebatten«.

ethnische Zugehörigkeiten. Daher konnte die Analyse dieser Kulturdebatten methodisch als Ausgangspunkt für die Feinanalyse dienen, um erste Konzepte zu bilden und erste diskursive Muster herauszuarbeiten, die in den nachfolgenden Analyseschritten an anderen Materialien überprüft wurden.

Für die weiteren Untersuchungsschritte ging ich davon aus, dass die in diesen Kulturdebatten vorfindbaren Deutungsmuster auch in anderen Diskurssträngen aufgespürt werden könnten. Auf diesem Weg – über die Kulturdebatten in die anderen Diskursstränge hineinführend – wurde schließlich der breitere Fachdiskurs untersucht. Das bedeutet, dass die in den Kulturdebatten recht explizit geäußerten Vergeschlechtlichungen beispielsweise in Texten über die theoretischen Grundlagen der Maschine vergleichsweise latent zum Ausdruck kommen. Dort sind die in einem Diskursstrang explizit geäußerten Muster nun lediglich als implizit mitschwingende Muster über die Methode des kontinuierlichen Vergleichs rekonstruierbar. Ein solches methodisches Verfahren des diskursstrangübergreifenden Vergleichens nutzt die thematische Strukturierung des Fachdiskurses. Diskursive Muster und ihre Verschiebungen im Zeitverlauf werden so schrittweise auf eine immer breitere Materialbasis gestellt; Wechselwirkungen zwischen verschiedenen Diskurssträngen sind zu erkennen. Der kontinuierliche Vergleich ermöglicht es, auch solche fachlichen Wissensbestände soziologisch zu untersuchen, die sich einer solchen Analyse in der Regel eher entziehen.

Welchen Stellenwert haben diese Kulturdebatten in der Geschichte des Ingenieurwissens und welchen Stellenwert können sie folglich für diese Untersuchung beanspruchen? Wie bereits erläutert, wird technikwissenschaftliches Wissen theoretisch als soziale Konstruktion betrachtet. Aus dem Grund ist hier genauer zu reflektieren, welche Konstruktion des Gegenstandes »technikwissenschaftlicher Fachdiskurs« mit der methodischen Anlage der Studie einhergeht. Um die Auswertungsstrategie des diskursstrangübergreifenden Vergleichens weiter abzusichern, lohnt es sich, mehr über den Stellenwert und die Einschätzung der Kulturdebatten in Erfahrung zu bringen. Zu diesem Zweck werfe ich einen Blick in die technikhistorische Forschung und auf die entsprechenden Metadiskurse in den Kulturdebatten selbst.

2.2.2.1 Technikhistorische Einschätzungen der Debatte

Grundsätzlich bildeten die Kulturdebatten der Ingenieure einen Teilstrang einer umfassenden, primär außerhalb des technikwissenschaftlichen Fachdiskurses geführten gesellschaftlichen Kontroverse im deutschsprachigen Raum, die überwiegend zwischen zwei Extrempositionen – Euphorie über den technischen Fortschritt einerseits, Pessimismus angesichts des Niedergangs der Kultur andererseits – ausgetragen wurde. Ingenieure antworteten im Zuge ihrer Professionalisierung auf die in dieser Kontroverse gegenüber der Technik geäußerten Vorbehalte und versuchten vor allem, kulturpessimistischen Argumentationen entgegenzutreten (vgl. Wilding 2000; Rohkrämer 1999; Dietz/Fessner/Maier 1996a; Herf 1984).

In seiner Untersuchung über die Bedeutung von Technik und Natur in der Moderne deutet Thomas Rohrkrämer den »Streit um den ›Kulturwert der Technik‹« (1999: 56ff.) als Kompensationskämpfe, die die Ingenieure Anfang des 20. Jahrhunderts ausfochten. In diesem »Streit« bezogen sich um 1900 zahlreiche Ingenieure auf den Modernisierungsdiskurs und positionierten die Technik im Gefüge der Kultur. Die Rede vom »Kulturwert« der Technik ist ein gängiger Topos im technischen Fachdiskurs ab 1900. Die Ingenieure setzten sich auch innerhalb ihrer eigenen *community* mit dem Verhältnis von Kultur und Technik und der Rolle des Ingenieurs in der Gesellschaft auseinander. Vorträge, Rezensionen von Büchern zu diesem Thema und die Verbindung der in den Kulturdebatten wichtigen Argumentationsmuster mit der ebenfalls häufig aufgegriffenen Frage der Gestaltung der Ingenieurausbildung zeugen von einer intensiven innerfachlichen Verständigung in der *Z.VDI*. Der Verweis auf den Kulturwert der Technik hatte gemäß Dietz, Fessner und Maier (1996b) eine professionspolitische Funktion in den Kämpfen um gesellschaftliche Anerkennung des Ingenieurberufs. Primär ging es dabei um einen Platz in den Reihen der bildungsbürgerlichen Eliten. Die Autoren bieten einen sozialgeschichtlich-chronologischen Abriss vom ausgehenden Kaiserreich bis in die frühe Bundesrepublik und resümieren:

»Betrachtet man vor diesem Hintergrund die Dichotomie ›Technik und Kultur‹ im gesellschaftlichen Umbruch zwischen Kaiserreich und früher Bundesrepublik Deutschland, so münden die Emanzipationsbestrebungen der Ingenieure letztendlich in einer durch sie realisierten und bestimmten technischen Zivilisation.« (1996b: 11)

Mit der Argumentation, dass Technik nicht nur für die materiellen Grundlagen der Zivilisation wichtig sei, sondern auch und gerade für die geistige Kultur, sollte demnach die gesellschaftliche Wahrnehmung der Technik und des Ingenieurberufs positiv beeinflusst werden. Hier sehen Dietz et al. eine gewisse historische Kontinuität, denn die Betonung des kulturellen Werts der Technik reiche als strategisches Element in Debatten bis in die Gegenwart hinein. Damit gehe ein ebenfalls kontinuierliches ambivalentes Selbstverständnis der Ingenieure einher, das tendenziell im Widerspruch zur wichtigen Rolle der Technik für den gesellschaftlichen Wandel stehe. Es zeige sich,

»daß maßgebende Vertreter der technischen Intelligenz bis heute mit verblüffender Konsequenz und Kontinuität auf den aus dem Kaiserreich tradierten Topos vom ›Kulturfaktor Technik‹ zurückgreifen, um damit gruppen-, berufs- und standesspezifische Krisensituationen sowie soziale Statusgefährdungen und -begehrlichkeiten zu ihren Gunsten zu beeinflussen« (Dietz/Fessner/Maier 1996b: 32).

Folgt man dieser Darstellung, so ist die Haltung der Ingenieure vornehmlich rechtfertigend und defensiv geblieben (vgl. ebd.).

Zusammenfassend kann gesagt werden, dass die Kulturdebatten eine politische Dimension im Professionalisierungsprozess hatten und daher auch diskursive Legitimationen des Berufs und des Fachs enthielten. Dieser Diskursstrang weist demnach deutliche Überschneidungen mit dem professionspolitischen Diskursstrang auf, in dem explizit Aspekte der gesellschaftlichen Stellung des Berufs erörtert wurden. So bieten die Kulturdebatten interessantes Datenmaterial für die vorliegende Untersuchung, da die Techniker hier über sich selbst und die eigene Domäne sprachen, ihren eigenen Platz in der gesellschaftlichen Ordnung identifizierten und ihr allgemeines Technikverständnis entwickelten.

2.2.2.2 Was gilt als technikwissenschaftliches Wissen?

Die politische Dimension der Kulturdebatten zieht die Frage nach sich, inwiefern diese Texte nun tatsächlich zum technikwissenschaftlichen Fachdiskurs zu rechnen sind. Anhand des Quellenmaterials zeigt sich, dass die Kulturdebatten von den Fachvertretern selbst durchaus als wichtiger Strang der Wissensproduktion gewertet und systematisch integriert wurden:

Im Jahr 1922 veröffentlichte die Z.VDI in mehreren Fortsetzungen eine Chronik der Fachgebiete der sich ausdifferenzierenden Technikwissenschaften. »Technik und Kultur« wird hier als ein solches Fachgebiet behandelt (vgl. Weihe 1922: 18). Sein Stellenwert wird im Gefolge des verlorenen Ersten Weltkrieges mit einer humanistischen Notwendigkeit begründet. Der Autor, Carl Weihe, berichtet von der fortschreitenden Etablierung des Themas innerhalb und außerhalb der Technikwissenschaften. Technik finde einerseits in Kulturerzeugnissen wie Literatur und Kunst mehr Berücksichtigung. Andererseits zeige sich auch im technischen Bereich eine größere Bereitschaft, auf kulturelle Fragen und auf Allgemeinbildung im technischen Studium einzugehen, wie z.B. eine Reform der Studiengänge an den THn Berlin und Darmstadt verdeutliche (vgl. ebd.).

Auch der 1933 in der Z.VDI veröffentlichte Literaturbericht, mit dem Manfred Schröter, Dozent der TH München, beauftragt wurde, bescheinigt den Etablierungsbemühungen dieses Fachgebietes Erfolg. Der Bericht solle angesichts der Fülle an Publikationen, die zum »Kulturproblem« der Technik inzwischen erschienen seien, eine Orientierung bieten. Der Autor wertet das »immer mehr anschwellende Schrifttum« als »ein Zeichen dafür, daß die Technik ihrer selbst bewußt wird – als eines selbständigen Kulturgebiets« (Schröter 1933: 349). Indem Schröter seiner Übersicht einen historischen Abriss über die vorhandenen Beiträge von Ingenieuren voranstellt, betont er, dass es innerhalb des Ingenieurwesens selbst eine elaborierte fachliche Diskussion gab. Deren Wurzeln lägen bereits in der Gründungsphase des Faches. So sei »[...] das Reifeste und Tiefstdringende [sic], was auf diesem Gebiet zu sagen ist, schon in der Tat im eigenen Lager der Technik selbst zu finden« (ebd.). Ähnlich der ordnenden Praxis in anderen, etablierten Fachgebieten teilt er die Protagonisten dieses Kulturschaffens ein in die »alten Meister« und die »jüngere Lehr- und Forschergeneration«

(ebd.). Seine skizzenhafte Aufbereitung und Bewertung der Schriften geht zwar nicht genauer auf die einzelnen Inhalte und Argumente ein. Schröter behauptet aber, dass die inhaltliche Seite des »Kulturproblems« der Technik eine Konstanz aufweise und Varianten der Bearbeitung existierten. »In der Tat sind diese Inhalte im Grund unendlich einfach – sie beharren wie das Thema, nur die Variationen wechseln.« (1933: 353) Auf diese Weise macht er deutlich, dass sich das Fachgebiet mit einem mehr oder weniger stabilen inhaltlichen Kanon etabliert habe. Ziel seiner Literaturübersicht ist, den vorhandenen Literaturkanon zu sichern und zu dokumentieren, auf den sich schließlich künftige Autoren beziehen sollten (vgl. Schröter 1933: 353).

Beides, die Forschungslage in der Technikgeschichte und die Einschätzungen im historischen technikwissenschaftlichen Fachdiskurs selbst, sprechen folglich dafür, die Kulturdebatten als integralen Teilstrang des technikwissenschaftlichen Fachdiskurses zu betrachten.

Darüber hinaus folgt ein solches Vorgehen maßgeblich theoretischen Einsichten hinsichtlich des Studiums wissenschaftlichen Wissens, wie sie im vorangegangenen Kapitel gewonnen wurden. Mit dem Konzept der *boundary work* gilt es, die Grenzziehung zwischen dem Technischen und dem Nicht-Technischen nicht aus dem eigenen Alltagsverständnis der Forscherin heraus als überzeitlich gesetzt zu betrachten. Wie bereits im Rahmen der Erläuterung der Erhebung angesprochen, trägt eine solche rekonstruktive Analysehaltung der Auffassung Rechnung, Technik als Produkt einer Grenzziehungsarbeit zur Konstituierung eines Terrains zu sehen und daher insbesondere auch historische Prozesse der Unterscheidung und Abgrenzung genauer zu verfolgen. Einer der ersten Befunde ist, wie sich zeigte, dass die Kulturdebatten als ein integraler Teil des Fachdiskurses von Akteuren im Fach selbst gewertet wurden.

2.2.3 Zur (Geschlechts-)Metaphorik der (Technik-)Wissenschaften

In Anlehnung an wissenssoziologische Untersuchungen, die den rhetorischen Mitteln der Rede Aufmerksamkeit schenken (vgl. Hark 2006), sowie an die Geschlechterforschung zu Naturwissenschaften wird in der vorliegenden Studie ein besonderes Augenmerk auf die bildhaften Überschüsse technikwissenschaftlichen Wissens gelegt. Im Bildreservoir, das wissenschaftliches Wissen mit hervorbringt, artikulieren sich immer wieder Elemente des Alltagswissens, das heißt für selbstverständlich und allgemein bekannt gehaltenes Wissen, das auf einen fachlichen Zusammenhang übertragen wird. Auch gesellschaftliche Geschlechternormen können auf diese Weise metaphorisch in fachliche Zusammenhänge einfließen, als Illustrationen oder zur bildhaften Verdeutlichung von abstrakten Zusammenhängen dienen. Daher bilden diese metaphorischen und bildhaft-narrativen Elemente ein methodisch interessantes Material für die kultur- und sozialwissenschaftliche Analyse von Vergeschlechtlichungsprozessen.

Dafür gibt die Arbeit der US-amerikanischen Historikerin Nancy Leys Stepan (1993) wichtige Impulse. Am Beispiel von »Race and Gender« untersucht Stepan die Funktionsweise von Metaphern in der Wissenschaft und argumentiert im Rückgriff auf vorwiegend wissenschaftsphilosophische Arbeiten, dass Metaphern oder Analogien in wissenschaftlichen Theorien mehr seien als nur psychologische bzw. heuristische Hilfskonstruktionen. Sie seien vielmehr konstituierende Elemente wissenschaftlicher Theorien, »essential to scientific thought itself« (1993: 360). Die Rolle dieser Elemente als kulturelle Ressourcen in wissenschaftlichen Argumentationen sei im Hinblick auf die Zementierung oder Veränderung gesellschaftlicher Ungleichheiten zu analysieren (vgl. ebd.). Damit Metaphern (u.a.) in der Wissenschaft funktionieren können, damit sie neue Phänomene beschreiben können, bestimmte Sichtweisen auf die Natur generieren und von RezipientInnen innerhalb wie außerhalb der *scientific community* verstanden werden können, müssen sie notwendigerweise auf vorhandene kulturelle Ressourcen rekurrieren. Folglich müssen sie Verknüpfungen herstellen zwischen dem zu erklärenden Gegenstand und allgemeinen, im Alltagswissen verankerten Wissensbeständen und konventionalisierten Vorstellungen. Beides, Wissen über den (wissenschaftlichen) Gegenstand und Alltagswissen, wird in der Metapher zusammengeführt. Der Wissenschaftsphilosophin Mary Hesse (1966) zufolge ist die Bedeutung einer metaphorischen Wendung keine Sache der individuellen oder rein privaten poetischen Vorlieben, sondern in einer sozialen Sprachgemeinschaft verankert. Sie sind »largely common to a given language community and are presupposed by speakers who intend to be understood« (1966: 159f., zit. nach Stepan 1993: 365). Allerdings komme es, so führt Stepan weiter aus, mithilfe der Wissenschaft auch dazu, dass vormals normalisierte und unbewusst kulturell konventionalisierte Bilder eine bestimmte Akzentuierung erfahren, die manche Bedeutungsaspekte präziser hervortreten lasse und andere zurückdränge. Diese Bilder würden schließlich in naturwissenschaftlich geschärfter und legitimierter Form, als naturwissenschaftliches Faktum, »naturalisiert« das heißt in einer Kultur verankert. Stepan ist daher der Auffassung, dass sich Naturwissenschaft durch die wissenschaftliche Verarbeitung kultureller Bilder wiederum als mächtige kulturelle Ressource und Instanz sozialer symbolischer Wissensproduktion erweise, obwohl die Metaphorik vom wissenschaftlichen Faktum tendenziell verdeckt werde (vgl. Stepan 1993: 363).

Die Funktionsweise von Metaphern, dass mit der Wahl des Bildes immer die Auswahl und Hervorhebung bestimmter Aspekte im eigenen Gegenstandsbereich verbunden ist (unter Vernachlässigung anderer Aspekte), betrachtet Stepan auf Basis der philosophischen Arbeiten von Max Black (1962) als zentrales Merkmal der wissenschaftlichen Generierung von Wissen über die Natur. Die Metapher wähle, betone, unterdrücke und organisiere Merkmale der Realität, »thereby allowing us to see new connections between the two subjects of the metaphor, to pay attention to details hitherto unnoticed, to emphasize aspects of human experience otherwise treated as unimportant, to make new features into ›signs‹« (Stepan 1993: 368).

Metaphern in der Wissenschaft werden folglich wirksam, indem sie fokussierte Sichtweisen auf die Welt anbieten, die nachfolgend forschungsleitend werden, das heißt entsprechend zugeschnittene Hypothesenbildungen, Forschungsdesigns und -instrumente für die weitere Untersuchung des erst metaphorisch ins Auge springenden Gegenstandes stimulieren.

Hauptsächlich die Geschlechterforschung zu Naturwissenschaften hat die Problematik der Metaphern in der Wissenschaft wiederholt herausgestellt. Das Hinterfragen vergeschlechtlichter Metaphern in der Wissenschaft ist seit über 20 Jahren eine wesentliche Strategie der Geschlechteranalyse naturwissenschaftlichen Wissens. Einflussreich wurden insbesondere die Arbeiten der Biologin und Wissenschaftsforscherin Evelyn F. Keller (1985), die erkannte, dass die Repräsentation von Geschlechterbeziehungen in metaphorischen wissenschaftlichen Beschreibungen »nicht nur Verzierungen auf der Oberfläche der wissenschaftlichen Rhetorik waren; sie sind tief eingebettet in die Struktur der Wissenschaftsideologie, mit erkennbaren Implikationen für die Praxis« (Keller 1985: 20). In ihrem Buch über Maschinentheorie und Genetik arbeitete Keller vor allem auch die wechselseitigen Beziehungen zwischen Sprache und wissenschaftlicher Praxis heraus (vgl. Keller 1995). Nach ihrer Ansicht liegt die Wirksamkeit von Metaphern in der Wissenschaft in der Beziehung zwischen kulturellen Normen, legitimen SprecherInnen und Gegenständen:

»Die Effizienz einer Metapher hängt, wie die Wirksamkeit eines Sprechakts, von den allgemein gültigen gesellschaftlichen Vorstellungen sowie – und dies vielleicht in besonderem Maße – von der Autorität ab, die herkömmlicherweise den Personen zugestanden wird, die sich ihrer bedienen.« (1998 [1995]: 10)

Daraus kann abgeleitet werden, dass die gesellschaftliche Position von WissenschaftlerInnen und Diskurse zusammenwirken. Diesen mit Metaphern vermittelten Wechselbezug zwischen Wissenschaft und Gesellschaft hat auch die Wissenschaftssoziologin Petra Lucht (2004) im Anschluss an Keller herausgestellt. So werde einerseits gesellschaftliches Wissen in die naturwissenschaftlichen Repräsentationen von Natur eingeführt, andererseits helfen diese Repräsentationen die entsprechenden gesellschaftlichen Wissensformationen zu festigen. »Metaphern überwinden auf sprachlicher Ebene so eine imaginierte Grenze zwischen naturwissenschaftlicher Erkenntnis und soziokulturellen Sphären« (Lucht 2004: 47) und sind aus diesem Grund wissenssoziologisch interessant. Denn bildhafte Wendungen eröffneten immer »nur bestimmte Perspektiven auf den Forschungsgegenstand« oder stellten »eher punktuell verkürzte Analogieschlüsse bereit« (Lucht 2004: 50f).[10]

---

10 | Zu einem anderen, stärker auf Innovationsprozesse fokussierten Ansatz der Metaphernanalyse in der Wissenschaftsforschung vgl. Maasen/Weingart 2000.

Anknüpfend daran sowie im Rückgriff auf die Wissenschaftshistorikerin Londa Schiebinger (2000 [1999]) bin ich der Auffassung, dass Metaphern alles andere als rein didaktische oder schmückende sprachlich-rhetorische Mittel sind. Schiebinger widerspricht dem der feministischen Naturwissenschaftsforschung gegenüber vorgebrachten Vorwurf der »Metaphernfeilscherei« (2000 [1999]: 197). Sie betrachtet hingegen bildhafte Sprache als grundlegend und untrennbar mit Wissen und seiner Diskursivierung verbunden. Weit davon entfernt, bloß »unschuldige literarische Kunstmittel« (ebd.) zu sein, hätten Metaphern das Potenzial zur *Konstruktion* von gesellschaftlichen Differenzierungskategorien wie Geschlecht und auch zur vergeschlechtlichten Konstruktion von Wissen über die Natur. »Analogien und Metaphern dienen ebenso sehr der Konstruktion wie der Beschreibung – sie sind sowohl für die Hypothesenbildung als auch für die Beweisführung funktional« (ebd.). Geschlechtlich codierte Metaphern bzw. Geschlecht als Metapher seien daher, so Schiebinger, unhintergehbarer Teil der wissenschaftlichen Wissensproduktion.

Zusammenfassend formuliert, gehe ich daher in der vorliegenden Studie methodisch-theoretisch von folgenden metaphernanalytischen Überlegungen aus: Metaphern betrachte ich als ein Mittel der Erkenntnisproduktion, mit dem grundlegende Wissenskategorien für das Verständnis des jeweiligen Phänomenbereichs geschaffen werden. Über Metaphern bleibt wissenschaftliches Wissen zudem notwendigerweise verbunden mit gesellschaftlich konventionalisierten Wissensbeständen. Wissenschaftliches Wissen entsteht nicht hermetisch abgetrennt von zeitgenössischen gesellschaftlichen Diskursen, sondern funktioniert stets in Referenz auf die Kategorien, die in der sozialen Welt Bedeutung haben und für diese strukturierend wirken. Mittels ihrer gegenwärtigen epistemischen Autorität, legitime Instanz für die Erklärung der Natur zu sein, entfalten wissenschaftliche Metaphern außerdem ein enorm machtvolles Potenzial für die Naturalisierung gesellschaftlicher Kategorien wie Geschlecht, Ethnizität oder Klasse und damit für die Rechtfertigung sozialer Ungleichheitsverhältnisse unter Bezugnahme auf Naturgesetze.

Dieses Verständnis von Metaphern als elementares sprachliches Mittel der Konstruktion von (wissenschaftlichem) Wissen scheint für die vorliegende wissenssoziologische Untersuchung äußerst zielführend zu sein. Methodisch gehe ich in der Materialanalyse davon aus, dass mit metaphorischen Wendungen sowohl neue Bedeutungen produziert als auch existierende verschoben und neu akzentuiert werden können, aber auch immer bestimmte Aspekte fokussiert und andere ausgeblendet werden. Ich analysiere zum einen die Art und Weise, wie Geschlecht und andere soziale Differenzierungskategorien in technikwissenschaftlichen Materialien (metaphorisch) eingesetzt werden, um das jeweilige Verständnis des Faches, des Fachgegenstandes und des Ingenieurberufs zu artikulieren und um technikwissenschaftliches Wissen zu ordnen und abzugrenzen. Zum anderen interessiert mich, wie mithilfe von Metaphern Bedeutungsverschiebungen entstehen, wobei ich nicht nur von einem einfachen Bedeutungstransfer ausgehe, sondern auch von der diskursiven Umarbeitung von Metaphern sowie von der Übertragung diskursiver Referenzen auf andere soziale Felder und deren Bildbestände. In dem Zusammenhang wird erstens der Frage nachgegangen, wie Geschlecht *als* Metapher funktioniert und im Zeitverlauf die Grenzziehungen der Technikwissenschaften mit produziert. Zweitens hinterfrage ich, anhand welcher Metaphern Vergeschlechtlichungsprozesse jeweils organisiert sind und wie sich in der Metaphorik vergeschlechtlichte Deutungen des Ingenieurberufs äußern.

2.3 DARSTELLUNGSLOGIK: SYSTEMATISCHER UND ZEITLICH STRUKTURIERTER AUFBAU DER STUDIE

Die Darstellung der empirischen Ergebnisse kombiniert in methodischer Hinsicht zwei Zugänge: einen systematischen und einen chronologischen. Die Untersuchungsteile bauen somit streng aufeinander auf. Im Sinne der *grounded theory* erlaubt es diese Darstellungsweise auch, den Forschungsprozess tendenziell nachzuvollziehen. Wo nötig, werden daher im Verlauf der Studien am Material ergänzende theoretische und methodologische Reflexionen zwischengeschaltet bzw. zu bestimmten thematischen Aspekten die jeweils benötigten Bezüge zur Forschungslage geschaffen.

Hinsichtlich der Diskursstränge taucht die Analyse systematisch und schrittweise tiefer in den Fachdiskurs ein. Ich beginne mit der Ausleuchtung der im Fachdiskurs vorfindbaren Selbstbeschreibungen der Profession. Hier stehen zunächst die Diskursstränge zum Verhältnis von »Technik und Kultur« sowie zur Professionspolitik im Zentrum, aber auch Dokumente bzw. Textfragmente, die dem eher methodischen Diskursstrang zur technischen »Konstruktion« zugeordnet werden können. Erst in einem späteren Untersuchungsschritt werden Dokumente aus den anderen (grundlagenorientierten) Diskurssträngen auf die bis dahin vorliegenden Ergebnisse bezogen und die Befunde in ihrem Verhältnis zueinander betrachtet.

In der zeitlichen Dimension nehme ich den Faden mit dem Beginn der Verwissenschaftlichung der Technik auf, von den ersten Ansätzen der wissenschaftlichen Fundierung des Maschinenbaus den 1850er Jahren bis zur Konsolidierung der wissenschaftlichen Ausrichtung in den 1880er Jahren (Teil I). Danach beschäftige ich mich mit den Vergeschlechtlichungen, die mit Gegenbewegungen gegen diese Verwissenschaftlichung im Fachdiskurs primär im letzten Jahrzehnt des 19. Jahrhunderts artikulierten und sich bis in die 1920er-Jahre weiter ausformen. Die dabei beobachtbare diskursive Verschiebung von Deutungsmustern wird genau rekonstruiert (Teil II).

Im letzten großen Teil der Untersuchung führe ich die chronologische Struktur nicht weiter, sondern rekonstruiere die zwei zentralen, in den Teilen I und II im Zeitverlauf herausgearbeiteten Formen der Vergeschlechtlichung des Ingenieurberufs und die darin diagnostizierte diskursive Verschiebung anhand grundlagentheoretisch ausgerichteter Materialien. Diese exemplarischen Studien zum Grundlagenwissen zeigen die starken Wechselwirkungen zwischen Selbst-, Fach- und Gegenstandsverständnis in den Technikwissenschaften, deren jeweilige Ausformung und spezifische vergeschlechtlichte Version in kontroversen Debatten innerhalb der Domäne ausgehandelt wurden (Teil III).

I. Verwissenschaftlichung und Vergeschlechtlichung

Ab Mitte des 19. Jahrhunderts richtete sich der bis dahin vorwiegend handwerklich strukturierte Bereich des Maschinenbaus neu aus. Im Zuge der Industrialisierung wuchs der Bedarf an Fachkräften, die eine Polytechnische Schule besucht hatten. Es waren vor allem die Professoren dieser Schulen, die ab ca. 1850 daran arbeiteten, die Entwicklung von Maschinen wissenschaftlich neu zu fundieren, verschiedene gewerbliche Tätigkeitsbereiche zu einem akademischen Gebiet aufzuwerten, neues Wissen und wissenschaftliche Methoden dafür bereitzustellen. Diese erste Phase des Professionalisierungsprozesses der Ingenieure bis in die 1880er-Jahre steht im Zentrum der folgenden Kapitel. Zu prüfen ist, wie sich die Technikwissenschaften derzeit diskursiv als Männerdomäne konstituierten. Zu dem Zweck wird anhand von Schriften der Ingenieure verfolgt, mit welchen Kontrastierungen und Gegensatzpaaren diese argumentierten, von wem oder was sie sich abgrenzten und auf welche Weise dies geschah.

Dabei werde ich ein besonderes Augenmerk auf die methodologische Problematik richten, wie solche Schriften aus einer wissenssoziologischen Perspektive und insbesondere mit Ausrichtung auf die Frage nach dem Geschlecht analysiert werden können. Entsprechend ist die Untersuchung des Materials in den folgenden Kapiteln vom Anliegen geleitet zu klären, wie die geschlechtliche Aufladung von Berufsvorstellungen und fachlichen Positionen belegt und gedeutet werden kann. Diese kontinuierliche reflexive Diskussion sowohl der Aussagen als auch des in den Quellen Nicht-Gesagten, Angedeuteten oder nur beiläufig Erwähnten zielt darauf ab, der komplexeren Aussagelogik der Schriften aus der Perspektive der Geschlechterforschung auf die Spur zu kommen. Daher nimmt die methodologische Reflexion in allen drei folgenden Kapiteln einen höheren Stellenwert ein. Erst auf ihrer Grundlage ist es überhaupt möglich, die spezifische Konstruktionsweise des Maschinenwissenschaftlers in den ersten Phasen der Verwissenschaftlichung zu rekonstruieren.

Zunächst befasse ich mich mit dem Ansatz des zentralen Protagonisten der frühen Verwissenschaftlichung, Ferdinand Redtenbacher (Kapitel 3). Anschließend wende ich mich mit Franz Reuleaux einem der Autoren der Konsolidierungsphase der neuen Maschinenwissenschaft in den 1870er- und 1880er-Jahren zu (Kapitel 4). Im letzten Kapitel dieses Teils der Studie folge ich systematisch allen im Fachdiskurs existierenden Thematisierungsweisen von Weiblichkeit bzw. Frauen, um in einem kontrastiven Zugriff die Funktionsweise der Kategorie Geschlecht im technikwissenschaftlichen Fachdiskurs genauer zu entschlüsseln (Kapitel 5).

3. Dualismen und Männlichkeiten: Distanz zur Praxis

Die Lehrbücher Ferdinand Redtenbachers, um die Mitte des 19. Jahrhunderts erschienen, dokumentieren das Spannungsfeld, das mit der Verwissenschaftlichung des Ingenieurwesens entsteht. Bisher etablierte gewerbliche Arbeitsweisen in der Konstruktion und Fertigung von Maschinen werden zugunsten des neuen wissenschaftlichen Ansatzes abgewertet. Einander gegenüber gestellt werden zwei konträre Herangehensweisen an das Konstruieren von Maschinen: die alte und die neue bzw. die erfahrungsgeleitete und die wissenschaftliche Herangehensweise. In diesem Kapitel werde ich Redtenbachers Unterscheidung zwischen Wissenschaft und Praxis genauer prüfen und dabei vor allem auch der methodologischen Frage nachgehen, ob seine dualistischen Argumentationsfiguren, die für die Profilierung der neuen Maschinenwissenschaft eine Rolle spielen, einen latenten Geschlechtersubtext enthalten, und, wenn ja, in welcher Form. Birgt die wissenschaftliche Fundierung des Maschinenbaus mithilfe des Gegensatzpaares Verstand versus Gefühl eine männliche Codierung der Technikwissenschaften?

Ferdinand Redtenbacher (1809-1863) gilt als *der* Akteur der frühen Verwissenschaftlichung. Er war ab 1841 Maschinenbauprofessor am Polytechnikum Karlsruhe und wird gemeinhin als Begründer des wissenschaftlichen Maschinenbaus im deutschsprachigen Raum betrachtet. Er rezipierte die französischen maschinenwissenschaftlichen Schriften und trat mit zahlreichen Grundlagenwerken, aber auch Handbüchern für die Praxis an die Öffentlichkeit.[1] Redtenbacher wurde vor allem mit seinen »Resultaten für den Maschinenbau« (1875 [1848]), die die Grundlagen der Konstruktion u.a. für praktisch arbeitende Ingenieure zusammenstellten, einer größeren Gruppe an Ingenieuren bekannt. Zu seinen Hauptwerken zählt das Lehrbuch »Principien der Mechanik und des Maschinenbaus« (1852), 1859 in der zweiten Auflage erschienen. Daher sind Redtenbachers Schriften eine hervorragende Materialgrundlage und zweifellos die erste Wahl, wenn

---

1 | Zur technikhistorischen Forschung zu Redtenbacher vgl. Gispen 2002 [1989], Banse/ Wollgast 1987 [1983]: 167ff.; Redtenbacher 1879.

es darum geht, den Beginn der Verwissenschaftlichungsbemühungen der Ingenieure in den Blick zu fassen.[2]

Der folgende Abschnitt behandelt daher eingehender, wie Redtenbacher die neue Maschinenwissenschaft einführt und begründet. Um diese Frage wissenssoziologisch zu klären, wird das Grundgerüst der Redtenbacher'schen Argumentationen in detaillierten inhaltsanalytischen Untersuchungen am Originaltext rekonstruiert (3.1). Im darauf folgenden Abschnitt werden die zentralen Befunde der Analyse theoretisch diskutiert. Nicht zuletzt beleuchte ich hier in methodologischer Hinsicht das Problem, wie Redtenbachers dualistische Argumentationsfiguren entlang der Achse von Theorie und Empirie aus einer geschlechtersoziologischen Perspektive erfasst werden können, gerade dann, wenn Geschlecht im Text nicht oder nur spärlich manifest wird (3.2). Auf dieser Basis argumentiere ich im dritten Abschnitt dieses Kapitels für einen differenzierten methodologischen Zugang zur Geschlechterdimension des Materials, der zwischen expliziten und impliziten Formen der Vergeschlechtlichung scharf trennt – der also einerseits nichts in das Material hineininterpretiert, was dort nicht manifest wird, andererseits in die Lage versetzt, auch das nicht explizit Vorhandene als bedeutungstragenden Befund zu sichten und systematisch zu berücksichtigen. Damit ist der Vorschlag verbunden, analytisch verschiedene Konstruktionen von Männlichkeit aufzuspüren, den diskursiven Vergeschlechtlichungsweisen besondere Aufmerksamkeit zu widmen und den Mustern zu folgen, die sich im weiteren Verlauf des Fachdiskurses konkreter ausbilden (3.3). Wie sich zeigen wird, ist gerade mit dieser ersten Verwissenschaftlichungsphase noch eine breitere Palette an Konstruktionsweisen von Männlichkeit verbunden, obwohl sich bereits die für die strengen Verwissenschaftlichungsbemühungen charakteristische Tendenz abzeichnet, den Maschinenwissenschaftler als neutrale Instanz wissenschaftlicher Erkenntnis zu profilieren.

3.1 DISTANZ ZUR PRAXIS UND ZUM OBJEKT

Die Art und Weise, wie Ferdinand Redtenbacher um die Mitte des 19. Jahrhunderts für eine wissenschaftliche Neubegründung des Maschinenbaus eintrat, lässt sich exemplarisch sowohl in seinen eher programmatischen Äußerungen als auch in einigen fachlichen Detailbetrachtungen rekonstruieren. »Die Gesetze des Lokomotiv-Baues« (1855) zählen zu den ersten Arbeiten im deutschsprachigen Raum, die zwischen zwei Formen des ingenieurtechnischen Handelns ge-

---

2 | Mit weiteren Teilen des Redtenbacher'schen Theorie- und Begriffsgebäudes wird sich die Arbeit an anderer Stelle noch beschäftigen. Redtenbacher ist als maßgeblicher Grundlagenautor auch einzubeziehen, wenn es um die Begründung der technischen Mechanik im deutschsprachigen Raum geht (vgl. Kapitel 9).

nauer trennen und auf spezifische Weise zueinander in Beziehung setzen. Im Vorwort des Buches legt Redtenbacher das prinzipielle Verhältnis zwischen wissenschaftlichem Programm und Praxis dar:

»In der Geschichte der Entstehung und Entwicklung jeder bedeutenderen Erfindung wiederholen sich ähnliche Erscheinungen. Zuerst geht immer die Praxis mit ihrem gesunden Triebe und Gefühle voran, und bringt eine Menge Dinge hervor, über deren Beschaffenheit sie sich selbst nicht ganz Rechenschaft zu geben weiss; [...] weil es gar nicht die Aufgabe der Praxis, sondern vielmehr die Aufgabe der Wissenschaft ist, aus einer Mannigfaltigkeit von Vorhandenem die Regeln und Gesetze ausfindig zu machen.« (Redtenbacher 1855: III)

Insgesamt soll das Buch zum Lokomotivbau also einen wissenschaftlichen Beitrag leisten, indem es allgemeine Gesetze formuliert und eine systematische Übersicht über die brauchbaren Erfindungen bietet. Wissenschaft hat hier zum einen die Funktion, bessere Voraussetzungen für die Praxis der Konstruktion von Lokomotiven zu schaffen. Zum anderen sieht Redtenbacher seine wissenschaftliche Betrachtung auch als eine Leistung, die für sich einen Wert hat.

Betrachtet man jedoch die zitierte Charakterisierung der beiden Sphären Praxis und Wissenschaft genauer, so wird erkennbar, dass Redtenbacher Natur und Kultur, Subjektivität und Objektivität auf spezifische Weise kontrastiert: Die Praxis besteht vor allem im Erfinden, gekennzeichnet von der Fähigkeit des Hervorbringens von Neuem dank eines inneren Talents. Nachahmung, Gefühl, subjektive Anschauung und Erfahrung sind demnach die Grundpfeiler, auf denen die Praxis ruht. Was den Gefühlsbegriff angeht, folgt Redtenbacher hier weniger einem engen Verständnis vom Gefühl als emotionale Beteiligung an einer Sache oder als Empfindungsfähigkeit. Vielmehr ist ein offenerer Begriff zugrunde gelegt, der auf das Feld des Handwerks verweist. Dort kommt ein erfahrungsgebundenes Gefühl im Sinne handwerklichen Könnens zum Tragen, das heute zumeist auch unter Verwendung des Terminus »tacit knowledge« diskutiert wird (vgl. Sennett 2008; Böhle/Bolte/Drexel/Weishaupt 2001; Heymann/Wengenroth 2001; Polanyi 1985 [1966]).

Außerdem erscheint »Praxis« bei Redtenbacher in naturalisierender Weise als ein innerer, naturhaft-»gesunder« An-»trieb«, der keinem rationalen Willen unterliege, sondern auf ein emotionales Potenzial zurückgehe, das quasi instinktiv eine Fülle an Artefakten hervorbringe. Das Gegenstück dazu sei die wissenschaftliche Aufgabe, das so Hervorgebrachte aus einer gewissen Distanz, das heißt ohne subjektive Beteiligung, zu betrachten und allgemeine, überindividuell gültige Gesetze zu formulieren. Damit reflektiert diese Redtenbacher'sche Gegenüberstellung eine Orientierung des wissenschaftlichen Maschinenbaus an einem historisch ganz spezifischen Modell der modernen Wissenschaft. Wie die Wissenschaftshistorikerin Lorraine Daston ausführt, ist dieses Wissenschaftsmodell das Produkt einer Ablösung von der Sphäre der Kunst. Dieser Prozess sei

vor allem mit der Wende zum 19. Jahrhundert weitgehend vollzogen und gehe
mit der Organisation der Wissenschaft als Beruf einher. Die Wissenschaft rekla-
mierte fortan für sich die Produktionslogik des Objektiven in Abgrenzung zu einer subjektiv produzierten Kunst (vgl. Daston 1998b; vgl. auch Heintz/Merz/
Schumacher 2004: 50f.).

Beide Aktivitäten, die »praktische« Aktivität des Erfindens und die »wissenschaftliche« Aktivität des Ordnens und Systematisierens, werden von Redtenbacher
als spezifische Bestandteile des technischen Innovationsprozesses seiner Zeit betrachtet: Am Anfang stehe die Entwicklung konkreter Maschinen und eine gewisse Virtuosität der fortwährenden Erfindung, Weiterentwicklung und Vervollkommnung der Konstruktionen. Sei schließlich ein gewisser Entwicklungsgrad
erreicht, müsse die Wissenschaft das Feld wieder übersichtlich gestalten und systematisieren. Praxis ist hier zwar der Wissenschaft vorgelagert, ihr jedoch letztlich entlang einer Entwicklungslinie technischen Fortschritts hierarchisch un-
tergeordnet:

> »Die Praxis des Lokomotivbaues hat nicht nur in England und Frankreich, sondern sie hat
> auch in Deutschland eine Stufe erreicht, die der Vollendung nahe kommt. [...] Allein, wenn
> man nach den Grundsätzen forscht, nach welchen die Lokomotiven angeordnet werden,
> so begegnet man den verschiedensten, oftmals sich ganz widersprechenden Ansichten
> und Meinungen. In der Regel denkt man gar nicht an allgemeine Grundsätze, oder hält
> es geradezu für unmöglich, dass man allgemeine Grundsätze aufstellen könne, die unter
> allen Umständen die richtige Bauart einer für spezielle Zwecke bestimmten Lokomotive
> festzustellen im Stande wären. Entweder copiren die Constructeurs bereits bestehen-
> de Anordnungen, wobei sie gewöhnlich annehmen, dass das Neueste auch das Bessere
> sei, oder sie überlassen sich ihrem Gefühle und folgen ihren eigenen Anschauungen und
> Erfahrungen. [...] Mit diesen Aeusserungen will ich keinen Tadel, sondern nur eine ge-
> schichtliche Thatsache aussprechen.« (Redtenbacher 1855: III)

Dass dieses im Vorwort eines Fachbuches eher programmatisch-allgemein formulierte dualistische Zuweisungsmuster nicht singulär ist und in den weiteren
fachlichen Erörterungen keineswegs randständig bleibt, zeigt die Analyse weiterer fachwissenschaftlicher Schriften.

So argumentiert Redtenbacher in den »Prinzipien der Mechanik und des Maschinenbaus« (1859 [1852]) ebenfalls anhand kontrastiver Gegenüberstellungen;
nur sind diese jetzt inhärenter Bestandteil des theoretischen Denkgebäudes und
mithin im Kernbereich eines zentralen Grundlagenwerks der frühen Verwissenschaftlichung des Maschinenbaus verankert. Ein Beispiel ist Redtenbachers Unterscheidung mehrerer Verfahren für die Ermittlung des »Nutzeffektes« von Maschinen: Direkte, auf praktischer Erfahrung basierende Anschauung einerseits
und Methoden der Berechnung bzw. Messung andererseits werden von ihm als
grundsätzlich zu trennende Herangehensweisen betrachtet.

»In manchen Fällen, und insbesondere bei den Dampfmaschinen, sind diese hinsichtlich des Nutzeffektes vortheilhaftesten Bedingungen ohne alle Rechnung aus der Natur
der Sache zu ersehen; in anderen Fällen, und namentlich bei den Wasserrädern und Tur-
binen, kann man zwar einige dieser Bedingungen ohne Rechnung errathen, andere aber,
die mit dem Effekt in einem komplizirten Zusammenhang stehen, können nur allein durch
Rechnung bestimmt werden. [...] allein es wird wohl Niemanden gelingen, die für den Effekt dieser Maschinen vortheilhaftesten Detailabmessungen ohne Rechnung nach dem
Gefühl zu bestimmen, und gerade da, wo das Gefühl nicht mehr ausreicht, ist die Rechnung, wenn sie gelingt, am rechten Platz.« (Redtenbacher 1859 [1852]: 281)

Redtenbacher gibt weder dem einen noch dem anderen Verfahren der Ermittlung
des Nutzeffekts grundsätzlich den Vorzug, sondern verweist auf konkrete Gegenstände, verschiedene Komplexitätsgrade und den jeweiligen Aufwand. Wissenschaft und Praxis sind hier folglich nicht in eine eindeutige Rangfolge gebracht.
Er weist hingegen dezidiert auf Fälle hin, die die Grenzen der rechnerischen Lö-
sungsermittlung illustrieren, und räumt der Praxis einen hohen Stellenwert ein:
»Derlei Fragen durch Rechnung zu entscheiden, ist kaum möglich, praktischer
Sinn und gesunde Urtheilskraft führen in solchen Dingen weit schneller zum
Ziele.« (1859 [1852]: 284)
    Wenngleich Redtenbacher, wie diese Belege zeigen, der etablierten Praxis die
wissenschaftliche Herangehensweise quasi lediglich zur Vervollständigung hinzuzufügen scheint, so bleibt doch das allgemeine Zuweisungsmuster stabil: Die
rechnerisch-analytische (oder an anderer Stelle auch empirisch-messende) Herangehensweise wird von einer praktisch-»gesunden«, gefühlsgesteuerten klar abgegrenzt. Letztere charakterisiert Redtenbacher durchweg als unmittelbar, subjektiv
und naturwüchsig in ihrer Hinwendung zum Objekt. Dabei wird möglicherweise gerade auch die Verbundenheit mit bzw. die fehlende Distanz zum Objekt ins
Zentrum gerückt. Der Verzicht auf zusätzliche Hilfsmittel, auf aufwendige Zwi-
schenschritte und Prozeduren bei der Wissensproduktion wird in den Beschreibungen des praktisch-erfahrungsgeleiteten Ansatzes betont. Gefühl, Gesundheit
und Kraft, die offensichtliche »Natur der Sache« erscheinen folglich als Gegenpol und Ergänzung des wissenschaftlichen Maschinenbaus. Dabei gilt die Praxis stets als das Besondere im Unterschied zu einer eher als neutral und unmarkiert präsentierten wissenschaftlichen Arbeitsweise.
    Als Konsequenz dieses Dualismus zweier ungleicher, doch jeweils speziel-
ler Ansätze schlägt Redtenbacher schließlich ein drittes Verfahren vor, das beansprucht, »Rechnung und Gefühl zu verbinden« (ebd.). Es sei das Verfahren, das
am effektivsten sei, »den grössten Reichthum von Mitteln dar[biete, TP], indem
es alle speziellen Methoden in sich vereinigt« (ebd.). Diese dritte, »combinirte
Methode« (ebd.) erscheint Redtenbacher als »die einzig richtige«(ebd.). Die damit
angestrebte Integration der Praxis in die Wissenschaft erklärt er am Ende jedoch
wieder zur wissenschaftlichsten Herangehensweise überhaupt, wenn er erwägt,

dass es »möglich sein müsse, [...] die Construction der Maschinenorgane auf einfache, leicht anwendbare, jedoch wissenschaftlich begründete Regeln zurück zu führen« (ebd.). In der Quintessenz bedeutet Redtenbachers Argumentation, dass die systematische Unterscheidung zweier Verfahren und deren vernunftgeleitete zeitökonomische Verknüpfung erst die eigentlich wissenschaftliche Begründung des Fachs erlauben. Mithin beansprucht die neue Maschinenwissenschaft auch die Steuerung nicht-wissenschaftlicher Methoden, die sie eben regelgeleitet einsetze. Redtenbachers Maschinenwissenschaft zielt somit auf eine passgenaue, rationale Anwendung des »konstruktiven Gefühls«. Was zunächst wie ein Widerspruch anmutet, erweist sich als Ansatz der Verwissenschaftlichung, der den Nutzen der Verfügungsgewalt über die als nicht-rational betrachteten Anteile der Konstruktion erkennt und von diesen dort, wo es rational erscheint, Gebrauch macht.

Durchgängig ist noch ein zweites Muster erkennbar: Redtenbacher präsentiert und legitimiert sich ungebrochen als Wissenschaftler, wenn er seine eigene Praxis der Unterscheidung und Charakterisierung von Konstruktionsverfahren als systematisches wissenschaftliches Vorgehen kenntlich macht und so die Gesamtkonstruktion als Resultat wissenschaftlicher Klassifikation, Beobachtung und Synthese ausweist. Insofern unterliegt die dualistische Argumentationsstruktur in letzter Instanz einer Einseitigkeit; sie gerät in eine hierarchische Schieflage, in der die Zuweisung von Attributen eine klare Rangordnung nach sich zieht. Die als naturhaft und gefühlsgeleitet charakterisierte Praxis erhält schlussendlich an keiner Stelle den gleichen oder gar den Vorrang, wenn sie in ein wissenschaftlich begründetes Gesamtsystem integriert wird.

Hinsichtlich des Ergebnisses ähnlich äußert sich Redtenbacher im Buch über den Lokomotivbau. Er macht mit Verweis auf seine eigene Arbeitsweise deutlich, dass er vorwiegend theoretisch vorgehe, indem er betont, dass er unter bewusstem Ausschluss der Praxis gearbeitet habe:

»Ich habe mich dabei grösstentheils so benommen, wie wenn praktische Erfahrungen über den Lokomotivbau gar noch nicht gemacht worden wären, habe mich ganz und gar den Grundsätzen der Mechanik überlassen, und wollte einmal sehen, was dabei herauskommen werde. [...] Aus den Formeln, zu welchen ich gekommen bin, haben sich die Grundbedingungen, denen jeder Lokomotivbau entsprechen soll, mit vollkommener Klarheit herausgestellt [...], womit ich sagen will, dass alle wesentlichen Grundbedingungen, worauf es beim Lokomotivbau ankommt, ausfindig gemacht und für alle Zeiten festgestellt sind.« (1855: VI)

Zunächst weist Redtenbacher also der Praxis, indem er sie in einer der wissenschaftlichen Systematisierung vorgeschalteten Phase technischer Erfindungen ansiedelt, einen spezifischen Platz zu. Nun hat er sich laut eigener Beschreibung bei weitgehender Vernachlässigung der in der Praxis entstandenen Vielfalt an

Lokomotiven dem Gegenstand auf Grundlage der naturwissenschaftlichen Gesetze genähert und erhebt deswegen für seine Resultate den Anspruch auf Allgemeingültigkeit. Aus diesem Grund spricht er im Titel des Buches von »Gesetzen«. Darin wird letztlich das Partikulare, das Lokale und Zufällige, das die Praxis in vielen Variationen und Irrtümern unbestritten virtuos hervorbringe, einem zeitlich und räumlich universal Gültigen gegenübergestellt, das in der Lage sei, sozusagen universal für *alle* Fälle eines bestimmten Typs zu stehen. Wissenschaft könne auf diese Weise auch prüfen, ob die Praxis »auf dem rechten Weg« (ebd.) sei.

Demnach ist Redtenbachers Vorgehen in beiden bisher betrachteten Schriften aus den 1850er-Jahren auf eine neu zu etablierende Distanz zum Objekt des Wissens gerichtet. Die Distanz kommt entweder in der wissenschaftlichen Berechnung und Aufstellung von allgemeinen Gesetzen zum Ausdruck oder im effizient kalkulierten Gebrauch von praktischen Herangehensweisen. Letztere verringern die Distanz ein Stückweit, und das als naturgeleitet und subjektiv charakterisierte Verfahren führt zuweilen schneller zum Ziel. Aber diese partielle, gefühlsgeleitete Verbundenheit mit dem Objekt wird gleichermaßen regiert vom ökonomisch handelnden, distanzierten Verstand. Das Gegensatzpaar Wissenschaft und Praxis erhält somit unmissverständlich eine hierarchische Binärstruktur, die eine nähere Betrachtung aus der Perspektive der Geschlechterforschung geradezu verlangt, da sie implizit auf ein zentrales Konstruktionsmuster von Geschlecht in der symbolischen Geschlechterordnung der Moderne verweist.

3.2 DUALISTISCHE ARGUMENTATIONEN: STILLSCHWEIGENDER ANDROZENTRISMUS?

Der Kontrast zwischen Gefühl und Verstand, zwischen »Natur« und »Kultur« bildet als wesentliche Denkfigur der bürgerlichen symbolischen Ordnung den Hintergrund, vor dem Redtenbacher den beiden Bestandteilen des technischen Innovationsprozesses ihren jeweils legitimen Platz in der modernen symbolischen Ordnung zuweist.

Die geschlechtliche Codierung dieser dualistischen symbolischen Ordnung der bürgerlichen Moderne ist seitens der Geschlechterforschung klar herausgearbeitet worden (vgl. u.a. Klinger 2005 und 2000; siehe auch Kapitel 1). Sabine Mehlmann bringt den zentralen Befund der Geschlechterforschung zur symbolischen Verortung der Geschlechter in der Moderne auf den Punkt, wenn sie schreibt:

»Das ›Ich‹ als geschlechtsneutrales allgemeines wird in Abgrenzung zum ›Weiblichen‹, ›Anderen‹ formuliert, das gleichzeitig den Status des ›Nicht-Ich‹ erhält und mit Natur assoziiert wird. In der Setzung des Allgemeinen Ich, die den Dualismen Kultur/Natur, Geist/Körper, Transzendenz/Immanenz, Vernunft/Gefühl, Öffentlichkeit/Privatheit etc. folgt, ist die Geschlechterdifferenz also immer schon mitgedacht. In dieser Ausgrenzungsbewegung ist der metaphorische und faktische Ausschluss von Frauen aus dem Bereich der selbstreflexiven Vernunft und zugleich deren Abordnung in den Bereich der Familie zur Reproduktion der Gattung fixiert.« (1998: 101)

Insbesondere die symbolische Konstruktion der männlichen Subjektposition der bürgerlichen Gesellschaft als genuiner Träger von Kultur gegenüber einer subordinierten feminisierten Natur weist eine analoge Denkstruktur zum Redtenbacher'schen Muster der Maschinenwissenschaft auf. Es drängt sich also die Frage auf, ob beide in einem historisch diskursiven wechselseitigen Bezug stehen und der maschinenwissenschaftliche Ansatz auf diese Weise implizit geschlechtlich aufgeladen ist. Für diese Hypothese spricht, dass die Figur des Wissenschaftlers der europäischen Neuzeit, auf die Redtenbacher mit der Formulierung von allgemeinen Gesetzen deutlich anspielt, in der Geschlechterforschung als *die* Leitfigur der neuzeitlich-aufklärerischen Vernunft und als distanziertes Gegenüber der zu entdeckenden Natur identifiziert wurde (vgl. Scheich 1993; Keller 1986 [1985]).

Doch stellt Redtenbacher den Bezug zur Geschlechterdifferenz an keiner Stelle im Text selbst her, wenn es um sein Vorhaben der Verwissenschaftlichung des Maschinenbaus geht. Transportiert der Redtenbacher'sche maschinenwissenschaftliche Ansatz dennoch implizit geschlechterrelevante Differenzierungen? Enthält seine anhand dualistischer Gegensatzpaare strukturierte Argumentation also »automatisch« einen solchen Geschlechtersubtext? Impliziert die symbolische Herabsetzung der Praxis als Reich des Gefühls gegenüber der regierenden Vernunft den symbolischen Ausschluss der Frau aus dem Maschinenwesen der Zeit? Wie ich im Folgenden genauer ausführen werde, ist ein solcher Analogieschluss, zumindest für den hier betrachteten Gegenstand, nicht weiterführend, wenn man den diskursiven Machtspielen auch aus Perspektive der Geschlechterforschung näher auf die Spur kommen will.

3.2.1 Dualistische Moderne – Geschlecht als (flexible) Substruktur?

Der eben erwähnte Analogieschluss basiert auf einer Korrelation verschiedener binärer Gegensatzpaare, hier zwischen Verstand versus Gefühl und Männlichkeit versus Weiblichkeit. Dieser Schluss ist für mehrere Bereiche der Geschlechterforschung theoretisch und methodisch fundamental:

Für die feministische Kritik der Philosophie des Abendlandes betrachtet Cornelia Klinger (2005) es als aussichtsreichen Weg, den Zusammenhang zwischen dualistischen Argumentationsfiguren und der Geschlechterdifferenz zu thematisieren. Hier ließe sich der Hebel ansetzen, um impliziten Vergeschlechtlichungen unter der Oberflächenstruktur von Texten auf die Spur zu kommen, die auf diese Weise in die großen Werke westlicher Philosophie eingeschrieben sind. Ihr Vorschlag versteht sich ausdrücklich als tendenziell generalisierbares Verfahren der feministisch-philosophischen Textanalyse und -kritik, wenn sie schreibt:

»Überall da, wo Form vor Materie, Transzendenz vor Immanenz, [...] Subjekt vor Objekt ausgezeichnet ist, wo Kultur über Natur, Geist über Körper, Vernunft über Gefühl gestellt wird, – überall da ist in den Subtext der Theorie die Geschlechterordnung, der Dualismus des Männlichen und Weiblichen eingeschrieben.« (Klinger 2005: 338)

Diese Denktradition wirke auch in umgekehrter Richtung inhaltlich strukturierend auf die Verfasstheit der modernen Geschlechterordnung:

»So wie einerseits alle Dualismen geschlechtlich konnotiert sind, so werden andererseits die Geschlechter mittels der verschiedenen Dualismen charakterisiert, erst unter Rekurs auf die tief in die Denktradition eingefügten Dualismen wird die Geschlechterdifferenz als Dualismus vorgestellt.« (Ebd.)

Den Blick auf die konstitutive Bedeutung der dualistischen Geschlechterordnung für die Denkordnung der bürgerlichen Moderne, wie sie um 1800 entsteht (vgl. u.a. auch Klinger 2000; Frevert 1996; Honegger 1991; Hausen 1976), wird von Klinger in einem weiteren Schritt noch komplexer gefasst. Unter Rekurs auf Donna Haraway (1991 [1985]) stellt sie Bezüge zu weiteren gesellschaftlichen Abgrenzungen her, die, neben der Geschlechterordnung ebenfalls dichotome Muster aufweisen:

»Mit der Fokussierung der Dualismenthematik eröffnet sich überdies die Möglichkeit, die Parallelen zwischen verschiedenen Herrschaftsverhältnissen ins Blickfeld zu rücken, denn dichotome Strukturen charakterisieren auch alle anderen symbolischen Ordnungssysteme, welche Über- und Unterordnungsverhältnisse herstellen und aufrechterhalten.« (Klinger 2005: 338)[3]

---

3 | Klinger bezieht sich hier auch auf Haraways Cyborg-Manifest und die darin problematisierten Dualismen. »[C]ertain dualisms have been persistent in Western traditions; they have all been systematic to the logics and practices of domination of women, people of color, nature, workers, animals – in short, domination of all constituted as others, whose task is to mirror the self.« (Haraway 1989: 200, zitiert nach Klinger 2005: 339) Die komplexe Interdependenz zwischen verschiedenen gesellschaftlichen Differenzierungen wird in jüngerer Zeit insbesondere unter dem Stichwort »Intersektionalität« intensiv diskutiert (vgl. Abschnitt 1.3). Zu Einwänden gegen Klingers Konzeption dieser Interdependenzen vgl. Kerner 2008. Zur weiteren Übersicht über die Diskussion vgl. außerdem Walgenbach/ Dietze/Hornscheidt/Palm 2007; Knapp/Wetterer 2003.

Diese These von der engen Verbundenheit vor allem des Natur/Kultur-Dualismus mit dem Geschlechterdualismus bezeichnet Klinger an anderer Stelle als »Quantensprung« in der feministischen Theorie und Kritik (2002: 70). Ungeachtet dessen, von welcher Seite her man sich der Sache nähere, dualistisch-hierarchisierende Denkstrukturen und die Kategorie Geschlecht stünden in einem unauflöslichen Verweisungszusammenhang:

»Die Mechanismen der Hierarchiebildung, wie sie die Denkfigur des Dualismus kennzeichnen, korrespondieren mit den Strukturen des Geschlechterverhältnisses auf verblüffend präzise Weise. Die Konstruktion von Männlichkeit und Weiblichkeit und die Konstruktion von Ober- und Unterseite des Dualismenpaares, von ›Einem‹ und ›Anderem‹, verlaufen ganz analog. Mit anderen Worten: Die Struktur des Dualismus prägt die Konstruktion der Geschlechterordnung, so wie sich umgekehrt das Geschlechterverhältnis im Konzept des Dualismus widerspiegelt.« (Ebd.)

In ihrer Auseinandersetzung mit der Genese der Moderne arbeitet Klinger (2000) die systematische Verknüpfung zwischen den fundamentalen gesellschaftlichen Differenzierungen und der Geschlechterbinariät heraus. »Die Ausdifferenzierung der Sphären Öffentlichkeit und Privatheit wird punktgenau in das ›Wesen‹ der beiden Geschlechter hineinprojiziert« (Klinger 2000: 31) und beide werden in eine asymmetrische, hierarchische Beziehung zueinander gesetzt. Eine solche modernisierungstheoretische Herleitung der dualistischen Geschlechterkonzeption rekonstruiert auf einer symbolischen Ebene Männlichkeit und Weiblichkeit als Gegenpole und verweist zugleich auf die historische Entwicklung der materiellen Grundlagen der Denkstruktur. Die Geschlechter erscheinen darin als grundlegend verschieden, gar einander diametral entgegengesetzt und in einem einseitigen Abhängigkeitsverhältnis: So ist der weiblich konnotierten Sphäre die Funktion der Harmonisierung und der Kompensation der Risiken und Verluste der durch instrumentelle Rationalität geprägten Sphäre der Produktion zugeschrieben (vgl. Klinger 2000: 32).

In der sozialwissenschaftlichen Frauen- und Geschlechterforschung ist diese asymmetrische, polarisierende Konstruktion der Geschlechtskategorie als bis heute wirksame »Alltagstheorie der Zweigeschlechtlichkeit« (Hagemann-White 1984) beschrieben worden, die sowohl in der lebensweltlichen Praxis im »doing gender« (vgl. Gildemeister 2008) als auch in gesellschaftlichen Diskursen (vgl. Villa 2008) beständig aufgeführt, re-aktualisiert, naturalisiert und stabilisiert wird.[4] Die in Wissen und Praktiken einer Gesellschaft verankerte, für selbstverständlich genommene und gemeinhin unhinterfragte »Alltagstheorie« besagt,

---

4 | Zur Debatte um die soziale bzw. kulturelle Konstruktion von Geschlecht, innerhalb derer der »doing-gender«-Ansatz wie auch diskurstheoretische dekonstruktivistische Positionen eine Rolle spielen, vgl. die Übersichten von Helduser et al. 2004 und Waniek/ Stoller 2001.

»[d]ass es zwei und nur zwei Geschlechter gibt; dass jeder Mensch entweder das eine oder das andere Geschlecht hat; dass die Geschlechtszugehörigkeit von Geburt an feststeht und sich weder verändert noch verschwindet; dass sie anhand der Genitalien zweifelsfrei erkannt werden kann und deshalb ein natürlicher, biologisch eindeutig bestimmbarer Tatbestand ist, auf den wir keinen Einfluss haben« (Wetterer 2004: 122).

Auf einer symbolischen Ebene funktionieren diese dualistischen Muster als Zuschreibungen, die die Struktur der gesellschaftlichen Ordnung organisieren und reproduzieren. So kommt es entlang bipolarer Attribuierungen nicht nur zur Vergeschlechtlichung gesellschaftlicher Sphären im Sinne Klingers, sondern, wie professionssoziologische Arbeiten zeigen und wie einleitend schon skizziert wurde, zur Vergeschlechtlichung von Berufen, Tätigkeiten und Segmenten innerhalb von Berufsfeldern (vgl. Wetterer 2002 und 1992).

Dass solche Zuschreibungen keineswegs statisch sind, sondern historisch und kontextbezogen variieren können, wird in der Frauen- und Geschlechterforschung seit Längerem diskutiert (vgl. Abschnitt 1.3.1). Für das über Technik und professionssoziologische Fragen hinausweisende Feld haben Regine Gildemeister und Angelika Wetterer (1992) den Zusammenhang von Differenz und Hierarchie in der alltäglichen Konstruktion zweigeschlechtlicher Ordnungen aufgezeigt, in denen die weiblich codierten beruflichen Tätigkeiten sich regelmäßig strukturell in untergeordneter Position wiederfänden.

In ähnlicher Weise hat innerhalb der geschichtswissenschaftlichen Geschlechterforschung Joan Scott (1988) hervorgehoben, dass solche Korrelationen zwischen dualistischen Mustern und der Geschlechterpolarität nicht historisch stabil bleiben. Vielmehr würden sie im Zuge gesellschaftlicher Wandlungsprozesse zwar ständig neu, aber stets hierarchisch angeordnet. Ihr analytischer Blick basiert auf der Prämisse, dass Geschlecht in Form des Gegensatzpaares weiblich–männlich zwar inhaltlich flexibel zuschreibbar sei, jedoch stets eine relevante Substruktur polarisierender Argumentationsweisen darstellt, die Ausschluss, Marginalisierung und/oder Subordination von Frauen bewirke.

Zusammenfassend formuliert, hat kultur- wie auch sozialwissenschaftliche Geschlechterforschung auf einen allgemeineren Funktionsmodus vergeschlechtlich*ter* bzw. vergeschlechtlich*ender* Dualismen aufmerksam gemacht. Dualismen transportierten demzufolge einerseits geschlechtliche Codierungen innerhalb kultureller Deutungssysteme und gesellschaftlicher Ordnung. Umgekehrt legitimierten geschlechtliche Codierungen diese hierarchischen, dualistischen Gebilde auch wieder, wenngleich in flexibler Weise. Dualismen seien daher in der Analyse auf der einen Seite Anzeiger für Geschlecht; auf der anderen Seite sei Geschlecht Anzeiger für hierarchische Ordnung.

Diesen Befunden und theoretischen Einsichten in die Funktionsweise von Geschlechterdifferenz als Zuweisungsprinzip folge ich hier, plädiere jedoch zugleich dafür, expliziten und impliziten Vergeschlechtlichungen und damit der Logik von jenem, was zum Ausdruck kommt, und dem, was unerwähnt bleibt, in der empirischen Analyse mehr Aufmerksamkeit zu widmen. Dies geschieht aus folgenden Überlegungen heraus: Wenn die Materialanalyse selbstverständlich davon ausgeht, dass in jede begriffliche Unterscheidung, die mit zentralen Gegensatzpaaren der symbolischen Ordnung der Moderne hantiert, wie etwa der Gegenüberstellung von Verstand und Gefühl, automatisch ein Geschlechterdualismus eingeschrieben sei, stützt sie sich rein auf die Struktur der Argumentation. Das Risiko eines solchen Vorgehens für die qualitative empirische Forschung liegt auf der Hand: Sie läuft Gefahr, die zu analysierenden Diskurse selbst zu vergeschlechtlichen, somit das dualistische Denkmuster im Sinne eines Mechanismus durchzuexerzieren und sich tendenziell an der Zementierung zu beteiligen. Mein zentraler Vorbehalt ist jedoch, dass dieser Mechanismus die Analyseperspektive entscheidend verengt und sich so einer differenzierteren Betrachtungsweise von symbolischen Zuweisungsprozessen und damit verbundenen komplexeren Konstruktionen vergeschlechtlichten Subjektpositionen verschließt. Auf diese Weise geraten auch die spezifischen und möglicherweise uneinheitlichen Konstruktions*weisen* von Männlichkeit aus dem Blick bzw. werden auf einen einfachen, allgegenwärtigen Mechanismus der Subordination von Weiblichkeit reduziert. Aus diesem Grund schlage ich für die vorliegende Untersuchung in methodologischer Hinsicht vor, die im Text manifesten diskursiven Differenzierungen und sozialen Markierungen von Akteuren und Gegenständen in der empirischen Analyse sorgfältig aufzuspüren. Damit ist verbunden, die Muster der Artikulation, wann etwas geschlechtlich markiert wird und wann nicht, als bedeutsame Befunde mit zu berücksichtigen. Dies will ich im folgenden Abschnitt am Beispiel der Äußerungen Redtenbachers noch einmal durchspielen.

3.2.2 Der stillschweigende Androzentrismus als theoretisch-methodologisches Problem

Machte man sich den von Klinger vertretenen Ansatz der Analyse dualistischer Argumentationen für die Überprüfung von Redtenbachers Unterscheidung zwischen Vernunft und Gefühl zu eigen, so wäre darin eine solche implizite Referenz auf die dualistische symbolische Geschlechterordnung der bürgerlichen Moderne zu erkennen. Diese Deutung bestätigt auch die von Karin Zachmann (mit Referenz auf die theoretische Position von Joan Scott) eingenommene Sichtweise, dass das Leitbild des Ingenieurs als Wissenschaftler sich an der akademischen Norm des geistig tätigen Bildungsbürgers orientierte, auf diese Weise auch geschlechtliche Exklusivität betonte und das Weibliche symbolisch aus der Sphäre der Technik ausschloss (vgl. 2004: 119f.). Dieses diskursive Aufgreifen des Motivs der geistigen Arbeit und damit des Leitbildes des bürgerlichen Gebildeten klingt zweifellos in Redtenbachers fachlicher Positionierung an. Allerdings stellt sich die Frage, ob die dualistische Argumentation zwar implizit mit dieser bürgerlichen Norm der Polarisierung der Geschlechter spielt und so die symbolische Position des Bildungsbürgers durchaus beansprucht, im Fachdiskurs jedoch (noch) eine andere Funktion hat bzw. andere Deutungen zulässt. Insofern wären die verallgemeinernden Überlegungen zum Geschlechtersubtext dualistischer Argumentationen von Klinger u.a. durchaus zielführend für die Untersuchung der diskursiven Barrieren, die hinsichtlich des Zugangs von Frauen zum Maschinenwesen bestanden.

Für ein genaueres Verständnis der Konstruktion des Maschinenwissenschaftlers hingegen hilft eine solche Deutung dualistischer Argumentationen nicht weiter, da sie vorhandene Binnendifferenzierungen und Thematisierungsweisen von Männlichkeit im Fachdiskurs vorschnell ausblendet. Sie tendiert dazu, Männlichkeit innerhalb der Technik doch – theoriegeleitet – zu monolithisieren und den diskursiven Mustern der Konstruktion von (technischer) Männlichkeit, wie sie empirisch in den Schriften der Technikwissenschaften rekonstruiert werden können, gar keine weitere Beachtung zu schenken. Beschränkt man sich auf den Nachweis des dualistischen Zuweisungsmechanismus, dann können sich jedoch genau solche vereinfachenden symbolischen Verdrahtungen von Technik und Männlichkeit erneut stabilisieren; die Chancen, mögliche Brüche und die instabile Konstellation in dieser Konstruktion aufzuspüren, bleiben schließlich ungenutzt. Es gilt daher, einen zweiten Blick auf diese Konstruktionsweisen von Männlichkeit *innerhalb* des technischen Fachdiskurses zu werfen. Er eröffnet meines Erachtens die Option, die Verwobenheit von Feldlogik und (vergeschlechtlichter) Konstruktionen des Fachverständnisses empirisch fundiert zu beschreiben und in ihren – auch zeitgebundenen – Ausprägungen bzw. Transformationen zu rekonstruieren.

So fällt in Redtenbachers Darstellung zunächst auf, dass die Figur des technischen, erfindungsreichen Praktikers, dessen Arbeit der wissenschaftlichen Systematisierung vorangehe, keinerlei explizite Feminisierung erfährt. Bedenkenswert ist zudem, dass Redtenbachers Gegenüberstellung von Verstand und Gefühl nicht zwangsläufig mit dem engeren Gefühlsbegriff hantiert, der in der bürgerlichen Geschlechterordnung feminisiert wird, sondern mit einem offeneren Gefühlsbegriff, der durchaus in der Sphäre produktiver handwerklicher Arbeit symbolisch verortet ist. So besteht die Möglichkeit, dass Redtenbacher an Bilder anknüpft, die auf andere, ebenfalls von Männern dominierte Arbeitsfelder wie das Handwerk und das frühe industrielle Unternehmertum verweisen. In dieser Hinsicht hätte eine Interpretation der Textpassage, die die Geschlechterdifferenz eindeutig als Substruktur identifizierte, einen problematischen Effekt. Denn obwohl Redtenbacher auf traditionelle Polarisierungen zurückgreift, verbleibt sein Gegenstand – was die geschlechtlich codierten Sphären der bürgerlichen Gesellschaft anbelangt – uneingeschränkt innerhalb der traditionellen Berufssphären der Männer, dem Handwerk und dem frühen Unternehmertum. Mit keinem Wort verweisen die Formulierungen auf die im 19. Jahrhundert gesellschaftlich weiblich codierte Sphäre der Privatheit. Weiblichkeit scheint schlichtweg keine relevante diskursive Referenz zu sein. Berücksichtigt man dies, dann lassen sich folgende vorläufige Schlüsse ziehen:

Ein äußerst dominanter Modus der Vergeschlechtlichung technischen Wissens könnte genau darin bestehen, dass Frauen in der Mitte des 19. Jahrhunderts unhinterfragt außerhalb des beginnenden technikwissenschaftlichen Diskurses stehen, auch wenn sich durchaus Referenzen zur Natur/Kultur-Polarisierung auffinden lassen. Diese Referenzen beziehen sich offensichtlich nicht (automatisch) auf die Grenzziehungen zwischen der öffentlichen und der häuslichen Sphäre, sondern auf andere Unterscheidungen innerhalb des öffentlichen Bereichs. Frauen als relevante Mitspielerinnen in diesem Bereich zu thematisieren, steht offensichtlich außerhalb des in der Aussageproduktion Denkbaren. Daher fehlen exkludierende oder marginalisierende Zuweisungen im Hinblick auf Frauen (bei Redtenbacher) vollkommen. Das heißt die Geschlechtergrenze als Außengrenze der Technik bzw. der Welt der Berufsarbeit erscheint im hier betrachteten Material bislang als weitgehend unhinterfragt. Problematisiert werden hingegen Unterschiede innerhalb des gewerblich-technischen Berufsfelds und seinen Tätigkeitsbereichen. Anspruch auf Wissenschaftlichkeit und die Ausblendung von Geschlecht stehen hier möglicherweise in einem für die entstehenden Technikwissenschaften konstitutiven wechselseitigen Verweisungszusammenhang.

Die zentralen Grenzziehungsbemühungen des frühen Maschinenwissenschaftlers Redtenbacher richten sich vor allem auf die Distanz zum nichtakademischen Bereich des Handwerks, den er mit Begriffspaaren wie Berechnung versus Gefühl systematisch voneinander zu trennen sucht. Wenn also Frauen – und so auch das in der bürgerlichen Moderne polar verfasste Geschlechterverhältnis und seine Platzzuweisungen – keine maßgebliche diskursive Referenz im Maschinenwesen darstellen, dann ist insofern empirische Deutungsarbeit gefordert, als andere Verfahren der Rekonstruktion von Vergeschlechtlichungen zu suchen sind. Folglich gilt es nach Verfahren Ausschau zu halten, mit denen geschlechtliche Codierungen aufgespürt werden können. Als Konsequenz für die vorliegende Studie ergibt sich daraus zunächst, dass die männliche Codierung des Maschinenwissenschaftlers differenzierter am Material nachgewiesen werden muss. Wo äußert sich die Vergeschlechtlichung, auf welche Weise und warum?

Die methodologische Frage nach der Analyse impliziter versus expliziter Geschlechtscodierungen diskutiert Urte Helduser (2005) in ihrer Betrachtung ästhetischer Theorien um 1900. Die Sichtbarkeit der Kategorie Geschlecht erscheint hier kontext- und zeitgebunden. Während im 18. Jahrhundert vorwiegend implizite Vergeschlechtlichungen vorfindbar seien, werde Geschlecht in der kulturellen Moderne, in literarischen ästhetischen Schriften um 1900, »explizit Bestandteil des literarischen Programms« (2005: 57; H.I.O.). Geschlecht diene hier ausdrücklich zur Charakterisierung von »ästhetischen Konzepten, Schreibweisen von AutorInnen oder Eigenschaften von RezipientInnen« (ebd.). Helduser bringt diesen Wandel von eher implizit verbleibenden Vergeschlechtlichungen hin zu solchen, die sie direkt am Text dingfest machen kann, in Verbindung mit dem historischen Wandel des literarischen Marktes. Um 1900 sind Frauen höchst erfolgreich als Autorinnen auf dem literarischen Markt in Erscheinung getreten. Die diskursive Verknüpfung von Männlichkeits- bzw. Weiblichkeitskonzeptionen mit der Vorstellung von Autorschaft steht daher in einem, wenngleich nicht kausal gedachten, Verhältnis zur Akteursebene, nämlich zum Kampf um Ressourcen in der kulturellen Moderne und um Wahrnehmung und Anerkennung. Insofern ist zu vermuten, dass der Grad der Explizierung von Geschlecht auf der symbolischen Ebene nicht unabhängig vom feldspezifischen Kontext zu betrachten ist. Die Konstruktionsweise von Geschlecht im Bereich der Technikwissenschaften ist folglich daraufhin zu befragen, was es bedeutet, wie und wann Geschlecht thematisiert wird oder eben auch nicht. Selbstredend mag das Feld der Technik von dem der Kulturproduktion maßgeblich abweichen. Methodologisch verlangt dies, mit größerer Sorgfalt darauf zu achten, wer wie als AkteurIn in den Äußerungen an der Textoberfläche in Erscheinung tritt, welche Funktion diesem/r AkteurIn hinsichtlich der Struktur der Aussage zukommt und welche Differenzierungen relevant werden. Wer betritt die Bühne als AkteurIn und zwischen welchen Beteiligten wird, im Bourdieu'schen Sinne, das (symbolische) Spiel entschieden?

Im folgenden Abschnitt geht es darum, am Beispiel zweier Dokumente zunächst einmal die männliche Codierung des Ingenieurwissenschaftlers am Material zu belegen und den Raum dafür zu auszuleuchten, wie solche Formen der Vergeschlechtlichung des Maschinenwissenschaftlers aussehen können und wie diese im Hinblick auf die soziale Situation der entstehenden Technikwissenschaften zu deuten sind (3.3).

3.3 WISSENSCHAFT, DISTANZ UND BÜRGERLICH-PATRIARCHALE MÄNNLICHKEIT

Die vermischten Schriften in der *Z.VDI* sind eine aufschlussreiche Datenquelle für die Figur des bürgerlichen technikwissenschaftlichen Gelehrten. Dies gilt gerade auch für Redtenbacher, auf den beispielsweise ein Nachruf in der Zeitschrift erschien, der näher betrachtet werden soll (3.3.1). Außerdem gewährt ein Beitrag zur Bildungsdebatte im gewerblich-technischen Bereich aus derselben Zeit einen Einblick in die Herstellungsweise des Technikwissenschaftlers nach dem Muster des stillschweigenden Androzentrismus (3.3.2).

3.3.1 Der domestizierte Wissenschaftler und sein männlicher Geist

1865 erschien in der *Z.VDI* ein Nachruf auf Leben und Werk des 1863 verstorbenen Ferdinand Redtenbacher. Der Autor, Emil Kretzschmann, würdigt Person und Werk aus einer fachwissenschaftlichen Perspektive, wobei das breite Interesse des

Verstorbenen an Kunst und Philosophie ausdrücklich erwähnt wird. Die Einzigartigkeit der Leistung Redtenbachers bringt Kretzschmann pointiert in der Schlusspassage des Textes zum Ausdruck. Die Schilderung, wie Redtenbacher in der letzten Lebensphase seine unheilbare Krankheit bewältigte und ungebrochen geistig aktiv blieb, entwirft eine spezifische Variante von Männlichkeit, welche die wissenschaftliche Betrachtungsweise, wie sie Redtenbacher in seinem Ansatz entwarf, explizit macht und auf symptomatische Weise ins Bild setzt:

»In der vollen Blüthe des Mannesalters ergriff ihn [Redtenbacher; TP] die unheilbare Krankheit, der Magenkrebs, dem er trotz der liebenden, unermüdeten Pflege der Seinigen nach fast zweijährigem schwerem Leiden am 16. April 1863 erlag.

Seiner bedeutenden körperlichen Leiden ungeachtet arbeitete er immer noch thätig an seinem Werke, [führte] nebenbei die ausgedehnteste Lectüre in den verschiedensten Gebieten des Wissens fort, und man konnte den todtkranken Mann über Milton oder die Alterthümer Roms, über Wilhelm von Humboldt und politische Vorgänge mit einer Wärme und einem eindringenden Verständnisse reden hören, als wenn dieser Geist von den Leiden des Körpers gar nicht berührt würde. Er behauptete seine eigenste Natur bis zu dem Augenblicke, wo sie dem Schicksal der Sterblichen erlag; sein männlicher, starker, scharfer Geist ging aufrecht bis an den Rand des Grabes. Möge man seinem Namen immer den gebührenden Platz anweisen in der Geschichte der mechanischen Wissenschaften!« (261f.)

Auffallend ist zunächst, dass dieser letzte Absatz keinen inhaltlichen Bezug mehr zu Redtenbachers fachwissenschaftlichem Werk herstellt. Er könnte vom Inhalt wie auch vom Duktus her in jedem Nachruf auf einen herausragenden Akademiker der Zeit stehen. Es ist allein der spezifische Kontext (Person, Werk und Veröffentlichungsorgan), der diese Formulierungen in direkten Zusammenhang mit dem technischen Feld bringt. Dieser Befund ist nicht ohne Bedeutung. Er zeigt, dass der Autor des Nachrufs den »Gründungsvater« des wissenschaftlichen Maschinenbaus in Deutschland in die Ahnenreihe der großen Gelehrten stellen möchte und sich zu dem Zweck der entsprechenden diskursiven Mittel bedient. Gerade die Benennung der Lektüre hebt Redtenbacher symbolisch in den Stand eines umfassend humanistisch belesenen Bildungsbürgers: Eben die Tatsache, dass die Schilderung nicht-technisch zugespitzt erscheint und Redtenbacher mit den Emblemen schöngeistiger Bildung geschmückt wird, veranschaulicht die Ambitionen der frühen Ingenieurwissenschaftler, die sich am Ideal des Akademikers orientieren. Das Bild des Gelehrten dient als deutungsmächtige Vorlage und gibt so einen ersten Hinweis auf die spezifische diskursive Form der *boundary work* der Verwissenschaftlichungsphase. Zu bemerken ist außerdem, dass diese Figur des rationalen Technikwissenschaftlers nicht primär mittels Abgrenzung, z.B. von der emotionalen Frau, erzeugt wird, sondern mit einer Rhetorik der diskursiven Angleichung, mit der die Technikwissenschaftler die hegemoniale Männlichkeitskonstruktion des bildungsbürgerlichen Gelehrten für sich reklamieren. Hierfür werden die relevanten symbolischen Vorlagen aufgerufen, wie etwa die Lektüre Humboldts oder das konzentrierte weltabgewandte Studium der Antike im häuslichen Arbeitszimmer.

Neben dieser dominanten Praxis der Angleichung, in der das bildungsbürgerliche Ideal zum generativen Prinzip wird, findet sich *boundary work* im Sinne einer Abgrenzung im Bild des Kampfes zwischen Körper und Geist. So erfährt der Geist des Technikwissenschaftlers eine Subjektivierung zum tätigen Akteur, der sich vom leidenden Körper abzulösen scheint und diesen beherrscht. Hier kommt nun explizit Geschlecht als Differenzierungskategorie ins Spiel: Der Text des Nachrufes nimmt eine Maskulinisierung der geistigen Ebene Redtenbachers vor. Die Männlichkeit des Technikwissenschaftlers erscheint dabei abgetrennt vom Körperlichen, nicht als körperliches Merkmal, sondern geradezu als Gegenspielerin des Körpers. Männlichkeit bewährt sich im Kampf gegen den körperlichen Verfall.

Genau genommen wird Männlichkeit gleich zweifach relevant, denn es finden sich zwei verschiedene Modi der geschlechtlichen Markierung: erstens in den deskriptiven Passagen vom »Mannesalter« oder vom »todtkranken Mann«, wo Redtenbacher ganz selbstverständlich als Angehöriger einer Genusgruppe kenntlich gemacht wird, und zweitens im qualitativ-aufwertenden, eher emphatischen Sinne, wenn das Attribut »männlich« die Verfasstheit des Geistes näher beschreibt. Beide Modi bedürfen noch genauerer Betrachtung:

Die deskriptive Zuordnung Redtenbachers zur Genusgruppe Mann bleibt weitgehend im Hintergrund, da sie jeweils in Verbindung mit anderen, zentraleren Merkmalen wie dem Lebensalter und dem körperlichen Verfall auftaucht. Die Beiläufigkeit verrät, dass ihr keine besondere Bedeutung im Text zukommt. Die Zuordnung erscheint selbstverständlich, bleibt unproblematisiert und weitgehend nebensächlich. Ebenso sucht man vergeblich nach expliziten Feminisierungen. Bei den »Seinigen« könnte es sich um Ehefrau, Töchter und/oder Schwestern handeln, die den Kranken »liebend« und »unermüdet« pflegen, und so dem Körper jene Zuwendung angedeihen lassen, die es Redtenbacher erlaubt, ganz tätiger Geist zu bleiben bzw. zu werden. Doch auch diese Interpretation ist keinesfalls zwingend. Der Autor überlässt es unserer Vorstellungskraft, die Schilderung zu deuten. Nur eines kann mit Sicherheit gesagt werden: Der Text hebt in der Konstellation zwischen dem kranken Redtenbacher, der ganz »männlicher« Geist sei, und den auf den leidenden Körper gerichteten »Seinigen« an keiner Stelle ein Geschlechterverhältnis hervor. Die Abgrenzung des geschlechtlich markierten Geistes vom Körper scheint schlichtweg nicht nach der Feminisierung des Körperlichen zu verlangen. Diskursive Bemühungen der sozialen Distinktion sind an diesem Punkt offenbar obsolet.

Dies könnte sich am ehesten mit den sozialen Rahmengegebenheiten erklären lassen, in die Redtenbacher mit diesen Formulierungen eingebettet wird. Redtenbacher wird als Gelehrter präsentiert, der im Umfeld des Privathaushaltes arbeitet und dort vermutlich auch in den Genuss der reproduktiven Dienste des bürgerlichen Geschlechterarrangements kommt. Wissenschaftshistorisch ist die Figur des häuslichen Gelehrten, auf die der Text hier anspielt, nicht unbekannt. Lorraine Daston hat in ihren Forschungen zur »wissenschaftlichen Persona« (2003) für das 19. Jahrhundert auf die Herausbildung der geschlechterpolitischen Position des domestizierten Wissenschaftlers als *pater familias* aufmerksam gemacht, der die Gestalt des einsamen Gelehrten im 18. Jahrhundert ablöse und um dessen Bedürfnisse herum das Haus organisiert werde (vgl. 2003: 128). Diese Entwicklung sei parallel verlaufen zum steigenden Ansehen der Wissenschaft als Beruf auf dem bürgerlichen Heiratsmarkt (vgl. ebd.). Ebenfalls in diese Zeit falle die Konsolidierung eines wissenschaftlichen Objektivitätsverständnisses, das vom Ideal der leibfreien Erkenntnis ausgehe, die durch (Selbst-)Disziplinierung, Ausschaltung alles Körperlichen und emotionale Distanz zu gewinnen sei (vgl. Daston 1992). Insofern wäre in der unscheinbaren deskriptiven Zuordnung Redtenbachers zur Gruppe der Männer im Kontext dieses häuslichen Settings und in der Beschreibung einer Spaltung von Körper und Geist genau jene Männlichkeitskonzeption unterlegt, die im 19. Jahrhundert zum Idealbild des bürgerlichen Gelehrten und Wissenschaftlers wurde. Dabei erweist sich für die Technikwissenschaften die Selbstverständlichkeit und die implizite Bezugnahme auf diese bildungsbürgerliche Norm, die weder problematisiert noch begründet wird, als der entscheidende Einsatz im Spiel um die Anerkennung als Akademiker.

Der zweite Modus der Maskulinisierung, der explizit und fast emphatisch den Geist des heldenhaften Redtenbacher aufzuwerten sucht, führt den diskursiven Kampf der Ingenieure um die Anerkennung ihrer Tätigkeit als wissenschaftlichgeistige Tätigkeit offenkundig mit anderen Mitteln. Das Motiv der Naturbeherrschung klingt an, wenn davon die Rede ist, dass Redtenbacher angesichts der körperliche Leiden »seine eigenste Natur« behauptet habe. Er verfügt demzufolge über eine *eigentlichere* Natur, seine geistige Produktivität wäre demnach eine zweite Natur, welche die erste in den Hintergrund drängt und diese auch unter Extrembedingungen von Krankheit und Verfall kontrolliert. Die »zweite Natur« ist hier explizit männlichen Geschlechts. Der Autor verwendet eine äußerst bildhafte Sprache; in der Beschreibung übernimmt der Geist fast im materiellen Sinne die Führung, emanzipiert sich durch den »aufrechten Gang« symbolisch von der Natur und bleibt schließlich »unberührt«, gewinnt also Unabhängigkeit und Distanz zu dieser ersten, der körperlichen Natur. Die »zweite« Natur Redtenbachers hat eine Autonomie, die dem Körperlichen nicht nur trotzen kann, sondern eine Eigenständigkeit erlangt, indem sie metaphorisch als materielle und handelnde Entität vorgestellt wird – eine Größe, die sich durch eine produktive, starke und herrschaftsfähige Männlichkeit auszeichnet.

In der Beschreibung von Redtenbachers Geist kehren so die Kernelemente seines fachwissenschaftlichen Ansatzes – Differenz, Distanz und Herrschaft – unter geschlechtlich markierten Vorzeichen wieder. Allerdings könnte die Em-

phase der Maskulinisierung auf eine noch eher ungesicherte Position der Maschinenwissenschaft in der ersten Phase der Verwissenschaftlichung hindeuten:
Stärke wird demonstriert und Klingen blitzen, wo offenkundig der Kampf noch
nicht gewonnen ist. Reklamiert wird eine besondere Natur des Mannes, der bereit ist, den Kampf gegen die körperlichen Zwänge aufzunehmen. Der Autor
re-inszeniert dabei den sozialen professionspolitischen Kampf der Ingenieure,
indem er einen individuellen, qua Männlichkeit schlagkräftigen, weitgehend autonomen Geist gegen die Natur als höheres Schicksal der Sterblichen antreten
lässt. Körperliche Schwäche gegenüber geistiger Stärke scheint das zentrale Gegensatzpaar zu sein, in dem sich die Konstruktionsweisen von Männlichkeit organisieren. Dies zeigt auch der folgende Aufsatz, der den Debatten zur Ingenieurausbildung entstammt.

3.3.2 Vergeschlechtlichter Geist und die soziale Klasse des arbeitenden Körpers

Der im selben Zeitraum in der *Z.VDI* erschienene Beitrag mit dem Titel »Wie
eignet man am Besten den in und für die Technik wirkenden Menschen nach
den verschiedenen Standpunkten des Erfordernisses technischer Bildung an?«
von Herrmann Grothe aus dem Jahr 1867[5] ist eine gute Datenquelle, um die
männliche Codierung der Redtenbacher'schen Konzeption des Maschinenwissenschaftlers weiter zu belegen und als Konstruktion von Männlichkeit zu begreifen, die in der Konkurrenz zu anderen Männlichkeitskonzepten steht. Der
männlich codierte wissenschaftliche Ingenieur grenzt sich gerade nicht gegenüber der bürgerlichen Gattin ab, sondern gegenüber anderen Akteuren im gewerblich-technischen Bereich, von denen er sich sozial zu differenzieren sucht.
Es ist aufschlussreich, wie diese Akteure hierbei in unterschiedlicher Weise mehr
oder weniger geschlechtlich codiert werden. Das erkennbare Zuweisungsmuster
erhärtet die Vermutung, dass die Vergeschlechtlichungs*weisen*, d.h. die Spielarten
von expliziter und impliziter, von beiläufiger und betonter, von abwesender und
manifester geschlechtlicher Markierung, eine eigene Aussagekraft in der Analyse diskursiver Praxis haben.

    Grundanliegen von Grothe ist es, im Kontext der wissenschaftlichen Ausbil-
dung von Ingenieuren für eine Unterscheidung von Wissensformen und für die
Regulierung des Zugangs zu wissenschaftlich-theoretischem Wissen einzutreten.
Der Text ist in Zusammenhang mit der zeitgenössischen Bildungsreform tech-
nisch-gewerblicher Berufe (vgl. Jost 1982) zu sehen und verrät die Ausrichtung
der Ingenieure auf den Aufstieg in das akademische Berufsfeld und ihr Eintreten

---

5 | Über Hermann Grothe ist bekannt, dass er Dozent für Chemie, Physik und Technolo-
gie sowie Fabrikbesitzer in Berlin war (vgl. Grothe 1867: 127). Er versteht sich jedoch
offensichtlich als akademischer Ingenieur.

gegen die Durchlässigkeit des hierarchischen Bildungssystems. Hierfür differenziert Grothe zwischen drei Bildungsniveaus für drei verschiedene »Classen«(1867: 127). Mit den drei »Classen« wird auch eine Sortierung vorgenommen, in der neben den zeitgenössisch relevanten, sozial miteinander kämpfenden Gruppen »Kapital« und »Arbeit« die Ingenieure als eine Sondergruppe eingeführt werden. Interessant für den Argumentationszusammenhang ist insbesondere die eingangs vorgenommene Charakterisierung dieser sozialen Gruppen.

Bei der ersten Gruppe handelt es sich um »die wirklichen Arbeiter« (ebd.), die Lohnabhängigen oder die Handwerker, die als Selbstständige kleine Gewerbe betreiben. Demgegenüber stellt Grothe die zweite Gruppe als die Industriellen vor, »welche als Besitzende eine Fabrik führen« (ebd.). Am umfangreichsten und für die Frage nach dem Geschlecht aufschlussreichsten ist die Präsentation der dritten und letzten Gruppe:

»Die dritte Classe endlich begreift die der Technik Beflissenen, welche die schwierigen und hohe wissenschaftliche Erkenntnis erfordernden Arbeiten für die Technik auszuarbeiten und anzuordnen haben nach ihrer Gesetzmäßigkeit. Diese Classe muß nicht nur ein extensives, sondern vor Allem ein intensives Wissen sich angeeignet haben. *Es sind Männer*, die theils leitend die schwierigsten Operationen und Obliegenheiten der Technik zu lösen und den Weg der Lösung vorzuzeichnen haben, theils lehrend, Andere, jüngere Kräfte diesem Stadium der Ausbildung entgegen zu führen bestimmt sind, *Männer*, welche den für die Zwecke nöthigen, bestimmten höheren Wissenskreis vollständig beherrschen müssen, um bei günstigen und ungünstigen Zufällen nicht allein den Zusammenhang derselben einsehen zu können, sondern dieselben auch einerseits auszubeuten und andererseits abzuwenden und zu paralysiren verstehen.« (Grothe 1867: 127; Hervorhebungen TP)

Die Aussage des Textes, dass es sich um »Männer« handle, kann hier in zweifacher Weise gelesen werden: erstens, wie schon im Nachruf auf Redtenbacher, als selbstverständliche Bezeichnung der Genusgruppe im Sinne der zweigeschlechtlichen Ordnung, die dann über die weitere Beschreibung ihrer Eigenschaften näher bestimmt wird; zweitens als qualitative Bezeichnung, die eine bestimmte soziale Position impliziert, die wiederum anderen Gruppen (Arbeitern und Besitzenden) vorenthalten wird. Die Bezeichnung Männer wird zudem in diesem Beleg eng mit den am höchsten stehenden, den wissenschaftlichen und leitenden Aufgaben verknüpft. Der Erwerb von wissenschaftlichem Gesetzeswissen ist hier angesiedelt. Männer lenken, lehren die Jüngeren und begegnen den Gefahren der Welt. Männlichkeit und eine gewisse Seniorität gehören demnach zusammen.

Die erste Deutungsmöglichkeit liefert schlichtweg einen weiteren Beleg für die in Redtenbachers Fachtext implizit verbleibende männliche Codierung des wissenschaftlich arbeitenden Ingenieurs. Auch dieses Bild entsteht zwar im Kontrast zu anderen Gruppen, allerdings noch weniger als Gegenbild der Frau, als dies in Redtenbachers Nachruf der Fall war. Gleichfalls ist der Kontrast über das Gegensatzpaar Körper und Geist organisiert. Körper und Geist sind hier verteilt auf soziale »Classen« und deren Arbeitsvermögen. Während die Lohnabhängigen und Handwerker ausschließlich im Bereich der körperlichen Arbeit tätig seien, sodass ihnen Bildung sogar zum Schaden gereiche (vgl. Grothe 1867: 128f.), nähmen die Besitzenden eine Zwischenposition ein und die Ingenieure schließlich bildeten die geistige Elite. Körper und Geist lassen sich folglich bei näherer Betrachtung auch hier nicht ohne Weiteres mit dem Dualismus der bürgerlichen Geschlechterordnung korrelieren. Der diskursive Einsatz des Gegensatzpaares Geist/Körper steht bei Grothe vielmehr im Zeichen der bildungspolitischen Auseinandersetzungen um die soziale Aufwertung des Ingenieurberufs und die Schließung des Feldes nach unten. Grothes Klassifikation der Wissensformen unter Rückgriff auf dieses Gegensatzpaar dient daher dem Aufstieg der Ingenieure in die privilegierten Segmente eben dieser Sphäre und der sozialen Abgrenzung von der nicht-akademischen Sphäre des Handwerks und des – zeitgenössisch bildungspolitisch weitgehend ungeregelten – Unternehmertums. Demnach steht die dualistische Argumentationsstruktur in einem anderen Relevanzsystem, in dem sich die bipolare Geschlechterordnung als sekundäre und allenfalls latente diskursive Referenz erweist. Allerdings erfolgt die soziale Differenzierungsstrategie des Autors Grothe unter Verwendung einer doch interessanten, mehr oder weniger geschlechtlich markierenden Bezeichnungspraxis. Untersucht man die Bezeichnungen für die einzelnen Gruppen genauer, so spricht doch einiges dafür, die zweite, qualitativ bewertende Deutungsmöglichkeit für die Vergeschlechtlichung des Ingenieurberufs zu erwägen, wenngleich sie sich anhand des zitierten Textes nur ansatzweise erhärten lässt.

Klarheit besteht bei der ersten Gruppe. Die »wirklichen Arbeiter« werden an keiner Stelle als »Männer« bezeichnet, wie dies bei den Ingenieuren im oben zitierten Text der Fall war. Vielmehr erscheinen sie in starker Distanzierung des Autors Grothe zuweilen als »diese Leute« (1867: 130) oder unter ihren beruflichen Bezeichnungen einzelner Gewerbe als »Weber«, »Gerber«, »Töpfer«, »Stukkateur« usw. Während also die Arbeiter nicht als »Männer« benannt werden, macht Grothes Verwendung des Possessivpronomens »sein« (»seine Thätigkeit«, »seine Arbeitskraft« u.a. [1867: 128]) deutlich, dass er selbstverständlich bei den Arbeitern nur die männliche Genusgruppe im Blick hat. Diese »Classe« wird unter dem Aspekt ihrer Kraft und Produktivität thematisiert, wenn es darum geht, über ihren Zugang zu Bildung zu entscheiden. Höhere Bildung führe zu sozialen Spannungen und wirke sich letztlich zersetzend auf die Kräfte des Arbeiters aus.

Etwas uneinheitlicher verwendet Grothe hingegen die Bezeichnung »Männer«, wenn es um die zweite Gruppe der Besitzenden und Fabrikanten geht. So spricht er von den gesellschaftlichen Verpflichtungen »dieser Herren« (1867: 132), für deren Erfüllung sich der Erwerb einer gewissen Allgemeinbildung empfiehlt, und trifft damit eine klare soziale Unterscheidung zu der Gruppe der Arbeiter.

Allerdings adressiert er die Besitzenden und Fabrikanten eingangs auch als »die Männer dieser Classe« (1867: 127), eine Formulierung, die er kurz darauf in identischer Wortfolge für die dritte Gruppe der höher gebildeten Ingenieure verwendet. »Männer« wird damit zu einer Art Auszeichnung einer Teilgruppe innerhalb der Genusgruppe, die für die »dritte Classe« der wissenschaftlich gebildeten Ingenieure im Text entsprechend wiederholt und so noch verstärkt wird. Grothes Wahl der Benennungen bestätigt damit das, was für die Vergeschlechtlichung von Redtenbachers Geist im oben zitierten Nachruf konstatiert wurde. So wie dort der Geist offenbar einer expliziten Vergeschlechtlichung und Akzentuierung der Stärke bedarf, müssen hier die geistig Tätigen offensiver als »Männer« adressiert werden und kann die körperbezogene Arbeitskraft weitgehend geschlechtlich unmarkiert bleiben bzw. die Zuordnung zur Genusgruppe lediglich angedeutet werden. Mit der geschlechtlichen Codierung der Ingenieurwissenschaftler ist direkt eine soziale Positionierung verbunden, bei der Leitungskompetenzen und schwierige Führungsaufgaben in einer harten Welt ins Zentrum gerückt sind. Männlichkeit des Geistes erweist sich folglich in dieser Frühphase der Verwissenschaftlichung tendenziell als diskursive Ressource, wenn es um die Aufwertung des Professionsverständnisses und um die soziale Distinktion zu anderen Gruppen geht.

Diese eingehende exemplarische Rekonstruktion der Bezeichnungspraxis mag zunächst eigentümlich anmuten. Allerdings handelt es sich dabei keineswegs um Wortklauberei. Es geht nicht alleine darum, überhaupt die These von der geschlechtlichen Codierung des fachlichen Projekts der entstehenden Technikwissenschaften an Datenmaterial zu belegen. Hingegen gilt es vor allem auch zu klären, nach welchem Muster Vergeschlechtlichungen als Distinktionsmerkmal zum Einsatz kommen, um die Gruppe der Ingenieure von anderen sozialen Gruppen zu differenzieren und zu positionieren. Die bisherigen Ergebnisse dieser Feinanalyse deuten darauf hin, dass Geschlecht, wenngleich nicht im Modus der binären Geschlechterdifferenz, ein funktionstragendes Element der sozialen Distinktion auf der diskursiven Ebene darstellt. In welcher Weise steht es in Zusammenhang mit der Logik des Feldes?

Die erste Phase der Verwissenschaftlichung des Maschinenbaus im deutschsprachigen Raum Mitte des 19. Jahrhunderts ist hauptsächlich von neu aufflammenden bildungspolitischen Kämpfen geprägt; die längerfristige Entwicklung zeichnet sich noch nicht klar ab. Die Neukonzeption des Ingenieurs als Wissenschaftler wird in dieser Frühphase auf zweifache Weise in geschlechtlicher Form legitimiert: erstens durch das Anknüpfen an die bildungsbürgerliche Norm des rationalen Wissenschaftlers und humanistisch umfassend belesenen Mannes im privaten Studierzimmer; zweitens durch die Abgrenzung gegenüber dem »Stallgeruch« des Handwerks, der der Technik traditionell anhaftet und mit einer offensiven Maskulinisierung des Geistes technischer Arbeit abgestreift werden soll. Diese Männlichkeit erweist sich im Redtenbacher'schen Fachverständnis als eine distanzierte rationale Instanz. Disziplinierung des eigenen leidensfähigen bzw. sterblichen Körpers und sozialer Abstand zu den körperlich Arbeitenden machen einen Teil des Führungsanspruches dieser neuen Elite aus, deren eigentliches Geschlecht der Geist im Sinne eines idealerweise autonomen Akteurs geworden ist. Kampf um Hegemonie qua Geist ist hier zugleich Kampf mit Männlichkeit als diskursiver Ressource, mittels derer der Maschinenwissenschaftler als Akademiker positioniert werden soll.

Dieses Konstruktionsmuster des Maschinenwissenschaftlers verschiebt sich in der Folgezeit in Richtung einer systematischen Abwesenheit jeglicher geschlechtlichen Markierung des Ingenieurs und seiner geistigen Tätigkeit in der Zeit der zunehmenden Konsolidierung der Technikwissenschaften in den 1880er-Jahren.

4. Der neutrale Maschinenwissenschaftler

1884 hielt Franz Reuleaux im Niederösterreichischen Gewerbeverein einen Vortrag, der sich mit dem Stellenwert der Technik in der Kultur befasste. Der Text erschien 1885 unter dem Titel »Cultur und Technik« mit dem Status eines Hauptbeitrags in der *Z. VDI* und wurde noch im selben Jahr ins Amerikanische übersetzt (vgl. Reuleaux 1885a und 1885b; Weihe 1925). Reuleaux hatte u.a. bei Redtenbacher studiert, sich rasch mit einigen Grundlagenwerken im Fach einen Namen gemacht und wurde zu einem der bekanntesten, umstrittensten und zugleich einflussreichsten Verfechter der Verwissenschaftlichung des Ingenieurwesens. Als Hauptwerk ist die breit rezipierte »Theoretische Kinematik« (1875) zu nennen, wo Reuleaux seinen maschinentheoretischen Ansatz entwickelte. Das Werk umfasst insbesondere die Grundlegung einer wissenschaftlichen Bewegungslehre für die Konstruktion mechanischer Maschinen (vgl. auch Moon 2003; König 1999; Mauersberger 1997). Spätestens mit diesem Buch, das in der *scientific community* stark rezipiert wurde (vgl. Beck 1878b; Niemann 1878; Anonym 1876), avancierte Reuleaux zum prominenten Vertreter des Fachs. Bereits zuvor war sein Lehrbuch »Der Constructeur« (1865 [1861]) vielfach in der Zeitschrift besprochen worden. Reuleaux trat zudem außerhalb seines Fachs in der Öffentlichkeit in Erscheinung, als er über die Weltausstellung in Philadelphia berichtete (vgl. Reuleaux 1877a).

In »Cultur und Technik« greift Reuleaux auf seinen kinematischen Ansatz zurück und extrapoliert diesen auf allgemeinere gesellschaftliche Verhältnisse und auf die Ordnung der Welt, um auf diese Weise eigenen professionspolitischen Bestrebungen eine Legitimationsbasis zu geben. Die übergreifende Zielsetzung seines Beitrages kann in dem Versuch gesehen werden, die Technik in die westliche bürgerliche Kultur einzuschreiben und die Anerkennung technischen Schaffens als höhere geistige Tätigkeit zu erreichen, wobei Ingenieure die Rolle zentraler Träger der Kultur einnehmen. Reuleaux arbeitete daran, die wissenschaftliche Technik als grundlegende Bedingung für die Kulturentwicklung und Maßstab für den Entwicklungsstand einer Kultur einzuführen und systematisch zu fundieren. Obwohl die zeitgenössische Kultur maßgeblich auf technischen Entwicklungen beruhe und erst die Technik den Lebensstil der Moderne ermöglicht habe, erfahre die Technik keine angemessene Würdigung von Seiten der Gesellschaft: »Man betrachtet noch keineswegs genug die wissenschaftliche Technik als ein Culturhebel, den Culturfactor, der sie wirklich ist.« (1885a: 24) Reuleaux behauptet, vom Kern der Sache her zu argumentieren und »einigen wichtigen *inneren* Fragen der Technik näher zu treten« (1885a: 24; H.i.O.), um den allgemeinen Stellenwert der Technik für die Kulturentwicklung herauszufinden, anstatt nur den *äußeren* gesellschaftlich-ökonomischen Bedingungen dieser Frage nachzugehen (vgl. ebd.).

»Cultur und Technik« steht, wie sich an der Überprüfung der *Z. VDI*-Publikationen über die Jahre hinweg erweist, am Beginn der Beschäftigung der Ingenieure mit solchen Fragestellungen. Wie spätere Artikel zeigen, handelt es sich um einen der ersten Vorstöße der Technikwissenschaften, das eigene Tätigkeitsfeld systematisch in der Kultur zu verankern (vgl. Riedler 1921: 141; Schröter 1933: 349). Reuleaux greift hierfür auf vorliegende Kulturtheorien zurück und entwickelt Ansätze für eine eigene, technisch ausgerichtete Kulturtheorie. Sein Beitrag ist in der technikhistorischen Forschung nicht unbeachtet geblieben.

Hans-Joachim Braun (1996) vertritt die These, »daß sich Reuleaux den Kulturbegriff des deutschen Bildungsbürgertums im 19. Jahrhundert zu eigen machte und versuchte, die Technik diesem Kulturbegriff methodisch und inhaltlich anzunähern« (1996: 35). Er sieht darin eine »eher defensive Emanzipationsstrategie der Technikwissenschaften und der Technik im bildungsbürgerlichen Wissenschafts- und Wertekanon« (1996: 39). Dies änderte sich Anfang des 20. Jahrhunderts, als sich die Debatte um die Kulturfrage innerhalb der Technikwissenschaften intensivierte und der Kulturbegriff offensiver konzipiert wurde. Während Reuleaux Technik auf den kulturerzeugenden Faktor reduziert, ging es später darum, sie als Teil der Kultur zu begreifen. Auch Dietz, Fessner und Maier weisen darauf hin, dass u.a. der Reuleaux'sche Blick auf Kultur »im Zeichen der Bemühungen um die Anerkennung der Technischen Hochschulen als ebenbürtige akademische Ausbildungseinrichtung« (1996b: 4f.) gestanden habe. Diese Bemühungen sollten in den 1880er-Jahren von ersten Erfolgen bei der Institutionalisierung gekrönt werden (vgl. Manegold 1970: 73f., s. auch Kapitel 1.1).

Nachfolgende Betrachtung behandelt Reuleaux' »Cultur und Technik« methodisch als Schlüsseltext, der es zulässt, die maßgeblichen Begründungen der Legitimation der Technikwissenschaften in der Hochphase der Verwissenschaftlichungsanstrengungen und die hierfür zentralen Relevanzkategorien zu erschließen. Ich nehme daher keine Gesamtbeurteilung der strategischen Qualität von Reuleaux' Argumentation vor, sondern richte das Augenmerk auf die Rekonstruktion seines Argumentationsgangs mit dem Ziel, die Herstellungsweisen des Maschinenwissenschaftlers als neutrale, objektive Instanz der Erkenntnis und wesentlicher Kulturträger zu rekonstruieren.

»Cultur und Technik« gibt insbesondere Aufschluss über einen elementaren Herstellungsmodus wissenschaftlich-technischer Männlichkeit im Kontext der sich konsolidierenden Verwissenschaftlichung der Technik, im Zuge dessen zugleich »andere«, »vormoderne« und sozial »niedrig« stehende Gruppen als weniger leistungsfähig abgewertet werden und die so konstituierte neue europäische und höher gebildete Ingenieurelite den Anschluss an die akademischen Berufsgruppen findet. Er steht somit im Kontext der zu dieser Zeit laufenden sozialen Emanzipation der Ingenieure gegenüber dem nicht-akademischen gewerblich-technischen Bereich. Daher zeichne ich im Folgenden schrittweise die Grundrisse dieser kulturtheoretischen Argumentationen nach (4.1) und fasse danach die Haupterkenntnisse für die Untersuchung von Männlichkeitskonstruktionen zusammen (4.2).

4.1 Das Klassifikationsschema »Manganismus« versus »Naturismus«

Reuleaux entwickelt in »Cultur und Technik« ein eigenes dualistisches Begriffssystem für gesellschaftliche Formen von Arbeit und Produktivität. Er nennt diese »Manganismus« und »Naturismus«. Dieses Begriffspaar hat im Wesentlichen die Funktion, die technische Produktionsweise verschiedener »Völker«systematisch voneinander zu unterscheiden und hierarchisch anzuordnen. Aber auch in der der Individualentwicklung des Menschen sieht er »naturistische« und »manganistische« Phasen und Verteilungen. Schließlich differenziert er Stufen des technischen Ausbildungssystems nach diesem Prinzip sowie die Arbeitsweise akademischer Ingenieure im Gegensatz zu jener von einfachen Technikern.

Die Begrifflichkeit entsteht in Zusammenhang mit seiner kulturvergleichenden Ausgangsfrage nach den Gründen für die Vorherrschaft der Europäer und Nordamerikaner – er nennt sie die »Atlantiker«– über die »anderen Völker des Erdenrundes« (1885a: 25). »Wo ist denn nun der Unterschied der geistigen Sphäre, der uns und jene zu scheiden erlaubte?« (ebd.), fragt er mit Blick auf die frühen indischen und arabischen Hochkulturen. Dabei verschiebt er den Fokus von der militärischen Beherrschung (z.B. der Inder durch die Engländer, vgl. ebd.) zur Frage der Leistung und des Beitrags auf technisch-materieller Ebene, was »wir Europäer« den »anderen fünf Sechstel der Erdbewohner« gebracht hätten, was geleistet worden sei und welche weltumspannenden Technologien die Europäer entwickelt hätten. Beispiele für Letztere sind, den gängigen Emblemen der Moderne entsprechend, die Eisenbahn und die Telegrafie (vgl. auch Zweckbronner 2000).

Dabei äußert sich Reuleaux zunächst skeptisch sowohl über die zeitgenössisch verbreiteten »statischen« und essenzialisierenden Auffassungen von einem überzeitlich gegebenen »Wesen« der Völker (1885a: 25) als auch über Erklärungsansätze, die religiöse Unterschiede als Ursache für kulturelle Entwicklungen ins

Feld führen. Im Unterschied dazu vertritt er die These, dass die entscheidende Leistung der »Atlantiker« in einer neuen, nämlich einer historisch erworbenen Denkweise begründet liege:

»Nicht die Sachen oder Erfindungen, sondern die sie begleitenden Ideen, die Gedanken sind es also, welche die Wandlung, die Neuerung hervorgerufen haben müssen. In der That können wir diese nichts anderem als einem eigentümlichen Fortschritt im Denkprozess, einem schweren, gefahrvollen Aufstiege zu höherer, freierer Auffassung der Natur zuschreiben. Es brach sich das Verständnis bei uns Bahn, dass die Naturkräfte bei ihren Wirkungen nicht einem jedesmal einschreitenden Willen, göttlichen Willen, folgen, sondern dass sie nach festen, unveränderlichen Gesetzen, den Naturgesetzen, wirken, niemals, unter keinen Umständen, anders.« (1885a: 26)

Es ist das am naturwissenschaftlichen Ideal der Neuzeit orientierte Denkvermögen, das Reuleaux als Begründung für die europäische Vorherrschaft in der Welt heranzieht. Der Ursprung der europäischen Spitzenstellung liege in einer spezifischen geistigen Produktivkraft. Dazu passt, dass die erste in der Z.VDI erschienene Rezension zu Reuleaux' Hauptwerk Kinematik als Denkform für Maschinenkonstrukteure versteht, die diese dazu befähige, bewusste, intentionale Denkoperationen zur Hervorbringung von Maschinen auszuführen und somit in systematischer Weise technisches Schaffen zu ermöglichen (vgl. Anonym 1876). Den Grundsatz, nach dem Denken materielle Güter hervorbringe, formuliert Reuleaux in abstrahierter Form entsprechend seiner technikwissenschaftlichen Theorie als zweckgerichtete Nutzung von Naturgesetzen:

»Bringen wir unbelebte Körper in solche Lage, solche Umstände, dass ihre naturgesetzliche Wirkung unseren Zwecken entspricht, so können wir sie für die belebten Wesen und statt derselben Arbeit verrichten lassen. Dies begann man mit Bewusstsein auszuführen und schuf damit die moderne Technik.« (Ebd.; H.i.O.)

Diese geistige Grundhaltung, so betont Reuleaux des Weiteren, sei alles andere als selbstverständlich, sondern das Resultat des historischen Kampfes im »Abendland« mit der vormals herrschenden göttlichen Weltordnung, »eine geistige Riesenarbeit und zugleich ein geistiger Kriegszug hinauf zur Höhe freier Erkenntnis« (ebd.). Im Kontrast zu diesem aufklärerischen Motiv, an dem er die Herrschaft der abendländischen Denkweise festmacht, schildert er das Szenario des gescheiterten Kampfes am Beispiel der arabischen Welt:

»Wir können es sehen, und zwar sehen an der großen arabischen Völkerfamilie. Bei ihr hatte die Reaction wirklich gesiegt. [...] und gelähmt liegt sie darnieder jetzt schon ein halbes Jahrtausend. Allah aalam! ›Gott allein weiß!‹ D.h. daher sollst du nicht wissen wollen!« (Ebd.)

Reuleaux stellt hier eine »geistig abgetötete Masse« (ebd.) einem »Willen zum Wissen« und einer »lebendigen freien Erkenntnis« gegenüber. In die nicht gelähmte, ungehindert voranschreitende Bewegung des Ideenfortschritts könne ein Volk praktisch qua eigener Entscheidung eintreten und mitmarschieren. An dieser Stelle führt er schließlich die Begriffe »Manganismus« versus »Naturismus« ein.

Die »manganistische« Denkweise steht ihm zufolge für »das Eindringen in die Geheimnisse der Naturkräfte« (1885a: 26) nach dem Vorbild der neuzeitlichen Naturwissenschaften, für das Erkennen von abstrakten, universellen Naturgesetzen und deren zweckrationale Anwendung bei der Konstruktion von Maschinen. Die Bezeichnung »Manganismus« leitet Reuleaux – was etwas eigentümlich anmutet – etymologisch und kulturhistorisch aus der persischen Frühgeschichte her und verweist auf einen sog. »Volksstamm der Magier« (ebd.), der sich darauf verstanden haben soll, der Natur ihre Geheimnisse zu entlocken. Nach diesen frühen Magiern benennt er das aus seiner Sicht entscheidende Kriterium für die Überlegenheit der zeitgenössischen europäischen Kultur. Der »Naturismus« hingegen, dessen Definition recht knapp ausfällt und der offenkundig das weniger erklärungsbedürftige Phänomen ist, stehe für die magische »Abwehr« bzw. die »Beschwörung« von Naturmächten oder allenfalls das »Ablauschen« von Rezeptwissen aus der Natur (vgl. 1885a: 27). Während folglich im Falle des Naturismus die aktive Natur, die es zu bannen gilt, begriffsbildend wird, ist im Manganismus die menschliche Tätigkeit der maßgebliche Faktor.

4.1.1 Manganismus als wissenschaftliche Methode

Schließlich wird »Manganismus« theoretisch in der Kinematik fundiert, und zwar ganz explizit in Form einer detaillierten Ausarbeitung, deren zentrale Argumentationslinie hier kurz nachzuzeichnen ist. »Manganismus« wird dabei geradewegs zur »Methode« (1885a: 41) und zum verallgemeinerungsfähigen technikgenerierenden wissenschaftlichen Prinzip erhoben (vgl. Reuleaux 1885a: 41).

Reuleaux erklärt zunächst die Grundmechanismen einiger Varianten »thätiger Maschinenwerke« (1885a: 41), in denen Zahnrad und Wellen, Kurbelgetriebe, Sperrklinken etc. miteinander kombiniert sind und bestimmte mechanische Bewegungs- und Funktionstypen repräsentieren. Es handelt sich um eine Art minimal gehaltene, weil auf abstrakte Wesensmomente reduzierte, Grundtypologie technisch konstruierter Mechanismen, ihrer diversen Funktionsvarianten und Kombinationen (vgl. 1885a: 41f.). Diese Systematisierung der Mechanismen zieht eine Hierarchisierung nach sich, denn eine Kombination von zwei Maschinenwerken sei schließlich ein Maschinenwerk »höherer Ordnung« (1885a: 42). So sind komplexere Maschinenwerke wie z.B. eine Uhr aus einzelnen Grundmechanismen, die miteinander kombiniert wurden, zusammengesetzt. Auch die Dampfmaschine folge diesen Grundprinzipien:

»So sehen wir denn die große gewaltige Dampfmaschine sich ganz schlicht und gesetzmäßig einfügen in die Reihe und daselbst ihren richtigen Platz einnehmen. Und so muss es vor der wissenschaftlichen Auffassung sein, da vor ihr nicht Sensation gilt, sondern der wahre logische Zusammenhang.« (1885a: 43)

Dieses Grundprinzip überträgt Reuleaux im Anschluss auch auf andere »Kräfte«, nämlich physikalische (z.b. Wärme) und chemische (z.b. Verbrennung). Ziel ist, ein übergeordnetes, abstraktes mechanistisches Prinzip zu identifizieren, das sich in allen Teilen einer jeden Maschine wiederfinden lässt und sich ausgehend von mechanischen Formen der Kraftübertragung auf andere Typen von Kraftübertragung anwenden lässt, die dann ebenso als Maschinenwerk verstehbar sind. Detaillierter ausgeführt wird dies am Beispiel der Dampfmaschine als der zentralen Erfindung für die Industrialisierungsprozesse des 19. Jahrhunderts und für die Entwicklung des Maschinenbaus. Diese Klassifizierung von Maschinen wendet Reuleaux anschließend noch auf weitere Artefakte an: auf die Eisenbahn, auf die neuen elektromechanischen Technologien, die Waffentechnik und auf das historisch ebenfalls relativ junge Zündholz, das eine zwar alltägliche, nichtsdestotrotz – von diesem maschinentheoretischen Standpunkt aus betrachtet – komplexe Maschine höherer Ordnung sei (vgl. 1885a: 43f.).

Reuleaux unterstellt hier, der Idee von kleinsten Grundeinheiten und deren Kombination folgend, eine quasi systematisch und quantitativ erfassbare Fortschrittsdynamik vom Einfachen zum Komplexen. Auf dieser Basis formuliert er »das manganistische Princip« als eine Art Universalprinzip, das »in großen, die gewaltigsten Kräfte umfassenden Beispielen, wie herabgehend bis aufs Feine und Kleine« (1885a: 44) wirke. Wissenschaftliche Technik sei zugleich untrennbar »mit unseren Lebensgewohnheiten und Formen, mit unserer ganzen Cultur« (1885a: 44) verbunden. Der Kulturbegriff bezieht sich dabei vorwiegend auf eine materielle Kultur und auf die durch den technischen Fortschritt geprägten Lebensweisen, wie z.b. die städtischen Versorgungssysteme und die neuen Verkehrsmittel.

Mit dieser zur Methode erhobenen Idee, eine Maschine bestehe aus der Zusammensetzung eines begrenzten Bestandes an Grundelementen, ist eine Art Alphabet oder Grammatik der Technik angedacht, das den Ingenieur zum Schriftkundigen und Gelehrten macht, der nicht nur vorhandene Maschinen »lesen«, sondern auch neue Maschinen »schreiben« kann. Manganismus erhält auf diese Weise den Stellenwert von höherer Bildung und von Wissenschaft, da man letztlich nach den genuinen, nämlich systematisch-abstrakten, logischen Prinzipien der Wissenschaft arbeitet – also eine Tätigkeit ausübt, die fern der lauten, schmutzigen Welt der Industriemaschine in der häuslichen Schreibstube des humanistisch gebildeten Akademikers stattfindet.

Die von Reuleaux vorgelegte Genealogie des Manganismus enthält dabei auch eine Wendung, die für die Geschlechterforschung von Interesse ist und die Begriffsprägung wissenssoziologisch betrachtet genauer konturiert.

4.1.2 Die »Hausfrau«

Der über eine etymologische Herleitung eingeführte Begriff des Manganismus weist eine geschlechterrelevante Ordnungsstruktur auf. Die Spur der Verbreitung des Wortes führe sprachhistorisch vom Ruf, den die »Magier« einst genossen, über das antike Griechenland schließlich nach Europa. Die Griechen hätten eine besondere »künstliche Vorrichtung« dann als »Magierwerk« oder »Manganon«[1] bezeichnet, wenn sie »geschickt und klug ausgedacht« (1885a: 26) war, z.B. in der Kriegstechnik die Wurfmaschine. An dieser antiken Wurfmaschine machen sich, so Reuleaux, die weiteren Verwendungsweisen fest, da nun auch ähnliche Maschinen »Manganon« hießen, »wie jede Hausfrau weiß, oder auch vielleicht nicht weiß, wenn sie die Wäsche zur ›Mangel‹ schickt« (ebd.). Der Reuleaux'schen Etymologie des Wortstammes folgend, ist die Bezeichnung also von der Wurfmaschine bis zur Wäschemangel nun in die zeitgenössische Haushaltstechnik diffundiert.

Es handelt sich bei dieser Passage um die einzige im gesamten Text, in der »die Frau« als Akteurin im Feld der Technik explizit in Erscheinung tritt. Bei Erwähnung der Kriegstechnik bleibt der Nutzungskontext ausgeblendet, hingegen wird in der Sphäre der Haushaltstechnik die »Hausfrau« zum Emblem für die alltägliche Nutzung. Die Hausfrau kommt somit als Sonderphänomen in den Blick, während bislang und in der Folge zumeist von ganzen Völkern oder allgemein »dem Menschen« und von deren bzw. dessen kultureller und wissenschaftlich-technischer Stellung die Rede war. Die Frau wird von Reuleaux somit an ihrem traditionellen Platz in der bürgerlichen Moderne aufgerufen, nämlich im Haus. Sie ist außerdem diejenige, von der man – so Reuleaux' Text – nicht mit Sicherheit sagen kann, welches Wissen sie über die von ihr benutzte Technik besitzt.

Es mag symptomatisch sein, dass Reuleaux an diese Diffundierung des Begriffs in die Sphären nicht einschätzbaren, ungesicherten Alltagswissens und alltagspraktischer Handlungen eben *nicht* anknüpft, sondern sie auf einen Nebenschauplatz verweist. Zweifellos symptomatisch ist jedoch, dass sein Bezugspunkt die in der Antike lokalisierte Begriffsverwendung ist. »Ich möchte jenes alte Wort wieder für unsere Zwecke verallgemeinern«, schreibt er hierzu (1885a: 26). Dies ist als Versuch interpretierbar, das Wort in seiner ursprünglichen Wortbedeutung und unabhängig von seiner alltäglichen (Ab-)Nutzung wieder aufzu-

---

1 | Das zeitgenössische »Griechisch-Deutsche Handwörterbuch« von Wilhelm Pape (Braunschweig 1864) leitet das griechische Wort »magganon« [sprich: manganon] ab von »magos«, dem Magier, Zauberer, Betrüger, und sieht eine mögliche Verwandtschaft mit »mechane«, der List, dem Kunstgriff, der Erfindung oder dem Werkzeug. Zwei Wortbedeutungen werden angeführt: 1. jedes Mittel, andere zu bezaubern/zu betrügen, 2. Achse, Kloben im Flaschenzug, Kriegsmaschine (zum Schleudern von Steinen). Außerdem findet sich ein Hinweis auf das deutsche Mangel, Rolle.

greifen. Diesen Ursprung lokalisiert er sicher nicht zufällig in der für das humanistische Bildungsideal wesentlichen »Wiege der Kultur«, nämlich in der griechischen Antike. Sich auf die Antike berufend wird die gewünschte Verallgemeinerung des Begriffs im Sinne einer geistigen Leistungsfähigkeit zur Kulturproduktion legitimierbar.

Welchen Effekt erzeugt also dieser doch offensichtlich für die Profilierung des Begriffs wenig nutzbringende argumentative Umweg über die Hausfrau? Indem die Veralltäglichung des Manganons derart nachgewiesen wird, entsteht im Text eine Bewegung der Abgrenzung und der vermeintlichen Rückführung auf ein Eigentliches und damit der Aufwertung des Begriffs Manganismus. Konkret: Die Thematisierung der Frau als Hausfrau, der beiläufig vorgebrachte, ganz »normale« Zweifel an deren technischen Kenntnissen und die Verwerfung dieses Stranges der Genealogie verbannen Weiblichkeit im Duktus größter Selbstverständlichkeit aus dem Bereich des »wirklichen« Manganismus. Die Forderung nach einer Wiederanknüpfung an die Wurzeln in der Antike wird somit zusätzlich von der Überzeugung gestützt, die Wäschemangel sei ein irrelevanter Teil der Wortgeschichte. In Bezug auf den Begriff selbst funktioniert also die Hausfrau als Kontrastfolie, um das Fundament der eigentlichen Bedeutung des Begriffs – die »geschickte«, »kluge« Denkweise – im bildungsbürgerlichen Ideal der antiken Welt zu verankern. Insofern erzeugt das kurzzeitige Einblenden der Hausfrau mit der Wäschemangel die Vorstellung, es handle sich bloß um eine abgeschliffene, partikulare Ausprägung des Manganismus und man könne nun zum Kern der Sache kommen. Die Hausfrau hat somit die diskursive Funktion, als das Besondere das Generelle erst mit hervorzubringen.

An dieser Stelle ist jener Modus der Vergeschlechtlichung technikwissenschaftlichen Wissens im Text belegbar, wonach sich die männliche Codierung der Technik als das nicht-markierte Allgemeine konstituiert, indem es zur Figur der Frau als das markierte Besondere in Kontrast gesetzt wird. In Reuleaux' Argumentation von der »Hausfrau« blitzt dieses diskursive Herstellungsmuster von Männlichkeit jedoch nur kurz auf. Es handelt sich dabei folglich um eine *Variante* dessen, was Mehlmann für die kulturelle Moderne als Entwurf des vermeintlich geschlechtsneutralen bürgerlichen Subjekts »als alleiniger Träger von Wissen und Erkenntnis« (1998: 101) und als die »Verschiebung alles Geschlechtlich-Partikularen auf die Frau« (ebd.) beschreibt. Zu prüfen ist, welcher Stellenwert dieser Konstruktionsweise von Männlichkeit innerhalb des technikwissenschaftlichen Fachdiskurses am Beispiel von »Cultur und Technik« zukommt.

Die im Zuge der Begriffsprofilierung auffindbare Referenz auf die Hausfrau wird zwar auf der Textebene manifest, hat jedoch den Charakter einer recht unaufgeregten Geste. Genau dieser Umstand deutet meines Erachtens darauf hin, dass die Zuordnungsweise von Mann und Frau zu den gesellschaftlichen Sphären Öffentlichkeit und Haus bzw. Produktion und Nutzung für Reuleaux kaum ein spannendes oder überhaupt relevantes diskursives Thema darstellte. Bei

Reuleaux wird die Lokalisierung der Frau in der häuslichen Sphäre weder problematisiert noch als begründungsbedürftig behandelt. Die Exklusion bzw. Partikularisierung der Frau erscheint somit im technikwissenschaftlichen Fachdiskurs weitaus nebensächlicher und unbedeutender als in anderen kulturtheoretischen Schriften, wie sie von Mehlmann, Klinger oder auch Honegger (1991: 126ff.) untersucht worden sind.

Für die Konstituierung des männlichen technischen Geistesarbeiters problematischer und umkämpfter sind ganz eindeutig, wie im Folgenden zu sehen sein wird, die Abgrenzungen zwischen den »Völkern« und den Entwicklungsstufen des Menschen sowie die sozialen Hierarchisierungen qua Ausbildungsgrad.

4.1.3 »Männerstärken« und manganistische Leistungsfähigkeit im Völkervergleich

Die bereits genannte Differenzierung zwischen Orient und Okzident steht dafür fast sinnbildlich. In ausführlichen Erörterungen kommen die »anderen« Männer als Bezugspunkte, als Gradmesser für den Maschinenwissenschaftler ins Spiel. Mit dem Begriffspaar »Manganismus« versus »Naturismus« klassifiziert Reuleaux schließlich im internationalen Vergleich die einzelnen Völker und definiert deren jeweilige Stellung in einer hierarchischen Weltordnung. Er setzt den globalen Kampf um Herrschaft als gegeben voraus und ist der Meinung, dass man

»mit Sicherheit vorausberechnen [könne], dass die Manganisten die Sieger bleiben werden, oder dass diejenigen Nationen, welche sich nicht entschließen wollen, zum Manganismus überzugehen, auf allmähliche Unterwerfung oder auf Untergang gefasst sein müssen« (1885a: 27).

Dies zeigt, dass der Wettbewerb bei Reuleaux nicht mit der Idee der »Rasse« verbunden wird. Es handelt sich hingegen um ein Leistungsdenken in Bezug auf Leistungsfähigkeit von »Nationen« und »Völker«, bei dem am Ende vor allem die Deutschen (und teilweise auch die Österreicher) an höchster Stelle stehen (vgl. 1885a: 28). Die Grundlegung dieser Legitimationsargumentation europäischer Herrschaft im naturwissenschaftlich-technischen Komplex, genauer: in der Fähigkeit zur Hervorbringung wissenschaftlich fundierter Technik, stellt die Frage der intellektuellen Produktivität und des produktiven geistigen Vermögens bezogen auf Technik ins Zentrum der kolonialen Welt und der Überlegenheit Europas.

Dass Reuleaux beim Manganisten wie auch beim Naturisten unhinterfragt von »Männern« spricht, wird dort im Text evident, wo er versucht, die unterschiedliche Leistungsstärke der Völker mithilfe einer Berechnung nachgerade zu »beweisen«. So wie er sich eingangs als wissenschaftlich-objektiver Autor einführte mit dem Anspruch, die Kulturen »vorurteilsfrei« zu betrachten und zu vergleichen (vgl. 1885a: 25), ist sein Ziel hier, einen möglichst objektiven Maßstab zu gewinnen. Dafür nutzt er das Mittel der mathematischen Berechnung und setzt dies in einer für die Industrialisierung symptomatischen Weise ein, denn er greift für die Quantifizierung der Leistung auf eine höchst symbolische Maßeinheit zurück: die jährliche Kohleproduktion eines Landes. Diese Werte wandelt er in Angaben zur »dynamische[n] Leistung«, gemessen in Pferdestärken, um. Die Pferdestärken sind ihrerseits nur wieder eine Maßeinheit, die sich in die Leistung menschlicher körperlicher Arbeit umrechnen lässt. Und diese menschliche Arbeit erscheint nun eindeutig geschlechtlich markiert.

»Auf jede Pferdestärke die Arbeitsstärke von *sechs Menschen, starken Männern*, gerechnet, ergiebt dies 540 Millionen *Männerstärken*, thätig während 12 Tagesstunden. Diese gewaltige Kraftleistung ist es aber, welche wir 250 Millionen Atlantiker ganz allein – denn die anderen 1250 Millionen Naturisten tragen nichts dazu bei – der Menschheit durch das manganistische Prinzip zugeführt haben.« (1885a: 45; Hervorhebung TP)

Menschliche körperliche Arbeit gilt als Männerarbeit, die sich im Leistungsvergleich zur Kopfarbeit befindet. Dieser Beleg deutet darauf hin, dass der Wettbewerb zwischen mehr oder weniger produktiven Männern ausgetragen wird. Im Unterschied zur Frühphase der Verwissenschaftlichung ist hier nun im Körper/ Geist-Dualismus die körperliche Seite explizit mit vergeschlechtlichten Akteuren, »starken Männern«, verbunden, während die Geistesarbeiter unmarkiert bleiben. In der Zeit der zunehmenden Konsolidierung der Maschinenwissenschaft zeichnet sich im Fachdiskurs damit die Tendenz ab, den Ingenieur geschlechtlich zu neutralisieren.

Zwar wird sich die Haltung der Ingenieure zur neuen Kolonialpolitik des Kaiserreichs erst viel später ausdrücklich im Fachdiskurs niederschlagen (vgl. etwa Keller 1904; Böhm 1907a und 1907b), doch wie Reuleaux' Text illustriert, hat sich der Horizont bereits in den 1880er-Jahren so stark in Richtung nationaler Interessen verschoben, dass die Wettbewerbsverhältnisse in der Welt zum relevanten Maßstab der Betrachtung werden. Denn in der globalen Konkurrenz, in der die einen – um es bildhaft zu überzeichnen – eher mit schwitzenden, schuftenden Männern und die anderen mit kühlen Köpfen antreten, scheint die Ingenieurzunft auf vorgeblich wissenschaftlich – weil in Zahlen – belegbare Weise Positionsgewinne zu erzielen. Die Ingenieure als manganistische Kopfarbeiter seien es, die dem Kaiserreich die entscheidenden Vorteile gebracht hätten und aktive Kolonialpolitik legitimierten:

»Wir Atlantiker, das Sechstel der Erdenbewohner, leisten aber mit unserer manganistischen Arbeit weit über viermal soviel, als jene leisten können. Das Übergewicht der Manganisten über die Naturisten ist also nicht ein zufälliges, sondern wird erworben und heimgezahlt durch nützliche Arbeit und erlangt dadurch auch, rein menschlich genommen, seine Berechtigung. Dies umso mehr, als unsere Arbeitsleistung zu jenen hingeführt wird [...] zur Verbreitung und unter Verbreitung von Cultur und Gesittung. So wird denn die wissenschaftliche Technik zur Trägerin der Cultur, zur kraftvollen unermüdlichen Arbeiterin im Dienste der Gesittung und Bildung des Menschengeschlechtes.«(1885a: 45)

Wichtig ist zudem, dass die hervorgebrachte Technik für Reuleaux mittelbar auch zur Trägerin der allgemeineren kulturellen Werte wird. Denn neben der materiellen Kultur würden auch Normen und Werte der herrschenden Kultur in die Welt getragen und durch die materielle technische Basis abgesichert.

Das Geschlecht des Technikwissenschaftlers wird darin systematisch unsichtbar. Mit dieser Neutralisierung als rechnender Geist beansprucht Reuleaux für die Ingenieure die Position des aufklärerisch-bürgerlichen Subjekts, das seine Vorrangstellung qua Vernunft und wissenschaftlich-objektiver Erkenntnis legitimiert. Dieses Subjekt konstituiert sich nun, indem es sich von einem Körperwesen abgrenzt, das als »starker Mann« vor allem auch ethnisch markiert wird. Die Betonung des Geist/Körper-Dualismus in ethnisierter Form ist zudem metaphorisch präsent. So wird der arabische Raum mit einer Körpermetapher abgewertet, obwohl ein Vergleich der geistigen Leistungsfähigkeit thematisiert wird. Es ist die Metapher eines körperlichen Handicaps (»*gelähmt* liegt sie darnieder«), die das »geistige Defizit« verdeutlichen soll. In der Konsequenz verbleibt der nichteuropäische Raum des Naturismus vollständig in der Sphäre des Körperlichen. Auf diese Weise wird der männliche Körperarbeiter entsprechend dem zeitgenössischen Fortschrittsdenken auf einer Entwicklungslinie in der vorindustriellen, durch göttlichen Willen gelenkten Zeit angesiedelt, nicht in der vernunftgeleiteten Moderne (vgl. Reuleaux 1885a: 26).

Ein weiterer wichtiger Aspekt, dem sich Reuleaux unter Rückgriff auf das Begriffspaar Manganismus/Naturismus zuwendet, ist die Differenzierung innerhalb des gewerblich-technischen Bereichs.

4.1.4 Ausbildung zum Manganismus an Technischen Hochschulen

Reuleaux trennt zwischen mehreren Stufen des technischen Ausbildungssystems. Grundsätzlich argumentiert er in dieselbe Richtung wie schon Herrmann Grothe im Jahr 1867 und setzt auf ein hierarchisch gegliedertes Bildungssystem (vgl. Abschnitt 3.3.2), dessen einzelne Bildungswege nun fachlich-systematisch voneinander geschieden werden. Dementsprechend grenzt Reuleaux die wissenschaftlich gebildeten THn-Absolventen, die Universitätsabsolventen gleichgestellt werden sollen, als besondere Gruppe nach unten gegen die Techniker ab, die an mittleren und unteren technischen Schulen ausgebildet wurden: »So haben wir in ihnen [den verschiedenen Schultypen; TP], je weiter herab, um so bestimmter, die Schulen für die Ausführenden zu sehen, während die Hochschule die leitenden, entwerfenden Persönlichkeiten bilden will.« (1885a: 46) Der Maßstab ist hier erneut der fachwissenschaftliche Ansatz: Während die Hochschule das Gesetzeswissen vermittele, solle sich die Lehre an den unteren technischen Schulen – in Abstufungen – auf Regelwissen und dessen Anwendung beschränken. Wissen und Anwendung erfahren hier eine systematische Trennung entlang des leitenden Begriffssystems Manganismus versus Naturismus. Auf diese Weise konstituiert Reuleaux' Argumentation eine recht kleine Gruppe der »Manganisten« – eine kleine technisch-akademische Elite kristallisiert sich heraus.

Mit der Behandlung der Ausbildungsfrage verdeutlicht Reuleaux schließlich auch, wie er über das Verhältnis zwischen technischen und anderen gesellschaftlichen Eliten denkt. Letztere kommen als neue Akteure ins Spiel, wenn Reuleaux für das Verhältnis zwischen THn und Universitäten die Parole »Differenz bei Gleichwertigkeit« ausgibt. Zunächst vergleicht er die THn mit den historisch älteren Universitäten offenbar nur, um die Besonderheit der THn weiter herauszuarbeiten, spricht sich dann jedoch dezidiert gegen die Zusammenführung beider Hochschultypen aus und begründet diese Meinung mit einer »innerlichen Verschiedenheit der Lehrzwecke« (1885a: 45). Die Hochschultypen hätten demnach abweichende wissenschaftliche Zielrichtungen: »Die *Universität betreibt* [...] die *Wissenschaften des Erkennens.*« (1885a: 45; H.i.O.) Hingegen wolle der Unterricht an den THn dazu »befähigen, zu schaffen, neues hervorzubringen, die Zwecke der Gesellschaft durch Anwendung der Wissenschaften auf die Leitung der naturgesetzlichen Prozesse zu fördern. *Die technische Hochschule pflegt die Wissenschaften des Schaffens.*« (Ebd.; H.i.O.) Ungeachtet ihrer Verschiedenheit seien die beiden Ausbildungssysteme jedoch vollkommen gleichwertig, wie Reuleaux mit einer militärischen Metapher illustriert: »Getrennt also marschiren die beiden Heere und haben ihre verschiedenen Aufgaben und verschiedene Gliederung; auf gleicher wissenschaftlicher Höhe aber ziehen sie.« (Ebd.) Zwar handle es sich um zwei separate »Heere«, doch gehörten beide schließlich zum sozialen Feld der Wissenschaft.

Damit verdeutlicht Reuleaux sein übergeordnetes Anliegen, das er mit der Argumentation zur Kulturfrage implizit verfolgt. Der kulturtheoretische Entwurf und die fachwissenschaftlich legitimierte Systematik von Manganismus und Naturismus sollen den Technikwissenschaftlern dazu verhelfen, gesellschaftlich zu den zeitgenössischen geistigen Eliten aufzuschließen, und Gleichrangigkeit einfordern. Allerdings wird dies erst ausgeführt, nachdem Reuleaux die Manganisten als eigentliche Kulturträger aufgewertet und die kulturexpandierenden Bestrebungen Europas auf eine technische Grundlage gestellt hat. Die Auseinandersetzung mit der Beziehung zwischen Universitäten und THn dokumentiert somit zum einen den Versuch der Angleichung und Gleichstellung der aufkommenden Technikwissenschaften und zugleich das Anliegen, bei der Festlegung von Ordnung und Rangfolge auf Augenhöhe mit der bisherigen Elite mitzuspielen.

4.2 Manganismus und der Kampf um hegemoniale Männlichkeit

Den bisherigen Überlegungen folgend erweisen sich auch die Naturisten am Ende eher als Kontrastfolie denn als wirkliche Mitspieler im Feld. Die Konstituierung der Manganisten als geistige Elite resultiert aus der Abgrenzung gegen die Naturisten, die in mehrerer Hinsicht als sozial markierte Gruppe erscheinen: Erstens erfolgt die Abgrenzung gegenüber der Frau als Hausfrau, und zwar in beiläufiger Weise. Zweitens handelt es sich um die mit hohem Argumentationsaufwand betriebene Abgrenzung gegenüber der großen Gruppe körperlich arbeitender und ethnisch gekennzeichneter Männer einerseits und der kleineren Gruppe von Absolventen mittlerer und unterer technischer Fachschulen andererseits. Weil im Fall der Manganisten allein die wissenschaftlich-abstrakte Denkweise betont wird und fast jede soziale Situierung ausgeblendet ist, lässt sich nur in dem, was im Diskurs eine Leerstelle bleibt, und d.h. vermittels der Rekonstruktion der vielfältigen Abgrenzungslinien, das implizite Muster des Manganisten als weißer, europäischer, höher technikwissenschaftlich gebildeter, geistig tätiger Maschinenwissenschaftler erkennen.

Allerdings zeigt Reuleaux' vergleichende Betrachtung der Hochschulen letzten Endes, dass die Konstruktion des Manganisten implizit auf einem Wettstreit mit einer anderen, gesellschaftlich privilegierten Männlichkeitskonzeption beruht. Bezieht man also den historischen Kontext der Professionalisierung des Ingenieurwesens mit ein, so liegt die Deutung auf der Hand, dass sich Reuleaux' zentrale Kampfansage an die geistes- und naturwissenschaftlichen Bildungseliten in der zeitgenössischen Gesellschaft richtet. Zu ihnen möchte er die Ingenieure aufrücken lassen, und zwar mithilfe der Konzeption des produktiven, kulturbringenden und -bewahrenden Maschinenwissenschaftlers, des Garanten kolonialer Vorherrschaft und wissenschaftlicher Leistungsfähigkeit. Das bestimmende Motiv dieser diskursiven Strategien, mit denen die soziale Aufwärtsmobilität der Ingenieure befördert werden soll, ist dabei unverkennbar das Leistungsprinzip der bürgerlichen Gesellschaft: Privileg qua Geburt, das im 19. Jahrhundert sukzessive vom bürgerlichen Ideal der Privilegierung qua Leistung abgelöst wird, wendet Reuleaux offensiv technikspezifisch an, wobei er den wissenschaftlichen Ingenieur als zentralen, wenn nicht eigentlichen Leistungsträger der modernen Welt inszeniert. Als ein um Gleichstellung mit den anderen Akademikern ringender Protagonist der Verwissenschaftlichung der Technik betont Reuleaux nicht nur den ökonomisch-politischen, sondern gerade auch den kulturellen Nutzen des eigenen fachwissenschaftlichen Ansatzes und so die spezifische Leistung der Maschinenwissenschaftler für die eigene Nation.

Mehr noch, als dies bereits in der Frühphase der Verwissenschaftlichung der Fall war, wird damit »hegemoniale Männlichkeit« zum generativen Prinzip für die diskursive Konstruktion des Maschinenwissenschaftlers, wenn es für die

Ingenieure darum geht, zu den Bildungseliten der Zeit aufzuschließen. In der Abgrenzung »nach unten« erweist sich der erste Aspekt der genannten Doppelstruktur hegemonialer Männlichkeit, nämlich die Subordination von Weiblichkeit, als deutlich weniger ausgeprägt als der zweite Aspekt, der Wettbewerb mit anderen sozialen Gruppen von Männern. In der Angleichung »nach oben« verfolgen die Ingenieure die Strategie, die vermeintlich neutral-objektive Subjektposition des Wissenschaftlers und Gelehrten zu besetzen. Männlichkeit ist insofern kein irgendwie positives, inhaltlich stabiles Set an Merkmalen, sondern wird relational mithilfe einer komplexen *boundary work* hergestellt. Es handelt sich mithin um ein Produkt diverser Abgrenzungen, mit dem in der Sphäre der Technikwissenschaften vor allem Binnendifferenzierungen innerhalb der Genusgruppe der Männer diskursiv ins Zentrum gerückt werden.

Zusammenfassend lässt sich hier für den Fachdiskurs der Konsolidierungsphase in den 1880er-Jahren festhalten: Mit der Verwissenschaftlichung entwarfen die Ingenieure ein neues Berufsverständnis, das an sozialer Aufwärtsmobilität orientiert war und den Kampf um Zugang zum sozialen Feld der Wissenschaft aufnahm, indem erstens explizit die Distanz vornehmlich zu anderen, nichtwissenschaftlichen Konzeptionen von Männlichkeit herausgearbeitet wurde, zweitens implizit an die Männlichkeitskonzeption der akademischen Eliten und somit des wissenschaftlichen Feldes angeknüpft wurde und drittens diese *boundary work* von Anschluss und Abgrenzung fachwissenschaftlich »objektiviert« wurde.

Das bedeutet auch, dass die fachliche Wissensproduktion der Technikwissenschaften einen integralen Bestandteil der sozialen Konstruktion des Berufs darstellte. Unter offensivem Einbezug fachlicher Themen, wie z.B. der Kinematik, wurden Ordnungskategorien plausibel gemacht und Ordnungsgefüge entworfen, die ein gesellschaftliches Anerkennungspotenzial bereithalten. Vor diesem Hintergrund lässt sich Reuleaux' Konstruktion des Manganisten als eine spezifische Version des Versuches deuten, hegemoniale Männlichkeit im Sinne des wissenschaftlich-technischen Projekts der Moderne herzustellen und damit Positionsgewinne auf dem Weg zum akademischen Beruf zu verbuchen.

Welche Funktion hat, folgt man dem Fachdiskurs in der *Z.VDI*, die Thematisierung der Frau bzw. von Weiblichkeit in der diskursiven Praxis der Ingenieure? Lässt sich die Hypothese von der marginalen Bedeutung der Abgrenzung von Männlichkeit gegenüber Weiblichkeit, die bisher für die Verwissenschaftlichung des Maschinenbaus entwickelt wurde, weiter ausarbeiten und erhärten?

5. Die marginale diskursive Funktion der »Frauen im Hause«

Im Mittelpunkt des letzten Kapitels dieses Teils der Studie stehen die Thematisierungsweisen von Weiblichkeit und Frauen, die im Fachdiskurs über den gesamten Untersuchungszeitraum auftreten. Im Langzeitverlauf soll systematisch betrachtet werden, wie das Verhältnis von Weiblichkeit und Technik konstruiert ist. Ich verfolge hier konsequent diesen Strang, greife dabei auch auf spätere Phasen des Fachdiskurses vor, lasse indessen die weitere Klärung der Männlichkeitskonstruktionen zunächst einmal beiseite. Es wird im Folgenden die in den vorangegangenen Analysen entwickelte Hypothese überprüft, dass die Dichotomie männlich/weiblich die Außengrenze der Technik markiert. Zudem soll genauer sondiert werden, welche Verschiebungen ggf. im Zeitverlauf zu beobachten sind.

Zunächst diskutiere ich die Thematisierungsweisen kontrastiv (5.1) und beschäftige mich anschließend detailliert mit den Fundstellen im Einzelnen, überwiegend in chronologischer Abfolge (5.2).

5.1 Thematisierungsweisen von Weiblichkeit im kontrastiven Vergleich

Der empirische Gesamtbefund macht sehr deutlich: Die Frage des Zugangs von Frauen zu höherer technischer Bildung wird im technikwissenschaftlichen Fachdiskurs nicht diskutiert. Das ist erstaunlich angesichts der Tatsache, dass Zugang zu Bildung eines der zentralen Ziele der ersten Welle der Frauenbewegung Ende des 19. Jahrhunderts darstellte. Insgesamt bleibt in der *Z.VDI* ebenso wie im *Civilingenieur*, zwischen Mitte des 19. und Anfang des 20. Jahrhunderts die Thematisierung von Frauen in jedweder Form extrem spärlich bis abwesend. Die Suche wurde zum einen auf der Ebene der Beitragstitel im Sachregister der Zeitschriften durchgeführt, zum anderen im Rahmen von Globalanalysen im Materialkorpus und schließlich nach der Strategie des – hier kontrastiv verfahrenden – *theoretical sampling*. Berücksichtigt wurden insbesondere auch die »kleinen«

Rubriken, vermischte Meldungen, Berichte von Bezirksvereinen etc. der *Z.VDI*. Hier war die Erhebung am ergiebigsten. Hauptbeiträge zur damals öffentlich diskutierten Frage der »Frauenbildung« finden sich überhaupt nicht.

Das heißt, die Kämpfe der Ingenieure um die Gleichstellung der THn mit den Universitäten und um den Zugang zu den Privilegien öffentlicher Laufbahnen einerseits und die Kämpfe der Frauen um Zugang zu Bildung und deren Institutionen andererseits weisen keine direkt erkennbaren, diskursiven Berührungspunkte auf. Doch welche möglicherweise indirekten Hinweise gibt das Material? Ich habe mich dieser Frage mit Blick auf die genannte Datenlage über einen kontrastiven Vergleich genähert, und zwar über den Vergleich des Nicht-Problematisierten mit dem Problematisierten, wenn es um den Zugang zu THn geht.

5.1.1 Der Kampf um das »Frauenstudium« im Ingenieurdiskurs

Der Schluss, dass sich der feministische Emanzipationsdiskurs und der Professionalisierungsdiskurs der Ingenieure nicht berühren, lässt sich durch eine lapidare Erwähnung der Zulassung der Frauen zum technischen Studium untermauern bzw. besser nachvollziehen. Diese Erwähnung im Jahr 1917 unter der Rubrik »Rundschau« der *Z.VDI* ist tatsächlich das einzige Dokument in der Zeitschrift, das dieses Thema überhaupt behandelt. Die Meldung lautet im Volltext:

> »In der letzten Sitzung des österreichischen Abgeordnetenhauses wurde ein Antrag auf Zulassung der Frauen als ordentliche und außerordentliche Hörerinnen zu den österreichischen Technischen Hochschulen eingebracht. Der Unterrichtsminister erklärte, daß er sich gegen die Zulassung von Frauen zu den Chemie- und Ingenieurfächern der Technischen Hochschulen nicht ablehnend verhalte.« (Anonym 1917)

Die Meldung bleibt an dieser Stelle wie auch in der *Z.VDI* insgesamt vollkommen unkommentiert und unbewertet. Sie bezieht sich außerdem auf ein Einzelereignis, nämlich eine Anhörung im österreichischen Abgeordnetenhaus, in der die Meinung eines Politikers – aus heutiger Perspektive: des Ministers für Bildung – wiedergegeben wird. Dessen Haltung ist inhaltlich recht vage wiedergegeben; es braucht die doppelte Negation, um sie in Worte zu fassen. Indem sich der Politiker gegenüber dem Frauenstudium an THn »nicht ablehnend verhält«, es also weder zur ausdrücklichen Befürwortung kommt noch eine Kontroverse entsteht, in der der Minister hätte eindeutig Position beziehen können, wird die Sache geradezu zur Bagatelle gemacht. Kurz: Der Minister hat nichts dagegen und die Ingenieure sagen erst gar nichts dazu. Auf diese Weise wird das Ereignis definitiv als Nebensache behandelt, obwohl man doch annehmen könnte, dass die Frauen mit der Zulassung zu THn exakt zwanzig Jahre nach dem Zugang zu Universitäten in der Habsburger Monarchie einen weiteren wichtigen Etappensieg errungen haben. Ob Frauen die formale Zulassung zum Ingenieurstudium erhalten haben oder nicht, scheint kaum der Rede wert und ist offensichtlich kein diskursives Ereignis. Die studierwilligen Frauen gehen in den Ingenieurdiskurs weder als gegnerische Partei und Bedrohung ein noch als mögliche Koalitionspartnerinnen im bildungspolitischen Kampf um Gleichstellung. Eine andere Lesart dieses Dokumentes wäre, dass der Zugang von Frauen zur Hochschule zu diesem Zeitpunkt, im Jahr 1917, schlichtweg gesellschaftlich nicht mehr strittig ist und daher nicht zum Gegenstand des Diskurses gemacht werden muss. Gegen diese Lesart spricht indessen, dass sich das Thema zu keinem Zeitpunkt im technikwissenschaftlichen Fachdiskurs niederschlägt, sondern 1917 durch eine solche, randständig verbleibende und eher formal gehaltene, Meldung erstmals in Erscheinung tritt. Folglich haben die Ingenieure zu keinem Zeitpunkt über das »Frauenstudium« wirklich innerhalb ihrer *community* diskutiert. Dieser Schluss lässt sich durch die sozialhistorische Forschung zum »Frauenstudium« zusätzlich erhärten.

Die Kämpfe um Zulassung von Frauen als reguläre Studierende zum technischen Studium in Österreich etwa ab 1909 wurden für die TU Wien historisch aufgearbeitet (vgl. Mikoletzki/Georgeacopol-Winischhofer/Pohl 1997). Die Studie von Mikoletzki u.a. enthüllt die Breite und Intensität, die die Diskussion in der Öffentlichkeit und auch in Bildungseinrichtungen entfaltete, ausgelöst von zahlreichen Petitionen von Einzelpersonen und Frauenorganisationen. THn und andere bildungspolitische Institutionen der Habsburger Monarchie waren im Verlauf der Jahre mehrfach gefordert, Gremien einzurichten, Beschlüsse zu fassen und Stellungsnahmen abzugeben. Diese Diskussion spiegelt sich überhaupt nicht in den fachinternen Debatten, gemessen an der *Z.VDI* und dem *Civilingenieur*, wider. Im Gegenteil, die Argumentationsstrategien in der politischen Auseinandersetzung zum »Frauenstudium«, wie sie bei Mikoletzki u.a. untersucht werden, decken sich in ihrer Stoßrichtung mit der hier, auf Basis der Untersuchung des technischen Fachdiskurses, vorgeschlagenen Interpretation. Die »Frauenfrage« besaß offenkundig einen zweit- bis drittrangigen Stellenwert für das Feld der Technik. Befürworter wie Gegner des »Frauenstudiums« waren sich mitunter darin einig, dass Frauen sowieso nicht für technische Berufe geeignet seien. Die einen lehnten ihre Zulassung aus diesem Grunde ab. Die anderen hielten den Zugang von Frauen zu THn aus genau diesem Grund für unproblematisch. Sie stuften die Frauen nicht als ernsthafte Konkurrenz für die männlichen Studierenden ein. Die Autorinnen der Studie vermuten, dass andere standespolitische Themen, wie etwa der Schutz der Bezeichnung »Ingenieur« als akademischer Beruf, weitaus wichtiger waren, so dass die Ingenieure ihren erst kurz vorher mit dem Promotionsrecht errungenen Eintritt in das wissenschaftliche Feld nicht durch die Öffnung für Frauen gefährden wollten (vgl. Mikoletzki 1997). Nachrangigkeit, Unterbewertung, konsequente Ausblendung bzw. Abwehr der Frauen als befürchteter destabilisierender Effekt im »eigenen« Kampf um die soziale Stellung des Feldes sind die Kennzeichen des Umgangs der Ingenieure mit dem Thema »Frauenstudium«. Faktisch und theoretisch für das Feld relevante frauenpolitische Interventionen wurden, wie der Gesamtbefund eindeutig zeigt, in der fachinternen Diskussion ausgeblendet bzw. als unwichtig betrachtet.

Ganz ähnlich sieht Zachmann (2004) die Situation im Deutschen Kaiserreich. Im Kontext der Institutionalisierung des Frauenstudiums hätten sich die Ingenieurwissenschaftler ruhig zurücklehnen können:

»Als sie [die Ingenieure, TP] nun in ihren Hochschulstatuten ebenfalls die Zulassung der Frauen verankern mussten, taten sie das durchaus bereitwillig [...]. Tatsächlich hat das neue Berufsbild des Ingenieurs erfolgreich die Bewahrung der homosozialen Kultur der höheren technischen Bildung abgesichert.« (Zachmann 2004: 135)

Dies eröffnete auch Frauen den Zugang zu den THn, allerdings im Ordnungsmuster einer bezeichnenden horizontalen Segregation. Frauen fanden sich in den »allgemeinen und kulturwissenschaftlichen Abteilungen« (2004: 143) der THn sowie in der Chemie und in der Architektur. In den traditionellen Ingenieurwissenschaften blieben sie jedoch die Ausnahme.

5.1.2 Regulierungen des »Ausländerstudiums« als Kontrastfall

Interessant ist es, im Kontrast dazu eine andere Mitteilung in der *Z.VDI* (Anonym 1904) zu betrachten, in der es um die Frage der Zulassung von »Ausländern« zum Studium an THn geht. Der Text berichtet vom Beschluss des Verbandstages der THn Deutschlands über einen entsprechenden Antrag, der den Ministerien und Rektoraten unterbreitet werden sollte. Der Antrag stellt im Wesentlichen zwei Bedingungen: Erstens sollten »Ausländer« nur nach Nachweis eines gleichwertigen Reifezeugnisses Zugang erhalten und nur, sofern Deutsche in deren Herkunftsländern prinzipiell auch zugelassen würden. Zweitens sollten die »Ausländer« erst vierzehn Tage nach Semesterbeginn Plätze in Übungssälen und Laboratorien zugesprochen bekommen. Zudem befürwortet der Verband eine Erhöhung der Studiengebühren für diese Gruppe der Studierenden. Ob mit all diesen Bedingungen in Deutschland eine besondere Hürde für ausländische Studierende an THn im Vergleich zu anderen europäischen Hochschulen geschaffen wurde, möchte ich hier nicht erörtern. Bedeutung hat dieses Dokument für den Vergleich mit dem vorhergehenden insofern, als überhaupt Zusatzbeschränkungen formuliert werden und eine Regulierung der Aufnahme angestrebt wird. Der Technikhistoriker Wolfgang König (1981: 236) weist darauf hin, dass die Frage des »Ausländerstudiums« ab den 1890er-Jahren kontrovers diskutiert worden sei, was mit der »Überfüllung der Technischen Hochschulen« in Verbindung gestanden habe. So seien um die Jahrhundertwende diverse restriktive Zulassungsbedingungen formuliert worden.

Dieses im Fachdiskurs ungleich verteilte Gewicht, das der Zulassungsfrage beigemessen wird, je nachdem, um wessen Zulassung es geht, deutet einmal mehr darauf hin, wen die professionspolitischen Protagonisten als potenzielle MitspielerInnen in ihrer Domäne sehen und wen nicht. Während im Falle der ausländischen Studierenden eine hohe Nachfrage einkalkuliert wird, sodass man Vorkehrungen trifft, die die »deutschen« Studierenden privilegiert, und nur zahlungskräftigen »Ausländern« den Zugang zur »deutschen« Ingenieurausbildung öffnet, wird im Falle der Frauen kein großer Andrang erwartet, der den männlichen Studierenden die Plätze streitig machen könnte. Und selbst wenn sich in der Gruppe der »Ausländer« Frauen befinden mögen, werden sie nicht als solche thematisiert und problematisiert.

Diese Gegenüberstellung des Materials bestätigt indirekt auch die an Reuleaux' Kulturbeitrag entwickelte Hypothese vom Kampf der Ingenieure um hegemoniale Männlichkeit durch Abgrenzung gegenüber anderen Gruppen von Männern. Nicht die Mann/Frau-Differenz, sondern Differenzen zwischen Männern, die mit Ethnisierungen und sozialen Differenzierungen einhergehen, stehen im Zentrum der Problematisierungs- und Deutungsmuster des Ingenieurdiskurses und strukturieren die Kernargumentation.

5.1.3 Allgemeine Reflexe der bürgerlichen Geschlechterordnung

Allerdings reflektiert sich im Fachdiskurs immer wieder ganz allgemein die bürgerliche Geschlechterordnung. Gemeint sind damit etwa Äußerungen, in denen sich Ingenieure im Deutungsmuster des *male breadwinner* präsentieren und die »Frau« im Verbund mit »Familie« als Gründe für die eigene Erwerbstätigkeit (ohne expliziten Bezug zur Technik) vorbringen. Exemplarisch für eine solche Perspektive ist folgende Äußerung in R. Zieses Aufsatz »Was ist ein Ingenieur?«, erschienen 1899 im »Technischen Zentralblatt für Berg- und Hüttenwesen«, den die Z.VDI im selben Jahr in ihrer »Rundschau« in Auszügen nochmals abdruckt:

»So lange man Nahrung, Wohnung und Kleidung täglich braucht, so lange Frau und Familie als Lebensfreude empfunden und höher gestellt werden als die Mühe und Sorge, welche sie bereiten, so lange muss auch der Durchschnittsmensch um Erwerb arbeiten. Seinen Geschmack und seine Anlagen muss er in gewisser Beziehung diesem Zwecke unterordnen.« (Ziese 1899: 851)

Zieses Konstruktion des – implizit männlichen – »Durchschnittsmenschen« steht in eigentümlichem Kontrast zu den professionellen Leidenschaften und (natürlichen?) »Anlagen« des Familienvaters, die über den reinen Gelderwerb hinausgehen und die manchmal zugunsten des Lebensnotwendigen und der Erhaltung einer Glück verheißenden Familie zurückgestellt werden müssten. Ziese schafft

auf diese Weise eine Konkurrenz zwischen Neigung und Verpflichtung, in der
das spezifische Berufsfeld jedoch vollkommen nebensächlich bleibt.

Außerdem existieren sprachliche Hinweise, dass der Ingenieurbereich selbstverständlich als Männerdomäne behandelt wird. Die Anrede »meine Herren«,
im Text zumeist abgekürzt mit »m.H.« (vgl. u.a. Oechelhaeuser 1900: 845; Bach
1896: 268f.), mit der in der Z. VDI häufiger Reden und Vorträge eröffnet werden,
dokumentiert die völlig gängige Adressierung einer ausschließlich aus Männern
bestehenden Ingenieurkultur und ihre alltägliche Reproduktion, wobei sich die
sprachliche Adressierungspraxis vermutlich nicht von jenen in anderen männerdominierten Handlungskontexten unterschied.

Eine dritte Variante der Reflexe ist die unhinterfragte und unbestrittene Lenkung des Blicks auf die »Söhne«, wenn Fragen der Rekrutierung von Ingenieur-
nachwuchs zur Sprache kommen. Das Ziel der Ingenieure, die gesellschaftlichen
Eliten dafür zu gewinnen, die Technik als attraktives und gleichwertiges akademisches Berufsfeld zu sehen, artikuliert sich etwa in Wilhelm v. Oechelhaeusers[1]
professionspolitisch ausgerichteter Rede (1900), in der er die Verleihung des Promotionsrechts an die THn zur Jahrhundertwende wie folgt deutet: »Hier legt also
der Kaiser ein besonderes Gewicht darauf, dass die besten Familien des Landes
ihre Söhne der Technik zuführen möchten!« (1900: 848) Insofern reflektieren
diese Formen der alltäglichen männlichen Codierung im Material zunächst übliche Repräsentationsweisen der bürgerlichen Geschlechterordnung, die zwar
die gesellschaftliche Stellung des Berufes wiedergeben, jedoch keine feldspezifische Ausprägung der Koproduktion von Technik und Geschlecht aufweisen.

Auf welche Weise rücken nun Frauen im technikwissenschaftlichen Fachdiskurs
im Untersuchungszeitraum in den Blick? Welche Konstruktion des Verhältnisses
von Weiblichkeit und Technik ist erkennbar und welcher Stellenwert kommt ihr zu?

5.2 MODI DER POSITIONIERUNG DER »HAUSFRAU« AUSSERHALB DER TECHNIK

Das Sample eröffnet den Blick auf Varianten der diskursiven Repräsentation der
Frau in Bezug auf Technik im Zeitraum von 1888 bis 1916. Ihnen allen ist ge-
mein, dass sie die Frau mehr oder weniger deutlich außerhalb der technischen
Sphäre und getrennt von deren Rationalitäten positionieren. Die Belege weisen,
wenn gleich spärlich und marginal, darauf hin, dass diese Platzzuweisung über
die zeitgenössischen Romane der Dichter-Ingenieure hinaus (vgl. Zachmann
2004: 120ff.) ebenfalls innerhalb des Fachdiskurses erfolgte.

Methodisch ist vorauszuschicken, dass die eingangs genannte schlechte Quellenlage es kaum erlaubt, die Deutungsmuster umfassend zu belegen, und ebenso

---

1 | Zur Person Oechelhaeusers vgl. die Angaben in Abschnitt 9.3.3.

wenig, diachrone Verläufe und Genealogien minutiös nachzuzeichnen. Das Material kann jedoch dafür dienen, die über einen längeren Zeitraum praktizierte grundsätzliche Aussagelogik herauszuarbeiten, die den Diskurs generell strukturiert und sich im zeitlichen Verlauf etwas wandelt. Schwerpunktmäßig befasst sich folgende chronologische Präsentation der Quellen mit den wechselseitig aufeinander verweisenden sozialen Konstruktionen von Frau und Technik. Insbesondere die »kleinen« Rubriken der Z.VDI geben hier näheren Aufschluss (5.2.1 bis 5.2.3). Der ausdrückliche Ausschluss aus der technischen Sphäre erfolgt allerdings, wie im letzten Abschnitt (5.2.4) illustriert werden wird, außerhalb des Fachdiskurses, nämlich im politischen Kontext der Debatte um das »Frauenstudium«.

5.2.1 Die unterhaltsamen Techniken der Frauen im Hause

Eine Charakterisierung der Tätigkeit der »Hausfrau« im Unterschied zur eigentlich technisch-gewerblichen Arbeit lässt sich an einem Sitzungsbericht des Hannoverschen Bezirksvereins des VDI ablesen. Er dokumentiert im vollen Wortlaut den Vortrag eines Herrn Rühlmann vom 3. Februar 1888 über »Maschinen zur Unterstützung der Frauenarbeit im Hause«. Inhaltlich zielt dieser Text auf die Präsentation jüngerer Entwicklungen im Maschinenbau, die nicht die gewerbliche, sondern die häusliche Arbeit optimieren sollen. Die Grenzziehung zwischen dem Handwerk und der Arbeit im Haus erweist sich dabei als folgenreiche Differenzierung. Sie impliziert einerseits eine eindeutige Zuweisung der (bürgerlichen) Frau zum Haus. Mit seiner Grenzziehung trennt Rühlmann andererseits zwischen mehreren Auffassungen von Arbeit, indem er den Zeitvertreib (im Haus) dem Erwerb des Lebensnotwendigen (außer Haus) gegenüberstellt. Auf diese Weise bestätigt dieser Sitzungsbericht zunächst einmal die Deutung von Redtenbachers dualistischer Argumentation als Differenzierung zwischen verschiedenen sozialen Gruppen von Männern. Diese diskursive Positionierung der Frauen außerhalb des Handwerks bestätigt einmal mehr die oben vorgelegte Deutung, dass die Abgrenzungsbemühungen der aufsteigenden Technikwissenschaften gegenüber der handwerklichen, gewerblichen Praxis *nicht* unbedingt mit der impliziten Exklusion der weiblichen Sphäre einhergehen.

Rühlmann erklärt schon zu Beginn seines Vortrags die Tätigkeit im Hause zu einem schutzbedürftigen Refugium. Er gibt sich als traditionsbewusster Modernisierer, das heißt einerseits als Repräsentant der Maschinisierung häuslicher »Frauenarbeit« und andererseits als Hüter der Tradition und einer deutschnational aufgeladenen, tugendhaften Idylle weiblicher Betriebsamkeit:

»M.H. [Meine Herren, TP] Die Moden und Beschäftigungen – die häuslichen Arbeiten – unserer Frauen und Mädchen sind in neuerer Zeit öfters Anfeindungen ausgesetzt, welche vielfach ungerecht sind, und es erscheint angezeigt, Schutz für sie zu suchen. Wenn sich auch die häuslichen Arbeiten, die Handarbeiten, im Laufe der Zeit ganz und gar geändert haben, wenn nicht mehr gesponnen, geflochten und gewebt, selten gestrickt wird, so ist doch unseren deutschen Frauen der Sinn für häuslichen Fleiß geblieben; wir haben ihn in gleicher Weise zu ehren, wie früher, als noch das Spinnen und Weben auf der Tagesordnung stand.« (Rühlmann 1888: 572)

In einem Zuge mit den Bemerkungen, mit denen er das bedrohte Feld umreißt und genauer bestimmt, zeigt er mit der Verwendung des Possessivpronomens »unsere« (»unsere Frauen und Mädchen«) an, dass er sich und sein Publikum (die »Herren«) als eigene Gruppe sieht, die mit der Aufgabe des Beschützens betraut sei. Die Arbeit der Frauen wird schon in dieser Eingangspassage eindeutig charakterisiert. Von »Moden und Beschäftigungen« ist die Rede, die im Rahmen einer national besonderen Tugendhaftigkeit, des »Fleißes« der »deutschen Frauen«, eine überzeitliche Kontinuität besäßen. Zwar bringt Rühlmann auch die historischen Veränderungen in den spezifischen Ausprägungen der »Handarbeiten« vor. Ebenso mag man in seinen Formulierungen einen Unterton heraushören, der vom Kulturverfall kündet. Doch sieht er von einer expliziten Wertung ab. Die Veränderungen bei der häuslichen Ausübung von »Handarbeiten« – von Techniken ist hier nicht die Rede – gewinnen im weiteren Verlauf seiner Darstellung eine klare Kontur. Verdeutlicht wird, dass es sich um Verlagerungen von den Textiltechniken im bäuerlichen und handwerklichen Haushalt hin zu den Unterhaltungstechniken im bürgerlichen Haushalt handelt. Manifest wird dies dort, wo sein Vortrag sich dem eigentlichen Gegenstand nähert, nämlich der Vorstellung von »Stickmaschinen«. Die »Unterstützung der Frauenarbeit im Hause« zielt auf eine Maschine, die das Sticken der Bürgersfrauen und -töchter rationalisieren soll. Dass hier keineswegs Arbeiterinnen gemeint sein können, die sich ihren Unterhalt mit Stickarbeiten verdienen, ist wegen der wiederholten Charakterisierung von »Handarbeiten« als Tätigkeitsformen, die keinen Nützlichkeitskriterien folgen, unstrittig. So gehe es vor allem darum, »müßige Stunden angenehm auszufüllen« (1888: 572). Der Vortragende betont, »dass die Arbeit eine leichte ist und teilweise zur Unterhaltung dient« (ebd.). Die Unterscheidung zwischen Unterhaltung und Erwerb schafft eine deutliche Abgrenzung zwischen der privaten Tätigkeit der Frauen einerseits und der ökonomischen Tätigkeit andererseits. Dies untermauert Rühlmann, wenngleich von der Seite des Handwerks aus argumentierend, für die Weberei. Eingangs noch dem Tätigkeitsspektrum des vormodernen Haushalts zugeordnet, wird das Weben hier zu einer komplett außerhäuslichen Angelegenheit, deren häuslicher Restbestand sich in Maschinenentwicklungen ausdrückt, die sich für Rühlmann jeder ernsthaften Betrachtung entziehen:

»Das Geschäft des Webens (die Handweberei) war, bis vor kurzem, dem Gebiete des Familienlebens verschlossen.
Ein eigener Handwerkszweig bemächtigte sich schon sehr früh der Weberei, und heute wird zum größten Teil die gewebte Ware in großen Fabriken oder durch sogen. Haus-

industrie hergestellt. Da blieb für die Hausfrau nichts übrig, und nur ein kleiner Abglanz der früheren gefeierten Thätigkeit ist aufgetaucht in Gestalt zweier niedlicher Erfindungen, sogenannter Handwebemaschinen.« (Ebd.)

Wirkliche Rationalisierung der Handweberei sei, da ohnehin zum Zeitvertreib betrieben, mit den »niedlichen Erfindungen nicht intendiert. Sie seien »mehr oder weniger zur Unterhaltung, nicht aber um notwendige Lebensbedürfnisse zu befriedigen« (ebd.). Das Muster der Differenzierung ist unübersehbar: Maschinen für das Haus sind »denkbar einfachst« (ebd.), klein, billig (vgl. ebd.) und eigentlich nicht produktiv im Sinne der effizienten Herstellung von Gütern. Durch diese Aufgliederung der Funktionen von Maschinen wird die Sphärentrennung der bürgerlichen Moderne auf die Ebene der technischen Artefakte verlagert, befestigt und auch materialisiert. Lange vor der Rationalisierung der Haushaltsführung und Küchenarbeit im 20. Jahrhundert (vgl. u.a. Oldenziel/Zachmann 2009; Hessler 2001) und der heutigen Vergeschlechtlichung von diversen Produkten der alltäglich gewordenen Mikroelektronik wie Handys, Computer und Hightech-Rasierer (vgl. u.a. Gannon 2007; Hofmann 1997) hält die geschlechtliche Aufladung von Maschinen Einzug ins Denken der Ingenieure und wird in der feminisierten Variante zugleich zur »unproduktiven« Spielwiese erklärt.

In diesem Sinne diskutiert Rühlmann in der Folge auch die auf dem Markt verfügbaren Stickmaschinen im Hinblick auf die Frage, ob sie »dazu geeignet [sind], dem Sticken im Hause zu Hilfe zu kommen« (1888: 573). In Rühlmanns Szenario betreten schließlich die Ingenieure als weitere Akteursgruppe die Bühne des Geschehens, für die explizit die Benennung »geniale Techniker« (ebd.) reserviert ist und die so das Produkt einer weiteren Grenzziehung bilden, nämlich die zwischen Erfindung und Nutzung von Maschinen.

Die »Frauen im Hause« werden auf diese Weise in aller Selbstverständlichkeit gleich zweifach aus dem Gebiet der Technik verbannt: Erstens sind sie in einem Schutzraum angesiedelt, in dem Techniknutzung ein neues Thema ist. Lösungen zur adäquaten Maschinisierung dieses Raumes befinden sich, wie der Vortrag illustriert, noch in der Erprobung und scheitern mitunter an der Logik einer auf Unterhaltung ausgerichteten Ökonomie. Zweitens, daran anknüpfend, erweisen sich die Frauen als Techniknutzerinnen der besonderen Art. Sie stehen außerhalb wirtschaftlichen Nützlichkeitsdenkens und lebensnotwendiger Produktivität und stellen so ganz eigene, spezielle Anforderungen an die Maschinenkonstruktion. Die vergeschlechtlichte Thematisierung dieser Sphären reflektiert eine wohlsortierte Welt bürgerlicher Geschlechterdifferenz, die noch in keiner Weise brüchig geworden zu sein scheint. Die zeitliche Lücke bis zum nächsten Dokument, das die »Frauenfrage« aufwirft, ist recht groß.

5.2.2 Frauenemanzipation als Technikfolge: »von der Arbeit im Haus befreit«

Ein über zwanzig Jahre später erschienener Textbeitrag bestätigt die Rühlmann'sche Positionierung der Frauen im Haus grundsätzlich, impliziert allerdings eine neue diskursive Thematisierungsweise. Im Rahmen eines Gastvortrags, den ein Herr Dr. Goldstein am 5. März 1909 im Fränkisch-Oberpfälzischen Bezirksverein des VDI hielt, werden Fragen der Technikfolgen für die Gesellschaft unter dem Titel »Seelische Wirkungen der Technik« behandelt (vgl. Goldstein 1909). Bei dem Beitrag handelt es sich nicht um Äußerungen eines Ingenieurs im engeren Sinne. Die Ingenieure erhalten in Goldsteins Vortrag vielmehr Kenntnis von anderen disziplinären Perspektiven auf Technik im Sinne von sozialen und psychischen Technikwirkungen. Wie der Sitzungsbericht verdeutlicht, wird der Vortrag im Bezirksverein stark vor dem Hintergrund der professionspolitischen Interessen wahrgenommen. Damit verbunden werden die von Goldstein aufgezeigen, auf Frauen bezogenen, Technikwirkungen inhaltlich nicht weiter kritisch diskutiert. Der Vortrag wird im Sitzungsbericht nicht wörtlich wiedergegeben, sondern in seinen wesentlichen Zügen referiert. Zu Goldsteins Beispielen für die Wirkungen der Technik gehört an erster Stelle: »1) der neuzeitliche Frauenindividualismus: die mobilisierte Bedürfnisdeckung hat die Frau von einem großen Teil der Arbeit im Haus befreit« (1909: 627). Die Formulierung lässt Technik geradewegs als »Befreierin« der Frau von der Hausarbeit erscheinen. Die Verwendung des Singulars »die Frau« weist auf eine abstrakte Behandlung des Themas hin. So geht es um die Beschreibung des gesellschaftlichen Wandels und mithin des darin strukturell für die Frau vorgesehenen Ortes. Goldsteins Argumentation zielt also auf das Grundsätzliche, nicht auf einzelne Frauen oder auf bestimmte soziale Gruppen, und konstatiert so ein allgemeine Beziehung von Frauen und Technik. Obwohl das Verhältnis zwischen »der Frau« und »dem Haus« in dieser Befreiungsrhetorik im Unterschied zu Rühlmann nichts Idyllisches mehr hat, folgt die Argumentation einem ähnlichen Muster: Die Frau wird hier wie dort als außerhalb des Technischen stehend konstruiert. Das kurzzeitige Aufblitzen des »neuzeitlichen Frauenindividualismus« im Fachdiskurs der Ingenieure zeigt eine gewisse Veränderung der Thematisierung, wohingegen doch in der logischen Trennung von aktiver Technik und gesellschaftlicher Folgewirkung letztlich inhaltlich die traditionelle Platzzuweisung der »Frau« im Außerhalb der Technik befestigt wird. Lediglich die patriarchale Zuordnung der Frau zum Haus wird an dieser Stelle brüchig. Insofern korrespondiert das Aufweichen der bürgerlichen Sphärentrennung mit einer Persistenz des Verhältnisses von Frau und Technik. Auch diese wird nochmals deutlicher im kontrastiven Vergleich:

Neben der Frauenemanzipation nennt der Referent andere Wirkungsbereiche, von denen der zweite ebenfalls interessant ist: »2) die Rassenfrage: die Verkehrstechnik hat fremde Rassen plötzlich in Reaktionsnähe gebracht« (1909: 627). In der »Rassenfrage« äußert sich der Autor eindeutig anders. Zwar erfolgt keine ausdrückliche Bewertung der benannten Folgewirkung, dennoch ist nicht das Motiv der »Befreiung«, sondern tendenziell eher das der Konfrontation, der Herausforderung und mithin möglicherweise auch das der Bedrohung aufgerufen. Das Material gibt hier keine genauere Auskunft. Da es jedoch die gesellschaftliche Wirkung der Technik sei, »neue Gedanken und Gefühle« auszulösen, funktioniert diese Beschreibung auch als Konstruktion einer vormaligen homogenen Gesellschaft, in die nun fast überraschend das Fremde eindringe und zu unvermittelten Störungen der Normalabläufe führe. Sie verweist auf den »Anderen«, der das Feld des »Eigenen« betritt, und steht so in einem seltsam verkehrten Verhältnis zu den zeitgenössischen imperialistischen Anstrengungen des Deutschen Kaiserreiches, in dem das Hinausfahren in die und das Erobern der außereuropäische(n) Welt auf dem Plan stand. Zwar werden auch die »fremden Rassen«, ähnlich der Frau, als Teil der außer-technischen gesellschaftlichen Sphäre betrachtet, doch im Bild der Grenzüberschreitung der Fremden mithilfe der Verkehrstechnik konstruiert der Text die »Rassenfrage« als mögliches gesellschaftliches Problemfeld.

Wenngleich der Redner Goldstein offenlässt, was von den Wirkungen der Technik im Einzelnen moralisch zu halten ist, zeigt seine Benennung doch an, dass die beiden hier näher betrachteten Technikfolgen zwei separate Aspekte sind. Dennoch provoziert die Technik in beiden Fällen eine Aufhebung von Sphärentrennungen – die der Geschlechter und die der »Rassen«. Beides unterläuft ihr praktisch als »unvorhergesehener« Nebeneffekt, wobei sie auf der sprachlichen Ebene eindeutig Akteurin des Geschehens bleibt. Die sich hier andeutende Technikfolgenforschung im Sinne einer frühen risikosoziologischen Perspektive reaktualisiert dabei unhinterfragt die Trennung zwischen Technik und Gesellschaft und stellt die Figuren nach dem entsprechenden Muster auf dem Spielfeld auf. Vergeschlechtlichung und Ethnisierung derjenigen, die der Gesellschaft zugeordnet werden, erfolgen jedoch unter unterschiedlichen Vorzeichen, mal als »Befreite« und mal als »Herbeigebrachte«. Beide werden allerdings eher passiv von der Technik in ihre neue Position gebracht. Hinter der Technik stehen als wesentliche Akteure schließlich hier die »technischen Erfinder« (1909: 627), und zwar erneut in geschlechtlich (und ethnisch) unmarkierter Form. Im Kontrast zu ihren markierten MitspielerInnen lässt sich vermuten, dass es sich bei diesen Erfindern um Männer und um Weiße handelt, die, ungeachtet sozialer Folgewirkungen, rein auf ihre Erfindungen konzentriert sind und dabei eher indirekt Problemfelder in der Gesellschaft miterzeugen bzw. auf solche verändernd Einfluss nehmen.

5.2.3 Expansion der Geltungsansprüche: deutsche Frauen, »lernt mehr technisch denken!«

Im Kontext des Ersten Weltkrieges verändert sich tendenziell die Konstellation, in der die Figur der »Frau« im technikwissenschaftlichen Fachdiskurs erscheint. So findet sich in der *Z.VDI* ein Beitrag, in dem die Sphäre des Technischen nicht mehr hermetisch abgegrenzt ist, sondern die Expansion der Technik zum Programm wird. Voraussetzung dafür ist eine Expansion der Geltungsansprüche technischer Rationalität: Das Technische wird als eine an besonderen Maßstäben ausgerichtete Denkhaltung verstanden und in seiner Bedeutung für alle Bereiche des Staates und der Gesellschaft gestärkt. Hier wird explizit auch die Frau als Teil des sozialen Lebens in der kriegsbedingten Mangelwirtschaft thematisiert, indem vor allem ihr intellektuelles und produktives Vermögen zum Gegenstand der Betrachtung, Kritik und Erziehung avanciert.

In der Rubrik »Rundschau« berichtet die *Z.VDI* 1916 über die Antrittsrede von Prof. M. Kloß als Rektor der TU Berlin, die dem Thema »Allgemeinwert des technischen Denkens« gewidmet ist. Der Bericht gibt die zentralen Argumente der Antrittsrede wieder, in der die politische Stimmung des Ersten Weltkrieges bereits deutliche Spuren hinterlassen hat. Kloß trennt zunächst zwischen mehreren Typen menschlichen Denkens, die jeweils mit bestimmten Berufen verknüpft seien. Betont wird die »begriffliche« Denkweise der Juristen, um im Kontrast dazu die Spezifika der technischen Denkweise zu skizzieren. Diese sei durch »Anschauung«, »schöpferischen Willen« und »Wirtschaftlichkeit« gekennzeichnet und weise eine besondere Eignung für das »Deutsche« auf (vgl. Kloß 1916: 679). Hier klingt bereits eine Alternative zur szientistisch orientierten Version technischer Rationalität an, die sich gegen Ende des 19. Jahrhunderts verstärkt durchsetzt. Ihre genaueren Konturen werden in den folgenden Kapiteln eingehender zu betrachten sein. Professor Kloß tritt schließlich dafür ein, dass diese spezifische technische Denkweise »nicht auf den Ingenieurberuf allein beschränkt« bleiben solle, da sie einen »Allgemeinwert« darstelle (vgl. ebd.). Und hier wird auch »die Frau« auf die Bühne gerufen, wenn er fragt:

»Wer denkt außer dem Ingenieur heute schon in diesem Sinne technisch? Die Frau hat eine feine Beobachtungsgabe, sie nimmt alle Einzelheiten des Kleides einer anderen mit einem Blick in sich auf; sie hat auch schöpferische Gestaltungskraft, die jedoch leider vom Modeteufel beeinflußt ist. Aber an Wirtschaftlichkeit fehlt es ihr, trotz allen Wirtschaftens, in den meisten Fällen. Die Stoffverschwendung des Glockenrocks, ausgerechnet in der Jetztzeit, sowie das Hamstern in einer Zeit des Mangels, lassen die Forderung an die deutschen Frauen gerechtfertigt erscheinen: ›Lernt mehr technisch denken!‹« (Ebd.)

Mit dieser Adressierung der Frau, in der alle drei zuvor benannten Merkmale technischen Denkens (Anschauung, schöpferische Gestaltungskraft und Wirtschaftlichkeit) systematisch erläutert werden, zeichnet Kloß ein Bild von Weiblichkeit, das von Unwirtschaftlichkeit, Warenkonsum und Konkurrenz zwischen Frauen geprägt ist. So ist die Frauen zugeschriebene Entsprechung der »Anschauung« im technischen Denken das Taxieren des Kleides einer anderen Frau. Der »schöpferische Wille« von Frauen sei von außen, nämlich durch zeitgebundene und ständig wechselnde Moden beeinflusst. Und schließlich sind ihre Artefakte, veranschaulicht am Beispiel des stoffintensiven »Glockenrocks«, in spektakulärer Weise unwirtschaftlich. Das aus heutiger Sicht skurrile Beispiel lässt vermuten, dass hier absichtlich popularisierend eine Kontrastfolie für das eigentliche Anliegen der Argumentation in der Rede entworfen wird. Dass es sich auch bei Kloß allerdings um eine typisierend-verallgemeinernde Charakterisierung handelt, wird erneut an dem Singular »die Frau« deutlich, der erst im abschließenden Aufruf zu einem Plural Can die deutschen Frauen« wird. Die Einordnung der Frau erscheint ambivalent. Zum einen wird sie mit dem Tadel für mangelnde Sparsamkeit und anhaltendes verschwenderisches Modebewusstsein in altbekannter Weise außerhalb des Feldes »technischen Denkens« positioniert. Zum anderen wird mit Mustern gespielt, in denen diskursiv die Möglichkeit eröffnet wird, dass die Frau prinzipiell zu technischem Denken befähigt sei.

Inwiefern dieser Beleg die Beziehung zwischen »technischem Denken« und Weiblichkeit etwas verschiebt oder ob es sich um ein persistentes Deutungsmuster handelt, lässt sich an einer anderen, früheren, aber thematisch ähnlich gelagerten Äußerung überprüfen. In der bereits erwähnten Rede von Wilhelm v. Oechelhaeuser (1900) wird nach den Voraussetzungen für die Herausbildung einer technischen Elite gefragt. Im gleichen Atemzug beklagt Oechelhaeuser die mangelnden technischen Kenntnisse der gebildeten Schichten, die er anhand eines Gegenbeispiels regelrecht skandalisiert: Er erwähnt das Interesse von Frauen am technischen Phänomen des Kurzschlusses (als Ursache für Großbrände u.a. in Kaufhäusern), »sodass man selbst von Damen, die jene Warenhäuser ja hauptsächlich besuchen, gefragt wurde, was denn eigentlich dieser gefürchtete ›Kurzschluss‹ sei« (1900: 848). Während im Text die »Damen« gemäß dem oben herausgearbeiteten Muster in der Sphäre des Warenkonsums platziert werden, womit ihre Technikferne eine zusätzliche Veranschaulichung erfährt, stellt der Redner ihr Technikinteresse als eine Art Ausnahmefall dar. Mit dieser Rhetorik des Erstaunlichen desavouiert Oechelhaeuser das Bildungsbürgertum als rückständig, wenn es mit technischem Unwissen kokettiere. Denn wenn »selbst Damen« anfangen, nach technischen Zusammenhängen zu fragen, dann erscheint, so der suggestive Gehalt der Anekdote, die Ignoranz gebildeter Männer in dem Punkt geradezu als Skandal. Es ist klar, dass die rhetorische Wendung nur dann funktioniert, wenn das technische Unvermögen und Desinteresse der Frau als dominantes Muster, als unhinterfragbare Tatsache, vorausgesetzt werden kann. So verweist die Aussage auf eine unausgesprochene Prämisse über das Verhältnis von Frauen und Technik.

Dennoch spielt auch Oechelhaeuser im Kontext der Urbanisierung und Entwicklung der Konsumgesellschaft in den Metropolen des Deutschen Kaiserreiches mit der »Frauenfrage«. Anders als vormals Rühlmann, der sich des traditionellen Platzes der Frauen im Haus gewiss sein konnte, können sich die technikwissenschaftlichen Autoren an der Wende zum 20. Jahrhundert nicht mehr so sicher sein, wohin die Frau gehört. Sie nutzen diese Brüchigkeiten als diskursive Ressourcen für ihre eigenen Anliegen, die Rekrutierung von Bürgersöhnen für die Technik bzw. die Expansion technischer Rationalität in Konkurrenz zum Berufsstand der Juristen. Mithin ist die Frau Thema, ohne selbst explizit thematisiert zu werden. Denn die Protagonisten hantieren mit teilweise unausgesprochenen Vorannahmen über die technikferne Frau, die nun jedoch nicht einfach deskriptiv aufscheinen, sondern zum strategischen Mittel in Argumentationen werden, in denen ganz andere Aspekte zentral sind. Die Ingenieure, etwa in Person des Rektors Kloß, treten an, das spezifisch Technische nicht nur zu formulieren und in seiner zeitgenössischen politischen Bedeutung herauszustreichen. Es geht auch darum, auf der Grundlage der Konstruktion eines besonderen »technischen Denkens« Geltungsansprüche des eigenen Feldes in der Gesellschaft anzumelden.

Dieses Ausgreifen der Technik in die Gesellschaft dokumentieren weitere Beiträge in der Z.VDI. Besonders aufschlussreich ist ein früher technikhistorisch orientierter Text von Conrad Matschoß (1911), der die »Berufsgeschichte des Ingenieurs« rekonstruiert. Der Beitrag insgesamt ist ein hervorragendes Beispiel für die historischen Varianten des Berufsbildes des Ingenieurs aus der Perspektive eines solchen. So habe man im Verlauf der Geschichte von einem engen Begriff des Ingenieurs Abstand nehmen müssen. Die Vorstellung davon, was ein Ingenieur sei, habe sich mit der Expansion des Feldes und dem Hinzukommen neuer technischer Fachgebiete ausgedehnt (vgl. v.a. 1911: 1941). Matschoß kündigt für die zeitgenössische Gesellschaft eine kontinuierliche Ausweitung des technischen Bereichs an und plädiert für eine Erweiterung der Definition des Ingenieurberufs um Aspekte der Menschenführung und des Haushaltens mit den Naturkräften (vgl. 1911: 1943). Mit der Formulierung dieser neuen Aufgaben und der Ankündigung eines »großen technischen Zeitalters« wendet er sich ausdrücklich an »Männer, die im nächsten halben Jahrhundert berufen sein werden, diesen großen Kampf um den Fortschritt der Technik zu kämpfen« (ebd.), und nimmt damit metaphorisch die später explizit auf den Krieg bezogene Formulierung des »Allgemeinwerts technischen Denkens« bei Kloß vorweg. Der Ingenieur als Mann wird auf diese Weise bereits vor dem Ersten Weltkrieg mit Führungskompetenzen ausgestattet. Er erhebt sich zu dieser Größe, wie wir sehen konnten, zuweilen auch mithilfe der Abgrenzung zu einem technisch inkompetenten Gegenüber, nämlich der doch nicht ernsthaft technisch begabten Frau.

5.2.4 Produktion versus Reproduktion

Die in den vorausgegangenen Abschnitten untersuchten Materialien spiegeln die, wenngleich brüchig werdende, Positionierung von Frauen außerhalb des technischen Bereichs und außerhalb technischer Rationalität wider. Die Gegenprobe dazu lässt sich anstellen, wenn man den Fachdiskurs verlässt. Das prominenteste Beispiel für einen expliziten Platzverweis von Seiten der Ingenieure entstammt den *öffentlichen* Debatten über das »Frauenstudium«. Es handelt sich um das »Gutachten« von Franz Reuleaux, das Arthur Kirchhoff in seine 1897 erschienene Sammlung von Gutachten »über die Befähigung der Frau zum wissenschaftlichen Studium und Berufe« aufnahm. Bei der Betrachtung der Reuleaux'schen Stellungnahme, des einzigen Votums eines Technikwissenschaftlers in dieser Publikation, geht es mir weniger um eine kritische Gesamtbewertung der Situation (vgl. dazu Hausen 1990 [1986]) als vielmehr um die spezifische Frage, welche diskursive Verknüpfung Technik und Geschlecht erfahren. Wie sich zeigt, erhält die im Fachdiskurs eher implizit, in Form einer unausgesprochenen Prämisse, erkennbare Persistenz der Auffassung von der »technikfernen Frau« erst außerhalb des Fachdiskurses eine entsprechend offensive Ausformulierung. Hier wird nicht mit ambivalenten Mustern gespielt, sondern von einem der wichtigsten Protagonisten der Verwissenschaftlichung der Technik eine weitaus deutlichere Sprache gesprochen.

Reuleaux' Beitrag zu dieser Debatte erörtert verschiedene Gründe, die aus seiner Sicht für bzw. gegen die Eignung von Frauen für den Ingenieurberuf sprechen. In seiner Eröffnungssequenz zeigt er sich dabei durchaus aufgeschlossen und präsentiert sich als differenziert abwägender Denker, wenn er Frauen uneingeschränkt die geistigen Fähigkeiten für ein naturwissenschaftlich-technisches Studium attestiert. Wie Zachmann bereits verdeutlicht, argumentiert er hier im Widerspruch zu seiner fachlichen Position im Hinblick auf das »Frauenstudium« mit den körperlichen Voraussetzungen (vgl. 2004: 133). Es seien die Strapazen des Industriepraktikums und die Anforderung, sich in männerdominierten, schmutzigen Werkstätten zu betätigen, die Reuleaux als Bedenken ins Feld führt.

Es ist jedoch insbesondere die abschließende verallgemeinernde Schlussfolgerung, mit der Reuleaux von allen Details abstrahiert und den Ingenieurberuf in ein polares Schema der bürgerlichen Geschlechterordnung fasst: »Das Gebiet der Frau«, so schreibt er, »ist meines Erachtens das Haus, der Haushalt, die Familie, die Erziehung, die Gesundheitspflege« (Kirchhoff 1897: 289). Demgegenüber steckt er ein anderes Terrain ab, das sich – der Sorge um das Materielle des Hauses und der Körper enthoben – auf die »geistige« Lebenssphäre bezieht und hier das Produktive betont: »Das geistige Leben, auch die geistige Schöpfung, die Arbeit und der Kampf des Lebens ist das Gebiet des Mannes« (Kirchhoff 1897: 289f.). Damit reklamiert Reuleaux ein ganzes Bündel an Attributen, bestehend aus schöpferischem Tätigsein, gefährlichem Leben außerhalb des Hauses und intellektuellem Schaffen, als Ort und Aufgabengebiet der Männer.

Die Begründungen decken hier indessen ein breites, gemessen an den Polarisierungen des technischen Fachdiskurses recht unsortiertes, Spektrum an gängigen Deutungen des Ingenieurschaffens ab, die innerhalb des Fachdiskurses nicht von Reuleaux selbst, sondern zum Teil von seinen fachlichen Kontrahenten vertreten werden. Dabei markieren Unterscheidungen zwischen Geist und Körper, Arbeit und Familie sowie zwischen Produktion und Reproduktion zentrale Linien, entlang derer die Geschlechtergrenze gezogen wird. Die Produktivität der Ingenieure wird in Reuleaux' Stellungnahme in der Quintessenz nicht als eine besondere Form der Produktivität gefasst, mithin nicht technikspezifisch gewendet, sondern in generalisierender Weise in die gesellschaftliche Sphäre der Arbeit und des »tätigen Lebens« im öffentlichen Raum eingeordnet. Reuleaux zeigt sich hier somit weniger als Technikwissenschaftler denn als Akademiker überhaupt. Sicherlich entspricht diese Positionierung weitgehend seinem Habitus, mit dem er eine Position als »ganz normaler« Fachvertreter in der wissenschaftlichen Welt einzunehmen versucht. Seine genauen fachlichen Positionen geraten in den Hintergrund und mit ihnen die um 1900 virulenten fachlichen Binnendifferenzierungen.

Allerdings kommt diese altbekannt anmutende Platzzuweisung »der Frau« nicht mehr ganz so selbstverständlich daher wie noch in den 1880er-Jahren bei Rühlmann innerhalb des Fachdiskurses. Es handelt sich hingegen um eine in eine laufende Debatte eingebrachte und durchaus anfechtbare Stellungnahme, die explizit auf die gesellschaftlichen Veränderungsprozesse Bezug nimmt. Nicht deskriptive Behandlung der »Frauen im Hause« unter einem bestimmten Aspekt, sondern normative Zuordnung zum Haus scheint in diesem Kontext erforderlich, um die Verhältnisse wieder im traditionellen Sinne zu ordnen.

Berücksichtigt man vor dem Hintergrund der Analyseschritte dieses Kapitels den zeitlichen Verlauf des Erscheinens der untersuchten Dokumente, so wird, ausgehend von der vormals beiläufigen Situierung der Frau im außertechnischen Bereich, eine Entwicklung sichtbar, in der die Frau – offenkundig im Kontext der öffentlichen Debatte zur »Frauenfrage« – zum strategischen Einsatz wird. Denn es geht im Fachdiskurs bei Thematisierungen »der Frau« eigentlich um anderes, nämlich um die Plausibilisierung genuin professionspolitischer Anliegen der Technikwissenschaften. Das Spiel mit dem Klischee der technikfernen Frau hat die Funktion einer diskursiven Ressource, um den Stellenwert der Technik in der Gesellschaft bezogen auf andere gesellschaftliche Akteure zu problematisieren. So bestätigt doch gerade das spielerische Aufweichen dieses Musters in einer solchen Konstellation letztlich, für wie wenig fraglich es eigentlich gehalten wird. Dennoch scheint mit der Wende zum 20. Jahrhundert Bewegung in die vergeschlechtlichte Konstruktion des wissenschaftlichen Ingenieurs gekommen zu sein, sodass Reuleaux als maßgeblicher Akteur der Verwissenschaftlichung sich genötigt sieht, das Terrain mit Verweis auf die traditionelle bürgerliche Geschlechtergrenze zu verteidigen. In dieser die Außengrenze der Technik tangierenden *boundary work,* wie sie hier untersucht wurde, kündigen sich zugleich Instabilitäten und Verschiebungen innerhalb des Fachdiskurses an, denen ich im folgenden Teil der Studie nachgehen werde.

Zwischenbilanz: Androzentrismus und differenzierte Männlichkeiten

Die Untersuchung der Vergeschlechtlichungsprozesse im technikwissenschaftlichen Fachdiskurs setzt in der Frühphase der Verwissenschaftlichung in den 1850er- und 1860er-Jahren mit der Begründung des Maschinenbaus als Wissenschaft durch Ferdinand Redtenbacher ein. Sie wird weitergeführt für die Haupt- bzw. Konsolidierungsphase der Verwissenschaftlichung in den 1870er- und 1880er-Jahren anhand der Schriften von Franz Reuleaux und dessen Konstruktion des wissenschaftlichen Ingenieurs. Schließlich wähle ich im letzten Untersuchungsschritt einen längeren Zeitraum von den 1880er-Jahren bis zum Ersten Weltkrieg, um die Thematisierungsweisen »der Frau« bzw. von Weiblichkeit in konzentrierter Form zu beleuchten. Welche Ergebnisse konnten auf dieser Grundlage bisher gewonnen werden?

Zunächst die wesentlichen Erkenntnisse im Überblick: Befund Nummer eins ist die weitgehende Abwesenheit von Geschlecht als maßgebliche Differenzierungskategorie im technikwissenschaftlichen Fachdiskurs im untersuchten Zeitraum. Vergeblich fahndet man nach allgegenwärtigen Stereotypen vom »technikaffinen Mann« und von der »technikfernen Frau«, die immer wieder auf die eine oder andere Weise in der Forschungsliteratur als dominantes Charakteristikum der Domäne und als hartnäckiger symbolischer Ballast der Tradition aufgerufen werden. Diese Stereotypen sind, so das vorläufige Ergebnis der Fachdiskursanalyse, nahezu, wenn nicht gar vollkommen irrelevant.

Zweiter Befund: Zwar gibt es immer wieder Hinweise darauf, dass es sich bei der Technik um eine »Männerwelt« handelt, doch ist das Thema randständig und scheint keiner Problematisierung wert.

Dritter Befund: Bestätigt wird dies in der Gegenprobe. Die im Fachdiskurs des genannten Zeitraums aufgefundenen Erwähnungen der Frau erlangen keine nennenswerte Bedeutung für die Konstruktion des Technikwissenschaftlers. Das heißt, es handelt sich im buchstäblichen Wortsinn eher um Erwähnungen, keinesfalls um Debatten, Problematisierungen oder aktive Ausgrenzungen auf einer diskursiven Ebene. Die Position der Frau außerhalb der Technik erscheint unhinterfragt und zugleich ein geradezu marginales Thema.

Dieser Eindruck bleibt bestehen: Sucht man weiter in den Argumentationsfiguren und rhetorischen Mitteln, mit denen die Wissenschaftlichkeit der Technik begründet wird, so scheint man zwar zunächst fündig zu werden. Die Autoren hantieren ausgiebig mit dualistischen Gegensatzpaaren: Natur/Kultur, Gefühl/Verstand, partikular/allgemein, vor allem Geist/Körper usw. Doch auch hier endet die Suche nach Korrelationen mit der binären Geschlechtskategorie, wie sie in anderen Bereichen der Kultur der Moderne verbreitet sind, in der Sackgasse. Die Bereiche und sozialen Gruppen, von denen sich die Technikwissenschaften mithilfe dieser Dualismen abgrenzen, sind in keiner Weise deckungsgleich mit dem feminisierten Bereich des bürgerlichen Privathaushaltes und werden auch nicht symbolisch feminisiert. Das Geschlechterverhältnis kommt zudem nicht als symbolische Ressource zum Einsatz, wenn es gilt die Sphären der theoretischen Wissenschaft vom praktischen technischen Handwerk zu separieren. Soziale Hierarchisierungen wie die Unterscheidung zwischen sozialen Klassen gewinnen bei Redtenbacher hingegen herausragende Bedeutung. Mit Reuleaux kommen ethnisierende und nationenbezogene Unterscheidungen hinzu, die als maßgebliche Abgrenzungen erscheinen.

Wie ist dieses Ergebnis zu deuten? Dass das Geschlechterverhältnis auf der diskursiven Ebene nicht in Erscheinung tritt, wohl aber Klassenverhältnisse und ethnisch codierte Differenzierungen, lässt sich, wie zu sehen war, als Hinweis auf die im Professionalisierungsprozess relevanten Akteure lesen. Die Geschlechtergrenze des technischen Berufsfeldes wäre demnach im Untersuchungszeitraum weitgehend unangefochten. Frauen sind offenkundig nicht als Konkurrentinnen wahrgenommen worden. Vergleicht man die Situation in der Technik mit jener in anderen Berufsfeldern, bestätigt sich diese Deutung des Verhältnisses zwischen Diskurs und sozialen Verhältnissen weiter: In der kulturellen Moderne, in der Frauen zunehmend als Romanautorinnen auf dem literarischen Markt erfolgreich waren, wird Geschlecht auch auf einer diskursiven Ebene zur zentralen Differenzierungskategorie in den ästhetischen Programmen (vgl. Helduser 2005). In der Medizin fand im 19. Jahrhundert die Verdrängung der Frauen aus einem ehemals von ihnen dominierten Tätigkeitsgebiet statt. Die Professionalisierungskämpfe stehen vor diesem Hintergrund verstärkt im Zeichen der Geschlechterdifferenzierung (vgl. Wetterer 2002). Nimmt man den Explizierungsgrad von Geschlecht als Indikator, so kann umgekehrt daraus gefolgert werden: Dass die Vergeschlechtlichungen im technikwissenschaftlichen Fachdiskurs so rar waren, deutet darauf hin, dass die Berufsgrenze der Technik, wenngleich sie mit der Verwissenschaftlichung neu gezogen werden musste und Tätigkeitsgebiete neu vermessen wurden, keine umkämpfte Geschlechtergrenze gewesen ist. Wie die Analyse weiter gezeigt hat, heißt dies allerdings nicht, dass die Grenzziehungen der Technikwissenschaften unumstritten gewesen sind. Konfliktgegner waren vielmehr verschiedene Gruppen beruflich tätiger Männer.

Dass die Akteure der Verwissenschaftlichung das Geschlechterverhältnis weder problematisierten noch prominent thematisierten, bedeutet indessen ebenso wenig, dass das Berufsverständnis des neuen wissenschaftlichen Ingenieurs einfach geschlechtlich neutral gewesen wäre. Eher ist davon auszugehen, dass die stabile Sortierung zwischen den Männern innerhalb und den Frauen außerhalb des Feldes der Technik am deutlichsten in dem unhinterfragten Androzentrismus zum Ausdruck kommt, dessen Kennzeichen ja ist, dass die Männerdomäne gerade nicht über die eigene Geschlechtshomogenität nachdenkt. Ausgehend davon wäre der Annahme von Zachmann (2004: 119f.), die Ausrichtung des wissenschaftlichen Berufsverständnisses des Ingenieurs auf das Ideal des Bildungsbürgers habe den Ausschluss von Frauen aus dem Beruf nach sich gezogen, *sowohl* zuzustimmen *als auch* in Teilen zu widersprechen. Die These ist vor dem Hintergrund meiner Ergebnisse stichhaltig in dem Sinne, dass es sich um eine Orientierung an einer in der aufklärerisch-bürgerlichen Geschlechterordnung dominanten Verabsolutierung der Perspektive einflussreicher Gruppen von Männern zu einer unhinterfragten Norm handelt. Neutralität und das universal Menschliche sind die zentralen Kennzeichen dieser Konstruktionsweise von Männlichkeit. Zugleich geht Zachmanns Annahme mit Blick auf die Logik des Fachdiskurses fehl, weil Prozesse des diskursiven Ausschlusses von Frauen mithilfe der dualistischen Argumentationsweisen, wie sie in anderen Feldern zum Tragen kommen, im Bereich der Technik eben nicht nachweisbar sind. Die Abwesenheit von Geschlecht als Wissenskategorie in den Diskursen belegt vielmehr, dass Frauen schlichtweg nicht als Teil des diskutierten Themas wahrgenommen wurden bzw. der Wahrnehmung entzogen waren und so auch nicht als potenzielle Mitspielerinnen in den Blick kamen.

Zusammenfassend führt dies zu zwei wesentlichen Zwischenergebnissen: Erstens wurde methodologisch betrachtet deutlich, dass der *Modus* der Vergeschlechtlichung für die Deutung von diskursiven Äußerungen von steigender Relevanz für soziologische Diskursanalysen ist. Nicht nur, ob etwas gesagt und daher im Text manifest wird, sondern auch, wie dies geschieht und welche Logik der Rede sich erkennen lässt, spielt eine erhebliche Rolle für die Deutung des Datenmaterials. Darüber hinaus hat sich für die Analyse die Rekonstruktion gerade der unausgesprochenen Prämissen als entscheidend erwiesen ebenso wie des mit den Mitteln des konstrastiven Vergleichs möglichen Aufspürens von systematischen diskursiven Leerstellen, wie etwa dem, was problematisiert wird und dem, was beiläufig bleibt und im Diskurs nicht zum Problem wird. Für die Untersuchung der Technikwissenschaften bezieht sich das besonders auf die Analyse der Muster von expliziten und impliziten Vergeschlechtlichungen und der jeweiligen Vergeschlechtlichungsweise. Solche Fragen sind in der Geschlechterforschung zu Technikwissenschaften, sicherlich aber auch darüber hinaus, verstärkt zu beachten, um die diskursiven Äußerungen als Teil einer sozialen Praxis der Herstellung vergeschlechtlichter Akteure und Terrains zu analysieren. Dieses methodologische Zwischenergebnis wird daher in der weiteren Analyse wichtig bleiben. Ich gehe davon aus, dass der jeweilige Modus der Vergeschlechtlichung auch als ein Indikator für die jeweilige Konstruktion des Berufsverständnisses gewertet werden kann. Die Art und Weise, wie die Vergeschlechtlichung im Text erfolgt bzw. latent bleibt, gibt in der Textanalyse Auskunft über die je spezifische Vorstellung vom Ingenieurberuf.

Zweitens legen diese Ergebnisse nahe, dass man sich stärker mit Differenzierungen zwischen verschiedenen Männlichkeitskonstruktionen befassen muss, um zu begreifen, wie mit Wissen professionspolitisch agiert wird. Die bisherigen Ausführungen verdeutlichen, dass die Männlichkeit des Ingenieurs ein spezifisches Resultat der *boundary work* zwischen verschiedenen Männlichkeiten darstellt, die im Zuge der Verwissenschaftlichung in wachsendem Ausmaß über den Dualismus Geist/Körper formiert werden. Der rationale Maschinenwissenschaftler präsentiert sich als (vermeintlich) geschlechtsneutraler Kopfarbeiter und geht explizit auf Distanz zu allem, was als körperliche Arbeit gilt. Moderne wissenschaftlich-technische Vernunft wird getrennt von traditioneller, vormoderner Körperkraft (oder von inkorporierten erfahrungsgeleiteten Formen von Arbeit). Diese »anderen« Männlichkeiten werden also qua Körper naturalisiert und bleiben so diskursiv an vormoderne Erkenntnismethoden und Arbeitsweisen gebunden. In untergeordneten Positionen könnten Techniker lediglich mit der Anwendung abstrakten Wissens betraut werden, nicht jedoch mit dessen Produktion. Anhand von Ethnisierungen werden die technischen Errungenschaften der Männer aus Staaten außerhalb Europas und Nordamerikas als rückständig marginalisiert, während unter Rückgriff auf Klassenunterschiede Bildungsunterschiede betont werden, die dem nicht-wissenschaftlich ausgebildeten Techniker rangniedrige Positionen zuweist. Erst diese Differenzierungen in der technischen Welt konstituieren den wissenschaftlichen Ingenieur, der dem obersten Rang in der technischen Domäne beanspruchen kann.

Darüber hinaus verdeutlicht der symbolische Anschluss an das bildungsbürgerliche Konzept geistig tätiger Männer, die einzig zu Objektivität und abstraktem Denken fähig wären, worauf die Protagonisten der Technikwissenschaften eigentlich den Blick richten: auf die mit den neuen bürgerlichen Bildungsschichten auf geistige Leistung gegründete Konstruktion von Männlichkeit. Dies ist das Ziel der Ingenieure im Professionalisierungsprozess. Der Kampf um den Anspruch der Ingenieure auf den zeitgenössisch im deutschsprachigen Raum offenkundig als hegemonial wahrgenommenen Männlichkeitstypus des Bildungsbürgertums wird innerhalb der Technikwissenschaften mittels Abgrenzung zu anderen, für randständig erklärten Männlichkeiten in technischen Tätigkeitsgebieten geführt – nicht mit dem Ausschluss der Frauen. Bildung und wissenschaftlich-technische Fortschrittlichkeit werden also unter Rückgriff auf die Differenzierungskategorien Klasse und Ethnizität zu zentralen Begründungen der neu aufstrebenden Elite.

Dies entspricht durchaus der sozialen Position der Ingenieure in der Phase der Industrialisierung: Ohne eigenes Kapital und zunehmend darauf angewiesen, die eigenen Fähigkeiten in privatwirtschaftlichen und teilweise auch staatlichen Organisationen zu vermarkten, müssen die qua Bildungsabschluss erworbenen Kompetenzen monopolisiert werden. Die Etablierung des »deutschen« Ingenieurs als Markenartikel kündigt sich an, der weltweit, vor allem jedoch innerhalb der eigenen Gesellschaft, als besonders leistungsfähig gelten soll. Konkurrenz aus dem Ausland und Durchlässigkeit des Systems nach unten erweisen sich hier als ebenso bedrohlich wie die faktischen Abwertungen, die die Ingenieure seitens jener Bildungseliten erfahren, denen sie angehören wollen.

Neben diesen pluralen Abgrenzungsprozessen zwischen verschiedenen Männlichkeitskonstruktionen existiert noch eine andere symbolische Ressource, welche die Akteure der Verwissenschaftlichung nutzen. Wie am deutlichsten in Reuleaux' Argumentation zu sehen war, wird das Berufsverständnis fachwissenschaftlich gestützt und legitimiert. Unter Rückgriff auf fachliche Positionen und Theorien und unter Herausbildung von vermeintlich universalen Begriffsinstrumentarien werden die Phänomene der Welt und damit zugleich die verschiedenen Männlichkeiten systematisch unterschieden. Mit dem Habitus des objektiven Wissenschaftlers, der die Objekte des eigenen Gegenstandsbereichs distanziert betrachtet und klassifiziert, knüpfen die Protagonisten der Verwissenschaftlichung diskursiv an die Normen und die Logik des wissenschaftlichen Feldes an. Die *boundary work* der Ingenieure ist daher von Beginn an auch eine epistemische, in der mit dem Wissen, das als genuines Fachwissen gilt, um Anschluss an das hegemoniale Männlichkeitsmodell und damit Eintritt in das Feld der Wissenschaft »gekämpft« wird. Differenzierungen des einen und des anderen, des Gegenstandsbereichs der Technikwissenschaften und der Selbstbeschreibungen des Ingenieurberufs, sind wechselseitig miteinander verwoben. Im Gesamtergebnis konstituiert sich der Maschinenwissenschaftler auf der einen Seite über die ethnisch und sozial markierten anderen Männer und sucht so sozial Anschluss an die Gruppe der nicht-markierten Eliten. Auf der anderen Seite konstituiert er sich über das technikwissenschaftliche Wissen und einen wissenschaftlichen Habitus, mit dem er sich die diskursiven Praktiken des sozialen Feldes der Wissenschaft aneignet und auf diese Weise Zutritt zu diesem Feld verlangt.

Vor allem im letzten Jahrzehnt des 19. Jahrhunderts kündigt sich ein Wandel des Berufsbildes der Technikwissenschaften an. Eine deutlich wahrnehmbare Gegenbewegung zur strengen Verwissenschaftlichung des Ingenieurwesens bildet sich heraus und lässt die Orientierung am Konzept des Maschinenwissenschaftlers brüchig werden. Diesen Verschiebungen und den damit verbundenen Veränderungen der Art und Weise, wie der Ingenieurberuf beschrieben und legitimiert wird, gehe ich im folgenden Teil der Studie nach.

II. Praktische Rationalität und Männlichkeit

Gegen die starke Hinwendung zur Leitvorstellung des bürgerlichen Wissenschaftlers und die forcierte Entwicklung eines wissenschaftlichen Zugangs zur Technik, wie sie Redtenbacher, Reuleaux u.a. befürworten, werden gegen Ende des 19. Jahrhunderts zunehmend Einwände erhoben. Die Argumentations- und Problematisierungsweisen der Technikwissenschaften verändern sich. Dominant in der Rezeption dieser Transformation der Technikwissenschaften ist vor allem Alois Riedler als Protagonist einer anti-szientistischen Wende, der mit stark polarisierenden Positionen den Fachdiskurs maßgeblich bestimmt. Mit dem Namen Riedler ist zudem die Charakterisierung der Technikwissenschaften als »Praxis« und als »Kunst« verbunden. Wie ich im Verlauf dieses Kapitels darlegen werde, kommt es gegen Ende des 19. und zu Beginn des 20. Jahrhunderts zu einer diskursiven Verschiebung in den Formulierungen des Berufsbildes, die weitaus heterogener, brüchiger und vielgestaltiger sind als zunächst mit den Begriffen »Praxis« und »Kunst« angenommen. Herausbildung und geschlechtliche Codierung dieses Professions- und Fachverständnisses stehen im Zentrum dieses Teils der Untersuchung. Die damit verbundene Position begreife ich indessen im Anschluss an die Theoriegrundlagen dieser Arbeit nicht als vollständige Abkehr von wissenschaftlich-technischer Rationalität, sondern untersuche sie empirisch als konkurrierende Rationalitätsform und konkurrierendes Wissen über den Ingenieur, über die Technik und über die Ingenieurarbeit. Diese konkurrierende Rationalitätsform gründet, wie zu sehen sein wird, auf einer anderen Konstruktionsweise von Männlichkeit.

Das folgende Kapitel beschäftigt sich zunächst ausschließlich mit den Schriften Alois Riedlers, arbeitet dessen Berufsverständnis und Vorstellung von der Technik als Wissenschaft sorgfältig aus und beleuchtet die in diesen Schriften gut erkennbaren Vergeschlechtlichungsprozesse, mit denen es zu einer expliziten geschlechtlichen Markierung des Ingenieurs kommt (Kapitel 6). Die diskursiven Verschiebungen lassen sich im Material auch in den Narrationen über die Geschichte der Technik nachweisen. Ich interessiere mich dafür, wie der Wandel der Konzeption des Berufs historisch begründet wird und wie im Anschluss an diese Geschichten die Ingenieurtätigkeit naturalisiert wird (Kapitel 7). Im letzten Kapitel dieses Teils beschäftige ich mich schließlich mit dem diskursiven Anknüpfen der Technikwissenschaften an das soziale Feld der Kunst in der Figur des »Künstler-Ingenieurs«. Dieses Anknüpfen zeigt sich sowohl in der Rekonzeptualisierung des Erfindens als schöpferischer Prozess als auch in der Reformulierung der Technik in ästhetischen Kategorien (Kapitel 8).

6. Der Mann der Tat

Alois Riedler (1850-1936) gilt als prominentester fachlicher Gegenspieler von Franz Reuleaux und dessen Verständnis von wissenschaftlicher Technik (vgl. Manegold 1990; Hunecke 1979). Riedler war seit 1899 Rektor der TH Berlin-Charlottenburg. Zuvor hatte er sich nicht zuletzt mit Beiträgen zur Frage der Ingenieurausbildung und zu professionspolitischen Debatten im Fach einen Namen gemacht. Er war der erste Maschinenbauprofessor, dem man gestattete, ein privates Konstruktionsbüro an der Hochschule zu betreiben, um seiner Forderung nach größerem Praxisbezug der Ingenieurausbildung nachzukommen. Diese Entscheidung orientierte sich auch an der Medizin, in der die Verbindung von Hochschullehre und ärztlicher Praxis als wünschenswert galt (vgl. Manegold 1990: 296). Professionspolitik steht bei Riedler folglich untrennbar in Verbindung mit der Gestaltung der Institutionen, der technischen Ausbildungseinrichtungen. Daher verschmelzen die Diskursstränge zur Ausbildung und zur Professionspolitik in Riedlers Schriften stärker als in anderen Materialien. Zuweilen verweisen die Stichworte in den Sachregistern der *Z.VDI* aufeinander, manchmal werden Beiträge sowohl unter dem einen als auch dem anderen Stichwort aufgeführt usw.

Riedlers teilweise sehr polarisierende und polemische Äußerungen haben sicherlich maßgeblich zur Eröffnung und Zuspitzung der Kontroversen im späten 19. Jahrhundert in den Technikwissenschaften beigetragen und den Eindruck erweckt, dass hier zwei extreme Positionen aufeinanderprallen. Gerade aufgrund ihres Diskussions- und teilweise auch Programmcharakters sowie ihrer ausdrücklichen thematischen Schwerpunktsetzung bieten die Riedler'schen Schriften einen tieferen Einblick in fachinterne Wissenspolitiken und ermöglichen ein genaues Verständnis dessen, was in diesem Zeitraum innerhalb des Fachdiskurses in Bewegung gerät und wie Grenzen des Feldes dabei neu vermessen werden. Auch für die Analyse der Vergeschlechtlichungsprozesse ist dieses Material von entscheidender Bedeutung, da die mit der fachlichen Neuorientierung koproduzierte Konzeption von Männlichkeit an kaum einer anderen Stelle so deutlich zum Ausdruck kommt wie in Riedlers Äußerungen.

Die Abgrenzung zu den beiden folgenden Kapiteln ist nicht ganz trennscharf, denn auch Riedler äußert sich zur Geschichte der Technik und zur Kunst. Im Mittelpunkt dieses Kapitels steht jedoch die Rekonstruktion der Grundlinien des Riedler'schen Fachverständnisses als »praktische« Wissenschaft.

6.1 WISSENSCHAFT ALS »PRAXIS«?

Zwar rückt Riedler vom Verständnis des Ingenieurs als bildungsorientierter Maschinenwissenschaftler ab, meint damit jedoch nicht einfach ein Zurück zum Handwerk. Vielmehr bestätigt Riedler in seinem 1896 erschienenen populären Aufsatz »Die Ziele der technischen Hochschulen« durchaus die Distanz zum Handwerk und kritisiert entsprechend die zeitgenössische Alltagsauffassung, der zufolge das Technische das Mechanische, Routinisierte repräsentiere, also das Gegenteil des Geistigen. So bemängelt er mehrfach, dass alles Technische »für handwerksmäßig, gewerblich gehalten [wird], als Handfertigkeit, gewerbliche Schulung gedeutet, ebenso wie der Begriff ›mechanisch‹ mit ›gedankenlos, maschinenmäßig, geistlos‹ verwechselt, oder in erniedrigendem Sinne gebraucht wird« (Riedler 1896: 301).

Riedlers Beitrag geht auf einen Vortrag im Berliner Bezirksverein des VDI zurück und wurde in drei Folgen in der Z. VDI abgedruckt. Er ist ausdrücklich als Vorschlag für die Diskussion im Fach angelegt, was u.a. in der ebenfalls in der Zeitschrift ausführlich dokumentierten Fachdiskussion zum Ausdruck kommt. Der Redner betont jedoch zugleich, dass er weitgehend auf Fachtermini verzichte, um über das Fach hinaus Gehör zu finden (vgl. 1896: 302). Daher bietet der Text, ebenso wie andere, ähnlich populär gehaltene Schriften Riedlers, eine hervorragende Grundlage, um die neue fachliche Position in einem ersten Schritt zu entschlüsseln.

Inhaltlich liegt es Riedler von der ganzen Grundausrichtung her also fern, zu einem idealisierten Begriff von handwerklicher Arbeit zurückzukehren und die Konzeption der Ingenieurarbeit als höhere geistige Arbeit zu verwerfen. Doch wirft er den die Bildungspolitik bestimmenden Eliten eine folgenreiche Verwechslung und mangelnde Einsicht in die tatsächliche gesellschaftliche Bedeutung der Technik als »Praxis« vor.

6.1.1 »Praxis« als doppelte boundary work

Vor allem während der 1890er-Jahre sind Riedlers Schriften dem Vorhaben verpflichtet, einen der Technik eigenen Wissenschaftsbegriff zu entwickeln, den der Autor mit dem Schlagwort »Praxis« belegt. Diese Spezifizierung fußt in seinen Ausführungen auf zahlreichen wissenssoziologisch interessanten Abgrenzungsbemühungen. Sie zeigen, welche Grenzlinien diese neue Variante der Technikwissenschaften zieht.

Auch im 1899 erschienenen Aufsatz »Die Technischen Hochschulen und die wissenschaftliche Forschung« nennt Riedler dezidiert die Wissenschaftlichkeit der Technik als *state of the art*:

»Weil wir wissenschaftliche Wege gehen, haben wir es erlebt, dass alles Unwissenschaftliche, Empirische bei uns ausgestorben ist, dass aber auch alles einseitig Doktrinäre, alles, was sich von der Vielheit gegebener Bedingungen und den Schwierigkeiten der Wirklichkeit loslöst, auf dem absterbenden Ast sitzt, und dass auch die technisch schaffende Welt, die Praxis selbst, längst wissenschaftlich zu arbeiten gelernt hat. Dies ist unser Stolz, die Frucht und der Lohn unserer wissenschaftlichen Bemühungen.« (1899: 842)

Diesen Punkt verstärkt er mehrfach, wenn er für den Ingenieurbereich einen besonderen Bedarf an wissenschaftlicher Objektivität anmeldet, da die technischen Artefakte quasi beständig einer Validierung durch die Wirklichkeit bzw. die Natur und ihre Gesetzmäßigkeiten ausgesetzt seien (vgl. ebd.). Dieses Insistieren mag darauf hindeuten, welche Gefahrenpotenziale die Formulierung eines alternativen wissenschaftlichen Zugangs unter Verwendung des handwerklich belegten Praxisbegriffs für die Profession birgt.

So betreibt Riedler schließlich für die Neuausrichtung der Technikwissenschaften als »Praxis« eine doppelte *boundary work*: zum einen gegenüber dem »Unwissenschaftlichen«, d.h. dem Handwerklich-Gewerblichen, und zum anderen gegenüber einem als »einseitig« verstandenen Wissenschaftsverständnis, das sich von der Wirklichkeit und somit von seinem Objekt »loslöst« habe. Diese Positionierung »zwischen allen Stühlen« steht jedoch verfestigten gesellschaftlichen Bewertungen entgegen, die alles Praktische hierarchisch unterordnen und die als geistig geltende Tätigkeit privilegieren – eine Hierarchisierung, die Riedler kritisch sieht: »Die erniedrigende Bedeutung des Wortes ›Praktiker‹ entspringt der Verwechslung der erwähnten Geistesthätigkeit mit handwerksmäßiger Durchführung, mit der Ausnutzung zu materiellen Zwecken usw.« (Riedler 1896: 308). Doch auch die soziale Stellung der Ingenieure zwischen den Bildungseliten und der arbeitenden Klasse impliziert Bewertungen, gegen die sich die Technikwissenschaften am Ende des 19. Jahrhunderts wortreich zu Wehr setzen. Wiederum ist es in erster Linie Alois Riedler, der diese Einordnungen mit markigen Gegenangriffen zurückweist.

Als Strategie wählt er die Neubewertung vorhandener Begriffe wie Wissenschaft oder Praxis, wobei die existierenden Bildungseliten die maßgebliche Zielscheibe seiner Kritik darstellen. Mit scharfer Polemik greift er deren Ansprüche auf Wissenschaftlichkeit offen an und wirft ihnen Hochmut und Standesdünkel vor.

»Der abstrakt einseitige Geist sieht Anwendung und Praxis als niedrig an; er hat keinen Sinn und leider auch keine Duldung für praktische Forderungen, ruft in den jungen Köpfen eine tüchtige Dosis von Einbildung auf das Wissen, von Dünkel, gesellschaftlichen

Vorurteilen und leider auch Missachtung der Arbeit hervor. Man hält sich dem Arbeiter gegenüber für zu gebildet, zu hochstehend, man beschmutzt sich nicht gern die Hände, nicht nur wegen überlieferter Vorurteile, sondern auch wegen der Thatsache, dass ande-re, bevorrechtigte Berufsklassen auf den Ingenieur wegen seines Verkehrs mit Arbeitern mitleidig hinabsehen.« (Riedler 1896: 309)

Im Unterschied zur Früh- und Hochphase der Verwissenschaftlichung, in der die Bezugnahmen auf die akademischen Eliten weitaus unterschwelliger blieben, bringt Riedler diese Eliten nun als Gegenspieler ausdrücklich auf die Bühne. Nicht länger geht es um die Trennung zwischen Körper und Geist. Vielmehr wird der Unterschied zwischen zwei Typen geistiger Arbeit in den Mittelpunkt gerückt. »Abstrakt einseitiger Geist«, der die Forderungen praktischer Anwendung verweigere und qua »Wissen« bloß die eigenen Status-»dünkel« pflege, verliert bei Riedler an Legitimation zugunsten der technischen geistigen Arbeit. Indem Riedler die Gebildeten als vorurteilsbehaftet, rein interessegeleitet und einseitig denkend skizziert, verabschiedet er ein Bildungsideal, dem sich Technikwissenschaftler seit Redtenbacher anzunähern versuchten. Der dabei entworfene praxisbezogene Wissenschaftsbegriff dient somit weniger der Abgrenzung vom Handwerk, obwohl diese Grenzziehung weiterhin wichtig bleibt, sondern eher einer neuen, offenen Kampfansage an die etablierten Akademiker und auch an die Naturwissenschaften, deren Privilegien man nach wie vor beansprucht, nur ohne sich länger angleichen zu wollen. So versucht Riedler im Anschluss an diese Problematisierung eines engen Verständnisses geistiger Arbeit, den Praxisbegriff derart zu differenzieren, dass die bestehenden Verhältnisse geradezu auf den Kopf gestellt werden. Denn plötzlich erscheinen hochstehende Gelehrte als Praktiker in der einfachsten Bedeutung des Wortes:

»Erstere [Praxis; TP] ist das mechanische Handwerk, die Machfertigkeit, einmal erlern-te Arbeit immer von neuem verrichtend. Von dieser soll hier nicht die Rede sein. Prakti-ker in diesem Sinne sind auch: Empiriker aller Art; Sammler, die ihr Material kritiklos zu-sammentragen; Professoren, die ein Kollegienheft über fremde Gedanken ablesen usw. Die Handhabung des wissenschaftlichen Rüstzeugs kann ebenso wie die Ausnützung der Erkenntnis handwerksmäßig erfolgen.

Das Wesen wahrer Praxis hingegen, für welche bezeichnender Weise ein gangbares Wort fehlt, liegt in der Fähigkeit, alles Thatsächliche richtig zu erkennen, alle Ursachen und Wirkungen im gegebenen Fall richtig zu erfassen, das Erkannte unter gegebenen Umstän-den und für bestimmten Zweck richtig anzuwenden. Eine Trennungslinie zwischen solcher Praxis und Erkenntnis, Wissenschaft oder Forschung giebt es nicht. Sie beruhen alle auf gleicher geistiger Fähigkeit und setzen dieselbe Denkarbeit voraus.« (Riedler 1896: 308)

»Wahre Praxis« erweist sich als genuin geistige Tätigkeit, während manche gesellschaftlich anerkannten geistigen Tätigkeiten genauer betrachtet reine Routinetätigkeiten oder handwerkliche Verrichtung seien. Gemäß dieser Bestimmung nimmt Riedler eine neue Sortierung des Feldes vor, die quer zum verbreiteten Verständnis der Theorie-Praxis-Unterscheidung gelagert ist. Er proklamiert damit ein ›eigentliches‹ Erkenntnisvermögen, das mit dem Gegensatzpaaren abstrakt/konkret und verallgemeinernd/fallbezogen konturiert und gegenüber dem bislang für die Verwissenschaftlichung leitenden Wissenschaftsmodell in Stellung gebracht wird. »Praxis ist die vervollständigte, auf den besonderen Fall angewandte Erkenntnis. Der allgemeine Fall wird zum besonderen, sichtbaren; sonst ist kein Unterschied« (1896: 308). Solche als »Praxis« neu verstandene wissenschaftliche Technik macht folglich nicht allein Front gegen geisteswissenschaftliche Gelehrsamkeit, die sich ihres technischen Unwissens zuweilen sogar rühme (vgl. 1896: 309). Sie bezieht auch Position gegen eine wirklichkeitsfern, nach allgemeinen Gesetzen und unter bereinigten experimentellen Bedingungen, forschende Naturwissenschaft, indem sie auf ein – aus heutiger Sicht – hybrides Technikverständnis setzt (vgl. auch Hartig 1893).

6.1.2 Hybride Technik versus reine Naturwissenschaften

Die Differenzierung von Wissenschafts- und Praxisbegriff spiegelt die institutionelle Spaltung zwischen den beiden Bildungseinrichtungen wider, den Universitäten einerseits und den THn andererseits. Ihnen bescheinigt Riedler zwei fundamental unterschiedliche Zugangsweisen zu wissenschaftlicher Erkenntnis.

Ein Wissenschaftsverständnis, wie es Riedler entwirft, und welches sich selbst programmatisch unter Rückgriff auf den Begriff der Praxis profiliert sowie die konkrete Anwendung von Erkenntnis auf die Wirklichkeit betont, scheint zunächst die gängige Zuschreibung als angewandte Wissenschaft zu akzeptieren. Allerdings tritt Riedler in seinem 1899 erschienenen Aufsatz, der sich intensiver mit der Frage wissenschaftlicher Forschung beschäftigt, einer solchen Auffassung dezidiert entgegen. Im Gegenteil: Zu praxisbezogener, auf das Konkrete gerichteter Erkenntnissuche bestehe ein weitaus höherer Forschungsbedarf als zur Erforschung abstrakter Probleme. Technik müsse daher selbst forschen, da naturwissenschaftliches Wissen zu allgemein sei, um einfach auf den konkreten Fall angewendet zu werden.

»In Universitätskreisen ist das Vorurteil weit verbreitet, wir fänden die Ergebnisse der Wissenschaft fertig vor und brauchten sie nur mühelos für eine mehr oder weniger selbstverständliche Anwendung zurechtzurichten. Allerdings finden wir viel wissenschaftliches Rüstzeug fertig vor; aber die allgemeine wissenschaftliche Erkenntnis versagt bei der ersten Berührung mit der vielgestaltigen Wirklichkeit, sodass wir ungeheure Lücken selbst ausfüllen müssen, indem wir selbst wissenschaftliche Forschung treiben. Die überlieferte Einsicht genügt nicht, weil wir auch in verwickelten Fällen wissenschaftlich durchdringen müssen, wo uns keine Abstraktionen gestattet sind, sondern wo wir die Bedingungen so verwickelt hinnehmen müssen, wie sie gestellt sind.« (Riedler 1899: 841)

Sein Punkt ist die Komplexität der Wirklichkeit, in der technische Artefakte zu bestehen hätten und für deren Beherrschung folglich die unter Laborbedingungen erfolgende Betrachtung einzelner, isolierter Phänomene unzureichend sei. »Wirkliche« Wirklichkeitserkenntnis habe sich der Fülle, Unberechenbarkeit und Widersprüchlichkeit der empirischen Einflussfaktoren zu stellen und bedürfe daher eines interdisziplinäreren Zugangs. Sie sei folglich äußerst anspruchsvoll, mühsam und erfordere größeren Weitblick sowie die Berücksichtigung unkalkulierbarer Nebeneffekte und Störfaktoren (vgl. Riedler 1896: 302). Demgegenüber bleibe die naturwissenschaftliche Erkenntnis »unvollständig«, beschränke sich auf die »im praktischen Leben« nur selten vorfindbaren »einfache[n] Ursachen und Wirkungen« (ebd.). Sie sei, wenn die »Erkenntnisgrenzen« nicht richtig eingeschätzt würden, sogar riskant (vgl. ebd.). Der »reinen« Erkenntnis und den allgemeinen Naturgesetzen stellt Riedler die notwendige Fähigkeit zur Einschätzung von »Wahrscheinlichkeiten« und Unschärfen gegenüber, die Teil der Anforderungen an die Technikwissenschaften und besondere Herausforderung sei. »Schätzen heißt, die Erkenntnisgrenzen und Wahrscheinlichkeiten berücksichtigen« (ebd.). Die Erkenntnisse und Ansprüche der universitären Grundlagenwissenschaften werden auf diese Weise in ihre Schranken gewiesen. Entscheidend sei hingegen die Erforschung der »vielgestaltigen Wirklichkeit« (1899: 841), bei der die Natur selbst die eigentliche »Lehrmeisterin« sei (1896: 304).

Die Gegenüberstellung von spezialisiertem Detailwissen und vollständiger Erkenntnis aller Aspekte eines Phänomens gibt dem Dualismus allgemein versus konkret fallbezogen eine neue Wendung. Die naturwissenschaftliche Wissensproduktion wirkt nunmehr rein ausschnitthaft, da sie sich immer nur mit Einzelaspekten beschäftigt. Riedler spricht in Ergänzung und entgegen dieser Form der Spezialisierung von einer »vollständigen Anschauung der gesamten Naturvorgänge« (1896: 304), mit der die Technikwissenschaften arbeiten.

Während Riedler einerseits auf die Gleichrangigkeit von universitärer und technikwissenschaftlicher Forschung (vgl. 1899: 843) verweist, äußert er andererseits durchaus Ambitionen, den Naturwissenschaften den Rang abzulaufen und das hierarchische Verhältnis von Theorie und Anwendung umzukehren. Naturwissenschaftliche Theoriebildung wird in vielfältigen Varianten und metaphorischen Wendungen (vgl. etwa 1895: 956) karikiert und schließlich umgedeutet von einer unverzichtbaren Grundlage, von der Technik nur abgeleitet werde, zu einer unvollständigen »Vorstufe« (vgl. 1896: 305) eigentlicher Erkenntnis. Zudem bemängelt er, dass die Rezeption von Forschungsergebnissen bislang völlig einseitig bleibe, weswegen etwa Physiklehrbücher teilweise nicht mehr dem neuesten Stand der Erkenntnis entsprächen (vgl. 1896: 375). Technik wird in der Riedler'schen Neufassung als Avantgarde in einer Fortschrittsdynamik präsentiert, die die Zeichen der Zeit erkennt.

Zu diesen genannten Kennzeichen des hybriden Begriffs wissenschaftlicher Technik, wie Konkretion, Vollständigkeit, Anwendungsbezogenheit und Arbeit, kommt das Kriterium des Ökonomischen als unmittelbare Anforderung hinzu. Riedler spricht vom »wirtschaftlichen Leben« als »größtem Arbeitsfeld« der Technik und postuliert die »Vereinigung von Wissenschaft und Leben« in der Technik (1899: 844). So stattet er den Technikwissenschaftler mit kaufmännischen, rechtlichen und Führungskompetenzen aus (vgl. 1896: 339).

Die »Eigenart der Technik« als Wissenschaft liege gerade in jener Hybridität, da diese die Technik in die Lage versetze, die »Vielheit praktischer Bedingungen und in der Anwendung, Praxis und Wirtschaftlichkeit [zu erkennen]. Das naturgemäße Arbeitsfeld ist damit gegeben, das nirgends in fremde Gehege führt« (ebd.). Neben die Vorstellung, der Ingenieur akkumuliere ein ganzes Bündel an Fachkenntnissen anderer Gebiete, tritt somit jene von einem geradezu natürlichen Terrain der wissenschaftlichen Ingenieurtätigkeit, das sich durch heterogene Aspekte auszeichne, die wiederum auf spezifisch ingenieurmäßige Art bearbeitet würden. Worin besteht diese spezifisch ingenieurmäßige Bearbeitungsweise?

6.1.3 Eine produktive, schaffende Tätigkeit

Ausgangspunkt für die praxisbezogene Fassung der Technikwissenschaften ist neben der Abgrenzung zum Handwerk einerseits und zu den Universitäten andererseits eine Vorstellung vom Technischen, das auf produktives Schaffen statt auf »Wissen« setzt. Riedler versucht entsprechend eine Neubegründung und Aufwertung des Technikbegriffs anhand des griechischen, weit gefassten Verständnisses, das die Kunstfertigkeit ins Zentrum stellt. »Die ›Technik‹ [...] sollte sich aber mit berechtigtem Stolze ›τέχνη‹ nennen, sich als Kunst, als Können und schaffende Anwendung zur Geltung bringen.« (1896: 340) Liest man verschiedene Schriften Riedlers im Vergleich, so wird offensichtlich, dass diese Unterscheidung zwischen Wissen und Können in endlosen Varianten wiederholt wird. Können wird dabei immer wieder als höhere Form der geistigen Tätigkeit und als Speerspitze des Fortschritts präsentiert (vgl. etwa 1895: 955; 1896: 302). Im Jahr 1900, direkt nach der Verleihung des Promotionsrechts an die Preußischen THn, präzisiert Riedler in einer Ansprache, was den Titel »Dr. ing.« auszeichne: »Das Wort ›Ingenieur‹ wird jedoch bezeugen, dass der ›Doktor‹ nicht bloss zum Wissen, sondern zum Können vorgedrungen ist, seine Wissenschaft anzuwenden versteht und die wirthschaftlichen und sozialen Seiten seines Berufes kennt!« (1900: 14). Mit dieser Vorstellung, Wissen zugunsten von »Können« in die Schranken zu weisen und das Schaffen und Hervorbringen als wesentlichen Aspekt der eigenen Tätigkeit zu stärken, knüpft die Diskursverschiebung an einem vormodernen und vorindustriellen Kunstbegriff an, ohne diesen auf das Handwerkliche zu reduzieren.

Riedlers Bemühen ist strategisch ähnlich ausgerichtet wie jenes von Reuleaux, nämlich darauf, Anschluss an etablierte Berufsfelder zu suchen. Doch rückt er nicht die universitäre Wissenschaft ins Zentrum seiner Angleichungsversuche, sondern sucht in der Betonung von Produktivität eine Gemeinsamkeit mit anderen höher gestellten Tätigkeitsfeldern. »Dies gilt allgemein für jede schaffende Thätigkeit, im technischen, wirtschaftlichen, sozialen oder politischen Leben.« (1896: 302) Oder wenig später: »Das Gesagte gilt allgemein für jede schaffende Thätigkeit, für jede wissenschaftliche und Forscherthätigkeit.« (1896: 308f.) Explizit verweist er hier auf das Regieren, das Leiten und Führen als schaffende Tätigkeit. Die Unterscheidung zwischen »Wissen« und »Können« dient der Rekonfiguration der Hierarchien innerhalb der gesellschaftlich angesehenen Berufsfelder.

Anknüpfend daran versteht Riedler den Auftrag der THn als »Erziehung zur Produktion, zu fruchtbringender technischer Thätigkeit« anstelle »bisheriger einseitiger Verstandesschulung« (1896: 301), wie er gleich zu Anfang seines Vortrages konstatiert. Ein annähernd gleich lautender Appell steht auch – gleich zweifach reformuliert – am Ende des Textes (vgl. 1896: 339) und bildet auf diese Weise die wesentliche inhaltliche Klammer für das Berufsverständnis, das Riedler in der Gestaltung der Ausbildung umgesetzt sehen möchte. Produktivität wird zum entscheidenden Distinktionsmerkmal, das in der Metaphorik »fruchtbringender [...] Thätigkeit« auch tendenziell naturalisiert wird (vgl. Kapitel 7). Die darin zum Ausdruck kommende Zukunftsorientierung im Sinne der quasi-naturwüchsigen Fortschrittsdynamik ist abgegrenzt gegen eine auf die Vergangenheit gerichtete, humanistische Bildungsidee. Besonders pointiert kommt diese Kontrastierung in der Formulierung eines Ingenieurs zum Ausdruck, der sich in der Diskussion im Anschluss an Riedlers Vortrag (1896) kritisch über die eigene gymnasiale Schulbildung äußert:

>»Wir lebten da in der weltfremden Pflege von Idealen, die früheren, längst abgestorbenen Völkern angehören, und die als Ideale nicht einmal für uns in Zukunft maßgebend sein können. Denn wir sind eine höher stehende Rasse und haben als ein lebendig wirkendes Volk unsere eigenen Ziele aufzustellen und praktisch zu verwirklichen.« (Riedler 1896: 380)

Die Abkehr von diesem Bildungsideal wird hier offensichtlich zusätzlich in einem auf die Nation gerichteten Bezugsrahmen zeittypisch mit dem Gedanken der »Rasse« und der Wesensbesonderheiten von »Völkern« begründet.

6.1.4 Das Individuum und die Nation

Der Gedanke, dass Technikentwicklung eine »große nationale Aufgabe« (Riedler 1896: 301) sei und »[d]ie technischen Hochschulen [...] Techniker für die Nation erziehen« (1896: 340) sollten, stellt das Riedler'sche Verständnis der Technikwissenschaften in einen gesellschaftlichen Nützlichkeitskontext, in dem auch die Funktion des (produktiven) Ingenieurs reformuliert wird. Der Bezug auf die Nation steht im Fachdiskurs zudem im Kontext der Kolonialpolitik des Wilhelminischen Staates, die u.a. den Ingenieuren Anlass gibt, über ihre neue Rolle nachzudenken. So werden in mehreren Bezirksvereinen des VDI die »technischen Aufgaben« in den deutschen Kolonien diskutiert (vgl. Böhm 1907a und 1907b; Keller 1904).

Die Auffassung vom Ingenieur wird in diesem Zusammenhang stärker auf die Idee der Individualität zugespitzt. So sollen die THn die Entwicklung der »Individualität [der Studierenden; TP] zu wahrhaft praktischer Größe« (ebd.) fördern. Anstelle objektiver Erkenntnis rückt die Konstruktion von Ingenieuren in den Mittelpunkt, deren Professionalität untrennbar mit ihrer individuellen Persönlichkeit verknüpft wird. Um den Zusammenhang zwischen Individualität und Nation zu verdeutlichen, sei auf die Bedeutung des Individuums etwas genauer eingegangen.

Genau genommen wird die Ingenieurausbildung bei Riedler zu einer Sache der Eigenaktivität fähiger Individuen, die ihre Ausbildung in die eigene Hand nehmen und sich aktiv etwas aneignen: »Darüber kann kein Streit sein, dass nur selbsterworbene Kenntnis von Wert ist, dass die Selbsterziehung als freie That wirken muss« (1896: 307). Nicht passive Empfänger von Wissen, sondern Akteure der Vervollkommnung eines in der einzelnen Person bereits angelegten Könnens hat Riedler hier im Blick. Damit knüpft er implizit an das aufklärerische bürgerliche Leistungsdenken an, das gegen ein System der Privilegien den Kampf aufnimmt, und interpretiert es neu. Waren in der bürgerlichen Revolution die Angehörigen des obersten Standes Zielscheibe der Kritik, so geraten nun die bürgerlichen Bildungseliten selbst in die Schusslinie. Zum Ausdruck kommt dies in Formulierungen wie folgender: »Der bürgerliche Stolz, in schaffendem Berufe Tüchtiges zu leisten, kommt abhanden« (Riedler 1896: 337), wenn, anstatt persönlicher Neigung und selbstständiger Wahl zu folgen, der Nachwuchs nur Stellungen und Positionen hinterherjage. Damit attestiert Riedler dem Bildungsbürgertum nachgerade den Rückfall in die ständische Gesellschaft und plädiert stattdessen dafür, individuelles Talent zum ausschlaggebenden Kriterium der Berufswahl zu machen – ein Talent, das sich durch Nützlichkeit für die Nation legitimiere und so den sozialen Aufstieg der Berufsgruppe innerhalb dieser Nation rechtfertige. Insofern richtet er die zentrale Legitimationsgrundlage der bürgerlichen Gesellschaft gegen diejenigen bürgerlichen Gruppen, die um 1900 mit den Privilegien gesicherter Positionen ausgestattet sind. Demnach beansprucht er mit den Mitteln der bürgerlichen Moderne, nämlich Leistung für die Nation qua besonderer Befähigung, die Anerkennung des Ingenieurberufs. Es gilt Riedler als nationales Erfordernis,

»dass die Erziehung mit dem wirtschaftlichen Wert des Menschen und den Lebensinteressen der Nation besser rechne [...]. ... als ob durch die Schulen nur immer wieder Lehrer und Gelehrte heranzuziehen wären, als ob es nur Regierende und Referirende gäbe und keine wirtschaftlichen Rechte und Pflichten des Einzelnen und des Staates« (1896: 340).

Diese »Lebensinteressen der Nation«, die im Wettstreit mit anderen Nationen stehen, zielen auf die Ausbildung von pflichtbewussten Fachkräften im Unterschied zu räsonierenden Gebildeten. Letztere seien geradezu eine nationale Fehlentwicklung, die es zu korrigieren gelte. So neigten »die Deutschen von Haus aus zum Doktrinären, zur Träumerei« (Riedler 1896: 301) und seien durch »unpraktischen Sinn« (ebd.) gehandicapt. Im Unterschied zu England oder Frankreich, wo ein »hervorragende[r] Sinn für produktive Thätigkeit« (1896: 337) vorhanden sei und »die Produktiven« (ebd.) herrschten, stehe Deutschland vor einem Problem. Die Forderung nach praktischer, tatkräftiger Erfüllung der nationalen Pflicht befinde sich »in Widerspruch mit der bisherigen passiven deutschen Spekulation, nationalen Bescheidenheit und unpraktischen Träumerei« (ebd.).

Dieser Kampf der Nationen erscheint bei Riedler sozialdarwinistisch interpretiert als »Kampf ums Dasein« (1896: 337), in dem es um das Überleben des eigenen Volkes gehe. Zugleich inszeniert er diesen Kampf als Konflikt zwischen einer alten Ordnung und den Gesetzen einer neuen Zeit: »Wer in der Gegenwart in seinem Wirkungskreise die praktische Welt nicht sieht, seine Erkenntnis nicht anwenden kann, ist nicht lebensfähig, er geht unter, wenn er nicht von Privilegien lebt« (Riedler 1896: 340). Seine Kritik an zeitgenössischen Grundfesten nationaler Identität als »Kulturvolk« gegründet auf Wissenschaft und Geistesleben, richtet sich auch auf Positionen im eigenen Fach. So war es ungefähr ein Jahrzehnt zuvor Reuleaux, der versuchte, die Technik exakt in dieses Paradigma des »Kulturvolkes« einzuschreiben und als Trägerin dieser höheren Kultur auszuweisen (vgl. Kapitel 4). Riedlers Kritik dokumentiert so auch einen strategischen Wechsel in der Positionierung der Technikwissenschaften für die Erlangung gesellschaftlicher Anerkennung. Nicht länger geht es darum, in den Kreis der Gelehrten aufzusteigen, vielmehr ist die Zielrichtung nunmehr der Status einer neuen gesellschaftlichen Avantgarde, die mit den strategischen Interessen des Deutschen Kaiserreiches kompatibel ist. Dies artikuliert sich besonders deutlich zu dem Zeitpunkt, als die THn in Preußen im Jahr 1899 ihr zentrales Etappenziel erreichen. Gemäß seiner Dankesrede an den Deutschen Kaiser für die Verleihung des Promotionsrechtes sieht Riedler »die germanische Kultur im Begriff, die Welt zu erobern« (1900: 22), und spielt auf die kolonialen Interessen des Kaiserreiches an, wenn er von der »deutsche[n] Volkskraft an den Gestaden der Südsee und des gelben Meeres« (1900: 22f.) spricht. Die Anspielung, die Nation sei gerade noch rechtzeitig erwacht, um die eigenen Ansprüche an Terrainzugewinn anzumelden, verweist auf den vergleichsweise späten Eintritt in den zwischen den Ländern Europas ausgetragenen Wettlauf und Kampf um Kolonien. Das Verdienst an diesen Errungenschaften schreibt Riedler einer veränderten Ausrichtung der Wissenschaften zu, die die von ihm angemahnte Wende zur nutzbringenden Produktivität vollzogen hätten. »Die Deutschen sind vom Schwärmen und Träumen zur That erwacht, zur rechten Zeit, sonst wäre nicht nur der Dichter, sondern auch das Volk bei der Vertheilung der Erde leer ausgegangen« (Riedler 1900: 22). In diesem imperialen »Kampf ums Dasein« seien die Ingenieure, wie Riedler bereits 1896 konstatierte, »wertvolle Streitkräfte«

(1896: 378). Dabei betrachtet er die Mitglieder der eigenen Profession vornehmlich als Führungsfiguren, die analog zu den Ausübenden der »Heereskunst« speziell dazu befähigt seien, ein »Heer von Arbeitern« zu leiten (1896: 302). Über den nationalen Bezugsrahmen und die Metaphorik des Kampfes erhebt Riedler die besonderen, weil zur Produktivität veranlagten, Individuen in den Stand der Führer der Nation.

6.2 DIE PRODUKTIVEN: »MÄNNER« VERSUS »WISSENSKRÄMER«

Dieses gewandelte Verständnis der Technikwissenschaften und des Ingenieurs setzt zugleich maßgeblich auf ein – im Vergleich zu den vorangegangenen Phasen der Verwissenschaftlichung – verändertes Männlichkeitsmodell. Vergeschlechtlichung folgt hier außerdem nicht länger, wie dies bereits anklang, dem Modus einer – nur implizit androzentrischen – Neutralisierung der Subjektposition des Wissenschaftlers, sondern betreibt eine explizite Maskulinisierung technikwissenschaftlicher Produktivität und ihrer individuellen Träger. Ingenieurschaffen wird zu einer Angelegenheit »wirklicher« Männer und Männlichkeit zum qualitativen Distinktionskriterium.

Anschaulich wird dies zunächst im Rahmen des Nationenvergleichs, wobei Riedler Frankreich Überlegenheit bescheinigt, indem er der Figur Napoleons die notwendige Tatkraft des Mannes zuerkennt: »Deutschland, das Volk der Denker, wurde von Napoleon, dem Mann der rücksichtslosen That, überrascht und niedergeworfen.« (1900: 15) Dieser »Mann der rücksichtslosen Tat« wird nun zum *role model* für das neue Berufsverständnis. Kämpferische Tatkraft erscheint, auch über die Technik hinaus, als das eigentliche Erfolgsrezept im »Kampf ums Dasein«, das eng mit dem Praxisbegriff verschränkt wird. Auffallend sind die pejorativen Beschreibungen der Bildungsbürger als »Geisteskinder [...] aus der stillen Studirstube« (ebd.), die sich auf ihre eigene Kontemplation beschränkten. Diesen schwächelnden »Geistern« spricht er daher buchstäblich ab, »Männer« zu sein. Männlichkeit wird mit Handeln gleichgesetzt.

In ähnlicher Weise erfährt der »Praktiker« eine positiv konnotierte männliche Markierung:

> »›Praktiker‹ ist ein Ehrentitel für Männer, die über die Theorie hinausgekommen sind, die Erkenntnis verantwortlich anwenden, zum Unterschiede von unverantwortlichen, unfruchtbaren Wissenskrämern, die sich wegen ihrer Einseitigkeit auf ein schmales, aber bequemes Gebiet zurückziehen müssen, das sie alsdann als das ›höhere‹ bezeichnen.« (Riedler 1896: 308)

In dieser Formulierung erscheint Riedlers fachliche Position in vergeschlechtlichter Form. Die hier konstruierte Männlichkeit zeichnet sich ganz im Sinne des neuen Fachverständnisses durch Praxisbezug und Können aus. Im Unterschied zu Reuleaux und Redtenbacher wird die geschlechtliche Markierung vom Makel zur Ehrensache. Im Gegenzug erscheinen die universitären Wissenschaften keineswegs als Arena des Heldentums, wenn sich ihre Gelehrten eher auf Spezialisierungen und Spitzfindigkeiten zurückzögen und in der stillen Gelehrtenstube bequem einrichteten. Anstelle der großen, risikoreichen Tat besorgten die »Krämer« eben das kleine kaufmännische Geschäft mit geringem Risiko. Die Charakterisierung der Gelehrten als »Wissenskrämer« ist, wie vieles in Riedlers Polemik, nicht singulär. Die Folgen der Verwissenschaftlichung beschreibt er kontrastiv als »Niedergang des Könnens, oberflächliches Wissen, Ausbildung von anspruchsvollen Wissenskrämern statt schaffender Männer« (1896: 303).

Diese fast emphatischen Vergeschlechtlichungen weisen ein deutliches Muster auf, die sich quer durch diese Schriften ziehen. Ebenso wie die Praxis soll auch das Attribut »technisch« den wahren Männern zur Ehre gereichen. »›Technisch‹ muss ein Ehrentitel verden [sic], muss die unfruchtbaren Gelehrten unterschobene verächtliche Bedeutung verlieren.« (Riedler 1895: 955) Diese Männlichkeitskonzeption profiliert sich genau genommen über vormoderne Vorstellungen wie Tatkraft, Ehre und kollektive Verantwortung, konzipiert diese aber nicht als *soziale* Position, sondern – im Bild der Fruchtbarkeit – als *Natur des männlichen Geschlechts*. In der »modernen« Neuinszenierung dieser Rolle betreten die ›Ehrenmänner‹ gegen Ende des 19. Jahrhunderts die Bühne der Technikwissenschaften, und zwar als Gegenpol zu einer in die Krise geratenen modernen bürgerlichen Männlichkeit (vgl. Frevert 1995 und 1991). Die offensiv männlich markierte Neukonzeption der Technik erweist sich so als strategischer Einsatz im Kampf um gesellschaftlichen Aufstieg. Ich will dieser Maskulinisierung des Ingenieurberufs mit einer detaillierteren Betrachtung des Materials noch genauer auf die Spur kommen.

Dass die Zuschreibung von Männlichkeit zum neuen Qualitätssiegel wird, zeigen weitere Belege. So ist eben nur »Mensch« und nicht »Mann«, wer nicht praktisch denkt; »die Praxis wird unpraktische, blinde, erfahrungslose und dabei eingebildete, alles kritisierende Menschen mit Recht abweisen« (Riedler 1896: 309), heißt es da etwa an anderer Stelle. Besonders deutlich zeigt sich, dass die Maskulinisierung bedeutungsstiftend wirkt, wenn man erneut die Bezeichnungspraxis sorgfältiger studiert, so beispielsweise in der an Riedlers Vortrag von 1896 anschließenden Diskussion:

»Ich erinnere an die interessante Statistik, welche vor etwa 10 Jahren der Verein deutscher Ingenieure anstellte: es handelte sich darum, den Lebensgang von einigen hundert *Personen,* die an der Spitze der großen industriellen Werke, insbesondere der Rheinprovinz, Westfalens und Schlesiens, standen, festzustellen. Es ergab sich, dass die große Mehrzahl der *Herren* zwar die höchste akademische Ausbildung auf technischen Hochschulen sich verschafft hatte, dass aber ihre Vorbildung für die Hochschule ganz erheblich einfacher und kürzer gewesen war als die jetzt übliche; die meisten der *Herren* hatten diese auf den damaligen Provinzialgewerbeschulen gewonnen. Diese *Männer* haben es verstanden, u.a. die Eisenindustrie in Deutschland zu der gebietenden Höhe zu bringen, auf welcher sie steht. Ich habe auch nicht gefunden, dass die wissenschaftliche Fach-bildung und die gesellschaftliche Stellung dieser *Männer* unter jener Vorbildung gelitten – im Gegenteil, sie fühlen sich sehr als im Mittelpunkt der Gesellschaft stehend. Diese *Männer* konnten aber damals schon, als sie 21 bis 22 Jahre alt waren ins Leben treten.« (1896: 377; Hervorh. TP)

Wie die hervorgehobenen Stellen zeigen, findet im Verlauf der Darstellung bei der Benennung ein und derselben Akteure ein Wechsel von »Personen« zu »Her-ren« und weiter zu »Männern« statt. Der Wechsel ist verknüpft mit einem in-haltlichen Schwenk: Der Redner bewegt sich von Fragen der Ausbildung hin zur Erläuterung von Taten und gesellschaftlichem Erfolg. Die eher neutrale, respekt-volle Beschreibung des Bildungshintergrundes von hochgestellten Persönlich-keiten der Wirtschaft, der »Herren«, mündet in einer *laudatio* auf die Leistungen und herausragende Bedeutung von »Männern«, die Großes vollbracht hätten.

Die geschlechtliche Markierung erscheint daher als Auszeichnung. Produktive Männlichkeit wird abweichend von den »Nichtproduktiven« konstruiert, die na-hezu geschlechtslos gezeichnet werden. Ist bei Riedler beispielsweise von Berufs-wahlprozessen in bildungsnahen Schichten die Rede, so sind im Text keine ähn-lich gelagerten Maskulinisierungen zu finden. Die Gebildeten werden hingegen im Muster der patriarchalen Familie präsentiert, wie folgende Beispiele zeigen:

»Das Entscheidende ist, dass das Gymnasium allein alle Vorrechte besitzt, allein zu allen Studien befähigt, sodass selbstverständlich jeder Familienvater, dem es irgend möglich ist, seinen Sohn dem Gymnasium zuwendet, weil dann die Wahl der künftigen Berufsrich-tung am längsten aufgeschoben werden kann und keine ausgeschlossen ist« (1900: 18).

Die Gruppe der »Nichtproduktiven« wird den Männern der Technikwissenschaf-ten gegenübergestellt und erscheint nur qua sozialer Position implizit verge-schlechtlicht, nämlich in der Rolle des Familienvaters oder des alimentierten Sohnes. Umgekehrt wird aktives Tun und große Leistung in auffallender Regel-mäßigkeit mit dem »Ehrentitel« belegt. Hier ein weiteres Beispiel für die auf-wertende Verwendung der geschlechtlichen Markierung:

»Dank gebührt den Männern der Staatsbautechnik, welche das Ansehen der deutschen Technik und der Bauakademie [...] zur Geltung brachten [...]. Grosse Männer der Staats-bautechnik, die sich den Berühmtheiten der ausländischen Technik würdig an die Seite stellen.« (Riedler 1900: 10)

Riedler folgt demselben Muster weiter, wenn er sich anderen Institutionen der Technik zuwendet: Dank sei den Männern, welche dies erkämpft, durch deren

Arbeit die Gewerbeakademie eine wissenschaftliche Höhe erlangt hat« (ebd.). Analog dazu wird zum Zeitpunkt der Verleihung des Promotionsrechtes die zentrale bildungspolitische Forderung in vergeschlechtlichter Form vorgebracht: »Denker und Männer der That müssen wir daher bilden; dann wird uns die Welt gerüstet finden« (ebd.), oder: »Bilden wir also Männer heran« (1900: 23). Weder die Gebildeten noch die Politiker seien folglich berufen oder befähigt, die Nation zu vertreten. Gekämpft werde nicht mit Worten, sondern mit den Taten derjenigen, die »selbst im schaffenden Leben« (ebd.) stehen.

Dieser Wandel der Männlichkeitskonstruktion ist konstitutiver Teil des neu konzipierten, praxisbezogenen Fachverständnisses, indem das Konzept des Mannes der Tat wesentliche Kennzeichen der »Praxis«, wie Produktivität, Individualität, nationale Verantwortung, enthält. Umgekehrt charakterisieren diese Aspekte die ganz spezifische Vorstellung von Männlichkeit. Fachverständnis und Geschlechterkonzeption werden auch hier koproduziert, wenngleich auf sichtlich andere Art als im Fall des Maschinenwissenschaftlers.

Dass es sich hierbei nicht um ein singuläres Vorgehen handelt, sondern Riedler latent an einen veränderten Geschlechterdiskurs um 1900 anschließt, kann mit Bezug auf die Thesen von Cornelia Klinger zur Konstruktion von Männlichkeit in der Moderne angenommen werden. Klinger weist auf die Notwendigkeit und das Desiderat hin, in der Geschlechterforschung »genauer zwischen Patriarchalismus und Maskulinismus zu differenzieren« (2008: 34). Um 1900 verlieren, so Klingers Auffassung, jene früheren Männlichkeitsmodelle an Bedeutung, die ihre Legitimation aus der Figur des Gottvaters bzw. später aus einer vorgeblich neutralen, universal-menschlichen Vernunft bezogen hatten. Gleichwohl werde eine Geschlechterherrschaft perpetuiert, gründe nun jedoch auf einem explizit geschlechtlich argumentierenden Maskulinismus, der Stärke und Überlegenheit des Mannes herausstelle.

»Das Feigenblatt vor dem männlichen Geschlecht wird fallen gelassen; der seit jeher einseitige Anspruch des männlichen Teils, das Ganze zu repräsentieren, verliert seine sakrale oder neutrale Hülle. Es wird damit ein Dominanzanspruch explizit gemacht, dessen Wirksamkeit über viele Jahrhunderte darauf beruhte, dass er implizit blieb. Kurzum, das Ende des Patriarchats ruft eine extrem maskulinistische Reaktion hervor, hinter deren demonstrativer Stärke sich Schwäche verbirgt.« (Klinger 2008: 33)

Klinger stellt fest, dass die patriarchalen Strukturen in der restaurativen Phase des 19. Jahrhunderts in ökonomischer und politischer Hinsicht zunehmend in die Krise gerieten, im Hinblick auf das Private hingegen geradezu gesteigert und »sentimentalisiert« würden (vgl. 2008: 32). Der eigentliche Wendepunkt sei allerdings erst zur Jahrhundertwende erreicht, als die Sphäre der Öffentlichkeit eine offensive männliche Codierung erfahre. »Aus der Position vorgeordneter väterlicher sowie neutraler rationaler Autorität vertrieben, wird der spezifisch männliche Charakter aller gesellschaftlichen Aktivitäten und kulturellen Leistungen erkannt und ausgesprochen.«(2008: 33)

Andere, zuvor bereits erwähnte Forschungen zur kulturellen Moderne stützen Klingers Deutung. Ohne damit einen direkten kausalen Einfluss auf die Technikwissenschaften behaupten zu wollen, ist dieser umfassendere kulturelle Hintergrund als interessant zu bezeichnen, denn er legt nahe, dass die Ingenieure mit dem Mann der Tat einem bereits vorhandenen Trend zur zeitgenössischen Umarbeitung hegemonialer Männlichkeit folgen.

Sabine Mehlmann (1998) unterscheidet zwei historische Konzepte von Männlichkeit: das Doppelwesen Mensch/Mann einerseits, das sich über die Philosophie und Anthropologie/Medizin im 19. Jahrhunderts konstituiere, und das Geschlechtswesen Mann andererseits, charakterisiert durch seine Sexualisierung in der Sexualpathologie und der Psychoanalyse. Mehlmann betont die mit der Freud'schen Psychoanalyse aufkommende neue Art der Vergeschlechtlichung. Sie bestehe in der Herausbildung einer partikularen männlichen Geschlechtlichkeit, die sich »über die Konstruktion einer defizitären weiblichen Geschlechtsidentität als Norm« setze (1998: 96f.) und so eine hochwertigere »männliche« Geschlechtlichkeit propagiere. Anders ausgedrückt: Männlichkeit wird nun nicht mehr als androzentrische Ausblendung von Geschlecht, sondern ausdrücklich als besondere Geschlechtlichkeit konstruiert und zugleich wertend gegenüber einem Mangelwesen, der »Frau«, abgegrenzt.

Diese Thesen zum Wandel von Männlichkeitsvorstellungen in der kulturellen Moderne decken sich grundsätzlich mit dem Ergebnis der Analyse der Riedler'schen Schriften. Bei Riedler erscheint Männlichkeit im Vergleich zu Reuleaux' Schriften ebenfalls umgearbeitet. Die männliche Codierung der Technik wird explizit, offensiv und kämpferisch. Männlichkeit wird geradezu zur neuen Qualität des Ingenieurberufs. Anders als bei Mehlmann jedoch konstituiert sich die Männlichkeit des Praktikers nicht über die Abgrenzung zu einer vorgeblich defizitären Weiblichkeit, sondern – in diesem Punkt ähnlich wie der Maschinenwissenschaftler – qua Binnendifferenzierung zu anderen Männlichkeiten. Riedler greift mit seinen Argumentationen und Polemiken, wie zu sehen war, eindeutig das patriarchalisch verfasste, Neutralität beanspruchende Muster des männlichen Wissenschaftlers an und profiliert seine Neukonzeption gerade mittels expliziter Vergeschlechtlichung. Die von Riedler betriebene doppelte und geschlechtlich argumentierende *boundary work* macht unverkennbar die Bildungseliten zur Zielscheibe ihrer Angriffe, ordnet diese Eliten rhetorisch in den »alten« patriarchalen Kontext einer ständisch orientierten Gesellschaft ein und propagiert ein neues bürgerliches Modell des Mannes der Tat.[1] Zweifelsohne steht

---

1 | Damit wird der bürgerliche *pater familias* natürlich in verzerrter Weise dargestellt, denn auch dieser verstand sich als nach außen gerichtet, als auf die Welt ausgerichteter Handelnder.

dies im größeren Zusammenhang einer bereits in ihrer gesellschaftlichen Legitimität brüchig gewordenen bürgerlich-patriarchalen Männlichkeit, wie Klinger verdeutlicht, und der in den Sozial- und Kulturwissenschaften diagnostizierten »Krise« der Männlichkeit und der »Erfindung« des Männerbundes (vgl. Bruns 2008; Brunotte/Herrn 2008; Bublitz 1998).

Dass es sich bei Riedlers Muskelschau tätiger Männlichkeit nach wie vor um eine fragile Zukunftskonzeption handelt, in der eine diskursive Praxis der Umwertung und nicht die Feststellung eines *status quo* zum Ausdruck kommt, zeigt der noch 1899 von Riedler an die Studierendenschaft der THn adressierte Aufruf, sich der gesellschaftlich zurückgesetzten Positionierung bewusst zu sein und die eigene Zunft stets vorbildlich zu vertreten (vgl. 1899: 842). Der Rat an den beruflichen Nachwuchs illustriert die Situation gesellschaftlicher Aufsteiger, die mit dem Stigma einer besonderen Markierung behaftet sind und nicht als Individuen, sondern als Repräsentanten ihrer Gruppe betrachtet werden. Hier stellt die offensive und emphatische Maskulinisierung des Berufs mit dem Akzent auf der Produktivität als auszeichnendes Kriterium den Versuch dar, aus einer unterlegenen sozialen Position herauszukommen. Sich abwendend von einer fortgesetzten Anpassung an das bildungsbürgerliche Leitbild von Männlichkeit geben die Ingenieure um 1900 die Strategie der Neutralisierung auf und setzen auf qualitative Vergeschlechtlichung des Berufsbildes im Sinne eines inhaltlich programmatisch gefüllten Männlichkeitsideals.

Riedlers Schriften formulieren dieses Berufsbild zwar aus, bleiben jedoch sehr programmatisch. Die Konstruktion des Mannes der Tat ist indessen nicht bloße Rhetorik eines einzelnen prominenten Akteurs. Die Rekonstruktion der Herausbildung dieser neuen Figur des männlichen Ingenieurs im breiteren Fachdiskurs ist daher das Ziel der folgenden beiden Kapitel. In diesen ziehe ich weitere Dokumente aus den Diskurssträngen zum Verhältnis von »Technik und Kultur«, zur »Professionspolitik« und zur »Konstruktion« heran, um die Ursprungsnarration des Mannes als Techniker (7.1 und 7.2) und die Formen der Naturalisierung im Zeitverlauf (7.3) detaillierter auszuleuchten. Im Anschluss untersuche ich die Anknüpfung an das soziale Feld der Kunst zu Beginn des 20. Jahrhunderts, das von professionspolitisch aufschlussreichen Debatten über das Verhältnis von Technik und Kunst geprägt ist (Kapitel 8).

7. Geschichten über die technische Natur der Männlichkeit

Die Konstruktion des Ingenieurs als Mann der Tat ist im breiteren Fachdiskurs verankert. Das bedeutet auch, dass die geschlechtliche Codierung des Tätigkeitsgebiets mit den grundlegenden Legitimationsformen der modernen Technikwissenschaften verwoben ist. Im Zentrum dieses Kapitels steht Konstruktion von Männlichkeit mittels Geschichten, genauer: mit historisierenden Narrativen über die Herkunft der Technik und des Ingenieurberufs. Diese Narrative bilden im Untersuchungszeitraum einen konstitutiven Bestandteil der Selbst- und Gegenstandsbeschreibungen im Fachdiskurs. Geschichtsschreibung erweist sich somit als Arena der Profilierung der neuen Technikwissenschaften. Dies zeigt nicht zuletzt die innerhalb der Technikwissenschaften entstehende Technikgeschichte in den 1890er-Jahren bis zum Ersten Weltkrieg, die vorwiegend als heroische Geschichte der großen Vorgänger und Erfinder bzw. der großen Errungenschaften verfasst ist (vgl. König 1983 und 2010b; Engelskirchen/Weber 2000; Tetzlaff 1995/96; Troitzsch 1980; Forman 2007; Maasen 2003; Osietzki 1992; Schmidt/ Zachmann 1995/96). In diesem Zeitraum fällt auch die Gründung des Deutschen Museums im Jahr 1903 in München.

Die Narrative über die Herkunft der Technik sind, wie im Folgenden erläutert wird, ein entscheidendes diskursives Mittel für den Wandel des Ingenieurs vom Maschinenwissenschaftler zum Mann der Tat. Die beiden Konzeptionen von Männlichkeit werden auf unterschiedliche Art, mit anderen Bildern und auf jeweils eigener Bühne innerhalb des technikwissenschaftlichen Fachdiskurses u.a. narrativ erzeugt. Geschichte und Geschichten bieten eine vorzügliche Kulisse, in der das vergeschlechtlichte Berufsbild plastisch wird, in der die Requisiten und Figuren arrangiert werden können und komplexere Deutungsmuster mit Wahrheitsgehalt versehen werden. Die Geschichte dient als Instanz der Autorisierung, wenn sie etwa auf dem Weg nach vorne, auf der Linie des Fortschritts, die Gegenwart legitimiert oder mit einer Ursprungserzählung ein »Wesen« der Technik etabliert. Konstruktion der Geschichte und Konstruktion von Männlichkeit korrelieren hierbei. Folglich gibt die Untersuchung der Art und Weise, wie

hier Geschichte geschrieben wird, Hinweise auf die diskursiven Konstruktionsweisen des jeweiligen vergeschlechtlichten Berufsverständnisses.

Im Folgenden soll es allerdings nicht um die äußerst materialreiche frühe
Technikgeschichtsschreibung *en gros* gehen, deren Niederschlag in den Fachzeitschriften unübersehbar ist. So veröffentlichte etwa Theodor Beck, Privatdozent
in Darmstadt und Autor einer Monographie zur Geschichte des Maschinenbaus
(1899), im *Civilingenieur* über zehn Jahre lang regelmäßig »Historische[r] Notizen«, die vor allem auch historische Figuren wie Leonardo, Agricola usw. behandeln. Die systematische Untersuchung dieser Darstellungen dürfte lohnenswert sein, geht jedoch an meiner Zielsetzung vorbei. Anliegen dieses Kapitels
ist die Betrachtung der historisierend verfassten Narrative in den untersuchten
Diskurssträngen und ihre Kopplung und Verschränkung mit dem Berufs- und
Fachverständnis im Wandel. Daher nehme ich im Folgenden Narrative als Elemente von solchen Argumentationen in Augenschein, in denen es den Autoren
um die Rolle der Technik in der Kultur geht, um die Entwicklung einer Haltung
zur Ingenieurausbildung oder um die Theorie der Maschine in Lehrbüchern und
Zeitschriftenaufsätzen.

Die Behandlung dieser Materialien ist im Großen und Ganzen chronolo-
gisch organisiert und richtet sich darauf, die Verschiebungen vom Maschinenwissenschaftler (7.1.) zum Mann der Tat (7.2.) herauszuarbeiten. Letzterem folge ich bis in die Debatten um die Rationalisierung der (Ingenieur-)Arbeit in den
1920er-Jahren hinein (7.3).

7.1 DAS FORTSCHRITTSNARRATIV: MASCHINENENTWICKLUNG UND KULTURENTWICKLUNG

Vor allem Franz Reuleaux hat in seine theoretischen Texte immer wieder historisch argumentierende Darstellungen integriert. Auf diese Weise werden seine
wissenschaftliche Herangehensweise einerseits und die modernen industriellen Maschinen andererseits als (vorläufiger) historischer Endpunkt einer ste-
tigen Höherentwicklung kenntlich gemacht. Geschichte steht hier im Zeichen
der hierarchisierenden Abgrenzung der Moderne von der Vormoderne bzw. der
nicht-industrialisierten Welt (7.1.1 und 7.1.2).

7.1.1 Entwicklungsstufen des Menschen und der Maschine

Im Rahmen eines eigenständigen Kapitels der »Theoretischen Kinematik« (1875)
macht sich Reuleaux die Mühe, seinen fachlichen Ansatz historisch einzuordnen. Es trägt nicht umsonst den Titel: »Entwicklungsgeschichte der Maschine«
(1875: 195-242). Denn hinter seiner Darstellung steht ein ganz spezifisches Geschichtsverständnis: »Übrigens ist Entwicklungsgeschichte hier nicht zu ver-

wechseln mit Geschichte. Geschichte giebt uns in zeitlicher Folge die Reihe der individuellen Erscheinungen, die auch Rückschritt und Untergang sein können. Entwicklungsgeschichte dagegen sucht nur die Vorstufen zum bekannten Zustande.« (Reuleaux 1875: 196) In diesem Verständnis ist der Gedanke der Höherentwicklung und des Fortschritts von Beginn an verankert.

Allein die Struktur und der Charakter der Darstellung sind aufschlussreich. Reuleaux argumentiert im Habitus akademischer Gelehrsamkeit und stützt sich kenntnisreich und belesen vor allem auf die prähistorische, archäologische und ethnographische Forschung der Zeit. Der Text entwirft so eine universale, verflochtene Menschheits- und Maschinenentwicklung. In dieser Entwicklungsgeschichte korrelierten also die wesentlichen Etappen der Maschinenentwicklung mit den Stufen der Menschheitsentwicklung im Ganzen. Als Beleg führt Reuleaux das ethnologische »Studium der Naturvölker [an], welche nach unserer berechtigten Annahme auf Entwicklungsstufen stehen, die von allen kultivierten Bevölkerungen des Balles einst durchlaufen worden sind« (1875, S. 197). Mithin rekurriert Reuleaux implizit auf Stufentheorien. Seiner Argumentation liegt die Prämisse zugrunde, dass Natur und Kultur des Menschen untrennbar verwoben sind und dass qua Naturgesetz auf einer Stufe überall jeweils ähnliche Kulturleistungen erbracht werden. Indem Reuleaux explizit der in den Entwicklungstheorien seiner Zeit verankerten Annahme folgt, dass Phylogenese und Ontogenese parallelisierbar seien, rahmt er sein genuines Erkenntnisinteresse in das Naturgesetz der Entwicklung der Maschinen ein, denn die für eine Stufe charakteristischen Praktiken und Leistungen beträfen auch die technischen Mittel.

Sicherlich nahm nicht allein der Darwinismus Einfluss auf diese Sichtweise. Vielmehr dürften verschiedene geistige Strömungen für die Popularität der Argumentationsfigur prägend gewesen sein. Stufentheorien waren ein gängiges Denkmuster der Zeit. Die kolonialistisch geprägte Anthropologie stufte »Völker« auf einer Aufwärtsskala der Entwicklungsstadien ein. Die Pädagogik ging von Stufen der Entwicklung des Menschen aus. Eine stärkere Verankerung solcher Denkmuster in den Technikwissenschaften erfolgte just mit dem Aufschwung der Technikgeschichtsschreibung: »Zur Erklärung des technikgeschichtlichen Prozesses dienten aus der Naturwissenschaft als Metawissenschaft entliehene zeitlos-normative Muster oder evolutionstheoretische Modelle, nach denen die historische Zeit in einem Stufenmodell der technischen Vervollkommnung mal schneller, mal langsamer zum Durchbruch verhalf« (Tetzlaff 1995/96: 14).

Reuleaux findet für sein Vorhaben Belege in der historischen Sprachforschung, geht so zurück zum »Reibholzfeuerzeug« als erstem Werkzeug »des indogermanischen Urvolkes« und erkennt in der »Drehbewegung« des Feuermachens die erste »machinal« erzeugte Bewegung überhaupt (vgl. ebd.). Die »Gewöhnung« an diese Vorrichtung sei schließlich die Voraussetzung für weitere, andersartige Verwendungen und Verbesserungen gewesen. In der Folge spürt er Weiterentwicklungen des Reibholzfeuerzeugs auf, beschreibt ihre genauen Verwendungen und stellt viele davon bildlich dar: Bohrer, Wasserräder, Gebeträder, Töpferscheibe, Wagen und Wagenräder, Drehbank, Spinne, Spindel und Webstuhl, Pfeil und Bogen, das Blasrohr u.v.a. Als Beleg für diese Frühformen dienen ihm zusätzlich ethnologische Beschreibungen sog. »primitiver Völker« die urzeitliche Technologien bis in die Gegenwart in Gebrauch hätten (vgl. Reuleaux 1875: 201). Mit dieser breiten Rezeption geisteswissenschaftlicher Forschungen der Zeit zeigt sich Reuleaux als belesener Kenner des Wissens seiner Zeit.

Wenn jede Stufe der Menschheitsentwicklung mit jeweils typischen technischen Mitteln einhergeht, so können, derselben Logik folgend, umgekehrt technische Entwicklungen als Anzeiger für kulturellen Fortschritt gedeutet werden. Sein genuin technikwissenschaftliches Erkenntnisinteresse an solchen entwicklungsgeschichtlichen Fragen richtet sich dabei auf nichts Geringeres als auf die Naturgesetze der Maschinenentwicklung, mit deren Hilfe schließlich umgekehrt der jeweilige Entwicklungsgrad der Maschinen zum Gradmesser für kulturelle Entwicklung avanciert. Dieser Entwicklungsgrad einer Kulturstufe sei in systematischer Weise anhand des maschinentheoretischen Klassifikationsschemas, wie es in seinem Kinematik-Lehrbuch entwickelt wird, quasi objektiv ermittelbar. Reuleaux' eigener Theoriebeitrag positioniert sich damit als übergeordnetes Instrumentarium für das Studium des stufenförmigen Voranschreitens menschlicher Kultur. Das heißt, mit dem Narrativ der kontinuierlichen Höherentwicklung beansprucht Reuleaux' Maschinenlehre, eine Grundlagentheorie für akademische Kulturforschung überhaupt bereitzustellen.

Inhaltlich wertet Reuleaux innerhalb dieser Abstufung die wissenschaftlich basierte Maschinenentwicklung offensiv als moderne Errungenschaft im Unterschied zu vormodernen, nicht-wissenschaftlichen Vorstufen und so als (vorläufigen) Endpunkt einer beständigen Höherentwicklung. So sieht er beim Menschen einen »wunderbaren Trieb nach Ausdehnung der [...] Machtsphäre« (1875: 227) gegenüber der Natur. Dieser Trieb sei das Pendant zur Eigengesetzlichkeit der Maschinenentwicklung. Ihm sei auch die Technikentwicklung in der Geschichte des Menschen wie einem Naturgesetz gefolgt. Aufgabe der Ingenieurausbildung seiner Zeit sei daher, dieses Naturgesetz zu erkennen und schließlich für künftige Entwicklungsaufgaben bewusst und intentional einzusetzen (vgl. 1875: 237 und 241).

Genauer besehen erweist sich die Reuleaux'sche Argumentation mit ihrer Ausrichtung auf »den Menschen« überhaupt und ihrem Anspruch auf universal gültige Wissenschaftlichkeit als androzentrisch und eurozentrisch verkürzt. Dies zeigt sich an einigen von ihm eingeführten Unterscheidungen, die den Gedanken einer allgemeinen Menschheitsentwicklung tendenziell konterkarieren und den Status »Mensch« implizit für die männlichen Mitglieder der europäischen Kultur reservieren. Gerade in dieser zweifachen Verkürzung artikuliert sich auch der Doppelcharakter der Konstruktionsweise hegemonialer Männlichkeit im Fall des Maschinenwissenschaftlers. Wie dies im Text – etwa an der Anordnung, Lokalisierung und Präsentation der Figuren im Fortschrittsnarrativ – manifest wird, soll im Folgenden genauer beleuchtet werden.

Reuleaux zieht eine geschlechtlich eingefärbte und auf »Rasse«-Kategorien bezogene Grenze zwischen Natur und Kultur, wenn er der Ansicht ist, dass das Streben nach Expansion und Fortentwicklung in den diversen »Menschen-Rassen« (1875: 227) unterschiedlich intensiv ausgeprägt sei. Einige dieser »Rassen«, so merkt er an, blieben der »Allmutter« (ebd.) Natur verbunden und erreichten nicht das Stadium der Kultur. Wie zu sehen war, versteht Reuleaux diesen Zustand später nicht essenzialistisch, sondern deutet ihn als Frage der Leistung (vgl. Kapitel 4). Die explizite Feminisierung der Naturgebundenheit der kulturellen »Vorstufen« weist auf die zweigeschlechtlichte Codierung der Natur/Kultur-Unterscheidung hin, in der Reuleaux bestimmten »Rassen« die vorgeblich höher entwickelte, nicht-feminisierte Kulturposition einräumt. Die geschlechtlichen und ethnischen Markierungen werden im Text dort manifest, wo es um folkloristisch-bäuerlich anmutende Settings oder ethnographische Beschreibungen der anderen, »vor-wissenschaftlichen« Menschen geht. Überwiegend dominiert indessen eine vermeintliche Neutralität, wenn das Menschengeschlecht als Gattungsbegriff verwendet wird.

Doch Reuleaux' Rede von menschlicher Technikentwicklung und -nutzung hantiert mit einem sehr klaren, wenngleich sicherlich vorreflexiven, Verständnis von vergeschlechtlichten und ethnisierten Tätigkeiten. Deutlich wird das an der Beschreibung der nicht-industrialisierten Spinntechnik, der Handspindel, im Unterschied zur Spinnmaschine. Hier erläutert er eingehend die »Handspindel der neapolitanischen und der sicilischen [sic] Bäuerin« (1875: 212) sowie die sitzend verrichtete Arbeit der »Spinnerin« (ebd.). Der Einsatz der Handspindel durch Europäerinnen erhält in Zeiten der Industrialisierung, die insbesondere in ihren frühen Ausprägungen den Textilbereich betraf, den Stellenwert einer eher archaischen Vorstufe. So schreibt er:

»Diese Handspindel der deutschen Wirklichkeit und Sage ist indessen keineswegs die einzige, die in Europa erhalten blieb; in Unteritalien und Griechenland befinden sich vielmehr noch andere, jedenfalls auch sehr alte Arten bis heute in vollem Gebrauch.« (1875: 212)

Symptomatisch ist der Bezug auf Dokumente der mündlichen Kultur, wie die Sage oder auch das Märchen, die Reuleaux entsprechend der romantischen »Entdeckung« nationalen Brauchtums als Quelle für scheinbar »alte« Kulturgüter begreift. Was in den sich rasant industrialisierenden deutschen Ländern weitestgehend in den populären volkstümlichen (Märchen- und Sagen-)Text verlagert werden muss, kann im Süden Europas und in der Alltagspraxis von Frauen angesiedelt werden. Die narrative Konstruktion der (süd-)europäischen Vormoderne ist hier durchweg selbstverständlich von Frauen bestimmt, die als vergeschlechtlichte Figuren explizit sprachlich sichtbar gemacht werden.

Dieser Befund einer im Text offenkundig nicht zufällig vorgenommenen Vergeschlechtlichung und Ethnisierung von AkteurInnen lässt sich durch einen Kontrastfall im selben Kontext bestätigen: »Auch in Aegypten ist die Handspindel noch in Gebrauch. [...] Sie wird, entsprechend der hockenden Stellung des Spinnenden (in Aegypten spinnen auch die Männer) von unten mit den Fingern der rechten Hand angetrieben.« (1875: 212f.) Reuleaux verwendet »der Spinnende« also keineswegs zufällig im Sinne eines generischen Maskulinums, sondern positioniert seine Figuren nach einem klaren Muster. So spricht er eine deutliche Sprache, wenn innerhalb Europas allein die Frauen als Hort vorindustrieller Technik erscheinen, während dies außerhalb Europas auch die Position von Männern ist. Als modern, so der Rückschluss daraus, erweisen sich in dieser Fortschrittserzählung der Geschichte der Maschine folglich einzig die europäischen Männer. Deren Position ist ein direkter Effekt der Markierung der »Anderen«. Diese intersektionale Differenzierungspraxis ist wesentlich für die Verwissenschaftlichungsstrategie Reuleaux', denn sie spiegelt auch die Differenzierung zwischen verschieden situierten und konzipierten Männlichkeiten wider, verbunden mit dem Anspruch auf Hegemonie. Reuleaux' Fortschrittsnarrativ entwirft eine höchste Stufe der Kultur, die sich im Kontrast zu den »Anderen« auf den Vorstufen symbolisch zu neutralisieren sucht.

Der Einsatz eines solchen geschlechtlich verfassten Fortschrittsnarrativs für das Projekt der Verwissenschaftlichung des Maschinenbaus zieht einen professionspolitisch wichtigen Effekt nach sich. Das Hauptaugenmerk wird letztlich auf die Gegenwart gelegt und mithin auf die Profilierung der wissenschaftlichen Technik als Krönung einer langen kulturellen Menschheitsentwicklung, als eigene Disziplin, die auf Augenhöhe mit den anderen Wissenschaften angesiedelt ist und von objektiven und neutralen Erkenntnissubjekten betrieben wird. Die Höchststufe hat schließlich alle ethnisch bzw. geschlechtlich markierten Vorstufen hinter sich gelassen und schwingt sich auf zu einer vermeintlichen Universalität und Neutralität, die sich aus der Gewalt der Natur qua Technikentwicklung befreit hat bzw. nun selbst Macht über die Naturgesetze hat.

Die Blickrichtung von der Gegenwart in die Vergangenheit ändert sich im Fachdiskurs im Laufe der Zeit. Der Ursprung und die Bedeutung der Technik für den Urmenschen treten stärker in den Vordergrund und werden zur Grundlage für die Legitimierung des technischen Feldes. Bevor ich mich mit dieser Wende beschäftige (7.2), möchte ich Reuleaux' kulturgeschichtliche Überlegungen im Fachdiskurs noch etwas weiter verfolgen, und zwar in zwei Richtungen. Reuleaux geht in seinen fachwissenschaftlichen Grundüberlegungen zum Erfindungsprozess ebenfalls von der Existenz von »Stufen« aus, die analog zur Entwicklungsgeschichte naturgesetzlich verankert werden. Es soll daher genauer beleuchtet werden, wie vergeschlechtlichte Denkmuster aus eher kulturbezogenen Kontexten von ihm in methodische Konzepte der Maschinenwissenschaft übertragen werden.

7.1.2 Die naturgesetzliche Stufenfolge des Erfindens

Reuleaux' Grundüberlegungen zum Erfindungsprozess sind in der Einleitung der »Theoretischen Kinematik« niedergelegt. Zentral ist die Abgrenzung zur bis dahin gängigen Auffassung vom Erfinden als ungeregeltes, im Subjekt sich ereignendes Geschehen, das von außen nicht nachvollziehbar ist. Demgegenüber wird bei Reuleaux der Erfinder als Forscher entworfen und der Erfindungsprozess als geregelt ablaufendes Geschehen. So gehe es für die wissenschaftliche Technik um »die Frage: wie ist man zu dem Mechanismus, wie zu seinen Elementen gelangt? Was ist das Gesetzmässige in dem Verfahren, einen Mechanismus zu kombiniren?« (Reuleaux 1875: 5) Reuleaux reagiert damit auf das Problem, dass sich der Großteil der technischen Entwicklungsarbeit auf die bloße Weiterentwicklung vorhandener Maschinen konzentriere, ohne dass die »Denkprozesse«, die diese hervorgebracht haben, bekannt seien (vgl. ebd.). Der Akzent auf dem Konstruieren als kognitiv verfügbarem Prozess ist *das* Kennzeichen der Reuleaux'schen Konstruktionslehre. Dieser Fokus auf den Geist und das Kognitive wird in der Rezeption des Ansatzes noch verstärkt. In einer Buchbesprechung (vgl. Anonym 1876) ist davon die Rede, dass Maschinen »keine gegebenen Naturbildungen, sondern wesentlich Producte des menschlichen Geistes« (1876: 549) seien. Der Rezensent sieht das Neue der Reuleaux'schen Kinematik in der Tatsache, dass dieser eine »Lehre vom Erfinden der Bewegungsmechanismen« als Lehre von einer Denkform vorlege. Konstrukteure müssten daher »kinematisch denken« lernen (1876: 550). Maschinenkonstruktion soll auf dieser wissenschaftlichen Grundlage auch zu einer neuen Form der rational gesteuerten Praxis werden, die »bessere« Maschinen entstehen lässt.

Reuleaux bemängelt, dass das Erfinden gemeinhin auf eine Weise erklärt werde, mit der man sich in den Wissenschaften nicht zufrieden geben könne. So betrachte »man das *Erfinden* als eine Art Offenbarung, als Folge höherer Eingebung« (ebd.). In der Ingenieurausbildung werde der »Gedankengang der Entstehung« (ebd.) regelrecht übersprungen und man komme ohne Umwege gleich zum Artefakt selbst. Mit dieser Problembeschreibung richtet Reuleaux sein Interesse auf die »menschliche Denkkraft« (ebd.), über deren Gesetzmäßigkeiten es mehr herauszufinden gelte. Oder, so seine rhetorische Frage, »*hat man nur einfach das entgegenzunehmen, was uns die Erfindung überliefert hat, und bleibt als wissenschaftliche Aufgabe nur die Analysirung des so Erhaltenen, das gleichsam naturhistorische Verfahren übrig?*« (1875: 5; H.i.O.).

Der Technikhistoriker Hans-Joachim Braun ist der Auffassung, dass die Erfindungsfrage für Reuleaux von zentraler Bedeutung gewesen sei. Reuleaux habe mit der Kinematik »Aussagen über die logische Gedankenreihe machen [wollen], die seiner Meinung nach jeder maschinentechnischen Entwicklung innewohnt. Sein Ziel war, die ›Maschinenwissenschaft der Deduktion‹ zu gewinnen« (Braun 1983: 116). Folgt man Brauns Ansicht, ist es plausibel, dass Reuleaux' alle gängigen Darstellungen und Mythen über Erfindungsprozesse problematisiert. So »belausche« man zwar gerne »das Genie in seiner Gedankenwerkstatt«, verfolge dabei jedoch keine ernsthaften Forschungsinteressen (vgl. 1875: 6). Auch aus häufig in Erinnerungen niedergelegten Prozessbeschreibungen von »Genies« – beispielsweise in den Briefen von James Watt – sei wenig Aufschluss über den konkreten Denkvorgang zu gewinnen. Releaux wird im Zuge seiner Sondierung systematischer Gesichtspunkte im Erfindungsprozess durchaus in solchen Beschreibungen fündig, denn hier erhält er einen Hinweis auf stufenförmige Entwicklungsvorgänge:

»Doch bemerken wir zugleich, dass bei dem Erfinder unter dem Zuströmen der Ideen sich der eine Gedanke immer aus dem anderen entwickelt hat, dass eine wahre Stufenleiter von Ideen durchlaufen, dass durchaus schrittweise unter Arbeit und Kampf bis zum Ziele vorgedrungen wurde. Das Anlangen daselbst gewinnt uns umso mehr Achtung vor dem Kopfe ab, als derselbe auf dem betreffenden Gebiete so zu sagen nichts vorfand. Aber von Eingebung oder augenblicklicher Erleuchtung ist nichts zu entdecken; es heisst oben: ›und nach *einiger Zeit* fiel mir ein‹, was nur zeigt, dass unausgesetztes *Suchen*, fortwährendes Verfolgen des Gedankens vorangegangen war.« (1875: 7f.; H.i.O.)

Mit Bezug auf Watt äußert sich Reuleaux demnach skeptisch über eine »Offenbarungstheorie« des Erfindens, über die Vorstellung von der plötzlichen Eingebung. Allerdings bleibe Watt die exakte Beschreibung einer solchen Stufenfolge des Denkens ebenso schuldig. Die historische Betrachtung der Kette aufeinander folgender Erfindungen, die Reuleaux hier bezeichnenderweise naturalisiert, gibt nicht mehr als eine ungefähre Vorstellung des Vorgangs. »Durchgängig aber sehen wir die eine Idee sich aus der anderen entwickeln, wie das Blatt aus der Knospe, aus der Blüte die Frucht, gerade so, wie in der Natur überhaupt jede neue Schöpfung sich aus ihren Vorstufen herausbildet« (1875: 10). Die Naturmetaphorik bestätigt hier, was für Reuleaux' Maschinengeschichte schon festgestellt wurde: Entwicklung versteht er als naturgesetzlichen Prozess der Höherentwicklung.

Hinsichtlich des einzelnen Entwicklungsvorgangs ist er gleichermaßen überzeugt, dass alle technischen Leistungen »immer *ausgedacht* [seien; TP], durch den *Denkprozess, der irgend welche Stufenfolgen durchlaufen*, hervorgebracht. Daraus geht hervor, dass sie auch heute wieder *durch den Denkprozess zu finden sein müssen*, und *diese* Aufgabe ist es, welche die theoretische Kinematik vor allen Dingen lösen muss« (1875: 23; H.i.O.). Mit der Ermittlung, welche logischen Prozesse im Erfindungsvorgang ablaufen, steht und fällt für Reuleaux die Wissenschaftlichkeit des Faches. Nur die systematische Beschreibung ermögliche, sich von der »Empirie« zu verabschieden.

»So lange sie [die Kinematik; TP] nicht auch *ohne* Erfindungsgeschichte zu den Elementen und Mechanismen der Maschinen zu gelangen vermag, darf sie den Karakter einer Wissenschaft nicht für sich in Anspruch nehmen; so lange ist sie streng genommen nicht

mehr, als Empirie, und mitunter recht hausbackene, welche in den von fremden Wissenschaften erborgten Kleidern einherstolzirt. Wenn sie aber durch genaues Erschliessen
der zu beschreitenden Wege die Mittel erbracht hat, so wird sie anfangen, eine Wissenschaft zu sein. Dann wird sie ganz von selbst auf eine Klassifikation ihrer Stoffe kommen.« (Reuleaux 1875: 23; H.i.O.)

Systematischer Aufbau in Form von Entwicklungsstufen im einzelnen Technik-
entwicklungsvorgang analog zur Vorstellung einer naturgesetzlichen Abfolge
der Menschheitsentwicklung, wie sie von der Kulturforschung beschrieben werden konnte, ist somit Voraussetzung für eine erfolgreiche Verwissenschaftlichung. Daher richtet sich die Kinematik auf die Klassifizierung von Maschinenelementen, arbeitet kleinste Grundeinheiten und deren Zusammenfügung zu
komplexeren Einheiten heraus und erfasst diese Analyse in einer abstrakten Be-
schreibungssprache, was der schrittweisen logischen Zusammensetzung neuer
Maschinen den Weg bereitet.

Die wissenschaftliche Begründung des Maschinenbaus fußt folglich doppelt
auf dem Denkmodell der Stufenfolge, einmal bezogen auf die längere Kulturgeschichte der Technikentwicklung und einmal bezogen auf die Denkprozesse
der Entwicklung von technischen Artefakten. Mit dieser Argumentation wird für
Reuleaux die Ingenieurtätigkeit als eine geistige Tätigkeit zementiert, die gesetzmäßig abläuft und nichts mit der »göttlichen Offenbarung« zu tun hat. Leitend
sind die Verfahren der Reduktion auf abstrakte Begriffe, der Klassifikation von
Phänomenen und der regelgeleiteten Kombination zu funktionalen Gebilden.
Reuleaux kämpft somit seinen eigenen Kampf um Aufklärung innerhalb des Ingenieurbereichs, indem er das Erfinden säkularisiert, es vom Wunder zu einem
prinzipiell erklärbaren rationalen Prozess macht. Außerdem bedeutet sein Anschluss an die modernen Naturwissenschaften, dass sowohl der Erfinder am Leitbild des Forschers ausgerichtet wird, indem die wissenschaftlichen Operationen
auf die Prozesse der Maschinenkonstruktion übertragen werden, als auch die Kinematik selbst als genuin wissenschaftliche Unternehmung erscheint, wenn sie
die Denk- und Suchprozesse der Erfinder beschreiben und systematisieren will.

7.2 Das Ursprungsnarrativ: Werkzeug und Menschwerdung

Die argumentative Wende in der Historisierung der Technik kann als diskursive
Strategie betrachtet werden, mit der die neuen professionspolitischen Positionen
im Gefolge Riedlers Deutungsmacht erlangen sollen. Auf dieser Basis bekommt
auch die Konstruktion des Mannes der Tat inhaltlich Substanz. In den prähisto-
risch-anthropologisch ausgerichteten Narrativen wird dieser Mann der Technik
in anschaulicher Weise präsent. Die Abkehr von bildungsbürgerlichen Idealen

äußert sich also u.a. maßgeblich in Form einer neuen historisierenden Legiti-mationsstrategie technikwissenschaftlicher Expertise. Mit ihr geht die Beanspru-chung einer Superiorität einher, die sich aus einer zunehmend völkisch-national aufgeladenen Ursprungserzählung des technisch veranlagten Menschen ableitet.

In diesen Narrativen werden zeitgenössische Diskurse in die Technikwissen-schaften aufgenommen, die mit der Entstehung der Ur- und Frühgeschichte als Fach verbunden sind. Als maßgebliche diskursive Ereignisse können die Ent-deckung des Neandertalerskeletts und die Diskussion um dessen Altersbestim-mung angesehen werden, bei der die Urgeschichte eng mit der Anthropologie und der Ethnologie zusammenarbeitete und bestimmte Rezeptionsweisen von Darwins Evolutionstheorie eine wichtige Rolle spielten (vgl. Eggert/Samida 2009: 15ff.; Trachsel 2008: 24ff.).

Im Folgenden geht es um drei Elemente dieser Umschrift historisierender Narrative: um die dezidierte Kritik an der Antike und den damit verbundenen Rückbezug auf die Vorgeschichte (7.2.1), die Vorstellung von der Technik als an-thropologischer Konstante (7.2.2) und schließlich die Kontroverse um den Ur-sprung der Menschheit im Wort bzw. im Werkzeug und damit verbunden die In-szenierung einer Konkurrenz um das Moment, welches den »Menschen« zum »Menschen« machte (7.2.3).

7.2.1 Die technisch fehlentwickelte Antike und die Erneuerung aus der Vorgeschichte

Eine Festrede mit dem Titel »Kultur und Technik«, die Adolf Ernst im Jahr 1888 zur Geburtstagsfeier des Königs von Württemberg am Polytechnikum in Stutt-gart hielt und die im selben Jahr an prominenter Stelle in der *Z.VDI* abgedruckt wurde, bringt die Abkehr von der Antike wohl am schärfsten zum Ausdruck.

Adolf Ernst (1845-1907) war Professor an der späteren TH in Stuttgart und in Württemberg ein aktiver Vertreter der neuen Technikwissenschaften, u.a. in den 1890er-Jahren als Vorsitzender des Württembergischen Ingenieurvereins (vgl. Dienel 1992: 247). Gemäß seiner inhaltlichen Positionierung kann er in die Ge-genbewegung zur starken Theoretisierung und Mathematisierung der Technik-wissenschaften im Zuge der ersten Verwissenschaftlichungsphasen eingeordnet werden. »[T]he mathematical orientation of the preceding decades came under attack from a movement of ›Anti-mathematicians‹, in which Riedler also played a leading role. Others in this camp were Professors at Stuttgart Adolf Ernst, Aurel Stodola at Zurich, Georg Meyer at Berlin, and Gustav Herrmann at Aachen« (Gispen 1989: 121; vgl. auch Meyer 1926 [1919]).

Grundsätzlich verfolgt Ernst das Anliegen, Menschheitsentwicklung gleicher-maßen auf Werkzeuggebrauch wie auf Sprache zu gründen. Vor diesem Hinter-grund sei die Bedeutung der Antike für die industrielle Moderne zu relativieren. Ausgehend von zwei aus seiner Sicht einschlägigen – weil kulturtragenden – Erfindungen, der Axt und der Dampfmaschine, spannt Ernst den historischen Rahmen auf (vgl. 1888: 447). Die Geschichte der technischen Erfindungen ist bei ihm folglich eine Erfolgsgeschichte der Errichtung von Bauwerken, der Entwicklung von Versorgungssystemen und Kommunikationstechnik, von Waffen- und Festungstechnik, von Schiffbau und, nebenbei erwähnt, von Textil- und Metalltechnologien. Allerdings, so eine wesentliche Einschränkung, habe die Antike ihre Leistungen nur mithilfe von Sklavenarbeit vollbracht und andere Formen des wirtschaftlichen Lebens – mit Ausnahme der bäuerlichen Landwirtschaft – vernachlässigt. Konsequenz sei eine nur sehr langsame Entwicklung des Handwerks im antiken Griechenland und in Rom gewesen.

Es gilt an der Stelle nicht zu verifizieren, ob Ernsts Rezeption der Antike stichhaltig oder aus Sicht der Archäologie fehlgeleitet ist. Von zentralem Interesse ist im Kontext dieser Studie, welche Lesart der Autor entwickelt, welche Aspekte er akzentuiert und wie er wertet. Ziel ist zu ermitteln, wie diese Lesart im Fachdiskurs in Zusammenhang mit der Profilierung des Mannes der Tat und seiner fachlichen Position funktioniert.

Kernpunkt Ernsts inhaltlicher Argumentation ist der Vorwurf, dass die Antike sich nicht gemäß der von der Natur vorgegebenen Richtung entwickelt habe, nämlich in Richtung der Befreiung des Handwerks aus »patriarchalen« bäuerlichen Besitzverhältnissen und Sklaverei. Verselbstständigung des gewerblichtechnischen Handwerks als Befreiung steht bei Ernst dem Festhalten an einer Sklavenhaltergesellschaft gegenüber, die er auf diese Weise als tendenziell rückständig markiert. Mit diesem Angriff profiliert Ernst folglich ein neues System, in dem nicht länger alle Mitglieder eines Hauses einem einzigen Hausvorstand unterworfen sind, hat dabei aber weniger die Frauen als die handwerklich begabten Knechte bzw. Sklaven im Blick.

Die griechische *polis* indessen folgte anderen Leitvorstellungen. So hätten sich ihre Bürger nicht als erwerbstätige Produzenten von Gütern begriffen, sondern als politische Akteure in Ausübung ihrer staatsbürgerlichen Pflichten; »die unmittelbare Geschäftsthätigkeit jedoch hielt der angesehene Grieche für unter seiner Würde« (Ernst 1888: 448). Der Darstellung Ernsts folgend, der hier Aristoteles und Cicero als Gewährsleute zitiert, war Handarbeit im Vergleich zu geistigen Tätigkeiten stark unterbewertet, wurde zumeist bis in die Leitungspositionen hinein von Sklaven ausgeübt und daher kaum gefördert. Mit der Gegenüberstellung von Handarbeit und geistiger Tätigkeit zielt Ernst selbstverständlich auf die eigene Gegenwart:

»Hier stehen wir an der Quelle jener Anschauungen, die sich mit der klassischen Schulbildung in den von ihr vorzugsweise beherrschten Kreisen unbewusst von Geschlecht zu Geschlecht forterben. Jeder genießt im modernen Staatsleben auf Schritt und Tritt die Früchte der rastlos fortschreitenden Arbeit des Handels, der Industrie und der Technik; wie wenige jedoch der uns ferner Stehenden halten es der Mühe für wert, einen tieferen

Einblick in die Arbeitsstätten und geistigen Aufgaben der materiellen Kultur zu gewinnen, um selbst die Berechtigung des antiken Urteils und seiner Fortdauer trotz der gänzlich veränderten Verhältnisse zu prüfen.« (1888: 449)

Mit der Antike kritisiert Ernst also diejenigen Mitglieder der modernen bürgerlichen Gesellschaft, die seines Erachtens ihre Legitimität aus humanistischer Bildung beziehen und weder Interesse noch Wertschätzung für die materiellen Grundlagen der Kultur aufbringen. Er macht daher an seiner Interpretation der Antike deutlich, welche gesellschaftliche Wahrnehmung der Technik seiner Zeit er für kritikwürdig hält. Die privilegierten Bildungsbürger erscheinen bei ihm zugleich in einer Genealogie der »Geschlecht[er]«, in denen sich die Eliten reproduzieren und die er so implizit in das System der patriarchalen – wenn auch nicht mehr bäuerlichen – Herrschaftsverhältnisse eingruppiert.

Während der Bezug auf die Antike bei Reuleaux beiläufiger war und im Unterschied zu Ernst als Teil des gelehrten Habitus zu deuten ist, den sich Reuleaux zulegte, steht die Antike nun ganz exponiert auf dem »Richtplatz« der Geschichte. Mit der Antike wird hier das humboldtsche Bildungsideal, seine Dominanz und seine Ausblendungen hinsichtlich der Technikentwicklung der Antike zum Problem erklärt. Ernsts Rede kann daher als eines der ersten Dokumente der nachfolgenden diskursiven Verschiebung innerhalb der Technikwissenschaften angesehen werden, in dem der Autor noch mit der gesamten Macht der »Wiege der Kultur« zu kämpfen hat.

Faktischen gesellschaftlichen Wandel datiert Ernst schließlich mit dem Untergang des Römischen Reiches und dem Einfluss der christlichen Kirche. Letztere

»umschlingt als gemeinsames Band die neuen Staaten- und Völkerbildungen und begründet im Verein mit der urwüchsigen Kraft der siegreichen germanischen Stämme auf der jugendfrischen Kulturstufe dieser fremden Eindringlinge neue sittliche und soziale Zustände« (1888: 450).

Seine historische Darstellung geht hier von einem quasi darwinistisch erfolgenden Kampf aus, in dessen Verlauf die Antike wegen ihrer mangelnden Entwicklungs- und Überlebensfähigkeit abgelöst wird von einem Konglomerat aus neuer, religiöser Vergemeinschaftung und politischer Machtbildung. Ernsts Abgrenzung zur Antike erfolgt somit einerseits – ähnlich wie bei Riedler – aus einem bürgerlichen Befreiungsdenken, in dem die individuelle Leistung die soziale Stellung determiniert. Andererseits integriert seine Argumentation Elemente aus dem zeitgenössisch erstarkenden nationalen Denken und verbindet diese Versatzstücke mit der darwinistischen Vorstellung vom Überlebenskampf. Die regelrecht vor Kraft strotzende »Jugend« löst in diesem Bild folgerichtig eine geschwächte »alte« Kultur ab, die zudem infolge wachsenden Hedonismus ihre »alte Tüchtigkeit« (ebd.) verloren habe. Der Kampf um das untergehende Rom erscheint bei Ernst schließlich als evolutionärer Kampf, bei dem sich der Stärkere zu Recht durchsetzt und das »Frische« überlebt. Es ist unbestreitbar, dass Ernst hier extrem vereinfacht und manche leicht zu widerlegende These vertritt, denn der Untergang des antiken Rom ging ja keineswegs auf technisch überlegene Gesellschaften zurück. Dies verdeutlicht, wie intensiv er sich mit einem bestimmten neuhumanistisch geprägten Bild der Antike auseinandersetzt und dass der Text unbedingt vor dem Hintergrund Ernsts eigener professionspolitischer Gegenwart gelesen werden muss.

Bezeichnend sind die Darstellungen des Verfalls, die sich mehrfach finden und in denen der Mangel an Kraft und Moral thematisiert wird, der die herrschenden Stände (»Geschlechter« oder »Patrizierfamilien«) Roms infiziert habe (vgl. 1887: 450). Die Akteure des degenerierenden Römischen Reiches werden hier in ähnlicher Weise vergeschlechtlicht wie schon die zeitgenössischen Bildungsbürger, nämlich im älteren, genealogischen Sinne des Wortes und somit im Denkmuster der ständischen Gesellschaft, in der die Herkunft aus einem (patriarchal regierten) Haus entscheidend war. Dem stellt Ernst das Individuum, das seinen Platz in der Gesellschaft erst erkämpfen muss, gegenüber.

Im Kontrast zur Antike behandelt Ernst schließlich ausführlicher die neuzeitlichen Naturwissenschaften und die frühen Erfinder als impulsgebend für die industrielle Moderne. Held und »Begründer der neuen Kulturepoche« (1887: 451) sei – nun gerade – James Watt, der, »gestützt auf seine Vorgänger, getragen durch seine eigenen Forschungen und Versuche, ausgerüstet mit praktischer Befähigung, die Lösung der Aufgabe mit selbständig schöpferischer Kraft der Vollendung entgegenzuführen« (ebd.) in der Lage sei. Watt gilt, ähnlich wie die »jugendfrischen Germanen«, als Schöpfer und Kulturträger der neuen Zeit.

Die Kritik an der Antike erfährt in der Folge im Fachdiskurs eine gewisse Intensivierung. Auch Riedler stärkt die Vorstellung, Technik befreie von der Sklaverei und vor allem von der Mühsal der körperlichen Arbeit – eine Idee, die sicherlich nicht zufällig am Beispiel der Antike ausformuliert wird. Bezeichnenderweise bleibt unerwähnt, dass die befürwortete Idee selbst aus der Antike stammt und sich bereits bei Aristoteles findet. Wiederum geht es eindeutig mehr um die Gegenwart als darum, sich ernsthaft mit der Antike auseinanderzusetzen. Riedler verbindet seine Kritik mit dem Anliegen, der zeitgenössischen kulturpessimistischen These von der zerstörerischen Kraft der Technik zu widersprechen. So hält er den Zeitpunkt für gekommen, »die Kulturgeschichte gründlich umzuschreiben und darin der Technik den ihr gebührenden Platz einzuräumen« (1898: 44). Dieses Projekt, die Geschichte umzuschreiben, teilt er mit einer ganzen Reihe anderer Protagonisten seiner Zeit, u.a. mit Max Eyth, Carl Weihe, Ulrich Wendt und Carl Matschoß. Ulrich Wendt (1906) problematisiert in seiner Schrift »Technik als Kulturmacht« ebenfalls die auf Sklaverei gegründeten antiken Gesellschaften.

Es ist hervorzuheben, dass Riedler nun offensiv ausformuliert, was bei Ernst schon anklingt. Sein Eingreifen in die kulturpessimistischen Debatten verschiebt den Fokus der Betrachtung von der weithin akzeptierten »Wiege der Kultur« auf die Vorgeschichte. Die elementare kulturstiftende Bedeutung der Technik führt er auf archaische Zeiten zurück. Seine These lautet entsprechend, dass die Technik eine Geschichte habe, die bis in die Ursprünge der Menschheit zurückreiche bzw. von dort aus ihre entscheidende kulturgeschichtliche Bedeutung entfaltet habe.

»Die Technik wird gewöhnlich als ›Kind der Neuzeit‹ angesehen. Ihre Geschichte beginnt aber mit den ersten Kulturbestrebungen des Menschen und durchläuft die ganze Kulturentwickelung vom Steinwerkzeuge des Urmenschen bis zu den modernen Ingenieurwerken; sie ist ein grosser Teil der menschlichen *Kulturgeschichte* und kann sich an Bedeutung und Inhalt mit jeder Wissenschaftsgeschichte messen.« (Riedler 1898: 39; H.i.O.)

Riedler betont den säkularen Ursprung der Technik. Technische Errungenschaften seien »nicht fertig dargereichte Göttergaben«, sondern menschliche Leistungen, »das Produkt einer Jahrtausende langen Kulturentwicklung auf natürlichen Grundlagen« (ebd.). Diese Zurückweisung eines göttlichen Ursprungs impliziert neben der Rückdatierung der Herkunft der Technik in die Urzeit die Ablösung von einer mythologischen Genesis. Vielmehr bemüht Riedler die Natur: Der Ursprung der Technik liege in der »natürlichen« Ausstattung des Menschen und in der äußeren Natur. In direkter Referenz auf die gerade entstehende, sich akademisierende Ur- und Frühgeschichte hebt er hervor, dass die jeweiligen Epochenbezeichnungen Steinzeit, Bronzezeit und Eisenzeit ja gerade an der Technik festmachten: »[D]ie wichtigsten Kulturabschnitte [wurden] nach technischen Errungenschaften bezeichnet« (1898: 40). Riedler bezieht sich hier, wenngleich ohne explizite Nennung, auf das »Dreiperiodensystem« des »Gründungsvaters« der Ur- und Frühgeschichte, Christian Jürgensen Thomsen, das dieser 1837 als Leiter der Königlichen Kommission zur Erhaltung der Altertümer in Kopenhagen entwickelte. Thomsens Einteilung war im 19. Jahrhundert ein äußerst einflussreiches, allerdings nicht unumstrittenes Paradigma (vgl. Eggert/Samida 2009: 16). Dass Riedler nicht direkt zitiert oder ausdrücklich auf Thomsen verweist, mag man als interessanten Befund werten. Anders als Reuleaux, der die eigene Belesenheit akribisch belegt, praktiziert Riedler einen anderen Habitus, indem er eher allgemein auf einflussreiche und stark popularisierte Diskurse seiner Zeit zurückgreift, ohne im akademischen Duktus seine Quellen immer genau auszuweisen.

Riedler plädiert demnach für eine Rückbesinnung auf die von ihm identifizierten Anfänge der Technik, die durch die »*Dienstbarmachung der Naturkräfte* durch die *Ingenieurarbeit*« (ebd.; H.i.O.) gekennzeichnet seien. Dieses Projekt einer Korrektur der Kulturgeschichte gilt es im Folgenden noch genauer zu erörtern.

7.2.2 Korrektur der Kulturgeschichte: Technik als anthropologische Konstante

Riedler fordert für die der Technik den ersten Rang innerhalb der Kulturgeschichte. Denn die Technik sei älter als die meisten anderen kulturellen Errungenschaften, da sie »weit über jede Völkergeschichte zurückreicht. Uralte Sagen knüpfen sich an technische Künste...« (1898: 40). In dieser Neuausrichtung auf die »Ur«-Zeit des Menschen steckt sowohl ein impliziter Bezug auf die Romantik wie auch auf die zeitgenössische prähistorische Forschung. Beides ist für die Konturierung der fachlichen Position des Mannes der Tat ausgesprochen aufschlussreich.

Riedlers Erwähnung »uralter Sagen« verweist auf die mündliche Überlieferung von Texten in der Tradition an der in der Romantik favorisierten, vor allem von Herder entwickelten Vorstellung einer archaischen bzw. ahistorisch und wesenhaft verankerten »Volkskultur«. Diese Konstruktion des »Volkes« und der »Nation« mithilfe des Sammelns der Zeugnisse mündlicher Kultur und die Tradition der sich daraus entwickelnden Volkskunde wurden seit den 1960er-Jahren fachintern ausgehend von der Tübinger Schule, vornehmlich um Hermann Bausinger, reflektiert und mündeten in ein Neuverständnis des Fachs als »Empirische Kulturforschung« (vgl. Jeggle/Korff/Scharfe/Warneken 1986; Bausinger 1980 [1968]).

Riedlers Betonung der Urzeit knüpft aber auch an ein zeitgenössisch interessantes Bild wissenschaftlicher Arbeit an, das die Ur- und Frühgeschichte repräsentiert. Diese verstand sich seit den 1870er-Jahren, nach den Ausgrabungen des Autodidakten Heinrich Schliemann, maßgeblich als Feldforschung und, dem Mediziner Rudolf Virchow folgend, als naturwissenschaftlich begründet. Durch die Siedlungsarchäologie des Philologen Gustav Kosinna integrierte sie ein stark germanisch-national aufgeladenes historisches Paradigma. Gemeinsam ist diesen heterogenen Strängen, dass ihre Fachvertreter sich an die Erforschung eines Zeitraumes machten, für den schriftliche Zeugnisse fehlen. Die Prähistorische Archäologie im Sinne Schliemanns war trotz des Bezugs auf Homer vor allem »Forschung mit Spitzhacke und Spaten« (Eggert/Samina 2009: 21). Diese Auffassung deckt sich nicht nur weitgehend mit Riedlers praxisorientiertem Fachverständnis in Distanz zu den etablierten neuhumanistisch geprägten Wissenschaften. Sie eröffnet zudem eine Alternative zu den textorientierten Geisteswissenschaften, die das Konzept des Maschinenwissenschaftlers und auch den Zugang der Kinematik prägte.

Noch wesentlicher ist die in der Ausrichtung auf die Urgeschichte verborgene Anthropologisierung der Technik. Bei Riedler werden ein bestimmter Urzustand und eine grundlegende Eigenart der Technik als wesenhaft gesetzt, die wiederum ihre besondere Legitimation aus dem Ursprung beziehen. Der diskursive Einsatz der Vorgeschichte erzeugt also eine Art Ent-Historisierung und Naturalisierung der Ingenieurtätigkeit. Diese wird in ihren Grundzügen als eher konstant gedacht, als in einer natürlichen Ausstattung verankerte menschliche Fähigkeit. Wird sie nicht länger als das Resultat eines linearen Fortschrittsmodells aufgefasst, scheint mit dieser Umschrift der Geschichte tendenziell auch ein anderes Geschichtsverständnis bzw. ein anderes Entwicklungsmodell zum Tragen zu kommen. Ähnlich dem Herder'schen Ansatz, in den mündlichen Überlieferungen der »Volkskultur« das Wesen der Nation zu ermitteln, will Riedler im Rückgang auf die Ursprünge das eigentliche Wesen des technischen Schaffens klären. Übereinstimmend mit anderen Autoren versteht Riedler Technik nun als uralte, elementare menschliche Tätigkeit des Werkzeuggebrauchs, mit der sich der Mensch vor der Natur ausgezeichnet habe und die so am Anfang menschlicher Kulturentwicklung stehe.

»Der Mensch, der zuerst den Stein oder Baumast als Werkzeug oder Waffe gebrauchte, sich gegen die hinderlichen Naturkräfte schützte, sie bekämpfte, hat die erste Befreiungsarbeit im Kampfe ums Dasein geleistet. Der hilflos geborene Mensch ist durch die Natur auf Waffen und Werkzeuge als unerlässliche Mittel seines Daseins angewiesen. Der moderne Mensch ist es in dem Masse mehr, als er höhere Bedürfnisse hat. Die Technik war ursprünglich ein Kind der Noth. Die höchste Kulturentwicklung entfaltete sich nie in Gegenden, wo die Natur die reichsten Schätze bot, sondern da, wo die thatkräftigsten Menschen die Naturgewalten überwanden, die Befreiungsarbeit leisteten.« (Riedler 1898: 41)

An diesem imaginierten Ursprung theoretisiert Riedler das Verhältnis zwischen einem hilflosen Menschen und einer übermächtigen, feindlichen Natur (vgl. auch Dienel 1992: 102ff.). Am Ausgangspunkt habe sich der Mensch in seinem ureigensten Wesen gezeigt: Durch Werkzeug- und Waffengebrauch sei er zum Kämpfer geworden. Abhängig vom Grad der Übermacht der Natur, habe sich der Mensch in unterschiedlichen Regionen unterschiedlich entwickelt. So sieht Riedler die »höchste Kulturentwicklung« in den eher unwirtlichen Gegenden, vermutlich des Nordens, in denen der Mensch als Inkarnation von Tatkraft den Kampf mit der Natur aufgenommen und letztlich gesiegt habe. Die Entwicklung des kulturfähigen Menschen im Sinne eines Wesens, das sich gegen die Natur behauptet, erscheint somit einerseits im (sozial-)darwinistischen Verständnis als Konsequenz eines technisch geführten Überlebenskampfes, andererseits suggeriert die Darstellung eine eher anthropologische Aussage. In diesem Zitat geht Riedler von einer grundlegenden, unveränderten Kontinuität der Rolle der Technik in der Kultur aus. Es handelt sich nur um graduelle bzw. quantitative Veränderungen zwischen Ursprung und Gegenwart, nicht um qualitative. Die industrielle Revolution als möglicher qualitativer Sprung bleibt ebenso ausgeblendet wie die Differenzierung zwischen Vormoderne und Moderne, die bei Reuleaux eine starke Ethnisierung erfuhr. Der technische Urmensch wird bei Riedler so mit als anthropologische Konstante entworfen. »Grundlage aller Menschenthätigkeit und Menschenschicksale ist die Natur mit ihren unabänderlichen ewigen Gesetzen. Die Grundlage aller Kultur ist *der siegreiche Kampf ums Dasein* durch *Waffe* und *Werkzeug*« (Riedler 1898: 50; H.i.O.). Der hier verwendete Naturbegriff geht auf die neuzeitlich naturwissenschaftlich fundierte Annahme ahistorischer Universalien zurück. Alles Menschengemachte selbst und somit das Kulturverständnis wird auf das Motiv des Kampfes im sozialdarwinistischen Sinne bezogen und hier an den Objekten Waffe und Werkzeug konkretisiert. Diese Vorstellung vom Menschen als Kämpfer und gegebenenfalls auch Krieger hat bei Riedler explizit Naturcharakter: »Streit und Kampf wird keine Civilisation ganz beseitigen; er liegt in des Menschen Natur« (1898: 56), so schreibt er und nimmt die Technik gegenüber Vorwürfen in Schutz, die die Kriegstechnik als eine ihrer dominanten Domänen problematisieren.

An dieser Stelle zeigt sich deutlich der Gegensatz zwischen einem auf Zivilisation und Fortschritt begründeten Entwicklungsmodell und der bei Riedler unterstellten ahistorischen Natur des Menschen. Fortschritt zeige sich, so Riedler, eher graduell denn in Form qualitativer Stufen, z.B. dort, wo der Kampf neu organisiert werde: In Zeiten der Industrialisierung werde der Überlebenskampf des Menschen eben durch die Arbeitsteilung organisiert und »mit vollkommeneren Waffen, mit Werkzeugen und Maschinen« geführt (1898: 50). Der hier thematisierte technische Wandel und der Wandel der sozialen Verhältnisse (Arbeitsteilung, Organisation) wären demnach lediglich veränderte Äußerungsformen des quasi immerwährenden »natürlichen« Kampfes des Menschen. Es handelt sich insofern um eine – auch eurozentristisch-völkisch aufgeladene – Spielart des Darwinismus, die aus der Verknüpfung mit dem romantischen Gedanken eines in der Urzeit verankerten Wesens entsteht.

Fasst man diese Gedanken zusammen, so erscheinen letztlich die Ingenieure als die »eigentlichen« Menschen, und zwar in einem essenzialistischen, ahistorisch gültigen Sinn des im Laufe der Evolution entwickelten *ánthropos,* der bei Riedler als Mann der Tat explizit männlich codiert ist. Kultur wird von Riedler zur »Kulturthat« konkretisiert, wenn er eine Modifikation der herrschenden Kulturgeschichtsschreibung einfordert, die sich bisher auf den Staat und die große Politik konzentriert und die Technik vernachlässigt habe. »Zur Geschichte der Menschheit gehört ausser der Schlachtenchronik die *Geschichte der Kulturthaten* und der Zusammenhang der Kultur mit *technischen Mitteln*« (Riedler 1898: 44; H.i.O.). Dieser Leerstelle der zeitgenössischen Geschichtsschreibung, die auf diese Weise auch den Ingenieuren ihren Platz in der Kultur versagte, gilt Riedlers Angriff.

Erst mit diesem prähistorischen Narrativ erhält die Riedler'sche Konstruktionsweise von Männlichkeit ihre Tiefenschärfe, indem sie als anthropologisch verankerte Qualität vorgestellt wird. Mit dem Versuch, die Trennlinie zwischen Geistigem und Materiellem zu überwinden, entwickelt Riedler die Vorstellung einer »schaffenden Intelligenz« (1898: 51), die gottähnlich sei, weil sie die »Vervollkommnung der menschlichen Organe« (ebd.) durch Werkzeuge schaffe. Das Motiv des tätigen, produktiven Geistes eines solchen Menschen ist Leitfaden der gesamten Argumentation. Produktivität des Ingenieurs und Männlichkeit des Kämpfers werden in der Natur des Menschen untrennbar miteinander verbunden.

Dieser Gedanke einer grundlegenden, anthropologisch konstanten Verfasstheit des Menschen als Ingenieur wurde an der Wende zum 20. Jahrhundert ausgearbeitet. In dieser Diskursverschiebung wird aus dem androzentristischen
Männlichkeitskonzept der Maschinenwissenschaftler der maskuline, Waffen und
Werkzeuge herstellende Urmensch, der mit graduellen Veränderungen die »natürliche« Basis der Ingenieurleistung bis in die Gegenwart bildet.

7.2.3 Werkzeug versus Wort

Diese Ursprungserzählung mündet nach der Jahrhundertwende in die Inszenierung einer Konkurrenz zwischen Wort und Werkzeug, bezogen auf die kulturelle
Stellung der Technik, bzw. zwischen Wort und Tat, bezogen auf die Gestaltung der
schulischen Allgemeinbildung als Voraussetzung für die Ingenieurausbildung.
Vor allem Max Eyth hat diese Konkurrenz in seiner Version des Ursprungsnarrativs eindrucksvoll in Szene gesetzt.

Eyth (1836-1906) gilt bis heute als einer der Begründer des Ingenieurwesens,
hauptsächlich im Bereich der Agrartechnik. Er wurde außerdem mit zahlreichen
Werken als Dichteringenieur bekannt (vgl. auch Eyth 1919 [1904]). Als Ingenieur arbeitete er für die Auslandsvertretung einer englischen Firma für Dampf-
pflüge u.a. in Ägypten und in den USA. Im Jahr 1904 hielt er auf der Hauptversammlung des VDI in Frankfurt am Main einen essayistisch anmutenden
Vortrag über das Verhältnis von »Poesie und Technik«der den Debatten über die
Rolle der Technik in der Kultur zuzuordnen ist. Die zeitgenössische und jüngere
technikhistorische Literatur gibt Auskunft über die Popularität des dichterischen
und essayistischen Werkes bei Eyths Kollegen (vgl. dazu Möser 1985; Weihe 1916:
3f.). Auf die im Text vornehmlich behandelte Kunstfrage werde ich später noch
genauer eingehen (vgl. Kapitel 8). Hier interessiert Eyths Ausformulierung des
Ursprungsnarrativs über die Herkunft der Technik.

Grundsätzlich knüpft Eyth in »Poesie und Technik« (1904) an das anthropologische Verständnis des Riedler'schen Mannes der Tat an und spitzt dieses weiter
zu. Er verankert Technik als anthropologische Errungenschaft ebenfalls in einer
archaisierenden Erzählung. Der verbreiteten Vorstellung, dass es die Sprache gewesen sei, die den Menschen zum Menschen gemacht habe, sagt er den Kampf
an. Sein Anliegen ist eine Art anthropologische Begründung der Technik im urzeitlichen Moment der Menschwerdung. In einer entsprechenden Rückschau will
Eyth der Sache auf den Grund gehen. Ins Zentrum rückt dabei der Aspekt der
Werkzeugentwicklung. Sie strukturiert auch die Konkurrenzbeziehung zur Sprache, denn beide sieht Eyth als Mittel für das Kulturschaffen.

»Was den Menschen in seinem Wesen, soweit es äußerlich in die Erscheinung tritt, vom
Tier unterscheidet, sind zwei Dinge: das Wort und das Werkzeug. Die Fähigkeit, Worte und
Werkzeuge zu schaffen, hat in jener Urzeit des Tertiärs, deren Dunkel wir wohl nie völlig

lichten werden, aus dem Tier den Menschen gemacht. Wie diese Fähigkeiten in die Welt gekommen sind, wird sicher ein ewiges Rätsel bleiben, [...]; denn sie sind geistigen Ursprungs und stammen aus einer Quelle, aus der bis auf den heutigen Tag kein Tier oder, wenn Ihnen dies besser gefällt, kein anderes Tier getrunken hat.« (Eyth 1904: 1132)

Am Scheidepunkt zwischen Natur und Kultur, hier zwischen Tier und Mensch, lokalisiert Eyth zwei Kulturleistungen, deren »Quelle« im Dunkel der Vergangenheit weitgehend ungeklärt sei.

Eyth bezieht sich, in ähnlicher Weise wie Riedler, nur implizit auf das Wissen der Wissenschaften vom Menschen seiner Zeit. Seit den 1870er-Jahren entwickelte sich die Altertumskunde des 19. Jahrhunderts von ihrer geisteswissenschaftlichen Ausrichtung weg und hin zu einer feldwissenschaftlichen Praxis, getragen von Forschern aus (zoologischer) Anthropologie, Ethnologie und Urgeschichtsforschung. Ihr gemeinsames Erkenntnisinteresse richtete sich auf den Menschen als Natur- und Kulturwesen. Sie fragten alle danach, wie sich die Lebensweise des Menschen entwickelt habe und arbeiteten mit einer mehr oder weniger eng verstandenen Prämisse, dass Phylogenese und Ontogenese analogisierbar seien (vgl. Eggert/Samida 2009: 143). Die Ära des Deutschen Kaiserreiches ist schließlich auch die »Hoch«-Zeit der deutschen Kolonialaktivitäten (vgl. Kundrus 2003) sowie der öffentlichen Diskussion über die »Wilden«, die häufiger, arrangiert vom zeitgenössischen ethnologischen Blick, in Museen zur Schau gestellt wurden (vgl. Dreesbach 2005). Wichtiges Forum dieses interdisziplinären Verbundes, der lange Zeit weitgehend außerhalb der Akademie bzw. lose an die naturwissenschaftlich-medizinische Forschung angebunden blieb, war die 1869 von Rudolf Virchow gegründete Berliner Gesellschaft für Anthropologie, Ethnologie und Urgeschichte. Es ist davon auszugehen, dass mindestens bis zum Ende des 19. Jahrhunderts die Debatten um die Natur/Kultur-Grenze in Bezug auf den Menschen u.a. auch im Kontext der populärwissenschaftlichen, sozialdarwinistischen Publizistik geführt wurden. Insbesondere die Schriften von Ernst Haeckel entfalteten Wirkungskraft über die engeren Forschungskreise hinaus.

In diesem lockeren Umgang mit Bezugstheorien, wie wir ihn bereits bei Riedler sehen konnten, äußert sich ein neuer wissenschaftlicher Habitus, der sich vom humanistisch-gelehrten Selbstverständnis nicht unbedingt nur oder zentral in seiner inhaltlichen Ausrichtung, sondern vor allem auch in der Art und Weise der Selbstpräsentation deutlich unterscheidet. So geht es Riedler und Eyth offensichtlich nicht mehr primär darum, als intime Kenner der Schriften ihrer Zeit anerkannt zu werden. Ihre Argumentationspraxis bedient sich hingegen recht »hemdsärmelig« verschiedener Versatzstücke des zeitgenössischen wissenschaftlichen Diskurses bzw. seiner Popularisierungen und fügt diese zu Argumentationsgängen zusammen, die das neue Selbstverständnis von Fach und Beruf konturieren.

7.2.3.1 Die Rehabilitierung des Werkzeugs

Mit Bezug auf die philosophisch-anthropologische Denkfigur des Menschen als Mängelwesen betont Eyth die körperlich geringere Widerstandsfähigkeit des Menschen, die die Ausgangsbedingung gewesen sei, »im Bereich des Wissens die Sprache, im Bereich des Könnens das Werkzeug« (1904: 1132) zu entwickeln.

»Auf Wissen und Können, auf Wort und Werkzeug beruht die Macht, die den nackten wehrlosen Menschen zum Herrscher über alles Lebende auf Erden gemacht hat, die den Zwerg zum Sieger im Riesenkampf mit den Gewalten der Natur bestimmte.« (Ebd.)

Das in dieser Motivik niedergelegte hierarchische Herrschaftsverhältnis inszeniert er als Ergebnis eines Kampfes ungleicher Gegner, in dem sich der Schwächere schließlich als rechtmäßiger Sieger durchsetzt. Wort und Werkzeug haben in diesem Szenario des Kampfes zwischen Mensch und Natur zunächst noch denselben Stellenwert. Auf dieser Grundlage nun, dass beide von zentraler kultureller Bedeutung seien, akzentuiert Eyth in der Folge die Bedeutung des Werkzeugs, indem er rhetorisch eine Konkurrenzbeziehung aufbaut.

Das eigentliche Anliegen ist offensichtlich, der festgestellten zeitgenössischen Missachtung der Bedeutung des Werkzeugs und der Privilegierung von Sprache und Schrift als wichtigste Kulturgüter entgegenzutreten. Die ungleiche Gewichtung von Sprache und Werkzeug ziehe sich durch die gesamte Geschichte bis in die Gegenwart. Die »Sprache hat [...] den ungebührlichen Anspruch erhoben, das einzige Werkzeug des Geistes zu sein« (ebd.). Doch, so führt Eyth als Gegenargument an, sei der Geist eben nicht für die Sprache allein zu reservieren und umgekehrt sei die Sprache auch nur ein Werkzeug. Diesen Zusammenhang treibt er noch weiter, sodass am Ende der Geist zum gemeinsamen Ursprung von Sprache und Werkzeug wird: So vergesse die Sprache »über dem Werkzeug des Geistes den Geist des Werkzeuges. Aber beide, Wort und Werkzeug, sind ein Erzeugnis derselben geistigen Urkraft, die das Tier ›homo‹ zum Menschen ›homo sapiens‹ gemacht hat« (ebd.). Diese Umdeutung von Wort und Werkzeug und die daraus abgeleitete Gleichwertigkeit ist keine Nebensache, wenn er am Ende des Textes dieses Verhältnis nochmals pointiert formuliert: »Denn wie die Sprache ein Werkzeug des Geistes ist, so ist umgekehrt auch das Werkzeug eine Sprache des Geistes. Man muß nur die Keilschrift lesen können, in der es zu uns redet.« (1904: 1134) Mit dieser Polemik zielt er direkt auf die Schriftkundigen, die zwar Hieroglyphen entziffern könnten, aber eben der Sprache der Technik nicht mächtig seien, kritisiert den aus seiner Sicht überzogenen Anspruch der Gebildeten und gesteht den Technikwissenschaften eine besondere Sprache zu, in der sich der Geist artikuliere.

In der Folge kehrt Eyth schließlich das Verhältnis zwischen Wort und Werkzeug um. Vom Urmenschen, der die Technik des Feuermachens erfand, bis zum heutigen Ingenieur sei in der Praxis der Naturbeherrschung eine Kontinuität abzulesen, die erst zu dauerhaftem Fortschritt geführt habe (vgl. ebd.).

7.2.3.2 Erfinden als überlegene technische Natur

Konsequenterweise beschäftigt sich Eyth in der Folge mit dem Wesen der Erfindung, für das er neben dem Künstlerischen das hier näher zu betrachtende Schöpferische betont. Sein »empirischer« Bezugspunkt sind »große Entdecker«. Der Schöpfungsmythos besteht aus einer anthropologischen Variante göttlicher Schöpfung:

> »Es ist in all diesen Fällen das Schaffen des Geistes von etwas Neuem, noch nicht Dagewesenem, das Zeugen aus einem dunklen unerklärlichen Urgrund, das wir wie ein Entstehen aus dem Nichts empfinden, jenes Schaffen, das den Menschen von Anfang an zum ›Ebenbild des Schöpfers‹ gemacht hat.« (1904: 1132)

Diese Idee eines tätigen Geistes am »Urgrund«, der noch dazu in Dunkel gehüllt ist, und aus dem das Neue schließlich heraus ans Licht tritt, ist ein Topos, der sich in Eyths Bildgestaltung mit der Menschwerdung in prähistorischen Zeiten überlappt. Neben den Schöpfergott tritt hier der Urmensch, dessen Schaffen außerdem an das romantische Motiv des künstlerischen Schaffens »aus dem Nichts« angelehnt ist. In diesem Nebeneinander von Vergangenheit und romantischem Ideal erweist sich »homo« als potenter, zeugender Mann. Die Vergeschlechtlichung ist in den Textfragmenten, die das Ursprungsnarrativ entwickeln, nicht unmittelbar ausgesprochen, findet sich aber in anderen Passagen des Vortrags. So sieht Eyth das Wesen dieser anthropologisch in der Urzeit verankerten »modernen Technik« durch »Mut«, »Ausdauer« »Willen« und »Männlichkeit« charakterisiert (vgl. 1904: 1133).

Eyths Herausarbeitung »des technischen Menschen« als archaischen männlichen Kämpfer einerseits und als von einer überzeitlichen Wesensstruktur gekennzeichneten zeugungsfähigen Erfinder andererseits, der eben nicht einfach auf handwerkliches Können zurückgreift, sondern auf eine genuin menschliche geistige Quelle, eine Zeugungskraft in einem amorphen Urzustand der natürlichen Welt, ist ein interessanter strategischer Zug. Mit dem Zurückgehen bis in die Prähistorie hebt Eyth den Schaffensvorgang hervor. Im Erfinden des Werkzeuges als etwas Anthropologischem, das bis in die Gegenwart konstant bleibe, emanzipiere sich der Mensch vom Tier und nähere sich so seiner eigentlichen »Natur«. Denn der Held der Ur- und Frühgeschichte ist im Grunde nicht darauf ausgelegt, dem Schöpfergott zu ähneln, sondern wird gezeichnet als Verkörperung der »technischen Natur« des Menschen. Diese Konzeption erscheint nun bei Eyth als Gegenbild zum Ideal des humanistisch gelehrten Wissenschaftlers. Die Männlichkeit des Helden findet außerdem eine inhaltliche, qualitative Ausarbeitung. Sie ist nicht einfach neutralisierte Ratio, sondern starker Geist, Urkraft, Tat, Kampfbereitschaft und Zeugungsfähigkeit. Während sich der Gelehrte als das *Gegenüber* der Natur etabliert, inszeniert sich der Mann der Tat selbst als Natur – und zwar als überlegene, im darwinistischen Kampf legitimierte Natur.

7.2.3.3 Erziehung zur Tat

Die Konkurrenz zwischen Werkzeug und Wort als Kampf um die »Wahrheit« über den Ursprung des Menschen hat sich 1914 so weit verselbstständigt, dass eine knappe Referenz genügt. Wenn etwa Carl Weihe über die »Technische Erziehung« (1914) an allgemeinbildenden Schulen nachdenkt, kommt es zu keiner wortreichen Inszenierung der Kontrahenten im prähistorischen Setting mehr. Auch bei Weihes Text handelt es sich um einen Vortrag, gehalten am 15. April 1914 vor dem Frankfurter Bezirksverein und in dessen Sitzungsbericht dokumentiert. Carl Weihe war promovierter Ingenieur, Patentanwalt und Vorsitzender des Verbands Deutscher Diplom-Ingenieure (vgl. Dienel 1992: 253). In der ersten Hälfte des 20. Jahrhunderts veröffentlichte er außerdem etliche technikhistorische Arbeiten vor allem über das Werk von Franz Reuleaux (1925 und später noch 1949) und über die Dichter-Ingenieure Max Maria von Weber (1918) und Max Eyth (1916). Er war aber auch als Rezensent technikphilosophischer Werke in der Z.VDI präsent und beteiligte sich – 1935 mit der Monographie »Kultur und Technik« – an den Kulturdebatten (vgl. Weihe 1923 und 1924). Die urzeitliche Kampfszene zwischen Werkzeug und Wort wird in seinem Vortrag nur in Umrissen angedeutet, wenn der Sprache der Stellenwert des »Ursprünglichen« abgesprochen wird.

> »Die Schule hat bisher nur das abstrakte Denken gepflegt, sie hat den Begriff vor die Vorstellung, das Wort vor die Sache, das Reden vor das Schaffen gestellt. Im Anfang war das Wort, wurde gelehrt: wir wissen aber, daß die Tat dem Wort vorangeht, und daß der Mensch schon viel eher tätig war, ehe er die Sprache erfand. [...] Die Sprache ist zwar als Hülfsmittel des Denkens zu schätzen und heute unentbehrlich, sie ist aber eben als Hülfsmittel nur etwas Abgeleitetes, nichts Ursprüngliches, und sie ist nicht geeignet, uns den Dingen näher zu bringen und ihr Wesen verstehen zu lernen.« (Weihe 1914: 1406)

In dem Vortrag nimmt Weihe Bezug auf die von den Ingenieuren vielfach kritisierte Vorrangstellung der humanistischen Gymnasien. Die Gegenüberstellung von abstraktem »Begriff« und konkreter »Vorstellung« sowie von »Reden« und Tun problematisiert er im Zusammenhang mit der Frage nach dem Ursprung. Er argumentiert zunächst mehr oder weniger in knappen, fast schablonenhaften Sätzen, wenn er die dominante Lehrmeinung aus der biblischen Genesis, »im Anfang war das Wort«, zurückweist und ein Allgemeinwissen über den eigentlichen Ursprung des Menschen in der »Tat« dagegensetzt. Am Anfang sei die Tat gewesen, weswegen die schulische Erziehung ihre bisherige Priorisierung der Sprache korrigieren und zu einem stärker realienbezogenen Unterricht kommen müsse. Am Ende des Vortrages plädiert er, mit einem wörtlichen Zitat Jean Jacques Rousseaus, für einen anderen Zugang: »so ist der erste Verstand des Menschen ein sinnlicher Verstand« (Weihe 1914: 1408).

Gemäß der späteren technikphilosophischen Schrift »Kultur und Technik« (Weihe 1935) ist es noch ruhiger auf dem urgeschichtlichen Kampfplatz geworden. Dort ist zu lesen: »Mit dem Werkzeug, so sahen wir, hebt die Technik an und mit ihm die Kultur. Das Werkzeug trennt den Menschen vom Tier.« (Weihe 1935: 85f.) Hier scheint eine Version der Geschichtsschreibung Deutungsmacht erlangt zu haben, aus der die Kontroversen nahezu getilgt wurden. Betrachtet man diese Darstellung aus dem Jahr 1935, die zeitlich ungefähr mit der Machtergreifung der Nationalsozialisten in Deutschland zusammenfällt, so hat sich in der Chronologie der Erzählung die um die Jahrhundertwende entstandene prähistorische Geschichte vom Primat der Tat und von der Nachrangigkeit der Sprache weitgehend etabliert. Der sich darin artikulierende und in der Bildungspolitik der Ingenieure verfolgte Anti-Intellektualismus scheint nun nicht mehr strittig.

Zusammenfassend betrachtet stellt sich die diskursive Verschiebung vom Redtenbacher'schen bzw. Reuleaux'schen Maschinenwissenschaftler zum Mann der Tat bislang wie folgt dar: Um die Jahrhundertwende äußern sich die Neukonzeption des Ingenieurs und die Ablösung vom bisherigen bildungsbürgerlichen Berufsbild deutlich umrissen in Form unterschiedlicher Erzählweisen der Herkunft der Technik. Während der Maschinenwissenschaftler maßgeblich mit dem Fortschrittsnarrativ legitimiert wird, liegen die Dinge beim Mann der Tat anders. Hier wird mit einem Ursprungsnarrativ, das die Ur- und Frühgeschichte der Menschheit in den Blick nimmt, eine essenzialistisch gefasste Konzeption des Ingenieurs entworfen und damit die Vorstellung, Technik sei naturhaft im Wesen des Menschen verankert. Mit diesem Denkmodell wird eine Art »technische Anthropologie« entworfen. Der urgeschichtliche Werkzeuggebrauch erscheint sozialdarwinistisch als Stunde der Menschwerdung und Emanzipation vom Tier. Auch wenn den ZeitgenossInnen prinzipiell bekannt gewesen sein mag, dass auch Tiere Werkzeuge benutzen, so bildet sich dies nicht im Fachdiskurs als relevanter Wissensbestand ab. Mehr noch: Von der Werkzeugbenutzung verschiebt sich der Akzent schließlich zur Herstellung von Werkzeug, das heißt zur Figur des urzeitlichen Erfinders als gottähnlichem Schöpfer der frühesten Innovationen technischer Entwicklung. Aus dem Rekurs auf die Vorgeschichte als Ära des menschlichen Ursprungs wird so eine jeglicher geschichtlichen Entwicklung stets quasi unverändert zugrunde liegende »technische Natur« in Gestalt des erfindungsfähigen Mannes konstruiert. In einer Arena des Kampfes um die geschichtliche »Wahrheit« lassen die Ingenieure das Werkzeug gegen das Wort antreten und leisten mithin Widerstand gegen die vom Bildungsbürgertum etablierte dominante Lehrmeinung, Kultur basiere im Wesentlichen auf der Fähigkeit des Menschen zu geistiger Entwicklung und zur Sprache. Damit werden zugleich zwei im Fachdiskurs der Ingenieure um Hegemonie strebende Konstruktionen von Männlichkeit gegeneinander ausgerichtet. Die Inszenierung der Konkurrenz zwischen Werkzeug und Wort verdeutlicht das Ringen der Ingenieure um die Ablösung vom vormals favorisierten Berufsverständnis, das sich an die bildungsbürgerlichen Eliten anzugleichen suchte. Das Ursprungsnarrativ erweist sich somit als Ressource und diskursives Mittel im Umbau der

Technikwissenschaften zu einer praxisorientierten Wissenschaft. Die maskulinistische Konzeption des Ingenieurs, wie sie sich explizit bei Riedler u.a. findet, wird dabei inhaltlich weiter ausgearbeitet, und ihr wird anhand des Narrativs die Autorität eines »natürlichen Faktums« verliehen.

Ebenso hat sich gezeigt, dass sich hier ein neuer Habitus der Argumentation etabliert, der nicht länger humanistisch-gelehrt an das wissenschaftliche Wissen der Zeit anknüpft, sondern stärker eklektizistisch auf verschiedene, durchaus popularisierte Denkmuster zurückgreift. Diese werden außerdem nicht systematisch ausgewiesen und durchgearbeitet, sondern in einer manchmal voluntaristisch wirkenden Argumentationsweise zu einem neuen Konzept zusammenbaut. So verwerfen die Protagonisten des praxisbezogenen Fachverständnisses den von den fachlichen Gegnern bevorzugten wissenschaftlichen Habitus. Betrachtet man ihre diskursive Praxis als Teil ihrer sozialen Praxis, so zeichnet sich beim Mann der Tat ein machbarkeitsorientierter, anti-intellektualistischer Habitus ab.

7.3 DER INGENIEURTRIEB UND DIE NATURANLAGE

Wie zu sehen war, naturalisierte Redtenbacher in den 1850er-Jahren die Praxis als eine Sphäre, die von einem »gesunden Triebe und Gefühle« geleitet werde, und positionierte seinen eigenen Ansatz abgrenzend dazu als Wissenschaft. Nach 1900 hingegen gewinnt die Naturalisierung des Ingenieurschaffens im Fachdiskurs Schubkraft. Die Analyse zeigte die einsetzende Verankerung des Ingenieurberufs in der menschlichen Natur, die eine Abgrenzungsstrategie gegenüber den bisherigen Ansätzen der Verwissenschaftlichung der Technik und auch gegenüber den etablierten Wissenschaften erkennen lässt.

Es ist daher interessant, noch genauer zu verfolgen, wie sich die Auffassung von einer Ingenieur-»Natur« im Fachdiskurs weiter entfaltet. Die Entwicklung geht zum einen in die Richtung einer Verhältnisbestimmung zwischen angeborenen und (in der Ausbildung) zu erwerbenden Kompetenzen des Ingenieurs (7.3.1). Zum anderen spiegelt sich eine Steigerung der Naturalisierung in den 1920er-Jahren in der Idee des »Ingenieurtriebs« wider, die gegen die einsetzende Rationalisierung der Ingenieurarbeit ins Feld geführt wird (7.3.2).

7.3.1 Angeboren versus erworben

Die Naturalisierung des Ingenieurschaffens äußert sich in der wiederholten Verhandlung der Frage, welche Kompetenzen ein Ingenieur von Geburt an mitbringen muss und welche erlernt werden können. Sukzessive setzt sich seit der Jahrhundertwende die Überzeugung von der Existenz einer »technischen Natur« und einer entsprechend angeborenen Fähigkeit zum Ingenieurschaffen durch. Diese Ansicht schließt diskursiv nahtlos an die im vorangegangenen Ab-

schnitt beschriebene prähistorische Erzählung an. Eine mit spezifischen Quali-
täten ausgestattete Männlichkeit qua Geburt wird entworfen, die nur noch den
ihr artgemäßen Entfaltungsraum an der Hochschule benötige. Riedlers Votum
für die »Selbsterziehung« (1896: 307; vgl. auch Abschnitt 6.1.4) des Ingenieurs
rekurriert auf eine solche Vorstellung vom Studierenden als geborenem Ingenieur, der sich an der Hochschule nur noch selbsttätig zusätzliche Qualifikationen erwirbt. Das Motiv erhält 1902 programmatischen Charakter durch Otto
Kammerer (1865-1951), Professor für Fördertechnik, der in seiner Ansprache bei
der Übernahme des Rektorats an der Technischen Hochschule zu Charlottenburg folgenden Standpunkt vertritt:

»Die Ingenieurkunst setzt eine ganz bestimmte Naturanlage voraus: sie fordert ein lebhaf-
tes Vorstellungsvermögen, sie verlangt Phantasie. Diese kann wohl angeregt, aber niemals erlernt werden. Die Anregung kann dadurch wohl am besten gefördert werden, dass
das Studium nicht in ein unabänderlich fest gelegtes Gleise gezwängt, sondern dass ihm
eine gewisse Freiheit in der Arbeitswahl gewährt wird. Ein Student, der nach eigener Neigung und Veranlagung studiren kann, wird zu einer kräftigeren Entwicklung der Persönlichkeit und zu selbständigerem Arbeiten gelangen als ein solcher, der an einen starren
Studienplan gefesselt wird.« (1902: 1092)

Gemäß Kammerer gebe es eine natürliche Grundlage, die Voraussetzung für das
Ergreifen des Ingenieurberufs sei. Die Hochschule könne nur noch zusätzliche
Anregung geben. Dafür dürfe das Studium nicht zu stark verschult sein, sondern müsse Freiraum für Entfaltung bieten. Kammerers Zielperspektive ist ein
»Ingenieur, der nicht nur Fachmann ist« (ebd.), sondern seinem Kaiser pflicht-
bewusst dient. Der Kämpfer mit den Naturgewalten verschmilzt hier metaphorisch mit dem kaiserlichen Offizier auf seinem Posten und im Eroberungsfeldzug.
    Diese Auffassung wird von anderen Kollegen bestätigt. So zeigt Ulrich Wendt
im Rahmen seines Festvortrags über »Wirken und Schaffen des Ingenieurs«
(1911), den er auf dem 50. Stiftungsfest des Pommerschen Bezirksvereins hielt,
dezidiert die Grenzen der Ausbildungsstätten auf. Er betont, dass das spezifische
Können der Ingenieure angeboren sein müsse, damit diese die anspruchsvollen
Aufgaben eines Konstrukteurs bewältigen könnten:

»Dieses eigenartige Können, diese Fähigkeiten zum Gestalten und Bilden lassen sich
zwar an den technischen Bildungsstätten wecken, befruchten [sic!] und weiter bilden, sie
müssen aber dem Menschen von einem gütigen Geschick in die Wiege gelegt, sie müssen
ihm angeboren sein, soll er dereinst ein tüchtiger Ingenieur werden.« (Wendt 1911: 1982)

Er trennt damit ein »Können« vom wissenschaftlichen »Wissen«. Die besonderen
Fähigkeiten, die sich nicht erwerben, höchstens »wecken« lassen, erfahren eine
ausdrückliche Form der Maskulinisierung nach dem Riedler'schen Muster des

Mannes der Tat. Dies zeigt sich etwa, wenn Wendt von den »Männern« (ebd.) mit beschränkter Vorbildung, aber hoher Durchsetzungskraft in der Praxis spricht, und wenn er sie als Inhaber einer »nie erlahmende[n], fast unverwüstliche[n] Arbeitskraft« (ebd.) beschreibt. In seiner Schilderung der speziellen Fähigkeiten dieser Figur spitzt Wendt schließlich den Dualismus angeboren versus erworben weiter zu:

> »All diese Aufgaben erfordern zu ihrer Bewältigung Persönlichkeiten. Aber nicht solche, wie sie heute vielfach gepredigt und künstlich gezüchtet werden [...]. Die Technik verlangt Männer, die bereit sind, all ihre Kräfte und ihr bestes Können einzusetzen [...], die, das Auge klar und unverwandt auf das Ziel gerichtet, rasche Entschlußkraft und nie erlahmende Tätigkeit zeigen [...], die immer nur an das schaffende Werk und zuletzt an sich selbst denken.« (1911: 1983)

Pflichtgefühl und Selbstlosigkeit sind demnach Attribute der natürlich entwickelten »Männer«. In der Vorstellung der künstlichen Züchtung als »zweite Natur« bzw. Abkehr von einer »wahren« Natur werden die zeitgenössischen, gebildeten Schichten als bloß räsonierende »Nörgler« (ebd.) kritisiert. Demgegenüber wird ›Mann-Sein‹ im Kontrast zum Künstlichen zu einer ursprünglichen Qualität, einer natürlichen Ausstattung, die unverdorben in den wahren Führungspersönlichkeiten zu finden sei.

7.3.2 Die Natur der Technik in Zeiten der Rationalisierung

Das skizzierte Bild gewinnt in den 1920er-Jahren weiter an Kontur. In dieser Zeit rückt eine neue Grenzlinie ins Blickfeld und wird zum Ort von Auseinandersetzungen: das Verhältnis der Technik zur Ökonomie. Galt die Wirtschaft zunächst als gemeinsame Grundlage aller Männer der Tat, öffnet sich nunmehr häufiger eine neue Kluft zwischen natürlicher technischer Produktivität einerseits und kapitalistischen Gewinninteressen andererseits. Die Differenzierung stärkt die Konstruktion einer naturhaft festgelegten Eigengesetzlichkeit der Technik vor dem Hintergrund von Rationalisierungsbemühungen in der kapitalistischen Großindustrie, die auch die Ingenieurarbeit erfassen. Im Zuge dieser Entwicklung verengt und verschiebt sich, wie weiter zu sehen sein wird, die Naturalisierung des Berufsverständnisses immer weiter vom vorgeblich naturwüchsigen Betreiben eines Gewerbes bei Adolf Ernst Ende der 1880er-Jahre hin zu einer Profilierung der Technik als Gegenpol zum profitorientierten Handeln. Zachmanns Studie macht in diesem Zusammenhang auf die spätere antagonistische Konstellation vom »technischen« und »kapitalistischen Menschen« bei Heinrich Hardensett aus dem Jahr 1932 aufmerksam (vgl. 2004: 145f.).

7.3.2.1 Die Natur des technischen Wirtschaftens

Noch 1906 vertrat Ulrich Wendt in seiner Schrift »Technik als Kulturmacht« die These, kapitalistische Wirtschaft basierend auf technischem Fortschritt habe ihre Wurzeln in der Natur des Menschen und in einem fortschritts- und gewinnorientierten »Triebleben«. Die »treibenden Kräfte in der Volkswirtschaft und in der Kultur« lägen im Wesen des Menschen selbst, in seinem Streben nach Glück und Wohlstand (vgl. 1906: 17). In der Naturalisierung »des technischen Menschen« schwingt um 1900 also auch eine ungebrochene Naturalisierung der Ökonomie mit. In dieser harmonischen Beziehung zeigen sich nach dem Ersten Weltkrieg und der Niederlage des Kaiserreichs schon Anfang der 1920er-Jahre erste Risse. Wortführend ist zunächst wieder Alois Riedler. In seinem Buch »Die neue Technik« aus dem Jahr 1921, insbesondere im Kapitel »Kultur und Technik« (1921: 138ff.), nimmt er Kernmotive seiner früheren Argumentationen wieder auf und passt sie an die Gegebenheiten der Zeit an.

Für das Verständnis seiner Argumentation ist es notwendig, sich noch einmal den zeitgenössischen professionspolitisch relevanten gesellschaftlichen Hintergrund vor Augen zu führen. Zachmann (vgl. 2004: 144) weist treffend auf die Bedeutung der Naturalisierung des Ingenieurschaffens im Kontext der kulturpessimistischen Argumentationen konservativer Kreise der Zeit hin. Hierfür sprächen u.a. direkte Verweise im Ingenieurdiskurs, vor allem auf die Thesen Oswald Spenglers. Auch Riedler distanziert sich klar von der kulturpessimistischen Technikkritik, allerdings unter Bezugnahme auf die neue politische Situation des verlorenen technisierten Krieges, des Endes des Kaiserreiches und des Erstarkens völkischen Denkens unter den Bedingungen der ersten Demokratie in Deutschland in der Weimarer Republik. Zentral für seine Denkstruktur wird nun das Gegensatzpaar von »Eigennutz« versus »Gemeinsinn«. Mit Ersterem sei ein ökonomischer Missbrauch der Technik verbunden, während bei Letzterem Technik zum entscheidenden Kulturfaktor und unverzichtbaren, ökonomisch relevanten Bestandteil der Kultur werde. Technik, die am Gemeinsinn orientiert sei, nütze der Kultur. Dabei verbleibt er relativ holzschnittartig im Dualismus von gutem versus schlechtem ökonomischem Handeln.

»Kultur in unserer Zeit ist vollständig abhängig von den Leistungen der Technik und abhängig sogar vom Wirthschaften, vom ererbten und anerzogenen Sinn für schaffende Arbeit und Vermehren der Werte, abhängig von Pflicht und Trieb zu schaffender Tat im Gemeinleben.« (Riedler 1921: 139)

Die Naturhaftigkeit der Produktivitätsorientierung in Technik und Wirtschaft beschreibt Riedler – ähnlich wie Wendt – als einen »Trieb« zur »Tat«. Erziehung und Naturanlage wirkten hier gemeinsam an der Konstitution des tätigen Menschen, der den Geboten der Evolution und somit einer selegierenden Natur unterliege: »alle Auslese in der Natur ist Kampf« (1921: 140). Er folgert, dass der Kampf ebenso eine auf Technik gegründete Kultur kennzeichne. Erscheinen hier Technik und (gute) Ökonomie noch vereint, als Aspekte der Kultur, die beide im Ursprung des auf sein Kollektiv hin orientierten Menschen wurzelten, so verändert sich die Perspektive gegen Ende der 1920er-Jahre entscheidend.

7.3.2.2 Gaben spendende »Mutter Natur« – natürliche Begabung des Ingenieurs

Wie der Vortrag »Technische Pionierleistungen als Träger des industriellen Fortschritts« des Darmstädter Maschinenbauprofessors Enno Heidebroek (1927), gehalten auf der 66. Hauptversammlung des VDI, illustriert, kommt es im Laufe der 1920er-Jahre zu einer starken Umwertung des Verhältnisses zwischen Technik und Wirtschaft. Heidebroek (1876-1955) war zum Zeitpunkt der Veröffentlichung Professor für Maschinenelemente, Getriebelehre und Industriebetriebslehre an der TH Darmstadt, deren Rektor er in der Amtsperiode 1923/24 gewesen ist. Außerdem war Heidebroek im VDI als Mitglied des Vorstandes ein gut wahrnehmbarer Vertreter seines Berufsstandes. Sein Vortrag belegt eine zunehmende Naturalisierung der zentralen Kompetenzen des Ingenieurs, die eine individuell schöpferische Männlichkeit als Ausnahmesubjekt der Moderne gegenüber dem rationalistischen Programm wissenschaftlicher Betriebsführung abzusichern sucht. Der Text gilt in der Geschichte des VDI als durchaus prominentes Dokument der erstarkenden Rationalisierungskritik der Ingenieure (vgl. Viefhaus 1981: 334).

Auslöser dieser Kritik waren die spürbaren Folgen der Rationalisierungsbewegung in Deutschland, die zunehmend auch die Ingenieure betraf. Gegenüber den wirtschaftlichen Interessen des Großbetriebes vertraten die Ingenieure, in den Worten des VDI-Kurators Lippart, die »eigenen Notwendigkeiten« der Technik, und führten die »schöpferische technische Persönlichkeit« als unverzichtbare »Vitamin«-Spritze für einen Großbetrieb ins Feld (Lippart 1927; zitiert nach Viefhaus 1981: 334). Heidebroeks Text spiegelt eben dieses Aufkommen einer neuen Abgrenzung wider – einer Trennlinie zwischen kapitalistischer Geldwirtschaft großer Konzerne einerseits und einer auf technischer Innovation gründenden Unternehmung andererseits bzw. zwischen wissenschaftlicher Betriebsführung und der nicht rationalisierbaren Natur technischer Erfindungsfähigkeit.

In einer Rückbesinnung auf die technischen Pioniere als Führer großer wirtschaftlicher Unternehmungen entwirft Heidebroek im Vortrag den Ingenieur als Führungsfigur auf wirtschaftlicher und gesellschaftlicher Ebene. Das Verständnis von Natur, das der diskursiven Naturalisierungsstrategie zugrunde liegt, äußert sich im Motiv der Geburt und der Betonung angeborener Fähigkeiten: »Der große Ingenieur wird geboren, nicht gedrillt.« (Heidebroek 1927: 813) Im negativ konnotierten Bild des Drill mag eine neue Abgrenzung von der militärischen Disziplin stecken. Es ließe sich im Kontext des bisher Untersuchten jedoch auch als Ablehnung von »äußerer« Konditionierung und als Plädoyer für eine »innere« Natur des Ingenieurs lesen. Außerdem hält der Redner an einer militärischen Metaphorik fest, wenn er bemerkt, dass die Zeit der großen, paradigmatischen Innovationen, »der naiven ›Erfindungen‹, das Abernten jungfräulichen Bodens« (ebd.) vorbei sei und mehr als ungeschulte erfinderische Intuition gefordert sei. Vielmehr bedürfe der zeitgemäße »Frontsoldat der Technik [...] einer Ausrüstung von ungeahnter Vielseitigkeit« (ebd.). Zweifellos soll die wissenschaftliche »Ausrüstung« des Studierenden an einer TH jedoch auf einer angeborenen »Substanz« aufbauen. Zurückgegriffen wird hier nicht auf vormoderne Gesellschaftsformen, in denen der soziale Status an die Geburt gebunden war, sondern individuelles Talent als angeborene Ausstattung im Sinne moderner Biologie ist gemeint. Diese Prägung erscheint als unverzichtbare Basis für alles später Erworbene.

Zeitgleich weist eine andere Äußerung im Fachdiskurs in eine ähnliche Richtung. Adolph Nägel (1875-1939), Professor für Kolbenmaschinenbau, äußert sich bereits 1923 bei Übernahme des Rektorats der Dresdner TH zur »Aufgaben der akademischen Jugend für Deutschlands Wiedergeburt«, eine Ansprache, die angesichts des verlorenen Krieges nach einem neuem nationalen Aufbruch ruft. 1928 spricht er sich als Rektor der Sächsischen Technischen Hochschule in Dresden in seiner Jubiläumsansprache (vgl. 1928: 429ff.) für eine wissenschaftliche Absicherung der »Naturanlage« durch wissenschaftliche Schulung aus:

»Die Fähigkeit des Erfinders als solche ist, wie wir sahen, eine Naturanlage und kein Ergebnis von Erziehung oder Lehre. Die Triebkraft erfinderischer Beanlagung [sic] wird sich aber um so erfolgreicher auswirken und um so sicherer vor Irrwegen geschützt sein, je fester, umfassender und tiefer die wissenschaftliche Kritik des Ingenieurs in dem Schatz seiner Kenntnisse und forscherischen Erfahrungen begründet ist« (Nägel 1928: 430f.).

Selbst dort, wo Nägel die Vermittlung naturwissenschaftlichen Wissens im Ingenieurstudium stärkt und den rein »intuitiv begabte[n] Erfinder« (1928: 431) mit Skepsis betrachtet, ist offensichtlich, wie stark sich 1928 bereits die Vorstellung von einer angeborenen, natürlichen Ausstattung »des technischen Menschen« diskursiv verankert hat. So erscheint die Allianz zwischen Wissen und Können der Absolventen THn bei Nägel zwar einerseits als Umwertung: Er betrachtet die wissenschaftliche Erkenntnis und Gelehrsamkeit als »gesicherte Plattform [...], von der aus der berufene erfinderische Geist zum kühnen Sprung in fernere Höhen ausholt« (1928: 431). Andererseits bestätigt er in seinen Formulierungen wieder und wieder eine natürliche Grundlage als erste Voraussetzung für die professionelle Tätigkeit.

Nägels genauere Ausführungen zur angeborenen Anlage als »Gabe« (1928: 430) zeigen eine eher eklektizistische Aufzählung diverser religiöser und kultureller Motive, die dem individuellen Leistungsstreben gegenübergestellt werden:

»Diese Triebkraft entspringt einer Fähigkeit, die nicht durch Erziehung zu erzwingen oder durch Fleiß erkauft werden kann. Sie ist ein Geschenk des Himmels, das als einzelpersönliche *Veranlagung* nur verhältnismäßig wenigen Menschen vergönnt und der seelischen Erleuchtung vergleichbar ist, die dem Künstler zuteil wird. Jene seltenen Menschen, denen Mutter Natur diese Gabe verliehen hat, sind unter die Juwelen des Schmuckes zu rechnen, den die schaffenden Geister für ein vorwärtstrebendes Volk bilden.« (1928: 430; H.i.O.)

Traditioneller, vergeschlechtlichter Naturdiskurs und quasi-religiöse Versatzstücke werden diskursiv miteinander verwoben. Dabei werden die gabenspendende »Mutter Natur«, die ebenso stereotyp aufgerufen wird wie das sprachliche Klischee des »Geschenks des Himmels«, zu diskursiven Ressourcen, die ein maskulinisiertes Bild des geborenen Erfinders stärken, der nicht allein auf dem Boden der Wissenschaft, Erziehung und Arbeitsamkeit gedeihen kann. Zwischen dem Spenden von Gaben und dem Begabtsein verläuft die neue Trennlinie zwischen einer weiblich und einer männlich gedachten Natur in einer diskursiven Konstellation, die das rationalistische Modell als einzige Legitimationsgrundlage von Männlichkeit zurückweist.

Bezieht man diese Äußerungen zurück auf die professionspolitische Situation, so liegt die Deutung solch einer sich differenziert stabilisierenden Naturalisierung nahe: Nicht länger ausschließlich leistungsbezogenes Denken, sondern eine Art neues Geburtsrecht begabter männlicher Ingenieure, die einen herausragenden Teil der *workforce* stellen, wird hier geltend gemacht.

7.3.2.3 Natur als Leben: der männliche, exklusive »Ingenieurtrieb«

Die Konzeption natürlicher technischer Männlichkeit wird bei Heidebroek mit der Metapher des Lebens weiter ausgearbeitet und als Abgrenzung zur Rationalisierung der Ingenieurbüros in großen Unternehmen eingesetzt.

Mit der Lebensmetapher entfaltet Heidebroeks Text eine Vorstellung von selbsttätigen, natürlichen Abläufen, die triebhaft gesteuert sind. Die Maschine wird zum lebendigen Wesen, das, »einmal geboren« (1927: 809), den ihm inhärenten Gesetzen des Wachstums folge. Die Entwicklung von Technik wird zum Vorgang, bei dem Leben geschaffen werde, obgleich der kulturelle Topos der »Kopfgeburt« nicht ausdrücklich bemüht wird. Die Tatsache, dass die Vorgänge der Technikentwicklung durchgängig in der Metaphorik natürlicher Lebensprozesse gefasst sind, deutet darauf hin, dass die Autorität einer höheren Ordnung der Dinge, eines metaphysischen Zusammenhangs in der Natur, angerufen wird. Technik folge zwangsläufig Notwendigkeiten, wie das Leben auch, und bringe dabei Artefakte hervor, die selbst im Sinne natürlicher Wachstumsprozesse Eigendynamik entwickelten. So leitet Heidebroek das Ingenieurschaffen mehr und mehr aus Kräften der Natur ab und unterstellt eine natürliche Vollkommenheit sowie An»triebs«kraft technischen Fortschritts.

»Jene geheimnisvollen Kräfte, die in den Gebilden der Natur die vollkommenste Zweckmäßigkeit, die vollendetsten Formen geschaffen haben, strahlen auch aus in die Schöpferkraft des menschlichen Ingeniums, die sich uns in der technischen Idee offenbart. So ist auch die technische Schöpferkraft des Menschen einer der ursprünglichsten, *naturgegebenen* Triebe, die wirken, weil sie wirken müssen.« (Heidebroek 1927: 809; H.i.O.)

Zachmann sieht die Vorstellung vom Ingenieurtrieb in Zusammenhang mit Freuds Sublimierungsthese (vgl. 2004: 145). Zweifellos ist dieser kulturelle Einfluss von Bedeutung. Fragt man jedoch mehr danach, was für die Ingenieure mit der Naturalisierung auf dem Spiel stand, so sollte man den Blick genauer auf die fast beschwörende Herausarbeitung einer besonderen, inneren Zwangsläufigkeit richten. Die »geheimnisvollen Kräfte«, die im Menschen die Fähigkeit zum technischen Schaffen hervorgerufen haben, sind demzufolge nicht einfach Menschenwerk, sondern ursprünglichste natürliche Notwendigkeit. Zu Zeiten des Nationalsozialismus wird gar von einer instinkthaften Ausstattung in Form »vitaler Instinkte« (vgl. Waffenschmid 1935) gesprochen. Der sich bei Heidebroek mit der »Schöpferkraft des menschlichen Ingeniums« andeutende Geniegedanke ist ebenso unumstößlich Teil der Natur.

Diese Verankerung der Ingenieurtätigkeit in der Triebausstattung des Menschen impliziert eine Neukonzeption der geistigen Tätigkeit, die nicht länger im Konzept der wissenschaftlichen Rationalität aufgeht. Das technisch-wissenschaftliche Denken der ersten Phasen der Verwissenschaftlichung grenzte sich von einer inferioren, bloß empirisch-nachahmenden Praxis als in natürlichen Trieben begründet ab. Hingegen generiert der technikwissenschaftliche Fachdiskurs in den 1920er-Jahren die Vorstellung von einem natürlichen Geist bzw. begreift den Geist als vollkommenste Ausformung der lebendigen Natur. Und während noch die Ursprungserzählungen den menschlichen Geist aus dem prähistorischen Moment der Menschwerdung heraus begreifen, erfolgt in den 1920er-Jahren mit Heidebroek eine weitere Konturierung des Geistes als Lebensquell schlechthin. Der menschliche Geist wird zur Schöpfungsinstanz der Natur und speziell zum Ursprung allen technischen Schaffens, dessen Resultate selbst wieder als Erscheinungen des Lebens gelten.

Indem Heidebroek Technik und technisches Schaffen als genuines Lebensphänomen deutet, bietet er außerdem eine Alternative zu den zeitgenössischen Ansichten von der zerstörerischen Kraft der Technik und der »Entzauberung der Welt« durch die technische Zivilisation. In der Betonung des natürlichen Geistes sieht er den Ausweg aus einer auf das Materielle reduzierten Perspektive auf die technische Zivilisation: »Aber vielleicht ist das gerade die große geistige Gefahr unserer Zeit, daß man über dem rein Stofflichen der technischen Werke die geistigen Kräfte übersieht, aus denen sie letztes Endes ihre ungeheure Lebenskraft schöpft« (Heidebroek 1927: 809f.). Heidebroek sucht allerdings nicht länger den Schulterschluss mit allen »schaffenden Berufen«, wie dies bei Riedler um die Jahrhundertwende der Fall war. Technisches Schaffen als Natur wird zur besonderen Natur; der »Ingenieurtrieb« ist besonderer, exklusiver Trieb.

In Heidebroeks »Ingenieurtrieb« artikuliert sich mithin eine etwas andere Spielart des Mannes der Tat, die jedoch im Vortrag eine ähnlich explizite Verge-schlechtlichung erfährt. So beschreibt der Redner in seiner Rückbesinnung auf die Pioniere der Technik und der Industrialisierung häufiger mit Emphase »Män-ner«, die als individuelle Verkörperungen dieser naturhaft geistigen Kräfte gel-ten könnten. Eine als »Wald von Schornsteinen« verherrlichte industrialisierte Naturlandschaft zeuge »vom Schöpfergeist der Männer« und deren wirtschaftli-cher Bedeutung (Heidebroek 1927: 810). Die mehrfach wiederholte Inszenierung skizziert »Männer, auf deren Leistungen der industrielle Standard von heute auf-gebaut ist, die Bahnbrecher des industriellen Lebens waren, weil sie große Inge-nieure gewesen sind« (1927: 815). Die Zirkularität der Argumentation zwischen Ingenieur-Sein und Männlichkeit ist in diesem Beleg offensichtlich.

Männlichkeit, wie sie von Riedler proklamiert wurde, erhält mit Heidebroek wieder deutlicher eine geistige Dimension zugesprochen. Allerdings hat sich die-ser dezidiert natürliche Geist von der Figur des sich als Neutrum verstehenden Vernunftsubjekts bzw. von der Figur des allmächtigen Schöpfergottes abgelöst. Lebendiges Wachstum, natürliche Eigengesetzlichkeit und Triebsteuerung bilden die Motivik, mit deren Hilfe die Ingenieurpioniere als »wahre« Männer, Träger einer ursprünglichen, durch diese Natur legitimierten Merkmalsausstattung, ge-kennzeichnet sind. Dabei geht es nicht länger primär um die Anerkennung des Berufs und um eine dem favorisierten Berufsbild entsprechend organisierte In-genieurausbildung. Verhandelt wird nun die Position der Berufsgruppe in der bürokratischen Organisation. Heidebroek hebt die technischen Ausnahmeper-sönlichkeiten daher auch aus der Masse der gewöhnlichen Angestellten hervor. Damit ist der Boden bereitet für die Argumentation der Ingenieurarbeit als be-sondere, nicht-rationalisierbare Form der Kopfarbeit.

7.3.2.4 Individuelle Schöpfungskraft in der rationalisierten Organisation

Vor dem Hintergrund dieser Überlegungen ist schließlich Heidebroeks kritische Betrachtung der zeitgenössischen Verhältnisse Ende der 1920er-Jahre einzuschät-zen, in deren Folge es zu einer zunehmenden »Mechanisierung der geistigen Ar-beit« (1927: 811; H.i.O.) gekommen sei. Leitend für seine Äußerungen ist das Gegen-satzpaar Individuum versus Masse bzw. Individuum versus Organisation. Damit verbunden ist der Kontrast zwischen der Konstruktionsarbeit von Ingenieuren im Sinne der Herstellung von etwas Besonderem und Routinetätigkeiten als allgemei-ner »Gleichrichtung der Elemente« (ebd.), wie etwa in der Fließbandfertigung. Nicht in der Kopfarbeit allgemein, sondern in der spezifischen geistigen Arbeit des Konstrukteurs liege der Grund, warum das Konstruktionsbüro anders als die Werkhalle oder die Verwaltung organisiert sein müsse. Denn der natürliche Geist des Konstrukteurs entziehe sich der äußeren Ordnung, der Kalkulation, da er nur in der »Lebensenergie der einzelnen Person« seine Produktivität entfalten könne.

»Aber hier sehen wir die Grenzen des Möglichen schon deutlich heraufsteigen: in der Buchhaltung noch vermag eine Rechenmaschine, ein Hollerith-Apparat viele Menschen zu ersetzen: die *Ingenieurarbeit* selbst, im eigentlichen Sinne, die ja auch diese Maschinen erst selbst hervorgebracht hat, ist solcher Ordnung niemals zugänglich; sie bleibt an die Lebensenergie der einzelnen Person gebunden.« (1927: 811f.; H.i.O.)

Das von Lebensenergie erfüllte Individuum bringt Heidebroek in Frontstellung zur rationalisierenden Ordnung. Technisches Denken im Sinne eines kalkulierenden, ordnenden Denkens, wie es sich spätestens seit der Jahrhundertwende auch im Kontext technokratischer Überlegungen in breitere gesellschaftliche Kontexte ausbreitete, wird nun für die Ingenieure selbst zur Bedrohung. Heidebroek entwirft die Ingenieure hingegen als Erfinder, deren Wissen und Können nicht plan- oder kalkulierbar sei, sondern unabdingbar personengebunden und eigengesetzlich. Auf diese Weise fordert er für seinen Berufsstand explizit einen Sonderstatus in der Organisation ein.

»Keine noch so sinnvolle Organisation, kein Kuratorium, keine Planarbeit vermag zu ersetzen, was in der geheimnisvollen Schöpferkraft des Ingenieurs sich frei entwickelt, in der Gestaltungskraft des schaffensfreudigen Ingenieurs neue Formen findet.« (1927: 813)

Heidebroek stellt die Rationalisierung der Arbeit und die wissenschaftliche Betriebsführung also nicht grundsätzlich infrage, sondern akzeptiert diese für bestimmte Bereiche als angemessen. Die Rationalisierung der Arbeit und des Betriebes begreift er selbstredend als genuine Aufgabe der Ingenieure. Doch bei der Ingenieurarbeit selbst zieht er eine Grenze. Es ist die im Vortrag entwickelte Konzeption einer außerordentlichen, natürlichen, individuellen geistigen Fähigkeit, die es erlaubt, Ingenieure zu Ausnahmesubjekten der Bürokratisierungs- und Rationalisierungsprozesse in der Wirtschaft zu erklären. Heidebroek bringt dies wie folgt auf den Punkt: »Nicht aus dem Kapital und nicht aus der Wirtschaft zieht die Technik ihre Lebenskraft, sondern aus den tiefsten Quellen des Lebens, aus Natur und Geist, aus der Schöpferkraft des Ingeniums« (Heidebroek 1927: 815). Insofern artikuliert sich in dieser Variante der Naturalisierung von Ingenieurarbeit der späten 1920er-Jahre nicht allein eine Gegenposition zu den derzeit intensiv diskutierten kulturpessimistischen Thesen Spenglers. Ebenso wenig geht sie lediglich aus dem Freud'schen Triebmodell hervor. Es kristallisiert sich in dieser Spielart des Mannes der Tat sukzessive eine professionspolitisch bedeutsame Gegenposition zum kapitalistischen Zugriff auf die Ingenieurarbeit und dessen Entwertung der technischen Konstruktionsleistung auf dem Arbeitsmarkt heraus.

Heidebroek formuliert die Frage der Rationalisierung der Ingenieurarbeit schließlich um, und zwar in eine Frage nach der möglichen Eingliederung des Ausnahmesubjekts Ingenieur in den kapitalistischen Großbetrieb, indem er mit der »Urkraft« (1927: 812) technischer Innovationsfähigkeit das Überzeitliche und unverrückbar Wesenhafte der Ingenieurnatur betont. Wenn er auf die Gefahren hinweist, die im Falle einer Hemmung dieser Kraft entstünden, wird das Szenario des unabhängigen und selbsttätigen Ingenieurindividuums schließlich in einen nationalen Referenzrahmen eingeordnet. Im Wettstreit der »Völker« würde der Kapitalismus der Nation ein besonderes Gut »entreißen«, das »unsere besondere Begabung« (ebd.). ausmache. Technische Erfindungsfähigkeit wird so, ähnlich wie bei Riedler, allerdings in dezidierter Abkehr von der ökonomischen Mechanisierung, in der Kombination aus individueller und völkisch-nationaler Fähigkeit begriffen. Die außergewöhnlichen, die begabten Ingenieure werden zur wertvollen Ressource des eigenen Landes, die es zu schützen gilt. Die Metapher des Lebens legt implizit die Assoziation eines angemessenen Lebensraumes für die Ingenieure nahe, in der sie sich, vor den Zumutungen der kapitalistischen Gewinnmaximierung geschützt, zum Wohle der Nation voll entfalten könnten. Insofern eröffnet die mit der Jahrhundertwende einsetzende Naturalisierung des Berufsverständnisses schließlich die Möglichkeit einer Sonderstellung, die die produktiven Männer im Sinne einer nationalen Naturressource beanspruchen können. So schafft diese Konzeption von Männlichkeit implizit eine unverzichtbare, natürliche Voraussetzung dafür, Anspruch auf Verschonung vor dem Zugriff der Mechanisierung zu erheben. In dieser Argumentation privilegiert die »männliche Geschlechtsnatur« die Ingenieure gegenüber anderen Berufsgruppen und räumt ihnen Sonderrechte ein, wie das der Entfaltung einer nicht-rationalisierten Produktivität.

Gerade das Heraufbeschwören eines »geheimnisvollen« Untergrundes für schöpferisches Vermögen zeigt neben vielfältigen anderen, in diesem Kapitel zum Teil ebenfalls zitierten, Äußerungen zum künstlerischen Aspekt der Ingenieurarbeit, dass sich die Technikwissenschaften, indem sie vom Entwurf des vernunftbestimmten Gelehrten Abstand nehmen, an das Modell des Künstlers anlehnen. Entsprechende Formen der Verknüpfung von Technik und Kunst behandelt das folgende Kapitel.

8. Der schöpferische Künstler-Ingenieur

Prinzipiell ist die Verbindung zwischen Kunst und Technik nicht neu, sondern bereits in der sozialhistorischen Herkunft der Ingenieure aus der handwerklich-künstlerischen Werkstätten-Tradition verankert. Die künstlerische Deutung des Ingenieurberufs erfährt jedoch um 1900 eine entscheidende Neubewertung. Mit den Gegenbewegungen zum szientistischen Ideal, wie es Redtenbacher vorbereitet und v.a. Reuleaux verkörpert hatte, verstärkt sich im Fachdiskurs die Akzentuierung des Künstlerischen. Das heißt, mit der Bezugnahme auf die Kunst werden neue Akzente in der Technik gesetzt. Die Verschiebung des Berufsverständnisses in Richtung Praktiker und die damit einhergehende Veränderung der Männlichkeitskonzeption werden außer mit dem Ursprungsnarrativ auch mithilfe des diskursiven Anschlusses an das soziale Feld der Kunst und mit der Profilierung der Figur des Künstler-Ingenieurs bewerkstelligt.

Alois Riedler formulierte die grundsätzlichen inhaltlichen Gemeinsamkeiten der Technik mit der Kunst durch Distanzierung vom akademischen Nachdenken *über* Kunst. Ingenieurschaffen sei selbst der künstlerischen Praxis verwandt:

»Ein anderes großes Gebiet, die *Kunst*, die zwar ganz anderen Zielen zustrebt, aber im Unterrichtsbetrieb vor allem das Vorstellungsvermögen in Anspruch nehmen und bilden würde, ist gleichfalls sowohl im herrschenden höheren Unterricht, als auch an der Universität unbekannt. Theoretische Aesthetik und Kunstgeschichte haben nichts damit zu thun. Bildende Kunst und Ingenieurkunst sind auf dem Boden der Vorstellung trotz ganz verschiedenen Zieles durchaus verwandt, in beiden entscheidet nicht das Wollen, sondern das Können.« (1895: 956; H.i.O.)

Der Bezugspunkt Kunst meint also beides zugleich, Rückbezug auf eine alte Tradition *und* Neuausrichtung der praxisorientierten Wissenschaft. Auf solche Äußerungen hat sich die ideengeschichtlich orientierte Technikgeschichte berufen und den Kunstbegriff in der Technik vor allem als Rückbesinnung auf praktische Fähigkeiten und erfahrungsgeleitetes handwerkliches Können gedeutet. Die diskursiven Spielarten, in denen im Fachdiskurs auf die Kunst referiert wird, welcher Art die diskursiven Anleihen sind und welche inhaltlichen Gemeinsamkeiten jeweils herausgestellt werden, kurz: was mit der Referenz auf die Kunst genau gemacht wird, wurde bislang noch nicht detailliert ausgearbeitet. Ausgehend von der Beobachtung, dass die Bezugnahme auf die Kunst viel heterogener gewesen ist und nicht in einem an der Handwerkskunst orientierten Kunstbegriff aufgeht, sollen im Folgenden die diskursiven Thematisierungsweisen im Hinblick auf ihr Funktionieren als *boundary work* der Technikwissenschaften genauer beleuchtet werden. Insbesondere, wenn man Dokumente aus den »vermischten« Rubriken der Fachzeitschriften mit heranzieht und im Zeitverlauf analysiert, erweisen sich die Bezugnahmen auf die Kunst als äußert flexibel.

Damit lege ich weder einen spezifisch technisch konnotierten Kunstbegriff vorab fest noch folge ich dem in der Technikgeschichte zuweilen normativ gesetzten Begriff der Ingenieurkunst, für den dort gegenwärtig eine Rehabilitierung gegenüber einer allzu rigiden Verwissenschaftlichung gefordert wird. Heymann etwa begreift »Kunst« und »Wissenschaft« als »gegensätzliche Pole von Wissen, Kompetenzen und Problemlösungsstrategien, die im technischen Schaffen eine Rolle spielen« (2005: 29). Er verwendet die Begriffe in seiner Arbeit als »grundlegende Kategorien« (ebd.) und definiert sie zu Beginn (vgl. auch Banse/Grundwald/König/Ropohl 2006; Banse/Friedrich 2000). Der in vorliegender Studie gewählte diskursanalytische Zugang fokussiert hingegen auf die kontingenten Konstruktionsweisen des Verhältnisses von Technik und Kunst in den Technikwissenschaften im Zeitverlauf.

Zunächst untersuche ich die Auffassung von der technischen Erfindung im Sinne eines künstlerisch-schöpferischen Prozesses. Exemplarisch betrachte ich vor allem die frühen methodischen Überlegungen zur Konstruktionstätigkeit in den 1890er-Jahren von Peter Klimentisch von Engelmeyer (8.1). Anschließend wird nachgezeichnet, wie die Technikwissenschaften um die Jahrhundertwende allmählich ins Feld der Kunst ausgreifen und wie sich die Thematisierungsweisen der Kunst über die Jahre verändern. Von Interesse ist nicht zuletzt, welcher Stellenwert der Kunst für die Profilierung des neuen Berufsbildes zukommt (8.2). Im letzten Abschnitt geht es um die in den ersten Jahrzehnten des 20. Jahrhunderts einsetzende *boundary work* von Seiten der avantgardistischen Kunstbewegungen. Diese bewegen sich nun selbst auf das Feld der Technik zu. Am Beispiel Richard Riemerschmids analysiere ich, wie Künstler in den technikwissenschaftlichen Fachdiskurs eingreifen. Die Technik/Kunst-Grenze bietet daher ein anschauliches Beispiel für das Ringen um Tätigkeitsgebiete und damit auch für die auf der diskursiven Ebene ausgetragenen Auseinandersetzungen um die Monopolisierung und Sicherung von Zuständigkeiten (8.3).

8.1 Der schöpferische Akt des Erfindens

Im Erfindungsbegriff, der im ausgehenden 19. Jahrhundert eine wachsende Bedeutung in den Technikwissenschaften erlangt, wird das Nachdenken über die Tätigkeit von Ingenieuren entscheidend erneuert und der Deutungsrahmen der wissenschaftlich-deduktiven Herangehensweise an das Konstruieren, wie sie vor allem von Reuleaux vertreten wurde, nach und nach verlassen.

In den Äußerungen der Ingenieure zum Erfinden berühren sich zwei Stränge des Fachdiskurses, nämlich der thematische Strang zur Gestaltung der Ingenieurausbildung einerseits und jener zum methodischen Verfahren des Konstruierens und zum Konstruktionsprozess andererseits. Wissen über das »Maschinenentwerfen« sei nützlich, so der im Folgenden genauer untersuchte Text von Peter Klimentitsch von Engelmeyer, da man es für die Konzeption und Beurteilung von Unterrichtsplänen in der Ingenieursausbildung verwenden könne (1893: 533). Wie zu sehen sein wird, erscheint die Kunst des Erfindens bei Engelmeyer als genuiner Ausdruck der schöpferischen Natur des Ingenieurs.

8.1.1 Die Hierarchie der drei »Akte« des Konstruierens

Die systematisch aufeinander aufbauende Abfolge von Schritten zur Entwicklung einer Maschine ist um 1900 in einem der ersten strikt methodisch orientierten Vorschläge als »Dreiakt«-Theorie formuliert worden. Der russische Maschinenbauingenieur Peter Klimentitsch von Engelmeyer veröffentlichte in den wichtigen Fachzeitschriften einige Beiträge (vgl. 1909, 1895 und 1893), in denen er sich mit dem Wesen der Erfindung beschäftigte und den Entwurfsprozess auch »psychologisch« analysieren wollte (vgl. insbesondere Engelmeyer 1893).

Die technikhistorische Einordnung Engelmeyers ist nicht ganz eindeutig, da er sich v.a. stark mit maschinentheoretischen Arbeiten einen Namen machte (vgl. Braun 1975; König 1999: 51 [Fußnote 100]; Heymann 2005: 99f.). Zweifellos gilt er als einer der ersten, die sich mit der Maschinenkonstruktion als Prozess auf einer Metaebene genauer befassten. Wie die Analyse zeigen wird, weist er dabei gerade mit dem Erfindungsbegriff über eine streng wissenschaftliche Herangehensweise an das Konstruieren hinaus. Bevor ich auf die inhaltliche Analyse des Künstlerisch-Schöpferischen bei Engelmeyer eingehe, beleuchte ich daher zunächst die Gesamtkonzeption der Dreiakt-Theorie und die Frage, wie Engelmeyer die drei Akte grundsätzlich versteht und zueinander ins Verhältnis setzt.

Die Dreiakt-Theorie verrät Engelmeyers Anspruch, ein konsistentes Modell für das »Erfinden« zu entwickeln, zu dem bislang seines Erachtens keine herrschende Lehrmeinung existiere. Sein Modell reflektiert einen komplexen Prozess der Neuentwicklung einer Maschine und zielt auf annähernde Vollständigkeit und größtmögliche Reichweite der Anwendung ab, soll in reduzierter Form aber auch auf einfachere Fälle übertragbar sein (vgl. Engelmeyer 1893: 533). Das

Modell basiert auf der Vorstellung einer Abfolge von drei »Akten«, in welcher der wissenschaftlichen Tätigkeit erst der zweite Platz zugewiesen wird. Im ersten Akt, dessen Beschreibung im Übrigen den größten Raum in seiner Schrift »Ueber das Entwerfen der Maschinen. Psychologische Analyse« (1893) einnimmt, verortet Engelmeyer den rätselhaften und nicht lehrbaren Schaffensprozess des Genies, den Reuleaux als Offenbarungstheorie zurückwies. Mit der Beschreibung der zweiten Phase knüpft Engelmeyer explizit an Reuleaux an, wenn er von der »[k]inematische[n] Ausarbeitung des Schemas« oder vom »vorzugsweise wissenschaftliche[n] Akt« spricht (1893: 538). Der erste Akt sei ein nicht-wissenschaftlicher Prozess der Entwicklung der Ausgangsidee, wohingegen im zweiten gerade die exakten Wissenschaften wichtig seien. Den Unterschied zwischen den beiden Akten betont er mit einer prägnanten Formulierung: »Bisher, d.h. im ersten Akte, spielte [...] die persönliche technische Erfahrung die erste Rolle, jetzt aber sind faktische, wissenschaftliche Kenntnisse nöthig.« (1893: 539) Während der erste Akt von der Subjektivität des Erfinders abhänge, stehe und falle im zweiten alles mit der Objektivität der naturwissenschaftlichen Gesetze. Allerdings handle es sich beim wissenschaftlich-geleiteten Entwurfshandeln ebenso wenig um eine rein mechanisch-ausführende Tätigkeit. Auch der wissenschaftliche »Akt« sei in gewissem Sinne kreativ und schöpferisch.

»Andererseits kann man jedoch nicht sagen, dass dieser zweite Akt eine einfache mathematische Uebung, eine einfache Wiederholung der Wissenschaft sei. Nein, die Selbstthätigkeit des Maschinenbauers, d.h. das schöpferische Element, spielt oft auch hier eine grosse Rolle [...]. Hier dauert das Suchen trotzdem noch fort.« (Ebd.)

Demnach gibt Engelmeyer mit der Konzeption der ersten beiden Akte nicht den professionspolitischen Anspruch der verwissenschaftlichten Technik auf, eine gehobene und produktive Tätigkeit zu sein. Er fügt diesem gehobenen Tätigkeitsfeld lediglich einen weiteren Tätigkeitstypus hinzu und schaltet ihn noch vor den bisher privilegierten wissenschaftlichen Tätigkeitstypus.

Während den zweiten und dritten »Akt« die Kluft zwischen dem abstrakten Schema und der konkreten Gestalt trenne, repräsentiere der dritte »Akt« die stark am Handwerk orientierte einfache Tätigkeit des Ausarbeitens von Details und des Anfertigens von Zeichnungen. Hier spielen wissenschaftliche Kenntnisse, so Engelmeyer, kaum noch eine Rolle. »Jetzt soll jedes Detail seine endgültige Form bekommen, unter der es in der Wirklichkeit erscheint.« (1893: 540) Die entsprechenden Tätigkeiten gelten als die am wenigsten komplexen. Die Phase erfordere lediglich Qualifikationen, die auf den untersten Stufen der technischen Ausbildung erlangt werden können, und bereite

»gar keine Schwierigkeiten mehr. Das Gelingen dieser Arbeit hängt nicht so sehr von den wissenschaftlichen Kenntnissen des Konstrukteurs ab, als vielmehr von dem, was er gesehen und behalten, von seinem Geschmacke und Augenmass, von der Gewohnheit, mit Nachschlagebüchern umzugehen, und seiner Uebung im zumeist elementaren Berechnen.« (1893: 540)

Erfahrung, Geschmack, Routine und elementare Mathematik sind die Voraussetzungen, die die Bewältigung dieser Arbeitsphase sicherstellen. Sie basiert überwiegend auf Typenwissen, das in Lehrbüchern nachgeschlagen werden kann, katalogisierten Maschinenelementen und der ästhetischen Umsetzung des Schemas in eine Gestalt, die in der Konstruktionszeichnung veranschaulicht wird. Obwohl hier Geschmacksfragen erwähnt werden, schafft Engelmeyer an dieser Stelle keinen Bezug mehr zur Kunst. Künstlerisches Erfinden und geschmackvolles Gestalten sind hier getrennte und hierarchisch deutlich voneinander geschiedene Fähigkeiten. Das Konstruieren im dritten Akt sei tendenziell reproduktiv und ausführend im Gegensatz zum produktiven und entwickelnden Charakter des ersten und partiell auch des zweiten Aktes. Mit dem Fertigstellen der Konstruktionszeichnung und dem Übergang in die Fertigung ende der Konstruktionsprozess und überschreite die Grenze vom weitgehend immateriellen Entwurf zum materiellen Herstellen: »Das Uebrige, d.h. das faktische Bauen, ist schon Sache der Werkstatt, und ich gehe nicht weiter in meinen Ausführungen, weil die Maschine in ihrer eigentlichen Gestaltung jetzt schon vollständig geschaffen ist« (1893: 541).

Diese dezidierte Abtrennung der Fertigung verdeutlicht, wie Engelmeyer das Lehrgebiet absteckt: Der Ingenieur ist auf drei Stufen geistig produktiv. Das Materiellste, was er hervorbringt, ist die Zeichnung. Je abstrakter seine Tätigkeit, desto ranghöher befindet sie sich in der Hierarchie der drei Akte. So reflektieren diese Akte u.a. Ausbildungsstufen: Die Arbeit der ersten beiden Akte ist den Absolventen der THn vorbehalten; dem Techniker der mittleren und »unteren« Fachschulbildung obliegt die Arbeit des dritten Aktes. Aber auch die ausbildungsmäßige Grenzziehung zwischen erster und zweiter Phase sieht Engelmeyer als entscheidend an, da das eigentliche Erfinden nicht gelehrt werden könne (vgl. 1893: 551). Während der erste Akt eine Sonderstellung einnimmt, sind die beiden übrigen Phasen des Entwurfs im Schulsystem lokalisiert. Auf diese Weise übersetzt Engelmeyer die Differenzierung innerhalb der Ingenieurtätigkeit als immaterielle Geistesarbeit in eine Hierarchie der Männer, vom nicht bildungsabhängigen Naturtalent des Erfinders über den höher gebildeten Maschinenwissenschaftler zum elementar qualifizierten Techniker. Der »Dreiakt« entspricht andererseits aber auch einer organisationalen hierarchischen Arbeitsteilung zwischen dem Erfinder und seinen Gehilfen bzw. zwischen dem Professor und seinen Mitarbeitern (vgl. 1893: 546f.).

Die Differenzierung zwischen abstrakt und konkret wird folglich in Form einer dreigeteilten Rangfolge gedacht, nicht als strikte Dualität, und erfolgt als Einstufung von Männern unterschiedlicher Qualifikation und Positionierung. In einem entscheidenden Punkt weicht Engelmeyers Taxonomie der Ingenieurarbeit von jener Reuleaux' und Redtenbachers ab: Bei ihm wird dem Wissenschaftler der oberste Rang streitig gemacht zugunsten eines Ausnahmesubjekts, dessen schöpferische Energie nicht aus der distanzierten Betrachtung resultiert, sondern im Sinne des Mannes der Tat viel mehr eine Sache der Natur ist.

8.1.2 Die religiöse Offenbarung der »dunklen« Idee

Im ersten Akt, auch »schöpferische[r] Akt« genannt, entsteht der allgemeine Plan für die Maschine. Der Text akzentuiert in dem Zusammenhang vor allem Aspekte wie Liebe zur Sache, das Gefühl für das Neue und das Erzeugen bzw. Aufkeimen der schöpferischen Idee. So sei

»[...] es nöthig, dass sich im Menschen der schöpferische Akt vollziehe, der gerade die Idee der Maschine im Geiste hervorrufe [...]. Wenn der Maschinenbauer sich an die Lösung seiner Aufgabe macht, so ist es von der grössten Wichtigkeit, das er sie lieb gewinne, um sie erfolgreich zu lösen.« (Engelmeyer 1893: 534)

Kenntnis der Naturgesetze sei in diesem Stadium nur notwendig, um den Erfinder vor Irrwegen zu bewahren. Die Gefahr, sich zu irren, sei nur durch »das wahre Verständnis der Natur, der Grundgesetze der Physik und der Mechanik« einzudämmen (1893: 535). Abgesehen davon finde der Prozess vollständig im Inneren des Erfinders statt, obwohl dieser selbst die Lösungsfindung nicht einfach in der Hand habe. Die »richtige« Lösung komme eher zu ihm, er »verfällt« auf sie, sie »stellt sich ein«, Lösungen »drängen« sich auf, so die Formulierungen (1893: 534). Nur die Erfahrung führe den wirklichen Erfinder sicher auf den richtigen Weg:

»Der Mensch hat hierfür eine besondere Art Gewissen, welches ihm zuflüstert, dass diese entstehende, aber noch nicht klare Idee der Maschine, seiner Fähigkeit nach, die beste Lösung der Aufgabe ist. Ein erfahrener Mann irrt sich nie. Vielleicht fühlt er einstweilen nur die Gegenwart einer neuen dunklen Idee.« (1893: 534)

Dieses tastende, empfindende Vermögen wird zunächst nur beiläufig geschlechtlich markiert. An die Stelle der Lichtmetaphorik der Aufklärung tritt das Bild der »dunklen Idee«, deren Nähe nur gefühlt werden kann, die sich jedoch dem instrumentellen Zugriff entzieht. Der neue Mann wird in dieser Vorstellung vom Erfinder als ein Wesen konzipiert, das von Empfindung und Glauben gelenkt wird.

»[...] hat man diesen Glauben nicht und in der Seele bleibt eine Unruhe; es fehlt jene Jupiterruhe, jenes Bewusstsein, dass man eine neue Wahrheit in sich trägt, dass man von jetzt an zu den Auserwählten zählt« (1893: 535).

»[...], dass diese Idee, wenn sie nur von der Stimme genannten Gewissens angekündigt wird, schon die volle Lösung der Aufgabe in sich birgt, schon die vollständige, einstweilen jedoch nicht sichtbare Maschine bedeutet. Die ganze übrige Thätigkeit des Erfinders und Maschinenbauers besteht darin, diese Idee zu lesen und die Einzelheiten zu betrachten, vom Begriff des Erfundenen zu dessen körperlicher Gestaltung voranzuschreiten.« (Ebd.)

Die Abwendung vom rationalistischen Ideal der Verwissenschaftlichung äußert sich nicht zuletzt in Engelmeyers Verwendung von Kategorien aus dem Bereich der Religion. Nicht Wissen, sondern Glaube leitet den Erfinder durch das Labyrinth möglicher Entwurfsideen. Glaube ist die validierende Instanz, die erst zur »Wahrheit« führt. Anerkennung des Erfolgs formuliert Engelmeyer schließlich auch eher als das Zuteil-Werden einer göttlichen Gnade – der Gnade, zum »Auserwählten« neuer technischer »Wahrheit« auserkoren zu sein.

Engelmeyer mobilisiert auf diese Weise den durch eine Art göttliche Offenbarung legitimierten Mann als Gegenmodell zur aufklärerischen Vernunft, wenngleich damit sicherlich kein Rückbezug auf die christliche Tradition gewollt ist. Religiöse Anspielungen fungieren hier zunächst als kontrastiver Referenzrahmen, um den ersten Akt vom zweiten, dem wissenschaftlich-kinematischen, abzugrenzen. Mensch und Mann bleiben austauschbare Vokabeln, die darauf hindeuten, dass die geschlechtliche Markierung weitgehend latent bleibt. Zwar liefert Engelmeyers Mysterium der Frühphasen technischer Erfindung die Leitkonzepte Gefühl, Erfahrung und Schöpfung – ebenfalls ein auf Religion verweisendes Konzept –, doch fehlt noch die offensive maskulinistische Ausarbeitung, die erst mit der verstärkten Konzipierung des Ingenieurs als Künstler erfolgt. Dieser kontrastive Referenzrahmen als nicht-szientistische Vorstellung vom produktiven Vermögen des Ingenieurs wird, wie im Folgenden zu sehen ist, zwar unter Verwendung traditional anmutender Deutungsmuster eingebracht, doch letztlich in der naturalisierten Version des Ingenieurs als künstlerischer Praktiker verfasst.

8.1.3 Die natürliche Begabung des Künstler-Ingenieurs

Ausgangspunkt ist die Frage, wie der Ingenieur mit einer Idee umgeht. Auch hier betont Engelmeyer, dass es sich um eine geistige Tätigkeit handle. Auf diese Weise davor gefeit, mit dem Handwerk verwechselt zu werden, ist die geistige Tätigkeit jedoch anders konzipiert, als sie es für den Maschinenwissenschaftler war. Metaphorisch wird das Betrachten, Ergründen, Lesen und Entwickeln der Idee vollständig in den Kopf verlagert. Alles laufe nur vor dem »geistigen Auge« ab und setze die Abgeschiedenheit und Ferne von Schreibtisch und Papier geradezu voraus. Wie wichtig ihm das ist, zeigen die vielfältigen Varianten, mit denen Engelmeyer seine Auffassung geradezu beschwört:

»Ich behaupte [...], dass das erste Lesen der Idee nur im Geiste vorgehen muss, ohne Papier und Bleistift und besonders ohne Hülfsbücher und Tafeln, am besten unter Umständen, wo man nicht gut skizzieren kann, z.B. auf der Eisenbahnfahrt und bei geschlossenen Augen.« (1893: 537)

»In der ersten dunklen Idee ist schon die vollständige Lösung der Aufgabe enthalten. Die übrige Thätigkeit des Ingenieurs, sein ganzes Wissen muss darauf gerichtet sein, diese im Innern entstehende Idee zu erkennen, diese Hieroglyphe zu lesen und in die übliche technische Sprache zu übersetzen.« (1893: 548f.)

In einer Art säkularen, dem technischen Fortschritt geweihten Abgeschiedenheit werde die Erfindungskunst umgesetzt. Engelmeyers Metaphorik bleibt im Verlauf des Textes allerdings keineswegs konsistent, wenn er gegen Ende das Lesen der Idee mit dem Entziffern einer »Hieroglyphe« gleichsetzt und diesen Prozess als alles entscheidende Phase verabsolutiert. Die inflationäre Bildhaftigkeit kann geradezu als Indiz für die Sache selbst gedeutet werden, die hier eben nicht auf den Begriff zu bringen ist, sondern sich dem sprachlichen Zugriff zwangsläufig entzieht. Insofern nutzt der Autor fast völlig unterschiedliche sprachliche Bilder, die einen Gegenpol zum rationalistischen Konzept der geistigen Tätigkeit bilden sollen.
Fluchtpunkt ist schließlich die Vorstellung, es handle sich um eine »Kunst«. »Der erste Akt, der Akt des Erfindens, fängt an, sobald sich das reine Schaffen einstellt [...]; es ist das Ergebniss einer Kunst, die nicht gelehrt werden kann« (1893: 549). Der Verweis auf die Kunst dient Engelmeyer dazu, die Tätigkeit aus dem gestuften Ausbildungssystem quasi auszugliedern und diesem überzuordnen. Damit bezieht sich Engelmeyer implizit auf den Dualismus zwischen Natur und Kultur und schlägt so auch das Erfinden in seiner ersten und höchsten Ausformung der Natur zu. Ebenso knüpft er an das Ideal der genialen künstlerischen Arbeit an, in der das Kunstwerk im Sinne der romantischen Ästhetik nicht das Resultat von Fleiß und Bildung ist, sondern als großer Wurf plötzlich aus dem Nichts entsteht: »Was dieser [erste; TP] Akt nicht mit einem Male giebt, wird auch in dem Werke nicht vorhanden sein« (1893: 548), schreibt Engelmeyer in der vergleichenden Bewertung der drei Akte. Diese Darstellung nivelliert schließlich auch wieder das Moment der gelehrten Schriftkundigkeit in Richtung eines Naturereignisses. Diese Deutung wird durch die Verwendung weiterer Naturmetaphern, der des Wachstums und der Verwandtschaft, im Text unterstützt.
So wird die Genese der Idee in Metaphern natürlichen Wachstums beschrieben. Die erste Eingebung, an der die Gedanken festmachen, »ist ein lebendiger Keim, ein Kern, der die Einbildungskraft nicht stört, sondern ihr im Gegentell einen Stützpunkt bietet. Dieser Kern zieht bald weitere neue Glieder an sich, die ein harmonisches Ganzes bilden.« (1893: 537) In diesem Herausbildungsprozess ist teilweise ungeklärt, welches die tätige Instanz ist, ob der Erfinder die »Glieder« im intensiven Nachdenken zusammenfügt oder, wie Engelmeyers Text eher

starke Einbildungskraft

nahelegt, ein organischer Prozess in Gang kommt, in dem sich die Dinge im Kopf quasi naturwüchsig entwickeln. Der Text gibt dort weitere Auskunft, wo er von der individuellen Begabung des Erfinders handelt. Denn abhängig sei dieses vollständige Zustandekommen einer »Schöpfung [...] nur in der Phantasie des Erfinders« (1893: 538) von einem individuellen Vermögen, das allerdings eine besondere geistige Kapazität erfordere. Außer einem »guten Gedächtniss« verlange ein solches Arbeiten, »mit starker Einbildungskraft begabt« zu sein (537). Die geistige Kraft des Erfinders ist hier Grundvoraussetzung für die Bewältigung des ersten Aktes des Entwerfens einer Maschine. Mit der Kraft akzentuiert Engelmeyer ein Denkmodell, das zwar die instrumentelle Verfügbarkeit des Gegenstandes durch den Konstrukteur in Frage stellt, das rhetorisch dann jedoch wieder das aktive Moment des Erfindens und die »Eigenthümlichkeit des Konstrukteurs« (1893: 537) als besonders begabtes Subjekt betont. Eine so bebilderte Konzeption technischer Produktivität kann sich daher auch erfolgreich von zeitgenössischen, kulturell feminisierten Formen von Produktivität wie Imagination, Phantasie und anderen Beschreibungen einer als »rezeptiv« verstandenen »weiblichen Intelligenz« (Daston 1987/88) absetzen.

Auf Naturmetaphorik greift Engelmeyer schließlich nochmals zurück, wenn er den einsamen Erfinder in eine historische Genealogie der Maschinenentwicklung einordnet, die als Geschichte geistiger Verwandtschaftsbeziehungen eines Erfinder-»geschlechts« erscheint. Es ist klar, dass mit dem Bild des geistigen »Kindes« der Topos der Kopfgeburt aufgerufen wird. Doch er steht nicht im Zentrum. Entscheidend ist vielmehr der vorgeburtliche Vorgang des Heranwachsens des Kindes im Kopf, eine Idee, die innerhalb des »Geschlechtes« weitergereicht und stetig perfektioniert werde.

»Alle Schriftsteller, die sich mit der Geschichte der Entwickelung und Vervollkommnung der Maschine befassen, beweisen, dass fast eine jede das Arbeitsresultat vieler Geschlechter von technischen Erfindern ist. Einer hinterlässt sterbend einem Andern, von dem er vielleicht gar nichts weiss, sein unvollendetes Geisteskind im Embryozustand. Ein anderer Techniker wird geboren, der sich dieser Erfindung annimmt und Aenderungen, Verbesserungen und Vereinfachungen daran bewerkstelligt. Aber auch er löst gewöhnlich nur einen Theil der ganzen Aufgabe, und nach ihm arbeiten wieder andere Nachfolger daran mit frischer Kraft und so immer weiter. Eine eigenartige Erbschaft und eine eigenthümliche Arbeitsteilung.« (1893: 546)

Es handelt sich hier nicht um eine Geschichte der auf Grundlage objektiv feststellbaren Wissensfortschritts stattfindenden Höherentwicklung, sondern um die transgenerationale Weitergabe in einer Familie geistiger Errungenschaften. In der Geschlechtsmetapher, die hier auf die ältere Bedeutung des Wortes und somit auf den familialen Zusammenhang über Generationen hinweg verweist, steht der Erfinder in einer Verwandtschaftsbeziehung mit den anderen, früheren

Erfindern. In eine solche Traditionslinie wird man hinein-»geboren« und Verwandtschaft wird durch das angeborene Talent begründet. Mit dieser Darstellung der Technikgeschichte als Genealogie der Begabten verlässt Engelmeyer das wissenschaftlich begründete Fortschrittsdenken. Denn die von der Natur mitgegebenen Gaben der Fähigkeit zur Erfindungskunst legitimiert ein neues Geburtsrecht. Das traditionale Modell ständischer Verhältnisse wird zwar aufgerufen, aber in umgearbeiteter Form. In dieser Ausprägung wird von der durch natürliche Befähigung legitimierten Position ausgegangen. So bereitet auch die Engelmeyer'sche diskursive Referenz auf das Feld der Kunst die um die Jahrhundertwende weiter zunehmende Naturalisierung des Ingenieurschaffens konzeptionell vor.

8.1.4 Die Maskulinisierung der Erfindungskunst

Wie im vorangegangenen Kapitel zu sehen war, wird in Max Eyths (1904) Text »Poesie und Technik« mit der Vorstellung vom Ingenieurschaffen als Kunst ausdrücklich die Konzeption des Ingenieurs als Mann der Tat und potenter Künstler unterstützt. Eyths Text geht auf einen Vortrag auf einer Hauptversammlung des VDI zurück und wurde in der Z.VDI abgedruckt. Dieser Aufsatz wurde in der Fachöffentlichkeit ausgesprochen stark wahrgenommen (vgl. Matschoß 1915: 753; Weihe 1916: 717). In dem dort vertretenen Anspruch, das Verhältnis zwischen Technik und Kunst umfassend und allgemein zu bestimmen, ist er sicherlich singulär und daher zu den Schlüsseldokumenten dieser Untersuchung zu zählen. Es handelt sich geradezu um den Versuch der Einschreibung des Ingenieurwesens in die zeitgenössische Hochkultur.

Eyths Überlegungen zur Erfindung verbinden die Naturalisierung des Ingenieurschaffens fast in biologischem Verständnis, angelehnt an das Motiv der Zeugung, mit dem Aspekt des Künstlerischen. Deutlicher wird im Vergleich zu Engelmeyer jedoch die Vergeschlechtlichung dieser technisch-künstlerischen Tätigkeit. Kein anderer Text thematisiert Männlichkeit derart als qualitatives Merkmal und bietet der Geschlechteranalyse technikwissenschaftlichen Wissens einen ähnlich hohen Explizierungsgrad.

Nahezu deckungsgleich mit Engelmeyers Beschreibung des »schöpferischen Aktes« mobilisiert Eyth den Mythos vom einsamen Erfinder und Entdecker wissenschaftlicher Wahrheit, verklärt die Tätigkeit ebenso wortreich wie Engelmeyer zu einem Mysterium, geradezu einer religiösen Offenbarung, aus der das rationale Moment vollkommen getilgt zu sein scheint.

»Viele von uns sind vertraut mit jenem intensiven Denken, mit dem ruhelosen Spiel der Phantasie, mit den kapriziösen Stimmungen des Augenblicks, die uns heute wie hellsehend machen, morgen in unbehagliche Nebel hüllen, in denen nichts gelingen will. Das ist der Ursprung, der Nährboden, der geistige Kern jeder Erfindung.« (1904: 1132)

Die Lösungsfindung ist keine Frage systematischen Vorgehens, sondern hochgradig unberechenbar. Der Erfinder ist dem amorphen, nebelverhangenen und unwägbaren »Nährboden« weitgehend ausgeliefert. »Phantasie« und schaffende Kreativität bilden ein spannungsreiches Duo aus riskantem Spiel und entschlossener, willensgesteuerter Tat. Ebenfalls auf Basis biographischer Schilderungen »großer Entdecker« der Naturwissenschaften – hier ist es Helmholtz – beschwört Eyth die schon bekannte Metaphorik des »Dunklen« und »Geheimnisvollen« herauf:

> »[...] den dunklen Drang, zu schaffen, das halb unbewußte Spielen der Phantasie, das Herbeiziehen unzusammenhängender Erinnerungen und abgerissener Gedanken; dann plötzlich das Erblicken eines Ausweges, eines Lichtes im Halbdunkel, das von keinem Willen abhängig zu sein scheint, das aus einer Richtung kommt, an die der Entdecker im Augenblick gar nicht gedacht hatte. Und dann die jubelnde Freude, wenn das Licht mit jedem Augenblick heller und klarer wird, und schließlich die das ganze Wesen des Mannes durchzitternde Gewißheit: Hier ist wieder einmal eine neue Wahrheit gefunden!« (1904: 1132)

Einerseits bleiben hier mit dem Beispiel Helmholtz die Naturwissenschaften auch für die technische Erfindung diskursbildend. Andererseits erhalten sie ein neues Gesicht: Sie sind nicht mehr vorrangig von logischem Folgern und Methode geprägt, sondern vom Abenteuer eines unwägbaren Prozesses der Wahrheitssuche und im Erfolgsfall vom ergreifenden Moment des Durchbruchs zum Licht neuer wissenschaftlicher Erkenntnis. Die hier aufgerufenen Attribute bilden einen harten Kontrast zum bis dahin im szientistischen Ideal hegemonial gesetzten Bild vom Ingenieur. Sie zielen auf die Abgrenzung zum Deutungsmuster vom abstrakten Denken, bleiben jedoch zugleich auf Distanz zum Motiv der körperlichen Arbeit.

Zudem zeigt sich auf der Textebene unmissverständlich, dass – in der bürgerlichen symbolischen Geschlechterordnung zumeist Frauen zugeschriebene – Attribute wie Passivität, Rezeptivität, Anpassungsbereitschaft etc. hier nicht feminisiert sind. Dies spricht dafür, konkurrierenden Männlichkeitsvorstellungen einen höheren Stellenwert einzuräumen. Es impliziert eine Perspektivverschiebung im Verhältnis zu Zachmanns Analyse, die in dem von den Praktikern abgewerteten Bild des Bildungsbürgers das »Rollenmodell bürgerlicher Weiblichkeit« (2004: 129) erkennt. Als Gegenpol zum Erfinder zeichnet Eyth ein Bild von »Herren des bloßen Wissens« (ebd.), denen das Etikett »Mann« offenkundig nicht zuerkannt wird. Die Wortwahl »Herr« wirkt in diesem Zusammenhang geradezu wie eine polemische Anspielung auf die gesellschaftlich höhere und anerkanntere Position der Gebildeten. Die Männlichkeit des Erfinders und Entdeckers erweist sich folglich – ähnlich wie bei Riedler – als kontrastive Konstruktion gegenüber anderen Versionen von Männlichkeit. Ebenso erhält der Eyth'sche Mann eine ganz explizite und fast emphatische Markierung. Das Männlichkeitskonzept macht sich genau am Kriterium der Produktivität fest:

»Die Phantasie und der Wille, die Kraft und die Männlichkeit, die all diese Dinge geschaffen haben, sind noch heute in voller Tätigkeit und arbeiten weiter an der Erschließung unbegrenzter Möglichkeiten.« (1904: 1131)

Männlichkeit wird hier eben im Gegensatz zu den anerkannten »Herren des bloßen Wissens« zu einer neuartigen kreativen Eigenschaft und Ressource genialer Erfindungsfähigkeit. Mit ihr ist ein bereichsübergreifender Verbund aus Entdeckern, Erfindern und – wie noch genauer ausgeführt wird – Dichtern charakterisiert, die als Schaffende verstanden und qua Geschlecht naturalisiert werden. Entgegen der »blinden Welt der Wissenden« (ebd.) betrachtet Eyth diese Produktivitätsform als künstlerisch. Männlichkeit bleibt also bei Eyth kein beiläufiges Etikett, sondern wird zum emphatisch-programmatischen Leistungskriterium.

Damit reklamiert Eyth für den Ingenieur den Status der »klassischen Ausnahmesubjekte der Moderne« (Osten 2003: 9), den der Künstler – neben »Musiker[n], Nonkonformisten und Bohemiens« (ebd.) – in der bürgerlichen Moderne für sich in Anspruch nehmen kann. Für die Moderne hat Irit Rogoff die Herstellung dieser Subjektkonstruktion als spezifische Variante von Männlichkeit rekonstruiert, die in neuer Weise Deutungsmacht anstrebt: »Die Repräsentation der ›künstlerischen Vision‹ trägt so zur Marginalisierung des Künstlers in der sozialen Ordnung bei, gibt seinem Projekt aber zugleich eine heroische Dimension« (1989: 37). Rogoff entwickelt die These, dass die künstlerische Moderne »Marginalität geschlechtsspezifisch differenziert« (1989: 36), Marginalität von Männern im Sinne einer Avantgarde verstehe und ihr auf diese Weise einen höheren Status verleihe. In der Figur des Künstlers mögen sich durchaus üblicherweise widersprüchliche Eigenschaften vereinen. Dem Künstler gesteht man angesichts der Originalität seiner Werke ein gewisses Quantum an Irrationalität und Emotionalität zu, die seiner Individualität und Persönlichkeit im Verlauf eines nicht logisch erfassbaren Schaffensprozesses entspringen.

Ganz im Sinne dieses naturalistischen Kunstverständnisses knüpft Eyth an das Bild des kreativen Künstlers an, das im Geniediskurs der Romantik entwickelt wurde (vgl. Schmidt 1985). Im Fachdiskurs der Ingenieure kommt der Geniegedanke, wie schon bei Heidebroeks zu erfahren war, vor allem in Zusammenhang mit der praxisorientierten Ausformulierung des Ingenieurberufs häufiger auf. Früh ist dies schon in einem kürzeren Beitrag in der Z.VDI belegt (vgl. Ziese 1899). Hier wird das Genie vor allem als Gabe der Natur gesehen und als unabhängig von wissenschaftlicher Ausbildung: »Als eine Kunst kam die Technik in die Welt. Ihre ersten Vertreter waren geborene Genies, die mehr aus Instinkt oder Talent handelten, ohne sich dabei über das Warum ihrer Handlungen stets ganz im Klaren zu sein« (1899: 850). Ende der 1920er-Jahre hat sich der Geniegedanke derart etabliert, dass der Berliner Professor Karl Dunkmann (1927) sich an die Formulierung einer »Theorie des Genius« macht, in der die Differenzierung zwischen Theorie und Praxis als Aushandlung zwischen verschiedenen Typen von

»Männern« zentral ist. Für den Ingenieurberuf wird ein generalistisch-praxisbe-
zogenes Verständnis entwickelt, das die Kluft zwischen Natur-, Geistes- und Sozialwissenschaften überbrücken soll.

Dem Ingenieur in seiner neuen Rolle als schöpferischer Erfinder gelingt es,
sich von der Deutungshoheit des Bildungsbürgers und des Naturwissenschaftlers
zu lösen. Der Mann der Tat profiliert sich mit diesem über die Kunst legitimierten Berufsverständnis: Er profitiert vom symbolischen Kapital, das die moderne Kunst zu diesem Zeitpunkt für die wenigen Ausnahmesubjekte der Moderne
akkumulieren konnte.

8.2 Die diskursive Expansion der Technik ins Feld der Kunst

Möglicherweise waren es die programmatischen Äußerungen eines Alois Riedler
über das Ingenieurschaffen als Kunst um die Jahrhundertwende, die einer in-
tensiveren Rezeption von Fragen der Kunst in der Ingenieurtechnik den Boden
bereitete. Bezieht man jedoch den weiteren Fachdiskurs ein und blickt nicht nur
auf einzelne herausragende Akteure, so scheint Riedlers These selbst auf einem
breiteren Fundament zu ruhen. Kunst findet im Kontext einer Vielzahl kleinerer,
häufig lokaler Aktivitäten des VDI Erwähnung, was beispielsweise in den Rubriken »Verschiedenes« oder »Buchbesprechungen« oder, in den Berichten über
die Sitzungen der Bezirksvereine zum Vorschein kommt. Außerdem existieren
etliche, der Kunst gewidmete Absätze in Schriften, die als Ganzes etwas völlig anderes behandeln. Die Äußerungen machen nicht nur die Vielfalt der Thematisierungsweisen, sondern, wie die Analyse zeigen wird, auch eine allmähliche Verschiebung in der Wahrnehmung und Beurteilung der Kunst im Hinblick auf das
Tätigkeitsfeld der Ingenieure kenntlich. Zudem illustrieren sie, dass das Thema
Kunst in der Technik gelegentlich sogar über Gastvorträge bedient wurde, in denen
externe Referenten, teilweise aus der Welt der Kunst, ihre Expertise einbrachten.

Allerdings scheint Eyth im Fachdiskurs so etwas wie eine Gallionsfigur der
Integration von Technik und Kunst zu sein. Da ist zum einen die poetologische
Argumentation in »Poesie und Technik« (1904), die einen gewissen Generalisierungsanspruch widerspiegelt. Zum anderen weckten Eyths Äußerungen nicht
zuletzt deshalb eine große fachöffentliche Aufmerksamkeit, weil der Autor parallel zu seiner Ingenieurtätigkeit selbst als Autor literarischer Texte erfolgreich
in Erscheinung trat. 1904 hatte Max Eyth bereits ein umfangreiches dichterisches
Werk[1] vorgelegt und zählte zusammen mit Max Maria von Weber zur Prominenz
der sog. Dichteringenieure (vgl. Zachmann 2004: 120 und 132). Als solche wurden

---

1 | Einige der Originaltexte Eyths sind inzwischen auch im Rahmen des Gutenberg-Projekts
online zugänglich: http://gutenberg.spiegel.de/autoren/eyth.htm

Ingenieure bezeichnet, die schriftstellerisch tätig waren. Zumeist schrieben sie über die eigene Berufstätigkeit und verarbeiteten den Alltag des Ingenieurs in fiktionalen Texten. Dichteringenieure stießen auf viel Anerkennung im Fach, da sie als Akteure gewürdigt wurden, die Entscheidendes für die Außendarstellung des Berufes leisteten. Eyths dichterisches Werk wurde regelmäßig und zeitnah in der Z.VDI rezensiert (vgl. etwa Anonym 1904, 1909 und 1910).

Welcher Stellenwert wurde der Kunst also von Protagonisten der Technikwissenschaften beigemessen? Der Begründer der Technikgeschichte Conrad Matschoß sieht, ähnlich wie Eyth, die Literatur als Medium, Technik gesellschaftlich zu vermitteln. Er bemängelt, dass viele Gebildete zu wenig über die Tätigkeit der Ingenieure wüssten und sie daher nicht angemessen schätzten. Einen wichtigen Zugang biete neben der Technikgeschichte »die Kunst als Dolmetscher der großen geistigen Werte, die im technischen Schaffen enthalten sind« (1915: 753). Eyth selbst beklagte das Fehlen der Technik als Thema in der Literatur. Während literarische Texte andere Berufe durchaus »dem allgemeinen menschlichen Empfinden nahe bringen und dadurch ihn [den anderen Beruf; TP] und sich selbst verherrlichen« (1904: 133), seien die Ingenieure »noch immer fast leer ausgegangen« (ebd.). Daraus folgt, dass Dichtung nicht als bloße Ausschmückung oder erbauliche Schöngeistigkeit eingestuft wurde. Ihre Wertschätzung beruht vielmehr auf der Vorstellung, dass Literatur wichtige Instanz einer wirklich realistischen Darstellung der Ingenieurleistung sein und diese *message* in andere Kulturkreise transportieren könne. Ebenso wird hervorgehoben, dass die Literatur die Werke der Technik selbst als Kunstwerke thematisiere: »Wir brauchen [...] einen Baedeker der Arbeit«, zitiert Matschoß aus einem rezensierte Werk,

»der an den Stadträndern beginnt, da wo der andre aufhört. Freilich, nicht nur auf Kilowatt und den Dampfverbrauch dürfte sich der neue Baedeker beschränken – er müßte uns auch die Augen öffnen für die neue Schönheit der modernen Arbeit, für den Sonnenaufgang des Hochofens, für die Mittagsglut des Walzwerkes, für die zeitungsrauschenden Gefilde der Rotationsmaschine, für die Gebirgsketten unserer Fabrikate, für den Silbersee des Gußstahles, für die Katakomben unserer Gruben, die Vesuve unserer Essen« (ebd.).

Diese Auffassung, dass gesellschaftlich anerkannte Kultur- und Naturdenkmäler und die Leistungen der Technik gleichwertig seien, ist im Fachdiskurs nicht singulär (Anonym 1910: 686). Neben den Werken der beiden genannten Dichteringenieure wurden noch weitere literarische Arbeiten, die das gesellschaftliche Projekt der Technik behandelten, in der Z.VDI wahrgenommen und – in der Regel ausgesprochen positiv – rezensiert, wobei die technische Sachkenntnis der Literaten durchaus kritisch beurteilt wurde. Da Eyth selbst Ingenieur war, kam seinen Schriften als »Sprachrohr« der Zunft ein besonders hoher Stellenwert zu.

In diesem Abschnitt geht es folglich darum, zu rekonstruieren, wie Kunst im Zeitverlauf im technikwissenschaftlichen Fachdiskurs mit Technik verknüpft wurde, sodass Technik schließlich *als* Kunst betrachtet wurde. Kunst wird nicht global, sondern im Hinblick auf jeweils darin artikulierte Kunstbegriffe, die die Ingenieure jeweils für anschlussfähig hielten, differenziert betrachtet. Wie zu erfahren sein wird, wandelt sich im Fachdiskurs das Verhältnis von Technik und Kunst: Zu Beginn ist Kunst ein separates, der Technik hinzugefügtes Element der Ästhetik. Am Ende steht die Schönheit der technisch »richtig« konstruierten Maschine.

8.2.1 Die Problematisierung der Trennung von Funktion und Form

Waren die Bereiche des Technischen und des Künstlerischen vor der Wende zum 20. Jahrhundert noch weitgehend unhinterfragt separiert, so kommt es ab 1900 im Fachdiskurs merklich zu einer Problematisierung dieser Grenze. Kunst wurde in der *Z.VDI* vorher überhaupt nur in Zusammenhang mit Architektur und der Gestaltung der Fassade von Bauwerken thematisiert. Diese Lokalisierung der ästhetischen Arbeit am Äußeren des Baukörpers wird zunehmend nach innen verlagert. Außerdem verlässt das Thema den engen Bereich der Bauwerke und ein größerer Kreis an technischen Artefakten des Maschinenbaus rückt in das Blickfeld. Auch ist generalisierend von der »Maschine« oder dem Verhältnis zwischen Kunst und Technik im Allgemeinen die Rede. Dieser Veränderungsprozess lässt sich schwerpunktmäßig auf Basis der kleinen Genres in den Fachzeitschriften nachverfolgen.

Noch vollkommen unproblematisch scheint das Verhältnis von Technik und Kunst im Jahr 1869, wie eine Buchbesprechung in der *Z.VDI* zeigt. Der nicht namentlich genannte Rezensent empfiehlt das Buch »Ornamente aller classischen Kunstepochen« von Wilhelm Zahn (1868). Es sei ein lehrreiches Werk für Kunst wie für Wissenschaft und geeignet, »zur Veredelung der Kunst und Kunstindustrie in allen Fächern mitzuwirken« (Anonym 1869: 9). Der Kritiker will es als Standardwerk in der Ausbildung nicht nur an Gymnasien, sondern an allen »öffentlichen Lehranstalten« wie etwa auch an »Kunst- und Gewerbeschulen« sehen, »desgleichen ist es ein Zierde als Album im Salon« (ebd.). Offenbar wurde die künstlerische Formensprache durchaus als Studienobjekt angehender Techniker willkommen geheißen. So lässt sich jedenfalls die Tatsache deuten, dass eine solche Rezension überhaupt in der *Z.VDI* erschien. Die Kunst wird als Ornament gedacht, das das Bauwerk noch weiter »veredele«. Diese ornamentale Verschönerung erscheint jedoch als eindeutig nachgelagerter und vom Bauen getrennter Arbeitsgang. Kenntnisse über ästhetische Gestaltung werden als zusätzliche, wünschenswerte Fähigkeiten, u.a. für Zöglinge kunstgewerblicher Ausbildungseinrichtungen, eingestuft. Die Absolventen der polytechnischen Schulen hat der Rezensent nicht im Blick; Technik und Kunst scheinen auch institutionell getrennt.

In ähnlicher Weise hebt wenig später eine andere Buchbesprechung (Anonym 1875) die Kenntnis der künstlerischen Formensprache für das Bauwesen als wichtigen Gegenstand des Wissens hervor. Zwar handelt es sich bei der Rezension von Wenzel Herzigs Buch »Die angewandte oder praktische Ästhetik oder die Theorie der decorativen Architektur« (Anonym 1875) weitgehend um einen Verriss. Doch werden die Fingerzeige für den Bereich der Kunst, die das Buch gebe, durchaus gelobt und detaillierter beschrieben. Der Rezensent unterscheidet zwischen Funktion und Form des Bauwerks als zwei getrennte Arbeitsgänge. Nach der funktionalen Konstruktion des Bauwerks komme die Ästhetik. So sei »bei einem Gebäude das Hauptgewicht auf die Bildung und Zusammenstellung schöner Formen an demselben, d.h. auf seine ästhetische Wirkung zu legen« (1875: 110). Die Formulierung verdeutlicht, dass die formale Gestaltung als äußere Gestaltung »an« einem Baukörper verstanden wird. Zwar solle die ästhetische Gestaltung der funktionalen nicht zuwiderlaufen, sie folge jedoch eigenen Vorgaben. Die künstlerische Vollendung des Bauwerks ist gewissermaßen nachträglich angebrachtes Surplus. Eine latente Hierarchie äußert sich im Wortlaut der Rezension: Konstruktion und Formgestaltung verfahren gemäß dieser Logik arbeitsteilig und Letztere ist Ersterer nachgeordnet. Einem solchen Kunstverständnis entsprechen tatsächlich weitgehend die historistisch gestalteten Bauten des späten 19. Jahrhunderts mit ihren Stuckfassaden und ornamentalen Verzierungen bis hin zu den Fassadengestaltungen des Jugendstils.

Die Trennung von Funktion und Form wird, folgt man der Spur der verstreuten Schriften in der Z.VDI und im *Civilingenieur* weiter, nach der Wende zum 20. Jahrhundert sukzessive aufgehoben bzw. offensiv umgearbeitet. Als Beispiel für diesen Wandel lässt sich ein im *Civilingenieur* dokumentierter Gastvortrag, »Über theoretische Richtigkeit und architektonische Schönheit von Ingenieurbauwerken« (Rother 1895), verstehen. Den Vortrag, dessen Inhalt der Jahresbericht kurz referiert, hielt ein »Herr Betriebsinspektor Rother« am 13. Februar 1893 in der Leipziger Zweigniederlassung des Sächsischen Ingenieur- und Architektenvereins. Der Gastredner Rother vertritt in seinen Ausführungen die Position, dass die Ästhetik von Bauwerken zwar häufig aufgrund bürokratischer Restriktionen, knapper Mittel oder mangelnder Fähigkeiten des Technikers unbefriedigend sei. Allerdings bleibe solchen Bauwerken, wenn sie vom Standpunkt des Bauingenieurs aus fachlich »richtig« seien, die Anerkennung ihrer ästhetischen Wirkung nicht versagt, denn »theoretisch richtige« technische Lösungen seien schlichtweg schön (Rother 1895: 16). Form und Funktion setzt Rother demnach neu zueinander ins Verhältnis, wenn er im Fortschritt der Theorie bautechnischer Konstruktion zugleich einen ästhetischen Fortschritt sieht.

Eine weitere Etappe der Annäherung künstlerischen und technischen Schaffens findet sich nur wenige Jahre später in der Z.VDI. Der Pommersche Bezirksverein berichtet über eine Vortragsveranstaltung im Jahr 1901, auf welcher der Gastreferent Wagner (1902) über »Die Stellung des Maschinenbaus zur Kunst« referierte. Hier wird also erstmalig das Gebiet des Bauwesens verlassen und der industrielle Maschinenbau als Bereich eingeführt, der in seiner ästhetischen Bedeutung zu betrachten sei. Dem Sitzungsbericht kann man entnehmen, dass der Redner die Auffassung vertrat, der Ingenieurberuf gehöre zu denjenigen »schöpferischen Berufen« (Wagner 1902: 691), die alle einer bestimmten »künstlerischen Anschauung« nahestehen. Gemäß dieser seien Zweckmäßigkeit und Ästhetik nicht getrennt, sondern miteinander verbunden. Wie berichtet wird, sprach sich Wagner abschließend für ein bestimmtes Schönheitsideal aus, das sich in der zeitgenössischen Gestaltung von Maschinen realisiere:

»Der Vortragende bezeichnet die neuen Formen des Maschinenbaus deshalb als schön, weil sie eine möglichste Annäherung an die Grundsätze der Natur darstellen: Einfachheit und vornehme Ruhe in der äußeren Erscheinung, eingehendste Berücksichtigung jeder Einzelheit in Bezug auf Zweckmäßigkeit, Sparsamkeit, Beschaffenheit des Baustoffes, dynamische Verhältnisse usw.« (1902: 692)

In dieser Formulierung werden nicht nur Zweckmäßigkeit und Ästhetik gleichgesetzt. Das Funktionale sei schön, weil es natürlich sei; die Funktion liefere die schöne Form qua Naturgesetz. In dieser Auffassung drückt sich eine Wende im Kunstverständnis aus, die vermutlich von den aufkommenden avantgardistischen Bewegungen in Kunst und Kunstgewerbe mit beeinflusst ist. Historisch mündeten diese Bewegungen außerhalb der technikwissenschaftlichen Domäne im Jahr 1907 mit der Gründung des »Deutschen Werkbundes« in eine erste Form der Institutionalisierung. Dabei ergaben sich zahlreiche Überschneidungen zwischen Technikwissenschaften, Unternehmertum und Kunst, die für die Entstehung der professionellen Produktgestaltung in den ersten Jahrzehnten des 20. Jahrhunderts wesentlich waren (vgl. Sudrow 2009). Aus dieser Vereinigung ging wenig später das »Bauhaus« hervor. Gemeinsam ist den Akteuren dieser in sich heterogenen Bewegung die mit den Begriffen »Form« und »Funktion« einhergehende Kritik am historistischen Kunstideal in der Architektur, die sich im technikwissenschaftlichen Fachdiskurs ebenfalls äußert. Mit dem »Deutschen Werkbund« eng verbunden ist die programmatische Erneuerung der Kunst in der funktionalen Gestaltung ohne ornamentale Überformung und als neue Kooperation zwischen Kunst und Industrie (vgl. Campbell 1978; Fischer 1975). Der Leitbegriff, die »Form«, wird dezidiert konträr zu jenem des »Ornaments« gesetzt. »Die Form« ist der Titel der Werkbundzeitschrift, die ab 1926 erschien. Unter dem griffigen Titel »Die Form ohne Ornament« fand im Jahr 1924 eine Werkbundausstellung statt, deren Programmatik Form und Funktion eng verzahnt (vgl. Pfleiderer 1925; Riezler 1925). Die »Ornamentdebatte« hantierte gemäß der kunsthistorischen Forschung mit zahlreichen kulturellen Deutungsmustern wie Geschlecht und »Rasse«, mit deren Hilfe das neue Kunstverständnis als modern profiliert wurde (vgl. Ocón Fernández 2004). Solche kulturellen Legitimationen finden sich auch im technikwissenschaftlichen Fachdiskurs.

In einem Gastvortrag spricht ein »Dr. B. Börner« (1903) vor dem hannoverschen Bezirksverein des VDI über die »Kunstformen der Natur«. Der Bericht
gibt erneut die zentralen Inhalte des Vortrags wieder. Zur Diskussion stehen,
wie der Titel schon signalisiert, darwinistische Auffassungen, wie sie vor allem
durch Ernst Haeckel im deutschsprachigen Raum populär wurden. Mit Börner
laden sich die Ingenieure in Hannover also einen Kunsttheoretiker ein, der das
künstlerische Schaffen aus der direkten Beobachtung der Natur ableitet und die
These aufstellt, dass die wahre »Kunst [...] von jeher natürlich gewesen« sei (1903:
288). Um die Universalität dieser Aussage zu belegen, entwirft der Referent eine
Ursprungserzählung, mit der er auf die derzeit weithin bekannten archäologi-
schen Funde von steinzeitlichen Höhlenmalereien hinweist:

»Stets hat der Mensch seine Kunstübungen damit begonnen, daß er die Dinge, die ihn um-
gaben und die seine Aufmerksamkeit erregten, darstellte. Der Höhlenmensch ritzte das
Bild des Hirsches und die Jagd auf den Hirsch auf Knochen. Schritt für Schritt entwickelte
sich die Kunst weiter, indem sie bei der Lehrmeisterin Natur in die Schule ging.« (Ebd.)

In seiner Argumentation ist ein ähnliches diskursives Muster erkennbar wie in
den historisierenden Narrativen der Ingenieure um 1900. Das universal Menschliche wird aus der Vorgeschichte hergeleitet, in der die feminisierte »Lehrmeisterin« Natur als ursprüngliche und zugleich überzeitliche Instanz eingesetzt ist.
Kunst ist demnach ein von Beginn an natürliches Phänomen und eine genuin
natürliche menschliche Betätigung.

   Konsequenterweise vergrößert der Redner den Kreis der Kunstschaffenden,
indem er – entsprechend der kolonialen Logik – die als »Naturvölker« bewerteten
Gesellschaften Schwarzafrikas einbezieht und auch die Tiere. Börner bezieht sich
positiv auf die Tiere, »die vielfach schärfere Sinne besitzen als wir, einen wirklichen
Kunsttrieb haben«, und vergleicht »den Wohnungsbau der Termiten in Afrika« in
einem Atemzug mit den von Menschen gebauten afrikanischen »Negerhütten«,
wobei die Menschen die Unterlegenen im Wettkampf um die beste »Baukunst«
blieben (ebd.). Folgt man der »Expertise« des Gastvortragenden, so ging es bei der
Einladung zur Vereinssitzung vermutlich um mehr als um eine schlichte Neubewertung künstlerischer Arbeit. Gerade in den Ausführungen zur »Baukunst« der
Termiten kommen Bezüge zum Ingenieurberuf zum Tragen, da die konstruktive
Tätigkeit des Bauens auf diese Weise als natürlich-triebhaft verankerte künstlerische
Arbeit präsentiert wird. Eine solche Kunstauffassung unterstützt direkt die Deutung der Ingenieurarbeit als Kunst. Das heißt, in der mit der Einladung Börners
verbundenen Referenz auf das Feld der Kunst steht ein ganz bestimmter Kunstbegriff zur Debatte, der sich fast nahtlos an die Naturalisierung des Ingenieurs anschließt, die mithilfe prähistorisch verfasster Narrative entsteht. Universalisierung
vermittels Rekurs auf einen menschlichen Ursprung und Naturalisierung durch
Verankerung im Triebleben sind Kernelemente dieser Neukonzipierung des In-

genieurs, die durch den Verweis auf das Feld der Kunst im zeitgenössischen Verständnis eine zusätzliche Deutungsmacht erhält. Beide erscheinen zugleich, mit Blick auf Riedler, als Elemente der Konstruktionsweise des Mannes der Tat. Anders ausgedrückt: Die bei Riedler entwickelte Version der Männlichkeit des Ingenieurs erfährt im breiteren Fachdiskurs ihre Ausarbeitung einerseits in den Ursprungsnarrativen, die über den Ingenieur erzählt werden, und andererseits, mit Ersterem verzahnt, in den Kunstauffassungen, die in ihren naturalisierenden Argumentationsweisen teilweise deckungsgleich sind. Das Umschreiben der Geschichte und der Anschluss an die Kunst verweisen in solchen Materialien aufeinander und bestätigen sich in ihren Naturalisierungen wechselseitig als diskursive Mittel der Herausbildung des praxisorientierten Berufs- und Fachverständnisses.

Als neues ästhetisches Ideal steht die Form auch für eine Schönheit zweckmäßiger Nüchternheit. In den Technikwissenschaften treten zunehmend Vertreter dieser künstlerischen Avantgarde in Erscheinung. Mit ihrem Kunstbegriff rücken nun technische Artefakte ebenfalls ins Feld des Künstlerischen. Nicht länger ist es die im Nachhinein angebrachte schöne Gestaltung an einer funktionalen Konstruktion, sondern die funktionale Konstruktion selbst, die als Kunstwerk verstanden und in ihrer Ästhetik wahrgenommen wird. Mit dieser veränderten Konzeption des Verhältnisses von Form und Funktion setzt eine Überschneidung der Tätigkeitsgebiete zwischen Künstler und Ingenieur ein. Dabei werden beide, wie folgender Beitrag zeigt, anthropologisch begründet.

Gastredner ist diesmal ein »Herr Dr. Volbehr«, dem mit der Zusatzinformation »Direktor des Museums in Magdeburg« die fachliche Autorität für den Bereich der Kunst zugesprochen wird. Volbehr hält im Jahr 1905 einen Vortrag über das Verhältnis von »Maschine und Kunst«. Geladen hat der Sächsisch-Anhaltinische Bezirksverein des VDI, der in der Zeitschrift über diese Veranstaltung berichtet und den Vortrag in seinen Grundzügen zusammenfasst. Im Vortrag betont der Referent, dass Maschinen nach denselben ästhetischen Maßstäben zu beurteilen seien wie andere Kunstwerke und dass diese Ästhetik eine anthropologische Fundierung aufweise: »Diese mechanische Schönheit ist aber nicht etwa eine Sonderschönheit der Maschine. Im Menschen lebt vielmehr das Bedürfnis, überall eine Uebereinstimmung zwischen Wirkung und Gestaltung zu sehen.« (Volbehr 1905: 1339) Volbehr entwickelt im Anschluss daran die Forderung, die Grenze zwischen beiden Feldern durchlässiger zu gestalten und schlägt – von der Seite der Kunst her kommend – vor, »daß man die Maschine selbst in das Gebiet der Kunst eingliedern muß« (ebd.). Diese Auffassung erlaubt ihm schließlich, Technik und Kunst auf eine Stufe zu stellen und Ingenieure als Künstler anzuerkennen: »So ist anzunehmen, daß die Zeit nicht mehr fern liegt, wo jede Maschine ein Kunstwerk ist und infolgedessen jeder Ingenieur als ein Künstler betrachtet wird.« (Ebd.) Mit dieser Öffnung des künstlerischen Bereiches spricht Volbehr explizit an, was in den anderen Gastvorträgen implizit mit verhandelt wurde. Natur des Menschen, technische Leistungen der Natur, Ästhetik menschlichen Schaffens sind die zentralen

Muster dieser Problematisierung des Verhältnisses zwischen Technik und Kunst. Längst ist die selbstverständliche Trennung von Form und Funktion nicht mehr diskursfähig. Mithilfe von Gewährsleuten aus dem sozialen Feld der Kunst unternehmen die Ingenieure Vorstöße, um ihre eigene Tätigkeit in neuer Weise zu definieren. Dabei spielt einerseits die avantgardistische Auffassung von der Kunst als Schönheit qua Naturgesetz eine Rolle, andererseits ein Kunstverständnis, das auf ein im Naturtrieb verankertes künstlerisches Schaffen setzt.

Die Durchsicht der verstreuten Schriften verdeutlicht also, dass sich in den Jahren der Wende zum 20. Jahrhundert eine Konvergenz zwischen Technik und Kunst herausbildet. Legitimiert durch Sprecher des sozialen Feldes der Kunst verstärkt sich nach 1900 allmählich die Auffassung, dass Kunst und Technik miteinander verbunden sind. Technisches Schaffen wird fast zur eigentlichen, wahren Kunst stilisiert. Diese qualitative Verschiebung geht einher mit einer quantitativen Häufung von Äußerungen zur Kunst im technikwissenschaftlichen Fachdiskurs in dieser Zeit. Die Problematisierung des Verhältnisses von Form und Funktion erscheint somit als ein Aktionsfeld der *boundary work* im Professionalisierungsprozess um 1900. Hier wird das Ingenieurwesen als schöpferischer Beruf und naturgegebene Produktivität, die in der zweckmäßigen Form ihren Ausdruck findet, ausgearbeitet.

8.2.2 Die Anerkennung technischer Leistung durch das künstlerische Abbild

Kritisch gegenüber modernen Kunstauffassungen und eher unberührt von den avantgardistischen Strömungen in Kunst und Architektur im Umfeld des Deutschen Werkbundes sind die Überlegungen Max Eyths zum Verhältnis von Technik und Kunst. Allerdings erweist sich, dass Eyth implizit an die Ornamentkritik anknüpft, wenn er etwa an bestimmten Kunstrichtungen bemängelt, sie drängten nicht in das innere Wesen ihres Sujets vor, sondern beließen es bei oberflächlichem Schmuck. Diese Polarisierung zwischen innen und außen dient einem spezifischen Verständnis vom Wesen der Technik und rekurriert dafür zugleich auf einen naturalistischen, abbildtheoretischen Kunstbegriff. Eine solche Vorstellung von Kunst als Abbildung der Wirklichkeit weist künstlerischem Schaffen die Aufgabe zu, die Errungenschaften der Moderne in ihren heroisch-erhabenen Aspekten genialer Ingenieurleistung wiederzugeben. Auf diese Weise verleihen nicht nur die Repräsentanten der Kunst, sondern auch die inhaltliche Ebene der Sujetwahl der Ingenieurtätigkeit die Legitimität des Besonderen.

Eyths zentraler Vorwurf an die Kunst seiner Zeit ist, dass die Technik im Motivbestand künstlerischer Arbeiten weitgehend fehle, dass die Ingenieurtätigkeit geradezu als unpoetisch betrachtet werde (vgl. 1904: 1131). Kurz: Die poetische Seite der Technik finde, wie er polemisch feststellt, kaum Beachtung. Technik mache, so die verbreitete Meinung der Dichter, mit ihrem »Materialismus die erhabensten Gefühle einer idealen Lebensauffassung unmöglich [...]« (1904: 1131f.). Im Zuge dieser Kritik an kulturpessimistischen Auffassungen zielt Eyths Kunstverständnis auf eine neue Ästhetik der Erhabenheit ab, bedient sich jedoch einer ganzen Reihe an Versatzstücken, deren größter gemeinsamer Nenner die Kritik an der *décadence* in modernen Kunstströmungen der Jahrhundertwende ist. Dazu gehört, den zeitgenössischen literarischen Markt (in Frankreich), der auch durch den zunehmenden Erfolg von Romanautorinnen charakterisiert ist, polemisch mit dem Vorwurf der »massenhaften Verweibung der Alltagsliteratur« (1904: 1134) zu diffamieren. Demgegenüber fordert er eine »hohe« Kunst ein, die die Leistungen der Ingenieure naturalistisch darstelle. So grenzt er sich zum einen gegen eine feminisierte populäre Kunst ab und markiert zum anderen einen Unterschied zwischen dem Kunstwerk als Original und dem Roman als Massenartikel. Nachdem Eyth so eine bestimmte Kunstrichtung auf den Thron gehoben hat, sucht er in ihren Darstellungen nach eben jener Ästhetik der Erhabenheit, die das Wesen der Technik anmessen zur Geltung bringe.

Wie dieser Argumentationsschritt in methodologischer Hinsicht zeigt, liegen Feminisierungen von Feldern oder Tätigkeiten dem technikwissenschaftlichen Fachdiskurs nicht grundsätzlich fern. Dies geschieht aber offensichtlich nicht wahllos, sondern folgt einem Muster. Nicht zufällig bezieht sich die Feminisierung auf eine bestimmte Richtung in der Kunst und spielt für sämtliche technische Tätigkeitsbereiche überhaupt keine Rolle. Dies bestätigt einmal mehr die zuvor formulierte Hypothese, dass die diskursiven Differenzierungen, z.B. zwischen Verstand und Gefühl oder zwischen Geist und Körper, verschiedene Konstruktionen von Männlichkeit hervorbringen und hierarchisieren, nicht jedoch implizit automatisch die Unterscheidung zwischen Männern und Frauen im Subtext mit transportieren. Dieses Muster hat sich mit der Umarbeitung des Berufsbildes vom Maschinenwissenschaftler zum Mann der Tat nicht verändert. Die Konstruktion dieses Mannes der Tat erfolgt nicht primär in Abgrenzung zu Frauen, sondern zu den zeitgenössischen humanistisch gebildeten geistigen Eliten. Erst die Referenz auf ein anderes soziales Feld lässt die Frauen als Akteurinnen in den Blick rücken, nämlich in der Grenzziehung zwischen feminisierter, »dekadenter«, technikabstinenter Kunst und der »hohen«, technikinszenierenden Kunst.

So bezieht sich Eyth für den literarischen Markt in Frankreich etwa auf die Inszenierungen der Lokomotive in Emile Zolas »La bête humaine« (vgl. 1904: 1134). In einem Durchgang durch die Kunstgattungen Malerei, Skulptur, Musik und Literatur lobt er in gleicher Weise – neben Wagners genialen Opern mit den Stoffen germanischer Heldensagen (vgl. 1904: 1133) – u.a. auch die moderne Bildhauerei.

»Auch die Skulptur hat die moderne Technik entdeckt und faßt da und dort das Charakteristische ihres Wesens richtig und kraftvoll auf. [...] Es sind fast immer zugleich Darstellungen des Mutes, der Ausdauer, des Willens, der Männlichkeit gegenüber so vielem

anderen, das den Genuß, die Erschlaffung, die ermattete oder aufgestachelte Leiden-
schaft verbildlicht. Wenn ein Künstler die noch gesunde Seite des modernen Lebens darstellen will, kommt er zu uns.«(Ebd.)

Die Kehrseite der »Verweibung« sei folglich eine Kunst, die die Technik darstelle. Die inhaltliche Präsentation der Technik, ihr »Wesen«, wird hier ausdrücklich
maskulinisiert. Ähnlich wie die Fähigkeit des Erfindens begreift Eyth nun die gesamte Technik in essenzialisierender Weise unter geschlechtlichen Vorzeichen.
Es geht nicht länger nur um die Vergeschlechtlichung der Akteure, die als tatkräf-
tige »Männer der Technik« im Fachdiskurs auftreten, sondern um die qualitative Charakterisierung eines inneren Kerns der Sache, die in der Kunst zum Gegenstand gemacht werde. Ausschließlich diese Art und Weise der künstlerischen
Technikdarstellung erscheint ihm der Sache angemessen. Sie entspricht jener
Fassung des Berufes und der eigenen Domäne, die sich in Abgrenzung zum szientistischen Ideal profiliert.

Neben der Ansicht, das Erfinden sei selbst eine Kunst, prüft Eyth hier also
die Kunst auf ihr Vermögen, die Technik »wahrheitsgetreu« abzubilden. Literatur solle »hinter der rauhen, ungeschminkten Hülle den Geist der Dinge« erfassen und wiedergeben, »was aus ihnen spricht« (1904: 1134). Dieses Anliegen, sich
nicht von Hässlichkeit und Schmutz der Industrialisierung abschrecken zu lassen, den geistigen (Leistungs-)Kern der technischen Dinge zu erkennen und zu
rühmen und so das Tun der Heroen zu würdigen, das bislang in der öffentlichen
Wahrnehmung weitgehend unterschlagen worden sei, betrachtet Eyth als die Aufgabe von Literatur und Kunst.

Demnach wird bei Eyth das Verhältnis zwischen Technik und Kunst als eines zwischen Gegenstand und Abbild konzipiert. Wendet man dieses abbild-
theoretische Denken kritisch, so könnte man auch sagen: Kunst soll gemäß Eyths
realistisch-naturalistischer Ästhetik »wahre« Repräsentationen der Wirklichkeit
hervorbringen. Da die Wirklichkeit in der Moderne zunehmend eine technisch
geformte Wirklichkeit sei, müsse Technik zum privilegierten Sujet dieser künstlerischen Wirklichkeitskonstruktion werden. Kunst soll, kurz gefasst, die Technik in der Kultur diskursivieren. Der Anschluss an dieses Kunstverständnis wirkt
ebenso in die umgekehrte Richtung: Kunst wird zur autorisierten Instanz einer
»realistischen« Wirklichkeitsdarstellung und damit zu einem wichtigen Instru-
ment einer Wirklichkeitskonstruktion, die den professionspolitischen Anliegen
der Ingenieure zugutekommt.

Nach bisheriger Analyse erfüllt der diskursive Anschluss an die Kunst also
eine, wenngleich von den Autoren nicht immer so intentional verfolgte, professionspolitische Funktion, nämlich Neubewertung und Anerkennung der Technik als besondere »männliche« Kulturleistung, ohne die Technikwissenschaften
an existierende Standards des Bildungsbürgertums anzupassen.

8.2.3 Die deutschen Klassiker als Gewährsleute der Ingenieurkunst

Es existiert noch ein anderes diskursives Muster der Legitimation der Technik durch die Kunst. Im Fachdiskurs zunächst vielleicht noch unscheinbarer als die Gastvorträge in den Bezirksvereinen ist die Bezugnahme auf die deutschen Klassiker Goethe und Schiller als »Gewährsleute« der Anerkennung der Ingenieurarbeit. Auch diese Variante der Referenz auf die Kunst scheint vorwiegend in den kleinen Textgenres auf oder ist in Textausschnitten zu finden. Insbesondere in den ersten Jahrzehnten des 20. Jahrhunderts fällt eine besondere Form der Bezugnahme auf Goethe und Schiller auf. Mit ihr wird die Deutung der Klassik, diese sei eine bloß geistige Leistung, als irreführend zurückgedrängt und in der Klassikrezeption die Tat und die Ingenieurleistung betont. Als Gewährsleute scheinen sich gerade die deutschen Klassiker gut zu eignen, denn ihre uneingeschränkte Anerkennung als Geistesgrößen verspricht Deutungsmacht. Wie sehen diese Referenzen nun aus?

Der bereits vorgestellte Rektor und Ingenieurprofessor Otto Kammerer (vgl. Abschnitt 7.3.1) thematisiert in einer Festrede anlässlich der Schillerfeier an der TH Berlin am 8. Mai 1905 den Dichter und dessen Patriotismus (Kammerer 1905). Nicht nur verbeugt er sich symbolisch vor dem Jubilar, wie es sich für einen solchen Anlass gehört, sondern erläutert die spezifische Bedeutung Schillers für die eigene Zunft. An Schiller wird dessen »stilles Heldentum« gelobt, das der »eignen Tat« vorausging und in dieser »seine Befriedigung findet« (Kammerer 1905: 885). Schiller wird zur Identifikationsfigur für die Ingenieure erklärt, eine Figur, die eben nicht nur schöne Worte mache, sondern auch selbst handle. Die Klassik soll hier einem auf Tatkraft gegründeten Berufsverständnis Autorität verleihen.

In Goethes »Faust« wird Ähnliches gesehen: Die Hauptfigur weise der Ingenieurtätigkeit den höchsten Rang auf einer Skala kultureller Leistungen zu. So betont Max Eyth (1904), der »greise Faust« habe sich am Ende seines Lebens und seiner Sinnsuche schließlich der Tätigkeit des »Kulturingenieurs« zugewandt. Nachdem er der »höchsten Genüsse« und der »bloßen Geistesarbeit« überdrüssig geworden sei, habe er letztendlich »Dämme« gebaut (Eyth 1904: 1133). Ebenso verweist er auf Schillers »Glocke«; die in der Ballade inszenierte Glockengießerei dient ihm als Beispiel für die Darstellung der Größe der Technik.

»Schiller knüpfte in einem Gedicht, das nach einem Jahrhundert noch nichts von seiner männlichen Kraft und seiner lyrischen Zartheit verloren hat, an das Werk einer Glockengießerei Gedanken, die das ganze Menschenleben mit einer Fülle von Poesie überschütten« (ebd.).

Das Gütekriterium dieser Dichtung erscheint hier in vergeschlechtlichter Form, eine Form von Männlichkeit, mit der sich Eyth von bildungsbürgerlichen Konzeptionen des Dichters distanziert. Seine Bezugnahme auf Goethe und Schiller feiert diese als »Heroen« und setzt die herrschende Wahrnehmung der Dichter herab als eine Rezeptionsweise, die sie zu »Studierstuben- und Kaffeehaus-poeten« degradiere. Entsprechend diffamiert Eyth die zeitgenössischen modernen Literaten als »Problem- und Weltjammerdichter« (ebd.), die sich mit einfältigen Liebesgeschichten begnügten. Sie fänden in der Dramatik der Liebesgeschich-ten ihr Sujet und vernachlässigten (im Unterschied zu Goethe und Schiller) »al-les Große, das unsere Zeit mit ihrer unerschöpflichen Zeugungskraft hervor-bringt« (ebd.).

Das Faust-Motiv ist weiter verbreitet. Auch Wilhelm von Oechelhaeuser führt das berühmte klassische Drama in seiner »Ansprache bei Gründung der Tech-nischen Abteilung der Reichsdeutschen Waffenbrüderlichen Vereinigung« an, wenn er eher beiläufig auf den Wasserbau zu sprechen kommt, »der ja schließ-lich sogar das Endziel eines Faust wurde« (1917: 18). Solche in öffentlichen Reden gebildeter Bürger übliche Ausschmückungen nehmen die Technikwissenschaft-ler offenkundig in ihr Repertoire auf. Nicht länger allerdings versuchen sie ledig-lich, sich habituell zugehörig zu zeigen, sondern arbeiten provokant und souverän das herrschende Verständnis des Bildungskanons um und bringen ihre eigene Deutung der Klassiker vor. Es zeichnet sich eine Strategie der *boundary work* ab, die auf die Aneignung anerkannter Bildungsgüter setzt.

Ein weiteres Beispiel hierfür ist ein Text zum Thema der Ingenieurausbildung aus dem Jahr 1922. Der Autor erinnert abschließend an »das Faustwort« als »Leit-spruch« für die zukünftigen Aktivitäten: »Geschrieben steht: Im Anfang war die Tat« (Lippart 1922: 1113). Mit diesem durch den klassischen Text legitimierten Pri-mat des Handelns wird implizit das biblische »Wort« in der Genesis als Anfang zurückgewiesen. Diese Verwendungsweise des klassischen literarischen Textes schließt unmittelbar an die in den Ursprungserzählungen heraufbeschworene Konkurrenz zwischen Wort und Tat an (vgl. Abschnitt 7.2.3), wie sie etwa auch in der (oben bereits ausführlicher zitierten) Äußerung Carl Weihes aus dem Jahr 1914 pointiert formuliert ist: »Im Anfang war das Wort, wurde gelehrt: wir wis-sen aber, daß die Tat dem Wort vorangeht, und daß der Mensch schon viel eher tätig war, ehe er die Sprache erfand.« (Weihe 1914: 1406)

Die diskursiven Anknüpfungen an die deutschen Klassiker und die Aneig-nung klassischer Literatur leisten nicht nur wertvolle Anerkennungsarbeit für den Ingenieurberuf, sondern stabilisieren zugleich die in den Ursprungsnarrativen entfaltete Strategie der Naturalisierung technischer Produktivität als quasi bio-logische Zeugungsfähigkeit und wesenhaft verankertes »männliches« Potenzial.

8.2.4 Funktion = Form = Kunst: Anschluss an die Avantgarde in den 1920er-Jahren

Die Thematisierung des Verhältnisses von Technik und Kunst verändert sich im Fachdiskurs schwerpunktmäßig in den 1920er-Jahren, nachdem es einige Zeit etwas ruhiger um das Thema gewesen ist. Die Veränderungen stehen im

Zeichen einer zunehmenden Etablierung der Sicht auf Technik als Kunst, aber auch einer wachsenden Differenzierung und Kunstkritik. Immer stärker zeichnet sich eine kritische Abkehr von einem auf Zweckfreiheit gegründeten Verständnis »hoher« Kunst ab.

Im Jahr 1923 gibt die Rezension des Buches »Die neue Schönheit« von Otto Lademann (1922) einen Hinweis darauf, dass sich die oben erläuterte Orientierung an Sachlichkeit, Funktionalität und Natur für einige Zeit im technikwissenschaftlichen Fachdiskurs etabliert hat (vgl. Lindner 1923). Lademann knüpft an die Privilegierung einer im Innern wesenhaft verankerten Ästhetik an, wie sie auch schon Eyth vertrat, erhebt jedoch im Anschluss an den Deutschen Werkbund nicht mehr den Anspruch auf den Rang anerkannter »hoher« Bildungsgüter.

»Denn die ›neue Schönheit‹, die ›von innen heraus‹, zweckmäßig und zugleich schön gestalten soll – und beides läßt sich im Handwerk und Kunsthandwerk durchaus vereinigen – ist im Grund natürliches Wiederaufleben des gesunden, unwandelbaren Geistes, der schlichtschönen Werken *aller* vergangenen Zeiten innewohnt. [...] Solcher ›Stil‹, frei von jeder individuellen Willkür, bildet also, wie ehedem, das einfach Typische natürlich heraus, bei dem die Schönheit ›die höchste Blüte der Nützlichkeit‹ wird. Getrost und bescheiden soll dieser Stil Ausdruck der angewandten Kunst sein, nicht nach der hohen Kunst schielen.« (Lindner 1923: 604; H.i.O.)

Diese Grenzziehung innerhalb des künstlerischen Feldes, die der Rezensent explizit vornimmt, zeigt die mit der Anknüpfung an die Kunst verbundenen Ambivalenzen abhängig vom jeweils favorisierten Kunstverständnis. Mit der diskursiven Bezugnahme geht unweigerlich nicht nur die Konstruktion eines anschlussfähigen Kunstbegriffs einher, sondern auch die Problematisierung von weiteren Abgrenzungen innerhalb des künstlerischen Feldes. Diese neuen Differenzierungen haben für die Technik in den 1920er-Jahren offenbar eine besondere Relevanz. Bezieht man die hier betonte Trennung zwischen »hoher« Kunst und Kunstgewerbe auf die Technik, so ist darin die Aushandlung des zeitgenössischen Berufsbildes zwischen dem genialen individuellen Erfindergenie einerseits und dem Konstrukteur für die Massenproduktion andererseits erkennbar. Mit Lademann plädiert der Rezensent für die zweite Variante, die er als »natürlich« legitimiert. Zutage treten hier die zeitgenössischen Spannungen hinsichtlich des Berufsbildes unter den Bedingungen einer voranschreitenden Rationalisierung. Denn mit eben dem Naturargument setzt sich Heidebroek (1927) wenige Jahre später für die Entlastung der Ingenieurarbeit von den Zumutungen einer immer stärker auf Typisierung setzenden Massenproduktion ein, die auch die Ingenieurarbeit erfasst hat (vgl. Abschnitt 7.3.2.4).

1924 schafft es die Thematik schließlich auf die Titelseite der Z. VDI. Dort veröffentlicht der Karlsruher Professor A. Stürzenacker den reich bebilderten Leitartikel »Die Schönheit des Ingenieurbaues«. Vermutlich handelt es sich um den

Karlsruher Architekten und Hochbauinspektor August Stürzenacker (1871-1943). In seinem Beitrag wird das Ornament explizit zur Kontrastfolie des schönen technischen Artefakts. Die »Wahrheit« der zweckmäßigen Form steht gegen die »Verzierung«:

»Vervollkommnung des Ingenieurbaues auch nach der schönheitlichen Seite ist eine Forderung der gegenwärtigen Zeit. [...] Wahrheit im technischen Aufbau und Wahrheit im Ausdruck des Baustoffs ohne sogenannte Verzierung oder Ornamentenkunst« (Stürzenacker 1924: 1113),

so heißt es in der einleitenden Kurzübersicht über die Zielrichtung des Beitrags. Kontinuität zu Eyth besteht hinsichtlich der heroischen Note des Kampfes mit der Natur, dem ein entsprechendes Kunstverständnis Rechnung tragen solle. Stürzenacker bemängelt dagegen, dass die den Naturgewalten trotzenden Ingenieurbauwerke wie Brücken oder Tunnel durch ein Getändel von Motiven, auch Schrifttafeln, ornamental geschmückt« (1924: 1115) würden. Schönheit des Funktionalen steht für ein neues Pathos des Elementaren und Erhabenen. Auf diese Weise verknüpft der Autor die vormals im Fachdiskurs auf Grundlage der »hohen« Kunst geforderte Ästhetik der Erhabenheit mit einer Hinwendung zu neuen, avantgardistischen Kunstauffassungen von der Ästhetik der »reinen« funktionalen Form. So lasse das Ornament »die Kraft des Bogens und den Wert des Werkes zum Lächerlichen herabsinken« (ebd.).

Wenn Stürzenacker von der Ästhetik der »Wahrheit im Ausdruck« spricht, meint er damit konkret den konstruktiven Kern eines Bauwerks: den »konstruktiven Grundgedanken«, die daraus resultierende »äußere Erscheinungsform« und die dabei verwendeten Baustoffe (ebd.). Die »Kraft« der Ingenieurkonstruktion gerät in ein Spannungsverhältnis zur feindlichen Natur. Eine solche Konstruktion »bannt die Gewalt der Natur. [...] Kraft erfordert Gegenkraft, Größe Gegengröße, Gewalt kann nur durch Gegengewalt überwunden werden« (ebd.). Die geradezu kriegerisch anmutende Metaphorik der Kraft löst die vormals stärker mit Aspekten wie Funktionalität und Zweckdienlichkeit begründete Ornamentkritik ab.

»Das wahre Ornament, der wahre Schmuck eines Bauwerks des Ingenieurs, ist nicht eine ihm etwa da oder dort angefügte verzierende Zugabe, sondern seine Erscheinung auch in jeder Einzelheit in einer Form, die die Seele des gestaltenden Grundgedankens und des inneren Aufbaues auswertet, ebenso die Möglichkeiten der Behandlung des Baustoffes in weitestgehendem, aber material-echtem Sinne.« (1924: 1116)

Echtheit, Wahrheit, Wesenhaftigkeit – diese Elemente werden bei Stürzenacker kombiniert mit einer entsprechenden Gestaltung als »gesunde[m]« (1924: 1116) Entwurf von Bauwerken. Dieser Art des Ingenieurbaus sei außerdem eine Kunst, die »den allgemeinen Interessen des Volkes dient« (1924: 1119). Entgegen den eher

individualistischen Deutungen des Künstlers unterstreicht Stürzenacker den gesellschaftlichen Nutzen der Ingenieurkunst als »Volkskunst« (1924: 1116) und
schließt so die als Kunst verstandene »wahre« Technik an das völkische Denken
an, wie es u.a. schon in der Programmatik Riedlers der Fall war.

Auf dieser Grundlage lässt sich zunächst bilanzieren, dass die Riedler'sche
Transformation des Berufsverständnisses vom Maschinenwissenschaftler zum
Mann der Tat tiefere Spuren im Fachdiskurs hinterlassen hat. Die diskursive Verbindung von Technik und Kunst ist breit fundiert, heterogen und erzeugt eine
Resonanz in den Wahrnehmungen des eigenen Gegenstandes (der Maschine
bzw. des Bauwerks) als Kunstwerke. Die sich nach 1900 intensivierenden Bemühungen, an das künstlerische Tätigkeitsfeld Anschluss zu finden, hantieren
mit verschiedenen Deutungen der Kunst. Sie »bekämpfen« zunehmend – auf
die eine oder andere Weise – das mit den Bildungseliten verknüpfte Kunstverständnis und produzieren, teilweise mittels Aneignung der Klassiker, teilweise in Anlehnung an neue Kunstbewegungen, einen Kunstbegriff, der nicht nur
völlig mit der Technik zu verschmelzen scheint. Gemäß diesem Kunstbegriff
erweist sich Technik sogar geradezu als Kunst *par excellence*, da sie einerseits
für die Inkarnation von zweckmäßiger, naturgesetzlicher Gestaltung und andererseits – auf Basis historisierender Narrative – für den Ausdruck der »Natur« des Menschen gehalten wird. Das Umschreiben der Geschichte und der
Anschluss an die Kunst überschneiden sich an dieser Stelle und bringen das
sich breit im Fachdiskurs herausbildende Neuverständnis des Ingenieurs als
Mann der Tat hervor.

Zugleich hat sich gezeigt, wie intensiv die Kunst als Anerkennungsinstanz
für die gesellschaftliche Bedeutung der Technik herangezogen wird. Kunst, ihre
Akteure und ihre Werke, erscheint nun als angemessenes Feld, aus dem das
praxisorientierte Berufsverständnis seine Legitimation zu beziehen sucht. Diese Legitimation erfolgt vor allem bei Max Eyth in vergeschlechtlichter Form und
zementiert eine Sicht auf die Technik als heroisches, »männliches« Unternehmen. Das durch Tatkraft und Zeugungsfähigkeit charakterisierte, naturalisierte Männlichkeitsmodell wird zum Wesenskern und zentralen Charakteristikum
der »wahren« Technik, die in der Kunst ihren Ausdruck finden oder selbst als
Kunst begriffen werden soll.

So zeichnet sich in den diskursiven Referenzen der Technik auf die Kunst
die Herausbildung jener Deutungsmuster ab, die Riedler dem neuen Berufsverständnis eher programmatisch zuwies. Die konkurrierenden Auffassungen von
Männlichkeit kommen in der Arena der Kunst und deren Deutung zur Auffüh-
rung. Mit der Unterscheidung verschiedener Kunstauffassungen steht Anfang
des 20. Jahrhunderts im technikwissenschaftlichen Diskurs das Fach selbst auf
dem Spiel. Trumpf ist die konstruierte künstlerische Männlichkeit, erklärterma-
ßen von Natur aus produktiv und Ausnahmesubjekt der rationalisierten, technischen Zivilisation.

In dieses Spiel treten in der Folge weitere Akteure ein, die sich ihrerseits für die Besetzung des neuen Tätigkeitsgebiets des Künstler-Ingenieurs interessieren: Kunstschaffende der neuen avantgardistischen Kunstbewegungen. Die hier entworfenen Konzeptionen des Künstlers und des Ingenieurs als vergeschlechtlichte Konkurrenz neuer Berufsfelder und die Bemühungen, das Terrain zu definieren, abzustecken und zu besetzen, sollen im letzten Abschnitt dieses Kapitels betrachtet werden.

8.3 Grenzziehungsarbeit vice versa: technische Ambitionen des Designs

Fast parallel zu dieser verstärkten Bezugnahme des Ingenieurwesens auf den künstlerischen Bereich hat sich im Feld der Kunst ein eigenständiges Interesse an den Konzepten der Technik entwickelt. Die in die Gründung des Deutschen Werkbundes mündenden künstlerischen Bewegungen haben in ihrem offensiven Bezug auf industrielle Massenproduktion, auf Typenbildung gegenüber dem künstlerischen Ideal der Originalität und auf die durch die technische Konstruktion und die neuen Materialien vorgegebene Form ebenfalls das Verhältnis zwischen Technik und Kunst reformuliert. Sie knüpften ihrerseits an das Berufsbild des Ingenieurs an, um traditionelle Auffassungen vom Künstler und von künstlerischer Arbeit zu erneuern und um sich von anderen Kunstbegriffen (v.a. vom Historismus) zu distanzieren (vgl. zum Überblick Selle 2007: 99ff.). Wie bereits angeklungen ist, verdichtete sich die theoretische Kritik etwa in der Ornamentdebatte« und führte zur Proklamation der reinen, unverzierten Form (vgl. Abschnitt 8.2.1). Diskursbildend war u.a. die Schrift »Ornament und Verbrechen« von Adolf Loos, der im Hinblick auf die Gestaltung der Dinge des alltäglichen Gebrauchs programmatisch schrieb: »evolution der kultur ist gleichbedeutend mit dem entfernen des ornaments aus dem gebrauchsgegenstand« (Loos 1962 [1908]: 277; zitiert nach Selle 2007: 108).

Über die sowohl von Seiten der Ingenieure als auch seitens der Künstler unternommene Grenzziehungsarbeit zwischen Technik und Kunst wäre sicherlich eine eigenständige Studie lohnenswert. Für die vorliegende Untersuchung ist hingegen vorwiegend interessant, wie sich diese Veränderungsprozesse im technikwissenschaftlichen Fachdiskurs äußerten und in welchem Zusammenhang dies zu den vergeschlechtlichten Konzeptionen des Berufes steht. Im Folgenden wird daher exemplarisch betrachtet, wie sich Ende der 1920er-Jahre ein Akteur des Werkbundes, das Gründungsmitglied Richard Riemerschmid (1868-1957), in der Z. VDI zu Wort meldet und das Verhältnis zwischen Künstler und Ingenieur beschreibt. Dabei schlägt er seinerseits eine veränderte Fassung der beiden Tätigkeitsgebiete vor, mit der er die Technik wieder auf ihr rationalistisches Leitbild zurückverweist.

8.3.1 Technik wird zum künstlerischen Zentrum

1928 veröffentlicht der Architekt Richard Riemerschmid den Vortrag »Kunst und Technik«, gehalten auf der Hauptversammlung desselben Jahres, in der *Z.VDI*. Riemerschmid ist zu diesem Zeitpunkt Leiter der Kölner Werkschulen und namhafter Akteur der an Neuer Sachlichkeit orientierten Strömungen in Kunst und Kunstgewerbe in Deutschland. Er gilt als wichtiger Vertreter des deutschen Jugendstils, der sich späterhin jedoch zunehmend für Fragen der technisierten Massenproduktion interessierte, als Innenausstatter arbeitete, Möbel entwarf und 1902 die Deutsche Gartenstadtgesellschaft mitbegründete. Ab 1907 leitete er den Bau der ersten deutschen Gartenstadt in Dresden-Hellerau. Von 1921 bis 1926 war er Vorsitzender des Deutschen Werkbundes. In seinem Vortrag vor den Ingenieuren spricht er selbstbewusst als Repräsentant des künstlerischen Bereichs, der in der Technik eine schöpferische Kraft sieht, welche der zeitgenössischen Kunst verloren gegangen sei, und plädiert für die Erneuerung der Kunst durch die Technik.

Ähnlich wie vor ihm die Ingenieure im Fachdiskurs folgt Riemerschmid der Argumentationsstrategie, nach den inneren Zusammenhängen zu fragen, wo »Kunst und Technik sich einheitlich durchdringen« (1928: 1273). Im historischen Rückblick auf das vormoderne Mäzenatentum, das um die besten Künstler und Kriegsbaumeister warb, veranschaulicht er, dass die zeitgenössische Auffassung, Kunst und Technik seien Gegensätze, erst jüngeren Datums sei. Leonardo da Vinci wird bei ihm schließlich zum Ausgangspunkt einer historisch noch intakten Verbindung von Kunst und Technik.

»Der große Name Lionardos [sic] kann in diesem Zusammenhang nicht ungenannt bleiben. [...] Damals war die richtige Einsicht noch lebendig, daß die *Gestaltungskraft, die bildend-schöpferische Phantasie die Kostbarkeit ist*, die Leben und Macht zu steigern vermag, daß das Entscheidende nicht liegt in der Frage, ob sie angewendet wird auf eine technische Leistung oder auf ein Kunstwerk, auf eine Fest oder auf ein Bild, auf einen Palast oder ein Schmuckstück oder eine Buchseite.« (1928: 1273; H.i.O.)

Auch betrachtet Riemerschmid eine unspezifische »Gestaltungskraft« als maßgebliche Quelle von künstlerischer und technischer Produktivität. Beide Felder, Kunst und Technik, werden vereint im Bild des kreativen Erfinders. Leonardo wird zur Schlüsselfigur dieses produktiven Vermögens. Sie repräsentiert ein ursprüngliches »Gleichgewicht« zwischen verschiedenen Sphären der Produktivität (ebd.). Leonardo da Vinci kann sicherlich als eine Art Topos auch im technikwissenschaftlichen Fachdiskurs gelten. So tritt er nicht nur bei Riemerschmid als Leitfigur der Einheit von Technik und Kunst in Erscheinung. Autoren wie Riedler (1898), Matschoß und viele andere berufen sich verschiedentlich auf Leonardo. Leonardo erscheint als Emblem für die Wurzeln des Ingenieurberufs in der Renaissance (Matschoß 1911: 1939). In den Jahren 1888 und 1896 publiziert der

Civilingenieur ganze Artikel über die Leistungen Leonardos, die eine technikhistorische Artikelserie zu historischen Vorreitern der modernen Technikwissenschaften rahmen (vgl. Beck 1896 und 1888). Mithin knüpft Riemerschmid an ein unter Ingenieuren der Zeit gängiges diskursives Muster an.

Ebenso verhält es sich mit der Metaphorik der Kraft. In Riemerschmids Vortrag wird an ihr der Niedergang der Kunst verdeutlicht: So seien um die Mitte des 19. Jahrhunderts »die bildenden Künste [...] kraftlos« (ebd.) geworden. Kraftlosigkeit wird im Folgenden gleichgesetzt mit bloß reproduktiver Tätigkeit, die »zur Nachahmung alter Stile« (1928: 1274) geführt habe. Damit rekurriert er auf eine Unterscheidung, die in der Kunstgeschichte nicht unbekannt ist, nämlich auf den Gegensatz zwischen der »kraftvollen« Erfindung von Neuem und der »kraftlosen« Reproduktion von Vorhandenem. Dieser Gegensatz strukturiert spätestens seit den kunsttheoretischen Schriften Leon Battista Albertis im 15. Jahrhundert den kunsthistorischen Diskurs – auch in vergeschlechtlichender Form. Zu erwähnen ist in dem Zusammenhang das berühmte Traktat »Della Pittura/Über die Malkunst« (Alberti 2002 [1435/36]). Zu Riemerschmids Zeit ist vor allem Erwin Panofskys Kunstgeschichtsschreibung (1924; vgl. auch 1962 [1953]) maßgebend. Die kunsthistorische und literaturwissenschaftliche Geschlechterforschung hat gezeigt, dass die Bewertung des Werkes von Künstlerinnen als reproduktiv und die geschlechtliche Codierung ästhetischer Produktivität auf dieser Grundlage äußerst problematisch ist (vgl. Kessel 2005; Schade/Wenk 2005: 159; Heydebrand/Winko 2005). Auch die kunsthistorische Sprachwahl und Formanalyse sei historisch von solchen Vergeschlechtlichungen geprägt (vgl. Summers 1993).

Riemerschmids Bildreservoir ist dort noch reichhaltiger, wo er vom erneuerten Kunstschaffen im Sinne einer »sprudelnden Quelle« (1928: 1274) spricht. Es sind also Bilder von Statik versus Bewegung, Unterstützung versus Selbsttätigkeit, Alter/Müdigkeit/Schwäche versus Jugend/Lebendigkeit/Stärke, die hier aktualisiert werden und den Naturalisierungsstrategien der Technikwissenschaften des frühen 20. Jahrhunderts durchaus entsprechen.

Vor diesem Hintergrund macht sich Riemerschmid ans Werk, das Verhältnis zwischen Kunst und Technik in einer Weise neu zu bestimmen, die einer Invasion der Kunst ins Feld der Technik gleichkommt. Zwar gesteht er der Technik zunächst eine Führungsrolle zu, inszeniert dann jedoch die Integration beider als Konkurrenz nationaler schöpferischer Kräfte. Als erstes werden diese Kräfte in einen völkisch-nationalen sowie »rassisch« fundierten Rahmen platziert, wobei Riemerschmid auch auf die ökonomischen Wettbewerbsbedingungen auf dem Weltmarkt aufmerksam macht (vgl. 1928: 1275). In diesem Sinne geht es um die nationale Wettbewerbsfähigkeit und um die Frage, wo die produktiven Kräfte eines Landes zu finden seien. Kraft wird hier zu anonymen »Kräften«, mit denen mehr gemeint ist als Arbeitskräfte. Riemerschmid verhandelt das Problem auf der abstrakteren Ebene von Ressourcen und ihrer Verteilung auf verschiedene Betätigungsfelder. Hier habe der technische Bereich eine vorteilhafte Position erlangt:

»Es bekommt das Streben nach dem Beherrschen der Naturkräfte, der Funktion, der technischen Leistung das Übergewicht, *hier* wird mehr und mehr die ganze Kraft eingesetzt, *die Technik reißt die schöpferischen Kräfte an sich.*« (1928: 1274; H.i.O.)

Es ist ein Kampfplatz, auf dem Technik und Kunst zu kollektiven Akteuren geworden sind, die um die verfügbaren produktiven Ressourcen ringen. Damit verbunden ist das Plädoyer für Dynamik und Veränderung in der modernen Welt. Gegen die Kontemplation setzt er die Dynamik des »Lebens«: »*Aus der Technik gehen die Anfänge zu neuem künstlerischen Leben hervor.* [...] Sie lebt und schafft; das Schaffen selbst drängt zu neuem Schaffen. [...] Je stärker, großartiger, echter die Lebenskraft, desto stärker, großartiger, echter ist die Form, die sie sich schafft.« (1928: 1275; H.i.O.) Die Formulierungen im Text feiern die zentralen Begriffe »Leben« und »Form« in schier unerschöpflicher Redundanz. Als Akteure tauchen nun jedoch, wenngleich aufgrund der abstrakten Ebene der Darstellung noch schimärenhaft, eher Künstler auf, die, wie etwa der bei AEG tätige Architekt und Vorreiter des Industriedesigns Peter Behrens, im Feld der Technik tätig sind:

»Gefühlsmäßig holt sie [die Lebenskraft; TP] die Form aus den Aufgaben heraus, sie gestaltet, lebendig und sachlich, ohne formale Voraussetzungen zu kennen und anzuerkennen. Formale, also künstlerische Begabungen, die von der zeitbedingten Strömung mitgerissen, in die Technik sich haben ziehen lassen, äußern hier ihre natürliche Begabung unwillkürlich und in dieser Unwillkürlichkeit liegt Frische, Ursprünglichkeit, ungebrochene ungeschwächte Kraft.« (1928: 1274)

Mit dieser neuen Figur des Künstlers versucht Riemerschmid nun diskursiv jenes Berufsverständnis der Ingenieure zu vereinnahmen, das sich mit dem Mann der Tat zeitgenössisch im technischen Fachdiskurs stabilisiert hat. Die Position des Ausnahmesubjekts, das seiner Intuition und seiner Begabung folgt, wird in der Zusammenarbeit zwischen Technik und Kunst für den Künstler beansprucht, wohingegen das Technische wieder auf den Bereich des Rationalen zurückverwiesen wird. So gesehen begreift Riemerschmid zwar prinzipiell die Arbeit des Künstlers wie die des Ingenieurs als »Ergebnis derselben schaffenden, erfindenden Phantasie« (1928: 1275); wie im folgenden Abschnitt zu sehen sein wird, propagiert er jedoch zugleich die Expansion der Kunst in technische Tätigkeitsfelder hinein sowie eine spezifische Form der Kooperation zwischen Künstler und Ingenieur.

Suchte die Technik seit Anfang des Jahrhunderts die Nähe zur Kunst, indem sie die eigenen Tätigkeiten in Kategorien künstlerischer Arbeit fasste, so reflektiert der Fachdiskurs mit Riemerschmid 1928 die strategische Annäherung der Kunst an die Technik und deren Kategorien von technischer Konstruktion. Diese konzeptionelle Neuorientierung zeichnet er – ganz der Motivwelt der Debatten der Zeit verhaftet – mithilfe des Kontrastbildes einer alten, historistischen Kunst

»aufgeklebter Verzierungen« (ebd.) einerseits und einer neuen wahrhaften, sach-
lichen Kunst andererseits. »Ohne viel Umschweife, schmucklos, straff, einfach,
sachlich, geradlinig, unmittelbar aufs Ziel gehend. [...] Ein Zug von Wahrheit,
Echtheit, Sauberkeit liegt in der Übereinstimmung zwischen Erscheinung und
Leistung.« (Ebd.) Damit orientiert sich das bei Riemerschmid profilierte Kunstverständnis allerdings tendenziell an einem Bild der Technik, das stärker durch
wissenschaftlich-rationalistische Aspekte gekennzeichnet ist. Die in die Technik ausgreifende Kunst konstruiert nun ihrerseits, was unter Technik im Unterschied zur Kunst zu verstehen sei, was das Besondere sei, aus dem die Kunst Erneuerung finden könne.

8.3.2 Die Kooperation von Verstand und Gefühl

Riemerschmids Vorschlag kulminiert in der Idee von der Kooperation von Künstler und Ingenieur bei der Entwicklung und Gestaltung von Artefakten. Genau genommen kommt dies einem Terrainzugewinn der Kunst gleich, wenn sich die
neue künstlerische Richtung partiell von der reinen, zweckfreien Anschauung
löst und ihr Tätigkeitsgebiet auf die Formgestaltung nützlicher Industriegüter
verlagert bzw. ausdehnt. Die Arbeitsteilung im industriellen Entwicklungslabor
stellt sich Riemerschmid als wechselseitig produktive Arbeitsteilung zwischen
dem »inneren« ästhetischen Gefühl und der wissenschaftlich fundierten, technischen Konstruktion vor: Der Künstler bringe

»eine Feinheit des Stoffgefühls mit, die in gewissem Sinn über alles wissenschaftliche
Ergründen der Stoffeigenschaften hinausgeht, eben weil sie aus dem empfindlichsten
Apparat, der aus innerer Anschauung schöpfenden Phantasie, hervorgeht. Solche Fein-
fühligkeit den Möglichkeiten gegenüber, die in einem Stoff stecken, kann dann wohl im-
stande sein, auch die technischen Leistungen zu erhöhen: Eine aus konstruktiven technischen Gründen hervorgegangene Form deutet eine Richtung auf schöne, ausdrucksvolle
Wirkung an, gleich wird sie mit Entschiedenheit erfaßt und weitergetrieben vom Künstler, und der Techniker wird mitgerissen und zu höherer Leistung hinaufgetragen.« (Ebd.)

Mit seinen emotionalen Kompetenzen und »empfindlichsten« Rezeptoren, die
ihn für die schöpferische Arbeit besonders zu qualifizieren scheinen, treibt der
Kooperationspartner aus dem Feld der Kunst den technischen Konstruktionsprozess wie ein Katalysator voran. »Intuition« wird zur notwendigen Begabung, die
Trittsicherheit auf dem Weg zur gelungenen »Form« gewährleistet.

»Da, in diesem Stand der Arbeit, kann der wirklich erfindungsreiche, formenreiche, phan-
tasiebegabte Künstler, zur Mitarbeit gerufen zu sehr viel rascheren, sehr viel sichereren
Fortschritten verhelfen. An die Stelle eines langsamen Tastens kann die glückliche, das
Ziel erschauende Intuition treten.« (1928: 1275)

So sei nur der künstlerische Part der »feinfühlige«: »[D]ie Hände des feinfühligen Künstlers werden geführt, geleitet durch den Stoff und sein Werkzeug, werden geführt durch die Technik« (1928: 1277). Nicht der Geist, sondern der Körper steht im Mittelpunkt der künstlerischen Arbeit, genauer: die Hände. Diese Hände sind keine zupackenden, es sind nicht die Hände eines Arbeiters. Vielmehr sind sie (auch) passiv und werden geführt, sodass sich alles wie organisch vorgesehen zu fügen scheint. Auf Seiten der Technik hingegen, hier nun genauer konturiert, sei eher »von einem scharfen, sicher rechnenden Verstand erfundenen technischen Möglichkeiten« (1928: 1277) auszugehen. Verknüpft werden sollen in der arbeitsteiligen Kooperation also die klassischen Pole des Dualismus Geist/Körper und Vernunft/Gefühl. Während hier die künstlerische Tätigkeit genauer in ihrer gefühlsgeleiteten Textur charakterisiert wird, verzichtet Riemerschmid zunächst fast vollkommen auf eine Beschreibung der besonderen Merkmale der technischen Konstruktion. Zwar vergleicht er die Kooperation an einer Stelle mit einer heterosexuellen Verbindung, einer »rechte[n] und gute[n] Ehe [...], aus der kräftige, gesunde Kinder hervorgehen« (ebd.), doch zu einer stärkeren geschlechtlichen Markierung kommt es nicht. Der Akzent dieses Vergleichs scheint stärker auf der generativen Funktion der Ehe zu liegen, wenn er die schlechte Kooperation von Technik und ornamentaler Kunst mit einem »peinlichen ›Liebesverhältnis‹« (ebd.) vergleicht. Riemerschmid scheint nicht daran gelegen, die Arbeit des neuen, in der technischen Entwicklung tätigen Künstlers in irgendeiner Form stärker zu vergeschlechtlichen, sondern betont mit der Ehemetapher das Moment der Fruchtbarkeit und die Kehrseite all dessen, was zeitgenössisch als nicht »gesund« und degeneriert diskreditiert wurde. Die Kategorie der Gesundheit und die Abgrenzung zum Schwachen und Kranken wird als gemeinsame Grenzlinie von Kunst *und* Technik gestärkt: Die neue Version des gestaltungskräftigen Künstlers und Ingenieurs wird abgegrenzt von der eher bildungsbürgerlichen, vorgeblich ungesunden Version. Auf diese Weise wird der Rekurs auf Zweigeschlechtlichkeit, der in der Metapher der Ehe anklingt, tendenziell zurückgenommen. Stattdessen werden in naturalisierender Weise Beziehungsmodelle gegeneinander gestellt, in Form einer »gesunden« gegenüber einer vermeintlich lächerlichen und moralisch anfechtbaren Verbindung, die nicht der Fortpflanzung und Produktivität dient.

Die Figur des Künstler-Ingenieurs unterliegt bei Riemerschmid folglich einer Aufspaltung; er nimmt eine funktionale Trennung von Zuständigkeiten in der kooperativen Arbeit vor, wie er sie für Entwicklungsbüros in industriellen Großbetrieben vor Augen hat. Die Personalunion, wie sie am Ausgangspunkt der Argumentation am Beispiel Leonardos erläutert wurde, transformiert Riemerschmid in eine Arbeitsteilung. Der kalkulierende Geist des Ingenieurs bedarf ergänzend des intuitiv-emotionalen Potenzials des Künstlers, um seine Werke zu vollenden. Die mit dem Vortrag angestrebte Integration wird so auf die Ebene einer neuen industriellen Arbeitsteilung verlagert, die als wechselseitige, komplementäre und fruchtbare Beziehung nach dem Modell der Ehe konzipiert ist.

Wie am Beispiel Riemerschmids zu sehen ist, bedient sich die *boundary work* der Kunst Ende der 1920er-Jahre nahezu derselben Argumentationsmuster wie die der Technik um 1900. Auch die avantgardistischen Kunstbewegungen unter dem Leitbegriff der »Form« suchen die Abgrenzung zu bisherigen bürgerlichen Kunstauffassungen und problematisieren die Trennung zwischen Technik und Kunst. Diese Argumentationsmuster dienen letztlich jedoch einem anderen Professionalisierungsprojekt, nämlich der Etablierung des Berufsfeldes des »Industriedesigners«. Pioniere auf diesem Feld waren Künstler, die zu Beginn des 20. Jahrhunderts in Entwicklungsabteilungen der Industrie arbeiteten. Dieser Befund, dass zeitverschoben ganz ähnliche diskursive Strategien für völlig unterschiedliche Professionalisierungsprojekte verfolgt werden, belegt erneut die prinzipiell dieser Studie zugrunde liegende wissenssoziologische These, dass Wissen und die Unterteilung in Wissensterritorien und Zuständigkeitsgebiete keineswegs objektiv aus der Wirklichkeit ableitbar sind. Sie sind vielmehr sozial umkämpfte Wissensbestände, Ressourcen sozialer Aushandlungen und Terrainkämpfe um die Monopolisierung von Kompetenzen und um die damit verbundene gesellschaftliche Anerkennung. Mit ein und denselben Wissensbeständen und mit analogen Grenzziehungen kämpfen an der Schnittstelle von Technik und Kunst unterschiedliche Akteure um die diskursive Besetzung eines im Zuge der Industrialisierung und Massenproduktion neu vermessenen Tätigkeitsgebietes. Ob der Künstler-Ingenieur mehr Ingenieur oder mehr Künstler ist, bleibt auch im Verlauf des 20. Jahrhunderts mit der Profilierung des Industriedesigns umstritten (vgl. Paulitz 2009c).

Geschlechterdifferenzierungen erweisen sich als diskursive Ressource in diesem Prozess. Ebenso wie die Ingenieure versucht Riemerschmid nicht, den intuitiv arbeitenden Künstler zu feminisieren, sondern eher eine spezifische Konstruktion von Männlichkeit für die Kunst zu besetzen und die Ingenieure in eine andere, auf das Rationale begrenzte Version von Männlichkeit zurückzudrängen. Die Version des männlichen Künstler-Ingenieurs wird somit zu einem strategischen Einsatz um professionspolitisch interessantes Terrain und um neue Tätigkeitsgebiete.

Zwischenbilanz: Die Natur des Mannes als diskursive Ressource

Die Untersuchung des technikwissenschaftlichen Fachdiskurses konzentriert sich in diesem Teil der Studie auf die Umbruchphase von den 1890er-Jahren bis in die 1920er-Jahre. Im ersten Schritt wurden die Schriften des wohl prominentesten Vertreters dieses Umbruchs, Alois Riedler, auf die zentralen Argumentationsmuster hin geprüft. Riedler propagierte ein neues Berufsverständnis des Ingenieurs, der akademischer Praktiker statt szientistischer Theoretiker sein sollte. In den folgenden beiden Schritten wurde die breitere Verankerung im Fachdiskurs der bei Riedler programmatisch formulierten diskursiven Verschiebung analysiert: Zunächst standen die Veränderungen in der Art und Weise, wie die Geschichte der Technik und des Ingenieurberufs erzählt wurde, im Zentrum der Betrachtung. Danach habe ich mich mit den diskursiven Bezugnahmen auf das soziale Feld der Kunst beschäftigt. Die zentralen Ergebnisse sind hier kurz zu bilanzieren.

Ende des 19. Jahrhunderts gerät die Konstruktion des Ingenieurs als vorgeblich neutrale Instanz wissenschaftlich-theoriegeleiteter Technikentwicklung innerhalb des Fachdiskurses in die Krise. Im Zuge der Umarbeitung der Konstruktion des Maschinenwissenschaftlers unter dem Schlagwort »Praxis« unterliegt auch die Vergeschlechtlichung des Berufs einem Wandel. Nicht länger dominiert eine andro- und eurozentristisch verfasste Neutralisierung des modernen Ingenieurs, vielmehr zeichnet sich zunehmend ein neuer Modus der Vergeschlechtlichung ab. Das Geschlecht des Ingenieurs wird einerseits unmittelbar auf der Textebene zur expliziten Markierung ausformuliert und andererseits in neuer Weise inhaltlich mit Bedeutung aufgeladen. Anstelle des objektiven Wissenschaftlers tritt der individuelle Erfinder, dessen besonderes Vermögen gerade in seiner »männlichen« Geschlechtsnatur liege. Geschlecht wird ganz explizit zur diskursiven Ressource für die Berufskonstruktion. Wie wird diese Männlichkeit genau profiliert und wie verlaufen die Grenzziehungen?

Zentral ist die dezidierte Abgrenzung von der Konzeption des neuhumanistisch gebildeten Gelehrten und Wissenschaftlers. Männlichkeit erscheint nun als eine Art Auszeichnung, die den Ingenieuren als handlungsfähige Subjekte

zu- und den Wissenschaftlern und Gelehrten als bloß erkennende Subjekte abgesprochen wird. Vor allem bei Riedler wird Technik zur Angelegenheit »wirklicher« Männer und Männlichkeit zum qualitativen Distinktionskriterium. In
seinen Schriften entwirft er den Ingenieur als Mann der Tat *par excellence*, den
sein Können vor den »bloß« Wissenden auszeichne und der so zugleich zum sozialdarwinistisch begründeten Fundament eines neuen, praxisbezogenen Wissenschaftsverständnisses wird. Den sog. »Wissenskrämern« attestiert Riedler
Mangel an Tatkraft, Produktivität und Nützlichkeit für die Nation. Trotz dieser
expliziten Geschlechtsrhetorik werden jene sozialen Gruppen, denen Männlichkeit abgesprochen wird, *nicht* feminisiert. Die dualistischen Grenzlinien verlaufen eher zwischen stark/schwach, gesund/krank, Wachstum/Unfruchtbarkeit
etc. und verweisen auf eine zunehmend biologisierend argumentierende Legitimationspraxis. Wer bei Riedler den »Ehrentitel Mann« nicht verdient, erscheint
in neutralisierter Form, etwa als »Mensch« oder als »Herr«.

Geschlechtersoziologisch ist die Konstruktion des Mannes der Tat um 1900
als Neuauflage im Kampf der Ingenieure um gesellschaftliche Anerkennung zu
deuten, der ganz maßgeblich als Kampf um hegemoniale Männlichkeit geführt
wird, nur mit anderen Mitteln als zuvor. Aus den ersten Phasen der Verwissenschaftlichung wird grundsätzlich die Konstante weitergeführt, dass die Konkurrenz zu anderen Männlichkeitskonstruktionen im Vordergrund steht und nicht
die Abgrenzung zu Weiblichkeit. Mit dem Mann der Tat erscheint Männlichkeit
nicht länger als Garant einer neutralen Erkenntnisposition, sondern avanciert
zur positiven Selbstbezeichnung und stellt so möglicherweise eine technikwissenschaftliche Variante zeitgenössischer maskulinistischer Männlichkeitskonstruktionen dar.

Die detaillierte Feinanalyse der Texte erwies sich hier als ertragreich, denn
die Unterschiede in den vergeschlechtlichten Bezeichnungen sind nicht zufällig. Sie bilden vielmehr ein deutliches Muster aus. Während im ersten Fall, wie
in Teil I zu sehen war, die Abgrenzungsbewegungen zu anderen Konstruktionen von Männlichkeit vorwiegend auf ethnische Zuschreibungen, den sozialen Status und die Fortschrittlichkeit bezogen sind, kommt nun eine neue Variante der Abgrenzung zum Tragen, deren Differenzierungskategorien eher auf
Natur bzw. Biologie basieren. Wie die Analyse in Teil II illustriert, hat Riedlers
Mann der Tat in den Fachdebatten tiefe Spuren hinterlassen. Erkundet man diese Spuren genau, so lässt sich feststellen, dass die neue Konstruktionsweise des
Ingenieurs in ihren emphatischen Bezügen auf eine als naturhaft verstandene
Männlichkeit keineswegs als »Sonntagsrede« eines einzelnen Fachvertreters ab-
getan werden kann.

Die Verschiebung und Neuakzentuierung des vergeschlechtlichten Berufsverständnisses lässt sich erstens in den Narrativen rekonstruieren, auf die die Ingenieure um die Jahrhundertwende über die Herkunft der Technik zurückgreifen.
Zweitens kommt die Profilierung des Mannes der Tat im diskursiven Anschluss

an das soziale Feld der Kunst, im Bezug auf ästhetische Kategorien und in der Figur des Künstler-Ingenieurs zum Ausdruck.

Wie wandeln sich die Erzählungen über die Geschichte der Technik, wenn der Mann der Tat die Bühne betritt? Die Konstruktion des Maschinenwissenschaftlers folgt einem Fortschrittsnarrativ, während der Ingenieur als Mann der Tat mithilfe eines Ursprungsnarrativs diskursiv erzeugt wird. Die Erzählmuster weisen hier eine ganz unterschiedliche Logik auf. Im Fortschrittsnarrativ erscheint der Ingenieur als Endpunkt einer historischen Stufenfolge der Höherentwicklung. Dabei werden (vormoderne) Vorstufen kurz eingeblendet, deren AkteurInnen geschlechtlich bzw. geographisch-ethnisch markiert sind, wohingegen die Techniker der modernen Maschinen die neutrale Höchststufe besetzen und den vorläufigen Abschluss einer Entwicklung repräsentieren, die einem universal gültigen Verlauf folgt. Die Konstruktion des Mannes der Tat wird hingegen mithilfe eines Rückbezugs auf einen vorgeblich eindeutigen Ursprung der Technik erzeugt. Die um 1900 neue Distanz zum bürgerlich-neuhumanistischen Gelehrtenideal äußert sich im Ursprungsnarrativ als Kritik an den technologischen Defiziten der Antike. In der Folge wird der Antike die symbolische Position als »Wiege« der europäischen Kultur streitig gemacht. Demgegenüber wird der Versuch unternommen, die Wurzeln aller Kultur aus der Prähistorie heraus neu zu begründen. Mit Bezug auf popularisiertes archäologisches Wissen der Zeit entfalten die Autoren eine Ursprungserzählung vom technischen Menschen als werkzeugerfindendem Mann im Überlebenskampf mit der feindlichen Natur. Nicht auf Höherentwicklung in Form von Stufen beruht die Erzählstrategie, vielmehr dominiert die Vorstellung einer anthropologischen Konstante, die sich aus einem vorgeblichen Ursprungsmoment herleitet, in dem sich der Mensch vom Tier emanzipiert habe. In der Inszenierung einer Konkurrenz zwischen »Wort« und »Werkzeug« als maßgebliches Moment, das einst den Menschen zum »Menschen« machte, kommt die Konkurrenz unterschiedlicher Konzeptionen von Männlichkeit bildhaft zum Ausdruck. Das heißt mit der Inszenierung im Ursprungsnarrativ ziehen die Ingenieure die humanistische Lehrmeinung vom Primat der Sprache für die Menschheitsentwicklung symbolisch in Zweifel und damit zugleich die Vorrangstellung der bildungsbürgerlichen Eliten in der zeitgenössischen Kultur. Das Werkzeug steht fortan für den eigentlichen prähistorischen Ursprungsmoment der Emanzipation des Menschen von der Natur. Mit der Verankerung eines überzeitlich menschlichen Wesens in Gestalt des männlichen Ingenieurs, dessen Charakteristika sich in der Urzeit herausbildeten, wird der Ingenieurberuf diskursiv in einer Art technischen Anthropologie fundiert. Das Narrativ sorgt folglich dafür, die kulturelle Stellung der Technik aus der Konstruktion einer ursprünglichen *Natur* des Menschen abzuleiten und auf diese Weise zu rechtfertigen. Mit Hinweis auf die Zeugungsfähigkeit des urzeitlichen Erfinders rückt eine biologische Deutung der Technikentwicklung in den Blick. Biologisches Geschlechterwissen erweist sich als neue diskursive Referenz, mit deren Hilfe sich

Ende des 19. Jahrhunderts der Deutungsmacht des Maschinenwissenschaftlers und damit der Angleichung an die im wissenschaftlichen Feld herrschenden Standards begegnen lässt.

Diese diskursive Verschiebung steht grundsätzlich im historischen Kontext der Hochindustrialisierung im deutschsprachigen Raum, der ersten Erfolge in der Etablierung der THn in den 1880er-Jahren sowie der wachsenden Anforderung an die Absolventen, ihre akademische Qualifikation als (leitende) Angestellte in den neuen industriellen Großbetrieben zu vermarkten. Mit dem Ursprungsnarrativ wird folglich das neutralisierte Männlichkeitskonzept des Maschinenwissenschaftlers als eigentlich unproduktiv diskreditiert und explizit eine qua Natur produktive Männlichkeit konstruiert. Legitimationskraft bezieht diese narrative Konstruktion aus einer besonderen natürlichen Ausstattung, mit der sich der *deutsche* Mann der Tat im Vergleich zu anderen Nationen durch Dominanz auszeichnet. Während sich der Gelehrte in androzentristischer Weise als Kulturmensch und so als *Gegenüber* der Natur definierte, inszeniert sich der Mann der Tat im wilhelminischen Kaiserreich in einer naturalisierenden Ursprungserzählung als vielversprechender Anwärter auf eine Führungsrolle im Dienste der Nation, in Staatswesen und Industrie, indem er sich primär von den neuhumanistischen Bildungseliten abgrenzt. Die geschlechtliche und »völkische« Markierung wird mithilfe des historisierenden Narrativs als – in ihrem Ursprung immer schon – überlegene Natur gefasst, die die Vorrangstellung beansprucht. Insofern steht das Ursprungsnarrativ hier ebenfalls in direkter Verbindung zur sozialen Position der Ingenieure, allerdings nun als generatives Prinzip und strategischer Einsatz in einem Projekt des Aufstieges in Richtung der Führungseliten des sich Ende des 19. Jahrhunderts sukzessive formierenden deutschen Nationalstaats. Diese Berufsauffassung findet schließlich in der Frage nach den erwerbbaren und den angeborenen Talenten des Ingenieurs, nach einem »Ingenieurtrieb«, im Folgezeitraum eine Fortsetzung. In den ersten Jahrzehnten des 20. Jahrhunderts wird die Konstruktion des Ingenieurs als Mann der Tat stabilisiert und zugespitzt. Vor allem im Kontext der bürokratischen Organisation und des Taylorismus, die in den 1920er-Jahren auch die Arbeit der Ingenieure erfassen, gewinnt das Deutungsmuster einer angeborenen, lebendigen Schöpfernatur an Bedeutung, die ihr Recht auf ein kreatives, von der Rationalisierung unberührtes Reservat einfordert.

Mit den Gegenbewegungen zum szientistischen Ideal des objektiven und neutralen Gelehrten verstärkt sich im Fachdiskurs die Betonung des Künstlerischen. Mit dem Bezug auf das soziale Feld der Kunst und auf ästhetische Kategorien werden neue Akzente im Berufs- und Fachverständnis der Technik gesetzt. Das heißt, die diskursive Konstruktion des Mannes der Tat wird außer mit dem Ursprungsnarrativ – neben und teilweise in Überschneidung mit diesem – mit dem Entwurf der Figur des Künstler-Ingenieurs bewerkstelligt. In dieser Hinwendung zur Kunst sind die Ingenieure nicht gewillt, die Regeln des wissenschaftlichen Feldes ohne Weiteres zu akzeptieren. Sie suchen neue Anknüpfungspunkte in einem anderen sozialen Feld und in den symbolischen Ressourcen, die dieses Feld im Hinblick auf soziale Anerkennung des Ingenieurberufs und der modernen Technikwissenschaften bieten kann. Technische Konstruktion etwa erscheint nun nicht mehr als erlernbare methodische Vorgehensweise, sondern gilt zunehmend als subjektiv, als ein vom außergewöhnlichen männlichen Erfinderindividuum qua natürlicher Ausstattung getragener Schöpfungsakt. So wird für den Ingenieur mit Bezug auf den genialen Künstler der Status des Ausnahmesubjekts der Moderne reklamiert. Männlichkeit bleibt auch hier kein beiläufiges Etikett, sondern wird zum emphatisch-programmatischen Leistungsvermögen, in den Aspekte wie Rezeptivität, Phantasie und Emotionalität einerseits und Entschlossenheit, Wille und »männliche« Tatkraft andererseits integriert werden.

Der Fachdiskurs spiegelt qualitativ und quantitativ die wachsende Bedeutung der Kunst für die Technik wider. Die sich nach 1900 intensivierenden Bemühungen lassen den Bezug auf mehrere Kunstauffassungen erkennen. Teilweise in Anlehnung an neue Kunstbewegungen schließen sie an einen Kunstbegriff an, der nicht nur völlig mit der Technik zu verschmelzen scheint. Gemäß diesem Kunstbegriff wird Technik regelrecht zur Kunst schlechthin, da sie einerseits für die perfekte Umsetzung von zweckmäßiger, naturgesetzlicher Gestaltung gehalten wird, andererseits in Übereinstimmung mit dem Ursprungsnarrativ als Ausdruck der »Natur« des Menschen betrachtet wird. Mit dieser Hinwendung zur Kunst steht im Fachdiskurs – im Bourdieu'schen Sinne – das Berufsfeld selbst auf dem Spiel. Die Konstruktion künstlerischer Männlichkeit bzw. des Künstler-Ingenieurs wird in diesem Spiel zum »Trumpf«.

In den 20er-Jahren des 20. Jahrhunderts treten in dieses Spiel weitere Akteure ein. Vertreter avantgardistischer Kunstbewegungen beanspruchen ihrerseits die Position des Künstler-Ingenieurs und beginnen damit, das neue Tätigkeitsgebiet kreativer Technikgestaltung zu besetzen. Die Künstler greifen bei der Klärung des Verhältnisses von Technik und Kunst auf dieselben Argumentationsmuster zurück wie die Ingenieure um 1900. Die Argumentation dient nun allerdings einem anderen Professionalisierungsprojekt, nämlich dem des entstehenden Berufsfelds »Industriedesign«. Der Künstler-Ingenieur wird zur umkämpften Diskursfigur in der Auseinandersetzung um die Monopolisierung von Kompetenzen und Tätigkeiten. Die Berufskonstruktion des Ingenieurs als Mann der Tat sieht sich nun ihrerseits Angriffen ausgesetzt, wenn die neuen Künstler in den industriellen Großbetrieb eindringen und *boundary work* zwischen technischen und künstlerischen Tätigkeitsprofilen betreiben, in deren Zuge die Ingenieure tendenziell in die Welt des zweckrationalen Kalküls zurückgedrängt werden sollen.

Wie dieser Untersuchungsteil also im Gesamtergebnis zeigt, zielt die *boundary work* der Ingenieure in der szientistischen wie auch in der praxisorientierten Variante primär auf die Inklusion von Ingenieuren in gesellschaftlich privilegierte

Sphären und nicht nennenswert auf die Exklusion der sozialen Gruppe der Frauen aus dem eigenen Bereich. Diese Inklusionsbemühungen operieren auf der Ebene des Wissens, produzieren Erzählungen, (sprachliche) Bilder und Deutungsmuster über das produktive Vermögen der Ingenieure. Im Zeitverlauf generieren diese diskursiven Praktiken ganz unterschiedliche Konzeptionen von Männlichkeit. Diese Konstruktionen bleiben stets fragil und diskursiv umkämpft. Sie verfestigen sich im Zuge des Versuchs, sich die symbolischen Ressourcen hegemonialer Männlichkeit in jeweils verschiedenen sozialen Feldern anzueignen und damit Positionsgewinne für die modernen Technikwissenschaften und den Ingenieurberuf zu erzielen. Das bedeutet auch, dass die Ingenieure bei ihren Inklusionsbemühungen sowohl abgrenzend als auch angleichend operieren. Mit dem Mann der Tat werden im technikwissenschaftlichen Fachdiskurs die Ansprüche um Angleichung an das Feld der Wissenschaft und an den humanistisch vorgebildeten Gelehrten stark zurückgenommen. Demgegenüber suchen die Akteure die Nähe zu einem anderen sozialen Feld, nämlich dem der Kunst, und zu einer dort mit einem Ausnahmestatus versehenen naturalisierten Version kreativer Männlichkeit in der Figur des Künstlers. Männlichkeit wird dabei als *per se* produktives Geschlecht inhaltlich ausgearbeitet, naturalisiert und mit Überlegenheitsansprüchen gegenüber anderen privilegierten Berufsgruppen des Bildungsbürgertums verknüpft.

Die Autoren des neuen Mannes der Tat grenzen sich im Fachdiskurs nicht nur inhaltlich, sondern auch habituell vom szientistischen Berufsverständnis ab. Sie präsentieren sich nicht mehr als Meister des gelehrten Diskurses, indem sie der Öffentlichkeit beweisen, dass sie über das Wissen der Zeit verfügen und dass ihr primärer systematischer Zugang darin besteht, Gegenstände objektiv und distanziert zu klassifizieren. Der Mann der Tat verweigert diese Rituale der Anpassung an die Regeln des wissenschaftlichen Feldes in der ganzen Machart seiner Texte. Seine diskursive Praxis ist anders »gestrickt«. Sie bedient sich recht »hemdsärmelig« und in zuweilen eklektizistischer Weise verschiedener Versatzstücke des zeitgenössischen wissenschaftlichen Diskurses. Vor allem aber werden diese diskursiven Referenzen nicht mehr minutiös belegt, sondern bleiben verstärkt implizit, verweisen auf popularisierte Deutungsmuster der zeitgenössischen Wissenschaften, wie etwa das sozialdarwinistische Denken. Sie verbinden diese mannigfaltigen Referenzen in manchmal voluntaristisch anmutender Weise. Daraus folgt: Auch der wissenschaftlich-objektivistisch strukturierte Habitus des Maschinenwissenschaftlers hat sich im Fachdiskurs transformiert, und zwar zu einem praxisbezogen-machbarkeitsorientierten Habitus des Mannes der Tat.

Inwieweit die rekonstruierten Umbrüche von Fach und Berufsverständnis noch tiefer im Fachdiskurs verankert sind und sich auch auf die Formulierung von Grundbegriffen und Basisdefinitionen der Technikwissenschaften im Untersuchungszeitraum auswirken, soll im nun folgenden dritten Untersuchungsteil erörtert werden.

III. Grundlagenwissen und Männlichkeiten

Theorien der technischen Mechanik oder der Maschinenlehre gelten gemeinhin als Wissensbestände, die nicht gesellschaftlich geprägt sind, sondern auf Naturgesetzen beruhen. In diesem Teil der Untersuchung geht es um solche Theorien. Exemplarisch werden technikwissenschaftliche Lehrbuchtexte und Fachdebatten in Zeitschriften wissenssoziologisch analysiert und zu den bisherigen Ergebnissen in Beziehung gesetzt. Es handelt sich bei diesen Texten und Debatten im engeren Sinne um Kernbestände technikwissenschaftlichen Wissens: Das Anliegen der Akteure ist hier nicht, sich mit professionspolitischen Fragen zu beschäftigen, sondern die Begriffe des eigenen Feldes zu klären und die zentralen Gegenstände zu definieren.

Das Erkenntnisinteresse der folgenden Analysen ist darauf gerichtet, ein genaueres Verständnis davon zu gewinnen, wie diese Gegenstandsbestimmungen und Theoriegrundlagen mit dem Berufs- und Fachverständnis des Ingenieurs und der modernen Technikwissenschaften verbunden sind und wie sich darin Umbrüche und diskursive Verschiebungen äußern. Dieses Interesse fußt auf der Annahme, dass das Berufs-, Fach- und Gegenstandsverständnis der modernen Technikwissenschaften im wechselseitigem Bezug aufeinander koproduziert werden und dass so auch die bislang herausgearbeiteten vergeschlechtlichten Vorstellungen vom Ingenieur in den Theoriegrundlagen ihren Niederschlag finden. Darüber hinaus gilt es auszuloten, welche diskursive Funktion die theoretischen Bestimmungen des Gegenstandsbereichs für die unterschiedlichen Berufskonstruktionen des Maschinenwissenschaftlers bzw. des Mannes der Tat haben und wie umgekehrt diese Berufskonstruktionen in kontroversen Gegenstandsbestimmungen wirksam werden.

Diesen Fragen geht das nächste Kapitel am Beispiel des Begriffes der »Kraft« im Lehrbuch Redtenbachers nach. Nachfolgend werden die Verwendungsweisen des Kraftbegriffs der theoretischen Schriften mit Materialien aus anderen Diskurssträngen im Zeitverlauf verglichen (Kapitel 9). Im letzten Kapitel dieser Studie beschäftige ich mich mit der Definition der »mechanischen Maschine«. Anhand der kontroversen Fachdebatten rekonstruiere ich die umstrittene theoretische Eingrenzung der Maschine. In dieser Kontroverse prallen unterschiedliche Fachpositionen und Grenzziehungen der Technikwissenschaften aufeinander (Kapitel 10).

9. Mechanik: Begriff und Metaphorik der Kraft

Immer wieder war in den vorangegangenen Kapiteln »Kraft« als Element der Selbstbeschreibung des Ingenieurs in Erscheinung getreten, ohne dass dieser Metaphorik genauer auf den Grund gegangen wurde. Sicherlich hat die Metapher der Kraft im Zuge der Industrialisierung, d.h. in Zeiten der Verbreitung neuer Kraftmaschinen, v.a. der Dampfmaschine, den Sprachgebrauch der Zeit geprägt und ist nichts spezifisch Technikwissenschaftliches. Ebenso wenig darf sicherlich der Einfluss der Thermodynamik und des Energiebegriffs im Untersuchungszeitraum unterschätzt werden. »Kraft« ist im 19. Jahrhundert ein zentraler Fachterminus der Naturwissenschaften und ein grundlegendes Konzept mechanistischen Denkens überhaupt. Er strahlte in Bereiche der kulturellen Moderne, z.B. in die Ästhetik, aus (vgl. Menke 2008). Folgende Betrachtung ist jedoch darauf fokussiert, die Thematisierungsweisen von »Kraft« im technikwissenschaftlichen Fachdiskurs herauszuarbeiten und den Zusammenhang zwischen Begriffs- und Berufskonstruktion zu beleuchten.

Im 19. Jahrhundert machte sich die technische Mechanik als eigener Theoriezweig des wissenschaftlichen Maschinenbaus daran, nicht länger nur die naturwissenschaftlichen Gesetze zu rezipieren, sondern eine genuin technikwissenschaftliche Ausformulierung von zentralen Begriffen der Mechanik, so auch des Kraftbegriffes, vorzunehmen. Es ist zu hinterfragen, wie Kraft als Terminus der technischen Mechanik Mitte des 19. Jahrhunderts entworfen wird und wie sich diese Begriffskonstruktion zur Metapher der Kraft im Fachdiskurs verhält. Für die Untersuchung ist die engere wissenschaftshistorische Frage, wie die Rezeption von naturwissenschaftlicher bzw. philosophischer Mechanik in der technischen Mechanik genau verlaufen ist, sekundär. Vielmehr bilden die Wechselwirkungen zwischen Begriffsarbeit und metaphorischen Verwendungsweisen innerhalb des Fachdiskurses der Technikwissenschaften Kern der Analyse. Dabei wird vorrangig von Interesse sein, welche Verbindung zwischen der Verwendung von Kraftbegriff/ -metapher und den Konstruktionen von Männlichkeit im Zeitverlauf existiert. Werden diskursive Verschiebungen im Zeitverlauf auch durch Veränderungen im sprachlichen Bildbestand erzeugt?

Zunächst werden die mit einem solchen Vorhaben verbundenen Voraussetzungen geklärt und die exemplarische Materialauswahl aus dem Bereich der technischen Mechanik wird erläutert (9.1). Danach gehe ich mit einer detaillierteren Fallanalyse der Frage nach, wie der Kraftbegriff im Zuge der Verwissenschaftlichung in den Schriften Ferdinand Redtenbachers theoretisch gefasst, mit dem Maschinenbegriff verknüpft und standespolitisch aufgeladen wurde (9.2). Im Anschluss ergründe ich systematisch – schwerpunktmäßig in bereits behandelten Materialien – den Wandel der Kraftmetaphorik im Fachdiskurs bis ins beginnende 20. Jahrhundert (9.3). Im Mittelpunkt des letzten Abschnitts stehen explizite Wechselbezüge zwischen dem Mann der Tat und seiner besonderen Expertise als Beherrscher der Kraft (9.4).

9.1 Zur Untersuchung der Kraftmetaphorik in den Technikwissenschaften

Mit der Fokussierung auf grundlagentheoretische Texte des Fachdiskurses werden Begriffsbildungen wie jene der mechanischen Grundbegriffe »Kraft«, »Stoff« und »Masse« wissenssoziologisch betrachtet. Am Beispiel der Kraft soll *en detail* rekonstruiert werden, wie fachwissenschaftliche Konzepte mit sozialen Wissensbeständen und Differenzierungen aufgeladen bzw. durch diese (mit-)konstituiert sind. Wie bereits einleitend angedeutet, wird diese Konzeptualisierung des Kraftbegriffs systematisch verglichen mit Äußerungen, in denen Kraft als Element der Selbstbeschreibung der Ingenieure auftaucht. Das Kapitel enthält daher einen diskursstrangübergreifenden Vergleich zwischen Konzepten, die einerseits enger fachwissenschaftlich verstanden werden, und solchen, die einen expliziteren professionspolitischen Bezug haben. Ähnlich wie zuvor wird eine zeitliche Achse gelegt, die dazu beiträgt zu klären, ob die metaphorische Selbstinszenierung mithilfe der Kraft im Fall des Maschinenwissenschaftlers anders ausfällt als im Fall des Mannes der Tat.

Eine solche vergleichende Betrachtung des Zusammenspiels zwischen mehreren Diskurssträngen erlaubt es, die sozialen Voraussetzungen technikwissenschaftlichen Wissens als Verwobenheit unterschiedlicher Wissensbestände (über den Gegenstand und über die Akteure) genauer zu analysieren. Lehrbuchwissen über »Kraft« als Grundbegriff der mechanischen Maschine einerseits und Selbstwahrnehmung und -beschreibung der Maschinenbauingenieure als Experten der Kraftlenkung und als Träger von verschiedenen Kräften andererseits werden in ihrer Wechselwirkung betrachtet, als historisch spezifische und sich verschiebende Koproduktionen: Die Deutung des einen stützt die Deutung des anderen bzw. generiert diese mit. Das eine bliebe ohne das andere bedeutungslos.

Außerdem lässt sich am Konzept der Kraft zeigen, wie auch die theoretischen Grundlagen der aufkommenden Maschinenwissenschaft geschlechtlich aufgeladen sind und genau jenen diskursiven Praktiken folgen, die die Konstruktion des Maschinenwissenschaftlers kennzeichnen. Darüber hinaus kann umgekehrt ge-

sagt werden, dass der Maschinenwissenschaftler gerade auch durch diese grundlagentheoretische Fundierung in einem spezifisch verstandenen Kraftbegriff
seine epistemische Autorität erhält. Das Konzept der Kraft ist somit das Verbin-
dungsglied zwischen unterschiedlichen Wissensbeständen in den diversen Teil-
strängen des Fachdiskurses.

Die dieses Kapitel leitende These lautet, dass die Konzeption der Kraft ein
Baustein für die diskursive Ausarbeitung sowohl des Maschinenwissenschaftlers wie auch – noch stärker – des Mannes der Tat ist. Im ersten Fall stützen sich
Selbstbeschreibung und theoretisches Wissen implizit gegenseitig. Im Zuge der
Verschiebung des Berufsverständnisses in Richtung »Praktiker« beginnt die Metaphorik der Kraft auszuufern. Vor allem an der Stelle wird explizit auf das fachliche Wissen über die Kraftverhältnisse in der stofflichen Natur Bezug genommen
und so auch auf das Beherrschen der Naturkräfte. Diese Referenz auf Grundlagen der technischen Mechanik trägt mithin, ergänzend zum Ursprungsnarrativ
und zur Vorstellung von der Erfindung als Kunst begabter Männer, in wesentlichen Teilen zur Naturalisierung des Mannes der Tat bei.

9.1.1 Zur Wissenschaftsgeschichte der Kraft

Die Untersuchung des Konzepts der Kraft erfolgt hier weitgehend immanent
bezogen auf die Technikwissenschaften im Untersuchungszeitraum. Zur Forschungslage in der Wissenschaftsgeschichte und in der Geschlechterforschung
zu Naturwissenschaften soll daher eine kurze Einschätzung gegeben werden:

Der Kraftbegriff der Mechanik wurde wissenschaftsphilosophisch und -his-
torisch bereits differenzierter aufgearbeitet.[1] Er ist als Konzept der Physik (Mechanik) und der Naturphilosophie rekonstruiert worden, und zwar im Wesentlichen vom aristotelischen Denken in der Antike über die Impetustheorie im
13. und 14. Jahrhundert bis zur Ausarbeitung des neuzeitlichen physikalischen
Kraftbegriffs in der klassischen Mechanik v.a. bei Johannes Kepler, Galileo Galilei
und hauptsächlich Isaac Newton. Mit Newton erscheint die Kraft nicht mehr als
äußere Instanz, die einen Körper bewegt, wie bei Aristoteles, und nicht mehr
als ein Impetus, der in einem Körper speicherbar ist. Kraft wird erklärt mit der
Wechselwirkung zweier Körper, die auf die Bewegung des jeweils anderen verändernd einwirken. Kraft ist in der klassischen Mechanik der Neuzeit, grob gefasst, eine Zustandsveränderung von Ruhe zu Bewegung und umgekehrt. Diese Grundüberlegung wird für die technische Mechanik im 19. Jahrhundert eine
leitende Vorstellung bleiben. Spätere Weiterentwicklungen der Mechanik in der

---

1 | Vgl. die älteren Arbeiten, von denen manche die Entwicklung des modernen physika-
lischen Kraftbegriffes durch Newton stark akzentuieren: Kutschmann 1983; Westfall 1971;
Hesse 1961; Jammer 1999 [1975]. In jüngerer Zeit erschienene Auseinandersetzungen
mit der Geschichte des wissenschaftlichen Kraftbegriffs: Renn et al. 2006; Coelho 2001.

modernen Physik sind im Wesentlichen mit den Namen Heinrich Hertz, Ernst
Mach und Albert Einstein verbunden (vgl. u.a. Mainzer 2004 [1995]; Mittelstraß
1970: 282ff.). Insbesondere die für das späte 19. Jahrhundert prägende Thermodynamik nach Julius Robert Mayer und Hermann von Helmholtz schloss an diese Vorstellung Newtons an. Kraft wurde nicht mehr qualitativ betrachtet, sondern
quantitativ als Umwandlung und Erhaltung von Kraft.

Sowohl eine umfassende Kulturgeschichte der Kraft als auch eine diskursanalytisch geleitete Untersuchung von Kraft als Wissensformation scheinen in
der Wissenschaftssoziologie indessen nach wie vor ein Desiderat darzustellen.
Weitaus stärker im Zentrum der jüngeren, auch diskursanalytisch arbeitenden
Wissenschaftsgeschichte zum 19. Jahrhundert stand der Begriff der »Energie«,
wie er im Umfeld der Thermodynamik an Deutungsmacht gewann und u.a. in
die Physiologie diffundierte, wo er zu neuen mechanistischen Rekonzeptuali-
sierungen des Organischen als ermüdender Motor oder als elektrische Reizung
der Nerven beitrug (vgl. v.a. Rabinbach 1990). Wie Thomas Kuhn (1977) in seiner Studie zur parallelen »Entdeckung« der Thermodynamik, an der mehrere,
voneinander unabhängig arbeitende Forscher beteiligt waren, verdeutlicht, steht
die Formulierung dieser Theorien u.a. im historisch-sozialen Kontext der Industrialisierung und Technisierung. Kraftmaschinen offerierten deutungsmächtige Interpretationen, die auch auf Phänomene des organischen Lebens angewendet wurden, wie etwa im mechanistischen Lebensbegriff in der Biologie des
19. Jahrhunderts (vgl. Palm 2008: 123ff.). Primär die Thermodynamik avancierte
im 19. Jahrhundert zu einer Art *master theory*, die feldübergreifende und interdis-
kursive Wirkungen entfaltete.

Ebenso wenig wie die kultur- bzw. wissensgeschichtliche Dimension ist die
Geschlechterdimension des Kraftbegriffes der klassischen Mechanik und ihrer
späteren Ausformulierungen genauer aufgearbeitet worden. Die vorhandene Forschung beschäftigt sich entweder mit einzelnen Theorien oder mit spezifischen
Konzeptionen der Kraft: Die Untersuchungen von Maria Osietzki (1998 und 1995)
über die Theorien der Thermodynamik aus Geschlechterperspektive sind schon
genannt worden (siehe Abschnitt 1.4). Ebenfalls mit Bezug auf die Naturwissenschaften hat Elvira Scheich Pionierarbeit geleistet: An der Impetustheorie zeigt
Scheich exemplarisch, dass hinter naturwissenschaftlichen Modellen gesellschaftliche Ansichten und die sie strukturierenden Geschlechterverhältnisse stehen,
etwa ökonomische Vorstellungen über die gesellschaftliche Produktionsweise
(vgl. Scheich 1985). Die für die mechanistische Physiologie des 19. Jahrhunderts
maßgeblichen Konzeptualisierungen der Kraft wurden von Kerstin Palm (2008)
im Rahmen einer umfassenden wissenschaftshistorischen Studie über die kultu
rellen Vergeschlechtlichungen des Lebensbegriffs in der Biologie herausgearbeitet. So gingen die Neo-Mechanisten (d.h. die Protagonisten der mechanistischen
Biologie) davon aus, Materie sei zur Gänze durch die gesetzmäßigen, inneren Bewegungsmechanismen determiniert und besitze keinerlei teleologische Eigen-

schaften (wie etwa die vitalistisch argumentierende Naturforschung des 18. Jahrhunderts annahm). Zugleich vollzog das mechanistische Denken bezogen auf das erkennende Subjekt eine für die Geschlechterordnung folgenreiche Abgrenzung. Die Subjektivität des Forschenden wurde, so Palms Analyse, von den determinierenden Vorgaben eines körperlich-mechanischen Kraftbegriffs abgelöst und als teleologisch agierende Lebenskraft betrachtet. Palm verdeutlicht, dass die materialistisch argumentierende Thermodynamik mit einer metaphysischen Basis versehen wurde, die ein vergeschlechtlichtes Erkenntnissubjekt voraussetzte. Die Akteure »verlagerten Subjektivität in ein transzendentales Konzept von Männlichkeit« (Palm 2008: 185). Diese Subjektkonstruktion und die Haltung, die das Subjekt zum Forschungsgegenstand einnimmt, entsprächen vollständig dem bürgerlichen Männlichkeitsmodell des 19. Jahrhunderts. Wie zu sehen war, haben sich die Technikwissenschaften im Zuge ihrer Verwissenschaftlichung mit der Vorstellung vom Maschinenwissenschaftler als distanziertem, erkennendem Subjekt auf eben jene Diskursfigur positiv bezogen.

Palm beschreibt weiter, wie mit der Krise dieser bürgerlichen Männlichkeitskonzeption Ende des 19. Jahrhunderts im Zuge der erstarkenden bürgerlichen Frauenbewegung eine Wende in der biologischen Konzeption des Lebens und auch im Konzept der Kraft einherging. In der Folge entstanden feminisierte Vorstellungen von Männlichkeit. Für diesen Zusammenhang zwischen den Debatten der Frauenbewegung und thermodynamischen Denkmustern ist die Studie von Dorit Heinsohn (2005 und 2000) einschlägig, auf die sich Palm bezieht. Heinsohn kann illustrieren, dass thermodynamisch-strukturierte Denkweisen die bildungspolitischen Argumentationen zur Frauenemanzipation maßgeblich prägten. Die im ersten Hauptsatz der Thermodynamik niedergelegte Regel von der Energieerhaltung wird auf den menschlichen Körper übertragen, der mithin als geschlossenes System begriffen wurde, das über begrenzte Energieressourcen verfügt. Die Ökonomie der Energie des Körpers wird zum Argument in gesellschaftlichen Debatten darüber, wer wofür Energie aufwendet. So wurde in der Frage der Frauenemanzipation eine Konkurrenz zwischen reproduktiven Fähigkeiten und geistiger Arbeit unter Rekurs auf die begrenzt verfügbare Energie im Körper postuliert. Damit erschien geistige Arbeit von Frauen als potenzielle Gefahr für die Reproduktionsfunktion des individuellen Körpers und für die Reproduktionskapazität der Gattung insgesamt.

Diese kurze Übersicht zeigt, dass das wissenschaftliche Konzept der Kraft in der Geschlechterforschung schwerpunktmäßig als naturwissenschaftliches Konzept betrachtet worden ist. Dabei wurden die Deutungen des weiblichen Körpers und die Position des bürgerlichen Erkenntnissubjektes näher untersucht sowie dessen Krise, die zu sozialen Konstruktionen des effeminierten Mannes führte.

Im Anschluss soll das Augenmerk darauf gelenkt werden, was Ingenieure über Kraft »wissen« bzw. im 19. Jahrhundert wussten und wie dies mit den diskursiv erzeugten Konstruktionen von Männlichkeit in Verbindung steht. Diese

Wissensbestände mögen ohne Zweifel an die zeitgenössische naturwissenschaftliche Theoriebildung sowie an deren populäre Repräsentationen anknüpfen. Die Betrachtung auf Letztere zu reduzieren, ginge jedoch an den spezifischen Ansprüchen der Technikwissenschaften vorbei, »eigene« Theoriegrundlagen zu entwickeln und die modernen Technikwissenschaften auf ein originäres Theoriefundament zu stellen, das dem neuen Wissenschaftszweig und ihren Akteuren Legitimität verleiht. Die Analyse richtet sich daher auf dieses Moment, aus dem die Ingenieure als Maschinenwissenschaftler bzw. Mann der Tat epistemische Autorität gewinnen. Eine solche soziologische Untersuchung des Kraftkonzepts als technikwissenschaftliches Wissensterritorium, die außerdem metaphorische Verwendungsweisen des Kraftbegriffs zur Selbstbeschreibung des vergeschlechtlichten Ingenieurs genauer differenziert, fehlt bislang. Die vergleichende Betrachtung im Hinblick darauf, was die Ingenieure aus den Naturwissenschaften übernehmen und wo sich Ingenieur- und Naturwissenschaften unterscheiden, und eine Klärung der Frage, welche weiteren interdiskursiven Referenzen ihre Theoriebildung enthält, muss daher einer gesonderten ideengeschichtlichen Betrachtung vorbehalten bleiben.

9.1.2 Zur Technikgeschichte der Kraft

In exemplarischen Feinanalysen von technikwissenschaftlichen Quellen sollen hier Erkenntnisse über die Konzeption des Kraftbegriffs der technischen Mechanik des 19. Jahrhunderts gewonnen werden. Für die Auswahl einschlägiger Materialien erweist sich die technikhistorische Übersichtsliteratur als hilfreich. Weitere Dokumente liefert, wie schon bisher, die Durchsicht der Fachzeitschriften.

Die Geschichtsschreibung zur »technischen Mechanik« als theoretischem Teilgebiet der Technikwissenschaften fand schon früh statt, und zwar bereits im Untersuchungszeitraum innerhalb der Technikwissenschaften selbst. Zunächst, im Kontext der Anfänge der Technikgeschichte überhaupt, steht indessen die Übersicht über die Geschichte der naturwissenschaftlichen Grundlagen des Kraftbegriffs im Vordergrund, nicht die theoretischen Überlegungen der Ingenieure (vgl. Rieppel/Freytag 1917; Rühlmann 1885). Rieppel und Freytag (1917) etwa betrachten die Mechanik als Fall der Geschichte der exakten Wissenschaften und der »Entdeckung« der Gesetze der Natur von der Zeit der alten, vorchristlichen Welt über die Renaissance bis ins 19. Jahrhundert. Schließlich hat sich die jüngere Technikgeschichte intensiver der Aufarbeitung der fachinternen Beiträge zur Mechanik gewidmet. So spielte die technische Mechanik v.a. im Zusammenhang mit der Frage über Sinn und Richtung der Verwissenschaftlichung des Ingenieurwesens eine wichtige Rolle. Das maßgebliche Erkenntnisinteresse der jüngeren Technikgeschichte richtet sich allerdings nicht auf diskursgeschichtliche oder soziale Aspekte, sondern darauf, die einzelnen Fachbeiträge zu evaluieren und nicht zuletzt ihren Nutzen für die Praxis des Maschinenbaus zu bewerten.

So lotet Gerhard Zweckbronner (1981) Spannungen zwischen einer wissenschaft-lich-theoretisch geleiteten Herangehensweise einerseits und der handwerklichen Tradition andererseits aus. Mit ganz ähnlichem Fokus bietet Klaus Mauersberger (1980) eine würdigende Literaturübersicht, die die Quellenlage hervorragend er-schließt. Wenngleich diese Arbeiten nicht nach der »Seinsverbundenheit« tech-nikwissenschaftlicher Theoriebildung fragen und außerdem grundsätzlich am Ideal objektiver wissenschaftlicher Sachaussagen festhalten, bilden sie einen über-aus nützlichen Ausgangspunkt für alle wissenssoziologischen Untersuchungen in diesem Bereich.

Wie die Technikgeschichte zeigt, war die technische Mechanik ein Kerngebiet der frühen Technikwissenschaften, denn hier wurden im 19. Jahrhundert die we-sentlichen Theoriegrundlagen für die Erfassung, Berechnung und Deutung me-chanischer Phänomene gelegt und hier profilierten sich die wichtigsten Akteure des Fachs: Bis zur Mitte des 19. Jahrhunderts bestimmte v.a. die zögerliche Re-zeption der französischen maschinentheoretischen Arbeiten die Situation. Dann griff Ferdinand Redtenbacher im Zuge der von ihm favorisierten wissenschaft-lichen Begründung des Maschinenbaus die französische Mechanik auf und adap-tierte sie für die Belange der technischen Praxis. Insofern steht Redtenbacher für die fachspezifische Aufbereitung mechanischen Wissens und für die Produktion eines Lehrbuchwissens, das auf die Ingenieurausbildung nachhaltigen Einfluss nahm (vgl. Zweckbronner 1981: 95; Mauersberger 1980: 21). Mit ihm wurde die »technische Mechanik« zum festen Bestandteil des wissenschaftlichen Maschi-nenbaus. Demzufolge kann Redtenbacher als maßgeblicher Autor für den technik-wissenschaftlichen theorieorientierten Fachdiskurs deutschsprachiger Prägung gelten. In erster Linie Redtenbachers Lehrbuch »Die Principien der Mechanik und des Maschinenbaus« (1852) ist ein Standardwerk, das sich für eine exem-plarische Untersuchung des Konzepts Kraft in der technischen Mechanik eignet.

Vor diesem Hintergrund kann davon ausgegangen werden, dass Redtenba-chers Konzeption des Kraftbegriffs in den »Principien« zu den zentralen theore-tischen Wissensbeständen der Ingenieure in der zweiten Hälfte des 19. Jahrhun-derts gehörte. Redtenbachers Kraftbegriff, der demzufolge als diskursprägend eingestuft werden kann, soll nun einer Feinanalyse am Originaltext unterzogen werden.

9.2 »Kraft« in Redtenbachers technischer Mechanik

Im ersten Teil seiner »Principien der Mechanik und des Maschinenbaus« (1859 [1852]) arbeitet Redtenbacher die allgemeinen theoretischen Grundlagen der Me-chanik für den Maschinenbau auf. Neben Grundüberlegungen über das Wesen von Ruhe und Bewegung legt er hier mit den Begriffen Materie und Kraft die ter-minologischen Fundamente für den wissenschaftlichen Maschinenbau. Erst der zweite Teil des Buches, die »Principien des Maschinenbaus«, bezieht diese theoretischen Grundlagen klarer auf die Domäne der Maschinenwissenschaft und entwickelt die maschinentheoretischen Perspektiven. In beiden Teilen des Buches spielt das Konzept der Kraft eine Rolle, einmal als Begriff, indem ihr grundsätzliches Wesen bestimmt wird, ein andermal als Prinzip in der Maschinenlehre. Interessant ist, dass Redtenbacher Überlegungen zur Rolle des Ingenieurs anstellt, die seine Konzeption des Kraftbegriffs metaphorisch in einen professionspolitischen Zusammenhang bringt.

Zunächst wird Redtenbachers theoretische Begriffsarbeit in ihrer Bildhaftigkeit wissenssoziologisch analysiert (9.2.1 bis 9.2.3). Anschließend steht die soziale Situierung dieses Verständnisses von Kraft, wie sie von Redtenbacher selbst vorgenommen wird, im Fokus der Betrachtung (9.2.4). Im letzten Abschnitt gehe ich auf Redtenbachers metaphorische Verwendungsweise des Kraftbegriffs ein (9.2.5).

9.2.1 Kraft als anthropomorphe Projektion auf die Natur

Die Termini »träge Masse« und »dynamische Kraft« stehen bei Redtenbacher allgemein im Zentrum eines monistisch angelegten Begriffsgebäudes der Mechanik. Mithin wird Kraft hier nicht im vitalistischen Sinne oder gemäß der Impetustheorie als außerhalb der Materie wirkendes Prinzip gedeutet. Hingegen bestimmt Redtenbacher Materie als »Doppelwesen« (1859 [1852]: 22), das beide Prinzipien, Trägheit und Dynamik, in sich vereint. Betrachtet man dieses Begriffsgebäude etwas näher, so zeigt sich, dass die gesamte terminologische Arbeit von der Produktion bildhafter Vorstellungen durchzogen ist und bei der Erläuterung der entscheidenden Prinzipien nirgends ohne Vergleiche, Analogien und Metaphern auskommt.

9.2.1.1 »Kraft« als abstraktes Prinzip eines Gesamtgeschehens

Ausgangspunkt der Redtenbacher'schen Darstellung ist die Idee, die gesamte stoffliche Welt sei durch den Dualismus von Trägheit und Dynamik geprägt, wobei Letztere »Kraft« genannt werde (vgl. Redtenbacher 1859 [1852]: 22f.). Während das »passive Prinzip« als Zustand der Ruhe, der Selbsterhaltung ohne äußere Einwirkungen oder auch des bloßen Seins verstanden wird, charakterisiere das »aktive Prinzip« die Fähigkeit zur Wechselwirkung mit anderer Materie, die so Zustandsveränderungen in der stofflichen Welt herbeiführen könne (ebd.). Das heißt, ohne Kraft würde Materie in einem statischen Zustand verharren bzw. eine einmal eingeschlagene Bewegung immer weiter fortsetzen. Erst die »Wechselwirkungsfähigkeit« der Materie, Kraft als aktives Prinzip, setze Körper in Beziehung zu anderen Körpern.

Explizit verweist Redtenbacher in seiner Erläuterung der grundlegenden Wesenszüge der Materie auf die historischen Theorien der Mechanik, wie sie in der Astronomie Keplers entwickelt wurden und an die auch Newtons neuzeitlichnaturwissenschaftlicher Kraftbegriff anknüpfte (vgl. Redtenbacher 1859 [1852]: 23). Insofern folgt er einem teleologisch gedachten, metaphysisch begründeten Verständnis der materiellen Welt, das nicht nur beansprucht, die organische Natur zu deuten, sondern die Mechanismen des Organischen als sinnhaften, naturgesetzlichen Zusammenhang im grundlegend aufklärerischen Sinne versteht. Diese ontologische Auffassung setzt eine vernunftbestimmte, zweckorientierte Gestalt der Welt voraus.

Redtenbacher entwirft die (materielle) Welt als interaktives Geschehen zwischen Körpern, die nicht für sich allein, sondern nur in Beziehung zu anderen existieren (vgl. ebd.). Neben den genannten ideengeschichtlichen Bezügen zeigt diese Abstraktion, die an die Betrachtung sozialen Lebens erinnert, dass Kraft als Teil der natürlichen Welt und Kraft als Teil des Sozialen konzeptuell nicht strikt voneinander getrennt werden. Das Soziale als Wechselwirkung, später von Georg Simmel ausformuliert und der Soziologie als Wissenschaft zugrunde gelegt, erscheint hier als Kerngedanke erkenntnisleitend für die Beschreibung mechanischer Phänomene und des Zusammenhangs der materiellen Welt im Ganzen. Beide, »Kraft« und »Masse«, sind zunächst annähernd gleich gewichtet, da alles auf diesen allgemeinen komplementären Prinzipien aufbaut.

9.2.1.2 Die Körpererfahrung der Kraft

Zur Beantwortung der Frage, wie das »Wesen« der Kraft allgemein definiert werden kann, greift Redtenbacher auf das Bild des menschlichen Körpers zurück, d.h. er nutzt eine anthropomorphe Erklärung als Grundlage der wissenschaftlichen Begriffsbildung. Er sieht eine Analogie zwischen der konkreten Ausübung und Erfahrung von Kraft im menschlichen Körper einerseits und den abstrakt gefassten, interaktiv aufeinander einwirkenden Körpern der gesamten stofflichen Welt andererseits. Ausgangspunkt dieser Analogie, wie sie im folgenden längeren Textauszug nachgelesen werden kann, ist die Auffassung, dass Kraft prinzipiell theoretisch unbestimmbar sei.

»Das Wesen der Kräfte kann nicht erklärt werden. Die Existenz derselben erkennen wir an den mannigfaltigen Wirkungen, welche sie hervorbringen, und insbesondere durch das Gefühl und Bewusstsein unserer eigenen physischen Kraft. Dieses Gefühl haben wir durch einen besonderen Sinn, den man ›Tastsinn‹ nennt, den man aber besser Kraftsinn nennen könnte. Ohne diesen Sinn würden wir von der Existenz der Kräfte durchaus keine Ahnung haben, die Welt mit ihren Erscheinungen würde uns als eine Phantasmagorie erscheinen; die Ursachen dieser Erscheinungen aufzusuchen, würde uns wohl schwerlich in den Sinn kommen, und wenn es auch der Fall wäre, so könnten wir sie dennoch niemals auffinden. Durch diesen Sinn fühlen wir, wenn unsere Kräfte thätig sind, oder wenn von Aussen auf unsern Körper eingewirkt wird. Wir empfinden die Existenz unserer eigenen Kraft, wenn wir einen Zug oder Druck ausüben; wir wissen aus Erfahrung, dass durch anhaltende Thätigkeit eines solchen Zuges oder Druckes Bewegungen und Bewegungsveränderungen hervorgebracht werden können, und schliessen nun daraus, dass die unmittelbare Aeusserung einer jeden Kraft in einem Druck oder Zug bestehe, und dass jede Bewegung oder Bewegungsveränderung nur in Folge einer Zug- oder Druck-äusserung irgend einer Kraft entstanden sein könne.« (Redtenbacher 1859 [1852]: 24)

Zunächst stellt sich Redtenbacher also auf den Standpunkt, dass im Falle der Kraft nur kausallogisch von einer Wirkung auf eine Ursache geschlossen werden könne, wobei die Wirkung wiederum keine Messgröße sei, sondern einem menschlichen »Gefühl und Bewusstsein« entspringe. Indem Redtenbacher jedoch den Duktus einer objektiven Erläuterung beibehält, wird der dem Kraftbegriff zugrunde gelegten Körpererfahrung durchaus Validität zugesprochen. Dies wird insbesondere auch dadurch unterstützt, dass er nicht in der ersten Person Singular, sondern im Plural spricht: Es handelt sich um die einem menschlichen »Wir« gemeinsame Erfahrung, gar um eine in der menschlichen Körperausstattung, nämlich im »Tastsinn«, situierbare Erfahrung. Diesen Tastsinn deutet Redtenbacher in einen »Kraftsinn« um und gesteht dem über einen solchen Kraftsinn verfügenden Menschen somit eine naturhaft angelegte Fähigkeit zu, Kraft als grundlegendes Prinzip der Welt überhaupt wahrnehmen zu können. In dieser qua anthropologischer Körpernatur objektivierten Perspektive äußert sich eine Erkenntnismethode, die beansprucht, generalisierbare, intersubjektiv gültige Aussagen über die Natur der stofflichen Welt zu machen. Kraft erfährt in ihrer Grundbestimmung eine Deutung, die untrennbar mit dem physischen Körper verbunden ist und dabei v.a. die *Hand* als Agens der Kraftausübung sowie als Erkenntnismittel privilegiert. Mit der Verschiebung vom Tastsinn zum Kraftsinn geht eine Umdeutung einher. Redtenbacher verlagert damit auch das an epistemologische Fragen – was wir in der Welt erkennen können – gekoppelte körperliche Wahrnehmen und Tasten hin zu einer Aktivität – und zwar zu jener, Zug bzw. Druck auszuüben. Die bei der Handarbeit ausgeführten Zug- und Druckbewegungen wie auch die körperlich spürbaren Zug- und Druckbewegungen anderer Körper sind demnach Ausgangpunkt der körperlichen Erfahrungen von Kraft. Die Grundannahme, physische Kraft sei als eigene Entität prinzipiell existent, weil körperlich erfahrbar, wird herangezogen, um den wissenschaftlichen Kraftbegriff zu fassen.

Redtenbachers auf eine körperlich-physische Empfindung rekurrierende Aufarbeitung der Grundlagen der Mechanik für den Maschinenbau kann indessen nicht als semi-wissenschaftlicher Versuch abgetan werden, den angehenden Ingenieuren die theoretischen Grundlagen mithilfe von Alltagswissen nahezubringen. Ebenso wenig handelt es sich um eine »abgespeckte«, anwendungsbezogene Version komplexer naturwissenschaftlicher Theorien für die Technik. Diese Übertragung von Körpererfahrung auf die Natur scheint vielmehr ein wissenschaftlicher Gemeinplatz zu sein, denn Kraft ist auch in der allgemeinen Mechanik der Zeit weitgehend anthropomorph gefasst. Folgt man etwa dem »Historischen

Wörterbuch der Philosophie« (Ritter/Gründer 1976), so handelte es sich bei der allgemeinen Bestimmung des Kraftbegriffs in den Wissenschaften um eine Abstraktion vom alltäglich Erfahrbaren (vgl. Jammer 1976). Anerkanntermaßen geht die terminologische Festlegung von der Körpererfahrung aus:

»Der Kraftbegriff, die Objektivierung der Fähigkeit, eine Wirkung auszuüben, ist anthropomorphen Ursprungs und wurde früh aus der vorwissenschaftlichen in die wissenschaftliche Sprache übernommen. Das Gefühl der Anstrengung, das wir beim Heben einer Last oder der Überwindung eines anderen Widerstandes empfinden, soll dadurch zum Kraftbegriff geführt haben, daß die subjektiv erlebte Muskelanstrengung in die unbelebte Natur projiziert und als ein den physikalischen Objekten inhärentes Prinzip gedacht wurde.« (Jammer 1976: 1177)

Der Wissenschaftshistoriker Ricardo Coelho (2001) weist ebenfalls darauf hin, dass Mitte des 19. Jahrhunderts einige Wissenschaftler offensiv die (durchaus umstrittene) Auffassung vertraten, die »Mechanik sei anthropomorph« (2001: 9f.). Wie Coelho (2001) feststellt, gilt dies nicht nur für die Anfänge der Mechanik, vielmehr existiere auch in der modernen Physik (bis heute) keine befriedigende theoretische Konzeption des Kraftbegriffs. In der Grundgleichung der Mechanik, Kraft sei Masse mal Beschleunigung, komme ein Zirkelschluss zum Tragen, weil Kraft durch Masse und umgekehrt Masse durch Kraft definiert werde. Bereits Henri Pontcaré und Ernst Mach hätten die logische Unbestimmtheit dieser Elementarbegriffe der Mechanik moniert (vgl. Coelho 2001: 9).

Obwohl Redtenbacher also die zeitgenössische anthropomorphe Wesensbestimmung der Kraft direkt aufgreift und die physische Empfindung sowie die angenommene Intentionalität menschlicher, körperlicher Arbeit in die Abläufe der Natur überträgt, wird sich zeigen, dass diese Übertragungsleistung im weiteren Fortgang der Begriffsarbeit unsichtbar wird. Doch was sich im Denken der technischen Mechanik infolge dieser Körpermetaphorik abgelagert und schließlich verselbstständigt hat, ist die Auffassung von Kraft als »Thätigkeit«.

9.2.2 Von der Tätigkeit der Kraft: das gestaltende, verändernde Wesen

Im Hauptkapitel seiner Erläuterungen zur Mechanik (1859 [1852]: 22-193) spricht Redtenbacher tendenziell in subjektivierter Form von den »Thätigkeiten« der Kräfte (1859 [1852]: 54). Zwar könnten Kräfte nicht im Sinne einer göttlichen Schöpfung vollkommen Neues hervorbringen. Dennoch verstärken seine folgenden Ausführungen die kontrastive Gegenüberstellung von *aktiver* Kraft und *passiver* Masse in der vorhandenen stofflichen Welt, ein Denkmuster, das zur Beschreibung unterschiedlichster Phänomene von Atomen bis hin zu größeren Einheiten verabsolutiert wird (vgl. Redtenbacher 1859 [1852]: 29ff. und 172ff.).

Der Kraft bzw. den Kräften wird geradezu Subjektcharakter zuerkannt. Diese Konstellation wird von Redtenbacher, wie in den folgenden Feinanalysen zu sehen ist, weiter metaphorisch ausgearbeitet. Das dynamische Prinzip der Kraft wird mehr und mehr als entscheidende Entität in den Mittelpunkt gerückt, während ihr Gegenspieler, die Masse, sukzessive auf einen bloßen Zustand reduziert wird.

9.2.2.1 »Die Kräfte sind das Belebende, Verändernde, Gestaltende«

Der eingangs beschriebene Doppelcharakter der Materie wird also nach und nach relativiert und die Trägheit als wesentliches Kennzeichen zunehmend verabsolutiert. Damit werden »Materie« und »Masse« zu austauschbaren Begriffen.

»Es ist bereits gesagt worden, dass die Materie in sich selbst die Fähigkeit nicht besitzt, aus der Ruhe in Bewegung, oder aus einem vorhandenen Bewegungszustand in einer anderen überzugehen, d.h. dass sie träge sei. Die Masse eines Körpers ist die Menge des Trägen eines Körpers, d.h. die Menge dessen, was sich selbst nicht bewegen, sich selbst nicht treiben kann, was also bewegt oder getrieben werden muss.« (Redtenbacher 1859 [1852]: 26)

Redtenbachers Formulierungen bleiben in dem Textausschnitt terminologisch inkonsistent. Man könnte dies auf eine Verschiebung der Aufmerksamkeit des Autors zurückführen, die sich nun mehr auf die exakte und differenzierte Ausarbeitung des Kraftbegriffs richtet. Infolge dieser Schwerpunktsetzung bei der genauen Konturierung von Kraft mutiert die Materie als vernachlässigbarer terminologischer Rest geradezu zur amorphen »Masse«, die in den Hintergrund der Begriffsarbeit tritt.

Dies bestätigt sich dort, wo Redtenbacher den Kraftbegriff weiter differenziert und bildhaft ausarbeitet. Ohne auf all diese Bildkomplexe – beispielsweise Kraft als Leben vs. Masse als tot – näher eingehen zu können, zeigt sich in der Gesamtschau, dass mit der Kraft ein verallgemeinertes Prinzip des Tätigen entwickelt wird. Aktivität, Bewegung, Tätigkeit, Leben stehen in einer Reihe als quasi austauschbare Merkmale der Kraft gegenüber den Eigenschaften der Masse (Materie) wie Passivität, Ruhe, Verhalten und Tod. In einem Resümee seiner »Principien der Mechanik« lässt Redtenbacher schließlich alle Ambivalenzen im Verhältnis zwischen Masse und Kraft verschwinden:

»Der Stoff [synonym für Masse; TP] gehorcht dabei den Kräften; wo sie ihn hinschieben, geht er hin; wie sie ihn gruppiren, verbleibt or; er ist das passive Wesen, die Kräfte sind das Belebende, Verändernde, Gestaltende.« (Redtenbacher 1859 [1852]: 197)

Die Kategorie des Lebens wird in ihrer Geltung metaphorisch über »Lebewesen« hinaus auf die gesamte materielle Welt ausgeweitet. Die vorgeschlagene Gleich-

setzung von Kraft mit Leben, Veränderung und Gestaltung mag darauf hindeuten, dass der Kraftbegriff umgekehrt auch nicht nur als rein abstraktes Prinzip
gedacht wird, sondern nur aus seiner Verbindung zur organischen Welt formuliert und verstanden werden kann. Ein Hinweis darauf ist, dass Natur und Gesellschaft immer latent bildhaft unterlegt bleiben, wenn es darum geht, mechani-
sches Wissen über Kraft auszuarbeiten. So wie der Begriff ontologisch nur über
die Projektion menschlicher Körpererfahrung bestimmt werden kann, so weist
umgekehrt seine begriffliche Ausarbeitung und sein Verhältnis zum Gegenbe-
griff der Masse auf die konstante Produktivität des Organischen für die Formulierung der Grundkonzepte der Mechanik hin. Der Lebensbegriff verschmilzt mit
dem Tätigkeitsbegriff. Leben bedeutet tätige Kraft.

Mit dieser Metaphorik schließt Redtenbachers Konzeption der Kraft als aktives Prinzip, das Veränderung herbeiführt, implizit auch an das zeitgenössische
Fortschrittsdenken bzw. an politische Denkmuster der Aufklärung an: Im über-
tragenen Sinne verharrt die Materie in der Tradition und zieht ihre immerwäh-
rend gleichen Bahnen, während die Kräfte die Träger von Veränderung und Fortschritt darstellen.

9.2.2.2 »Wo kein Motor ist, gibt es keine [...] Veränderung«

Die zugespitzte Gegenüberstellung von Kraft und Masse kehrt in Redtenbachers
maschinentheoretischen Überlegungen im zweiten Teil des Buches wieder, wenn
er »Motor« und »Maschine« in gleicher Weise kontrastiert und so die polar an-
geordneten Grundbegriffe der Mechanik auf die Ebene der Maschinenelemente
überträgt. Hier unterscheidet er noch rigider zwischen solchen Körpern, »welche mit Kräften begabt sind« (Redtenbacher 1859 [1852]: 202) und auch »moto-
rische Körper« (ebd.) genannt werden, und kraftlosen Körpern, die von außen
bewegt werden müssen. Kurz: »Motoren« werden zur wesentlichen, treibenden
Kraft der Maschine, ohne allerdings selbst Maschinenelement zu sein.

»Die Maschine als solche ist etwas absolut Lebloses, sie enthält in sich kein thätiges Prinzip; lebendig, bewegt, thätig wird sie nur durch den Motor, der nicht ein Theil der Maschine ist. Sie nimmt die Thätigkeit des Motors in sich auf, pflanzt die empfangene Wirkung
durch alle ihre Glieder weiter fort, consumirt dabei einen Theil, und gibt den Rest an den
zu verändernden Körper ab.« (Redtenbacher 1859 [1852]: 207)[2]

Passive, leblose Maschine und tätiger, lebendiger Motor sind klar voneinander
separiert. Der Motor wird zum einzigen verändernden Wesen und mithin zum

---

2 | An späterer Stelle findet sich noch ein Beleg für diesen Unterschied zwischen Ma-
schine und Motor: »Die Maschine selbst produzirt also keine Wirkung, sie nimmt nur die
Wirkungen, welche der Motor entwickelt, in sich auf, und gibt sie dann wieder ab, und
so viel sie empfangen hat, gibt sie auch wieder ab.« (Redtenbacher 1859 [1852]: 223)

Subjekt der Handlung erklärt. In dieser verallgemeinerten Form avanciert er zu einer Art Universalbegriff, der auf die verschiedensten Phänomene angewendet werden kann. Zuweilen spricht Redtenbacher von »belebten Motoren« (1859 [1852]: 251) oder vergleicht die Eigenschaften des Motors mit einem »Arbeiter«, der »mechanische Arbeit verrichtet«, (1859 [1852]: 209) bzw. spricht vom »Arbeiter (Motor)« (1859 [1852]: 210). So betont er folgerichtig die Relevanz der Motoren für die Industrie, die diese erst produktiv machten. Die Begründung hebt erneut das Tätigsein hervor: »[D]enn sie allein enthalten das aktive Prinzip [...]. Wo kein Motor ist, gibt es keine Thätigkeit, keine Veränderung, kein Arbeitsprodukt, ohne Motoren gibt es keine Industrie.« (Redtenbacher 1859 [1852]: 249)

Redtenbachers »Gesetz der Thätigkeit der Kräfte« (1859 [1852]: 158ff.) erinnert an eine buchhalterische Einnahmen-Ausgaben-Rechnung, in der »Überschuss« und Defizit ermittelt werden. Ein solches Denken in »produzirten« und »consumierten« (1859 [1852]: 158) Kraftwirkungen deutet die Kräfte- vorrangig als Produktionsverhältnisse. Kraft wird auf der Ebene der mechanischen Theorie als ökonomische »Produktivkraft« konzipiert. Die Bindung von Kraft an die Produktivität einer Volkswirtschaft erscheint als grundlagentheoretische Konstruktion, die später in die Kulturdebatten ausstrahlt, wenn Reuleaux die Kraftleistung der Industrienationen bilanziert (vgl. Abschnitt 4.1.3).

Des Weiteren wird der Kraftbegriff mittels politischer Kategorien wie Freiheit, Selbstbestimmung und Zwang schärfer gefasst. Redtenbacher führt diese Kategorien ein, um zwischen verschiedenen Kraftwirkungen zu unterscheiden. Doch während die Kräfte selbst entweder erzwungen oder »selbstbestimmt« (1859 [1852]: 197) wirken können, gibt es diese Möglichkeit für den Stoff nicht. Während also Kräfte metaphorisch in die Nähe von selbstbestimmten Subjekten des Fortschrittes im aufklärerischen Sinne rücken können, bleibt dies dem Stoff durchweg versagt. Die Betonung, dass der Stoff »das Gegentheil von Freiheit« (ebd.) sei, resultiert aus der binären Logik von Aktivität verknüpft mit freier Selbstbestimmung versus Passivität als Ruhe im Sinne einer Abwesenheit jeglicher Aktivität, eines »Zustand[es] des absoluten Nichtsthuns« (ebd.). Im dualistischen Gesamtaufbau der Darstellung wird die Kraft als das allein tätige Prinzip zu *der* Verursacherin von Wandel und Fortschritt etabliert, der gegenüber alles andere zur bloß bewegten Hülle wird, die der Kraft gehorcht.

9.2.2.4 Kraft als vergeschlechtlichtes Konzept

Wie die bisherige Analyse zeigt, hantiert die Begriffsbildung ganz im Sinne der bürgerlichen Gesellschaft des 19. Jahrhunderts mit komplementären Wortpaaren. Doch obwohl die Metaphorik von Aktivität versus Passivität fast zwangsläufig eine entsprechende Assoziation weckt, sind die binären Denkmuster, die Gegenüberstellungen und Hierarchisierungen von Kraft versus Masse, bei Redtenbacher an keiner Stelle explizit geschlechtlich markiert. Mögliche semantische Referenzen auf das dualistische Geschlechtermodell des 19. Jahrhunderts treten nirgends zutage und lassen sich allenfalls als etwas begreifen, das latent mitschwingt bzw. jederzeit in anderen Argumentationszusammenhängen ohne Weiteres geschlechtlich aufgeladen werden könnte. Anknüpfungspunkte dafür lassen sich mühelos finden:

Die verwendeten Metaphern verweisen auf eine durchaus manifeste androzentristische Substruktur des Textes. In der Anknüpfung an aufklärerische Vorstellungen des aktiven, selbstbestimmten Subjekts als produktiver Leistungsträger artikuliert sich eine dem Kraftbegriff inhärente kulturelle Subjektkonzeption, die vorgibt neutral zu sein, allerdings zeitgenössisch gemeinhin als »männlich« vorgestellt wird. In der Tendenz, die Kraft mit einem Subjektcharakter gegenüber der Masse auszustatten und ihr die Führung über Letztere zuzugestehen, ist die symbolische Position des bürgerlichen Mannes als Träger von Fortschritt erkennbar. Es ist sein Anspruch, sich aus der Immanenz der traditionalen Verhältnisse zu lösen und mit seiner Tätigkeit Wandel hervorzubringen. Im wissenschaftlichen Kraftbegriff Redtenbachers wird somit eine Männlichkeitskonstruktion transportiert, die das Berufsverständnis des Ingenieurs als Maschinenwissenschaftler prägt. Die Konstruktion wird quasi in der terminologischen Arbeit am Kraftbegriff implizit reflektiert.

Ein solcher Kraftbegriff ist dazu geeignet, auf andere Anwendungsfelder übertragen zu werden. So findet nicht nur der Maschinenwissenschaftler im Kraftbegriff seinen Niederschlag, sondern der Kraftbegriff wird auch zur diskursiven Ressource für die Formulierung des Anliegens der Ingenieure, als Maschinenwissenschaftler anerkannt zu werden. Diese Übertragung erfolgt direkt im Lehrbuchtext. Die standespolitische Dimension, in der der Kraftbegriff produktiv wird und aus seinem rein mechanisch-theoretischen Bezugskontext herausgelöst im Hinblick auf andere Fragen metaphorisch »weiterverarbeitet« wird, wird sichtbar. Redtenbacher selbst setzt das Konzept der Kraft ein, um den Schulterschluss mit den Naturwissenschaften zu forcieren und katapultiert auf diese Weise schließlich explizit den Ingenieur an die Spitze einer hierarchischen Naturordnung der Kräfte.

9.2.3 Legitimation durch Generalisierung: Schulterschluss mit den Naturwissenschaften

Die Redtenbacher'schen Grundprinzipien der Mechanik enthalten Generalisierungen, die die professionspolitischen Anerkennungskämpfe der Ingenieure deutlich in Erscheinung treten lassen. So reichen die terminologischen Überlegungen nicht zufällig in das Gebiet der Naturwissenschaften hinein. Redtenbacher erkennt hier unumwunden die Gemeinsamkeiten der technischen Mechanik mit der mechanistischen Deutung der Natur an, die sich mit der Physiologie in der Biologie des 19. Jahrhunderts zunehmend durchsetzte. So seien die in seinem Lehrbuch erläuterten Bestimmungen des Kraftbegriffs

»[...] nicht nur für die technische Mechanik von bedeutender Wichtigkeit, sondern sie sind es auch für das ganze Gebiet der erklärenden Naturwissenschaften. Einzig und allein durch diese Begriffe sind wahre, das innere Wesen der Erscheinungen berührende Erklärungen der Thatsachen möglich, indem alle Erscheinungen auf Wechselthätigkeiten der Körper und ihrer Theile beruhen [...]. Es scheint sogar, dass durch diese Begriffe die Mechanik mit der Physiologie in einen engeren Zusammenhang gebracht werden kann, denn es ist Thatsache, dass alle Einwirkungen auf unser Nervensystem nach lebendigen Kräften zu beurtheilen sind.« (Redtenbacher 1859 [1852]: 81f.)[3]

Wenn der Autor also Mechanik und Physiologie einander näher rückt, vollzieht er nicht nur akzeptierend nach, was auf Seite der Biologie längst geschieht, nämlich die Deutung des organischen Körpers, seiner Muskeln und seiner Nerven als (mechanische) Maschine. Vielmehr ist zu vermuten, dass er hier einen Zugang erblickt, der den Technikwissenschaften den Eintritt in das soziale Feld der Wissenschaft ermöglicht, insofern als epistemologische und gegenstandsbezogene Gemeinsamkeiten, somit gemeinsames Terrain, formuliert werden können. Indem er die Grundbegriffe der Mechanik generalisiert, lässt Redtenbacher die technische Mechanik in eine Reihe mit naturwissenschaftlicher Forschung aufrücken. Da er mit dem Kraftbegriff die mechanische Seite *aller* Phänomene hervorhebt, bedient er die standespolitischen Interessen für die aufstiegsorientierten Technikwissenschaften Mitte des 19. Jahrhunderts. Redtenbacher formuliert so auf der Ebene der Grundlagentheorien unmissverständlich seinen wissenschaftspolitischen Anspruch. Die Mechanik erhält die Rolle einer gemeinsamen Bezugstheorie sowohl der Maschinenwissenschaft als auch der erklärenden Naturwissenschaften.

Dieser Generalisierungsanspruch zeigt sich im Text in den gewählten Argumentationsfiguren, wenn Redtenbacher begriffliche Differenzierungen mit Beispielen aus so unterschiedlichen Bereichen wie der Alltagserfahrung, dem Tierreich, der Industrietechnik etc. zu belegen sucht, die er direkt aneinanderreiht (vgl. 1859 [1852]: 147f.). Die herbeizitierten unterschiedlichsten Phänomenbereiche vermitteln den Eindruck, dass überall quasi dasselbe Prinzip regiert. Ruft man sich außerdem die anthropomorphe Herleitung des Kraftbegriffs aus der menschlichen Körpererfahrung ins Gedächtnis, so wird deutlich, dass Kraft in seinen fundamentalen Grundzügen nur vermittels der Generalisierung des Allgemein-Menschlichen in das begriffliche Feld der Wissenschaften aufsteigt. Daran wird vermutlich am offensichtlichsten, in welcher Weise die Redtenbacher'sche Generalisierungsstrategie geschlechtlich codiert ist.

Analog zu anderen Texten aus den ersten Phasen der Verwissenschaftlichung kommt hier ein Modus der Vergeschlechtlichung zum Einsatz, der eine weitest

---

3 | Diesen Zusammenhang vom Nervensystem als einer »Nervensubstanz«, die »gereizt« werde, auf die also eine lebendige Kraft einwirke, führt er in der Folge genauer aus (vgl. Redtenbacher 1859 [1852]: 82).

gehende Neutralisierung des Mannes als Maßstab des Menschen schlechthin anstrebt und dualistische Grundprinzipien aus einer menschlichen Körpererfahrung für die gesamte Phänomenwelt verabsolutiert. Ähnlich wie beim Wissenschaftler in Gestalt des neutralen Gelehrten erscheint die Kraft als Instanz, die, frei von Geschlechtersymbolik, ein aus einem allgemeinen Körper ableitbares tätiges Wesen darstellt. Diese Kraft spielt im dualistischen Begriffsgebäude die maßgebliche, fortschrittstragende Rolle, die sich von einer in der Tradition verharrenden Materie emanzipiert. Kraft wird in diesem Wissensgefüge zu einem tendenziell eigenständigen, innovativen Subjekt gemacht, zu dem entscheidenden Moment einer durch Produktivität begründeten Erneuerung. Dieses Fortschrittssubjekt, wie es auf der Ebene der theoretischen Grundlagen in Form der Kraft erscheint, verdankt sich also dem geschlechtlich unmarkierten Körper und seiner als das Allgemeine gesetzten Sinnesausstattung. Auf Basis dieser androzentrischen Weltsicht erfolgt der Schulterschluss mit den Naturwissenschaften. Redtenbachers *boundary work*, die sich in seinen theoretischen Ausführungen artikuliert und, statt sich abzugrenzen, Grenzen verwischt, besitzt somit eine spezifische, und zwar eine geschlechtliche Signatur. Die standespolitisch bedeutsame Annäherung an die Naturwissenschaften wird durch den Modus der Vergeschlechtlichung als vermeintliche Neutralisierung entscheidend unterstützt. Diese zunächst nur in der hier vorgelegten Rekonstruktion erkennbare Verbindung im Lehrbuchtext zwischen einer allgemein, in jeglicher Materie wirkenden Kraft und der Kraft des technisch denkenden Menschen wird an einer Stelle bei Redtenbacher manifest.

9.2.4 Stufenfolge des Fortschritts: die freien Kräfte des Ingenieurs

In der Einführung in den zweiten, maschinentheoretischen Teil seines Buches beschäftigt sich Redtenbacher grundsätzlich mit dem Wirken der Naturkräfte (vgl. Redtenbacher 1859 [1852]: 197-202). In einem Großentwurf der Welt, von den kleinsten Einheiten auf molekularer Ebene bis zum Menschen, scheint alles denselben Prinzipien der Kraftwirkung unterworfen und dennoch nicht gleich. Hier entfaltet er das große Panorama, in dem das »aktive Prinzip« zum entscheidenden klassifikatorischen Distinktionskriterium wird. Es handelt sich um eine Stufenfolge tätiger Kräfte in der Natur, die mit unterschiedlichen Freiheitsgraden ausgestattet seien. An oberster Stelle steht, wie zu sehen sein wird, der tätige Ingenieur.

9.2.4.1 Freiheit und Zwang in Natur und Kultur
Welchen Freiheitsbegriff Redtenbacher genau anlegt, demonstrieren die Erläuterungen zu den auf der untersten Stufe wirkenden Molekularkräften, in denen er diskutiert, wann von einer das bloß Notwendige transzendierenden Kraft im eigentlichen Sinne gesprochen werden kann:

»Hier treten bereits Gebilde auf, bei deren Entstehung die Kräfte gleichsam nach einer Idee gearbeitet haben, d.h. in der Art thätig waren, als wollten sie etwas sich von vornherein Gedachtes und Vorgestelltes realisiren. Bei genauerer Betrachtung des Vorganges ist aber zu erkennen, dass hier durchaus keine Freiheit waltet, sondern dass Alles nothwendig so vor sich geht, wie es die Verhältnisse und Umstände bedingen.« (Redtenbacher 1859 [1852]: 198)

In der Prüfung, ob die in den Stoffen waltenden Molekularkräfte frei wirken oder äußeren Notwendigkeiten folgen, wird Freiheit zu einer Sache intentionaler Planung und Zielorientierung. Dieser Präzisierung zufolge wären freie Kräfte nur solche, die einer vorher entwickelten »Idee« folgten und so das Bestehende überschreiten könnten, während erzwungene Kraftwirkungen in der Immanenz notwendiger Abläufe verblieben. Dieses Prüfkriterium der Freiheit legt Redtenbacher nun an verschiedenste Phänomene der Welt an, die als hierarchisch gegliederte Naturordnung verstanden wird. Im Zuge dieses Ordnens verweist Redtenbacher auf weitere, dualistisch kontrastierte Instanzen wie Leib und Seele bzw. Geist oder wie Natur und Kultur, die die Stufenfolge der Phänomene legitimieren.

Vom bloß Stofflichen, Unbelebten kommt Redtenbacher schrittweise zum – höheren – organischen Leben der Pflanzen und dann der Tiere. Er folgt der klassisch aristotelischen Einteilung der Natur, die systematisch zwischen Pflanze, Tier und Mensch unterscheidet und die von den Vitalisten des 18. Jahrhunderts wieder aufgegriffen und popularisiert wurde. So zeichnet sich bei Redtenbacher das Tier gegenüber der Pflanze u.a. durch eine höhere Komplexität des Zellbaus aus. Aber schon der Stellenwert des materiellen Leibes seien bei Tier und Pflanze grundverschieden, da die einen nur von den Notwendigkeiten ihres Leibes bestimmt seien, wohingegen die Tiere, wie der Mensch, über eine Seele verfügten (vgl. Redtenbacher 1859 [1852]: 199). Anschließend wird der Mensch jedoch der Natur diametral gegenübergestellt. Im Unterschied zum Menschen seien die Bewegungsmechanismen in der Natur vollständig bedingt und unfrei: »[E]s bildet sich, entsteht und vergeht, was vermöge der vorhandenen Umstände und Kräfte möglich ist.« (Ebd.) In der Natur finde sich ein Kreislauf von Werden und Vergehen, die Mechanismen seien nicht selbstbestimmt bzw. könnten auf das Geschehen nicht selbst verändernd einwirken. Schließlich verschiebt Redtenbacher nach der Logik des Fortschrittsnarrativs (vgl. Kapitel 7.1) den Fokus weg vom Natur/Kultur-Antagonismus hin zur Differenzierung verschiedener *Kulturstufen*.

»Inmitten dieser stets thätigen, aber scheinbar zwecklos thätigen Welt steht nun der Mensch mit seinem Leib und seiner Seele, theilweise vielleicht sogar ein Produkt dieses ganzen Thätigkeitsprozesses. Auf einer tieferen Stufe der Kultur stehend, sucht er zunächst sich zu erhalten und die Triebe seiner Seele zu befriedigen. Hat er eine höhere Stufe erreicht, so erwachen in seiner Seele Bestrebungen höherer Art; es ist ihm nicht mehr genug, überhaupt zu existiren, [...] sondern er ahnt, dass er mit seinen Seelenkräften nach einem gewissen Ziele hinstreben soll, und dass dies nur durch ein zweckvolles Sein und Wirken möglich ist. [...] Er wendet nun seine geistigen Kräfte an, um sich diese Mittel in reicherem Maase [sic], als sie die Natur darbietet, und auch in einem für seine Zwecke passenderem Zustand zu verschaffen.« (Ebd.)

Während die Menschen niedrigerer Kulturstufen gemäß diesem Denkmuster eigentlich – ähnlich wie die Tiere – der Natur verhaftet blieben und das Seelenleben doch auch eher »trieb«-gesteuert erscheint, »erwachen« auf einer höheren Kulturstufe im Menschen neue Kräfte, »Seelenkräfte«, die ziel- und zweckorientiert tätig werden. Damit wird der Kraftbegriff von der Ebene des Leibes auf jene der Seele bzw. des Geistes verschoben. Redtenbacher verwendet hier die Metapher der »geistigen Kräfte«, die das entscheidende Merkmal der menschlichen Höherentwicklung darstellen. Sie gelten als die genuin freien, teleologisch operierenden Kräfte, die das notwendige Kräftespiel der Natur in ihrem ewigen Kreislauf von Werden und Vergehen willentlich beeinflussen und so in diesen zum eigenen Wohle eingreifen. Die Metapher der Geisteskraft erscheint einerseits zwar weitgehend abstrahiert von den in allen Stoffen wirkenden mechanischen Kräften, andererseits bleibt sie doch zugleich aufgrund der gemeinsamen Prinzipien und der systematischen Einteilung in die Stufenfolge mithilfe eines gemeinsamen Ordnungskriteriums mit diesen überall wirkenden mechanischen Kräften verbunden. Beide Typen von Kraft sind Teil einer nur graduell differenzierten Stufenordnung.

Im Unterschied zur mechanistischen Physiologie, die systematisch zwischen mechanischen und geistigen Kräften trennt (vgl. Palm 2008: 185) und ihnen keine Gemeinsamkeiten mehr zuerkennt, vertritt der Maschinenwissenschaftler Redtenbacher hier eine andere Auffassung. Mechanische Kraft und Geisteskraft stehen in einem logischen Zusammenhang, wenngleich hierarchisch gestuft und durch Freiheitsgrade differenziert. Freie Kraft wird schließlich zur geistigen Kraft, oder, etwas weiter übersetzt, die Kraft der menschlichen Rationalität. Die wissenschaftliche Rationalität erwirbt somit im Rahmen der Redtenbacher'schen Mechanik den Status eines naturgesetzlichen Phänomens, das sich aus den Bindungen der Natur gelöst hat, weil dies eben dem allgemeinen Gesetz der tätigen Kräfte entspricht. Fortschritt und wissenschaftliche Naturbeherrschung sind demnach qua Naturgesetz legitimiert.

Redtenbacher tritt hier klar für eine neuzeitlich-wissenschaftliche Perspektive ein, wenn er betont, der Mensch besitze »keine Zauberkraft« (1859[1852]: 200), er könne »den vorhandenen Naturkräften nicht gebieten« (ebd.), sondern müsse kraft seines Verstandes die Natur verstehen, um sie zu beeinflussen.

»[...] ist dies geschehen, so entdeckt er in seinem Geist die Mittel, wodurch die Kräfte veranlasst werden können, dass sie, der ihrem Wesen ureigenen Natur folgend, dennoch solche Veränderungen an den vorhandenen Stoffen hervorbringen, wodurch dieselben für seine Zwecke brauchbar und nützlich werden« (ebd.).

Was im vorangegangenen Abschnitt zu sehen war, bestätigt sich hier: Der »Mensch« erscheint erneut geschlechtslos, neutralisiert, ein freier Geist, der sich nicht nur aus den Bindungen der Natur löst, sondern auch zum eigenen Wohl und Fortkommen umgekehrt auf die Natur einwirkt. Die in der technischen Mechanik herausgehobene Gegenüberstellung von tätigen Kräften und passiver Masse wird hier übertragen auf eine Kultur/Natur-Polarisierung. Natur ist dabei sowohl Reproduktion immer gleicher Kräfte und Prozesse, die unveränderlich sind, als auch vom Menschen bezwungene Naturkraft. Die Fähigkeit, tätig zu sein, wird so zum vorzüglichen Kennzeichen des Menschen und zur höchsten Kraft in einer Stufenfolge der Kraftwirkungen. Doch in der Folge führt Redtenbacher weitere Unterscheidungen zwischen Menschen der höchsten Kulturstufe ein, wobei es schließlich professionspolitisch brisant wird.

9.2.4.2 Die Technik als geistige Spitzen-»kraft«

Mit dem zivilisierten, geistig tätigen Menschen führt Redtenbacher den Ingenieur als Menschen der Moderne ein, angesiedelt auf höchster Stufe, quasi als Endpunkt auf der Skala. In verallgemeinerter Form ist nun im Text indessen nicht mehr vom Menschen, sondern von der »Technik« als Domäne die Rede, die zur maßgeblichen Akteurin wird.

»Hier nun erscheint die Technik in ihrer vollen Wichtigkeit und Bedeutung, denn ihre Aufgabe ist es, die Naturkräfte so zu lenken und zu beherrschen, dass sie die Mittel zur Erreichung der vielfachen menschlichen Zwecke in grösserer Menge, an den geeignetsten Orten und in der tauglichsten und besten Beschaffenheit liefern, ohne desshalb [sic] ihrer inneren Natur untreu zu werden.« (Ebd.)

Diese höchste geistige Kraft ist letztlich in der Lage, über die anderen Kräfte lenkend und beherrschend zu verfügen. Redtenbacher spricht dabei v.a. vom tätigen Geist in subjektivierter Form, der zum Handlungsträger wird:

»Der Geist [...] weiss dann die Mittel ausfindig zu machen, wodurch er diese Mächte zwingen kann, dass sie, ohne ihrer innern Natur untreu zu werden, dennoch gerade die gewünschten Veränderungen an den Naturprodukten hervorbringen. [...] So entsteht die mechanische Technik. Diese Leitung, Bewältigung und Beherrschung der Naturkräfte, wodurch sie veranlasst werden, für unsere Zwecke thätig zu sein, für uns zu arbeiten, ist vorzugsweise erst in unserer Zeit von Bedeutung geworden.« (Redtenbacher 1859 [1852]: 201)

An dieser Stelle fügt Redtenbacher sein Ordnungssystem ausdrücklich in einen historischen Zusammenhang ein, wenn er betont, dass der Mensch erst in der ersten Hälfte des 19. Jahrhunderts diese geistigen Kräfte zu einer »grossen Virtuosität gebracht« (ebd.) habe. Die Konkretisierung, um welche Leistungen und um

welche Technik es bei der Besetzung der Spitzenposition geht, zeigt die standespolitische Dimension nun ganz deutlich. Eingereiht in die Riege der geistig Tätigen, übertrifft der Ingenieur bzw. »die Technik« diese noch, indem er bzw. sie
zur entscheidenden Kraft wird, welche die Naturkräfte beherrschen kann. Autorisiert durch den mechanischen Kraftbegriff scheint dieser technische Mensch
der Moderne die übrigen Akademiker zu überrunden, da sein Geist nicht nur
dem Gesetz von der Tätigkeit der Kräfte folgt, sondern diese Tätigkeit des »frei-
en« Geistes auch intentional dazu einsetzt, die anderen Kräfte zu beherrschen.

Redtenbachers Lehrbuchtext belegt also, dass theoretische Fachgrundlagen
und Selbstbeschreibungen der Technik im Fachdiskurs nicht unverbunden nebeneinander vorliegen, sondern in einer systematisch entwickelten Argumen-
tationslogik in ein Gesamtbild integriert sind. In dieser Gesamtschau versteht
Redtenbacher die Ingenieure gewissermaßen als »geistige Motoren« der menschlichen Kulturentwicklung und als solche ist ihre produktive Kraft legitimiert als
naturgesetzliches Phänomen im Stadium der Höchstentwicklung. Wie im nächsten Abschnitt erläutert, wird die Metapher der geistigen Kraft nach Redtenbacher
noch tiefe Spuren in den Selbstbeschreibungen der Profession hinterlassen (vgl.
Abschnitt 9.3).

9.3 VON DER »GEISTESKRAFT« ZUR INFLATION DER SCHAFFENSKRÄFTE DES INGENIEURS

Redtenbachers Lehrwerk schlug, wie zu sehen war, bereits eine Brücke zwischen
der fachlichen Theoriebildung und dem neuen Selbstverständnis der Ingenieure. Die Untersuchung der weiteren Theoriebildung zum Kraftbegriff in der technischen Mechanik wäre ein lohnenswertes Unterfangen, das hier jedoch nicht
weiterverfolgt werden soll. Ziel der Argumentation ist vielmehr, die Verwendung
der Kraftmetapher in den Selbstbeschreibungen der Ingenieure im weiteren Zeitverlauf eingehender zu beleuchten und zu den bisherigen Ergebnissen in Beziehung zu setzen. Dafür wird mit dem Fokus auf die Kraftmetapher teilweise auf
schon analysierte Texte zurückgegriffen.

Es wird sich zeigen, dass entsprechend den unterschiedlichen Konstruktionsweisen des männlichen Ingenieurs unterschiedliche Verwendungsweisen der
Metapher zum Tragen kommen. Mit der »Kraft« des Ingenieurs werden mal die
rationalen und mal die praktischen Aspekte im Berufsverständnis akzentuiert.

9.3.1 Die »Geisteskraft« des wissenschaftlichen Ingenieurs

Mit Blick auf Franz Reuleaux' Ausführungen zur Rolle der Technik in der Kultur
(1885) bestätigt sich das bei Redtenbacher entwickelte Denkmuster von der besonderen »Geisteskraft« des Maschinenwissenschaftlers. Wenn Reuleaux die *geistige*

Tätigkeit des modernen europäischen Ingenieurs betont, so tut er dies mithilfe der Kraftmetapher. Die Ingenieurleistung sei für eine Nation wesentlich, um »sich mit Aufbietung aller Kraft in die ihr neue Richtung zu werfen« (1885: 27), damit die Nation den Übergang in die Moderne überhaupt bewerkstelligen kann. Die Manganisten vollbringen eine »gewaltige Kraftleistung« (1885: 45), um ihren »Cultur«-beitrag zu leisten. Diese geistige Kraftleistung erscheint quantifizierbar und mithin vergleichbar mit anderen Kraftleistungen, wie etwa jener körperlicher Arbeit. Insofern entwickelt die Reuleaux'sche Verwendung der Kraftmetapher in diesem Schlüsseltext primär das Szenario der Überbietung körperlicher Kraftleistung eben durch die geistigen Fähigkeiten der Manganisten. Die Kraft des Ingenieurs ist in Reuleaux' radikal szientistischer Perspektive stets mehr oder weniger deckungsgleich mit der Metapher der geistigen Kraft und befindet sich antagonistisch positioniert zu den anderen Kräften in der Natur und im Körper. In der Einleitung zur »Theoretischen Kinematik« stellt Reuleaux explizit die »menschliche Denkkraft« (1875: 5), deren Gesetzmäßigkeiten bei der Konstruktion von Maschinen er systematisch untersuchen möchte, der Vorstellung von der Erfindung als Offenbarung gegenüber. Die Kraft des Geistes liegt für ihn im methodisch-theoriegeleiteten Vorgehen als hervorragendes Kennzeichen der Ingenieurarbeit. Diese Verwendung entspricht jener geistigen Kraft der Technik, die Redtenbacher in seiner Stufentheorie an die Spitze stellte und die nicht willkürlich Neues zu »zaubern« vermag, sondern in die gesetzmäßigen Abläufe der Natur eingreift. Die von Redtenbacher im Zuge seiner technischen Mechanik eingeführte Metapher der Geisteskraft erfährt folglich bei Reuleaux für die Ingenieurprofession eine deutliche Stärkung. Aus der fachlichen Theoriebildung der Kinematik heraus entsteht die ausschlaggebende Argumentationsgrundlage für die besonderen geistigen Fähigkeiten der modernen wissenschaftlichen Technik in Abgrenzung zu ihrem Gegenüber und mittels Kontrolle dieses Gegenübers, der Naturkraft und letztlich auch der körperlichen Arbeitskraft.

Dennoch ist die Kraftmetapher bei der Beschreibung der Ingenieurleistung nur recht selten eingesetzt und außerdem nicht exklusiv für diese reserviert. Geistige Kraft ist das Kennzeichen akademischer Berufe, zu denen die Ingenieure diskursiv aufschließen möchten. Erst gegen Ende des 19. Jahrhunderts häuft sich im Fachdiskurs die Verwendung der Kraftmetapher nennenswert. Hat also die Metaphorik der Kraft einen relativ geringen Stellenwert bei der Ausarbeitung des am Ideal wissenschaftlicher Distanz orientierten Maschinenwissenschaftlers, so wird sie im Zuge der fachlichen Auseinandersetzungen mit dem Berufsverständnis des Mannes der Tat häufiger verwendet; die Anzahl der Ausprägungen und die Fülle der sprachlichen Komposita nehmen ebenfalls deutlich zu. In den ersten Jahrzehnten des 20. Jahrhunderts erfährt die Kraftmetapher für die Selbstbeschreibung der Ingenieure eine fast inflationäre Präsenz.

9.3.2 Das Erfinden als »Kraftakt«

Im Durcharbeiten des Materials soll nun nachvollzogen werden, wie die Kraft-metapher expandiert, ihren Fokus verändert und wie sie zur Ausformulierung der spezifischen, am Mann der Tat orientierten Männlichkeitskonzeption bei-trägt. Es ist der Annahme nachzugehen, dass mit der Entwicklung des praxis-orientierten Berufsverständnisses Kraft zu einem der kennzeichnenden Merk-mal des Ingenieurs wird, mit dessen Hilfe er sich als *die* qua Natur tätige Instanz profilieren kann.

Ein Dokument, das das Aufkommen einer neuen, im weiteren Verlauf des Fachdiskurses zunehmend deutungsmächtigen Variante der Kraftmetapher be-legt, ist Peter Klimentisch von Engelmeyer Erfindungstheorie: »Über das Ent-werfen von Maschinen« (1893). Wie bereits ausgeführt, entwickelt Engelmeyer ein systematisches dreiphasiges Verfahrensmodell, den sog. »Dreiakt«. Die ers-te Phase, das Erfinden der grundlegenden Idee der Maschine, nimmt nicht nur den größten Raum und den höchsten Rang gegenüber der zweiten, wissenschaft-lich-kinematischen und der dritten, eher zeichnerisch-ausarbeitenden Phase ein. Sie scheint auch diejenige zu sein, die das offensichtlich Neue und Erklärungsbe-dürftige repräsentiert. Relevant werden mit dieser Darstellung des ersten Aktes bei Engelmeyer schließlich neue Komposita wie »Einbildungskraft« oder neue Wortfügungen wie »schöpferische Kraft«. Das Erfinden als nicht rational zu steu-ernde Offenbarung wird – in der Terminologie der Dreiakttheorie gesprochen – buchstäblich als »Kraftakt« verstanden.

Entsprechend skizziert Engelmeyer ein spezifisches, produktives Vermö-gen, das aus der Tatkraft des individuellen Erfindersubjekts resultiere. Um den Aussagezusammenhang kurz in Erinnerung zu rufen (vgl. ausführlicher Ab-schnitt 8.1): Der erste Akt, auch der »schöpferische Akt« (1893: 533) genannt, die-ne der »Entstehung des allgemeinen Planes« (ebd.), welcher allerdings mehr er-»fühlt« denn erkannt werden könne. Die Beurteilung der Güte der neuen Idee ist im ersten Akt ausschließlich eine Sache der subjektiven Einschätzung des »er-fahrenen Mann[es]« (1893: 534). Dieser Aspekt des »Fühlens einer neuen dunk-len Idee« aus einer »räthselhaften Tiefe« wird von Engelmeyer mehrfach refor-muliert, wenn er versucht, den Kern des Prozesses treffend zu benennen (vgl. 1893: 535f.). Das Erfinden in diesem Stadium bzw. in dieser institutionellen Po-sition sei vorrangig eine Sache der Begabung mit »starker Einbildungskraft« (1893: 537). Unter regelrecht inflationärer Verwendung der Kraftmetaphorik er-läutert Engelmeyer vielfach, dass damit keineswegs eine rein passiv-empfangen-de Haltung gemeint sein könne, sondern dass diese subjektive Leistung eine be-sondere Form der – ebenfalls geistigen! – Anstrengung und Tätigkeit sei. Beim Vergleich mit der Beschreibung der weiteren Arbeitsphasen zeigt sich darüber hinaus: Je mehr die Tätigkeit im Inneren des einzelnen »erfahrenen Mannes« angesiedelt ist und von dessen Subjektivität abhängt, wie dies für den ersten Akt angenommen wird, desto mehr muss der Erfinder über diese spezielle schöpferische Kraft verfügen. Diese Konzentration der Kraftanstrengung in den drei verschiedenen Phasen bilanziert Engelmeyer wie folgt:

> »[Z]um Schluss verweilen wir aber noch etwas bei jener inneren Kraft, die in allen drei Akten des Schaffens thätig ist. Im ersten Akte erscheint ganz unzweifelhaft die schöpferische Kraft im stärksten Maasse, im zweiten und dritten Akte wird ihre Rolle schwächer und durch bewusste geistige Arbeit, durch die Reflexion maskirt.« (1893: 551)

Das Zitat deutet mit dem Gedanken der »Maskierung durch Reflexion« ebenfalls an, dass die schöpferische Kraft[4] in naturalisierter Form ein unmittelbar authentisches Vermögen ist, nicht überlagert oder gesteuert von einem distanzierten, rationalen Nachdenken. Die »innere Kraft« ist im ersten Akt quasi selbsttätig als »Motor« oder analog einer Naturkraft im Innern des Erfinders aktiv. Entsprechend ist Engelmeyer der Auffassung, dass dieses »Schöpfungsvermögen« eher eine »natürliche Gabe«(ebd.) sei, die nicht gelehrt, allenfalls in der Ingenieurausbildung geübt werden könne.

Methodisch kann die Kraftmetaphorik als Indikator für ein spezifisches Berufsverständnis betrachtet werden. Ihr inflationärer Gebrauch verweist auf die naturalisierte und nicht mit den Mitteln rein rationaler Durchdringung gesteuerte Erfindungstätigkeit des Mannes der Tat. Kraft dient als Beschreibungskategorie für einen offenkundig nur schwer zu fassenden Vorgang. Diese Deutung wird bestätigt durch weitere Aufsätze Engelmeyers in anderen Zeitschriften, in denen er um die Jahrhundertwende seine Dreiakttheorie zur Diskussion stellt. So formuliert er an anderer Stelle (Engelmeyer 1909: 385), »alle Kräfte der Seele« richteten sich auf die Lösung der ersten Umrisse der Grundidee. Mit dem Wechsel von den geistigen zu den seelischen Kräften greift Engelmeyer tendenziell ein religiöses Motiv auf, das im Zuge der ersten Verwissenschaftlichungswellen mit dem Praktizieren einer rein wissenschaftlichen Herangehensweise ad acta gelegt werden sollte. Diese Erfinderfigur erhält den Stellenwert des Besonderen und Ausnahmefähigen. Der Dreiakt impliziert, wie Engelmeyers Aufsatz »Was ist eine Erfindung« (1895: 290) zu entnehmen ist, die arbeitsteilige Hierarchie von drei Berufsgruppen, an denen sich die Ingenieurarbeit orientiert: Künstler, Wissenschaftler und Handwerker. Das Kompositum »Schöpfungskraft« (des Künstlers) wird vom Autor gesondert in seinem Artikel »Ueber die schulmässige Ausbildung der technischen Schöpfungskraft« (1899) behandelt. Hier kontrastiert er Faktenwissen und Handeln mit der Tatkraft des Erfinders und macht diese »Schöpfungskraft« verallgemeinernd zur maßgeblichen Fähigkeit des Ingenieurs

---

4 | Dieses Deutungsmuster hatte vermutlich über die Technik hinaus auch in anderen Disziplinen Relevanz. Hier wären weitere vergleichende Studien erforderlich.

»Es muss zugegeben werden, dass die ganze Thätigkeit des Technikers ihren Ursprung in der schöpferischen Kraft hat, d.h. in der Fähigkeit, vom Wort zur That überzugehen, vom Gedanken zur Sache, vom Vorhaben zur Ausführung, vom vorgesteckten Ziel zu dessen endgültiger Verwirklichung.« (Engelmeyer 1899: 81)

Die Betonung der »schöpferischen Kraft« transportiert offenkundig die in der technischen Mechanik niedergelegte Bedeutung von Kraft als tätiges Prinzip und verweist damit auf das Modell des Mannes der Tat. Die Metaphorik schwächt auf diese Weise alle mit Passivität und Rezeptivität verbundenen Aspekte des Erfindens in Engelmeyers Konzeption, wie etwa das Moment des Fühlens, der Imagination und des Empfangens der Idee, und wandelt dieses zu einer aktiven, produktiven und tatkräftigen Variante des Entwurfshandelns. Somit hätte die Kraftmetapher eine diskursive Funktion, nämlich zu verhindern, das Ingenieurhandeln in den Bereich des Rezeptiven und des tendenziell kulturell-symbolisch Feminisierten »abgleiten« zu lassen. Eine solche Konzeption technischer Produktivität ermöglicht, sich erfolgreich gegenüber den seit dem 18. Jahrhundert zunehmend kulturell feminisierten Formen von Produktivität wie Imagination, Phantasie und Einbildung abzugrenzen und folglich von einer als durchgängig »rezeptiv« verstandenen »weiblichen Intelligenz« (vgl. Daston 1987/88; vgl. auch Jauch 1989). Schöpfungskraft erklärt Engelmeyer zur entscheidenden Kompetenz. Sie sei meist angeborenes »Genie« (1899: 91), eine »besondere Gabe« (1899: 82), die durch schulische Ausbildung noch gefördert werden könne. Diese Kraft wird nun von Engelmeyer verabsolutiert, wenn er abschließend darauf besteht, dass »jede technische Thätigkeit die Kundgebung einer gewissen Art von Schöpfungskraft« (1899: 82f.) sei, die als Kennzeichen der Profession anzuerkennen sei. Implizit greift er, ähnlich wie Alois Riedler, die Metapher des Lebens auf, wenn er programmatisch betont, dass gegenüber dieser Schöpfungskraft »alles faktische Wissen und Können sich nur als totes Material erweist« (1899: 83).

Wie an diesen Dokumenten erkennbar ist, wird die Vorstellung einer den Maschinenwissenschaftler kennzeichnenden geistigen Kraft im Zuge des Nachdenkens über das Wesen des Erfindungsprozesses bei Engelmeyer aufgegriffen, allerdings in wesentlichen Punkten umgearbeitet. Dies geschieht in quantitativer und qualitativer Form: *Quantitativ* angereichert findet sich die Kraftmetapher in der Beschreibung der ersten Phase des Erfindens, und quantitativ mehr »schöpferische Kraft« muss der Ingenieur, so Engelmeyer, in dieser ersten Phase aufwenden. *Qualitativ* wird Kraft nun zum Bestandteil ganz verschiedener Wortfügungen. Sie wird v.a. verbunden mit dem Schöpferischen, dem Künstlerischen und der Begabung des Individuums. Engelmeyer kann als wegweisender Autor dieses Übergangs zu einer neuen und intensivierten Kraftmetaphorik gesehen werden, der einem eher vernunftbestimmten Begriff der Geisteskraft einen künstlerisch aufgeladenen Begriff der Erfindungskraft bzw. schöpferischen Kraft nicht einfach nur zur Seite stellt, sondern überordnet.

Kraft wird damit schließlich das hervorstechende Merkmal eines Ausnahmesubjekts, dem der oberste Rang im arbeitsteiligen Prozess des Entwerfens von Maschinen eingeräumt wird. Der »erfahrene Mann« legitimiert sich nicht länger qua Vernunft gegenüber einer tentativ-erfahrungsgeleiteten vor- bzw. außerwissenschaftlichen oder einer als vormodern betrachteten Herangehensweise. Vielmehr geht es hier um eine inhaltlich angereicherte und qualitativ aufgewertete Männlichkeitskonzeption, die neben dem Ursprungsnarrativ und der Referenz auf die Kunst u.a. mithilfe einer ausufernden Kraftmetaphorik diskursiv hergestellt wird. Es handelt sich bei der Kraftmetaphorik folglich um den impliziten Rekurs auf einen grundlagentheoretischen Begriff aus der technischen Mechanik, der in Form der »schöpferischen Kraft« zur wesentlichen »natürlichen« Ausstattung des Mannes der Tat gehört.

Sowohl für die Ausbreitung als auch die neue Qualität der Kraftmetapher erweist sich Engelmeyers Arbeit in den 1890er-Jahren als paradigmatisch. Seine frühen methodischen Überlegungen zum Entwerfen von Maschinen und zum Charakter der Erfindung, die sich nicht vorrangig auf die resultierenden Artefakte, sondern auf das professionelle Handeln beziehen, liefern eine wichtige diskursive Vorlage für die Debatten in den Folgejahren. Zudem diffundieren sie in die Äußerungen zur Ausbildungs- und zur Kulturfrage sowie in explizit professionspolitische Statements.

9.3.3 Die Kraftnatur produktiver Männlichkeit

Engelmeyers Idee vom angeborenen schöpferischen Genie wird von anderen Autoren weiter ausformuliert, ohne dass unbedingt direkte Rezeptionslinien ausfindig gemacht werden könnten. Die Kraftmetaphorik erweist sich als geeignetes Mittel, die Selbstbeschreibungen der Ingenieure, sie seien eine Art Naturkraft, fachwissenschaftlich zu autorisieren. Um dies darzulegen, wird im Folgenden eine geraffte Durchsicht von Schriften erfolgen, die bereits in Teil II behandelt wurden. Dies dient dazu, einen konzentrierten Blick auf die Verwendung, Funktion und Effekte dieser Metaphorik für die Konstituierung des Mannes der Tat im Gefolge Engelmeyers zu richten.

Die 1880er-Jahre sind auch in dieser Hinsicht eine Zeit des Umbruchs. Dies zeigt sich u.a. in Adolf Ernsts (vgl. Abschnitt 7.2.1) Beitrag zur Kulturfrage der Technik, in der er die »schöpferische Kraft« (1888: 451) der modernen Ausnahmepersönlichkeit James Watt preist. Hier kündigt sich bereits innerhalb der Kulturdebatten, wenngleich noch verhalten, eine Ablösung vom Konzept der rationalen Geisteskraft und eine Orientierung an der Metapher der »schöpferischen Kraft« an, bei der Männlichkeit als eine Sache begriffen wird, die in ihren Ursprüngen fundamental mit Kraft verbunden ist.

Sicherlich ist Alois Riedler einer der ersten prominenten und diskursbestimmenden Akteure im Feld, die die Metapher der »Gestaltungskraft« in einem

Atemzug mit »Talent« und »Phantasie« (1896: 376) profilieren, um den Kontrast zwischen der »natürlichen Begabung« (ebd.) eines Individuums und der bloßen Wissensvermittlung an der Ingenieurschule herauszustellen. Er warnt davor, diese individuellen Begabungen in der Ausbildung durch ein »Überfrachten« der Studierenden mit »Wissen zu verschütten« (ebd.).

In »Poesie und Technik« aus dem Jahr 1904 konstruiert Max Eyth den Ingenieur als Mann der Tat erstens anhand des auf die Urgeschichte rekurrierenden Narrativs vom Ursprung des technischen Menschen (vgl. Abschnitt 7.2.3) und im Anschluss an das Feld der Kunst (vgl. Abschnitt 8.1.4). Er argumentiert zweitens mit der Kraft als besonderer Ressource des Erfinders und versieht diese unmissverständlich mit einer geschlechtlichen Bedeutung. So stellt Eyth »Phantasie«, »Willen«, »Kraft« und »Männlichkeit« (1904: 1131) als die herausragenden Merkmale technischen Schaffens nebeneinander. Kraft erscheint hier zunehmend als quasi unerschöpflich, wenn er von den »unbegrenzten Möglichkeiten« (ebd.) der Technik spricht oder der Technik eine schier »unerschöpfliche Zeugungskraft« (1904: 1133) zuerkennt, die das Bild der Kraft zu einem geradezu biologisch verankerten produktiven Vermögen macht. Dies erfolgt unter Bezugnahme auf ein zeitgenössisches Naturverständnis, dem in der Euphorie der Entdeckung neuer natürlicher Ressourcen eine Vision unbegrenzter Verfügbarkeit der Natur innewohnt. Wenn Eyth dieses Vermögen des Erfinders im archaischen Dunkel der Vorgeschichte verortet, argumentiert er mit der »geistige[n] Urkraft« des Menschen, die erst das Hervorbringen sowohl der Sprache (Wort) als auch der Technik (Werkzeug) zugelassen habe. Betrachtet man diese Belege in der hier gerafften Darstellung, bestätigt sich das Muster, das sich bereits bei Engelmeyer abzeichnete, und tritt klarer hervor. Die immer häufiger verwendete Kraftmetaphorik hat eine neue Qualität: Spätestens mit Eyth hat Kraft als Kehrseite der Rationalität in die Kulturdebatten Eingang gefunden und wird zur anthropologisch verankerten Naturressource der Technik. Im Sinne eines naturgesetzlichen Phänomens, in dem biologische Zeugung, Stärke und Mut des Kämpfers am Ursprung der menschlichen Kultur untrennbar mit Männlichkeit verwoben sind, rückt (Natur-) Kraft als geradezu grenzenloses Reservoir produktiver Männlichkeit ins Zentrum dieser Naturalisierungsstrategie technischen Schaffens. Kraft und Tat werden in eins gesetzt und gegenüber Wissen abgegrenzt.

Bestätigung und explizitere Ausarbeitung erfährt die Eyth'sche Konzeption in den Ausführungen Ulrich Wendts (1911 und 1906) zum Verhältnis von Technik und Kultur. Wendt betont »Können« und »Entschlusskraft« der Pioniere der Technik sowie ihre »nie erlahmende Tätigkeit« (Wendt 1911: 1983) zum Wohle der Menschheit. Ganz im Gegensatz zu den physiologischen Forschungen über die »Energie«, die die Ermüdung des Muskels einbeziehen müssen und sich thermodynamischer Modelle bedienen, um das Problem des in seiner Arbeitskraft begrenzten Körpers zu verstehen (vgl. Rabinbach 1998), wird bei den Protagonisten der Technik um die Jahrhundertwende die Fiktion unbegrenzter Schaffenskraft als besondere Fähigkeit genährt. Die Analogie mit der Naturkraft formuliert Wendt (1906) noch genauer, wenngleich eingebettet in seiner ernährungsphysiologisch hergeleiteten Grundauffassung, dass alle Kraft aus der Natur komme. Kraft wirke im Menschen als Naturressource.

»Aller Rohstoff entstammt der Erde, dem Planeten [...]; auch die schaffende Kraft, die in uns wirksam wird, tritt uns zunächst als Erdprodukt entgegen, als Frucht und Tier. Indem der Mensch diese als Nahrung in sich aufnimmt, geht die Kraft in ihn über; sie baut den Körper, geht ein in die Form des menschlichen Bewußtseins, und wird auch hier wieder ausgegeben, um sich als mechanische Arbeitskraft zu äußern.« (Wendt 1906: 18)

Technik bringt er in dieser thermodynamischen Kräftebilanz als jene geistige Kraft ins Spiel, welche die Arbeitskraft leitet, als die eigentliche, kulturbringende, »gestaltende und die erzeugende Kraft« (1906: 20). Diese sei, obwohl am Ende der Nahrungskette, Naturkraft pur.

Zeitgleich preist Wilhelm von Oechelhaeuser (1906), Industrieller und wenige Jahre zuvor Vorsitzender des VDI (vgl. Dienel 1992: 251), die »Lebenskraft«. Mit der Metapher weist er die Unterlegenheit der Technik gegenüber den Naturwissenschaften zurück. »Kraft« erscheint ihm als *das* professionsspezifische Merkmal der Technik (u.a. auch als Teil des ökonomischen Feldes der Industrie) und daher als geeignetes Bollwerk gegenüber dem Feld der Wissenschaft. »Lebenskraft« sei das überzeitliche, die technische Domäne charakterisierende Gütekriterium, mit dem die Grenze zur Wissenschaft seit jeher gezogen sei: »Die Ingenieurtechnik und Industrie würden aber ihre ureigenste Lebenskraft verleugnen, wenn sie sich lediglich als Appendix der Naturwissenschaften behandeln ließen.« (1906: 1142)

Eine regelrechte Explosion der Kraftmetaphorik, die zahlreiche redundante Argumentationsschleifen über die Fähigkeiten des Ingenieurs hervorbringt, ist im Kontext der aufkommenden wissenschaftlichen Betriebsführung und Rationalisierung der Ingenieurarbeit zu sehen (vgl. Abschnitt 7.3.2). Die Naturalisierung der Ingenieurkraft intensiviert sich angesichts des drohenden Schattens einer wachsenden Eingliederung der Konstruktionsarbeit in den Großbetrieb und der zunehmenden Arbeitsteilung im Konstruktionsbüro. Der damit forcierten Transparenz, Planbarkeit und Kalkulierbarkeit der Produktivität technischer Fachkräfte setzt Enno Heidebroek (1919) ebenfalls die »Schöpferkraft« des Ingenieurs entgegen, die er zur Naturkraft verklärt. Im Kontext der Debatten über die Ingenieurausbildung erklärt Heidebroek die »schöpferische Kraft« (1919: 1090) neben organisatorischen Fähigkeiten und naturwissenschaftlichen Kenntnissen zu einer Kardinaltugend der Profession. Mit dieser lasse sich der gesellschaftliche Führungsanspruch der Zunft formulieren (vgl. Abschnitt 9.4). Heidebroeks Naturalisierung des Ingenieurschaffens artikuliert sich in Form der »Schöpferkraft« als »naturgegebener Trieb«:

»Jene geheimnisvollen Kräfte, die in den Gebilden der Natur die vollkommenste Zweckmäßigkeit, die vollendetsten Formen geschaffen haben, strahlen auch aus in die Schöpferkraft des menschlichen Ingeniums, die sich uns in der technischen Idee offenbart. So ist auch die technische Schöpferkraft des Menschen einer der ursprünglichsten, *naturgegebenen* Triebe, die wirken, weil sie wirken müssen. Jeder neue Schritt der technischen Entwicklung bedeutet nur einen weiteren Schritt entgegen der in der Natur immanent enthaltenen vollendeten Lösung; jede neue Form zerstört die alte aus der sie hervorgewachsen ist; der *Zwang zur Wandlung* ist unaufhaltsam, ist das eigentliche Prinzip der Technik.« (Heidebroek 1927: 809)

Hier wird die Rolle der Kraftmetaphorik für die Naturalisierung technischen Schaffens offensichtlich. Menschliches Gestaltungsvermögen entspringt in diesem Denken einer naturgesetzlichen Ordnung; Technik und Naturphänomene haben einen gemeinsamen Ursprung. Dieses qua Natur Gegebene, das sich der rationalen Durchdringung entzieht (»geheimnisvolle Kräfte«), folgt außerdem der inneren Notwendigkeit des Kraftprinzips zu verändern und zu gestalten, wie es in Redtenbachers theoretischer Formulierung des Kraftbegriffs bereits angelegt ist. Mit diesem impliziten Verweis auf den fachwissenschaftlich fundierten Begriff kann Heidebroeks Forderung nach Befreiung aus den Zwängen der Rationalisierung der Ingenieurarbeit untermauert werden: Die Natur fordere unmittelbar ihr Recht, das hier wie dort in der gesetzmäßigen Entfaltung der ureigenen Kraft liege.

Wieder und wieder bedient sich Heidebroek der Metapher des Lebens, spricht von der besonderen »Lebensenergie der einzelnen Person« (1927: 812) des Ingenieurs, wenn er die Rahmengegebenheiten einklagt, die erst die Produktivität der Ingenieurtätigkeit gewährleisten. Die »geistigen Kräfte« werden von ihm in die Metapher der »Lebenskraft« (1927: 809f.) übersetzt, mit der ein quasi von der Natur vorgeschriebener besonderer »Lebensraum« für den kreativen Ingenieur im Betrieb eingefordert wird, in dem sich dieser frei entfalten kann. Ähnlich wie Oechelhaeuser beschwört er diese Lebenskraft, allerdings bezogen auf das Individuum und nicht auf das gesamte Feld, als etwas Urwüchsiges, das im monotonen Gleichtakt der wissenschaftlichen Betriebsführung zu »versteinern« oder »ab[zu]sterben« (ebd.) drohe. Die Natur des Ingenieurs erscheint auch unmittelbar als tätige »Urkraft« (1927: 812), deren Vorgaben im darwinistischen Sinne zu erfüllen sind. Nicht die Kenntnis der Gesetze der Natur also, sondern das Naturgesetz der schöpferischen Kraft des Ingenieurs steht im Zentrum dieser Selbstbeschreibung.

Die Konzeption des Ingenieurs als schöpferische Kraft erfährt außerdem ungefähr zeitgleich bei Richard Riemerschmid (1928) eine diskursive Aneignung durch die Kunst (vgl. Abschnitt 8.3). Unter Verwendung sämtlicher im Kontext technischen Schaffens hervorgebrachter Ausprägungen der Kraftmetaphorik feiert Riemerschmid die Vereinigung von Technik und Kunst, indem er die »Lebenskraft« zum zentralen Kennzeichen des in der Industrie tätigen Künstlers bzw. Designers erklärt.

In der qualitativen Verschiebung von der Geisteskraft des Maschinenwissenschaftlers hin zur schöpferischen Kraft des Erfinders und Mannes der Tat, der selbst Natur ist, artikuliert sich ein weiteres Mal die Verschiebung der Konstruktion von Männlichkeit. Die im Kontext der technischen Mechanik Redtenbachers systematisch eingeordnete geistige Kraft des Ingenieurs erweist sich als strategischer Einsatz in den professionspolitischen Selbstbeschreibungen des Ingenieurs als Wissenschaftler. Mit der Gegenbewegung in Richtung Praxisorientierung wird auch die Kraft des Ingenieurschaffens umgearbeitet: Sie wird nun offensiv und in immer neuen sprachlichen Komposita aus den mechanischen Kräften der Natur selbst hergeleitet, durch diese legitimiert bzw. in ihren gesellschaftlichen Ansprüchen gestärkt. Umgekehrt erfährt die Deutung dieser Naturkräfte eine neue Akzentuierung, wenn Freiheit und Selbstentfaltung als innere Gesetzmäßigkeiten ins Zentrum der Argumentation rücken. Männlichkeit als Kraftnatur wird somit nicht länger über die Ratio des Menschen, der sich über die Natur erhebt, neutralisiert. Männlichkeit erscheint nun auch als geschlechtliche Markierung; mit der außergewöhnlichen Schaffenskraft geht das Anrecht auf größtmögliche gesellschaftliche Entlastung von den Zumutungen der rationalisierten Moderne einher.

Andere Protagonisten dieser »praktischen Rationalität« der Schöpferkraft werfen diesen Zusammenhang zwischen Fachwissen und Berufsverständnis schließlich ausdrücklich in die Waagschale professionspolitischer Argumentationen. Kraft steht hier im Zentrum, wenn es darum geht, die diskursive Verknüpfung herzustellen.

9.4 Führernaturen und Kämpfer mit den Naturgewalten

Die explizite Bezugnahme auf die fachliche Expertise in Sachen »Kraft«, die den Mann der Tat in besonderer Weise legitimiere, erfolgt im Kontext der Stärkung national-völkischen Denkens um die Jahrhundertwende und des Ersten Weltkrieges als Deutungsmuster. Kraft, Führung und Kampf sind hier semantisch verflochten in der Figur des Ingenieurs als Kämpfer mit den Naturgewalten. Dies lässt sich an weiteren professionspolitischen Äußerungen im Fachdiskurs veranschaulichen.

Zu den ersten und markantesten Ausformulierungen dieser Konstellation gehören Alois Riedlers öffentliche Ansprachen als Rektor der TU Berlin-Charlottenburg zur Jahrhundertwende. In diesen Reden feiert er die neue Rolle der Technik für den Nationalstaat, u.a. die Rolle der Führung der »zum Staat verbundenen sozialen Kräfte« (1900: 37). So gelte es v.a., diese »sozialen Kräfte« und ihre Produktivität zu lenken. Kraft wird zur abstrakten Bezeichnung, mit der verschiedene Akteursgruppen charakterisiert werden:

»Die *schaffende* Kraft des Volkes, die Grundlage der fruchtbringenden Regierung, hat durch die Technik grosse Stärkung erfahren. Die Volkskraft ist in mächtiger Zunahme; die überschüssige Kraft, die früher auswandern musste, findet lohnende Thätigkeit im Lande oder im Dienste des eigenen Landes. Die Industrie ist ein massgebender Faktor geworden. Es ist die hohe Aufgabe der Regierung, diese schaffende Kraft im Innern und nach aussen zu entwickeln und gegen feindliche Strömungen zu schützen; dazu muss sie die Mitarbeit der Technik fordern.« (Riedler 1900: 37; H.i.O.)

Da die Technik mit ihren Errungenschaften die wirtschaftliche Bedeutung des Landes gesteigert habe, müssten Expansion, Wachstum und Absicherung des Geschaffenen ebenfalls unter Mitwirkung technischer Expertise gemeistert werden. Riedler stellt daher in der Folge einige Überlegungen zur technokratischen Führung an, in denen er eine Analogie zwischen verschiedenen Kraftkonzepten konstruiert. Auf deren Basis behaupten die Ingenieure eine spezifische Eignung für die nationale Führungsaufgabe zu besitzen und erheben Anspruch auf die entsprechende Rolle. Denn die Führung des Volkes, verstanden als »Volkskraft«, ähnele der zweckmäßigen Lenkung der Naturkräfte in der Technik. Auf diese Weise werden Kraftbegriff und Kraftmetaphorik diskursiv miteinander verbunden und zum professionspolitischen Argument.

Konkret sieht Riedler die sozialpolitischen Aufgaben der Technik in der Lösung des Konflikts zwischen Kapital und Arbeit. Nicht die politischen Kämpfe der Arbeiterbewegung (vgl. 1900: 33), sondern die ordnenden Fähigkeiten der Ingenieure bilden aus seiner Sicht die adäquate Zielperspektive. Seine Führungsvision nimmt die Ingenieure als sozialpolitische Akteure in die Pflicht:

»Wir müssen auf die soziale Entwickelung mehr als bisher einwirken; wir können großen Einfluss ausüben, denn jede richtige technische Leistung hängt mit sozialen Verhältnissen, mit Arbeit und Arbeitsorganisation zusammen. Wir haben nicht mit Arbeitsprodukten und Mitteln allein zu tun, sondern mit den Arbeitern, die keine träge Masse, sondern selbständige soziale Kräfte sind.« (1900: 32)

Nicht allein die »richtige technische Leistung« einer Maschine, sondern auch die soziale Organisation der Arbeit wird hier in das Aufgabengebiet der Ingenieure eingeschlossen. Neben den Maschinen und den Arbeitsprodukten reiht Riedler die »Arbeiter« in die Riege der Objekte technischer Lösungsfindung ein und schlägt eine Deutung der Arbeitskraft vor, die auf Begrifflichkeiten der technischen Mechanik zurückgreift. So versteht er – wohl auch im Kontext einer zeitgenössisch starken ArbeiterInnenbewegung – die »Arbeiter« selbst als Akteure, die eben nicht »träge Masse«, sondern »Kraft«, seien. Die Lenkung dieser »selbständigen sozialen Kräfte« sei somit bei den Ingenieuren, als Experten der Beherrschung der Naturkräfte in der Maschine, in den besten Händen. Die Analogie zwischen Arbeitskraft und Naturkraft wird noch verstärkt, wenn Riedler – zeittypisch – die Organisation und den Staat mit einer Maschine vergleicht.

»Ist doch jedes Werk der Technik, jede Maschine eine strenge Organisation, im kleinen, was die Staatsorganisation im grossen ist: die Leitung und Führung der Kräfte zum vorbestimmten Ziel.
Kräfte können nicht unterdrückt, sondern nur zur richtigen Wirkung geleitet werden. Die Unterdrückung der Kräfte schafft die Gefahr, dass sie an unrichtiger Stelle wirken und das Werk zerstören. Die Kräfte können aber auch nicht frei schalten, sie müssen zum gewollten richtigen Zwecke geleitet werden; ohne diese Beschränkung der Kräfte entsteht in der Maschine wie im Staate ein Chaos.« (1900: 38)

Technisches Können qualifiziere zur Führung dessen, was er nun konsequent immer allgemeiner und abstrakter »Kräfte« nennt. Diese Kräfte charakterisiert er nachdrücklich in mehrfachen rhetorischen Wiederholungen. Riedler knüpft hier an Redtenbachers Mechanik an, wenn er die Lenkung der Kräfte betont. Diese erscheinen als eine Sache, über deren Spezifik man Bescheid wissen muss, will man sie produktiv machen; die Gefahren, die mit ihnen verbunden sind, muss man kennen, will man unliebsame Wirkungen – wie etwa den Arbeitskampf – vermeiden. Folgt man dieser metaphorisch konstruierten Sicht auf das Geschehen, dann qualifizieren sich die Ingenieure schließlich als die wahrhaft berufenen Experten, die den »sozialen Kräften« nicht nur Beschränkungen auferlegen, sondern diese sogar dazu bringen könnten, ihre Kraft für wirtschaftliche Prosperität einzusetzen. Politische Fragen des Arbeitskampfes werden technokratisch gewendet.

Ein solches auf das Regime der Kraft gegründetes Berufsverständnis verbindet Riedler an anderer Stelle eindeutig mit der Konzeption des Fachs als praktische Rationalität:

»Das Gesagte gilt allgemein für jede schaffende Thätigkeit, für jede wissenschaftliche und Forscherthätigkeit. Auch regieren, d.h. voraussehen, kann erfolgreich nur der Praktiker, der die Wirklichkeit, gegebene Kräfte und Widerstände richtig erkennt und die Kräfte, gegebenen Verhältnissen entsprechend, richtig leitet.« (Riedler 1896: 308f.)

Oder in klarer Frontstellung zu den sog. »unproduktiven« Professionen:

»Wahre Praxis ist [...] von schaffender Thätigkeit untrennbar. Die geistige Arbeit wahrer Praxis kann nur leisten, wer das Thatsächliche, Kraft und Widerstand richtig beurteilt, wer die Wirklichkeit und ihre Vielheit von Bedingungen kennt; sie kann nur entbehren, wer nichts zu schaffen hat.« (1896: 308)

Führung, Kampf und zweckmäßige Herstellung von geordneter Kraftwirkung sind die markanten Kennzeichen dieser Auffassung vom modernen Ingenieur, die auf Expansion in bisher formal verschlossene Tätigkeitsgebiete ausgerichtet ist. Für die Profilierung des Ingenieurs als geeigneter Experte nutzt Riedler einen neuen Zugriff auf die Grundlagen der technischen Mechanik. Nun erscheint der Mann der Tat selbst als Naturkraft, die es mit den realen Bedingungen einer komplexen Wirklichkeit und deren chaotisch wirkenden Kräften gekonnt aufnimmt. Legitimiert wird er explizit mittels Rekurs auf die fachlichen Grundlagen. Riedler akzentuiert jedoch einen direkten, im Sinne des mechanistischen Kraftbegriffs »tätigen« Zugriff auf die Realität.

Indem Riedler die Ingenieure in die Regierung der »Volkskraft« beruft, weist er zugleich eine andere soziale Gruppe in ihre Schranken: die Verwaltungsbeamten, vermutlich die in der Verwaltung dominierenden Juristen und Vertreter anderer akademischer Berufe, die seinerzeit die maßgeblichen Entscheidungsträger in den politischen Institutionen waren. So wäre die Gegenüberstellung von Regierung und Verwaltung zu deuten, die Riedler fast im selben Atemzug vornimmt.

»Es ist die höhere Aufgabe, Kulturwerthe zu schaffen und zu vermehren, als Bestehendes nach starren Vorschriften ohne Erhöhung der Lebenskraft zu verwalten. Diese höherstehende Regierungstätigkeit erfordert aber Einsicht in den Zusammenhang der Technik mit dem sozialen Leben, mit dem Leben der Völker. Sonst ist die Verwaltung ein todtes Zwischenglied, das erst durch lebendige Kräfte geschoben werden muss.« (1900: 37f.)

Mit der bekannten Lebensmetapher schafft Riedler einen Kontrast zwischen Bestandsverwaltern und fortschrittstreibenden Kräften. Mit diesem Gegensatz zwischen Sein und Werden, Tod und Leben stellt er eine Mobilisierung, die Veränderung der Verhältnisse in Richtung Leistungssteigerung in Aussicht, die offensiv in einem nationalen Bezugsrahmen thematisiert wird (vgl. Riedler 1900: 40). Die Technik erscheint schließlich explizit als »eine wahrhafte Regierung« (1900: 38). Dabei äußert sich die charakteristische emphatische Vergeschlechtlichung dieser Führernatur bei Riedler in Zusammenhang mit der Ausbildung der Ingenieure zu nationalen Führern: »Die Zukunftsaufgabe liegt darin, Männer zu bilden, die befähigt sind, die *gestaltende* Bildung nicht nur in enger Fachthätigkeit zu verwerthen, sondern hinauszutragen in das *soziale* und Staatsleben« (1900: 40).

Diese Verknüpfung der Kraft mit dem Motiv des Kampfes sowohl in der Natur als auch im Sozialen wird im Kontext des Ersten Weltkrieges als Legitimation für die systematische Allianz zwischen Krieg und Technik im Fachdiskurs weitergeführt. Im März 1914 lud der Braunschweiger Bezirksverein des VDI den Gastreferenten Lenz als Vortragenden zum Thema »Krieg und Technik« ein. In diesem Vortrag, niedergelegt im Sitzungsbericht des Bezirksvereins (vgl. Lenz 1914), schafft die Metapher der Kraft die legitimierende Analogie zwischen Naturbeherrschung und gewaltsam erstrittener politischer Vorherrschaft durch Krieg. Lenz stellt nicht nur »Naturkräfte« und »Menschenkräfte« einander gegenüber, sondern im Anschluss daran auch die Kraft verschiedener, miteinander um Dominanz ringender Völker und leitet daraus in populistischer Weise die Notwendigkeit von Kriegsvorbereitungen des Deutschen Reiches ab:

»Mensch sein heißt Kämpfer sein, Sieger sein über sich und die Außenwelt. Voraussetzung jeder Kultur und Zivilisation muß daher sein: Herrschaft über die Natur und Herrschaft über den Menschen. Diese kann aber nur durch Kampf erreicht werden, daher ist
der Kampf der Vater aller Dinge. Wir verdanken aber Kampf und Sieg über die Menschen-
kraft dem Kriege, Kampf und Sieg über die Naturkraft der Technik, beide bilden also die
Pfeiler, auf die unser gesellschaftliches Dasein gegründet ist.« (Lenz 1914: 1178)

Hier wird Riedlers Argumentation weiter profiliert: Führung und Lenkung werden übertragen in Kampf um Vorherrschaft. Technische Führung zielt in Kriegszeiten nicht mehr auf die Harmonisierung zwischen Arbeit und Kapital. Die
Akzentverschiebung geht vielmehr in Richtung politischer Herrschaft. Technik
ermögliche »Wehrmacht« durch »Indienstnahme der Naturgewalten« (ebd.). Metaphorisch verschmilzt der Kraftbegriff in diesem Zusammenhang mit dem der
Gewalt. Die Rede ist von einer »andauernde[n] Anspannung« von Kräften zur Unterwerfung Anderer, genannt werden ausdrücklich als technisch Unterlegene im
(darwinistischen) Kampf die ethnisch markierten Völker, »Neger und Indianer«
(ebd.). Sieht man von der stereotypen, kolonialen Referenz des Textes einmal ab,
so steht diese Rede im Zeichen der Vorbereitung auch der Ingenieure auf den
ersten maßgeblich technisierten Krieg im Jahr 1914. Dabei bietet die Metaphorik der Kraftbeherrschung eine vermeintlich sachliche Legitimationsgrundlage.

Die Rede von der »Anspannung« aller Kräfte wird in den Folgejahren schließlich auch zur erneut vorgebrachten Beschreibung der Anstrengungen der »Männer« in Kriegszeiten, zur Betonung besonderer Leistungen und Verdienste (vgl.
Oechelhaeuser 1917: 17). Ebenso bleibt die Beschreibung der Mobilisierung der
Nation in Begriffen der technischen Mechanik eine offenkundig etablierte Rhetorik, der sich Ingenieure in öffentlichen Ansprachen bedienten, beispielsweise
1916 in der Ansprache von Rektor Kloß. Dieser bedient sich der rhetorischen Analogie zwischen der Mobilisierung von »träger Masse« im Feld der Technik einerseits und von Volksmassen andererseits.

»Ebenso wie in der Technik zum Inbewegungsetzen einer trägen Masse ein Ueberschuß
über die zur eigentlichen Fortbewegung dienenden Kräfte vorhanden sein muß, so müssen auch im Sinne richtigen technischen Denkens die treibenden Kräfte der nationalen
Bewegung im Ueberschuß vorhanden sein, die ihre Ziele weiter zu stecken haben, als sie
einer vorsichtigen Regierung vorläufig für erreichbar gelten können. Dieser Kraftüberschuß
muß aus der *Begeisterung*, der stärksten Energiequelle, hervorgehen.« (1916: 679; H.i.O.)

Dies setzt sich zunächst ungebrochen nach dem (verlorenen) Krieg fort, wenn
Enno Heidebroek in seiner Rede an die Studentenschaft der TH Darmstadt die
Studierenden dazu aufruft, sich auch in Zukunft als diejenigen zu verstehen, die
in die politischen Wirren und Auseinandersetzungen der Weimarer Republik als
Fachleute der Kraftlenkung intervenieren:

»Darum heißt es jetzt mit zufassen, ordnen, entwickeln, organisieren, damit die unge-
stüm losgebrochenen Naturkräfte – denn auch diese Volksbewegungen sind letzten Endes Naturkräfte – wieder in die geordneten Bahnen gesetzmäßigen Waltens gebracht
werden.« (1919: 1090)

Allerdings kehrt Heidebroek im Unterschied zu Lenz – möglicherweise angesichts der neuen politischen Situation – zum Deutungsmuster der Lenkung und
Führung der Kräfte zurück. Das Motiv des Kampfes und die als Gewalt erschei-
nenden Kräfte werden aufgegeben zugunsten einer scheinbar objektiv, weil auf
Basis üblicher technischer Praxis, handelnden Instanz, die soziale Kräfte nach
denselben Maßstäben »ordnet« wie entfesselte »Naturkräfte«. So deutet er das
Gegenüber der Ingenieure nicht nur als bedrohlich, sondern auch als quasi fried-
lich »schlummernde«, verborgene Naturressourcen (1919: 1093). Gemeinsam ist
diesen Äußerungen allerdings die Begründung der »vaterländischen« Führungsaufgabe in der besonderen Expertise der Ingenieure, die kontextspezifisch martia-
lischer oder »friedlicher« akzentuiert wird. Expertise in Sachen Kraft wird folglich, wie diese Analysen zeigen, zu einem professionspolitisch relevanten Wissen,
das als Vermögen des praktisch tätigen, produktiven und explizit männlich markierten Ingenieurs zu einer gesellschaftlichen Machtressource erklärt wird. Als
zentrales Element wird der Kraftbegriff der technischen Mechanik metaphorisch
ausgearbeitet, generalisiert und zum bevorzugten Kennzeichen des Mannes der
Tat und eines in Expansion begriffenen Berufsverständnisses, mit dem gesellschaftliche Leitungsfunktionen anstrebt werden.

Dieser im Verlauf des Kapitels gespannte Bogen von der technischen Mechanik in der Mitte des 19. Jahrhunderts bis zur Verwendung der Kraftmetapher als
Ausweis generalistischer Führungskompetenz in den 1920er-Jahren illustriert
die im Fachdiskurs vorhandenen Wechselbezüge zwischen verschiedenen Diskurssträngen. Im Einzelnen haben die Detailanalysen ein genaueres Bild davon
erbracht, wie das Fachwissen der technischen Mechanik durch professionspolitische Anliegen fundamental mit konstituiert wird (Redtenbacher). Einige Versatzstücke dieser Theoriegrundlagen finden sich in metaphorischer Form in anderen Teilstränge des Fachdiskurses und erweisen sich dabei als jeweils produktives
Element spezifischer sozialer Konstruktionen von Männlichkeit. Sie formen bildhaft ebenso die professionspolitischen Argumentationen und untermauern die
jeweils verfochtenen Positionen und eingenommenen Perspektiven auf das Fach
und den Beruf mit Begründungen. Insbesondere das naturalisierte Berufsverständnis des Ingenieurs, dem seit Ende des 19. Jahrhunderts die Figur des Mannes der Tat mehr und mehr Konturen verleiht, wird mithilfe einer zunehmend
wuchernden und variabel eingesetzten Kraftmetapher ausformuliert. Der Aspekt
der Kompetenz in Sachen Kraft strukturiert jedoch auch das zentrale Argument,
wenn es um den Führungsanspruch der Ingenieure in den letzten Jahren des mo-
bilmachenden und schließlich zusammenbrechenden Kaiserreiches geht. Hier

wird die Verknüpfung von theoretischem Wissen und Macht besonders evident. Terminologische und professionsbezogene Verwendungsweisen von Kraft werden koproduktiv und dienen dazu, die gesellschaftliche Stellung des Ingenieurs mit fachwissenschaftlicher Autorität auszustatten.

Im folgenden Kapitel wird dieser Zusammenhang zwischen Fachwissen und Professionspolitik noch weiter ausgearbeitet. Im Mittelpunkt stehen nun die Äußerungen und Kontroversen zum Maschinenbegriff.

10. Maschinentheorie: Kontroverse um die Definition der Maschine

Neben der fachlichen Betrachtung verschiedenster Maschinentypen hat sich die deutschsprachige Maschinenlehre im 19. Jahrhundert auch um eine allgemeine Definition ihres Gegenstands bemüht. Die abstrakten Bestimmungen der Maschine im Sinne einer Konstruktion des genuinen Gegenstandsbereichs der aufkommenden Technikwissenschaften stehen im Zentrum dieses Kapitels.

Damit wird das für diese Studie leitende wissenssoziologische Interesse am Zusammenhang zwischen fachlichen Grenzziehungen auf einer epistemischen Ebene einerseits und diskursiver Positionierung der Akteure im sozialen Feld andererseits vertieft und am Beispiel der Maschinendefinition für die grundlagentheoretischen Wissensbestände der Technikwissenschaften weiterverfolgt. Wie gestaltet sich die *boundary work* der Technikwissenschaften, wenn es um das »Einhegen« ihres originären Gegenstandes geht? Geschlechtersoziologisch sind folgende Fragestellungen in den Blick zu nehmen: Welche Bedeutung haben die im Vorangegangenen rekonstruierten Konzeptionen des »männlichen« Ingenieurs für die theoretische Fassung der mechanischen Maschine im Fachdiskurs? Welche Konstruktionen von Geschlecht sind außerdem möglicherweise für die Begriffsbestimmungen relevant, wenn es um die Eingrenzung des technikwissenschaftlichen Gegenstandsbereiches geht? Erscheinen gegenstandsbezogene Differenzierungen in vergeschlechtlichter Form und welchen Stellenwert haben sie?

Dass die allgemeine Definition der Maschine überhaupt etwas war, worum die Technikwissenschaften sich bemühten, dass sie um eine solche auch gerungen haben, lässt sich in groben Umrissen aus der Technikgeschichtsschreibung schließen. So weist Braun (1977) darauf hin, dass die allgemeine Definition der Maschine Ende des 19. Jahrhunderts im technikwissenschaftlichen Fachdiskurs nicht einheitlich gewesen ist, dringt jedoch nicht tiefer in die Argumentationen ein. Geht man Brauns Hinweis nach, so findet man kontroverse maschinentheoretische Fachdebatten in der *Z.VDI* und im *Civil-*

ingenieur.[1] Wie ich v.a. anhand dieser Beiträge zeigen werde, ist die Grenze zwischen dem Technischen und dem Natürlichen keineswegs gesichert und evident. Vielmehr wird sie in Verbindung mit epistemologischen und professionspolitischen Grundfragen des sich konstituierenden akademischen Maschinenbaus diskutiert. Worum ging es genau?

Im Jahr 1877 entbrannte im *Civilingenieur* eine offene, kontrovers geführte Fachdiskussion über den Begriff der mechanischen Maschine. Den Anstoß gab die theoretische Bestimmung der Maschine von Franz Reuleaux, der in der »Theoretischen Kinematik« (1875) einen wissenschaftlichen Maschinenbegriff formulierte, welcher für einiges Aufsehen in der eigenen Zunft sorgte. Reuleaux' maschinentheoretische Überlegungen gehören zu den fachlichen Wissensbeständen, die sicherlich am intensivsten innerhalb seiner *scientific community* diskutiert wurden. Zu dieser Zeit war Reuleaux bereits ein äußerst beachteter Fachautor. Neben der »Kinematik« wurde sein Lehrbuch »Der Constructeur« (1865 [1861]) stark rezipiert. Auch Brauns Übersicht (1977: 5ff.) verdeutlicht, dass die Reuleaux'sche Kinematik quasi das paradigmatische Werk war, an dem die Debatten festmachten und die Beteiligten v.a. die Frage nach dem praktischen Wert der Theorie erörterten. Die »Theoretische Kinematik« beeinflusste zudem die Betrachtungsweise konkreter Gegenstände durch einzelne Autoren (vgl. etwa Lincke 1879).

Eröffnet wurde die Kontroverse mit einem direkten verbalen Schlagabtausch zwischen Reuleaux und seinem Fachkollegen Theodor Beck. Der *Civilingenieur* erweist sich für diese und weitere fachliche Stellungnahmen als eines der bevorzugten Foren. Inhaltlich entzündete sich die Debatte v.a. an der Frage der Grenzziehung zwischen dem Technischen und dem Natürlichen, zwischen der Maschine und der Natur. Was die Maschine von der Natur unterscheidet, war in den Bestimmungen des modernen, mechanischen Maschinenbegriffs also strittig und warf durchaus grundsätzlichere, fachpolitische Fragen auf. Diese Debatte rekonstruiere ich im ersten Abschnitt dieses Kapitels (10.1).

Im zweiten Abschnitt konzentriere ich mich auf die spezifische Struktur der *boundary work* der Technikwissenschaften, die bislang nur nebenbei und gelegentlich angesprochen worden ist. Am Beispiel eines späteren Lehrbuchtextes von Reuleaux (1900) lässt sich die Logik der strategischen Positionierung neuer Akteure im sozialen Feld der Wissenschaft, die auf der Ebene des – gemeinhin als neutral und objektiv geltenden technikwissenschaftlichen – Wissens über die Maschine verfolgt wird, eingehender betrachten (10.2).

---

1 | Ich greife daher nicht auf alle Lehrbuchautoren in dieser Zeit zurück (weitere sind v.a. Franz Grashof, Gustav Zeuner, Carl von Bach und August Föppl), sondern verfolge die Kontroverse ausgehend von einem zentralen Autor, der die Diskussion ins Rollen brachte, auf Basis der Fachartikel in den genannten Zeitschriften.

10.1 DIE THEORETISCHE BEGRÜNDUNG DER MASCHINENMECHANIK

Die 1875 veröffentlichte »Theoretischen Kinematik«, die schon aus mehreren Blickwinkeln untersucht wurde, soll nun im Hinblick auf ihren maschinentheoretischen Beitrag analysiert werden. Mit diesem Werk legte Reuleaux eine wissenschaftliche Betrachtung mechanischer Bewegungen vor, die beanspruchte, Aufbau und Zusammenwirken der Elemente in der mechanischen Maschine systematisch zu durchdringen. Als Grundlagenwerk steht Reuleaux' »Kinematik« paradigmatisch für eine Fortsetzung und Konsolidierung der Theoriearbeit Redtenbachers (vgl. Mauersberger 1980: 28). Die theoretische Erörterung der Maschinenelemente, die Reuleaux im ersten Kapitel des Buches leistet, schafft ein terminologisches Gerüst, das von der systematischen Unterscheidung kleinster Kombinationen von Elementen (den sog. »Elementenpaaren«) bis hin zu komplexen Zusammensetzungen (den »kinematischen Ketten« und »Mechanismen«) reicht. Eine Maschine ist gemäß dieser Systematik aus diversen Mechanismen zusammengesetzt, die sich wiederum jeweils aus verschiedenen kinematischen Ketten zusammensetzen usw. Die Arten an Elementenpaaren, kinematischen Ketten usw., die die zeitgenössisch verfügbaren Bewegungstypen mechanischer Maschinen umfassen, stellt Reuleaux in seinem Buch in geordneter Form ebenso dar wie die Möglichkeiten ihrer systematischen Kombination mit dem Ziel, neue Maschinen regelgeleitet zu entwickeln.

Seiner allgemeinen Definition der Maschine nähert sich Reuleaux folglich sowohl vom Einzelnen zum Gesamten als auch vom Konkreten zum Abstrakten. So erscheint die Maschine in der terminologischen Grundlegung zunächst als »künstlich[e]« (Reuleaux 1875: 54) Form eines Kraft-Bewegungs-Zusammenhangs, was weitgehend dem Redtenbacher'schen Verständnis entspricht (vgl. Abschnitt 9.2). Hier steht eindeutig das Bild der industriellen Arbeitsmaschine im Vordergrund, die im historischen Kontext der Rationalisierung durch zweckorientierte Manipulation der Naturkräfte zur Steigerung der Arbeitsproduktivität beitragen soll (vgl. Reuleaux 1875: 54). Direkt im Anschluss daran bemängelt Reuleaux jedoch die uneinheitliche Verwendungsweise des Maschinenbegriffs und die Grenzen dieser Definition. Damit gibt er die Fokussierung auf die zweckrationale Industriemaschine und den Kontext industrieller Arbeit partiell auf und stellt an seine eigene Definition neue Anforderungen: Sie habe wissenschaftlichen Standards zu genügen. Er erläutert: »Ich führe dies übrigens bloß an, [...] da der wissenschaftlichen Strenge die Bedeutung der benutzten Namen nicht gleichgültig sein darf.« (Reuleaux 1875: 55) Aufgrund dieses Anspruchs gelangt Reuleaux zu einem abstrakten Maschinenbegriff, der explizit einige Naturphänomene einschließt. Im Einzelnen vertritt er die Ansicht, dass sich auch Phänomene, die eingeschränkte Bewegungsmechanismen aufweisen, wie etwa die Waage, oder solche Phänomene, die in der Natur spezifische, mechanische Formen ausgebildet haben, ebenfalls grundsätzlich mit dem von ihm favorisierten allgemeinen Maschinenbegriff fassen lassen.

»Auch auf Maschinen, welche die Natur hervorbringt, wollen manche den Namen [Maschine; TP] nicht angewendet wissen. [...] die sogenannten Steintische oder Wippsteine, welche die Verwitterung in manchen Gegenden hervorgebracht hat, sind wie eine Balkenwaage gebildet; Islands Springquellen wirken in gewisser Weise ähnlich wie die Dampfmaschine [...]; man kann ihnen den Namen Maschine nicht vorenthalten« (1875: 54f.).

Die Inklusion von »Steintischen« und »Wippsteinen« in die maschinentheoretische Betrachtung war zeitgenössisch offensichtlich keine Selbstverständlichkeit, denn Reuleaux sah sich bemüßigt, diese Aufweichung der Grenzziehung zwischen Natur und Technik, Natürlichem und Künstlichem, ausdrücklich zu thematisieren und zu rechtfertigen. Es scheint ihm also durchaus bewusst gewesen zu sein, dass seine Position mit bestehenden Auffassungen über die Industriemaschine wie auch mit bisherigen Betrachtungen der Maschine im Fach nicht konform ging. Seine Argumentation ist jedoch offensiv. Es sei ein Gebot der Wissenschaftlichkeit, die unter einer Definition gefassten Phänomene in genauester Weise zu berücksichtigen und hier mit logischer Strenge dem Wortlaut der Definition Folge zu leisten. Zwar bildet die industrielle Arbeitsmaschine also den Ausgangspunkt der Überlegungen, doch strebten Reuleaux' Definitionsbemühungen, im Unterschied zu Redtenbacher, einen *wissenschaftlich* legitimierten Abstraktionsgrad an.

Diese Unschärfe der Grenzziehung zwischen Phänomenen ist kein Zufallsfund, sondern hat eine wissenspolitische Textur. Denn Reuleaux profiliert seine eigene, neue Perspektive denn auch explizit in Abgrenzung zur Alltagserfahrung und bezieht sich auf die naturwissenschaftliche »theoretische« bzw. »reine Mechanik«.

»Während die Maschine für den Unbefangenen sich in ihrem Wesen von den in der Natur thätigen Bewegungs- und Kraftspendern stark unterscheidet, besteht für den theoretischen oder reinen Mechaniker zwischen beiden eine solche Verschiedenheit nicht; oder vielmehr, dieselbe löst sich für ihn beim Analysiren der Vorgänge so zu sagen völlig auf, so dass für den reinen Mechaniker die Probleme des Maschinenwesens in die selbe Klasse fallen, wie diejenigen der mechanischen Naturerscheinungen. Er sieht in beiden die Kräfte und Bewegungen nach denselben grossen Gesetzen walten, welche, wenn sie in möglichster Allgemeinheit entwickelt sind, über sämmtlichen einzelnen Fällen stehen und stehen müssen. Die Maschine ist der reinen Mechanik nur ein Beispiel, ein Paradigma.« (1875: 31)

Reuleaux schließt sich mithin einerseits der stark abstrahierenden, auf allgemeine Gesetze ausgerichteten Perspektive der »reinen« Mechanik an und teilt deren Erkenntnisinteresse zunächst grundsätzlich. Diese Argumentation ermöglicht

Anschluss an eine wissenschaftlich autorisierte Form der Betrachtung der Maschine. Andererseits und folgerichtig reklamiert Reuleaux fast im selben Atemzug für eine solche Maschinenwissenschaft ein eigenes wissenschaftliches Terrain, die technische Mechanik, der er ebenfalls eine streng szientistische Ausrichtung gibt. Er spricht sich dagegen aus, die Beantwortung allgemeiner maschinentheoretischer Fragen der rein naturwissenschaftlichen und philosophisch orientierten Mechanik zu überlassen, und unternimmt den Versuch, das eigene, spezifische Gebiet selbst begrifflich zu fundieren und dessen Selbstständigkeit zu begründen. Schließlich bewege sich, so merkt er kritisch an, die »reine Mechanik« in ihren Begriffen zuweilen auf allzu spekulativem Boden: Kraft und Bewegung seien wechselnden Deutungen ausgesetzt, befänden sich »an der Scheidelinie zwischen Physischem und Metaphysischem« und erzeugten so »ein Wogen und Schwanken in denselben«, was zwar die philosophische Reflexion anrege, jedoch auf Anwendungskontexte eine »ankränkelnde Wirkung ausüben« würde (Reuleaux 1875: 32). Zugleich stuft er die Abgrenzung der Maschinenwissenschaft von der Mechanik auch dann als sachlich richtig ein, »wenn dem Sondergebiet ein übersichtlicher geschlossener Begriffskreis zu Grunde liegt« und sich eine scharfe Grenzlinie festlegen lässt (1875: 33). Die disziplinäre Abgrenzung von der philosophisch und naturwissenschaftlich begründeten Mechanik zu vollziehen, ist das entscheidende professionsbezogene Anliegen, das Reuleaux' gesamte Begriffsarbeit mit strukturiert. Seine terminologischen Bestimmungen sind, das kündigt sich hier bereits an, boundary work bezogen auf das soziale Feld der Wissenschaft. Das Ziel, den Gegenstand theoretisch zu erfassen, dient zugleich der Konstituierung und Legitimierung eines eigenen Gegenstandsbereiches und folglich einer eigenständigen technikwissenschaftlichen Beschäftigung mit diesem Bereich. Reuleaux' Grenzziehungsarbeit im Hinblick auf den Maschinenbegriff orientiert sich konsequent an den Maßstäben der Naturwissenschaften sowie an deren Erkenntnisideal. Die Reuleaux'sche, das Terrain absteckende, Definition der Maschine lautet schließlich:

»Eine Maschine ist eine Verbindung widerstandsfähiger Körper, welche so eingerichtet ist, dass mittelst ihrer mechanische Naturkräfte genöthigt werden können, unter bestimmten Bewegungen zu wirken.« (1875: 38)

Die mit dieser Definition vorgeschlagene »Maschinenmechanik« (ebd.) konzentriere sich auf einen begrenzten Kreis von mechanischen Bewegungsphänomenen. Gegenüber einem freieren »Spiel mechanischer Kräfte« (ebd.) in der Natur beziehe eine solche maschinenwissenschaftliche Perspektive nur jene mechanischen Kraftwirkungen ein, die eine geregelte, zwangsläufige Bewegung aufwiesen und von äußeren Störfaktoren unabhängig seien. Dieses Kriterium wird schließlich zentral für die Abgrenzung gegenüber der allgemeinen Mechanik und die Begründung des eigenen maschinenwissenschaftlichen Territoriums:

»Während die allgemeine Mechanik die Bewegung untersucht, welche unter den allge-
meinsten Voraussetzungen durch das Spiel mechanischer Kräfte hervorgerufen wird,
befasst sich die Maschinenmechanik mit fest eingeschränkten, und zwar durch einen
begrenzten Kreis von Mitteln eingeschränkten Kreis von Bewegungen. Sie schöpft ihre
obersten Gesetze aus demselben Urquell wie die allgemeine Mechanik, der sie sich auch,
als der umfassenderen, unterordnet; aber sie kann als gesonderte Wissenschaft ihren
Bezirk von dem Gesamtgebiete trennen, und hat die Aufgabe, innerhalb dieses realen
Bezirkes systematische Ordnung zu schaffen, und ihre besonderen Gesetze aufzustel-
len.« (1875: 38f.)

Vom Alltagswissen abgegrenzt und unter Anwendung der beiden Charakteristika
– Zwangsläufigkeit der Bewegungen und Immunisierung gegenüber äußeren
Störfaktoren – umfriedet Reuleaux den eigenen »Bezirk« (1875: 39) mechanischer
Phänomene, den er zu ordnen und dessen Gesetzmäßigkeiten zu beschreiben er
beansprucht. Damit situiert er empirisch betrachtet die Mehrzahl der Naturphänomene außerhalb seines Gegenstandsbereiches und akzeptiert prinzipiell lediglich eine gewisse, und zwar geringe Anzahl derselben innerhalb des von ihm
neu vermessenen Gebietes. Ausschlaggebend für die Einordnung in das Gebiet
der Technik ist der Nachweis eines regelgeleiteten, »widerstandsfähigen« Bewe-
gungstypus, der allein als »machinal« (1875: 37) gilt. Während die Naturwissenschaften sich außerdem v.a. mit der Analyse gegebener Gegenstände beschäftigen könnten, erfordere die Maschinenwissenschaft auch die Synthese in Form
des regelgeleiteten, technischen Konstruierens (vgl. Reuleaux 1875: 55f.).
    Diese vorgestellten Grenzziehungen werden in der Folge zum Mittelpunkt
einer offenen fachlichen Kontroverse, waren solche Fragen nach dem Wesen der
Maschine doch offenkundig (auch für die Ingenieure der Industrialisierung) weniger eindeutig beantwortbar als heute gemeinhin erwartet. Ich fasse soweit kurz
zusammen: Der Prozess der Verwissenschaftlichung des Ingenieurwesens in der
Reuleaux'schen Version führte zu einer Erneuerung der Maschinenlehre, die allerdings ihre eigenen Unschärfen mit produzierte. Die moderne Maschine wird
nicht eindeutig vom Naturphänomen geschieden. Die begriffliche Ausformulierung ist außerdem von Beginn an untrennbar verbunden mit Fragen der Abgrenzung von Fachgebieten und folglich auch mit der wissenschaftspolitischen
Dimension der Begründung einer eigenen, technikwissenschaftlichen Expertise für mechanische Objekte. An dieser Stelle zeichnet sich bereits ab, dass die
Emergenz der klassischen mechanischen Maschine als Objekt wissenschaftlichen Wissens das Resultat einer doppelten *boundary work* ist: erstens in Richtung des Alltagsverständnisses der Maschine und zweitens in Richtung der von
den Naturwissenschaften vertretenen abstrakten Auffassung von der Maschine.
Damit entstehen zugleich innerhalb der Technikwissenschaften im ausgehenden 19. Jahrhundert deutlich vernehmbare Grenzkonflikte.

10.2 Natur/Maschine: Politik der Grenzziehung

Reuleaux' Maschinenbegriff wurde 1877 im Hinblick auf die Grenzziehung zwischen Natur und Technik entschieden kritisiert. Der Opponent, Theodor Beck, war zur Zeit des Disputs zwar in der Industrie tätig, veröffentlichte jedoch zahlreiche Beiträge im *Civilingenieur*, die belegen, dass er über das aktuelle Wissen nicht nur verfügte, sondern auch selbstbewusst und kritisch in der Fachöffentlichkeit dazu Position bezog. Bereits in einer früheren Stellungnahme zu Reuleaux' Kinematik präsentierte sich Beck offensiv als Akteur, der von der Praxis her auf den Gegenstand blickt, dabei allerdings auch einen wissenschaftlichen Anspruch vertritt. Dieser Anspruch verweist jedoch – wie im Folgenden noch näher erläutert wird – auf eine spezifische wissenschaftliche »Schule«.

Beck ist als Maschinentheoretiker von der Technikgeschichtsschreibung inzwischen weitgehend vergessen. Dabei veröffentlichte er bereits 1876 eine Rezension, in der er sich mit anderen Aspekten der Reuleaux'schen Kinematik kritisch auseinandersetzte. Auch in weiteren, späteren Texten war die Reuleaux'sche Kinematik sein Hauptangriffsziel. In einem Artikel über den Werkzeugbegriff betrieb er geradezu minutiös eine kritische Reuleaux-Lektüre und schloss an die Arbeiten des französischen Ingenieurwissenschaftlers Victor Poncelet an (vgl. Beck 1878a). Diese soziale und theoretische Verortung Becks steht vermutlich auch hinter seiner Kritik an Reuleaux' Maschinenbegriff. Die kritische Intervention, deren Argumentationen nachfolgend genauer in Augenschein genommen werden, mündete in einem (schriftlich im *Civilingenieur* ausgetragenen) Wortwechsel mit Reuleaux, der in aufeinander folgenden Heften desselben Jahrgangs der Zeitschrift erschien.

10.2.1 Die Arbeitsmaschine als künstliches Gebilde

In seinen kritischen Ausführungen erinnert Theodor Beck einleitend an die »ursprüngliche Bedeutung des Wortes ›Maschine‹«(1877a: 411) im Lateinischen und Griechischen, wo dieses für »ein klug ersonnenes und kunstreich angefertigtes Hülfsmittel« (ebd.) stehe. Dieses etymologische Argument von einem vermeintlich eigentlichen und stabilen Wortsinn, aber auch die Berufung auf eine traditionelle Begriffsfassung im Fach, bilden jedoch lediglich die Ouvertüre zu seiner Begründung, warum Naturphänomene nichts im Reich der Maschinenwissenschaft verloren hätten. Reuleaux' Integration von Naturphänomenen in den Maschinenbegriff widerspreche zutiefst dem allgemeinen Wortsinn wie auch dem üblichen fachlichen Verständnis. Es sei Reuleaux zwar als Verdienst anzurechnen, den Versuch einer allgemeingültigen Definition der Maschine vorgelegt zu haben, denn immerhin herrsche darüber in der Gelehrtenwelt eine »grosse Unsicherheit« (1877a: 413). Das Einreißen der Grenze zur Natur jedoch erscheint Beck als eindeutiger Fehlschluss:

»Dagegen erscheint es uns als kein Fortschritt, dass Schranken, in welche ältere Autoren den Begriff ›Maschine‹ eingeschlossen hatten und welche von dem gebildeten Publikum ziemlich allgemein anerkannt sind, hier wieder weggeräumt werden.« (Beck 1877a: 414)

Aus Becks Sicht berücksichtigt Reuleaux' Definition folglich nicht ausreichend die wirklich zentralen Merkmale der Maschine, nämlich, dass diese ein »Kunstprodukt« (ebd.) sei und den Zweck habe, eine bestimmte mechanisch-technische Arbeit zu verrichten« (1877a: 415). Diese Merkmale würden von Reuleaux marginalisiert und der Zweck der Maschine auf die »Erzeugung einer bestimmten Bewegung« (ebd.) reduziert. Überhaupt wendet sich Beck gegen jegliche Form der Vermischung von Naturphänomenen und Maschinen, was sich auch darin äußert, dass er die Verwendung der Maschinenmetapher in der zeitgenössischen Physiologie kritisiert.[2] Grundsätzlich zeigt sich darin, dass die Ingenieure der Industrialisierung kein monolithisches Naturverständnis hatten, sondern dass es durchaus mit standespolitischen Kämpfen verbundene Varianzen im Naturverständnis gab (vgl. Dienel 1992). So opponiert Beck offen gegen Reuleaux' weit gefassten Maschinenbegriff:

»Jene Steintische, Springquellen und dergl. mit dem Namen ›Maschinen‹ zu belegen, ist dem Sinne dieses Wortes ebenso zuwider, wie wenn von anderer Seite ein thierischer Organismus eine Maschine genannt wird. Wohl kann ein Naturgebilde mit einer Maschine grosse Aehnlichkeit haben, ja vielleicht wie eine Maschine benutzt werden; trotzdem darf man aber nicht sagen, es *sei* eine Maschine, weil ihm die Fundamental-Eigenschaft einer solchen, d.i. die Entstehung nach menschlichem Ermessen durch Kunstfertigkeit, fehlt.« (Beck 1877a: 412; H.i.O.

Beck besteht also auf eine ontologische Differenzierung. In der Konsequenz schlägt er vor, die Reuleaux'sche Definition entsprechend um die, für sein Dafürhalten, signifikanten Aspekte zu erweitern:

»Eine Maschine ist eine *künstliche* Verbindung widerstandsfähiger Körper, welche zur *Verrichtung einer bestimmten mechanisch-technischen Arbeit dient* und zu diesem *Zwecke* so eingerichtet ist, dass durch sie mechanische *Kräfte* genöthigt werden können, unter bestimmten Bewegungen zu wirken.« (Beck 1877a: 416; H.i.O.)

---

2 | Dass die Ingenieure der Industrialisierung kein monolithisches Naturverständnis hatten, wurde bereits von Hans-Liudger Dienel (1992) herausgestellt. Er zeigt u.a. die mit standespolitischen Kämpfen verbundenen Varianzen im Naturverständnis, angesichts derer offen bleibe, ob die ›Natur‹ zuweilen nicht für andere Interessen instrumentalisiert worden sei (vgl. Dienel 1992: 123). Die Verknüpfung kultureller Naturvorstellungen mit dem Maschinenbegriff des Ingenieurwesens wird bei Dienel allerdings nicht eingehender verfolgt.

Natur erscheint in dieser Kontrastierung von »kunstreich« Hergestelltem gegenüber dem Gegebenen als *nicht* produktiv, wohingegen allein der Mensch es sei, der etwas hervorbringe. Während Natur bloß existiere, komme der Mensch als einzig tätige Instanz ins Spiel. *Tätigkeit* wird überdies als ausschließlich zweckbestimmt verstanden und auf den Bereich der Arbeit reduziert.

Während Reuleaux also versucht, einen breiteren eigenen Objektbereich der technikwissenschaftlichen Wissensproduktion zu definieren, in der es um abstrakte Bewegungstypen geht, richtet sich Becks Blick auf die Maschine als Produkt, und zwar als ein Produkt instrumenteller Rationalität tätiger Ingenieure. Dieses Produkt ist bei ihm unzweifelhaft die Arbeitsmaschine, wobei mit dem Hinweis auf eine historisch fast stabile Wortbedeutung der vorindustrielle Arbeitskontext nicht systematisch vom industriellen geschieden wird. Die Definition der Maschine wird vielmehr an ein tendenziell überzeitliches, anthropologisches Kriterium geknüpft, nämlich den technisch produktiven Menschen. Das heißt erst wegen ihres Ursprungs in der Kunstfertigkeit des Menschen sowie wegen ihres eindeutigen Verwendungszusammenhangs in der Arbeit *ist* eine Maschine eine Maschine. Als reiner Bewegungsapparat bleibt sie für Beck hingegen nur unzureichend bestimmt.

So lässt sich bisher festhalten, dass beide Kriterien, »künstlich« und »zweckbestimmt«, den Maschinenbegriff in einer funktionalen Sphäre praktischer, nutzenorientierter Anwendung verorten. Aktiver Träger dieser Sphäre ist ein ahistorisch konzipiertes, utilitaristisch tätiges menschliches Ingenieursubjekt, das sich tendenziell mit jenen an die Urzeit anknüpfenden essenzialisierenden Ursprungsnarrativen deckt, die ich in Kapitel 7 analysiert habe. Dieses Ingenieursubjekt ist exklusiv produktiv gegenüber einer gegebenen Natur. Es schafft eine eigene, von der Natur eindeutig trennbare künstliche Arbeitswelt. Damit impliziert Becks Auffassung eine *moderne* Perspektive *par excellence* im Sinne der Latour'schen »Reinigung« hybrider Phänomene durch klare Zuordnung zu einer von zwei separierten Sphären, wobei die Natur/Kultur-Trennung unabdingbar ist. Die Ansicht entspricht einerseits voll und ganz dem Bild des Ingenieurbereichs als Inkarnation von Zweckrationalität (vgl. u.a. Schachtner 1997). Der Produzent einer zweckbestimmten Arbeitsmaschine gilt Beck als maßgebliche Legitimationsbasis der Technik und dürfe daher aus der Formulierung der »Fundamental-Eigenschaften« der Maschine nicht ausgeblendet werden. Die ontologische Differenz basiert hier auf einer pragmatischen Dimension von technischem Handeln, Zweckorientierung und Arbeitsvollzug, in der das Deutungsmuster der passiven Natur implizit mitschwingt.

10.2.2 Die Allianz mit der Naturforschung und das neutralisierte Erkenntnissubjekt

In einer direkten Erwiderung geht Reuleaux (1877b) in einem späteren Heft des-selben Jahrgangs des *Civilingenieurs* auf Becks Kritikpunkte minutiös ein. Schritt für Schritt verteidigt er seine Definition, begründet, warum er keinerlei Verän-derungsbedarf sieht, und spitzt seine Argumentation weiter zu. An dieser Argu-mentation lässt sich die Koproduktion von vergeschlechtlichtem Berufs-, Wis-senschafts- und Gegenstandsverständnis verdeutlichen, die seine theoretische Konzeption strukturiert.

Reuleaux gibt dem etymologischen Argument zunächst eine andere Wendung und fasst Sprachgeschichte als Geschichte des Bedeutungswandels auf. Auf die Entwicklung des mechanistischen Weltbildes anspielend hält er Beck entgegen: Gerade als Begriff der Mechanik habe das Wort »Maschine« im Laufe der Zeit in andere Bereiche Eingang gefunden und bezeichne so auch Phänomene der na-türlichen Welt. So habe das griechische Wort für Maschine

»den Anfangsbegriff vom künstlich Hergestellten allmälig [sic] und schon früh verlas-sen. Die ›Mechanik‹ nahm im Laufe der Zeiten eine wachsende Zahl von Erscheinungen der Körperwelt in sich auf [...] und nahm festen Besitz vom ganzen Universum, vom Welt-system herab bis zum mikroskopischen Körperchen, das in der Pflanzenzelle kreist.« (Reuleaux 1877b: 565)

Die Ausdehnung des Phänomenbereichs des Mechanischen, die mechanistische Deutung der gesamten Welt und der Natur, sei ein Indiz für die Schwierigkeit, aus der Sprache selbst feste Bedeutungen herzuleiten. Insofern lasse sich mit der Etymologie sogar eher eine weitgefasste Definition der Maschine rechtferti-gen. Denn die Sprachgeschichte verweise auf ein wachsendes und expandieren-des Terrain mechanischer Technik.

Aus epistemologischer Sicht sieht Reuleaux in direkter Polemik gegen Beck ebenso wenig eine Notwendigkeit für eine strengere Grenzziehung gegenüber der Natur, denn dass »diejenigen seltenen Fälle, in welchen die Natur zwangs-läufige Verbindungen hervorbringt, ausgeschlossen sein müssten, ist meines Er-achtens theoretisch nicht erweisbar. Jedenfalls hat Herr Beck den Beweis nicht geführt« (1877b: 566). Im Gegenzug zementiert Reuleaux seine Position sogar noch, indem er die Vorstellung dessen, was an der Maschine »wesentlich« sei, stärker hervorhebt:

»Haben solche Körperverbindungen die wesentlichen Eigenschaften der künstlich her-gestellten Maschinen, so werden sie Maschinen genannt werden *müssen*. Wir sind dann zu ihrer Ausschliessung nicht einmal berechtigt, geschweige denn verpflichtet.« (Ebd.; H.i.O.)

Im Übrigen sei eine weite Begriffsfassung durchaus nützlich, insbesondere für die naturwissenschaftlichen Nachbardisziplinen. Mit der Kinematik werde ihnen nun ein Begriffssystem geboten, das auch einem besseren Verständnis der Natur zuträglich sei. Allerdings moniert Reuleaux, dass dies innerhalb seines eigenen Fachs umstritten geblieben sei: »Im Gegensatz hierzu begegnet man in den Kreisen der Maschinentechniker gelegentlich einer wahrhaft seltsamen Besorgniss gegenüber den Versuchen, in der Maschinentheorie einen freieren, mehr umfassenden Standpunkt zu erklimmen« (ebd.). Die metaphorische Formulierung des »Erklimmens« schafft eine Hierarchie der fachlichen Positionen und rückt so den sozialen Aufstieg des Ingenieurberufs ins Bild. Der von Reuleaux angestrebte Abstraktionsgrad wird als erhöhte Position markiert, die eine Erweiterung des Sichtfeldes und mithin des Objektbereiches erlaubt und ein Resultat besonderer Anstrengungen darstellt.

Die Maschine selbst erscheint bei Reuleaux, gemessen an den dualistischen Sortierungen der Moderne, als potenziell hybrides Objekt der wissenschaftlichen Erfassung, Beschreibung und Kontrolle. Wenngleich es sich nicht um einen kybernetischen Organismus im Verständnis des 20. Jahrhunderts handelt, so sind die Objekte dieser wissenschaftlichen Variante der »Maschinenmechanik« des 19. Jahrhunderts doch im weitesten Sinne Hybride zwischen Natur und Kultur: jegliche Formen regelhaft mechanisch bewegter Körper, die vom jeweiligen Entstehungs- und Verwendungskontext zu isolieren und abstrahiert von diesem zu verstehen sind.

Daraus lässt sich folgern, dass der Reuleaux'sche Versuch, den Ingenieurbereich als eine theoriegeleitete wissenschaftliche Disziplin zu etablieren und am theoretisch-deduktiven Erkenntnisideal naturwissenschaftlicher Forschung zu orientieren, die logische Konsequenz und den ontologischen »Preis« hat, die Grenzen zwischen dem Künstlichen und dem Natürlichen partiell aufzuweichen. Die Kinematik beansprucht damit, eine abstraktere wissenschaftliche Theorie von mechanischen Bewegungen zu sein, bei der die Bewegungsphänomene losgelöst von ihrem konkreten Verwendungszusammenhang betrachtet werden. Diese Perspektive ist nur dann wissenschaftlich streng und exakt, wenn sie auch solche Phänomene integriert und als Maschinen klassifiziert, die im Alltagsverständnis aus dieser Kategorie ausgeschlossen werden. Daher antwortet Reuleaux abschlägig auf Becks Vorschlag, die Definition um den Aspekt des Künstlichen zu erweitern. Das Künstliche sei außerdem bereits ausreichend in der ursprünglichen Definition berücksichtigt, und zwar durch das Wort »eingerichtet«. Doch Reuleaux betont:

»›Eingerichtet‹ kann sowohl die künstliche Herstellung bedeuten, als [auch, TP] die schaffende, bauende Thätigkeit der Natur. Stünde ›beschaffen‹ da, statt ›eingerichtet‹, so würde damit von der Herstellung, dem Zusammenbringen, Gestalten der Theile abgesehen und dadurch eine hervorragende Eigenthümlichkeit der Maschine unausgedrückt geblieben sein.« (1877b: 567)

In dieser Parallelisierung der Tätigkeit des Menschen mit der »Thätigkeit der Natur« wird auch Letzterer prinzipiell eine Fähigkeit zur Aktivität zugesprochen. Die Vorstellung von der Natur als Baumeisterin stuft demnach auch Naturphänomene nicht als einfach gegeben ein. Was Becks zweiten Kritikpunkt anbelangt, kontert Reuleaux, dass der Zweck der Maschine für die Ontologie zweitrangig sei, nämlich

»dass es für das *Wesen* der Körperverbindung, welche wir Maschine nennen, gleichgültig ist, welche Bestimmung dieselbe hat. Wenn ich weiss, zu was für Leistungen eine Maschine vermöge ihrer Einrichtung *befähigt* ist, bin ich über ihre allgemeinen Eigenschaften unterrichtet. [...] Eine Maschine kann bei einer und derselben Einrichtung aber *verschiedene* Bestimmungen haben.« (Ebd.; H.i.O.)

Daher sei es »ganz unstatthaft«, in der Definition von »einer *bestimmten* mechanisch-technischen Arbeit« (Reuleaux 1877b: 568; H.i.O.) zu sprechen. Die Maschine ist für Reuleaux demzufolge nicht das, wozu sie bestimmt wurde. Entscheidend sei vielmehr, welche Bewegungen sie prinzipiell ausführen könnte, auch wenn sie zum Stillstand komme oder »jahrelang nicht arbeitet, nie gearbeitet, nie gedient hat« (ebd.). Auf diese Weise entwirft Reuleaux mit seiner Definition eher das Ideal der exakten Erkenntnis der »reinen« Objekteigenschaften, jeglichen Nutzens und Kontextes enthoben – eine Idealvorstellung, die er mit den Naturwissenschaften teilt. Der konkreten Eindeutigkeit der Beck'schen Arbeitsmaschine begegnet er außerdem noch mit dem offeneren Konzept der »Wirkung« und knüpft hiermit an eine von Redtenbacher etablierte und definierte Ausdruckweise für mechanische Arbeit an (vgl. ebd.). Indem er nun seinerseits auf den Kanon des Wissens im Fach verweist, und zwar auf die Verwissenschaftlichungsbemühungen Redtenbachers, rechtfertigt er seine Entscheidung, den Wortlaut der Definition so zu belassen, wie er ist. Seine Bestimmung der Maschine umfasse bereits alles, was die Beck'sche Kritik als Erweiterungsbedarf einklage. Natur und Maschine können gemäß Reuleaux also mitunter gemeinsame Objekteigenschaften aufweisen.

Dass allerdings Reuleaux ebenfalls eine bestimmte Grenzlinie zwischen Natur und Maschine zieht, zeigt sich, wenn er – ähnlich wie in der Grenzziehung zwischen Natur- und Technikwissenschaften – zwischen den freien »mechanischen Naturkräften« und den »geregelten« mechanischen Kräften der Maschine unterscheidet. Mit dieser Differenzierung werden jedoch keine fundamentalen Wesensunterschiede zwischen Natur und Technik proklamiert wie bei Beck, sondern graduelle Abweichungen zwischen dem Schaffen der Natur und dem Schaffen der Ingenieure.

»Ich gebe zu, dass der Ausdruck ›mechanische Naturkräfte‹ [in der Definition der Maschine; TP] für einen Pleonasmus gehalten werden kann, will aber bemerken, dass ich denselben bewusstermassen angebracht habe. Ich gedachte durch die gewählte Form deutlich zu machen, dass die Maschine als Vermittlerin zwischen Natur und Kunst (im weiteren Sinne), d.i. zwischen den ungebundenen und den geregelten Kraftäusserungen steht.« (Reuleaux 1877b: 567f.)

In dieser Erläuterung werden einerseits die Grenzen noch unschärfer, indem Reuleaux die Maschine zur »Vermittlerin« zwischen den beiden Sphären »Natur und Kunst« macht. Er betrachtet die Maschine dezidiert als Grenzphänomen, das zwischen zwei Arten der Kraftäußerung steht, also direkt zwischen Natur und Kultur positioniert ist – gewissermaßen eine Durchgangsstation, auf der die Naturkräfte geordnet, geregelt und gebändigt werden können. Dies impliziert jedoch andererseits eine Verschiebung der Grenzziehung zwischen Natur und Kultur: Reuleaux kontrastiert nicht künstliche versus natürliche Phänomene, sondern unterschiedliche Kräfte. Er knüpft an dieser Stelle implizit an Redtenbachers Unterscheidung von freien und erzwungenen Kraftwirkungen in den »Principien der Mechanik« (1859 [1852]) an (vgl. Abschnitt 9.2.2). Diese Verschiebung des Blickwinkels jedoch bedeutet im Anschluss an die Analyse des Konzepts Kraft bei Redtenbacher schließlich auch, eine bestimmte Fähigkeit auf Seiten der Ingenieure zu betonen, nämlich regelgeleitete und damit kontrollierbare Wirkungen hervorzubringen. Ob von »mechanischen Naturkräften« gesprochen wird oder von »Kräften« im Allgemeinen macht also einen entscheidenden Unterschied, denn hier zeigt sich die Ingenieurleistung und kommt die Ebene der Akteure und ihres Gegenstandsbezugs ins Spiel. So betont Reuleaux das Regelwissen und die vernunftgeleitete Kanalisierung der Naturkraft. Die Ingenieurleistung erscheint als wissenschaftlich fundierte, Ordnung stiftende Kraft. Die Naturkraft hingegen – oder in Reuleaux' Worten: »die schaffende, bauende Thätigkeit der Natur« (1877b: 567) – ist frei, willkürlich, ungerichtet und wild.

In dieser Unterscheidung findet die implizit mitgedachte Subjektposition des Maschinenwissenschaftlers ihren Niederschlag. So bewegt sich Reuleaux auf andere Weise als Beck im Muster einer dichotom strukturierten, epistemologischen Denktradition der Moderne, in der der Wissenschaftler als rationales Subjekt die (freie) Naturkraft nicht nur im Hinblick auf ihre Gesetzmäßigkeiten erkennt, sondern mithilfe von Artefakten auch regulierend bzw. bezwingend eingreift. In ihm zeigt sich die bürgerliche Konstruktion des rationalen Mannes, der sich eben qua Vernunft selbst universalisiert und geschlechtlich neutralisiert.

Der geschlechtliche Subtext dieser Konstruktion wurde in der Frauenforschung bereits früh herausgearbeitet. Die Vorstellung der Unterwerfung und Beherrschung der Natur mittels Wissenschaft wurde aus mehreren Perspektiven kritisiert (vgl. Wajcman (1994 [1991]). Enorm einflussreich war lange die ökofeministische Position von Carolyn Merchant (1994 [1980]), die allerdings mit essenzialisierenden Zuschreibungen von Männlichkeit und Weiblichkeit hantiert. Auf Basis der Analyse historischer Texte zur Entwicklung der neuzeitlichen Wissenschaft und des mechanistischen Weltbildes erkennt sie das Motiv der Beherrschung und Zerstörung von einer weiblich gedachten, vormodernen Natur, die sich als organische Einheit mit dem Kosmos verstand. Die Wissenschaftsforscherin Evelyn Fox Keller geht diesem Motiv aus einer eher konstruktivistischen Perspektive nach und rekonstruiert v.a. auf Basis der Schriften Francis Bacons aus dem 17. Jahrhundert für den Beginn der neuzeitlichen experimentellen Wissenschaft das Bild eines explizit männlich codierten Erkenntnissubjekts, das die feminisierte Natur in einem symbolischen Gewaltakt unterwirft (vgl. Keller 1986 [1985]: 40ff.). Damit ist bei Keller eine fundamentale Kritik am *mainstream* der Wissenschaftsforschung verbunden. Diese habe ignoriert, »daß die wissenschaftliche Evolution unter dem prägenden Einfluß eines bestimmten Männlichkeitsideals stattgefunden« habe (1986 [1985]: 14). »Gründungsväter« wie Bacon, so Keller, entwickelten einen Ansatz, mit dem sie sich »von ihren ineffektiven Vorläufern durch ihre ›virile‹ Kraft unterschied[en], durch ihre Fähigkeit, die Natur in den Dienst des Menschen zu stellen und sie zu seinem Sklaven zu machen« (ebd.). Die geschlechtliche Substruktur in den grundlegenden Aspekten des Selbst- und Objektverständnisses der modernen Wissenschaft finde, so Keller, ihre Fortsetzung in sozialen Differenzierungen und Hierarchisierungen, die sich wechselseitig stützten, definierten bzw. sanktionierten (vgl. 1986 [1985]: 14).

Diese Konstruktion des neuzeitlichen Wissenschaftlers kann jedoch nicht für die gesamte Folgezeit seit Bacon unhinterfragt unterstellt werden. Im 19. Jahrhundert lagen die Dinge im Hinblick auf die Figur des objektiven Wissenschaftlers schon etwas anders. So artikuliert sich in Reuleaux' Maschinenbegriff jener implizite Androzentrismus, der auch Redtenbachers Kraftbegriff prägte. Sowohl die in der Kontroverse um die Maschine verhandelte Grenze zwischen Natur und Kultur als auch die von Reuleaux entworfene Position des Maschinenwissenschaftlers als Produzent »geregelter Kraftäußerungen« knüpfen an das, v.a. in Teil I diskutierte, Männlichkeitsmodell des distanzierten, bildungsbürgerlichen Wissenschaftlers an. Rationaler Wissenschaftler und abstrakte Maschinendefinition ergänzen bzw. stabilisieren sich diskursiv gegenseitig. Verknüpft werden hier eine strategische Positionierung des Maschinenwissenschaftlers mit einem, wie gleich zu sehen sein wird, spezifischen zeitgenössischen Objektivitätsideal.

Den Typus des objektiven Wissenschaftlers des 19. Jahrhunderts hat die Wissenschaftshistorikerin Lorraine Daston in einigen Arbeiten aus einer sozialhistorischen Geschlechterperspektive hinterfragt. Es wurde bereits ausgeführt, dass die kulturelle Kategorie der »wissenschaftlichen Persona« in der Form des Gelehrten des 19. Jahrhunderts als »domestizierter Wissenschaftler« im Unterschied zum »einsamen Gelehrten des 18. Jahrhunderts« (Daston 2003: 117) in Erscheinung tritt. Der Wissenschaftler arbeitet zu Hause und ist eine spezifische Variante des *pater familias*, um dessen Bedürfnisse herum die Gattin alle Abläufe des bürgerlichen Haushaltes organisiert. In anderen, stärker epistemologisch ausgerichteten Arbeiten hat Daston (1987/88) sich mit inhaltlichen Konzepten der

Wissenschaft beschäftigt. Dabei betrachtet sie – ebenfalls aus einer Geschlechterperspektive – die in der polaren Geschlechterordnung männlich codierte Vernunft im historischen Wandel. Während Kants Unterscheidung zwischen dem abstrakt-männlichen Intellekt und dem »schönen verstandesmäßigen Schein« weiblicher Vernunft im 18. Jahrhundert auf die Felder Moral und Ästhetik bezogen war, diffundierte diese Polarität im 19. Jahrhundert in das Feld der Wissenschaft und wurde »das Kernstück wissenschaftlicher Auffassungen« (1987/88: 220). Als Krone menschlicher Intelligenz erschien dabei, so Daston, die Fähigkeit, »bestimmte einzelne Erfahrungen in allgemeine Konzepte und Gesetze zu schmieden« (1987/88: 222). Mit dieser Vorstellung von Intelligenz ist die vom Technikwissenschaftler Franz Reuleaux anvisierte wissenschaftliche Praxis als Teil einer zeitgenössischen, implizit geschlechtlich codierten Unternehmung zu interpretieren, die den Wissenschaftler zudem im patriarchal organisierten sozialen Setting des bürgerlichen Haushaltes abstrakte Theorien formulieren lässt.

Auch das in seiner Maschinendefinition favorisierte Ideal streng wissenschaftlich-objektiver Erkenntnis, ungeachtet jeglichen Zwecks und aller praktischen Bestimmungen, entspricht der Orientierung an einem historisch besonderen Verständnis von wissenschaftlicher Objektivität, die mit Daston als »aperspektivische Objektivität« (1992: 599) zu kennzeichnen und als sozial konstruiertes, kontingentes Produkt v.a. des 19. Jahrhunderts einzuordnen ist. Damit weist die Wissenschaftshistorikerin Daston ausdrücklich darauf hin, dass Objektivität eine Geschichte habe, die im 19. Jahrhundert als wissenschaftliches Ideal eine historisch kontingente, spezifische Ausformung erfuhr und Konsequenz vielfältiger sozialer Prozesse ist (vgl. auch Daston 1998a und 1992; Daston/Galison 2007). Mit aperspektivischer Objektivität wird v.a. die Vorstellung von einer Erkenntnis verbunden, die sich von »individual idiosyncracies« (1992: 607) unabhängig gemacht habe und beansprucht, alle Perspektivität in der Betrachtung aufzugeben. Daston bezieht sich auf Thomas Nagels (1986) Forschung zu diesem, bis heute v.a. in den Naturwissenschaften dominierenden, Konzept von Objektivität, das Nagel mit einem »brilliant oxymoron« als »view from nowhere« beschrieben hat (1992: 599). Es handelt sich dabei genau um diejenige Perspektive, die Haraway (1988) als soziale Konstruktion und folgenreiche, geschlechtlich aufgeladene epistemologische Haltung ausweist. Gemäß Haraway (1988) gehe es um den »göttlichen Trick« einer Erkenntnis aus dem Nirgendwo, gestützt auf die Vorstellung eines nicht bzw. nicht relevant leiblich inkarnierten Geistes. Diese Idee identifiziert Daston als Folge der Entstehung einer wissenschaftlichen *community*. Diese benötige für den historisch neuen, nicht mehr auf persönlichen Beziehungen beruhenden wissenschaftlichen Austausch verbindliche kommunikative Standards für eine kohärente kollektive Wissensproduktion (vgl. ebd.).

Wie die Analyse von Reuleaux' Text zeigt, dient dieses Wissenschaftsideal als wichtige Referenz für die entstehenden Maschinenwissenschaften. Hier wie in anderen Schriften bleibt der Bezug auf Geschlecht als Differenzierungskategorie weitestgehend latent bis unsichtbar. Reuleaux argumentiert selbst mit einem Habitus des neutralen, interessefreien Erkenntnissubjekts. Legitimierung durch explizite, offensive Vergeschlechtlichung des maschinenwissenschaftlichen Unternehmens ist in einer solchen Anlehnung an die im 19. Jahrhundert etablierte wissenschaftliche Norm nahezu verzichtbar. Der Maschinenwissenschaftler scheint vollkommen mit dem in der häuslichen Umgebung arbeitenden Gelehrten kompatibel, dessen Position innerhalb des bürgerlichen, patriarchalen Geschlechterverhältnisses in dieser Zeit weitgehend stabilisiert wirkt.

Mit anderen Worten: Reuleaux' Text verweist implizit auf das zeitgenössische Wissenschaftsmodell v.a. der theoretisch arbeitenden Naturwissenschaften. Es handelt sich um eine *bildungsbürgerliche Normvorstellung*, die weitgehend implizit bleibt und auf diese Weise gerade darauf aus ist, die eigene Erkenntnisposition geschlechtlich zu neutralisieren. Dieses universalistisch-aperspektivische Modell steht Pate, wenn es gilt, die Maschinen*wissenschaft* diskursiv zu festigen. Ausformulierung des Maschinenbegriffs, professionspolitische Standortbestimmung und eine losgelöst vom zweigeschlechtlichen Differenzierungsschema erfolgende Konstruktion von vernunftgeleiteter Männlichkeit erweisen sich dabei als koproduktiv.

10.2.3 Was mit der Maschine auf dem Spiel steht

Theodor Beck vertrat *kein* solches Wissenschaftsideal. Postwendend antwortete er erneut auf Reuleaux. Das Verhältnis zwischen Natur und Maschine blieb der Hauptstreitpunkt, doch Beck brachte kein neues Argument vor, sondern beharrte lediglich auf den traditionellen Deutungen und Grenzverläufen. »Wollte man also für die Folge auch Naturproducte zu den Maschinen zählen, so würde man die seither anerkannten Grenzen dieses Begriffes [der Maschine; TP] überschreiten.« (Beck 1877b: 654) Der Punkt scheint indessen kritisch genug zu sein, wenn sich Beck auch ohne neue inhaltliche Gegenargumente rein auf die genuinen, weil traditionell gewachsenen, Interessen des technischen Bereichs zurückzieht. Professionsbezogene Anliegen sind anlässlich der Reuleaux'schen Versuche, den Maschinenbau radikal zu verwissenschaftlichen, auch bei Beck zentral: »Ob Naturforscher Vortheil daraus ziehen können, wenn sie diese Naturgebilde Maschinen nennen, kann Techniker nicht so interessieren, dass sie deshalb die Grenzen der Aufgabe des Maschinenbaus möchten wegräumen lassen.« (Ebd.) Mit diesem Insistieren auf eine durch die Tradition autorisierte Betrachtungsweise waren die Fronten endgültig klar – und verhärtet. Die Stellungnahme Becks bildet den Endpunkt der direkten Kontroverse zwischen beiden Kontrahenten im *Civilingenieur*.

Im Hinblick auf die Logik sozialer Felder und die Frage, wie neue Akteure ein eigenes Gebiet zuschneiden, lassen sich mit dieser Analyse der Debatte also zwei Strategien diskursiver Praxis erkennen, die zwei Haltungen zum Thema der Grenzen zwischen Wissenschaft und Technik bzw. zwischen Wissenschaft und Nicht-Wissenschaft widerspiegeln. In beiden Fällen steht die Autonomie und die Macht des Ingenieurbereichs auf dem Spiel. Epistemische Grenzziehungen rund um die Maschine sind demnach standespolitisch äußerst relevant und – wissenssoziologisch betrachtet – eindeutig nicht einfach eine Frage der »besseren« oder »richtigen« Erfassung der Wirklichkeit. Hingegen sind die sozialen Positionierungen unabdingbar fester Bestandteil der theoretischen Wissensbildung.

Im Unterschied zu Reuleaux argumentiert Beck für ein anderes, von den übrigen Wissenschaften unabhängiges Fachverständnis und somit für eine starke Autonomie des technischen Bereichs. Er weigert sich, das Ingenieurwesen in letzter Konsequenz der Logik des wissenschaftlichen Feldes zu unterwerfen, und insistiert auf traditionell wohlseparierten Terrains: künstliche Maschinen hier – gegebene Natur da. Seine Argumentation zeichnet das Bild von der zweckorientiert menschengemachten Arbeitsmaschine und zeigt so möglicherweise eine gewisse Nähe zur Logik des ökonomischen Feldes. Nicht abstrakte, zweckfreier Erkenntnis verpflichtete, wissenschaftliche Erneuerung des Maschinenbegriffs, sondern Kontinuität und Stabilität nutzenorientierter Konzepte stehen im Zentrum seiner Fachorientierung und sind das vorrangige Kennzeichen der professionellen Standortbestimmung.

Was eine Maschine ist und was nicht, erscheint in diesem Disput als Ringen um das grundsätzliche Fachverständnis und die soziale Positionierung in Bezug auf existierende soziale Felder. Dabei ist für alle Beteiligten nicht länger das Handwerk das Stammgebiet der Technik. Aber wo und wie die Technikwissenschaften zu positionieren sind, welches Terrain besetzt werden soll, ist umstritten und der Konflikt kristalliert sich nicht zufällig genau bei der Bestimmung des Gegenstandsbereichs Maschine heraus.

Im Unterschied zu Reuleaux nimmt auch Beck habituell eine andere Haltung ein. Er besteht auf die üblichen Gepflogenheiten, eine ursprüngliche Deutung, auf Tradition und gewachsene Standesinteressen tätiger Ingenieure, die sich als alleinige Urheber technischer Produkte sehen wollen. Es ist zu vermuten, dass dem Subtext der Kontroverse die später konflikthaft ausgetragene Interessenkonstellation zwischen Theorie- und Praxisorientierung bereits innewohnt, in der auch die Verschiebung der Männlichkeitskonzeption, wie sie in den vorangegangenen Kapiteln herausgearbeitet wurde, mit verhandelt wird. Dieser Vermutung soll im folgenden Abschnitt nachgegangen werden.

10.2.4 Maschinentheorie und die »männliche« Produktivität der Techniker

Um hierzu genauer Aufschluss zu erhalten, muss der weitere Verlauf des maschinentheoretischen Fachdiskurses einbezogen werden. Eine solche breitere fachliche Einordnung von Becks Perspektive in eine maschinentheoretische Schule erlaubt, wie ich im Folgenden genauer darstellen werde, die in seiner Argumentation bereits latent vorhandene Konzeption des Mannes der Tat zu rekonstruieren, die sich gegen Ende des 19. Jahrhunderts als Gegenmodell zum rationalistischen Bild Reuleaux'scher Prägung zunehmend profiliert. Im Folgenden wird es daher darum gehen, bereits vorliegende Ergebnisse mit den Befunden in maschinentheoretischen Schriften zu vergleichen, um Wechselbezüge zu erkennen. Dafür werde ich selektiv frühere Befunde aus anderen Diskurssträngen einbeziehen, die die Zusammenhänge zwischen Maschinendefinition und vergeschlechtlichter Berufskonzeption verdeutlichen.

Becks *institutionelle* Positionierung in der industriellen Praxis könnte einen ersten Hinweis auf das grundsätzlichere umstrittene Thema geben, das mit dem Disput adressiert ist: auf den Konflikt zwischen stark akademisch orientierten Technikwissenschaftlern einerseits und den Vertretern eines eher praxisbezogenen Verständnisses der Zunft andererseits. Ab den 1880er-Jahren wird die Auseinandersetzung von mehreren Akteuren, v.a. von Alois Riedler, angeheizt. Vermutlich dämmert sie bereits 1877 im Disput zwischen Beck und Reuleaux herauf; zumindest zeichnen sich bereits die Spannungen ab. Diese könnten im Ingenieurbereich zwischen Akteuren an den Hochschulen und in der Industrie tätigen Ingenieuren aufgekommen sein. Vermutlich steht Beck für die später von Riedler propagierte stärkere Praxisorientierung der Technikwissenschaften.

Ähnlich wie Beck argumentiert Riedler mit einem vormodernen Technikbegriff, der mit Kunstfertigkeit und Produktivität verknüpft wird (vgl. Riedler 1896: 340). In der Vorstellung, »Wissen« zugunsten von »Können« in seine Schranken zu weisen, verwirft er die Reuleaux'schen Ansätze zu einer wissenschaftlichen Methode der Maschinenkonstruktion. Produktivität avanciert zum entscheidenden Kriterium, das seine Legitimation aus einer fast vitalistischen Auffassung von natürlichem Wachstum bezieht. Produktives Vermögen, natürliche Schaffenskraft und nationale Verantwortung sind die wesentlichen Gütekriterien des Mannes der Tat. Insofern scheint sich in Becks Betonung exklusiver Produktivität der Ingenieure ein Berufsverständnis anzukündigen, das später u.a. von Riedler zunehmend geschlechtlich überhöht wird. Anstelle der distanzierten Naturbeherrschung umfasst es eine natürliche Produktivität »des technischen Menschen«. Beck betrachtet somit den Ingenieur als *die* produktive Instanz einer überzeitlich verstandenen Naturordnung.

Neben dieser, aus der institutionellen Positionierung Becks und seinem Insistieren auf der menschengemachten Maschine ableitbaren, inhaltlichen Standortbestimmung gibt seine theoretische Positionierung im Fachdiskurs weiteren Aufschluss. Becks Akzentuierung der Maschine als Arbeitsmaschine lässt sich fachlich in die zeitgenössische sog. »technologische« Schule der Maschinenlehre einordnen, in der sich Beck an anderer Stelle selbst verortet hat (vgl. Beck 1876: 479 und 482f.). Aus dieser Schule heraus wurden nach 1877 bis zur Jahrhundertwende weitere Beiträge in beiden Fachzeitschriften publiziert, die sich kritisch mit Reuleaux' Kinematik auseinandersetzen. Wie die Analyse dieser Beiträge zeigen wird, verknüpfen die Protagonisten dieser Schule ihren Maschinenbegriff mit dem Berufsverständnis des Mannes der Tat. Der technologische Entwurf der Arbeitsmaschine fußt auf dem Mythos vom Erfinden als künstlerische Offenbarung und so auch auf der Vorstellung von Männlichkeit als kreativer Ressource.

Maßgeblich ist Peter Klimentitsch von Engelmeyer, der bereits wiederholt als Autor des »Dreiaktmodells« technischen Entwerfens in Erscheinung getreten ist. Engelmeyer versucht 1898, verschiedene Maschinenbegriffe der Zeit in ein Gesamtkonzept zu integrieren, indem er sie mit den von ihm formulierten drei Phasen des Konstruktionsprozesses verbindet. Divergierende Maschinendefinitionen sollten so im Dreiaktmodell zu einer Synthese zusammengeführt werden.

Engelmeyers entscheidender Schachzug besteht aus der Prämisse, dass die Maschine nicht als monolithisches Objekt aufzufassen sei, sondern eben aus verschiedenen Perspektiven betrachtet werden könne. So wären die bis dahin vorgelegten Begriffsbestimmungen lediglich Einzelaspekten des Gegenstandes verhaftet geblieben, hätten dadurch zwar »die verschiedenen Seiten der Maschine beleuchtet und wertvolle Bausteine zu einer allgemeinen Maschinenlehre, zu einer zukünftigen erschöpfenden Erkenntnis des Begriffes ›Maschine‹ geliefert« (1898: 1196), eine Gesamtbetrachtung der Maschine stehe jedoch noch aus. Die technologische Maschinenlehre, in die er auch Theodor Becks Argumentation einordnet, definiere »die Maschine aus der von ihr zu verrichtenden Arbeit« (ebd.), wohingegen sich die kinematische Schule (von Reuleaux) für das »Element der Bewegung« an sich interessiere.

»Jede fertig dastehende arbeitsfähige Maschine durchläuft diesen dreiaktigen Entstehungsgang, wobei nach einander ihre technologische, ihre kinematische und endlich ihre konstruktive Seite in die Erscheinung tritt. Kein Wunder, dass dieselben Seiten der fertigen Maschine stets anhaften! [...] Die erste Frage [...] ist: ›Was für eine Arbeit hat diese oder jene Maschine zu verrichten?‹ Ist diese (technologische) Frage gelöst, so stellt sich die nächste ein: ›In welcher mechanischen Art und Weise verrichtet die Maschine ihre Arbeit, und wie ist sie als Mechanismus beschaffen?‹ Diese Frage wird durch die kinematische Analyse der Maschine gelöst. Zuletzt tritt die Frage nach der Konstruktion auf, nach der räumlich-formalen Gestaltung der einzelnen Bestandstücke.« (Engelmeyer 1898: 1197)

Engelmeyers Wendung der Betrachtung des Problems der Maschinendefinition liegt in dem Vorschlag, die Definition nicht von der fertigen Maschine aus anzugehen, sondern mit Blick auf deren Entstehung, auf die »werdende Maschine« (ebd.). Diese durchlaufe nämlich immer dieselben drei Phasen, in denen alle drei maschinentheoretischen Ansätze auch ihren systematischen Ort fänden (vgl. ebd.). Auf diese Weise steht der erste Akt als »technologischer« in direkter Verbindung mit dem von Engelmeyer entwickelten Verständnis des in diesem Akt tätigen schöpferischen Erfinders als Mann der Tat, wie es bereits im 8. Kapitel

ausführlich dargestellt wurde. Dort wurde ausgeführt, dass diesem Akt ein na-
turalisiertes Verständnis vom Erfinden als gedanklicher Wurf eines geborenen
Genies und schöpferischen Künstlers unterliegt. Auch mithilfe der Kraftmetaphorik spricht Engelmeyer der Tätigkeit des Erfinders im ersten Akt den obersten Rang zu (vgl. Abschnitt 9.3) und positioniert sie auf diese Weise hierarchisch
über dem rational-wissenschaftlich vorgehenden Kinematiker. Mit Engelmeyers
maschinentheoretischer Schrift werden, so lässt sich hier resümieren, technolo-
gisches Verständnis der Maschine und das naturalisierte Bild vom männlichen
Ingenieur als Erfinder und Künstler direkt aufeinander bezogen. Demnach stehen fachliches Gegenstandsverständnis und vergeschlechtlichte Selbstbeschreibung als Mann der Tat inhaltlich in einem unmittelbaren Verweisungszusammenhang. Im Zuge der strikten Abgrenzung des Gegenstandes von der Natur,
wie sie von Beck vertreten wird, nimmt das produktive Vermögen der Ingenieure nicht nur einen zentralen Stellenwert ein, sondern wird selbst zu einer Sache der Natur erklärt, nämlich der tätigen »Natur« des männlichen Geschlechts.

Ein wesentliches Ergebnis dieses Untersuchungsschrittes ist also, dass die
beiden maßgeblichen, im Verlauf dieser Studie herausgearbeiteten Männlichkeitskonzeptionen, die das Berufsverständnis der modernen Technikwissenschaften prägen, den Kern der Aushandlung fachlicher Grundlagen berühren
und so in den Deutungskämpfen um die Maschine implizit kontinuierlich mit
verhandelt werden. Die jeweilige vergeschlechtlichte Berufskonstruktion ist produktiver Teil der fachlichen Positionierung. Umgekehrt autorisiert die jeweils
in der Maschinendefinition artikulierte fachliche Position das damit verbundene Berufsverständnis. Der Maschinenwissenschaftler legitimiert sich über den
abstrakt-logisch geöffneten Objektbereich in Richtung der theoretischen Naturwissenschaften. Der Mann der Tat erhält Deutungsmacht infolge der Monopolisierung der menschlichen Produktivität und aufgrund der technologischen
Zweckorientierung. Wechselseitige Stabilisierung von Berufs-, Fach- und Gegenstandsverständnis zeigen sich also sowohl inhaltlich als auch habituell, d.h. auch
in der Art und Weise, wie die Kontrahenten argumentieren. Die Grenzziehungsbemühungen finden hier, in der Grenzziehungsarbeit zwischen Maschine und
Natur, ebenfalls vor dem Hintergrund der Konkurrenz zwischen verschiedenen
Männlichkeitskonzeptionen statt. Sie sind auf unterschiedliche soziale Gruppen und Felder der zeitgenössischen Gesellschaft bezogen und machen die Abgrenzung zu einer feminisierten Natur nicht zu einem prominenten Kriterium.
Gleiches gilt auf der Ebene der Objekte: Weder Maschine noch Naturphänomen
werden in nennenswerter Weise weiblich codiert. Das bedeutet, die jeweils vertretenen Grenzziehungen und Rangordnungen werden nicht durch Feminisierung des abgewerteten und ausgeschlossenen Gebietes autorisiert.

Diese besondere Struktur der *boundary work* soll abschließend einer näheren
Betrachtung unterzogen werden.

10.3 *Boundary work* aus der Peripherie

Als Materialgrundlage eignet sich besonders Reuleaux' späte maschinentheoretische Veröffentlichung, sein zweites Kinematik-Buch, das im Jahr 1900 erschien. Die Fallanalyse soll näheren Aufschluss geben über die diskursive Abgrenzungspraxis der modernen Technikwissenschaften abhängig von deren Position im sozialen Raum. Auf diese Weise kann sie erste Hinweise auf Formen der *boundary work* liefern, die für die Praxis neuer Akteure im wissenschaftlichen Feld kennzeichnend sind.

Der Titel des zweiten maschinentheoretischen Buches von Franz Reuleaux, »Die praktischen Beziehungen der Kinematik zu Geometrie und Mechanik« (1900), thematisiert ausdrücklich das Problem der fachlichen Nachbarschaften. Zum Zeitpunkt der Fertigstellung und Drucklegung des Werkes stand das Ingenieurwesen kurz davor, mit der Erteilung des Promotionsrechtes an die TH (in Preußen) einen seiner wichtigsten standespolitischen Erfolge zu erzielen. Obwohl dieses Etappenziel sich möglicherweise schon abzeichnete und sicherlich maßgeblich zur Etablierung des Ingenieurwesens als akademisches Berufsfeld beigetragen hat, steht Reuleaux' Argumentation zu diesem Zeitpunkt im Wesentlichen im Zeichen des Kampfes um Teilhabe am wissenschaftlichen Feld. Er agiert nach wie vor hochschulpolitisch aus der marginalisierten Position der aufstiegsorientierten sozialen Gruppe der Ingenieure heraus. Seine Überlegungen, Erkenntnisinteressen und Strategien der Wissensproduktion sind daher als Fall von *boundary work* aus der Peripherie der Wissenschaft zu betrachten.

Inhaltlich bleibt Reuleaux in diesem Buch seiner im Streit mit Beck vertretenen fachlichen Position weitgehend treu und macht keine Zugeständnisse an die zeitgenössischen theoretischen und bildungspolitischen Gegenbewegungen im Fach. Im Gegenteil radikalisiert Reuleaux seine Auffassung von Maschinen in der Natur noch weiter. Damit zeigt dieser Text auch, dass die theoretischen Positionen zumindest bis zur Jahrhundertwende im Ingenieurbereich durchaus umstritten bleiben. Das heißt, die von Beck und in der Folge von etlichen anderen Fachvertretern privilegierte technologische Sichtweise und ihre diskursiven Überlappungen mit dem an der Ingenieurpraxis ausgerichteten Wissenschaftsverständnis von Riedler stellt keineswegs einfach einen endgültigen Abschluss der Debatte dar. Allerdings hat sich Reuleaux' Gegenstandsbestimmung um 1900, was die hybride Konzeption des Objektbereichs angeht, im Fach eher als nicht durchsetzungsfähig erwiesen. Die einzige – in der *Z.VDI* erschienene – Rezension des zweiten Kinematik-Buches von Reuleaux würdigt das Gesamtwerk, wobei die Ausführungen zu Maschinen in der Natur explizit aus der Betrachtung ausgenommen werden (vgl. Preuß 1901). Der Rezensent Preuß tut dies mit einer Geste, die vermuten lässt, dass er sich auf Akzeptanz im Kollegenkreis berufen kann: Er schreibt, dass dieser Teil »füglich hier unbesprochen bleiben« könne (423). Ebenso bezweifelt er mit Blick auf das geisteswissenschaftlich ge prägte »Beiwerk« (ebd.) die Praxisrelevanz des Buches insgesamt. Dennoch ist die Frage nach dem Verhältnis von Technik und Natur im Fachdiskurs nicht vollkommen außer Acht gelassen, sondern Thema einzelner Fachbeiträge, und zwar um die Jahrhundertwende und wieder Ende der 1920er-Jahre (vgl. Geisler 1929; Ostwald 1929; Braue 1900). Insgesamt jedoch war das Echo auf das zweite Kinematik-Buch im Fach sehr verhalten. Und in der Tat könnte man Reuleaux, was seinen Naturphänomene immer offensiver integrierenden Maschinenbegriff angeht, den Vorwurf des Einzelkämpfer- und Sektierertums machen. Für die Reflexion des Analysekonzepts der *boundary work* ist der Text deshalb außerordentlich aufschlussreich, weil seine Argumentationsweisen klar vor Augen führen, wie die Positionierungsbemühungen marginaler Akteure im wissenschaftlichen Feld strategisch operieren. Denn Reuleaux' Kampf um epistemische Autorität wird inzwischen aus einer doppelt randständigen Situierung geführt, und zwar einerseits bezogen auf die Wissenschaft und andererseits bezogen auf die Debatten im eigenen Fach. Damit folgt dieser Teil der Untersuchung in wissenssoziologischer Hinsicht der Forderung, nicht allein das zu betrachten, was sich in der Wissenschaftsgeschichte erfolgreich durchsetzt und langfristig etablieren kann. Hingegen interessiere ich mich gerade auch für die Kontingenzen und die diskursiven Strategien, die darauf zielen, ein spezifisches, zeitgenössisch marginales, Fachverständnis im Rahmen der Möglichkeiten sozialer Felder symbolisch zu autorisieren und zu positionieren. Im Folgenden wird daher zu fragem sein, welche diskursiven Ressourcen Reuleaux mobilisiert, um sich im »Wissenschaftsspiel« zu behaupten, und welche sozialen Differenzierungskategorien sich dabei als strategischer Einsatz erweisen.

10.3.1 Maschinenwissenschaft und die »natürlichen Maschinen«: Reuleaux' Naturstudien

In den »Praktischen Beziehungen der Kinematik« (1900: 240ff.) führt Reuleaux die Diskussion des Maschinenbegriffs aus dem Jahr 1877 fort. Seine Äußerungen können durchaus als späte Erwiderung auf die kritischen Einwände Becks interpretiert werden, denn Reuleaux nimmt den früheren Faden wieder auf. Dies zeigt sich nicht zuletzt daran, dass er einen Wiederabdruck seiner eigenen Stellungnahme aus 1877 in das Buch integriert und zudem ausdrücklich und bekräftigend an die damaligen Ausführungen anknüpft (vgl. Reuleaux 1900: 246). Eine Radikalisierung erfährt seine Position im Einzelnen insbesondere, wenn er die Naturphänomene thematisiert: Die »natürlichen Maschinen« seien, so Reuleaux nun, »keine Seltenheiten, sondern sind in großer Zahl vorhanden« (ebd.). Er verweist an dieser Stelle zunächst nur auf das Schlusskapitel seines Buches und kündigt die dortige Untersuchung von »Thierkörpern« (ebd.) an. Das mehr als fünfzigseitige Schlusskapitel mit dem Titel »Kinematik im Thierreich« widmet er dann ausschließlich den »*natürlichen Maschinen*«. Allein die Länge dieses Textes dokumentiert, dass das Problem für Reuleaux mehr als eine Fußnote war. Es macht offensichtlich: Reuleaux hat das Thema nicht nur nicht verworfen, sondern geradezu akribisch weiter bearbeitet. Wie in den anderen Schriften zielt Reuleaux' Erkenntnisinteresse in seinem »Thierreich«-Kapitel grundsätzlich darauf, eine höchstmögliche Abstraktheit der Begriffe zu erreichen. In der inhaltlichen Aussage geht er jedoch, was das Verhältnis zwischen Technik und Naturwissenschaften betrifft, einen entscheidenden Schritt weiter.

Die »Kinematik im Thierreich« umfasst einen Forschungsbericht über die Ergebnisse aus Reuleaux' umfassenden Naturstudien von Bewegungsmechanismen ausgewählter Körperteile von Tieren. Hierfür hat er offenkundig eine breite Palette an Beispielen eigenhändig untersucht und insbesondere eine Vielzahl von Gelenken unterschiedlicher Käferarten auseinander genommen, Klappmechanismen von Fischmäulern analysiert, Scheren von Krebsen und Hummern inspiziert etc. Wie gewohnt, demonstriert er seine umfangreiche Kenntnis der Fachliteratur. Neben der vorrangigen Beschäftigung mit dem Gelenkbau und der Mechanik der Muskeln am Tierkörper finden sich auch explizite Hinweise auf den menschlichen Körper, zum Beispiel auf die Mechanik des menschlichen Herzens (vgl. Reuleaux 1900: 754 und 760). Der Anmerkungsapparat des Buches gibt darüber Auskunft, dass Reuleaux sich an Naturkundemuseen gewandt hat, um Material, z.B. Körperteile von seltenen oder außerhalb Europas lebenden Tierarten, zu erhalten. Ebenso hat er im zeitgenössischen Naturalienhandel nach Musterstücken gesucht (vgl. 1900: 734). Reuleaux präsentiert sich hier ganz als Gelehrter, Sammler und Systematiker in der Studierstube und auf der Höhe des Wissens seiner Zeit, der es allerdings zugleich mit durchaus materiellen Objekten der Erkenntnisgewinnung zu tun hat.

In *theoretischer* Hinsicht ist es Reuleaux' ausdrückliches Anliegen, seine kinematische Theorie umfassender am Naturphänomen zu verifizieren (vgl. 1900: 723). Seine Ausführungen haben mithin den Charakter einer Beweisführung. So müsse es möglich sein, diese Gesetze in der Natur an einigen Stellen aufzufinden und zu belegen. Im Verlauf der Untersuchung stellt er fest:

»Die in ihren Bewegungen eindeutigen Gelenke am Thierkörper sind diesselben, die in der Maschine Verwendung finden, und das muss so sein, wenn es sich beidemal um dieselbe zu erzwingende Bewegung, und weil es sich um denselben Kreis von Mitteln handelt. Die Uebereinstimmung geht weiter, als man denken möchte.« (1900: 728)

Damit behauptet er nicht, dass man kinematische Phänomene an allen Tierkörpern nachweisen könne. Vielmehr wählt er aus und hebt hervor, zum Beispiel den »Hummer, der ein sehr kinematisches Thier ist« (Reuleaux 1900: 731). Am Hummer untersucht er daher auch etliche Gelenktypen eingehender. Die kinematische Erklärung der »Muskelkraft« (1900: 765ff.), die den letzten größeren Teil des Kapitels einnimmt, untermauert schließlich die Wichtigkeit der Kinematik für den gesamten Bereich des Organischen, in den auch Wirbeltiere mit eingeschlossen werden könnten. Die Erklärung der Nerventätigkeit mithilfe der Elektrizitätslehre sei weit vorangeschritten, doch er moniert, dass »die Arbeits-schaffung in den Muskeln [...] dagegen immer« noch in Dunkel gehüllt« bliebe (1900: 765). Dabei ließen sich die diversen Funktionsmechanismen der Muskel-tätigkeit durchaus in die kinematische Systematik mechanischer Bewegungsty-pen einordnen. So vermutet er für den einen oder anderen mechanischen Bewe-gungstypus, dass er »durch das ganze Thierreich verbreitet ist und im Thierkörper eine unendlich wichtige Rolle spielt« (1900: 775). Seine kinematischen »Entde-ckungen« sollen außerdem durch die Rückverfolgung in die früheren Phasen der evolutionären Entstehung von Tierarten in den Status einer überzeitlich gül-tigen Gesetzmäßigkeit versetzt werden:

»Die von mir [...] nachgewiesene Eigenschaft der Schraubenpaarung, dass Mutter und Spindel nicht theoretisch unterschieden seien, hat die Natur hier vor ungemessenen Zei-ten an den, [sic] in ungeheuren Zahlen geschaffenen Kerbthieren angewandt.« (Reuleaux 1900: 743)

Er kommt zum Schluss, dass »Kinematik im Thierreich an zahllosen Stellen herrscht« (1900: 776). Die gesamte Anlage des Textes spiegelt den hohen An-spruch, einen substantiellen Beitrag zur Naturforschung zu leisten, wider. Die Argumentation ist darauf ausgerichtet, zu zeigen, *dass* die kinematischen Gesetze prinzipiell nachweisbar sind und somit Gültigkeit über den Maschinenbau hinaus beanspruchen können. Genau genommen sind diese Reuleaux'schen Naturstu-dien, so randständig und sonderlich sie zunächst wirken mögen, »das I-Tüpfel-chen« für die Untermauerung des mit der Kinematik verbundenen professions-bezogenen Projekts.

Wie in den folgenden beiden Abschnitten zu sehen sein wird, soll diese Unter-nehmung durch den symbolischen Einsatz gesellschaftlicher Differenzierungska-tegorien zusätzliche argumentative Kraft erhalten. Mit anderen Worten: Reuleaux bedient sich für die Beschreibung seines Gegenstandsbereichs *en passant* meta-phorischer Wendungen und klassifikatorischer Einordnungen, die auf zentrale soziale Differenzierungen nach Geschlecht und Ethnizität rekurrieren und die die Deutungsansprüche seiner Ausführungen mit strukturieren.

10.3.2 Konkurrenz der Schaffenden: »Techniker« versus »Mutter Natur«

Indem Reuleaux an die Erzeugnisse der Natur die Maschine als »Maßstab« (1900: 764) anlegt, vergleicht er mehrmals zwischen dem Leistungsvermögen von »Mut-ter Natur« und jenem der Technik. Prinzipiell arbeiten, so konstatiert er, Natur und Maschinenbau in ihrer Konstruktion von Bewegungsmechanismen nach denselben universal gültigen Regeln; dabei befolgen sie die Reuleaux'schen Gesetze der Kinematik. Die personifizierte und zugleich stereotyp feminisierte Natur erscheint zugleich jedoch im Vergleich zu den Ingenieuren als jene produktive Instanz, die beim Bau der Gelenke einige Probleme hat.

»Der Mutter Natur macht die Sache beim Einbau aber auch Schwierigkeiten. Sie sieht sich genöthigt, auf früher Wachsthumsstufe des Thierchens das Schenkel-Ende in zwei getrennten Stücken in das Hüftglied einzusetzen, zwei Stücke, die dann später aneinanderwachsen.« (Reuleaux 1900: 745)

Diese Einschränkung resultiert nicht aus tatsächlich angenommen »Schwierigkeiten« einer personal gedachten Natur, wie der Text erkennen lässt, sobald man die Äußerungen hinterfragt. Hierfür ist die Perspektive der Laborstudien der Wissenschaftsforschung weiterführend, die u.a. einen Blick auf das konkrete Hantieren mit den Dingen und Apparaten und auf die Widerständigkeit der »Objekte« zulässt (vgl. u.a. Pickering 1995 und 1992; zum Überblick vgl. Paulitz 2002). Wendet man diese Perspektive auf die handlungspraktische Seite von Reuleaux' Naturstudien an, so zeichnet sich ein anderes Bild als das von ihm metaphorisch geschilderte ab: Eigentlich bereitet die Demontage eines Gelenks Reuleaux Schwierigkeiten. Er hat Mühe, das Innere von Gelenkteilen zu untersuchen, da die Teile fest verwachsen sind und beim Zerlegen aufgebrochen werden müssen. Dieses Irreversible, nämlich dass die Teile nicht anschließend einfach wieder zusammengesetzt werden können, konzeptualisiert Reuleaux rekursiv und entwicklungstheoretisch als *Einbau*problematik. Denn im Unterschied zur Technik, wo die Schraube aus der Mutter herausgedreht werden könne (vgl. Reuleaux 1900: 744), sei im Gelenk eine Sperre vorhanden, die eingewachsen sei. Mit dieser kleinen Markierung einer »Besonderheit« (ebd.) kennzeichnet Reuleaux die Natur als ein bauendes Subjekt, das über begrenzte Möglichkeiten verfüge, im Kontrast zur menschlichen Technik, die vor diesem Hintergrund weitaus kompetenter sei. Wenn er, umgekehrt betrachtet, an anderer Stelle das eine oder andere Naturphänomen als besonders gelungen lobt, dann sei es nachgerade »wie vom Kunstschlosser gemacht« (1900: 734).

Reuleaux' epistemologische Bezugspunkte liegen hier ganz in der Tradition der Aufklärung und sicherlich auch des darwinistischen Denkens im 19. Jahrhundert. Es ist nicht die göttliche Schöpfung, sondern eine schaffende Natur, mit der Reuleaux die Arbeit des Ingenieurs vergleicht. Folglich geht es nicht darum, den Maschinenkonstrukteur als gottähnlichen Schöpfer zu inszenieren. Jedoch zieht der Vergleich zwischen Natur und Technik ebenso seine eigenen Konsequenzen nach sich: So wird die Leistungsfähigkeit der Natur von Reuleaux am Stand der Technik gemessen und nicht umgekehrt. Kurz: Naturphänomene erhalten die Anerkennung des Technikers erst bei Gleichartigkeit mit der menschengemachten Technik. Andernfalls erscheint die Natur als »erfinderisches« Wesen, das sich zusätzlich anstrengen muss, um in seinen Erzeugnissen die Defizite gegenüber »dem Techniker« zu kompensieren. Dieser verfügt, so macht es den Eindruck, über das größere Handlungsspektrum:

›Man sieht, welche Anstrengung, um es so zu nennen, die erfinderische Natur machen musste, um den, ihr nicht zur Verfügung stehenden losen Bolzen des Technikers entbehren zu können. Nicht einfacher, sondern ungleich verwickelter, als das [...] Erzeugnis des Schlossers ist das Winkelgelenk des Käferknies.« (Reuleaux 1900: 736)

Reuleaux ist sich durchaus bewusst, dass er der Natur hier rhetorisch einen Subjektstatus verleiht. Mit dem Nebensatz »um es so zu nennen« geht er etwas auf Distanz zur eigenen metaphorischen Ausdrucksweise. Er signalisiert die Einsicht, dass die Natur ja eigentlich nicht wie ein Mensch (ein Schlosser) eine willentliche Anstrengung unternehmen könne und setzt damit seinen Vergleich gewissermaßen in Anführungsstriche. Naturschaffen und technisches Schaffen sind, so das Signal, an sich nicht vergleichbar. Und dennoch, sobald der Vergleich erfolgt, ermöglicht er ganz selbstverständlich und offenkundig unhinterfragt, zwischen der Produktivität von Natur und technischem Schaffen ein hierarchisches Verhältnis zu konstruieren und auf diese Weise dem technischen Schaffen in Abgrenzung zur Natur eine spezifische Kontur zu verleihen. Wesentliche Grenzlinien sind die beiläufige Feminisierung der Natur, die den Gegensatz zwischen Bindung und Freiheit sowie zwischen Reproduktion und Produktion aufgreift, sowie die Polarisierung von Regel- und Unregelmäßigkeit, natürlichen Kreisläufen und technischem Fortschritt.

Inhaltlich hat die Feminisierung folgenden Effekt: Indem Reuleaux auf das Stereotyp von der Natur als »Mutter« rekurriert, die die Naturphänomene hervorbringe, erzeugt er ein Bild des Wettkampfes zwischen zwei produktiven Vermögen. Natur und Kultur, personifiziert als generative Mutter und schaffender Techniker, konkurrieren um die beste und eleganteste Konstruktion von Bewegungsmechanismen. Der Techniker bleibt, dem Deutungsmusters des objektiven Maschinenwissenschaftlers entsprechend, geschlechtlich unmarkiert (bis auf die Verwendung des grammatischen Maskulinums). Die Rollenverteilung verweist auf ein aufklärerisches Naturverhältnis, und zwar in der Gegenüberstellung der Natur, die an unabdingbare Vorgaben (wie den fehlenden Bolzen) gebunden sei, und dem Techniker, der über die notwendigen Mittel frei verfügen könne.

Es ist zu vermuten, dass im Subtext der Gegensatz zwischen der Reproduktion des schon Vorhandenen und der Produktion des Neuen mitschwingt. Einen schwachen Hinweis darauf gibt die sprachliche Darstellung der beiden Tätigkeiten: Reuleaux spricht von kinematischen Prinzipien, die der Maschinenbau anwende, mehrheitlich im Aktiv, während er für die Art und Weise, in der die Naturphänomene »gebaut« seien, eher auf Passivkonstruktionen zurückgreift (vgl. 1900: 76of.). Der in Redtenbachers Kraftbegriff angelegte Kontrast zwischen

Zwang und Freiheit kommt zum Ausdruck: Während die Natur an die trägen, nicht rational, sondern zufallsgesteuerten Prozesse evolutionären Wandels von frühen zu späteren »Wachstumsstufen« (1900: 745) gekettet sei, vermag die Technik sich aus diesen Fesseln zu lösen und unabhängig, in freier Wahl der Mittel innovativ zu sein.

Die andere Polarisierung von Technik und Natur zieht sich von der Kontroverse mit Beck bis in das zweite Kinematik-Buch: In ganz ähnlicher Weise stellt Reuleaux nämlich auch hier fest, dass die Gelenkmechanismen zwar in der Natur nachweisbar seien, doch »nicht so gleichmäßig verteilt vor[kommen] wie in der künstlichen Maschinenschöpfung« (Reuleaux 1900: 747; vgl. ählich auch: 751). Die Konstruktionstätigkeit der Natur sei demnach durch Unregelmäßigkeit gekennzeichnet. Ebenso folge die »künstliche« Maschine, etwa bei der Konstruktion von Fortbewegungsmitteln, anderen Prinzipien als die Natur, was dazu beigetragen habe, dass die Natur buchstäblich technisch »überholt« worden sei.

»Alles Fortbewegen des natürlichen lebenden Geschöpfes [...] geschehen [sic] unter Bewegung hin- und hergehender Teile, da die fortdrehenden [...] hier ausgeschlossen sind. Dies [ist; TP] der grosse Unterschied zwischen den mechanischen Mitteln der Thiere und denen der menschlichen Schöpfung Maschine, ein Unterschied, der sehr oft [...] übersehen wird. [...] Im Laufen auf der Erde hat sogar die menschliche Erfindung Maschine vermöge deren Fortdrehung die auf Schwingungsbewegung angewiesene Welt der Wirbelthiere völlig, und manchmal recht weit überholt, wenigstens auf gebahnten Wegen, von der Lokomotive herab zum Kraftwagen und zum Fahrrad.« (Reuleaux 1900: 763)

Nicht umsonst sind es gerade die materiellen Errungenschaften der Mobilität in der Moderne, repräsentiert etwa durch die Eisenbahn, die als Zeugnisse der Überbietung der Natur angeführt werden, stellen sie doch nicht nur symbolisch, sondern ganz unmittelbar die Mittel des technischen Fortschritts dar. Mithilfe der rhetorischen Rollenbesetzung und der dualistischen Denkmuster scheint der Wettkampf schon im Vorhinein entschieden.

Die feminisierte Natur ist die weniger elegant und mühelos konstruierende, weitgehend an das Bestehende gebundene Baumeisterin. Sie ist stärker den Zwängen einer nur allmählich fortschreitenden natürlichen Evolution ausgesetzt – obwohl dieser Verweis auf Darwin im Text explizit nicht vorhanden ist – und so nur mühsam dazu in der Lage, allenfalls ungeregelte, zufällige Veränderungen hervorzubringen. Kurz: Rollenbesetzung und Dramaturgie wirken unmittelbar hierarchisierend und stabilisierend, wobei die Technik im Wettlauf um die beste Konstruktion eigentlich immer früher am Ziel ist.

Die Feminisierung wird hier im Text manifest. Auch lässt sich der diskursive Effekt der anhand der Geschlechtsmetapher organisierten Abgrenzung zwischen Natur und Technik klar rekonstruieren. Doch weder ist die Feminisierung die einzige soziale Differenzierungskategorie, die im Material eine strategische

Funktion erfüllt, noch ist sie, wie schon im gesamten Verlauf der Untersuchung, besonders stark problematisiert. Ebenso wenig ist eine Ausgrenzung der Natur das Thema, sondern die Konkurrenz um Leistungsfähigkeit, in der die besondere Leistung der Ingenieure Gestalt annimmt. Die Feminisierung der Natur erscheint daher eher als brauchbares Klischee, das man ohne längeres Nachdenken zur Hand hat. Es entfaltet seine diskursive Wirkung dank einer ganzen Reihe von Polarisierungen, die mit der herrschenden dualistischen Geschlechternorm der bürgerlichen Gesellschaft konform gehen, geradezu selbstverständlich »hinter dem Rücken« der Akteure. Die Folgen sind eine Universalisierung und eine hierarchische Überordnung des Projekts der wissenschaftlichen Technik.

10.3.3 Die Käfer aus »Afrika« als besondere epistemische Objekte

Beides, Universalisierung und Hierarchisierung, wird noch deutlicher in Bezug auf die Ethnisierung von Untersuchungsgegenständen. Reuleaux bezieht die Objekte seiner Naturstudien, die Tierkörper, aus zeitgenössischen naturkundlichen Sammlungen, die u.a. im Zuge der kolonialen Naturforschung entstanden sein müssen. So bedankt er sich in Fußnoten zum Beispiel bei dem »Kgl. Museum für Naturkunde [für die; TP] Ueberlassung verschiedener Musterstücke« (1900: 740). Auch das »naturhistorische Museum in Hamburg hatte die große Güte, mir für die Untersuchung ein vorzügliches Musterstück von dem seltenen Dynastes Hercules zu überlassen« (1900: 741). Die einzelnen Käfer, um ein Beispiel zu nennen, werden anhand ihrer Art und häufig mit zusätzlicher Nennung der Herkunft eindeutig bezeichnet und situiert; demzufolge kommen die epistemischen Objekte aus den verschiedensten Teilen der Welt. Der globale Vergleich von Tierkörpern scheint genauer besehen diskursiv folgenreich, nämlich als Nachweis universeller Gültigkeit. Auf Basis dieser Objekte führt Reuleaux seine Kinematik als eine Theorie vor, die weltweit belegbar ist.

Dabei nehmen insbesondere die Tiere Afrikas und Südamerikas eine doppelte strategische Position ein: einerseits als Anschauungsmaterial einer universalen, naturgesetzlichen Ordnung mechanischer Bewegungen und andererseits als Anschauungsmaterial von Abweichung, wie sie angeblich auf einer niedrigeren Entwicklungsstufe in einem entwicklungstheoretisch verankerten, hierarchischen Ordnungsgefüge zu finden sind. Hierzu einige Beispiele.

Reuleaux vergleicht die Gelenke des »Hirschkäfers« mit anderen, hinsichtlich ihrer Herkunft bzw. Größe besonderen Käferarten: mit »Ateuchus und Skarabäus, den ägyptischen Pillenkäfern« (Reuleaux 1900: 737), mit dem »Goliathus gigantheus, dem afrikanischen Käferriesen« (1900: 740), mit dem »berühmten brasilianischen Cocujo, der der größte bekannte Springkäfer ist« (1900: 742) und mit dem »brasilianische[n] Käferriese[n] Dynastes« (1900: 741). Auffallend ist in erster Linie die Betonung ihrer Größe. Reuleaux schätzt etwa *Goliathus gigantheus* als Untersuchungsgegenstand, da der Gelenkmechanismus an ihm wie unter einem Vergrößerungsglas »besonders deutlich erkennbar« (1900: 740) sei. Diese Käfer stehen dabei zum einen als quasi natürlich vergrößertes Exempel für das Allgemeine. Nicht allein durch die Nennung der Artenbezeichnungen, mehr noch wegen dieser ausdrücklichen Eignung für die Untersuchung als vermeintlich »natürliche« Vergrößerungen, markiert er diese Käfer als etwas Abweichendes, als das, was die üblichen Maße weit übertrifft. An einigen Beispielen betont Reuleaux umgekehrt die kleinere Ausprägung »unserer« Käferarten: »Bei unsren heimischen Springern, die weit kleiner sind, [...]. Unsrem häufigen, nur 7 mm langen Dolopius marginatus« (1900: 758). Bei der Betrachtung von Fischen ist u.a. von »*unserem* Karpfen« (1900: 749; Hervorh. TP) die Rede. Den als heimisch gekennzeichneten Arten werden so die anderen, fremden und besonderen Arten gegenübergestellt, in deren Namen bereits das Gigantische, aus der europäischen Norm fallende, anklingt.

Von Gewicht ist der weltweite Vergleich. Reuleaux stellt seine Beispielreihen grundsätzlich sowohl aus einheimischen als auch aus außereuropäischen Tierarten zusammen mit dem ausdrücklichen Ziel, die Gleichgestaltigkeit der Körpermechanismen zu belegen: »Der Bau desselben ist bei allen von mir untersuchten Käfern ungefähr der gleiche über die ganze Erde, kommt also viele Milliarden mal vor« (Reuleaux 1900: 736).

Jedoch macht Reuleaux bevorzugt an den außereuropäischen Arten Fragen nach dem Stellenwert bestimmter kinematischer Phänomene fest. So zeigten sie oftmals bemerkenswerte Auffälligkeiten: »Besonders merkwürdig wird aber Dynastes noch dadurch, dass auch an seinem zweiten Beinpaar das Hüftglied klappenartig [...] gebaut ist« (1900: 741). Auch schlägt er zum Beispiel vor, die Gelenke von »Dynastes« als eine Konstruktion zu verstehen, die auf frühen Entwicklungsstufen vorkam, wenn er fragt:

»Ist nun diese, hier so besonders stark auftretende Neigung zur Klappenbildung das ältere [...]? Eine entwicklungsforscherische Frage, die wohl erst nach zahlreichen weiteren Vergleichen beantwortet werden kann.« (Ebd.)

Vor allem der nicht-europäische Tierkörper wirft anscheinend Fragen nach dem Alter auf und weckt bei Reuleaux die Vermutung, dass sich hier ältere Entwicklungsstufen erhalten haben könnten. Ähnliches schreibt er von den evolutionsgeschichtlich »doch wohl sehr früh entstandenen Krebsen und Käfern« (Reuleaux 1900: 739) im Unterschied zu den Wirbeltieren. Der fortgesetzte Vergleich der besonderen Arten aus der Sicht der Kinematik verspreche die systematische Beantwortung auch genuin naturkundlicher, entwicklungstheoretischer Fragen. Auf diese Weise knüpft die Argumentation an zeitgenössische populäre Denkmuster der Anthropologie an, wonach das »Exotische« der kolonialisierten Erdteile wie Afrika zugleich als das Archaische galt. Hinsichtlich der Kinematik ist die diskursive Funktion klar: Kinematik erscheint so als Grundlagentheorie für naturkundliche Forschungen. Reuleaux argumentiert folglich einerseits mittels Vereinnahmung der außereuropäischen Tierarten zum Zwecke der Universalisierung seiner Theorie sowie andererseits mit Blick auf eine Abgrenzung zum Zweck der Hierarchisierung.

Zusammengefasst betrachtet, sind die Naturstudien im zweiten Kinematik-Buch nicht so nebensächlich, wie sie auf den ersten Blick wirken mögen: Sie vermitteln zum einen, die Gesetze der Kinematik seien sowohl für künstliche Maschinen als auch für Organismen gültig, zum anderen, dass diese Gesetze als universale Naturgesetze tatsächlich weltweit gelten. Allerdings bleiben auch diese ethnisierenden Markierungen der Tierarten, ähnlich wie die Feminisierung der Natur, relativ beiläufig. Reuleaux scheint sich wiederum eine im kolonialen Kontext etablierte Norm der Unterscheidung zwischen »Eigenem« und »Fremdem« unhinterfragt zunutze zu machen, um die Kinematik als allgemeingültige Theorie symbolisch zu autorisieren. Allerdings sind auch Abweichungen feststellbar.

10.3.4 Zur diskursiven Funktion geschlechtlicher und ethnischer Markierung

Betrachtet man die beiden Varianten der Universalisierung und Hierarchisierung im Vergleich, dann tritt zunächst ein wesentlicher Unterschied deutlich hervor: Während die Vergeschlechtlichung auf der Ebene der Subjekte der Produktion erfolgt, geht es bei den ethnisch-geographischen Markierungen um die Ebene der Objekte. In einem weiteren Muster zeichnet sich die spezifische Funktion beider Differenzierungskategorien für das Verwissenschaftlichungsprojekt der Technik ab. Während die marginal eingesetzte binäre Kategorie Geschlecht die Außengrenze der – sich als das Allgemeine verstehenden okzidentalen – Technik auf der Ebene der Akteure einblendet, werden mit mehrfachen ethnischen Differenzierungen die vormodernen Phänomene von einer vorgeblich europäischen, höher entwickelten Endstufe abgegrenzt. Eröffnet also die geschlechtlich codierte Natur/Kultur-Unterscheidung in Reuleaux' Schriften vorwiegend die dualistisch vergleichende Perspektive auf die zwei großen Schaffensarenen Evolution und Wissenschaft, so erlaubt die Vorstellung von der allmählichen Höherentwicklung von vormodernen, ethnisch markierten Objekten zu modernen, unmarkierten – neben der Kontrastierung von »eigen« und »fremd« – v.a. graduelle Unterscheidungen evolutionärer und gesellschaftlicher Entwicklungsstufen.

Beide Kategorien sind folglich in einem Spiel um Macht im sozialen Feld der Wissenschaft mit einer bestimmten diskursiven Funktion ausgestattet und beide operieren in unterschiedlicher Weise als diskursive Grenzziehungspraxis. Reuleaux' Maschinentheorie erweist sich damit nicht nur fest verankert im gängigen zeitgenössischen gesellschaftlichen Normengefüge, dessen unhinterfragte Voraussetzungen der diskursiven Profilierung der Kinematik als neutrale, objektive Wissenschaft dienen. Die durch diese epistemischen Grenzziehungen bean-spruchte Universalität und Superiorität wirken zugleich, wie schon im Falle der Argumentation in »Cultur und Technik« (Reuleaux 1885), allenfalls indirekt in Richtung *Ausschluss* von Frauen bzw. ethnisch markierten Menschen aus dem Feld der Technik. Ihre unmittelbare Zielrichtung ist jedoch eine andere, näm-lich hin zu einer inkludierenden Funktion. Ihre diskursive Kraft ist auf den An-schluss an die Regeln des wissenschaftlichen Feldes und die darin dominante Vorstellung vom neutralen Subjekt der Erkenntnis ausgerichtet.

Geschlecht und Ethnizität gehören also zu den historisch verfügbaren sym-bolischen Mitteln der Produktion von Unterschieden, die gerade in ihrer Beiläu-figkeit eine nicht zu unterschätzende Wirkungsmacht haben. Sie stellen, weil sie unhinterfragt bleiben, mächtige diskursive Ressourcen im »Wissenschafts-spiel« dar, mit deren Hilfe die Technikwissenschaften im Sinne Reuleaux' eige-ne Ansprüche auf Partizipation am sozialen Status der Akademiker legitimie-ren können.

10.3.5 Machtspiel: Angleichung und Überbietung

Die »Kinematik im Thierreich« hat einige Relevanz für die Frage der Machtbe-ziehungen und Grenzbestimmungen zwischen Naturforschung und Technik. So möchte Reuleaux die »klassischen Gebietsgrenzen« (Reuleaux 1900: 723) außer Kraft setzen, wie man v.a. am Ende des Textes detaillierter erfährt:

»Die im Vorausgehenden ermittelte Gemeinsamkeit der Bauunterlagen für die natürlichen und künstlichen Maschinen setzt die menschliche Maschinenschöpfung als solche in ein eigenes Licht. Nicht getrennt von der Natur oder gar gegensätzlich zu ihr, wie man es nen-nen hört, sondern bezüglich der Gesetze ihrer körperlichen Bildung im Einklang mit der Natur steht die Menschenschöpfung Maschine.« (1900: 777)

Allein die hier genannte »Gemeinsamkeit« ist als wichtiger Einwand gegen gän-gige Technikkritik aus dem bürgerlichen Lager zu werten. Nicht länger in Oppo-sition zur Natur oder als ihre Bedrohung erscheint die Technik selbst als quasi natürlich. Aber dabei bleibt es nicht. Der Fluchtpunkt der Reuleaux'schen Ar-gumentation ist die Legitimationskraft, die die Naturgesetzlichkeit der Maschi-ne einer Maschinenwissenschaft zu verleihen vermag. So beinhalten letztlich der Status, den Reuleaux den »natürlichen Maschinen« verleiht, und die Zu-geständnisse gegenüber den Regeln des wissenschaftlichen Feldes im Umkehr-schluss einen Zugewinn an Autorität für das eigene Fach. Technik folgt dann nicht zufälligen individuellen Ideen von genialen Erfindern, sondern beruht auf unumstößlichen, gesetzesmäßigen Entwicklungen. Reuleaux vollzieht den Schulterschluss zwischen Maschine und Natur in aller Klarheit: Organismen, schreibt er resümierend,

»sind also vollständige und gehende natürliche Maschinen und entsprechen, ebenso wie jede künstliche Maschine, in ihrem getrieblichen Bau den Gesetzen der Kinematik, insbesondere auch unserer Begriffsbestimmung der Maschine« (1900: 776f.).

Allerdings weist Reuleaux die Organprojektionsthese Ernst Kapps entschieden zurück, wonach Technik lediglich die Natur nachahme, und betont: »Ganz unabhängig« von der Naturforschung sei er zur Formulierung der kinematischen Gesetze gekommen (1900: 743), ebenso wie paradigmatische technische Erfindungen zumeist der Naturerkenntnis vorangegangen seien (vgl. etwa 1900: 742f.).

Die Aufweichung »klassischer Gebietsgrenzen« impliziert somit, die Kinematik zu einer Metatheorie zu erheben. Zu diesem Zweck geht Reuleaux noch einen Schritt weiter und wagt die Umkehrung bestehender Verhältnisse im wissenschaftlichen Feld. So behauptet er, erst die Kinematik erlaube es, die genaue Funktionsweise der mechanischen Naturphänomene exakt begrifflich zu bestimmen. Er moniert, die unbefriedigenden Ergebnisse der Naturforschung im Hinblick auf die Mechanik von Körperbewegungen seien auf die Anwendung veralteter Theorien zurückzuführen. Der Anatom etwa sei in seinen Erkenntnismöglichkeiten eingeschränkt, »wenn er in [...] vielen Lehrbüchern der Mechanik noch breit die uralten Vorstellungen von den ›einfachen Maschinen‹, namentlich vom ›Hebel‹ und ›Hebelgesetz‹ findet« (ebd.). Erst die neue Maschinenwissenschaft ermögliche also eine umfassende Erklärung der Natur auf einer allgemeinen theoretischen Grundlage. Reuleaux bezeichnet seine Gesetze der Mechanik, wohl in Anlehnung an die zur *master theory* avancierten Thermodynamik ebenfalls als »Hauptsätze«:

»Die Kenntniss von den ersten Hauptsätzen der Kinematik hilft aber über eine ganze Reihe von Schwierigkeiten hinweg, die die alte allgemeine Mechanik nur auf sehr langem Wege überwinden konnte. Mit diesen Sätzen vertraut, wird der Anatom stets in erster Linie die Elemente eines Gelenkes nicht wie üblich einzeln, sondern als Elementen-›Paar‹ betrachten.« (1900: 728)

Dies soll schließlich den Ingenieurbereich in die Lage versetzen, den Naturwissenschaften auf Augenhöhe zu begegnen und von der Ebene einer untergeordneten Domäne des wissenschaftlichen Feldes heraus in eine zentrale Position aufzusteigen. Der Schlusssatz des »Thierreich«-Kapitels ist in dieser Hinsicht unmissverständlich; er bringt das professionsbezogene Anliegen ganz freimütig auf den Punkt: »Naturforschung aber und Maschinenwissenschaft können einander heute die Hand reichen zu einmüthiger Betrachtung grosser Theile ihrer beiderseitigen Gebiete« (1900: 777).

Was zunächst unter dem Banner der Gleichheit und Gleichrangigkeit steht, erweist sich also bei genauerer Betrachtung als Versuch der Umkehrung der etablierten Hierarchie zwischen Wissenschaft und Technik: Reuleaux' Aufweichung und Verschiebung der Grenzen des Gegenstandsbereichs der Technikwissenschaften in Richtung Natur kann folglich interpretiert werden als Bestreben, die epistemische Autorität der Maschinentheorie und des eigenen technikwissenschaftlichen Fachverständnisses zu vergrößern. Anders als noch in der »Theoretischen Kinematik« (1875), in der er die technische Mechanik der allgemeinen Mechanik als Sondergebiet unterordnete (vgl. Abschnitt 10.1), wagt er nun den Machtkampf und beansprucht die Gleichrangigkeit mit den oder gar die Superiorität über die theoretischen und empirischen Naturwissenschaften. Dass seine diskursiven Positionierungen auch explizit als Kampfgeschehen zu verstehen sind, zeigt eine andere Schrift, in der er zur Beschreibung der Rivalität zwischen den Disziplinen eine explizite Kriegsmetaphorik verwendet (vgl. Reuleaux 1890).[3] Ausgetragen wird die Auseinandersetzung auf dem Feld der fachlichen Wissensbildung und der Abgrenzung der eigenen Gegenstandsbereiche – ein offenkundig umkämpftes Terrain.

Demnach vollzieht die Reuleaux'sche Maschinenwissenschaft gleichsam eine parasitäre Anpassung an die Logik des wissenschaftlichen Feldes, da er dessen Habitus, Geltungsansprüche und Arbeitsweisen übernimmt. Im Vergleich zu den 1870er-Jahren bricht Reuleaux um 1900 jedoch aus der den Technikwissenschaften zugewiesenen, untergeordneten Position im wissenschaftlichen Feld aus und unternimmt den Versuch der Überbietung, indem er die kinematische Maschinentheorie zur universaleren Meistertheorie erklärt. Insofern erscheint die »Kinematik im Thierreich« als Versuch, die Naturwissenschaften im »Wissenschaftsspiel« zu übertrumpfen, indem man die Regeln des Spiels nicht nur selbst befolgt, sondern auch versucht, den Gegner mit den eigenen Mitteln zu schlagen. Reuleaux fordert die etablierten Wissenschaften heraus, indem er die »Hauptsätze« der Kinematik als Trumpf einsetzt. Damit mobilisiert er letztlich die epistemischen Ressourcen seiner »Gegner«, um sich als ernst zu nehmender Mitspieler zu positionieren. Offensichtlich geht es jetzt nicht mehr »nur« um den bloßen Zutritt zum wissenschaftlichen Feld. Vielmehr steht zunehmend die sicherlich bis heute virulente Position der Technikwissenschaften in der Hierarchie der Disziplinen auf dem Spiel.

---

3 | Reuleaux steht mit seiner Grenzziehungsarbeit im Hinblick auf die Mathematik und die Naturwissenschaften nicht allein. Ich verweise hier auf einzelne andere Beiträge des Diskursstrangs, ohne diese hier näher in Augenschein nehmen zu können (vgl. Plank 1928; Stodola 1897).

Zwischenbilanz: Koproduktionen von Beruf, Fach und Gegenstand

Im Zentrum dieses Teils der Studie stehen fachliche Grundlagentheorien der Technikwissenschaften in der zweiten Hälfte des 19. Jahrhunderts. Exemplarisch behandelt wurden Theorien zu Kraftbegriff und Kraftmetaphorik in der technischen Mechanik sowie fachliche Kontroversen um die Definition der mechanischen Maschine und die damit verbundene Bestimmung des Gegenstandsbereichs der Technikwissenschaften. Die Studien fokussieren auf die Frage nach dem sich in diesen Grundlagentheorien artikulierenden Zusammenhang zwischen Berufs-, Fach- und Gegenstandsverständnis als vergeschlechtlichte Wissensbestände. Es wurde analysiert, inwiefern das Grundlagenwissen der Technikwissenschaften von den in den vorangegangenen Teilen der Studie rekonstruierten Männlichkeitskonzeptionen des Maschinenwissenschaftlers und des Mannes der Tat geprägt ist und wie das jeweilige Berufsverständnis mithilfe der fachlichen Grundlagentheorien konturiert und legitimiert wird.

Die Analyse verdeutlicht, dass professionspolitische Positionen dem Fachwissen weder von außen übergestülpt wurden noch auf bloße politische Rhetorik, die den Blick auf objektive Tatsachen verzerrt, reduziert werden können. Die Ergebnisse zeigen hingegen, dass die Produktion technikwissenschaftlichen Wissens stets auch soziale Praxis ist: Berufs-, Fach- und Gegenstandsverständnis der Technikwissenschaften wurden maßgeblich koproduziert. Um die theoretische Aussage der Koproduktion noch etwas zu schärfen: Der daraus abgeleitete Schluss ist *nicht*, dass technische Fachgrundlagen durch die Machtbeziehungen im Feld einfach *determiniert* seien. Wohl aber deuten die Ergebnisse darauf hin, dass theoretische Grundlagen der modernen Technikwissenschaften ganz wesentlich vor dem Hintergrund professionspolitischer Anliegen in ihrer jeweiligen Form ausformuliert wurden. Im Hinblick auf die Technikwissenschaften wird mit dieser These von der sozialen Konstruiertheit der Grundbegriffe das vorherrschende Objektivitätsideal angefochten. Dies gilt insbesondere für jenes Objektivitätsideal, an dem sich die Ingenieure im 19. Jahrhundert im Zuge der Verwissenschaftlichung ihres Fachbereichs zunächst selbst in verschiedenen Ausprägungen ausrichteten.

Dies lässt sich am Fall des Kraftbegriffs inhaltlich genauer illustrieren: Kraft wird in der technischen Mechanik Redtenbachers Mitte des 19. Jahrhunderts anhand dualistischer Unterscheidungen vornehmlich in Abgrenzung vom Begriff der »trägen Masse« profiliert und letztlich in einer – genau genommen »außerwissenschaftlichen« – Ableitung von der physischen Körpererfahrung des Menschen begrifflich fundiert. Dabei werden weder die Idee von dynamischer Kraft noch jene von träger Masse explizit geschlechtlich markiert. Und dennoch: In den jeweiligen Kategorien, die zur Bestimmung der Kraft herangezogen werden, schließen die mechanistischen Überlegungen Redtenbachers an aufklärerische Vorstellungen vom aktiven, selbstbestimmten Subjekt als produktiver Leistungsträger der bürgerlichen Gesellschaft an und deuten so Kraft als Prinzip der Natur nach eben jenem androzentrischen Konzept von Männlichkeit, das auch für das Berufsbild des Maschinenwissenschaftlers kennzeichnend ist. Kraft erscheint fortan als die fortschrittliche Instanz des Handelns, als Trägerin der (symbolischen) Emanzipation aus der Immanenz der traditionalen Verhältnisse, für welche wiederum die »Masse« steht. Im Lehrbuch der Mechanik selbst wird dieses Konzept der Kraft von Redtenbacher metaphorisch für die Beschreibung des Ingenieurberufs und zur Markierung seiner Stellung in der Kultur eingesetzt. Er spricht nun von der »geistigen Kraft« der Ingenieure, die deren Überlegenheit in der Naturordnung und in der Kultur begründe. Im Ergebnis versteht Redtenbacher den Ingenieur schließlich als »geistigen Motor« der menschlichen Kulturentwicklung, der die Naturkräfte lenkt und formt. In dieser Verknüpfung von Begriff und Metapher im Lehrbuchtext zeigt sich die geschlechtlich verfasste Koproduktion von Beruf und Gegenstand: So ist der Begriff der Kraft in gesellschaftlichen Kategorien jener Denkordnung gefasst, auf die sich die wissenschaftlich orientierten Ingenieure beziehen. Umgekehrt erfolgt die Selbstpositionierung des eigenen Berufsstandes unter metaphorischem Einsatz des Fachbegriffs. Zusammen betrachtet, erfahren die professionellen Fähigkeiten des Ingenieurs auf diese Weise eine fachliche Fundierung und naturgesetzliche Legitimierung. Letzteres erfolgt kontinuierlich in Abgrenzung zu Anderen, vornehmlich auf Basis der Geist/Körper-Differenz, wobei die soziale Gruppe der Frauen durchgängig vollkommen ausgeblendet bleibt.

Dieser metaphorische Einsatz der Kraft für die Selbstbeschreibung der Ingenieure setzt sich im Fachdiskurs im Untersuchungszeitraum fort. Die Verwendungsweisen verändern sich im Zeitverlauf, und zwar in Übereinstimmung mit der Ablösung vom Berufsverständnis des Ingenieurs als Maschinenwissenschaftler zu jenem als Mann der Tat. Die jeweilige Ausprägung der Kraftmetapher lässt sich daher auch als diskursives Konstruktionselement für den jeweils spezifischen Modus der Vergeschlechtlichung verstehen. Der Wandel äußert sich vornehmlich in der Abwendung von Redtenbachers Idee »geistiger Kraft« als Kennzeichen des geschlechtlich neutralisierten Maschinenwissenschaftlers und in einem qualitativen und quantitativen Ausufern der Kraftmetaphorik in den professions- und kulturbezogenen Strängen des Fachdiskurses. »Einbildungskraft«, »schöpferische Kraft« oder »Kräfte der Seele« etwa sind die neuen Metaphern, mit denen der schöpferische Erfinder, der Künstler-Ingenieur und der Mann der Tat charakterisiert werden. Männlichkeit wird zur »Naturkraft«. In den ersten Jahrzehnten des 20. Jahrhunderts ist die Kraftmetaphorik in fast inflationärem Ausmaß präsent. Die professionelle Expertise der Ingenieure in Sachen Kraftlenkung wird schließlich bei Riedler ganz ausdrücklich zu einem standespolitisch relevanten Wissen, wenn es darum geht, den Mann der Tat zum Führer und Lenker der Kräfte im Staat zu erklären.

In beiden hier beschriebenen Varianten der Kraftmetaphorik wird ein fachlich fundiertes Verständnis von Kraft zur autorisierenden Instanz für das jeweilige Berufsverständnis. Im Fall des Maschinenwissenschaftlers gilt es, diesen als dynamische Kraft des Wandels und Fortschritts zu inthronisieren, beim Mann der Tat steht die Legitimation schöpferisch-produktiver Fähigkeiten als genuine unerschöpfliche Ressource der Natur im Zentrum des Interesses. Auf diese Weise findet ein Grundbegriff des technikwissenschaftlichen Fachwissens zugleich in den Selbstbeschreibungen der Zunft Verwendung und wird dort zu sozial machtvollem Wissen, mit dem um hegemoniale Männlichkeit gekämpft wird.

Die Koproduktion von Beruf, Fach und Gegenstand kommt auch in den maschinentheoretischen Kontroversen in der zweiten Hälfte des 19. Jahrhunderts zum Ausdruck. An der Debatte zwischen Reuleaux und Beck über die allgemeine Definition der mechanischen Maschine in den späten 1870er-Jahren lässt sich nachvollziehen, wie verschiedene fachliche Orientierungen und mit ihnen die beiden vergeschlechtlichten Berufsbilder in direkte Auseinandersetzungen münden. Die Verschiebung des Berufsverständnisses in den Technikwissenschaften vom Maschinenwissenschaftler zum Mann der Tat spielt sich daher keineswegs außerhalb oder am Rande des eigentlichen Fachwissens ab. Vielmehr betrifft sie die fachlichen Fundamente – beispielsweise hinsichtlich der Frage, wie sich Maschinen von anderen in der Natur vorkommenden mechanischen Phänomenen unterscheiden.

Der Logik des wissenschaftlichen Feldes folgend, begreift Reuleaux mechanisch anmutende Naturphänomene als Maschinen und formuliert so einen relativ weiten Maschinenbegriff, der mechanische Bewegungszusammenhänge abstrakt und zweckenthoben fassen soll. In dieser Definition artikuliert sich der dem »aperspektivischen Objektivitätsideal« verpflichtete Maschinenwissenschaftler gleich mit, der seine eigene soziale Situiertheit vollkommen auszublenden sucht. Mit dieser Konzeption von Beruf und Gegenstand beansprucht Reuleaux Zugang zum wissenschaftlichen Feld und entsprechend gesellschaftliche Anerkennung der Technik. Grundlage ist ein sich mit der theoretischen Mechanik überlappendes Gegenstandsgebiet mechanischer Maschinen und mechanischer Naturphänomene. Eine solche hybride Konstruktion der Maschine an der Grenze zwischen Natur und Kultur erscheint aus der Perspektive des Maschinenwissenschaftlers eine vielversprechende diskursive Ressource.

Der Gegner, Beck, folgt hingegen nicht der Logik des wissenschaftlichen Feldes und ist hier nicht zu Zugeständnissen bereit. Sein Verständnis der Maschine betont die strikte, ontologische Grenzziehung zur Natur. Er betrachtet die Maschine als zweckbestimmtes, künstliches Produkt des Ingenieurschaffens. Mit dieser Grenzziehung plädiert er für eine gewisse Autonomie der Technikwissenschaften und ein praxisorientiertes Berufsverständnis. Beides lässt sich in eine maschinentheoretische Schule einordnen, die in der weiteren Folge im Fachdiskurs den Ingenieur als Mann der Tat profiliert.

Beide Varianten der Verknüpfung von Berufs-, Fach- und Gegenstandsverständnis erscheinen als koproduziert, wenn der Maschinenwissenschaftler sich über die streng »wissenschaftliche« Formulierung des Gegenstandes konstituiert, während der Mann der Tat auf sein eigenes produktives Vermögen und auf ökonomische Zweckorientierung pocht. Daran wird deutlich, dass die jeweiligen Konzeptionen von Männlichkeit somit auch für die spezifische Abgrenzung der fachlichen Theoriegrundlagen produktiv werden. Hier ist die Konkurrenz der Männlichkeiten unmittelbar im Fachdiskurs rekonstruierbar: einerseits im Streit um den »richtigen« Maschinenbegriff und das dazugehörige »richtige« Berufsverständnis, andererseits in der Aushandlung der Beziehung der Technik zum wissenschaftlichen Feld und seiner Konstruktion des Wissenschaftlers. Die Debatte illustriert eindrücklich, wie intensiv sich die Kämpfe am etablierten wissenschaftlichen Feld und seiner Logik ausrichten. Sie demonstriert die Wichtigkeit nicht nur von Abgrenzungsbewegungen, sondern gerade auch von Anpassung, Angleichung und Grenzaufweichung hin zu jener sozialen Gruppe der Männer, deren sozialer Status von den modernen Technikwissenschaften beansprucht wird.

Selbst im Kontext der expliziten Verhandlung der Natur/Kultur-Grenze, die in der bürgerlichen Geschlechterordnung als hochgradig geschlechtlich aufgeladen gilt, rekurrieren die diskursiven Abgrenzungsbemühungen der Technikwissenschaften *nicht* auf das Geschlechterverhältnis und sehen – weitestgehend – davon ab, die Natur zu feminisieren. Wo dies dennoch vereinzelt geschieht, erscheint es als marginale, symbolische Ressource der Konstruktion des Maschinenwissenschaftlers, die neben anderen symbolischen Ressourcen, wie der ethnischen Markierung, auftritt. Beiden symbolischen Mitteln gemeinsam ist die diskursive Funktion, den Maschinenwissenschaftler als Produzenten universalen, überlegenen und objektiven Wissens hervorzubringen.

Betrachtet man exemplarisch die *boundary work* des Maschinenwissenschaftlers im Sinne Reuleaux' um 1900 noch einmal genauer, so zeichnet sich ein markanter Zug ab. Während die Akteure des wissenschaftlichen Feldes, die der Wissenschaftsforscher Thomas Gieryn vornehmlich im Blick hat, daran interessiert sein mögen, die Grenzen ihres Feldes zu sichern, zu verteidigen und zu schützen, operieren soziale Aufsteiger aus der Peripherie, wie etwa die modernen Technikwissenschaften, eher mit Strategien der Grenzaufweichung. Anpassung an die Logik des wissenschaftlichen Feldes zum Zweck der Anerkennung der eigenen Gegenstände und des eigenen Faches stehen im Mittelpunkt ihrer diskursiven Grenzziehungspraxis. Wie sich hier erwiesen hat, geht es den Technikwissenschaften um 1900 nicht länger nur um den Zugang, sondern zusätzlich um den Aufstieg innerhalb des wissenschaftlichen Feldes. Zu diesem Zeitpunkt kommt folglich eine weitere diskursive Strategie hinzu, nämlich jene der Überbietung. Mit der Überzeugung, dass die kinematische Maschinentheorie eine neue *master theory* mechanischer Phänomene sei, beansprucht Reuleaux für die Technikwissenschaften, der Naturforschung auf Augenhöhe zu begegnen, wenn nicht gar das hierarchische Verhältnis zwischen Theorie und Praxis umzukehren. »Trumpf« ist die Kinematik als abstrakte Grundlagentheorie für einen möglichst großen Gegenstandsbereich, der die Technikwissenschaften zu einer neuen zentralen Instanz der Theoriebildung im wissenschaftlichen Feld macht und ihr auf diese Weise Statuszugewinn verschaffen soll. Mit Bourdieu gesprochen, unternehmen die Technikwissenschaften somit den Versuch, die als hegemonial wahrgenommenen Wissenschaftler mit ihren eigenen Waffen zu schlagen. In diesem Sinne erweist sich technikwissenschaftliches Grundlagenwissen als umkämpftes Wissen um soziale Grenzziehungen und um soziale Positionierungen.

Fazit: Vom Maschinenwissenschaftler zum Mann der Tat

Die vorliegende Studie zum Ingenieur und den modernen Technikwissenschaften im deutschsprachigen Raum spannt den zeitlichen Bogen von den frühen Phasen der Verwissenschaftlichung um 1850 bis zur einsetzenden Rationalisierung der Ingenieurarbeit in den 1920er-Jahren. Auf Basis von veröffentlichten Schriften in Lehrbüchern und Fachzeitschriften mit Schwerpunkt auf dem Maschinenbau werden die Entwürfe von Fach, Beruf und Gegenstandsbereich sowie die Wechselwirkungen der jeweiligen Konstruktionsweisen aus einer wissenssoziologischen Perspektive untersucht. Im Zentrum der Analyse steht die Frage, wie Fach, Beruf und Gegenstandsbereich auf der symbolischen Ebene geschlechtlich aufgeladen sind und sich hierbei wechselseitig stützen. Die wichtigsten Erkenntnisse aus der Gesamtstudie sollen nun abschließend zusammengefasst und resümiert werden.

Folgt man dem Prozess der Entstehung und Konsolidierung sowie den fachlichen Kontroversen der modernen Technikwissenschaften, wie sie sich in den Schriften der Akteure widerspiegeln, so sind unterschiedliche vergeschlechtlichte Konstruktionen des Ingenieurberufs identifizierbar, die sich jeweils spezifischen Phasen zuordnen lassen und mit bestimmten Auffassungen von der Verwissenschaftlichung technischer Tätigkeitsfelder zusammenfallen. In der Früh- und vor allem der Konsolidierungsphase dominiert die Konstruktion des Ingenieurs als *Maschinenwissenschaftler*. Mit der Betonung der geistigen Tätigkeit setzt dieses Berufsverständnis auf geschlechtliche *Neutralisierung*, die in Zusammenhang mit der Professionalisierung der Ingenieure und deren Ablösung von der nicht-akademischen, handwerklichen Technik zu sehen ist. Die Neutralisierung der Erkenntnisperspektive und der Position des Ingenieurs war die maßgebliche Strategie der Verwissenschaftlichung. Sie stellt eine vergeschlechtlichte Subjektkonstruktion dar, die näher zu erläutern ist.

Ähnlich wie in anderen Bereichen der bürgerlichen Moderne wird auch der Maschinenwissenschaftler in androzentristischer Weise konzipiert, d.h. er ist Mensch im Allgemeinen und mithin neutral und objektiv. Die Konzeption erfolgt, indem die »Anderen«, von denen der Maschinenwissenschaftler sich diskursiv abgrenzt, als sozial situierte und häufig auch als geschlechtlich markierte Akteure gezeichnet werden. Außerdem erfolgt die Profilierung des Maschinenwissenschaftlers durchgängig unter Rückgriff auf dualistische Gegensatzpaare, v.a. geistig versus körperlich und verstandesmäßig versus gefühlt. Doch anders als auf anderen Feldern der Moderne wird das diskursive Gegenüber des Maschinenwissenschaftlers nicht oder nur äußerst selten feminisiert. Der Dualismus Männlichkeit/Weiblichkeit spielt keine oder nur eine untergeordnete Rolle. Symbolische Abgrenzungen werden in erster Linie mittels anderer sozialer Hierarchisierungen vollzogen, wobei Klassenzugehörigkeiten und Ethnisierungen wesentlich sind. Auf diese Weise konstituiert sich der moderne Ingenieur im Gewand des »männlichen« Maschinenwissenschaftlers vorrangig über die Abwertung und Marginalisierung *anderer* Konstruktionen von Männlichkeit. Mit solchen ethnisierenden oder sozial hierarchisierenden Kontrastierungen wird ein wissenschaftliches Erkenntnisideal verfolgt, das gemäß dem abendländisch-aufklärerischen Denken universal und aperspektivisch ist. Das Fachverständnis des Maschinenwissenschaftlers ist gekennzeichnet vom Anspruch, allgemeine Gesetze zu formulieren, sowie von einem theoriegeleiteten Zugang zur Konstruktion von Maschinen. Dies geht einher mit der Definition eines abstrakten Maschinenbegriffs, der darauf zielt, ein breites Gebiet mechanischer (Natur-)Phänomene wissenschaftlich zu fassen. Auf diese Weise werden die Berufsvorstellung des Maschinenwissenschaftlers und das Fachverständnis einer Wissenschaft mechanischer Phänomene eng miteinander verschränkt.

Mit dem Versuch, die androzentristisch strukturierte Position des Unmarkierten und Neutralen zu besetzen, zielen die Technikwissenschaften in dieser Zeit primär darauf ab, diskursiv an eine bestimmte, eine privilegierte zeitgenössisch-bürgerliche Männlichkeitskonstruktion anzuschließen, nämlich an jene des objektiven, akademisch gebildeten Geistesarbeiters. Diese Konstruktion »hegemonialer Männlichkeit« funktioniert gleichsam als generatives Prinzip für die diskursive Ausformung des Maschinenwissenschaftlers, in der andere, zugleich marginalisierte Männlichkeiten die entscheidende Negativfolie bilden. Es mag paradox klingen, aber die Besonderheit dieser Vergeschlechtlichungsweise liegt in der systematischen Ausblendung von Geschlechtlichkeit als Voraussetzung dafür, die begehrte symbolische Position des objektiven Wissenschaftlers zu besetzen. Diese symbolische Angleichung an die zeitgenössische Figur des Akademikers ist als professionspolitische Strategie zu deuten, mit der der soziale Aufstieg der Ingenieure aus der sozial unterprivilegierten Position rein anwendungsorientierter Techniker angestrebt wurde. Folglich erscheinen in den untersuchten Schriften Handwerker oder Arbeiter durchaus als geschlechtlich markiert. Sie treten mit Blick auf körperlich schwere Arbeit oder auf routinisierte, regelgeleitete und eher ausführende Tätigkeiten als minder leistungsfähige Männer in Erscheinung, im Gegensatz zu den modernen produktiven »Köpfen«, die die

Gesetze und die Pläne für die industrielle Rationalisierung und Technisierung gestalten. Der Verweis auf vermeintlich rückständige Arbeitsformen männlicher Arbeitskräfte außerhalb Europas oder außerhalb industrialisierter Produktion ist als diskursiver Vorstoß zu verstehen, mit dem der Maschinenwissenschaftler als moderner, sachlich überlegener Vorreiter der Kulturentwicklung erscheint. Die »Frau« und das gesellschaftliche Geschlechterverhältnis bleiben in diesem Zusammenhang vollkommen außerhalb der Wahrnehmung und Problematisierung des Ingenieurberufs, seiner sozialen Stellung und der gesellschaftlichen Rolle der technischen Domäne.

Diese Konstruktion des Maschinenwissenschaftlers und der stark theorieorientierten Technikwissenschaften blieb weder in der zweiten Hälfte des 19. Jahrhunderts völlig unumstritten, noch konnte sie sich dauerhaft diskursiv stabilisieren. Sie wird in einer späteren Phase der Verwissenschaftlichung, spätestens gegen Ende des 19. Jahrhunderts, vehement angefochten. Seit den 1880er-Jahren wird ihr ein neues Berufsverständnis gegenübergestellt, das den Ingenieur als *Mann der Tat* begreift. Die geschlechtliche Neutralisierung wird weitgehend aufgegeben zugunsten einer diskursiven Anknüpfung an eine essenzialisierte Auffassung von der männlichen *Natur* als überlegen und als spezifische Ressource technischer Erfindungsfähigkeit. Offensive geschlechtliche Markierung einerseits und »Wissen« über die geschlechtliche Natur des Mannes andererseits dienen als Bausteine für die Ausarbeitung eines praxisbezogenen neuen Verständnisses der Technikwissenschaften, das die Idee einer theoretischen Gesetzeswissenschaft hinter sich lässt. Im Diskurs äußert sich das etwa in der Verschiebung der Narrative über die Geschichte des Ingenieurs und die Herkunft der Technik. So weisen die Ingenieure ab den 1880er-Jahren die zukunftsgerichtete Narration des Maschinenwissenschaftlers, die besagt, dass dieser Repräsentant der höchsten Stufe der Kulturentwicklung sei, zurück und entwerfen ein Ursprungsnarrativ von der technischen Natur des Menschen, die im prähistorischen Werkzeugerfinder ihren bildhaften Ausdruck erfährt. Außerdem beziehen sie sich nun vornehmlich auf das soziale Feld der Kunst und auf die besondere Stellung des Künstlers in der Moderne.

Essenzialisierung und Hervorhebung von Männlichkeit als Gütekriterium erfolgen im Falle der Konstruktion des Ingenieurs als Mann der Tat ebenfalls nicht in Abgrenzung zu einer *weiblichen* Geschlechtsnatur, sondern mithilfe von biologisierenden Dualismen wie stark/schwach, gesund/krank etc. in Abgrenzung zu anderen, als minderwertig konzipierten, Versionen von Männlichkeit. Die Strategie der offensiven geschlechtlichen Markierung des Berufs, die – zuweilen auch in emphatischer Weise – Männlichkeit als besondere Qualität hervorhebt, setzt dabei auf positiv konnotierte Vorstellungen von Ehre, Verantwortung, Kraft, Mut, Zeugungsfähigkeit und Willen. Mit ihnen soll die Ablösung vom herrschenden neuhumanistisch geprägten akademischen Ideal und der Figur des bildungsbürgerlichen Gelehrten in der Studierstube ebenso gelingen wie die Entwicklung eines *eigenen* Wissenschaftsverständnisses für die technische Domäne als anwendungsorientierte Wissenschaft. Der metaphorische Bezug auf den Kraftbegriff, einen Fachbegriff aus dem grundlagentheoretischen Wissen der technischen Mechanik, verleiht dieser Männlichkeitskonstruktion zusätzliche Legitimation. Der Mann der Tat steht auf diese Weise für die »natürliche« dynamische Kraft der Nation, eine Konstruktion des Ingenieurs, in der dieser im Hinblick auf seine gesellschaftliche Anerkennung als Mitglied der neuen gesellschaftlichen Führungsriege zu deuten ist.

Wie diese beiden Konstruktionsweisen des Ingenieurs zeigen, unterliegt die vergeschlechtlichte Koproduktion von Berufs-, Fach- und Gegenstandsverständnis im technikwissenschaftlichen Fachdiskurs des Untersuchungszeitraumes einer diskursiven Verschiebung vom Maschinenwissenschaftler zum Mann der Tat. Zwar werden beide Varianten unter Rückgriff auf jeweils unterschiedliche dualistische Gegensatzpaare profiliert, doch erweist sich Zweigeschlechtlichkeit in *beiden* Fällen nicht als maßgebliche diskursive Referenz. Im Gegenteil, diejenigen Textstellen, die das Geschlechterverhältnis in Bezug auf die Technik behandeln, bleiben randständig, dienen eher der Illustration oder lassen sich nur außerhalb des technikwissenschaftlichen Fachdiskurses auffinden. Der zeitgenössische Diskurs über die Emanzipation von Frauen und über deren Zugang zu Bildung überschneidet sich nicht oder nicht nennenswert auf einer symbolischen Ebene mit den professionspolitischen Bemühungen der Ingenieure um sozialen Aufstieg in die akademische Welt. In den Schriften der modernen Technikwissenschaften ist daher nicht die Exklusion der Frau erkennbar, sondern die *Exklusivität* eines unhinterfragt von Männern dominierten Tätigkeitsgebiets, dessen geschlechterpolitische Unantastbarkeit gerade in der nahezu vollständigen Ausblendung des Geschlechterverhältnisses zum Ausdruck kommt. Hier zeigen sich merkliche feldspezifische Abweichungen zu anderen Berufen wie dem Arztberuf oder dem Bereich der ästhetischen Produktion in Literatur und Kunst, in denen der Geschlechterdualismus eine wichtige Rolle bei der Monopolisierung von Tätigkeiten und Positionen spielte. Hinsichtlich geschlechtlicher Codierungen in den Technikwissenschaften hat sich daher gezeigt, dass der Blick auf den Wettbewerb unter Männern und auf konkurrierende Männlichkeitskonstruktionen wesentlich ist, um den spezifischen Ausprägungen des »männlichen« Ingenieurs auf die Spur zu kommen. Es lässt sich ganz allgemein ableiten, dass die Frage, ob hegemoniale Männlichkeit als generatives Prinzip vorwiegend in Abgrenzung zu Weiblichkeit oder im Wettbewerb unter Männern funktioniert, feldspezifisch variieren kann. Diese theoretisch-methodologische Erkenntnis der Studie mag über das Gegenstandsfeld der Technikwissenschaften hinaus zukünftig für geschlechtersoziologische Analysen interessant sein.

Der genealogisch-wissenssoziologische Zugang eröffnet außerdem neue Möglichkeiten für die technik- und berufssoziologische Forschung. So kann mit der Rekonstruktion diskursiver Kämpfe in Relation zu sozialen Feldern das bislang zumeist vereinfachte Bild vom Ingenieur der Moderne hinterfragt und einer komplexeren Betrachtung unterzogen werden. Auf Basis der Analyse des Fachdiskurses lassen sich konkurrierende Berufs- und Fachvorstellungen ermitteln, die deutlich machen, dass weder *der* Ingenieur noch *die* moderne Technik im deutschsprachigen Raum eine monolithische, stabile Wissensformation darstellen. Es kommt hingegen nur zu zeitweiligen Stabilisierungen bzw. zu kurzfristigen Radikalisierungen. Zu nennen ist hier beispielsweise das Insistieren auf angeborenen erfinderischen Fähigkeiten des Mannes der Tat, die als Abwehr der beginnenden Rationalisierung der Ingenieurarbeit in den Konstruktionsbüros der Großbetriebe in den 1920er-Jahren zu deuten ist. So macht eine Genealogie sichtbar, wie einmal entstandene Auffassungen von Fach und Beruf diskursiv umkämpft sind und allmählich im Kontext der Veränderungen im Professionalisierungsprozess »umgebaut« werden. Dies betrifft nicht allein die »große« Verschiebung vom Maschinenwissenschaftler zum Mann der Tat um 1900, sondern im weiteren Verlauf beispielsweise auch die Aushandlungsprozesse zwischen Technik und Kunst, die sich in den 1920er-Jahren abzeichneten. In dieser Zeit versuchten sowohl avantgardistische Kunstbewegungen als auch Ingenieure die Figur des »Künstler-Ingenieurs« für sich zu beanspruchen. Zunehmend rückte ein Tätigkeitsgebiet in den Blick, das sich angesichts der aufkommenden Fragen der Produktgestaltung in der Industrie neu herausbildete und Ursprung des heutigen Industriedesigns ist. Es handelte sich um einen damals formal ungeregelten Arbeitsbereich in der industriellen Massenproduktion, in dem sich Künstler engagierten. Dies ging, da sich auch die Ingenieure im Zuge der Konstruktion des Mannes der Tat ganz maßgeblich auf die Figur des Künstlers als Ausnahmesubjekt der Moderne bezogen, mit neuen diskursiven Abgrenzungen einher, wobei die Künstler für sich eine »natürliche« Gestaltungskraft beanspruchten und die Ingenieure in das Universum rationaler Berechnung und systematischer Planung zurückverwiesen. Diese an der Grenze zwischen ingenieurmäßiger Produktgestaltung und künstlerischer Formgebung ablaufende *boundary work* im weiteren Zeitverlauf eingehender zu untersuchen, dürfte ein spannendes Vorhaben sein. Doch schon auf Grundlage dessen, was sich bis Ende der 1920er-Jahre am Fachdiskurs festmachen lässt, kann man schließen: *Der* »männliche« Ingenieur als vergeschlechtlichte Berufskonstruktion erweist sich als eine von Grund auf umstrittene, historisch kontingente Wissensformation und als veränderliches Resultat diskursiver Grenzziehungen.

Angesichts dieses Ergebnisses kann die Theorie- bzw. Praxisorientierung der Technikwissenschaften nicht schlichtweg als rein sachlogisch begründete, fachliche Perspektive betrachtet werden. Berufs- und Fachverständnis formieren und legitimieren sich wechselseitig und stehen ebenso in einem koproduktiven Zusammenhang mit der begrifflichen Eingrenzung des eigenen Gegenstandsbereichs, wie dies im Falle der Kontroversen um die Definition der Maschine und deren Unterscheidung von Naturphänomenen ersichtlich wurde. Vergleicht man also, wie im Rahmen dieser Studie, die diskursiven Muster in professionspolitischen Schriften und grundlagentheoretischen Debatten, so wird deutlich, dass die soziale Konstruktion des Ingenieurs und der Technik kein Randthema in professionspolitischen »Sonntagsreden« ist und keine bloß äußerliche ideologische Verzerrung eigentlich sachlich neutraler, fachlicher Inhalte. Wie hauptsächlich die vorgelegten wissenssoziologischen Studien technikwissenschaftlicher Grundlagen zeigen, sind die fundamentalen Wissensbestände der technischen Domäne und mithin jene Wissensfundamente, die die Technik wissenschaftlich begründen sollen, von vergeschlechtlichten Konstruktionen des Ingenieurberufs durchzogen. Umgekehrt werden die Berufskonstruktionen von den jeweiligen Auffassungen vom Gegenstandsbereich mit geformt und in ihrem spezifischen Geltungsanspruch – des objektiven Wissenschaftlers bzw. des »potenten« Erfinders – erst autorisiert. Der Maschinenwissenschaftler etwa gewinnt an Gewicht aufgrund seines Studiums eines allgemein und abstrakt gefassten Gegenstandsbereichs, der Überschneidungen zu den Naturwissenschaften aufweist. Er legitimiert sich so als Akteur einer neuen zentralen Domäne des wissenschaftlichen Feldes, in der die Gesetze mechanischer Bewegungen erforscht werden. Die Bedeutung des Mannes der Tat hingegen beruht auf einem von den anderen Wissenschaften abgeschlossenen, autonomen Gebiet, das unabhängig von den Zeitläuften gegeben und Metier erfinderischer Männlichkeit ist.

Zudem: Nicht spezifische, feste Inhalte, sondern *Relationen* zu anderen Berufen und sozialen Feldern »machen« den Ingenieur zum Ingenieur. Dies wird beispielsweise deutlich, wenn man den diskursiv inszenierten Habitus der Akteure genauer betrachtet. Zum einen wird die Technik in Abgrenzung zur handwerklichen Praxis ganz nach den Regeln des wissenschaftlichen Feldes behandelt. Der Maschinenwissenschaftlicher zeigt den Habitus des objektiv abwägenden, distanzierten und mithin neutralen Betrachters und umfassend gebildeten Kenners des Wissens seiner Zeit. Zum anderen wird die Technik später unter Rückgriff auf das Konstrukt des Mannes der Tat in Abgrenzung zum sozialen Feld der Wissenschaft formuliert. Im Zuge der praxisorientierten Rekonzeptualisierung der Technikwissenschaften als Kunst präsentieren sich die Akteure habituell nicht mehr als gelehrt und systematisch abstrakt argumentierend. Vielmehr legen sie einen polemisch eklektizistischen, pragmatischen Habitus an den Tag. Das heißt, je nach Relation, je nach diskursiver Abgrenzung von und Annäherung an ein soziales Feld, verändern sich die relevanten Referenzkategorien, die fachlichen Inhalte, die Vergeschlechtlichungsweise und die habituelle Ausstattung der Akteure. Sie sind kontingente Elemente in einer symbolischen Arena, in der jeweils die soziale Stellung technischer Tätigkeitsfelder und des Ingenieurberufs auf dem Spiel stehen.

Was Technik *ist*, erscheint in der Konsequenz weniger als etwas Spezifisches und »Eigenes« denn als flexibles Resultat historisch kontingenter Abgrenzungen und Annäherungen. Hegemoniale Männlichkeit kommt in diversen Spielarten als generatives Prinzip zum Tragen. Folglich handelt es sich sowohl beim Maschinenwissenschaftler als auch beim Mann der Tat eindeutig *nicht* um Berufskonstruktionen, die einfach nahtlos aus außergesellschaftlichen, rein fachlichen Anforderungen der Technikwissenschaften ableitbar wären. Sie erweisen sich hingegen als relational hergestellt und verdanken ihre Kontur diskursiven Referenzen auf zeitgenössisch privilegierte Vorstellungen von Männlichkeit, wie etwa die normative Subjektkonstruktion des objektiven Wissenschaftlers der bürgerlichen Moderne im Fall des Maschinenwissenschaftlers oder die Konstruktion des Künstlers als geniales Ausnahmesubjekt der Moderne im Fall des Mannes der Tat. Ebenso wie der »männliche« Ingenieur auf diskursiver Ebene keiner spezifischen, sondern einer jeweils »geborgten«, als hegemonial wahrgenommenen Männlichkeitskonstruktion entspricht, erscheinen die Technikwissenschaften als Fach und die Technik als Gegenstand stets im diskursiv »geliehenen Gewand«. Auf diese Weise führt die genealogisch-wissenssoziologische Rekonstruktion von Ingenieur und Technikwissenschaften geradewegs in ihre Dekonstruktion. Die Analyse der Diskurse der modernen Technikwissenschaften zeigt, wie Beruf, Fach und Gegenstand als instabiles, in gewisser Weise zufälliges – wenngleich ganz sicher nicht beliebiges – Resultat aus den historischen Varianten der *boundary work* hervorgehen.

Vor dem Hintergrund einer solchen Genealogie des Ingenieurs und der modernen Technikwissenschaften, die sich in epistemische Kernbestände, Fachdebatten und Professionalisierungdiskurse hineinbegibt, eröffnen sich neue Fragen, wie jene nach dem weiteren Verlauf bis in die Gegenwart oder auch jene nach der heutigen Verfasstheit des Ingenieurwesens und der Technikwissenschaften. Solche Fragen unter genealogischer Herangehensweise zu stellen, ist mit der Aussicht verbunden, nicht nur näheren Aufschluss über die sozialen Voraussetzungen der heutigen Formierungsprozesse von Ingenieurberuf und Technikwissenschaften zu erhalten, sondern auch Hinweise auf Brüche, Widersprüche und somit vielleicht auf mögliche Öffnungen und Veränderungspotenziale.

Literaturverzeichnis

QUELLENLITERATUR[1]

Anonym [R.W.], 1863, Eine Erfindung. In: Z.VDI, Bd. VII. 155-156.

Anonym [R.W.], 1863, Rezension von: Franz Reuleaux, Der Constructeur. In: Z.VDI, Bd. VII. 67-70.

Anonym, 1869, Rezension von: Wilhelm Zahn, Ornamente aller classischer Kunstepochen. In: Z.VDI, Bd. XIII. 130.

Anonym, 1875, Rezension von: Wenzel Herzig, Die angewandte oder praktische Ästhetik oder die Theorie der decorativen Architektur. In: Z.VDI, Bd. 19. 110.

Anonym, 1876, Rezension von: Franz Reuleaux, Theoretische Kinematik. In: Z.VDI, Bd. 20. 548-550.

---

1 | Dieses Verzeichnis der »Quellenliteratur« verzeichnet die im Rahmen dieser Studie herangezogenen publizierten Materialien aus dem historischen Fachdiskurs der Technikwissenschaften. Es umfasst alle im Text zitierten Quellen wie auch solche, die im Zuge der Untersuchung herangezogen, gesichtet und globalanalytisch erschlossen wurden. Zur Zitation: Namen wurden so übernommen, wie sie in der Quelle genannt werden, d.h. häufig insbesondere Autorennamen ohne Vornamen. Sofern ich der Autor durch die Forschungsliteratur identifizierbar war, wurden die in der Quelle fehlenden Namenbestandteile in [] ergänzt. Die im Rahmen dieser Studie als empirische Quelle benutzte »Zeitschrift des Vereins Deutscher Ingenieure« wird in der Literaturliste durchgehend mit »Z.VDI« abgekürzt. Für diese Zeitschrift wie auch für den Civilingenieur werden die einzelnen Beiträge unter Angabe des Jahrgangsbandes aufgeführt. Die Heftnummer entfällt, da die Seitenzählung in den Bänden durchgehend ist. Außerdem wurden für die Z.VDI Veränderungen in der Abkürzung der Zeitschrift (VDI-Z, Z.VDI) hier nicht berücksichtigt, um die Bezeichnung kohärent zu halten. Wohl übernommen wurde die Veränderung der Jahrgangszählung von römischen zu arabischen Zahlen.

Anonym, 1904, Rezension von: Max Eyth, Im Strome unserer Zeit. In: Z.VDI, Bd. 48. 138-139.

Anonym, 1904, Zulassung von Ausländern an den technischen Hochschulen Deutschlands. In: Z.VDI, Bd. 48. 1201.

Anonym, 1907, Rezension von: A. Slaby, Glückliche Stunden. Entdeckungsfahrten in den elektrischen Ozean. In: Z.VDI, Bd. 51. 1998.

Anonym, 1909, Rezension von: Max Eyth, Gesammelte Schriften. In: Z.VDI, Bd. 53. 1859.

Anonym, 1910, Rezension von: Max Eyth, Gesammelte Schriften. In: Z.VDI, Bd. 54. 686.

Anonym, 1917, Zulassung von Frauen an die österreichischen Technischen Hochschulen. [Meldung in der Rubrik »Rundschau«]. In: Z.VDI, Bd. 61. 950.

BACH, C[arl] von, 1896, Bachsche Erwiderung auf die Ansprache des Vertreters der Studentenschaft, welche nach stenographischer Aufnahme etwa folgenden Wortlaut hat [Teil des Sitzungsberichts des Württembergischen Bezirksvereins]. In: Z.VDI, Bd. XXXX. 268f.

BECK, Theodor, 1876, Bemerkungen zu F. Reuleaux's Kinematik über Stützung. In: Der Civilingenieur, Jg. 22. 572-593.

BECK, Theodor, 1877a, Ueber den Begriff der Maschine. Bemerkungen zu F. Reuleaux's Kinematik. In: Der Civilingenieur, Jg. 23. 411-416.

BECK, Theodor, 1877b, Noch ein Wort über den Begriff ›Maschine‹. In: Der Civilingenieur, Jg. 23. 653-656.

BECK, Theodor, 1878a, Bemerkungen über den Begriff »Werkzeug« in der Maschinenlehre. In: Civilingenieur, Jg. 24. 473-496.

BECK, Theodor, 1878b, Bemerkungen zu Reuleaux's Kinematik. In: Z.VDI, Bd. 22. 383f.

BECK, Theodor, 1899, Beiträge zur Geschichte des Maschinenbaus. Berlin.

BÖHM, 1907a, [D]ie technischen Aufgaben zur Erschließung unsrer südwestafrikanischen Kolonie [Gastvortrag, referiert im Bericht über die Sitzung des Aachener Bezirksvereins vom 3. Juli 1907]. In: Z.VDI, Bd. 51. 1947-1950.

BÖHM, 1907b, [D]ie technischen Aufgaben zur Erschließung unsres südwestafrikanischen Schutzgebietes [Gastvortrag, referiert im Bericht über die Sitzung des Bochumer Bezirksvereins vom 15. Dezember 1906]. In: Z.VDI, Bd. 51. 429.

BORNEMANN, K.R., 1874, Benachrichtigung [des Redakteurs]. In: Civilingenieur, Jg. 20. [Editorial, ohne Seitenangabe].

BÖRNER, B., 1903, Kunstformen der Natur. [Gastvortrag, referiert im Bericht der Sitzung des Hannoverschen Bezirksvereins vom 7. Februar 1902]. In: Z.VDI, Bd. 47. 288.

BRAUER, Ernst A., 1900, Betrachtungen über die Maschinen und den Maschinenbau. In: Z.VDI, Bd. XXXXIV. 112-117.

BRINKMANN, Ludwig, 1908, Der Ingenieur. Frankfurt am Main.

DUNKMANN, Karl, 1927, Zur Theorie der Technik. In: Z.VDI, Bd. 71. 1619-1621.

ENGELMEYER, Peter Klimentitsch von, 1893, Ueber das Entwerfen von Maschinen. Psychologische Analyse. In: Der Civilingenieur, Jg. 39. 533-554.

ENGELMEYER, Peter Klimentitsch von, 1895, Was ist eine Erfindung. In: Der Civilingenieur, Jg. 41. 282-300.

ENGELMEYER, Peter Klimentitsch von, 1898, Was ist eine Maschine? In: Z.VDI, Bd. 42. 1196-1198.

ENGELMEYER, Peter Klimentitsch von, 1899, Ueber die schulmässige Ausbildung der technischen Schöpfungskraft. In: Dinglers Polytechnisches Journal, Jg. 80, Bd. 313, H. 6. 81-83.

ENGELMEYER, Peter Klimentitsch von, 1909, Der Dreiakt als Lehre von der Technik und der Erfindung. In: Zeitschrift für gewerblichen Rechtsschutz und Urheberrecht, Nr. 11. 367-397.

ERNST, Adolf, 1888, Kultur und Technik. In: Z.VDI, Bd. XXXII. 446-453.

EYTH, Max von, 1904, Poesie und Technik. In: Z.VDI, Bd. 48. 1129-1134.

EYTH, Max von, 1908, Lebendige Kräfte. Sieben Vorträge aus dem Gebiete der Technik. Berlin.

EYTH, Max von, 1919 [1904], Lebendige Kräfte. Sieben Vorträge aus dem Gebiete der Technik. Berlin.

GEISLER, Kurt W., 1929, Natürliche Technik. In: Z.VDI, Bd. 73. 1617-1619.

GOLDSTEIN, 1909, Seelische Wirkungen der Technik [referiert im Sitzungsbericht des Fränkisch-Oberpfälzischen Bezirksvereins]. In: Z.VDI, Bd. 53. 627.

GROTHE, Hermann, 1867, Wie eignet man am Besten den in und für die Technik wirkenden Menschen nach den verschiedenen Standpunkten des Erfordernisses technische Bildung an? In: Z.VDI, Bd. XI. 127-134.

GRUNER, O., 1890, Theorie und Praxis. In: Civilingenieur, Jg. 36. 61-66.

HAECKEL, Ernst, 1866, Generelle Morphologie der Organismen. Allgemeine Grundzüge der organischen Formen-Wissenschaft, mechanisch begründet durch die von Charles Darwin reformirte Deszendenztheorie. I-II. Berlin.

HARM, R., 1928, Die Ausbildung und Fortbildung des Konstrukteurs. [Anregungen aus der Fachsitzung »Ausbildungswesen« gelegentlich der 67. Hauptversammlung des VDI am 9. Juni 1928]. In: Z.VDI, Bd. 72. 1027-1028.

HARTIG, 1884, Ueber einige Allgemeinbegriffe der mechanischen Technik. In: Civilingenieur, Jg. 30. 421-440.

HARTIG, Ernst, 1893, Das Experiment auf dem Gebiete der mechanischen Technik. In: Z.VDI, Bd. XXXVII. 302-307.

HEIDEBROEK, Enno, 1919, Das Bildungsprogramm der Technischen Hochschule. In: Z.VDI, Bd. 63. 1089-1093.

HEIDEBROEK, Enno, 1927, Technische Pionierleistungen als Träger des industriellen Fortschritts. In: Z.VDI, Bd. 71. 809-815.

HOLZER, H., 1887, Was heisst Maschine und was ist des Wortes Urbedeutung. Ein Beitrag zur Entwicklungsgeschichte der Maschine. In: Der Civilingenieur, Jg. 33. 125-138, 249-262.

KAMMERER, Otto, 1902, Ansprache des Hrn. Professors Kammerer bei der Uebernahme des Rektorats der Technischen Hochschule zu Charlottenburg am 30. Juni 1902. In: Z.VDI, Bd. 46. 1091-1092.

KAMMERER, [Otto], 1905, Schillers Bedeutung für das Maschinenzeitalter. [Festrede, gehalten bei der Schillerfeier der Technischen Hochschule zu Berlin]. In: Z.VDI, Bd. 49. 884-886.

KELLER, D. von, 1904, [D]ie Aufgaben der Technik in den deutschen Kolonien [Gastvortrag, referiert im Bericht über die Sitzung des Bayerischen Bezirksvereins vom 8. Januar 1904]. In: Z.VDI, Bd. 48. 1502-1503.

KIRCHHOFF, Arthur, Hg., 1897, Die Akademische Frau. Gutachten hervorragender Universitätsprofessoren, Frauenlehrer und Schriftsteller über die Befähigung der Frau zum wissenschaftlichen Studium und Berufe. Berlin.

KLOSS, M., 1916, Der Allgemeinwert technischen Denkens. In: Z.VDI, Bd. 60. 679.

KRETZSCHMANN, Emil, 1865, Ferdinand Redtenbacher [Nachruf]. In: Z.VDI, Bd. IX. 245-262.

LADEMANN, Otto, 1922, Die neue Schönheit. Von Not und Zukunft deutschen Stiles und Geschmackes. Berlin-Lichterfelde.

LENZ, 1914, Krieg und Technik [Gastvortrag, referiert im Sitzungsbericht des Braunschweigischen Bezirksvereins]. In: Z.VDI, Bd. 58. 1178-1179.

LINCKE, F., 1879, Das mechanische Relais. Eine kinematische Studie. In: Z.VDI, Bd. XXIII. 509-524, 577-616.

LINDNER, 1923, Rezension von: Otto Lademann, Die neue Schönheit. Von Not und Zukunft deutschen Stiles und Geschmackes. In: Z.VDI, Bd. 67. 604.

LIPPART, [Gottlieb], 1927, [Titel nicht genannt]; zitiert nach: Viefhaus, Erwin, 1981, Ingenieure in der Weimarer Republik. In: Technik, Ingenieure und Gesellschaft. Hg.: Ludwig, Karl-Heinz. Düsseldorf. 334.

LIPPART, G[ottlieb], 1922, Zur Ingenieurerziehung. In. Z.VDI, Bd. 66. 1109-1113.

LOOS, Adolf, 1962 [1908], Ornament und Verbrechen. In: Ders. Schriften. Bd. 1. Wien, München.

LORENZ, Hans, 1940, Die Entwicklung der Maschinentheorie im 18. und 19. Jahrhundert. In: Technikgeschichte, Bd. 29. 1-14.

MACH, Ernst, 1912 [1883], Die Mechanik in ihrer Entwicklung. Historisch-kritisch dargestellt. Leipzig.

MATSCHOSS, C[onrad], 1924, Rezension von: Artur Fürst, Das Weltreich der Technik. In: Z.VDI, Bd. 68. 1207.

MATSCHOSS, Conrad, 1911, Der Ingenieur. Ein Beitrag zur Berufsgeschichte des Ingenieurs [Festvortrag] [Teil des Sitzungsberichtes des Kölner Bezirksvereins]. In: Z.VDI, Bd. 55. 1939-1943.

MATSCHOSS, Conrad, 1913, Die geistigen Mittel des technischen Fortschrittes in den Vereinigten Staaten von Nordamerika. In: Z.VDI, Bd. 57. 1529-1536, 1570-1576, 1609-1615, 1651-1653, 1696-1698.

MATSCHOSS, Conrad, 1915, Rezension zu: F. Müller, Die eisernen Kameraden. In: Z.VDI, Bd. 59. 752-753.

MATSCHOSS, Conrad, 1921, Ingenieurerziehung. Problemstellung und Zusammenarbeiten zwischen Hochschule und Industrie in Amerika. In: Z.VDI, Bd. 65. 896-897.

MEYER, G.J., 1926 [1919], Erfinden und Konstruieren. Ein Beitrag zum Verständnis und zur Bewertung. Berlin.

MÜLLER, Christ., 1866, Constructionslehre der Maschinentheile nebst Resultaten für den Maschinenbau. Ein Unterrichts- und Handbuch für technische Lehranstalten und Techniker. Stuttgart.

NÄGEL, [A.], 1923, Die Aufgaben der akademischen Jugend für Deutschlands Wiedergeburt. In: Z.VDI, Bd. 67. 333-335.

NÄGEL, A., 1928, Technik, Erfindung, Forschung und Technische Hochschulen. In: Z.VDI, Bd. 72. 429-431.

NIEMANN, M., 1878, Erläuterungen und Zusätze zu F. Reuleaux's Kinematik. In: Z.VDI, Bd. 22. 384.

OECHELHAEUSER, Wilhelm v[on], 1900, Die sozialen Aufgaben des Ingenieurberufs und die Berechtigung der höheren Schulen. [Eröffnungsrede z. 40. Jahresversammlung d. dt. Vereines von Gas- u. Wasserfachmännern, Mainz v. 10.6.1900]. In: Z.VDI, Bd. XXXXVI. 845-851.

OECHELHAEUSER, W[ilhelm] v[on], 1906, Technische Arbeit einst und jetzt. In: Z.VDI, Bd. 50. 1130-1143.

OECHELHAEUSER, Wilhelm von, 1917, Ansprache bei Gründung der Technischen Abteilung der Reichsdeutschen Waffenbrüderlichen Vereinigung. In: Z.VDI, Bd. 61. 17-19.

OSTWALD, Wilhelm, 1929, Der biologische Faktor in der Technik. In: Z.VDI, Bd. 73. 1149-1150.

PFLEIDERER, Wolfgang, 1925, Einleitung zu: Die Form ohne Ornament. Werkbundausstellung 1924. Stuttgart, Berlin, Leipzig. 3-22.

PLANK, R., 1928, Naturwissenschaft und Technik. In: Z.VDI, Bd. 72. 837-843.

POUND, Arthur, 1925, Der eiserne Mann in der Industrie. Die soziale Bedeutung der automatischen Maschine. Berlin, München.

PREUSS, F., 1901, Rezension von: Franz Reuleaux, Lehrbuch der Kinematik, 2. Bd. In: Z.VDI, Bd. 45. 422-423.

REDTENBACHER, Ferdinand, 1855, Die Gesetze des Lokomotiv-Baues. Mannheim.

REDTENBACHER, Ferdinand, 1859 [1852], Principien der Mechanik und des Maschinenbaus. Mannheim (2. Auflage).

REDTENBACHER, Ferdinand, 1875 [1848], Resultate für den Maschinenbau. Heidelberg (6. Auflage).

REDTENBACHER, Ferdinand, 1879, Geistige Bedeutung der Mechanik und geschichtliche Skizze der Entdeckung ihrer Prinzipien. In: Erinnerungsschrift zur siebzigjährigen Geburtstagsfeier. Hg.: Redtenbacher, Rudolf. München. 75-112.

REDTENBACHER, Rudolf, 1879, Ferdinand Redtenbacher. Biografische Skizze von Rudolf Redtenbacher. In: Erinnerungsschrift zur siebzigjährigen Geburtstagsfeier. Hg.: Ders. München. 7-74.

REULEAUX, Franz, 1865 [1861], Der Constructeur. Ein Handbuch zum Gebrauch beim Maschinen-Entwerfen für Maschinen- und Bauingenieure, Fabrikanten und technische Lehranstalten. Braunschweig (2. Auflage).

REULEAUX, Franz, 1875, Theoretische Kinematik. Grundzüge einer Theorie des Maschinenwesens. Braunschweig.

REULEAUX, Franz, 1877a, Briefe aus Philadelphia. Braunschweig.

REULEAUX, Franz, 1877b, Ueber die Definition der Maschine. Als Beantwortung der Bemerkungen des Herrn Th. Beck. In: Civilingenieur, Jg. 23. 563-772.

REULEAUX, Franz, 1885a, Cultur und Technik. In: Z.VDI, Bd. XXIX. 24-28 und 41-46.

REULEAUX, Franz, 1885b, The Influence of the Technical Sciences upon General Culture. Translated from the German by W. Kunhardt. In: School of Mines Quarterly, Vol. VII, No. 1. 67-94.

REULEAUX, Franz, 1890, Ueber das Verhältnis zwischen Geometrie, Mechanik und Kinematik. In: Z.VDI, Bd. XXXVI. 217-225 und 243-248.

REULEAUX, Franz, 1900, Die praktischen Beziehungen der Kinematik zu Geometrie und Mechanik. Braunschweig.

REULEAUX, Franz, 1901, Aus Kunst und Welt. Vermischte kleinere Schriften. Berlin.

RIEDLER, Alois, 1895, Zur Frage der Ingenieurerziehung. In: Z.VDI, Bd. 39. 951-959.

RIEDLER, Alois, 1896, Die Ziele der technischen Hochschulen. In: Z.VDI, Bd. 40. 301-309, 337-346, 374-382.

RIEDLER, Alois, 1899, Die Technischen Hochschulen und die wissenschaftliche Forschung. In: Z.VDI, Bd. 43. 841-844.

RIEDLER, Alois, 1900, Rede zum Geburtsfeste Seiner Majestät des Kaisers und Königs Wilhelm II. In: Ders., Ueber die geschichtliche und zukünftige Bedeutung der Technik. Zwei Reden. Berlin.

RIEDLER, Alois, 1921, Die neue Technik. Berlin.

RIEDLER, Alois, 1922, Fortschritt und erfahrene Technik. In: Z.VDI, Bd. 66. 343-344.

RIEDLER, Alois, 1998, Unsere Hochschulen und die Anforderungen des zwanzigsten Jahrhunderts. Berlin.

RIEMERSCHMID, Richard, 1928, Kunst und Technik. In: Z.VDI, Bd. 72, Nr. 37. 1273-1278.

RIEPPEL, A. v.; FREYTAG, L., 1917, Beiträge zur Entwicklungsgeschichte der technischen Mechanik. In: Beiträge zur Geschichte der Technik und Industrie; Jahrbuch des VDI, Bd. 7. 25-42.

RIEZLER, Walter, 1925, Vorwort zu: Die Form ohne Ornament. Werkbundausstellung 1924. Stuttgart, Berlin, Leipzig. V-VIII.

ROTHER, 1895, Über theoretische Richtigkeit und architektonische Schönheit von Ingenieurbauwerken. [referiert im Bericht des Leipziger Zweigvereins vom Sächsischen Ingenieur- und Architektenverein über das Jahr 1893]. In: Civilingenieur, Jg. 41. 16.

RÜHLMANN, 1885, Vorträge über Geschichte der Technischen Mechanik. Leipzig.

RÜHLMANN, 1888, Maschinen zur Unterstützung der Frauenarbeit im Hause. In: Z.VDI, Bd. XXXII. 572-574.

SCHMOLLER, Gustav, 1903, Das Maschinenzeitalter in seinem Zusammenhang mit dem Volkswohlstand und der sozialen Verfassung der Volkswirtschaft. In: Z.VDI, Bd. 47. 1165-1171.

SCHRÖTER, Manfred, 1920, Die Kulturmöglichkeit der Technik als Formproblem der produktiven Arbeit. Kritische Studien zur Darlegung der Zivilisation und der Kultur der Gegenwart. Berlin und Leipzig.

SCHRÖTER, Manfred, 1933, Kulturfragen der Technik. In: Z.VDI, Bd. 77. 349-353.

Siebzehnte Hauptversammlung des Vereines [VDI]. Am 28. bis 31. August 1876 in Berlin. In: Z.VDI, Bd. 20, (1876). 695ff.

SOMBART, Werner, 1934, Deutscher Sozialismus. Berlin-Charlottenburg.

STERN, N., 1918, Rezension von: Th. Janßen, Die Grundlagen des technischen Denkens und der technischen Wissenschaft. In: Z.VDI, Bd. 62. 792-793.

STODOLA, A., 1897, Die Beziehungen der Technik zur Mathematik. In: Z.VDI, Bd. XXXXI. 1257-1260.

STÜRZENACKER, A[ugust], 1924, Die Schönheit des Ingenieurbaus. In: Z.VDI, Bd. 68. 1113-1119.

VOLBEHR, 1905, Maschine und Kunst. Sitzungsbericht des Sächsisch-Anhaltinischen Bezirksvereins. In: Z.VDI, Bd. 49, Nr. 32. 1329.

VOLK, C., 1927, Berechnung, Erfahrung und Gefühl [Vortrag, referiert im Bericht über die Tagung für Maschinenelemente, 8. und 9. Juli in Erfurt]. In: Z.VDI, Bd. 71, 1200.

WAFFENSCHMIDT, W.G., 1935, Rezension von: Werner Sombart, Deutscher Sozialismus. In: Z.VDI, Bd. 7. 793-794.

WAGNER, 1902, Die Stellung des Maschinenbaus zur Kunst. [Gastvortrag, referiert im Sitzungsbericht des Pommerschen Bezirksvereins vom 12. November 1901]. In: Z.VDI, Bd. 46. 691-692.

WEIHE, Carl, 1914, Technische Erziehung. In: Z.VDI, Bd. 58. 1405-1408.

WEIHE, Carl, 1916, Max Eyth. Ein kurzgefaßtes Lebensbild mit Auszügen aus seinen Schriften. Nebst Neudruck von Wort und Werkzeug von Max von Eyth. Berlin.

WEIHE, Carl, 1916, Rezension von: Eberhard Zschimmer, Philosophie der Technik. In: Z.VDI, Bd. 60. 717-718.

WEIHE, Carl, 1918, Max Maria von Weber. Ein Lebensbild des Dichter-Ingenieurs mit Auszügen aus seinen Werken. Berlin.

WEIHE, Carl, 1919, Aus eigener Kraft. Bilder von deutscher Technik und Arbeit für die reifere Jugend. Frankfurt am Main, Leipzig.

WEIHE, Carl, 1922, Technik und Kultur (Chronik). In: Z.VDI, Bd. 67. 18.

WEIHE, Carl, 1923, Rezension von: Georg Burckhardt, Individuum und Welt als Werk. Eine Grundlegung der Kulturphilosophie. In: Z.VDI, Bd. 67. 30.

WEIHE, Carl, 1924, Der Kulturmensch im Maschinenzeitalter. In: Ethische Kultur: Wochenschrift zur Verbreitung ethischer Bestrebungen, Jg. 32. 7-8.

WEIHE, Carl, 1925, Franz Reuleaux und seine Kinematik. Berlin.

WEIHE, Carl, 1935, Kultur und Technik. Ein Beitrag zur Philosophie der Technik. Frankfurt am Main.

WEIHE, Carl, 1949, Franz Reuleaux. [D]er Vater der Kinematik. In: Z.VDI, Bd. 91. 557-558.

WEINREICH, H., 1936, Rezension von: Carl Weihe, Kultur und Technik. In: Z.VDI, Bd. 80. 195.

WENDT, Ulrich, 1906, Die Technik als Kulturmacht in sozialer und in geistiger Beziehung. Berlin.

WENDT, Ulrich, 1911, Wirken und Schaffen des Ingenieurs. In: Z.VDI, Bd. 55. 1982-1985.

WETTICH, Hans, 1916, Die Maschine in der Karikatur. Ein Buch zum Siege der Technik. Berlin.

ZIESE, R., 1899, Was ist ein Ingenieur? [Referat über den Aufsatz in der Rubrik »Rundschau«]. In: Z.VDI, Bd. XXXXIII. 850-852.

FORSCHUNGSLITERATUR

ABBOTT, Andrew, 1988, The System of Professions. An Essay on the Division of Expert Labor. Chicago, London.

ACKER, Renate; KONEGEN-GRENIER, Christiane; WERNER, Dirk, 1999, Der Ingenieurberuf der Zukunft: Qualifikationsanforderungen und Beschäftigungsaussichten. Köln.

ALBERTI, Leon Battista, 2002 [1435/36], Della Pittura. Über die Malkunst. Hg.: Bätschmann, Oskar; Gianfreda, Sandra. Darmstadt.

BACHMAIER, Helmut; FISCHER, Ernst Peter, Hg., 1991, Glanz und Elend der zwei Kulturen: über die Verträglichkeit der Natur- und Geisteswissenschaften. Konstanz.

BAMMÉ, Arno; FEUERSTEIN, Günter; GENTH, Renate; HOLLING, Eggert; KAHLE, Renate; KEMPIN, Peter, 1980, Maschinen-Menschen, Mensch-Maschinen. Grundrisse einer sozialen Beziehung. Reinbeck bei Hamburg.

BAMMÉ, Arno, 2004, Science Wars. Von der akademischen zur postakademischen Wissenschaft. Frankfurt am Main, New York.

BANSE, Gerhard; WOLLGAST, Siegfried, Hg., 1987 [1983], Biographien bedeutender Techniker, Ingenieure und Technikwissenschaftler. Eine Sammlung von Biographien. (Erarb. v. einem Autorenkollektiv). Berlin.

BANSE, Gerhard; FRIEDRICH, Käthe, Hg., 2000, Konstruieren zwischen Kunst und Wissenschaft. Idee - Entwurf - Gestaltung. Berlin.

BANSE, Gehard; GRUNDWALD, Armin; KÖNIG, Wolfgang; ROPOHL, Günter, Hg., 2006, Erkennen und Gestalten. Eine Theorie der Technikwissenschaften. Berlin.

BARNES, Barry, 1974, Scientific Knowledge and Sociological Theory. London.

BATH, Corinna, 2009, De-Gendering informatischer Artefakte: Grundlagen einer kritisch-feministischen Technikgestaltung. Bremen (Diss.).

BATH, Corinna; KLEINEN, Barbara, Hg., 1997, Frauen in der Informationsgesellschaft. Fliegen oder Spinnen im Netz? Mössingen-Talheim.

BATH, Corinna; WEBER, Jutta, Eds., 2002, Embodied Agents of Life- and Cyberscience. Bericht über ein Symposium der TU Braunschweig und der Uni Bremen. Bericht Nr. 2/02. Bremen.

BATH, Corinna; BAUER, Yvonne; BOCK von WÜLFINGEN, Bettina; SAUPE, Angelika; WEBER, Jutta, Hg., 2005, Materialität denken. Studien zur technologischen Verkörperung - Hybride Artefakte, posthumane Körper. Bielefeld.

BAUMANN, Zygmund, 2005 [1991], Moderne und Ambivalenz. Das Ende der Eindeutigkeit. Hamburg.

BAUMHOFF, Anja, 1994, »Ich spalte den Menschen«. Geschlechterkonzeptionen bei Johannes Itten. In: Das frühe Bauhaus und Johannes Itten. Hg.: Bauhaus-Archiv Berlin, Kunstmuseum Berlin, Kunstsammlungen zu Weimar. Stuttgart. 91-99.

BAUSINGER, Hermann, 1980 [1968], Formen der »Volkspoesie«. Berlin.

BEAUFAŸS, Sandra, 2003, Wie werden Wissenschaftler gemacht? Beobachtungen zur wechselseitigen Konstitution von Geschlecht und Wissenschaft. Bielefeld.

BEAUFAŸS, Sandra; KRAIS, Beate, 2005, Doing Science - Doing Gender. Die Produktion von WissenschaftlerInnen und die Reproduktion von Machtverhältnissen im wissenschaftlichen Feld. In: Feministische Studien, Nr. 1. 82-99.

BECK, Ulrich; GIDDENS, Anthony; LASH, Scott, 1996, Reflexive Modernisierung. Eine Kontroverse. Frankfurt am Main.

BECK, Ulrich; BONSS, Wolfgang; LAU, Christoph, 2001, Theorien reflexiver Modernisierung - Fragestellungen, Hypothesen, Forschungsstrategien. In: Die Modernisierung der Moderne. Hg.: Beck, Ulrich; Bonß, Wolfgang. Frankfurt am Main. 11-59.

BECKENBACH, Niels, 1991, Industriesoziologie. Berlin, New York.

BECKENBACH, Niels, 1993, Gesellschaftliche Stellung und Bewußtsein des Ingenieurs. In: Technik und Gesellschaft. Hg.: Albrecht, Helmuth; Schönbeck, Charlotte. Düsseldorf. 350-372.

BECKER, Ruth; KORTENDIECK, Beate, Hg., 2004, Handbuch Frauen- und Geschlechterforschung: Theorie, Methoden, Empirie. Wiesbaden.

BECKER, Ruth; KORTENDIECK, Beate, Hg., 2008, Handbuch Frauen- und Geschlechterforschung: Theorie, Methoden, Empirie. Wiesbaden (2. erweiterte und aktualisierte Auflage).

BELL, Daniel, 1989 [1973], Die nachindustrielle Gesellschaft. Frankfurt am Main, New York.

BERNER, Boel, 2000, Women Engineers and the Transformation of the Engineering Profession in Sweden Today. In: Knowledge and Society, Vol. 12. 293-318.

BLACK, Max, 1962, Models and Metaphor. Ithaca, New York.

BLÄTTEL-MINK, Birgit, 2002, Studium und Geschlecht. Faktoren einer geschlechterdifferenten Studienfachwahl in Baden-Württemberg. Stuttgart.

BLOOR, David, 1991 [1976], Knowledge and Social Imagery. Chicago.

BÖHLE, Fritz; BOLTE, Annegret; DREXEL, Ingrid; WEISHAUPT, Sabine, 2001, Grenzen wissenschaftlich-technischer Rationalität und »anderes« Wissen. In: Die Modernisierung der Moderne. Hg.: Beck, Ulrich; Bonß, Wolfgang. Frankfurt am Main.

BOURDIEU, Pierre, 1983, Ökonomisches Kapital, kulturelles Kapital, soziales Kapital. In: Soziale Ungleichheiten. Hg.: Kreckel, Reinhard. Göttingen. 183-198. (Soziale Welt, Sonderband 2)

BOURDIEU, Pierre, 1992 [1984], Homo academicus. Frankfurt am Main.

BOURDIEU, Pierre, 1997 [1975], The Specificity of the Scientific Field and the Social Conditions of the Progress of Reason. In: The Science Studies Reader. Ed.: Biagioli, Mario. London, New York. 31-50.

BOURDIEU, Pierre, 1997 [1985], Zur Genese der Begriffe Habitus und Feld. In: Pierre Bourdieu. Der Tote packt den Lebenden. Schriften zu Politik und Kultur 2. Hg.: Steinrücke, Margareta. Hamburg. 59-78.

BOURDIEU, Pierre, 2004, Science of Science and Reflexivity. Chicago, IL.

BOURDIEU, Pierre; WACQUANT, Loic J.D., 2006 [1992], Reflexive Anthropologie. Frankfurt am Main.

BRAUN, Christina von; STEPHAN, Inge, Hg., 2000, Gender Studien. Eine Einführung. Stuttgart, Weimar.

BRAUN, Christina von; STEPHAN, Inge, Hg., 2005, Gender@Wissen. Ein Handbuch der Gender-Theorien. Köln, Weimar, Wien.

BRAUN, Hans-Joachim, 1975, Allgemeine Fragen der Technik an der Wende zum 20. Jahrhundert. Zum Werk P.K. Engelmeyers. In: Technikgeschichte, Bd. 42. 306-326.

BRAUN, Hans-Joachim, 1977, Methodenprobleme der Ingenieurwissenschaft, 1850-1900. In: Technikgeschichte, Bd. 44. 1-18.

BRAUN, Hans-Joachim, 1983, Leben und Werk von Franz Reuleaux. Nachwort. In: Reuleaux, Franz, Briefe aus Philadelphia (Nachdruck der Ausgabe von 1877). Weinheim. 113-151.

BRAUN, Hans-Joachim, 1996, Technik als »Kulturhebel« und »Kulturfaktor«. Zum Verhältnis von Technik und Kultur bei Franz Reuleaux. In: Technische Intelligenz und »Kulturfaktor Technik«. Hg.: Dietz, Burkhard; Fessner, Michael; Maier, Helmut. Münster, New York. 36-43.

BREDEKAMP, Horst; BRÜNING, Jochen; WEBER, Cornelia, Hg., 2000, Theater der Natur und Kunst, 2 Bde.; Theatrum naturae et artis, 2 Bde. Berlin.

BRÖDNER, Peter, 1997, Der überlistete Odysseus. Über das zerrüttete Verhältnis von Menschen und Maschinen. Berlin.

BRUNOTTE, Ulrike; HERRN, Rainer, Hg., 2008, Männlichkeiten und Moderne. Geschlecht in den Wissenskulturen um 1900. Bielefeld.

BRUNS, Claudia, 2008, Politik des Eros. Der Männerbund in Wissenschaft, Politik und Jugendkultur (1880-1934). Köln, Weimar, Wien.

BUBLITZ, Hannelore, 1998, Das Geschlecht der Moderne. Genealogie und Archäologie der Geschlechterdifferenz. In: Dies., Das Geschlecht der Moderne. Genealogie und Archäologie der Geschlechterdifferenz. Frankfurt am Main, New York. 26-48.

BURRI, Regula Valérie, 2008, Bourdieu und die New Sociology of Science: Anmerkungen zu einer schwierigen Beziehung. In: Swiss Journal of Sociology, Vol. 34, I. 3. 555-573.

BUSSMANN, Hadumod; HOF, Renate, Hg., 1995, Genus - zur Geschlechterdifferenz in den Kulturwissenschaften. Stuttgart.

BUSSMANN, Hadumod; HOF, Renate, Hg., 2005, Genus. Geschlechterforschung/Gender Studies in den Kultur- und Sozialwissenschaften. Stuttgart.

CAMPBELL, Joan, 1981 [1978], Der Deutsche Werkbund: 1907-1934. Stuttgart.

CANGHUILHEM, Georges, 1979 [1966], Der Gegenstand der Wissenschafts-geschichte. In: Ders., Wissenschaftsgeschichte und Epistemologie. Frankfurt am Main. 22-37.

CANGHUILHEM, Georges, 1979, Wissenschaftsgeschichte und Epistemologie. Gesammelte Aufsätze. Hg.: Lepenies, Wolf. Frankfurt am Main.

CANGHUILHEM, Georges, 2006, Wissenschaft, Technik, Leben. Beiträge zur historischen Epistemologie. Berlin.

CARRIGAN, Tim; CONNELL, Robert W.; LEE, John, 2001 [1985], Ansätze zu einer neuen Soziologie der Männlichkeit. In: Kritische Männerforschung. Neue Ansätze in der Geschlechtertheorie. Hg.: BauSteineMänner. Hamburg. 38-75.

CASTELLS, Manuel, 1996, The Rise of the Network Society. Cambridge, Massachusetts. (The Information Age: Economy, Society and Culture, Vol. 1)

CHOLUJ, Bożena, Hg., 2007, Von der wissenschaftlichen Tatsache zur Wissensproduktion: Ludwik Fleck und seine Bedeutung für die Wissenschaft und Praxis. Frankfurt am Main, Wien.

COCKBURN, Cynthia, 1988 [1986], Die Herrschaftsmaschine. Geschlechterverhältnisse und technisches Know-how. Berlin, Hamburg.

COELHO, Ricardo Lopes, 2001, Zur Konzeption der Kraft der Mechanik. Münster, New York, München, Berlin.

COLES, Tony, 2009, Negotiating the Field of Masculinity. The Production and Reproduction of Multiple Dominant Masculinities. In: Men and Masculinities, Vol. 12, No. 1. 30-44.

CONNELL, Raewyn W., 1998, Masculinities and Globalization. In: Men and Masculinities, Vol. 1, No. 1. 3-23.

CONNELL, Raewyn W., 1999 [1995], Der gemachte Mann. Konstruktion und Krise von Männlichkeiten. Opladen.

CONNELL, Raewyn W., 2000, Globalisierung und Männerkörper – Ein Überblick. In: Feministische Studien, Nr. 2. 78-87.

CONNELL, Raewyn W., 2005 [1995], Masculinities (Second Edition). Berkeley, Los Angeles.

CONNELL, Raewyn W.; MESSERSCHMIDT, James W., 2005, Hegemonic Masculinity. Rethinking the Concept. In: Gender & Society, Vol. 19, No. 6. 829-859.

CONNELL, Raewyn W.; WOOD, Julian, 2005, Globalization and Business Masculinities. In: Men and Masculinities, Vol. 7, No. 4. 347-364.

COSTAS, Ilse; ROSS, Bettina, 2001, Profession und Geschlecht. Fächerwahlen und Karriereverläufe der ersten Studentinnen und Wissenschaftlerinnen an deutschen Universitäten. In: femina politica, H. 1. 93-97.

DASTON, Lorraine J., 1987/88, Weibliche Intelligenz: Geschichte einer Idee. In: Jahrbuch des Wissenschaftskollegs. Berlin. 213-229.

DASTON, Lorraine, 1992, Objectivity and the Escape from Perspective. In: Social Studies of Science: an International Review of Research in the Social Dimensions of Science and Technology, Vol. 22, No. 4. 597-618.

DASTON, Lorraine, 1998a, Die Kultur der wissenschaftlichen Objektivität. In: Naturwissenschaft, Geisteswissenschaft, Kulturwissenschaft. Hg.: Oexle, Otto Gerhard. Göttingen. 9-39.

DASTON, Lorraine, 1998b, Fear and Loathing of the Imagination in Science. In: Deadalus (Winter 1998). 73-93.

DASTON, Lorraine, 2003, Die wissenschaftliche Persona. Arbeit und Berufung. In: Zwischen Vorderbühne und Hinterbühne. Hg.: Wobbe, Theresa. Bielefeld. 109-136.

DASTON, Lorraine; GALISON, Peter, 2007, Objectivity. New York.

DEAR, Peter, 1995, Cultural History of Science: An Overview with Reflections. In: Science, Technology & Human Values, Vol. 20, No. 2. 150-170.

DEGELE, Nina, 2002, Einführung in die Techniksoziologie. München.

DEGELE, Nina, 2003, Happy Together: Soziologie und Gender Studies als paradigmatische Verunsicherungswissenschaften. In: Soziale Welt, Jg. 54, H. 1. 9-29.

DEGELE, Nina, 2005, Modernisierungstheorie. Eine Einführung. München.

DIENEL, Hans-Liudger, 1992, Herrschaft über die Natur? Naturvorstellungen deutscher Ingenieure 1871-1914. Stuttgart.

DIENEL, Hans-Liudger, Hg., 1998, Der Optimismus der Ingenieure. Triumpf der Technik in der Krise der Moderne um 1900. Stuttgart.

DIETZ, Burkhard; FESSNER, Michael; MAIER, Helmut, Hg., 1996a, Technische Intelligenz und »Kulturfaktor Technik«. Kulturvorstellungen von Technikern und Ingenieuren zwischen Kaiserreich und früher Bundesrepublik Deutschland. Münster, New York.

DIETZ, Burkhard; FESSNER, Michael; MAIER, Helmut, 1996b, Der »Kulturwert der Technik« als Argument der Technischen Intelligenz für sozialen Aufstieg und Anerkennung. In: Technische Intelligenz und »Kulturfaktor Technik«. Hg.: Dies. Münster, New York. 1-32.

DIETZE, Gabriele, 2006, Critical Whiteness Theory und Kritischer Okzidentalismus. Zwei Figuren hegemonialer Selbstreflexion. In: Weiß – Whiteness – Weissein. Hg.: Tissberger, Martina; Dietze, Gabriele; Husmann-Kastein, Jana; Hrzán, Daniela. Stuttgart. 232-250.

DIETZE, Gabriele; BRUNNER, Claudia; WENZEL, Edith, Hg., 2009, Kritik des Okzidentalismus. Transdisziplinäre Beiträge zu (Neo-)Orientalismus und Geschlecht. Bielefeld.

DINGES, Martin, 2005, »Hegemoniale Männlichkeit« – ein Konzept auf dem Prüfstand. In: Männer – Macht – Körper. Hegemoniale Männlichkeiten vom Mittelalter bis heute. Hg.: Ders. Frankfurt am Main, New York. 7-33.

DOWNEY, Gary L.; LUCENA, Juan C., 1995, Engineering Studies. In: Handbook of Science and Technology Studies. Ed.: Jasanoff, Sheila; Markle, Gerald E.; Petersen, James C.; Pinch Trevor. London. 167-188.

DOWNEY, Gary Lee, 1998, The Machine in Me. An Anthropologist Sits Among Computer Engineers. New York, London.

DREESBACH, Anne, 2005, Gezähmte Wilde. Die Zurschaustellung »exotischer« Menschen in Deutschland 1870-140. Frankfurt am Main, New York.

DRYBURGH, Heather, 1999, Work Hard, Play Hard. Women and Professionalization in Engineering-Adapting to the Culture. In: Gender & Society, Vol. 13, No. 5. 664-682.

DUDDECK, Heinz, 1986, Der Ingenieur - kein homo faber. Braunschweig.

DUDDECK, Heinz; MITTELSTRASS, Jürgen, Hg., 1999, Die Sprachlosigkeit der Ingenieure. Opladen. (Ladenburger Diskurs)

EASLEA, Brian, 1986 [1983], Väter der Vernichtung. Männlichkeit, Naturwissenschaftler und der nukleare Rüstungswettlauf. Reinbek bei Hamburg.

EBELING, Smilla; SCHMITZ, Sigrid, Hg., 2006, Geschlechterforschung und Naturwissenschaften. Einführung in ein komplexes Wechselspiel. Wiesbaden.

EGGERT, Manfred K.H.; SAMIDA, Stefanie, 2009, Ur- und Frühgeschichtliche Archäologie. Tübingen, Basel.

EKARDT, Hanns-Peter, 1978, Entwurfsarbeit. Organisations- und handlungstheoretische Ansätze zur soziologischen Analyse der Arbeit von Bauingenieuren im Tragwerkentwurfsbereich. Darmstadt.

EKARDT, Hanns-Peter, 2001, Ingenieurrationalität. Bauingenieure als ›Techniker‹ oder als Professionelle. In: Ingenieurbaukunst in Deutschland. Jahrbuch der Bundesingenieurkammer 2001. Hamburg. (Manuskript)

EKARDT, Hanns-Peter, 2003, Das Sicherheitshandeln freiberuflicher Tragwerksplaner. Zur arbeitsfunktionalen Bedeutung professioneller Selbstverantwortung. In: Professionelle Leistung - Professional Performance. Hg.: Mieg, Harald; Pfadenhauer, Michaela. Konstanz. 167-193.

ENGLER, Steffani, 1993, Fachkultur, Geschlecht und soziale Reproduktion. Eine Untersuchung über Studentinnen und Studenten der Erziehungswissenschaft, Rechtswissenschaft, Elektrotechnik und des Maschinenbaus. Weinheim.

ENGLER, Steffani, 2001, In Einsamkeit und Freiheit? Zur Konstruktion der wissenschaftlichen Persönlichkeit auf dem Weg zur Professur. Konstanz.

ERLEMANN, Christiane, 2002, Ich trauer meinem Ingenieurdasein nicht mehr nach. Warum Ingenieurinnen den Beruf wechseln - eine qualitative empirische Studie. Bielefeld.

FAULKNER, Wendy, 2000a, Dualisms, Hierarchies and Gender in Engineering. In: Social Studies of Science, Vol. 30, No. 5. 759-792.

FAULKNER, Wendy, 2000b, The Power and the Pleasure? A Research Agenda for »Making Gender Stick« to Engineers. In: Science, Technology & Human Values, No. 25. 87-119.

FAULKNER, Wendy, 2001, The Technology Question in Feminism: a View from Feminist Technology Studies. In: Women's Studies International Forum, Vol 24, No. 1. 79-95.

FAULKNER, Wendy, 2006, Läuft alles, Frau Ingenieur? Tanja Paulitz im Gespräch mit der britischen Techniksoziologin Wendy Faulkner über Geschlechterrollen in einer Männerdomäne. In: Freitag, Nr. 35. 17.

FAULKNER, Wendy, 2007, ›Nuts and Bolts and People‹: Gender-troubled Engineering Identities. In: Social Studies of Science, Vol. 37, No. 3. 331 - 356.

FELSKI, Rita, 1995, The Gender of Modernity. Cambridge, Massachusetts.

FELT, Ulrike; NOWOTNY, Helga; TASCHWER, Klaus, 1995, Wissenschaftsforschung. Eine Einführung. Frankfurt am Main, New York.

FERGUSON, Clive, 2006, Defining the Australian Mechanical Engineer. In: European Journal of Engineering Education, Vol. 31, No. 4. 471-485.

FISCHER, Wend, 1975, Zwischen Kunst und Industrie. Der Deutsche Werkbund. München.

FLECK, Ludwik, 1980 [1935], Entstehung und Entwicklung einer wissenschaftlichen Tatsache. Einführung in die Lehre vom Denkstil und Denkkollektiv. Frankfurt am Main.

FLICK, Uwe, 2007, Qualitative Sozialforschung. Eine Einführung. Reinbek bei Hamburg.

FORMAN, Paul, 2007, The Primacy of Science in Modernity, of Technology in Postmodernity, and of Ideology in the History of Technology. In: History and Technology, Vol. 23, No. 1/2. 1-152.

FOUCAULT, Michel, 1978 [1966], Die Ordnung der Dinge. Frankfurt am Main.

FOUCAULT, Michel, 1978, Wahrheit und Macht. (Interview von A. Fontana und P. Pasquino). In: Ders., Dispositive der Macht. Berlin. 21-54.

FOUCAULT, Michel, 1994 [1975], Überwachen und Strafen. Die Geburt des Gefängnisses. Frankfurt am Main.

FOX, Mary Frank, 1998, Women in Science and Engineering: Theory, Practice, and Policy in Programs. In: Signs, No. 24. 201-223.

FREHILL, Lisa M., 2004, The Gendered Construction of the Engineering Profession in the United States, 1893-1920. In: Men and Masculinities, Vol. 6, No. 4. 383-403.

FREIDSON, Eliot, 1983, The Theory of Professions: State of the Art. In: The Sociology of the Professions. Lawyers, Doctors and Others. Ed.: Dingwall, Robert; Lewis, Philip. London. 19-37.

FREVERT, Ute, 1991, Ehrenmänner. Das Duell in der bürgerlichen Gesellschaft. München.

FREVERT, Ute, 1995, »Mann und Weib und Weib und Mann.« Geschlechterdifferenzen in der Moderne. München.

FRISCH, Max, 1957, Homo Faber. Frankfurt am Main.

FUCHS-HEINRITZ, Werner; KÖNIG, Alexandra, 2005, Pierre Bourdieu. Eine Einführung. Konstanz.

GANNON, Susanne, 2007, Laptops and Lipsticks: Feminizing Technology. In: Learning, Media and Technology, Vol. 32, No. 1. 53-67.

GIANNINI, Mirella, 1998, Women in Engineering: The Contribution of Women to the Transformation of the Professional Group. In: Sociologia del Lavoro, No. 70-71. 351-374.

GIDDENS, Anthony, 1999 [1997], Soziologie. Hg.: Fleck, Christian; Zilian, Hans Georg. Graz-Wien (2. überarbeitete Auflage nach der 3. überarbeiteten englischen Auflage).

GIEDION, Siegfried, 1982 [1948], Die Herrschaft der Mechanisierung. Ein Beitrag zur anonymen Geschichte. Frankfurt am Main.

GIERYN, Thomas, 1995, Boundaries of Science. In: Handbook of Science and Technology Studies. Ed.: Jasanoff, Sheila; Markle, Gerald E.; Petersen, James C; Pinch, Trevor. London. 167-188.

GIERYN, Thomas, 1999, Cultural Boundaries of Science. Credibility on the Line. Chicago, London.

GIESELBRECHT, Karin; HAFNER, Michaela, Hg., 2001, Data / Body / Sex / Maschine. Technoscience und Sciencefiction aus feministischer Sicht. Wien.

GILBERT, Anne Françoise, 2004, Studienmotivation und Erfahrungen im Grundstudium. Eine Erhebung an vier Schweizer Hochschulen zu Frauen in technischen und naturwissenschaftlichen Studiengängen. In: Soziale Technik, Nr. 3. 19-21.

GILBERT, Anne-Francoise, 2009, Disciplinary Cultures in Mechanical Engineering and Materials Science. Gendered/Gendering Practices? In: Equal Opportunities International, Vol. 28, No. 1. 24-35.

GILBERT, Anne-Françoise; CRETTAZ von ROTEN, Fabienne; ALVAREZ, Elvita, 2006, Le poids des cultures disciplinaires sur le choix d'une formation supérieure technique ou scientifique: une perspective genre. In: Swiss Journal of Sociology, Vol. 32, No. 1. 141-161.

GILDEMEISTER, Regine, 2008, Doing Gender: Soziale Praktiken der Geschlechterunterscheidung. In: Handbuch Frauen- und Geschlechterforschung. Hg.: Becker, Ruth; Kortendiek, Beate. Wiesbaden. 137-145.

GISPEN, C.W.R., 1989, From Theory to Practice: The Reorientation in Mechanical Engineering and Bourgeois Society in Germany, 1873-1914. In: Essays in European History. Ed.: Burton, June; K. Lanham, London. 115-128.

GISPEN, Kees, 1994 [1983], Die deutsche Ingenieurelite, 1840-1930: Eine Analyse der Nachrufe. In: Ingenieure in Deutschland, 1770-1990. Hg.: Lundgreen, Peter; Grelon, André. Frankfurt am Main, New York. 221-241.

GISPEN, Kees, 2002 [1989], New Profession, Old Order: Engineers and German Society, 1815-1914. New York.

GLASER, Barney G.; STRAUSS, Anselm L., 1998 [1967], Grounded Theory: Strategien qualitativer Forschung. Göttingen.

GOULD, Stephen Jay, 2003 [1977], Ontogeny and Phylogeny. Cambridge, Massachusetts.

GRANSEE, Carmen, Hg., 2003, Der Frauenstudiengang in Wilhelmshaven. Facetten und Kontexte einer »paradoxen Intervention«. Opladen.

GREIF, Moniko, 1996, Zur Geschichte des Ingenieurberufs – wo waren die Frauen? In: Ingenieurinnen. Daniela Düsentrieb oder Florence Nightigale der Technik. Hg.: Dies.; Stein, Kira. Mössingen/Talheim. 125-159.

HACKER, Sally, 1989, Pleasure, Power and Technology: Some Tales of Gender, Engineering, and the Cooperative Workplace. Boston.

HACKETT, Edward; AMSTERDAMSKA, Olga; LYNCH, Michael; WAJCMAN, Judy, Eds., 2008, The Handbook of Science and Technology Studies (Third Edition). Cambridge, Massachusetts.

HACKING, Ian, 1999, Was heißt »soziale Konstruktion«. Zur Konjunktur einer Kampfvokabel in den Wissenschaften. Frankfurt am Main.

HAFFNER, Yvonne; KÖNEKAMP, Bärbel; KRAIS, Beate, 2006, Arbeitswelt in Bewegung. Chancengleichheit in technischen und naturwissenschaftlichen Berufen als Impuls für Unternehmen. Berlin. (Hg.: Bundesministerium für Bildung und Forschung).

HAGEMANN-WHITE, Carol, 1984, Sozialisation: weiblich - männlich? Opladen.

HAGNER, Michael, 2001, Ansichten der Wissenschaftsgeschichte. Frankfurt am Main.

HARAWAY, Donna, 1991 [1985], A Cyborg Manifesto: Science, Technology, and Socialist-Feminism in the Late Twentieth Century. In: Dies., Simians, Cyborgs, and Women. The Reinvention of Nature. London. 149-181.

HARAWAY, Donna, 1994, A Game of Cat's Cradle: Science Studies, Feminist Theory, Cultural Studies. In: Configurations, No. 1. 59-71.

HARAWAY, Donna, 1995a, Primatologie ist Politik mit anderen Mitteln. In: Das Geschlecht der Natur. Hg.: Orland, Barbara; Scheich, Elvira. Frankfurt am Main. 136-198.

HARAWAY, Donna, 1995b, Die Neuerfindung der Natur: Primaten, Cyborgs und Frauen. Hg.: Hammer, Carmen; Stiess, Immanuel. Frankfurt am Main, New York.

HARAWAY, Donna, 1997, Modest_Witness@Second_Millenium. FemaleMan©_MeetsOncoMouseTM: Feminism and Technoscience. New York, London.

HARDING, Sandra, 1994, Ist die westliche Wissenschaft eine Ethnowissenschaft? Herausforderung und Chance für die Feministische Wissenschaftsforschung. In: Die Philosophin, Nr. 9. 26-44.

HARDING, Sandra, 1998, Is Science Multicultural? Postcolonialisms, Feminisms, and Epistemologies. Bloomington.

HARDING, Sandra, 2006, Science and Social Inequality. Feminist and Postcolonial Issues. Champaign/USA.

HARING, Sabine; SCHERKE, Katharina, Hg., 2000, Analyse und Kritik der Modernisierung um 1900 und um 2000. Wien.

HARK, Sabine, 2005, Dissidente Partizipation. Eine Diskursgeschichte des Feminismus. Frankfurt am Main.

HARK, Sabine, 2006, Frauen, Männer, Geschlechter, Fantasien. Politik der Erzählungen. In: Gender kontrovers. Genealogien und Grenzen einer Kategorie. Hg.: Dietze, Gabriele; Dies. Königstein/Ts.

HARK, Sabine, 2007, Transformationen von Wissen, Mensch und Geschlecht. Geschlechterforschung als kritische Ontologie der Gegenwart. In: Transformationen von Wissen, Mensch und Geschlecht. Hg.: Dölling, Irene; Dornhof, Dorothea; Esders, Karin; Genschel, Corinna; Hark, Sabine. Königstein/Ts. 9-24.

HARTMANN, Corina; SANNER, Ute, 1997, Ingenieurinnen: ein unverzichtbares Potential für die Gesellschaft. Kirchinteln.

HASENJÜRGEN, Brigitte, 1996, Soziale Macht im Wissenschaftsspiel. SozialwissenschaftlerInnen und Frauenforscherinnen an der Hochschule. Münster.

HAUSEN, Karin, 1976, Polarisierung der Geschlechtscharaktere. In: Sozialgeschichte der Familie in der Neuzeit Europas. Neuere Forschungen. Hg.: Conze, Werner. Stuttgart. 363-393.

HAUSEN, Karin, 1990 [1986], Warum Männer Frauen zur Wissenschaft nicht zulassen wollten. In: Wie männlich ist die Wissenschaft? Hg.: Dies.; Nowotny, Helga. Frankfurt am Main. 31-40.

HAUSEN, Karin, 1995 [1993], Ingenieure, technischer Fortschritt und Geschlechterbeziehungen. Historische Reflexionen. In: Metis, Nr. 1. 5-17.

HEIDENREICH, Martin, 2003, Cultural, Social and Institutional Differences in the Professionalization of Engineers in Germany, France, and Japan. In: Localized Engineering for Globalized Manufacturing. Ed.: Ito, Yoshimi; Moritz, Eckehard F.; Ruth, Klaus. Sottrum. 69-92.

HEINSOHN, Dorit, 1998, Feministische Naturwissenschaftskritik. Eine Einführung. In: Feministische Naturwissenschaftsforschung. Hg.: Petersen, Barbara; Mauss, Bärbel. Mössingen-Talheim. 14-32.

HEINSOHN, Dorit, 2000, Thermodynamik und Geschlechterdynamik um 1900. In: Feministische Studien, Nr. 1. 52-68.

HEINSOHN, Dorit, 2005, Physikalisches Wissen im Geschlechterdiskurs. Thermodynamik und Frauenstudium um 1900. Frankfurt am Main.

HEINTZ, Bettina, 1998, Die soziale Welt der Wissenschaft. Entwicklungen, Ansätze und Ergebnisse der Wissenschaftsforschung. In: Wissenschafts- und Technikforschung in der Schweiz. Hg.: Dies., Nievergelt, Bernd. Zürich. 55-94.

HEINTZ, Bettina; NADAI, Eva, 1998, Geschlecht und Kontext. De-Institutionalisierungsprozesse und geschlechtliche Differenzierung. In: Zeitschrift für Soziologie, Jg. 27, H. 2. 75-93.

HEINTZ, Bettina; MERZ, Martina; SCHUMACHER, Christina, 2004, Wissenschaft, die Grenzen schafft. Geschlechterunterschiede im disziplinären Vergleich. Bielefeld.

HELDUSER, Urte, 2005, Geschlechterprogramme. Konzepte der literarischen Moderne um 1900. Köln, Weimar, Wien.

HELDUSER, Urte; MARX, Daniela; PAULITZ, Tanja; PÜHL, Katharina, Hg., 2004, Under Construction? Konstruktivistische Perspektiven in feministischer Theorie und Forschungspraxis. Frankfurt am Main, New York.

HELLIGE, Hans Dieter, 1991, Leitbilder und historisch-gesellschaftlicher Kontext der frühen wissenschaftlichen Konstruktionsmethodik. Bremen (Artecpaper Nr. 8).

HELLIGE, Hans Dieter, 2004, Die Genese von Wissenschaftskonzepten der Computerarchitektur: vom »system of organs« zum Schichtenmodell des Designraums. In: Geschichten der Informatik. Hg.: Ders. Berlin. 411-471.

HENGSTENBERG, Heike, 1992, Ingenieurinnenarbeit ist auch anders zu gestalten! In: Profession und Geschlecht. Hg.: Wetterer, Angelika. Frankfurt am Main, New York. 187-204.

HENWOOD, Flis, 1996, WISE Choices? Understanding Occupational Decision-Making in a Climate of Equal Opportunities for Women in Science and Technology. In: Gender and Education, Vol. 8, No. 2. 199-214.

HENWOOD, Flis, 2000, From the Woman Question in Technology to the Technology Question in Feminism. In: The European Journal of Women's Studies, Vol. 7, No. 2. 209-227.

HERF, Jeffrey, 1984, Reactionary Modernism. Technology, Culture and Politics in Weimar and the Third Reich. Cambridge.

HERMANN, Armin; SCHÖNBECK, Charlotte, Hg., 1991, Technik und Wissenschaft. Düsseldorf.

HERMANNS, Harry, 1980, Professionen - berufliche Gruppen im Kampf um gesellschaftliche Macht das Beispiel der Ingenieure. In: Ingenieurarbeit: Soziales Handeln oder disziplinierte Routine. Hg.: Ders., Tkocz, Christian; Winkler, Helmut. Kassel. 133-166.

HESSE, Mary B., 1961, Forces and Fields: The Concept of Action at a Distance in the History of Physics. London.

HESSE, Mary B., 1966, Models and Analogies in Science. Notre Dame, Indiana.

HESSLER, Martina, 2001, ›Mrs. Modern Woman‹. Zur Sozial- und Kulturgeschichte der Haushaltstechnisierung. Frankfurt am Main, New York.

HEYDEBRAND, Renate von; WINKO, Simone, 2005, Ein problematisches Verhältnis: Gender und der Kanon der Literatur. In: Genus. Geschlechterforschung/Gender Studies in den Kultur- und Sozialwissenschaften. Hg.: Bußmann, Hadumod; Hof, Renate. Stuttgart. 186-220.

HEYMANN, Matthias, 2005, »Kunst« und Wissenschaft in der Technik des 20. Jahrhunderts. Zur Geschichte der Konstruktionswissenschaft. Zürich.

HEYMANN, Matthias; WENGENROTH, Ulrich, 2001, Die Bedeutung von ›tacit knowledge‹ bei der Gestaltung von Technik. In: Die Modernisierung der Moderne. Hg.: Beck, Ulrich; Bonß, Wolfgang. Frankfurt am Main. 106-121.

HOFFMANN, Ute, 1987, Computerfrauen: Welchen Anteil haben Frauen an Computergeschichte und -arbeit? München.

HONEGGER, Claudia, 1991, Die Ordnung der Geschlechter. Die Wissenschaft vom Menschen und das Weib. Frankfurt am Main, New York.

HORKHEIMER, Max, 1982 [1930], Ein neuer Ideologiebegriff? In: Der Streit um die Wissenssoziologie. Zweiter Band. Rezeption und Kritik der Wissenssoziologie. Hg.: Meja, Volker; Nico Stehr. Frankfurt am Main. 474-496.

HORTLEDER, Gerd, 1970, Das Gesellschaftsbild des Ingenieurs. Zum politischen Verhalten der Technischen Intelligenz in Deutschland. Frankfurt am Main.

HORTLEDER, Gerd, 1973, Ingenieure in der Industriegesellschaft. Zur Soziologie der Technik und der naturwissenschaftlich-technischen Intelligenz im öffentlichen Dienst und in der Industrie. Frankfurt am Main.

HUNECKE, Volker, 1979, Der »Kampf ums Dasein« und die Reform der technischen Erziehung im Denken Alois Riedlers. In: Wissenschaft und Gesellschaft. Hg.: Rürup, Reinhard. Berlin, Heidelberg, New York. 301-313.

IHSEN, Susanne [& VDI], Eds., 2009, Gender and Diversity in Engineering and Science. 1st European Conference. Düsseldorf.

IHSEN, Susanne, 2008, Ingenieurinnen: Frauen in einer Männerdomäne. In: Handbuch Frauen- und Geschlechterforschung. Hg.: Becker, Ruth; Kortendiek, Beate. Wiesbaden. 791-797.

JÄGER, Siegfried, 1999 [1993], Kritische Diskursanalyse. Eine Einführung. Duisburg (2. überarbeitete und erweiterte Auflage).

JÄGER, Wieland; WEINZIERL, Ulrike, 2007, Moderne soziologische Theorien und sozialer Wandel. Wiesbaden.

JAMMER, Max, 1976, Kraft. In: Historisches Wörterbuch der Philosophie. Hg.: Ritter, Joachim; Gründer, Karlfried. Basel, Stuttgart. 1177-1180.

JAMMER, Max, 1999 [1975], Concepts of Force. A Study in the Foundations of Dynamics. Mineola, NY.

JANICH, Peter, 1996, Konstruktivismus und Naturverhältnis. Frankfurt am Main.

JANSHEN, Doris; RUDOLPH, Hedwig; BERG-PEER, Janine. 1987, Ingenieurinnen. Frauen für die Zukunft. Berlin, New York.

JANSHEN, Doris; RUDOLPH, Hedwig, Hg., 1988, Frauen gestalten Technik. Pfaffenweiler.

JAUCH, Ursula Pia, 1989, Immanuel Kant zur Geschlechterdifferenz: aufklärerische Vorurteilskritik und bürgerliche Geschlechtervormundschaft. Wien.

JEGGLE, Utz; KORFF, Gottfried; SCHARFE, Martin; WARNEKEN, Bernd Jürgen, Hg., 1986, Volkskultur in der Moderne. Probleme und Perspektiven empirischer Kulturforschung. Reinbek bei Hamburg.

JOAS, Hans; KNÖBL, Wolfgang, 2004, Sozialtheorie. Zwanzig einführende Vorlesungen. Frankfurt am Main.

JOERGES, Bernward, 1989, Soziologie und Maschinerie. Vorschläge zu einer »realistischen« Techniksoziologie. In: Technik als sozialer Prozeß. Hg.: Weingart, Peter. Frankfurt am Main. 44-89.

JORGENSON, Jane, 2002, Engineering Selves. Negotiating Gender and Identity in Technical Work. In: Management Communication Quarterly, Vol. 15, No. 3. 350 - 380.

JOST, Wolfdietrich, 1982, Gewerbliche Schulen und politische Macht. Zur Entwicklung des gewerblichen Schulwesens in Preußen in der Zeit von 1850-1880. Weinheim, Basel.

KAHLERT, Heike; MISCHAU, Anina, 2000, Neue Bildungswege für Frauen. Frauenhochschulen und Frauenstudiengänge im Überblick. Frankfurt am Main.

KAISER, Walter; KÖNIG, Wolfgang, Hg., 2006, Geschichte des Ingenieurs. Ein Beruf in sechs Jahrtausenden. München, Wien.

KEITEL, Christine, 2003, Mathematical Literacy in Higher Education: Attracting Women to Engineering Professions by Using ICT. In: International Group for the Psychology of Mathematics Education, 25th PME-NA Conference in Honolulu, Vol. 1, 145-148.

KELLER, Evelyn F., 1986 [1985], Liebe, Macht und Erkenntnis. Männliche oder weibliche Wissenschaft? München.

KELLER, Evelyn F., 1998 [1995], Das Leben neu denken. Metaphern der Biologie im 20. Jahrhundert. München.

KELLER, Reiner, 2004, Diskursforschung. Eine Einführung für SozialwissenschaftlerInnen. Wiesbaden.

KENNEDY, Helen, 2005, Subjective Intersections in the Face of the Machine. Gender, Race, Class and PCs in the Home. In: European Journal of Women's Studies, Vol. 12, No. 4. 471-487.

KERNER, Ina, 2009, Differenzen und Macht. Zur Anatomie von Rassismus und Sexismus. Frankfurt am Main, New York.

KESSEL, Martina, Hg., 2005, Kunst, Geschlecht, Politik. Männlichkeitskonstruktionen und Kunst im Kaiserreich und in der Weimarer Republik. Frankfurt am Main.

KING, Willie L., Jr., 2004, Black Males in Engineering: Career Growth, Development and Promotion. In: Dissertation Abstracts International, A.: The Humanities and Social Sciences, Vol. 64, No. 11. 4219-A.

KLEIN, Ursula, 2005, Experimentelle Wissenschaften und Werkstättentradition. In: Homo Sapiens und Homo Faber. Hg.: Wolters, Gereon; Carrier, Martin. Berlin, New York. 113-131.

KLINGER, Cornelia, 2000, Die Ordnung der Geschlechter und die Ambivalenz der Moderne. In: Das Geschlecht der Zukunft. Zwischen Frauenemanzipation und Geschlechtervielfalt. Hg.: Becker, Sybille; Kleinschmit, Gesine; Nord, Ilona; Schneider-Ludorff, Gury. Stuttgart. 29-63.

KLINGER, Cornelia, 2002, Die Kategorie Geschlecht zwischen Natur, Kultur und Gesellschaft. In: Kultur und ihre Wissenschaft. Hg.: Helduser, Urte; Schwietring, Thomas. Konstanz. 69-84.

KLINGER, Cornelia, 2005, Feministische Theorie zwischen Lektüre und Kritik des philosophischen Kanons. In: Genus. Geschlechterforschung / Gender Studies in den Kultur- und Sozialwissenschaften. Hg.: Bußmann, Hadumod; Hof, Renate. Stuttgart. 329-364.

KLINGER, Cornelia, 2008, Von der Gottesebenbildlichkeit zur Affentragödie. Über Veränderungen im Männlichkeitskonzept an der Wende zum 20. Jahrhundert. In: Männlichkeiten und Moderne. Hg.: Brunotte, Ulrike; Herrn, Rainer. Bielefeld. 25-35.

KLINGER, Cornelia; KNAPP, Gudrun-Axeli; SAUER, Birgit, 2007, Achsen der Ungleichheit. Zum Verhältnis von Klasse, Geschlecht und Ethnizität. Frankfurt am Main, New York.

KNAPP, Gudrun-Axeli, 1993, Segregation in Bewegung: Einige Überlegungen zum »Gendering« von Arbeit und Arbeitsvermögen. In: Frauenerwerbsarbeit. Forschungen zu Geschichte und Gegenwart. Hg.: Hausen, Karin; Krell, Gertraude. München. 25-46.

KNAPP, Gudrun-Axeli; GRANSEE, Carmen, 2003, Experiment im Gegenwind. Der erste Frauenstudiengang in einer Männerdomäne. Ein Forschungsbericht. Opladen.

KNAPP, Gudrun-Axeli; WETTERER, Angelika, Hg., 2003, Achsen der Differenz. Gesellschaftstheorie und feministische Kritik II. Münster.

KNOBLAUCH, Hubert, 2005. Wissenssoziologie. Konstanz.

KNORR CETINA, Karin, 1988, »Das naturwissenschaftliche Labor als Ort der ›Verdichtung‹ von Gesellschaft«. In: Zeitschrift für Soziologie, Jg.17, H. 2. 85-101.

KNORR CETINA, Karin, 1989, Spielarten des Konstruktivismus. Einige Notizen und Anmerkungen. In: Soziale Welt, Jg. 40, H. 1/2. 86-96.

KNORR CETINA, Karin, 1991 [1981], Die Fabrikation von Erkenntnis. Zur Anthropologie der Naturwissenschaft. Frankfurt am Main.

KÖNEKAMP, Bärbel, 2007, Chancengleichheit in akademischen Berufen: Beruf und Lebensführung in Naturwissenschaft und Technik. Wiesbaden.

KÖNIG, Wolfgang, 1981, Die Ingenieure und der VDI als Großverein in der wilhelminischen Gesellschaft 1900 bis 1918. In: Technik, Ingenieure und Gesellschaft. Hg.: Ludwig, Karl-Heinz. Düsseldorf. 235-287.

KÖNIG, Wolfgang, 1983, Programmatik, Theorie und Methodologie der Technikgeschichte bei Conrad Matschoß. In: Technikgeschichte, Bd. 50. 306-336.

KÖNIG, Wolfgang, 1995, Technikwissenschaften: Die Entstehung der Elektrotechnik aus Industrie und Wissenschaft zwischen 1880 und 1914. Chur.

KÖNIG, Wolfgang, 1999, Künstler und Strichezieher. Konstruktions- und Technikkulturen im deutschen, britischen, amerikanischen und französischen Maschinenbau zwischen 1850 und 1930. Frankfurt am Main.

KÖNIG, Wolfgang, 2006, Vom Staatsdiener zum Industrieangestellten: Die Ingenieure in Frankreich und Deutschland 1750-1945. In: Geschichte des Ingenieurs. Ein Beruf in sechs Jahrtausenden. Hg.: Kaiser, Walter; Ders. Wien. 179-230.

KÖNIG, Wolfgang, 2010a, Einleitung. In: Technikgeschichte. Hg.: Ders. Stuttgart. 7-24.

KÖNIG, Wolfgang, Hg., 2010b, Technikgeschichte. Stuttgart.

KRAIS, Beate, 2000, Das soziale Feld Wissenschaft und die Geschlechterverhältnisse. Theoretische Sondierungen. In: Wissenschaftskultur und Geschlechterordnung. Hg.: Dies. Frankfurt am Main, New York. 31-54.

KREIMER, Margareta, 2009, Ökonomie der Geschlechterdifferenz: zur Persistenz von Gender Gaps. Wiesbaden.

KROLL, Renate, 2002, Metzler Lexikon Gender Studies Geschlechterforschung. Ansätze – Personen – Grundbegriffe. Stuttgart, Weimar.

KUHN, Thomas, 1976 [1962], Die Struktur wissenschaftlicher Revolutionen. Frankfurt am Main.

KUHN, Thomas S., 1977, The Essential Tension: Selected Studies in Scientific Tradition and Change. Chicago.

KUNDRUS, Birthe, 2003, Moderne Imperialisten. Das Kaiserreich im Spiegel seiner Kolonien. Köln, Weimar, Wien.

KUTSCHMANN, Werner, 1983, Die Newtonsche Kraft. Metamorphose eines wissenschaftlichen Begriffs. Wiesbaden.

KVANDE, Elin, 1999, ›In the Belly of the Beast‹. Constructing Femininities in Engineering Organizations. In: The European Journal of Women's Studies, Vol. 6, No. 3. 305-328.

LAGESEN, Vivian Anette, 2005, Extreme Make-Over? The Making of Gender and Computer Science. Trondheim (PhD Dissertation).

LAQUEUR, Thomas, 1992, Auf den Leib geschrieben. Die Inszenierung der Geschlechter von der Antike bis Freud. Frankfurt am Main.

LATOUR, Bruno, 1987, Science in Action. Cambridge, Massachusetts.

LATOUR, Bruno, 1996, On Actor-Network Ttheory. A Few Clarifications. In: Soziale Welt, Jg. 47, 369-481.

LATOUR, Bruno, 1998 [1991], Wir sind nie modern gewesen. Versuch einer symmetrischen Anthropologie. Frankfurt am Main.

LATOUR, Bruno, 2007 [2005], Reassembling the Social: An Introduction to Actor-Network-Theory (Clarendon Lectures in Management Studies). Oxford, New York.

LAW, John; HASSARD, John, Ed., 1999, Actor Network Theory and After. Oxford.

LEICHT-SCHOLTEN, Carmen, Hg., 2007, »Gender and Science«. Perspektiven in den Natur- und Ingenieurwissenschaften. Bielefeld.

LEMKE, Thomas, 1997, Eine Kritik der politischen Vernunft. Foucaults Analyse der modernen Gouvernementalität. Berlin, Hamburg.

LEPENIES, Wolf, 1985, Die drei Kulturen: Soziologie zwischen Literatur und Wissenschaft. München.

LIE, Merete, 1995, Technology and Masculinity: The Case of the Computer. In: European Journal of Women's Studies, Vol. 2, No. 3. 379-394.

LOHAN, Maria, 2000, Constructive Tensions in Feminist Technology Studies. In: Social Studies of Science, Vol. 30, No. 6. 895-916.

LOHAN, Maria; FAULKNER, Wendy, 2004, Masculinities and Technologies. Some Introductory Remarks. In: Men and Masculinities, Vol. 6, No. 4. 319-329.

LUCHT, Petra, 2003, Postmoderne Technosciences? Zur Dekonstruktion von Fakten und Fiktionen. In: Störfall Gender. Hg.: Schönwälder-Kuntze, Tatjana; Heel, Sabine; Neudel, Claudia; Wille, Katrin. Wiesbaden. 179-195.

LUCHT, Petra, 2004, Zur Herstellung epistemischer Autorität. Eine wissenssoziologische Studie über die Physik an einer Elite-Universität in den USA. Herbolzheim.

LUCHT, Petra; PAULITZ, Tanja, 2008, Recodierungen des Wissens. Stand und Perspektiven der Geschlechterforschung in Naturwissenschaft und Technik. Frankfurt am Main, New York.

LUCHT, Petra; ERLEMANN, Martina; RUIZ BEN, Esther, 2010, Technologisierung gesellschaftlicher Zukünfte. Nanotechnlogien in wissenschaftlicher, politischer und öffentlicher Praxis. Herbolzheim.

LUDWIG, Karl-Heinz, Hg., 1981, Technik, Ingenieure und Gesellschaft. Düsseldorf.

LUNDGREEN, Peter, 1994, Die Ausbildung von Ingenieuren an Fachschulen und Hochschulen in Deutschland, 1770-1990. In: Ingenieure in Deutschland, 1770-1990. Hg.: Ders.; Grelon, André. Frankfurt am Main, New York. 13-78.

LUNDGREEN, Peter; GRELON, André, Hg., 1994, Ingenieure in Deutschland, 1770-1990. Frankfurt am Main, New York.

MAASEN, Sabine, 2003, Objekte und Methoden für eine Technikgeschichte in STS-Orientierung. In: Technikforschung: zwischen Reflexion und Dokumentation. Hg.: Schweizerische Akademie der Geistes- und Sozialwissenschaften. Bern.

MAASEN, Sabine; WEINGART, Peter, 2000, Metaphors and the Dynamics of Knowledge. London, New York.

MacKENZIE, Donald; WAJCMAN, Judy, 2002 [1985], The Social Shaping of Technology. Buckingham, Philadelphia.

MAI, Manfred, 1999, Ingenieure – die verhinderte Profession. In: Technik verantworten: interdisziplinäre Beiträge zur Ingenieurpraxis. Hg.: Roßnagel, Alexander; Rust, Ina; Manger, Daniela. Berlin. 147-156.

MAINZER, Klaus, 2004 [1995], Kraft. In: Enzyklopädie Philosophie und Wissenschaftstheorie. Hg.: Mittelstraß, Jürgen. Stuttgart. 490-492.

MANEGOLD, Karl-Heinz, 1990, Alois Riedler. In: Berlinische Lebensbilder. Techniker. Hg.: Treue, Wilhelm; König, Wolfgang. Berlin. 293-307.

MANGER, Daniela, 1999, Professionssoziologische Überlegungen zur Handlungslogik von Ingenieuren. In: Technik verantworten: interdisziplinäre

Beiträge zur Ingenieurpraxis. Hg.: Roßnagel, Alexander; Rust, Ina; Manger, Daniela. Berlin. 157-172.

MANNHEIM, Karl, 1929, Ideologie und Utopie. Bonn.

MANNHEIM, Karl, 1952 [1929], Wissenssoziologie. In: Ders., Ideologie und Utopie. Frankfurt am Main. 227-267.

MANNHEIM, Karl, 1970 [1926], Das Problem einer Soziologie des Wissens. In: Ders., Wissenssoziologie. Hg.: Wolff, Kurt H. Berlin, Neuwied.

MARGOLIS, Jane; FISHER, Allan, 2002, Unlocking the Clubhouse. Women in Computing. Cambridge, Massachusetts.

MATTHIES, Hildegard, 2007, Männerkultur bremst weibliche Karrieren. In: Aus Politik und Zeitgeschichte, Nr. 7 (12.2.2007).

MATTHIES, Hildegard; KUHLMANN, Ellen; OPPEN, Maria; SIMON, Dagmar, 2001, Karrieren und Barrieren im Wissenschaftsbetrieb. Geschlechterdifferente Teilhabechancen in außeruniversitären Forschungseinrichtungen. Berlin.

MAUERSBERGER, Klaus, 1980, Die Herausbildung der technischen Mechanik und ihr Anteil bei der Verwissenschaftlichung des Maschinenwesens. In: Dresdner Beiträge zur Geschichte der Technikwissenschaften, H. 2. 1-52.

MAUERSBERGER, Klaus, 1988, Technik im Umfeld der Naturerkenntnis von Galilei bis Newton. In: Naturwissenschaftliche Revolution im 17. Jahrhundert. Hg.: Wendel, Günter. Berlin.

MAUERSBERGER, Klaus, 1997, Von Karmarsch bis Reuleaux - verallgemeinernde technikwissenschaftliche Konzepte im 19. Jahrhundert. In: Allgemeine Technologie zwischen Aufklärung und Metatheorie. Hg.: Banse, Gerhard. Berlin.

McILWEE, Judith S.; ROBINSON, J. Gregg, 1992, Women in Engineering: Gender, Power, and Workplace Culture. Albany, NY.

MEHLMANN, Sabine, 1998, Das vergeschlechtlichte Individuum – Thesen zur historischen Genese des Konzepts männlicher Geschlechtsidentität. In: Das Geschlecht der Moderne. Hg.: Bublitz, Hannelore. Frankfurt am Main, New York. 95-118.

MEJA, Volker; STEHR, Nico, 1982, Der Streit um die Wissenssoziologie. 2 Bde. Frankfurt am Main.

MELLSTRØM, Ulf, 1995, Engineering Lives: Technology, Time and Space in a Male- Centred World. Department of Technology and Social Change. Linköping.

MELLSTRØM, Ulf, 2003, Masculinity, Power and Technology: a Malaysian Ethnography. Hampshire,.

MELLSTRØM, Ulf, 2004, Machines and Masculine Subjectivity. Technology as an Integral Part of Men's Life Experience. In: Men and Masculinities, Vol. 6, No. 4. 368-382.

MENKE, Christoph, 2008, Kraft. Ein Grundbegriff ästhetischer Anthropologie. Frankfurt am Main.

MERCHANT, Carolyn, 1994 [1980], Der Tod der Natur. Ökologie, Frauen und neuzeitliche Naturwissenschaft. München.

METZ-GÖCKEL, Sigrid, Hg., 2002, Lehren und Lernen an der Internationalen Frauenuniversität. Ergebnisse der wissenschaftlichen Begleituntersuchung. Opladen.

METZ-GÖCKEL, Sigrid; STECK, Felicitas, Hg., 1997, Frauen-Universitäten. Initiativen und Reformprojekte im internationalen Vergleich. Opladen.

MEUSER, Michael, 2006 [1998], Geschlecht und Männlichkeit. Soziologische Theorie und kulturelle Deutungsmuster. Wiesbaden (2. überarbeitete und aktualisierte Auflage).

MEUSER, Michael, 2006, Hegemoniale Männlichkeit - Überlegungen zur Leitkategorie der Men's Studies. In: FrauenMännerGeschlechterforschung. Hg.: Aulenbacher, Brigitte, Bereswill, Mechthild; Löw, Martina et al. Münster. 160-174.

MEYER-DRAWE, Käte, 1996, Menschen im Spiegel ihrer Maschinen. München.

MIKOLETZKY, Juliane, 1997, Der Weg zum ordentlichen Technikstudium für Frauen. In: »Dem Zuge der Zeit entsprechend ...«. Hg.: Dies.; Georgeacopol-Winischhofer, Ute; Pohl, Margit. Wien. 41-97.

MIKOLETZKY, Juliane, GEORGEACOPOL-WINISCHHOFER, Ute; POHL, Margit, 1997, »Dem Zuge der Zeit entsprechend ...«: Zur Geschichte des Frauenstudiums in Österreich am Beispiel der Technischen Universität Wien. Wien.

MILKMAN, Ruth, 1987, Gender at Work. The Dynamics of Job Segregation by Sex during World War II. Urbana.

MINESSO, Michela, 1995, The Engineering Profession, 1802-1923. In: Dies., Society and the Professions in Italy. Cambridge. 175-220.

MITTELSTRASS, Jürgen, 1970, Neuzeit und Aufklärung. Studien zur Entstehung der neuzeitlichen Wissenschaft und Philosophie. Berlin, New York.

MOEBIUS, Stephan, 2003, Die soziale Konstituierung des Anderen. Grundrisse einer poststrukturalistischen Sozialwissenschaft nach Lévinas und Derrida. Frankfurt am Main, New York.

MOEBIUS, Stephan, 2010, Debatten um Moderne und Postmoderne. In: Soziologische Kontroversen. Eine andere Geschichte der Wissenschaft vom Sozialen. Hg.: Ders.; Kneer, Georg. Frankfurt am Main 254-290.

MOEBIUS, Stephan; RECKWITZ, Andreas, Hg., 2008, Poststrukturalistische Sozialwissenschaften. Frankfurt am Main.

MOON, Francis C., 2003, Franz Reuleaux: Contributions to 19th Century Kinematics and Theory of Machines. In: Appl Mech Rev, Vol. 56, No. 2. 261-285.

MÖSER, Kurt, 1985, »Poesie und Technik«. Zur Theorie und Praxis der Technikthematisierung bei Max Eyth. In: Technikgeschichte, Bd. 52. 313-330.

MOSSE, George L., 1997 [1996], Das Bild des Mannes. Zur Konstruktion der modernen Männlichkeit. Frankfurt, Wien.

NAGEL, Thomas, 1986, The View from Nowhere. Oxford.

NASSEHI, Armin, 2009, Der soziologische Diskurs der Moderne. Frankfurt am Main.

NEEF, Wolfgang; PELZ, Thomas, Hg., 1997, Ingenieurinnen und Ingenieure für die Zukunft. Aktuelle Entwicklungen von Ingenieurarbeit und Ingenieurausbildung. Berlin.

NEUSEL, Ayla; POPPENHUSEN, Margot, Hg., 2002, Universität Neu Denken. Die Internationale Frauenuniversität »Technik und Kultur«. Opladen.

OCÓN-FERNÁNDEZ, María, 2004, Ornament und Moderne. Theoriebildung und Ornamentdebatte im deutschen Architekturdiskurs (1850-1930). Berlin.

OLDENZIEL, Ruth, 1994, Of old and new cyborgs: feminist narratives of technology. In: Letterature D'America, 14, 55. 103ff.

OLDENZIEL, Ruth, 1999, Making Technology Masculine. Men, Women and Modern Machines in America 1870-1945. Amsterdam.

OLDENZIEL, Ruth; ZACHMANN, Karin, Eds., 2009, Cold War Kitchen. Americanization, Technology, and European Users. Cambridge, Massachusetts.

OLIVÉ, Léon, 1993, Knowledge, Society and Reality: Problems of the Social Analysis of Knowledge and of Scientific Realism. Atlanta.

ORLAND, Barbara; RÖSSLER, Mechthild, 1995, Women in Science - Gender and Science. Ansätze feministischer Naturwissenschaftskritik im Überblick. In: Das Geschlecht der Natur. Hg.: Orland, Barbara; Scheich, Elvira. Frankfurt am Main. 13-63.

OSIETZKI, Maria, 1992, Für eine neue Technikgeschichte. In: Österreichische Zeitschrift für Geschichtswissenschaften (Schwerpunkt »Technikgeschichte«), Jg. 3, H. 3. 293-318.

OSIETZKI, Maria, 1995, Vom Perpetuum Mobile bis zur Energietechnik. Leibliche »Beharrlichkeiten« in männlichen Phantasien. In: Metis, Nr. 1. 18-28.

OSIETZKI, Maria, 1998a, »Science Wars« zwischen den »zwei Kulturen«. Perspektiven der Technik- und Wissensentwicklung unter den Bedingungen der kulturalistischen Wende. In: Technik gestalten. Hg.: Wächter, Christine; Getzinger, Günter; Oehme, Ines et al. München, Wien. 89-98.

OSIETZKI, Maria, 1998b, Körpermaschinen und Dampfmaschinen. Vom Wandel der Physiologie und des Körpers unter dem Einfluß der Industrialisierung und Thermodynamik. In: Physiologie und industrielle Gesellschaft. Hg.: Sarasin, Philipp; Tanner, Jakob. Frankfurt am Main. 313-346.

OSTEN, Marion von, Hg., 2003, Norm der Abweichung. Zürich.

PALM, Kerstin, 2008, Existenzweisen des Lebens. Fragmente einer Kulturgeschichte des biologischen Lebensbegriffs, 1750-2000. Berlin (Habil.).

PANOFSKY, Erwin, 1924, »Idea«. Ein Beitrag zur Begriffsgeschichte der älteren Kunsttheorie. Leipzig, Berlin.

PANOFSKY, Erwin, 1962 [1953], Artist, Scientist, Genius: Notes on the »Renaissance-Dämmerung«. (überarb. Fassung). In: The Renaissance. Six Essays. New York, Evanston. 123-182.

PAULITZ, Tanja, 2002, (Natur-) Wissenschaft als Praxis. Zur Materialität von Konstruktionen in der wissenschaftlichen Kultur. In: Kultur und ihre Wissenschaft. Hg.: Helduser, Urte; Schwietring, Thomas. Konstanz. 179-201.

PAULITZ, Tanja, 2004, Engendering in Engineering. Zur Historisierung von Konstruktion als technische und vergeschlechtlichte Metapher. In: Under Construction? Hg.: Helduser, Urte; Marx, Daniela; Dies.; Pühl, Katharina. Frankfurt am Main, New York. 103-113.

PAULITZ, Tanja, 2005, Netzsubjektivität/en. Konstruktionen von Vernetzung als Technologien des sozialen Selbst. Eine empirische Untersuchung in Modellprojekten der Informatik. Münster.

PAULITZ, Tanja, 2006, Geschlechterforschung und Technikwissenschaften. Konstruktionen von Wissen in Fachkulturen des Ingenieurbereichs. In: Zeitschrift für Frauenforschung und Geschlechterstudien, Jg. 24, H.4. 23-42.

PAULITZ, Tanja, 2008a, Technikwissenschaften: Geschlecht in Strukturen, Praxen und Wissensformationen der Ingenieurdisziplinen und technischen Fachkulturen. In: Handbuch Frauen- und Geschlechterforschung. Hg.: Becker, Ruth; Kortendiek, Beate. Wiesbaden. 779-790.

PAULITZ, Tanja, 2008b, Disparate Konstruktionen von Männlichkeit und Technik. Formen der Vergeschlechtlichung ingenieurwissenschaftlichen Wissens um 1900. In: Recodierungen des Wissens. Hg.: Lucht, Petra; Dies. Frankfurt am Main, New York. 123-140.

PAULITZ, Tanja, 2008c, Flexible Modi der Vergeschlechtlichung: Neue Perspektiven auf technikwissenschaftliches Wissen. In: Geschlechterwissen und soziale Praxis. Hg.: Wetterer, Angelika. Königstein/Ts. 164-184.

PAULITZ, Tanja, 2009a, Gender in Engineering Design. Continuities and Transformations in Theories and Textbooks in Engineering. Final Report. Graz. Online-Ressource: www.ifz.tugraz.at/index.php/article/articleview/1566/1/153/

PAULITZ, Tanja, 2009b, The Social Construction of ›Design‹ as a Gendered Activity. Engineering Design and Socio-Technological Change. In: Yearbook 2008 of the Institute for Advanced Studies on Science, Technology & Society. Eds.: Bammé, Arno; Getzinger, Günter; Wieser, Bernhard. München, Wien. 67-81.

PAULITZ, Tanja, 2009c, Konstruieren - Wissenschaft, Kunst und Design? Prototypisieren im Maschinenbau. In: Prototypisieren. Hg.: Bauer, Susanne; Bergermann, Ulrike; Hanke, Christine et al. Bremen. 25-32.

PAULITZ, Tanja, 2010, Verhandlungen der mechanischen Maschine. Geschlecht in den Grenzziehungen zwischen Natur und Technik. In: Österreichische Zeitschrift für Geschichtswissenschaft, Jg. 21, H. 1. 65-92.

PAULITZ, Tanja, 2012, ›Hegemoniale Männlichkeiten‹ als narrative Distinktionspraxis im Wissenschaftsspiel. Wissenschaftssoziologische Perspektiven auf historische technikwissenschaftliche Erzählungen. In: Österreichische Zeitschrift für Soziologie, Jg. 37, H. 1. 45-64.

PETERSEN, Barbara; MAUSS, Bärbel, Hg., 1998, Feministische Naturwissenschaftsforschung. Science und Fiction. Mössingen/Talheim.

PICKERING, Andrew, Ed., 1992, Science as Practice and Culture. Chicago, London.

PICKERING, Andrew, 1995, The Mangle of Practice. Time, Agency, and Science. Chicago, London.

PINCH, Trevor J.; BIJKER, Wiebe E., 1987, The Social Construction of Facts and Artifacts. In: The Social Construction of Technological Systems. Ed: Dies.; Hughes, Thomas P. Cambridge, Massachusetts. 17-50.

POLANYI, Karl, 1985 [1966], Implizites Wissen. Frankfurt am Main.

POPPLOW, Marcus, 2006, Unsichere Karrieren: Ingenieure im Mittelalter und Früher Neuzeit 500-1750. In: Geschichte des Ingenieurs. Hg.: Kaiser, Walter; König, Wolfgang. München, Wien. 71-125.

PRINGLE, Rosemary, 1989, Secretaries Talk: Sexuality, Power and Work. London.

PROKOS, Anastasia; PADAVIC, Irene, 2005, An Examination of Competing Explanations for the Pay Gap among Scientists and Engineers. In: Gender & Society, Vol. 19, No. 4. 523 - 543.

RABINBACH, Anson, 2001 [1990], Motor Mensch. Kraft, Ermüdung und die Ursprünge der Moderne. Wien.

RABINBACH, Anson, 1998, Ermüdung, Energie und der menschliche Motor. In: Physiologie und industrielle Gesellschaft. Hg.: Sarasin, Philipp; Tanner, Jakob. Frankfurt am Main. 286-312.

RADKAU, Joachim, 2008, Technik in Deutschland. Vom 18. Jahrhundert bis heute. Frankfurt am Main, New York.

RAMMERT, Werner, 1994, Techniksoziologie. In: Spezielle Soziologien. Hg.: Kerber, Harald; Schmieder, Arnold. Hamburg. 75-98.

RAMMERT, Werner, 2002, Die technische Konstruktion als Teil der gesellschaftlichen Konstruktion der Wirklichkeit. In: Ders., Technik – Handeln – Wissen. Zu einer pragmatistischen Technik- und Sozialtheorie. Wiesbaden. 37-46.

RECKWITZ, Andreas, 2008a, Praktiken und Diskurse. Eine sozialtheoretische und methodologische Relation. In: Theoretische Empirie. Hg.: Kalthoff, Herbert; Hirschauer, Stefan; Lindemann, Gesa. Frankfurt am Main.

RECKWITZ, Andreas, 2008b, Moderne. Der Kampf um die Öffnung und Schließung von Kontingenzen. In: Poststrukturalistische Sozialwissenschaften. Hg.: Moebius, Stephan; Ders. Frankfurt am Main. 226-244.

RENN, Jürgen; DAMEROW, Peter; HYMAN, Malcolm D.; VALLERIANI, Matteo, 2006, Weight, Motion and Force: Conceptual Structural Changes in Ancient Knowledge as a Result of its Transmission. In: MPI für Wissenschaftsgeschichte, Preprint 320. Berlin. 61 S.

RHEINBERGER, Hans-Jörg, 1997, Von der Zelle zum Gen. Repräsentationen der Molekularbiologie. In: Räume des Wissens. Repräsentation, Codierung, Spur. Hg.: Ders.; Hagner, Michael; Wahrig-Schmidt, Bettina. Berlin.

RHEINBERGER, Hans-Jörg, 1999, Strukturen des Experimentierens: Zum Umgang mit dem Nichtwissen. In: Wissenschaft als kulturelle Praxis, 1750-1900. Hg.: Bödeker, Hans Erich; Reill, Peter Hans; Schlumbohm, Jürgen. Göttingen. 415-423.

RHEINBERGER, Hans-Jörg, 2006, Experimentalsysteme und epistemische Dinge. Eine Geschichte der Proteinsynthese im Reagenzglas. Frankfurt am Main.

RHEINBERGER, Hans-Jörg, 2007, Historische Epistemologie zur Einführung. Hamburg.

RITTER, Joachim; GRÜNDER, Karlfried, 1976, Historisches Wörterbuch der Philosophie. Bd. 4: I-K. Basel, Stuttgart (Neubearb. Ausgabe des Wörterbuchs der philosophischen Begriffe von Rudolf Eisler).

RITTER, Martina, Hg., 1999, Bits und Bytes vom Apfel der Erkenntnis. Frauen – Technik – Männer. Münster.

ROBAK, Brigitte, 1992, Schriftsetzerinnen und Maschineneinführungsstrategien im 19. Jahrhundert. In: Profession und Geschlecht. Hg.: Wetterer, Angelika. Frankfurt am Main, New York. 83-100.

ROBAK, Brigitte, 1996, Vom Pianotyp zur Zeilensetzmaschine. Setzmaschinenentwicklung und Geschlechterverhältnis 1840-1900. Marburg.

ROGOFF, Irit, 1989, Er selbst - Konfigurationen von Männlichkeit und Autorität in der deutschen Moderne. In: Blick-Wechsel. Hg.: Lindner, Ines; Schade, Sigrid; Werner, Gabriele; Wenk, Silke. Berlin. 21-40.

ROHKRÄMER, Thomas, 1999, Eine andere Moderne? Zivilisationskritik, Natur und Technik in Deutschland 1880-1933. Paderborn, München, Wien, Zürich.

ROLOFF, Christine, 1989, Von der Schmiegsamkeit zur Einmischung – Professionalisierung der Chemikerinnen und Informatikerinnen. Pfaffenweiler.

ROLOFF, Christine, 1992, Professionalisierung und erzeugte Fachdistanz. In: Profession und Geschlecht. Über die Marginalität von Frauen in hochqualifizierten Berufen. Hg.: Wetterer, Angelika. Frankfurt am Main, New York.

ROMMES, Els, 2002, Gender Scripts and the Internet. The Design and Use of Amsterdam's Digital City. Enschede.

ROSSITER, Margaret W., 1993, Der Matthäus Matilda-Effekt in der Wissenschaft. In: Zwischen Vorderbühne und Hinterbühne. Hg.: Wobbe, Theresa. Bielefeld 2003. 191-210.

ROUSE, Joseph, 1992, What Are Cultural Studies of Scientific Knowledge? In: Configurations, No. 1. 1-22.

ROUSE, Joseph, 1996, Feminism and the Social Construction of Scientific Knowledge. In: Feminism, Science, and the Philosophy of Science. Ed.: Nelson, Lynn H.; Nelson, Jack. Dordrecht, Boston, London. 195-215.

RUBINEAU, Brian A., 2008, Gendering Professions: an Analysis of Peer Effects. In: Dissertation Abstracts International, A: The Humanities and Social Sciences, Vol. 68, No. 8.

RUDOLPH, Hedwig, 1990, Technik-Klasse-Geschlecht: Der Zugang von Frauen zur Technik in Frankreich und der Bundesrepublik Deutschland. In: Besser gebildet und doch nicht gleich. Hg.: Rabe-Kleberg, Ursula. Bielefeld. 111-124.

RUDOLPH, Hedwig, 1994, Ingenieurinnen: Vorberufliche Sozialisation und berufliche Erfahrungen. In: Ingenieure in Deutschland. 1770-1990. Hg.: Lundgreen, Peter; Grelon, André. Frankfurt am Main, New York. 93-105.

RUIZ BEN, Ester, 2008, IT-Industrie und Gender Segregation. In: Recodierungen des Wissens. Hg.: Lucht, Petra; Paulitz, Tanja. Frankfurt am Main, New York. 177-193.

RUST, Ina, 1999, Die Bedeutung von Wissen fuer die Ingenieurspraxis, in: Technik verantworten: interdisziplinäre Beiträge zur Ingenieurpraxis. Hg.: Roßnagel, Alexander; Rust, Ina; Manger, Daniela. Berlin. 281-293.

SAAR, Martin, 2007, Genealogie als Kritik. Geschichte und Theorie des Subjekts nach Nietzsche und Foucault. Frankfurt am Main, New York.

SAGEBIEL, Felizitas; DAHMEN, Jennifer, 2005, »Männlichkeiten« in der europäischen Ingenieurkultur. In: Soziale Technik, H.1. 19-21.

SAGEBIEL, Felizitas; DAHMEN, Jennifer, 2007, Hochschulkulturen und Geschlecht. Zwei Forschungsprojekte über Ingenieurinnen aus dem 5. und 6. Rahmenprogramm der EU-Kommission. In: Gender Mainstreaming – Konsequenzen für Forschung, Studium und Lehre. Dortmund. 55-64.

SALMINEN-KARLSSON, Minna, 2005, The Concept of Technology and the Gendering of Engineering Education. In: Yearbook 2005 of the Institute for Advanced Studies on Science, Technology and Society. Ed.: Bammé, Arno; Getzinger, Günter; Wieser, Bernhard. München. 233-249.

SARASIN, Philipp, 2001, Reizbare Maschinen. Eine Geschichte des Körpers 1765-1914. Frankfurt am Main.

SARASIN, Philipp, 2006, Geschichtswissenschaft und Diskursanalyse. Frankfurt am Main.

SARASIN, Philipp, 2009, Darwin und Foucault. Genealogie und Geschichte im Zeitalter der Biologie. Frankfurt am Main.

SARASIN, Philipp; TANNER, Jakob, Hg., 1998, Physiologie und industrielle Gesellschaft. Studien zur Verwissenschaftlichung des Körpers im 19. und 20. Jahrhundert. Frankfurt am Main.

SCHACHTNER, Christina, 1997, Die Technik und das Soziale. Begründung einer subjektivitätsorientierten Technikforschung. In: Technik und Subjektivität. Hg.: Dies. Frankfurt am Main. 7-25.

SCHADE, Sigrid; WENK, Silke, 2005, Strategien des ›Zu-Sehen-Gebens‹: Geschlechterpositionen in Kunst und Kunstgeschichte. In: Genus. Geschlechterforschung/Gender Studies in den Kultur- und Sozialwissenschaften. Hg.: Bußmann, Hadumod; Hof, Renate. Stuttgart. 144-184.

SCHAEPER, Hildegard, 1997, Lehrkulturen, Lehrhabitus und die Struktur der Universität. Eine empirische Untersuchung fach- und geschlechtsspezifischer Lehrkulturen. Weinheim.

SCHAFER, Andrea I., 2006, A New Approach to Increasing Diversity in Engineering at the Example of Women in Engineering. In: European Journal of Engineering Education, Vol. 31, No. 6. 661-671.

SCHARPING, Michael, Hg., 2001, Wissenschaftsfeinde? »Science Wars« und die Provokation der Wissenschaftsforschung. Münster.

SCHEICH, Elvira, 1985, Was hält die Welt in Schwung? Feministische Ergänzungen zur Geschichte der Impetustheorie. In: Feministische Studien, Nr. 1. 10-32.

SCHEICH, Elvira, 1993, Naturbeherrschung und Weiblichkeit: Denkformen und Phantasmen der modernen Naturwissenschaften. Pfaffenweiler.

SCHELHOWE, Heidi, 2005, Interaktionen – Gender Studies und die Informatik. In: Quer denken – Strukturen verändern. Gender Studies zwischen Disziplinen. Hg.: Kahlert, Heike; Thiessen, Barbara; Weller, Ines. Wiesbaden. 203-220.

SCHERKE, Katharina, 2006, Emotionen als Forschungsgegenstand in der deutschsprachigen Soziologie. Die Geschichte eines lange vernachlässigten Themas und seiner Wiederentdeckung. Graz. (Habil.-Schrift, Ms.)

SCHIEBINGER, Londa, 2000 [1999], Frauen forschen anders. Wie weiblich ist die Wissenschaft? München.

SCHIEBINGER, Londa, 2004, Plants and Empire: Colonial Bioprospecting in the Atlantic World. Cambridge, Massachusetts.

SCHIEBINGER, Londa, 2008a, Gender Analysis in Colonial Science. In: Recodierungen des Wissens. Hg.: Lucht, Petra; Paulitz, Tanja. Frankfurt am Main, New York. 159-176.

SCHIEBINGER, Londa, Ed., 2008b, Gendered Innovations in Science and Engineering. Stanford.

SCHMIDT, Dorothea; ZACHMANN, Karin, 1995/96, Der Ansatz der Geschlechtergeschichte in der Technikgeschichte oder warum die Technikgeschichte die Geschlechtergeschichte braucht. In: Blätter für Technikgeschichte, H. 57/58. 87-98.

SCHOLZ, Sylka, 2004, »Hegemoniale Männlichkeit«. Innovatives Konzept oder Leerformel? In: GeschlechterVerhältnisse. Analysen aus Wissenschaft, Politik und Praxis. Hg.: Hertzfeldt, Hella; Schäfgen, Katrin; Silke Veth. Berlin. 33-45.

SCHREYER, Franziska, 2008, Akademikerinnen im technischen Feld. Der Arbeitsmarkt von Frauen aus Männerfächern. Frankfurt am Main, New York.

SCHULZ-SCHAEFFER, Ingo, 2000, Sozialtheorie der Technik. Frankfurt am Main, New York.

SCOTT, Joan, 1997 [1988], Gender: A Useful Category of Historical Analysis. In: Dies., Feminism and History. Oxford, New York. 152-180.

SELLE, Gert, 2007, Geschichte des Design in Deutschland. Frankfurt am Main, New York.

SENNETT, Richard, 2008, Handwerk. Berlin.

SHAPIN, Steven, 1994, A Social History of Truth. Civility and Science in Seventeenth-Century England. Chicago, London.

SHAPIN, Steven; SCHAFFER, Simon, 1985, Leviathan and the Air-Pump: Hobbes, Boyle, and the Experimental Life. Princeton.

SIEFKES, Dirk; EULENHÖFER, Peter; STACH, Heike; STÄDTLER, Klaus, Hg., 1998, Sozialgeschichte der Informatik. Kulturelle Praktiken und Orientierungen. Wiesbaden.

SINDING, Christiane, 1998, Vitalismus oder Mechanismus? Die Auseinandersetzungen um die forschungsleitenden Paradigmata in der Physiologie. In: Physiologie und industrielle Gesellschaft. Hg.: Sarasin, Philipp; Tanner, Jakob. Frankfurt am Main. 76-98.

SINGER, Mona, 2005, Geteilte Wahrheit. Feministische Epistemologie, Wissenssoziologie und Cultural Studies. Wien.

SISMONDO, Sergio, 2004, An Introduction to Science and Technology Studies. Oxford.

SISMONDO, Sergio, 2011, Bourdieu's Rationalist Science of Science: Some Promises and Limitations. In: Cultural Sociology, Vol. 5, No. 1. 83-97.

SNOW, Charles Percey, 1987 [1959], Die zwei Kulturen. In: Die zwei Kulturen – Literarische und naturwissenschaftliche Intelligenz. C.P. Snows These in der Diskussion. Hg.: Kreuzer, Helmut. München. 19-58.

SOLGA, Heike; PFAHL, Lisa, 2009a, Wer mehr Ingenieurinnen will, muss bessere Karrierechancen für Frauen in Technikberufen schaffen. In: WZ Brief Bildung, 07 (April 2009). 6 S.

SOLGA, Heike; PFAHL, Lisa, 2009b, Doing Gender im technisch-naturwissenschaftlichen Bereich. In: Förderung des Nachwuchses in Technik und Naturwissenschaft. Hg.: Milberg, Joachim. Berlin. 155-219.

SONNEMANN, Rolf; BUCHHEIM, Gisela, Hg., 1990, Geschichte der Technikwissenschaften. Leipzig.

SØRENSEN, Knut H., 1992, Towards a Feminized Technology? Gendered Values in the Construction of Technology. In: Social Studies of Science, Vol. 22, No. 1. 5-31.

SPÄTH, Manfred 1985, Die Professionalisierung von Ingenieuren in Deutschland und Rußland 1800-1914. In: Bildungssystem und Professionalisierung in internationalen Vergleichen. Hg.: Conze, Werner; Kocka, Jürgen. Stuttgart. 561-588.

Statistik Austria, Hg., 2009, Bildung in Zahlen 2007/08. Tabellenband. Wien.

Statistisches Bundesamt, 2009, Bildung und Kultur. Studierende an Hochschulen. (Fachserie 11, Reihe 4.1). Wiesbaden.

STEIN, Kira; MOLVAER, Janitha, 1994, Ingenieurinnen in den alten und neuen Bundesländern. In: Frauenwege: Frauen in mathematisch-naturwissenschaftlichen und technischen Berufen. Hg.: Huber, Susanne; Rose, Marina. Mössigen, Talheim. 171-186.

STEPAN, Nancy Leys, 1993, Race and Gender. The Role of Analogy in Science. In: The »Racial« Economy of Science. Toward a Democratic Future. Ed.: Harding, Sandra. Bloomington. 359-376.

STRAUSS, Anselm L., 1998 [1994], Grundlagen qualitativer Sozialforschung. Datenanalyse und Theoriebildung in der empirischen und soziologischen Forschung. München.

STRAUSS, Anselm; CORBIN, Juliet, 1996 [1990], Grounded Theory. Grundlagen Qualitativer Sozialforschung. Weinheim.

STRÜBING, Jörg, 2000, Von ungleichen Schwestern. Was forscht die Wissenschafts- und (was die) Techniksoziologie? In: Soziologie, Nr. 3. 61-80.

STRÜBING, Jörg, 2008 [2004], Grounded Theory. Zur sozialtheoretischen und epistemologischen Fundierung des Verfahrens der empirisch begründeten Theoriebildung. Wiesbaden.

SUDROW, Anne, 2009, Der Typus als Ideal der Formgebung. Zur Entstehung der professionellen Produktgestaltung von industriellen Konsumgütern (1914-1933). In: Technikgeschichte (Themenheft: Technik und Design), Bd. 76, H.3. 191-210.

SUMMERS, David, 1993, Form and Gender. In: New Literary History, Vol. 24. 243-271.

TASCHWER, Klaus, 1993, Erkenntnisse über die (sozialen) Konstruktionen von Erkenntnissen. Beobachtungen der neueren Wissenschaftsforschung. Wien. (unveröff. Magisterarbeit).

TETZLAFF, Sven, 1995/96, Technikhistorische Fragestellungen und ihr gesellschaftlicher Kontext: die Ansätze der Ingenieure, Historiker und Nationalökonomen um die Jahrhundertwende. In: Blätter für Technikgeschichte, H. 57/58. 11-24.

THALER, Anita, 2006, Berufsziel Technikerin? München, Wien.

THEWELEIT, Klaus, 2002, Männliche Geburtsweisen. In: Masculinities – Maskulinitäten. Hg.: Steffen, Therese. Stuttgart, Weimar. 2-27.

TISCHER, Ute, 1999, Der steinige Weg in eine Männerdomäne. Situationen und Tendenzen auf dem Arbeitsmarkt für Ingenieurinnen. In: Informationen für die Beratungs- und Vermittlungsdienste der Bundesagentur für Arbeit, Nr. 40. 3493-3511.

TITZE, Hartmut, 1987, Das Hochschulstudium in Preussen und Deutschland 1820-1944. Göttingen.

TONSO, Karen L., 2007, On the Outskirts of Engineering: Gender, Power, and Engineering Practice. Rotterdam.

TRACHSEL, Martin, 2008, Ur- und Frühgeschichte. Quellen, Methoden, Ziele. Zürich.

TRAWEEK, Sharon, 1988, Beamtimes and Lifetimes. The World of High Energy Physicists. Cambridge, London.

TROITZSCH, Ulrich, 1980, Technikgeschichte in der Forschung und in der Sachbuchliteratur während des Nationalsozialismus. In: Naturwissenschaft, Technik und NS-Ideologie. Hg.: Mehrtens, Herbert; Richter, Steffen. Frankfurt am Main. 215-242.

TROITZSCH, Ulrich, 2004, Erfinder, Forscher und Projektemacher. Der Aufstieg der praktischen Wissenschaften. In: Macht des Wissens. Hg.: van Dülmen, Richard; Rauschenbach, Sina. Köln, Wien, Weimar. 439-464.

TURKLE, Sherry, 1986 [1984], Die Wunschmaschine. Der Computer als zweites Ich. Reinbek bei Hamburg.

TURKLE, Sherry,1995, Life on the Screen. Identity in the Age of the Internet. New York.

VAN TREECK, Werner, 1996, Im Maelström der Moderne. In: Wer inszeniert das Leben? Modelle zukünftiger Vergesellschaftung. Hg.: Hager, Fritjof; Schwengel, Hermann. Frankfurt am Main. 281-295.

VIEFHAUS, Erwin, 1981, Ingenieure in der Weimarer Republik: Bildungs-, Berufs- und Gesellschaftspolitik 1918 bis 1933. In: Technik, Ingenieure und Gesellschaft. Hg.: Ludwig, Karl-Heinz. Düsseldorf. 289-346.

VILLA, Paula-Irene, 2008, (De)Konstruktion und Diskurs-Genealogie: Zur Position und Rezeption von Judith Butler. In: Handbuch Frauen- und Geschlechterforschung. Hg.: Becker, Ruth; Kortendiek, Beate. Wiesbaden. 146-158.

VOSS, Heinz-Jürgen, 2010, Making Sex Revisited. Dekonstruktion des Geschlechts aus biologisch-medizinischer Perspektive. Bielefeld.

WÄCHTER, Christine, 2003, Technik-Bildung und Geschlecht. München.

WÄCHTER, Christine, 2005, ›Ich will, ich kann, ich schaffe es!‹ Ingenieurin werden und bleiben: Prozess beständiger Grenzüberschreitungen. In: Dokumentation des 30. Kongresses von Frauen in Naturwissenschaft und Technik, 20.-23. Mai 2004. Zürich. 156-159.

WAJCMAN, Judy, 1994 [1991], Technik und Geschlecht. Die feministische Technikdebatte. Frankfurt am Main.

WAJCMAN, Judy, 2002, Gender in der Technologieforschung. In: Wie natürlich ist Geschlecht? Hg.: Pasero, Ursula; Gottburgsen, Anja. Opladen. 270-289.

WAJCMAN, Judy, 2004, TechnoFeminism. Cambridge.

WALGENBACH, Katharina; DIETZE, Gabriele; HORNSCHEIDT, Antje; PALM, Kerstin, 2007, Gender als interdependente Kategorie. Neue Perspektiven auf Intersektionalität, Diversität und Heterogenität. Opladen, Farmington Hills.

WANIEK, Eva; STOLLER, Silvia, Hg., 2001, Verhandlungen des Geschlechts. Zur Konstruktivismusdebatte in der Gender-Theorie. Wien.

WEBER, Jutta, 2003, Umkämpfte Bedeutungen. Natur im Zeitalter der Technoscience. Frankfurt am Main, New York.

WEBER, Jutta, 2006, From Science and Technology to Feminist Technoscience. In: Handbook of Gender and Women's Studies. Ed.: Davis, Kathy; Evans, Mary; Lorber, Judith. London. 397-414.

WEBER, Wolfhard; ENGELSKIRCHEN, Lutz, 2000, Streit um die Technikgeschichte in Deutschland 1945 – 1975. Münster.

WENGENROTH, Ulrich, 1997, Zur Differenz von Wissenschaft und Technik. In: Technikentwicklung und Industriearbeit. Hg.: Bieber, Daniel. Frankfurt am Main, New York. 141-152.

WESTFALL, Richard S., 1971, Force in Newtons Physics. Macdonald, London, American Elsevier, New York.

WETTERER, Angelika, 1992, Hierarchie und Differenz im Geschlechterverhältnis. In: Profession und Geschlecht. Hg.: Dies. Frankfurt am Main, New York. 13-40.

WETTERER, Angelika, Hg., 1992, Profession und Geschlecht. Über die Marginalität von Frauen in hochqualifizierten Berufen. Frankfurt am Main, New York.

WETTERER, Angelika, Hg., 1995, Die soziale Konstruktion von Geschlecht in Professionalisierungsprozessen. Frankfurt am Main.

WETTERER, Angelika, 1999, Ausschließende Einschließung – marginalisierende Integration. Geschlechterkonstruktionen in Professionalisierungsverhältnissen. In: Vielfältige Verschiedenheiten. Hg.: Neusel, Ayla; Dies. Frankfurt am Main, New York. 223-253.

WETTERER, Angelika, 2002, Arbeitsteilung und Geschlechterkonstruktion. »Gender at Work« in theoretischer und historischer Perspektive. Konstanz.

WETTERER, Angelika, 2004, Konstruktion von Geschlecht: Reproduktionsweisen der Zweigeschlechtlichkeit. In: Handbuch Frauen- und Geschlechterforschung. Hg.: Becker, Ruth; Kortendiek, Beate. Wiesbaden. 122-131.

WETTERER, Angelika, 2005, Gleichstellungspolitik und Geschlechterwissen. Facetten schwieriger Vermittlungen. In: Was ist weiblich, was ist männlich? Aktuelles zur Geschlechterforschung in den Sozialwissenschaften. Hg.: Vogel, Ulrike. Bielefeld. 48-70.

WETTERER, Angelika, 2009, Gleichstellungspolitik im Spannungsfeld unterschiedlicher Spielarten von Geschlechterwissen. Eine wissenssoziologische Rekonstruktion. In: Gleichstellungspolitik in Österreich. Hg.: Appelt, Erna. Innsbruck. 8-23.

WIESNER, Heike, 2002, Die Inszenierung der Geschlechter in den Naturwissenschaften. Wissenschafts- und Genderforschung im Dialog. Frankfurt am Main, New York.

WIESNER, Heike, 2008, Bühne Natur- und Technikwissenschaften: Neuere Ansätze aus dem Gender-Diskurs. In: Recodierungen des Wissens. Hg.: Lucht, Petra; Paulitz, Tanja. Frankfurt am Main, New York. 31-49.

WILDING, Peter, 2000, Verheißungen der Technik. Der Modernisierungsprozeß im Blick der technischen Eliten und ihrer Kritiker um die Jahrhundertwende (1900). In: Analyse und Kritik der Modernisierung. Hg.: Haring, Sabine; Scherke, Katharina. Wien. 85-107.

WINKER, Gabriele; DEGELE, Nina, 2009, Intersektionalität. Zur Analyse sozialer Ungleichheiten. Bielefeld.

WINKER, Gabriele; OECHTERING, Veronika, Hg., 1998, Computernetze – Frauenarbeitsplätze. Frauen in der Informationsgesellschaft. Opladen.

WINKLER, Helmut, 1997, Ingenieurbedarf und Arbeitsmarkt. Basiszahlen, Szenarios und Strategien. In: Ingenieure und Ingenieurinnen für die Zukunft. Hg.: Neef, Wolfgang; Pelz, Thomas. Berlin. 146-166.

WITZ, Anne, 1992, Professions and Patriarchy. London, New York.

WOLFRAM, Andrea, 2003, Frauen im Technikstudium. Belastungen und Bewältigung in sozialen Studiensituationen. Münster.

WÖLLMANN, Torsten, 1999, Aspekte der neueren soziologischen Geschlechtertheorie: Bob Connells Ansatz der hegemonialen Männlichkeit. Bochum: Ruhr-Universität Bochum, Fakultät für Sozialwissenschaft (unveröffentl. Staatsexamensarbeit).

ZACHMANN, Karin, 2004, Mobilisierung der Frauen. Technik, Geschlecht und Kalter Krieg in der DDR. Frankfurt am Main, New York.

ZACHMANN, Karin, 2008, Technik, Konsum und Geschlecht – Nutzer/innen als Akteur/innen in Technisierungsprozessen. In: Recodierungen des Wissens. Hg.: Lucht, Petra; Paulitz, Tanja. Frankfurt am Main, New York. 69-86.

ZILSEL, Edgar, 1976 [1942], Die sozialen Ursprünge der neuzeitlichen Wissenschaft. Hg.: Krohn, Wolfgang. Frankfurt am Main.

ZORN, Isabel; MAASS, Susanne; ROMMES, Els; SCHIRMER, Carola; SCHELHOWE, Heidi, Hg., 2007, Gender Designs IT. Construction and Deconstruction of Information Society Technology. Wiesbaden.

ZUCKERMAN, Harriet, 1988, The Sociology of Science. In: Handbook of Sociology. Ed.: Smelser, Neil J. Newbury Part, Beverly Hills, London, New Delhi. 511-573.

ZWECKBRONNER, Gerhard, 1981, Das Prinzip der lebendigen Kräfte, ein Bindeglied zwischen rationeller Mechanik und praktischem Maschinenbau im Zeitalter der Industrialisierung. In: Technikgeschichte, Bd. 48, 89-111.

ZWECKBRONNER, Gerhard, 1991, Technische Wissenschaften im Industrialisierungsprozeß bis zum Beginn des 20. Jahrhunderts. In: Technik und Wissenschaft. Hg.: Hermann, Armin; Schönbeck, Charlotte. Düsseldorf. 400-428.

ZWECKBRONNER, Gerhard, Hg., 2000, Mythos Jahrhundertwende: Mensch, Natur, Maschine in Zukunftsbildern 1800 – 1900 – 2000. Baden-Baden.

Danksagung

Forschung ist stets situiert, und Wissen entsteht in sozialen Kontexten. Dieser Leitgedanke gilt auch für die vorliegende Arbeit. Ich möchte vor allem folgenden Personen und Institutionen für ihre Unterstützung danken:

Bei der Studie handelt es sich um eine wesentlich überarbeitete und gekürzte Fassung meiner Habilitationsschrift, die im April 2010 an der Karl-Franzens-Universität Graz eingereicht wurde. Ich danke Angelika Wetterer für den institutionellen Rahmen, den sie mir im Forschungsschwerpunkt »Geschlechtersoziologie« des Instituts für Soziologie der Karl-Franzens-Universität für diese Arbeit geboten hat. Besonderer Dank gebührt ihr für die zahlreichen inhaltlich herausfordernden, aber umso gewinnbringenderen Anregungen im Entstehungsprozess der Arbeit und für ihre Überzeugung, dass es sich um ein lohnenswertes Projekt handelt.

Karin Hausen hat den Beginn dieser Studie mit ersten zentralen Anstößen maßgeblich unterstützt. So war das »Zentrum für Interdisziplinäre Frauen- und Geschlechterforschung« der Technischen Universität Berlin – trotz oder gerade wegen aller institutionellen Turbulenzen – in den Jahren 2004 bis 2007 ein wichtiges und prägendes soziales Entstehungsumfeld für die vorliegende Arbeit. Ich habe hier zahlreiche Impulse erhalten und konnte eine unschätzbare Sensibilisierung für den häufig umkämpften Alltag diskursiver Praxis in der wissenschaftlichen Wissensproduktion entwickeln. Für die gemeinsame Zeit in Berlin und die unerschütterliche kollegiale Unterstützung danke ich insbesondere Sabine Hark, Petra Lucht und Inka Greusing.

Ohne Karin Zachmanns Gastfreundschaft am »Zentralinstitut für die Geschichte der Technik« am Deutschen Museum in München wäre die umfangreiche Dokumentenrecherche nicht durchführbar gewesen. Zudem war München ein überaus anregender Ort für den fachlichen Austausch und für die Diskussion erster Forschungsergebnisse.

Dem »Institute for Advanced Studies on Science, Technology and Society« in Graz, an dem ich ein Jahr lang als Fellow forschen konnte, danke ich für diese Möglichkeit, die mir Gelegenheit zum Austausch in der interessanten internationalen Forschungsgruppe der Fellows gab. Ein ausdrücklicher Dank geht hier an Anup Sam Ninan, Corinna Bath, Verónica Sanz, Isabel Zorn, Anne-Françoise Gilbert, Torsten Wöllmann, Christina Dunbar-Hester, Steffen Koch, Les Levidow und Kadri Simm. Außerdem haben mir Gespräche mit Christine Wächter, meiner Gastgeberin in Graz, mit Anita Thaler, Harald Rohracher u.v.a. wertvolle Anregungen gegeben. Günter Getzinger sei gedankt für die hervorragende institutionelle Betreuung.

Wichtige Impulse verdanke ich der gemeinsamen »Habilitationswerkstatt«, in der Urte Helduser vor allem meinen Blick auf das »Geschlecht der Moderne« geschärft hat. Tanja Carstensen, Sabine Hark, Gerald Angermann-Mozetic, Katharina Scherke und Werner van Treeck haben erste Fassungen des Manuskripts gelesen und zahlreiche hilfreiche Rückmeldungen gegeben. Lisa Eßwein hat als studentische Mitarbeiterin in Berlin die ersten Dokumentenrecherchen begleitet. Bianca Prietl kümmerte sich um die notwendigen Nacherhebungen in Graz. Sibylle Strobel hat das weitreichend überarbeitete Manuskript vor der Drucklegung sorgfältig Korrektur gelesen und zahlreiche kleinere und größere stilistische Herausforderungen mit Bravour gemeistert. Die Erstellung der Druckvorlage lag in den zuverlässigen Händen von Tanja Jentsch. Der transcript-Verlag war mit Anke Poppen, die das Projekt betreute, eine ausgezeichnete Adresse für ein solches Buchprojekt. Ihnen allen sei gedankt.

Mit einem großzügigen Forschungsstipendium aus dem Lise-Meitner-Mobilitätsprogramm für ausländische WissenschaftlerInnen hat der Österreichische Wissenschaftsfond (FWF) diese Arbeit in den Jahren 2006 und 2007 finanziell gefördert. Weitere Förderung durch den FWF erfolgte im Rahmen des Forschungsprojekts »Gendering Boundary Work in Engineering«. Das Land Steiermark und die Universität Graz haben mit Zuschüssen die Drucklegung des Buches ermöglicht.

Last but not least geht mein Dank an Katharina Schröter, die mich die ganze Wegstrecke bewundernswert unerschrocken begleitet hat, obwohl ich viel zu häufig mit meinem Kopf ganz woanders war.

Graz, im Mai 2012
Tanja Paulitz

Science Studies

Diego Compagna (Hg.)
Leben zwischen Natur und Kultur
Zur Neuaushandlung von Natur und Kultur
in den Technik- und Lebenswissenschaften

Februar 2013, ca. 250 Seiten, kart., ca. 32,80 €,
ISBN 978-3-8376-2009-2

Susanne Draheim
**Das lernende Selbst in der Hochschulreform:
»Ich« ist eine Schnittstelle**
Subjektdiskurse des Bologna-Prozesses

Juli 2012, 242 Seiten, kart., 29,80 €,
ISBN 978-3-8376-2158-7

Stefan Kühl
Der Sudoku-Effekt
Hochschulen im Teufelskreis der Bürokratie.
Eine Streitschrift

Februar 2012, 172 Seiten, kart., 19,80 €,
ISBN 978-3-8376-1958-4

Leseproben, weitere Informationen und Bestellmöglichkeiten
finden Sie unter www.transcript-verlag.de

Science Studies

KATHARINA SCHMIDT-BRÜCKEN
Hirnzirkel
Kreisende Prozesse in Computer und Gehirn:
Zur neurokybernetischen Vorgeschichte
der Informatik

August 2012, 328 Seiten, kart., zahlr. Abb., 35,80 €,
ISBN 978-3-8376-2065-8

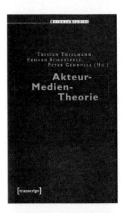

TRISTAN THIELMANN, ERHARD SCHÜTTPELZ,
PETER GENDOLLA (HG.)
Akteur-Medien-Theorie

Dezember 2012, ca. 800 Seiten, kart., zahlr. Abb., ca. 39,80 €,
ISBN 978-3-8376-1020-8

CHRISTINE WOLTERS, CHRISTOF BEYER,
BRIGITTE LOHFF (HG.)
Abweichung und Normalität
Psychiatrie in Deutschland vom Kaiserreich
bis zur Deutschen Einheit

Dezember 2012, ca. 360 Seiten, kart., zahlr. Abb., ca. 32,80 €,
ISBN 978-3-8376-2140-2

Science Studies

CELIA BROWN,
MARION MANGELSDORF (HG.)
Alice im Spiegelland
Wo sich Kunst und Wissenschaft
treffen

April 2012, 220 Seiten, kart.,
zahlr. z.T. farb. Abb., inkl. DVD
mit Filmen und Musik, 28,80 €,
ISBN 978-3-8376-2082-5

CATARINA CAETANO DA ROSA
Operationsroboter in Aktion
Kontroverse Innovationen
in der Medizintechnik

Dezember 2012, ca. 430 Seiten,
kart., zahlr. Abb., ca. 35,80 €,
ISBN 978-3-8376-2165-5

ANDREAS FRANZMANN
Die Disziplin der Neugierde
Zum professionalisierten Habitus
in den Erfahrungswissenschaften

August 2012, 640 Seiten,
kart., farb. Abb., 44,80 €,
ISBN 978-3-8376-2073-3

JOCHEN HENNIG
Bildpraxis
Visuelle Strategien in
der frühen Nanotechnologie

2011, 332 Seiten, kart.,
zahlr. z.T. farb. Abb., 32,80 €,
ISBN 978-3-8376-1083-3

FLORIAN HOOF, EVA-MARIA JUNG,
ULRICH SALASCHEK (HG.)
Jenseits des Labors
Transformationen von Wissen
zwischen Entstehungs-
und Anwendungskontext

2011, 326 Seiten, kart.,
zahlr. z.T. farb. Abb., 32,80 €,
ISBN 978-3-8376-1603-3

CHRISTIAN KEHRT, PETER SCHÜSSLER,
MARC-DENIS WEITZE (HG.)
Neue Technologien in der Gesellschaft
Akteure, Erwartungen, Kontroversen
und Konjunkturen

2011, 366 Seiten, kart., zahlr. Abb., 32,80 €,
ISBN 978-3-8376-1573-9

ANNA LEUSCHNER
Die Glaubwürdigkeit der Wissenschaft
Eine wissenschafts- und
erkenntnistheoretische Analyse
am Beispiel der Klimaforschung

April 2012, 238 Seiten,
kart., zahlr. Abb., 28,80 €,
ISBN 978-3-8376-1974-4

SIBYLLE PETERS
Der Vortrag als Performance

2011, 250 Seiten, kart., 29,80 €,
ISBN 978-3-8376-1774-0

ULRICH SALASCHEK
Der Mensch als neuronale Maschine?
Zum Einfluss bildgebender
Verfahren der Hirnforschung
auf erziehungswissenschaft-
liche Diskurse

Februar 2012, 226 Seiten,
kart., zahlr. Abb., 26,80 €,
ISBN 978-3-8376-2033-7

MYRIAM SPÖRRI
Reines und gemischtes Blut
Zur Kulturgeschichte der
Blutgruppenforschung, 1900-1933

Oktober 2012, ca. 470 Seiten,
kart., zahlr. Abb., ca. 36,80 €,
ISBN 978-3-8376-1864-8

BIRGIT STAMMBERGER
Monster und Freaks
Eine Wissensgeschichte
außergewöhnlicher Körper
im 19. Jahrhundert

2011, 344 Seiten, kart., 32,80 €,
ISBN 978-3-8376-1607-1

**Leseproben, weitere Informationen und Bestellmöglichkeiten
finden Sie unter www.transcript-verlag.de**